U0142176

凝煉知識品味閱讀

凝煉知識品味閱讀

教學藝術

中華民國課程與教學學會2010年刊

中華民國課程與教學學會　策劃
黃政傑　主編

黃政傑　劉唯玉　林逢祺　吳麗君
黃繼仁　周珮儀　李雅婷　楊忠斌
林素卿　吳靖國　黃儀婷　高博銓
方志華　劉雅琪　顧瑜君　廖千惠
石佳儀　游麗卿　嚴嘉琪　顏佩如
林貞佑　蔡明昌　張仟玫　張如慧
王前龍　劉斐如　羅美蘭　劉玉玲
張芬芬　陳政宏　吳俊憲　洪詠善
張新仁　楊蕙菁　林紀慧　黃琳珊
陸靜塵　李子建　葉興華　阮凱利
林麗惠　合著

五南圖書出版公司 印行

理事長序

社會學大師韋伯（M. Weber）曾說過「學術做為一種志業」，是一種必須滿懷熱情，並受到精神召喚來從事的工作，以積極的參與行動，與縝密的慎思研究，來了解與改進社會。然而個人之力有限，團體之力無窮，匯集志同道合之情，相信學術志業當能發展得更為淋漓盡致，而「中華民國課程與教學學會」，就是由這樣一群具高度熱情，而願意以學術為志業的專業人士所組成的組織。

秀霜自2010年8月1日承乏第八屆理事長以來，即秉持著致力於課程與教學之研究、發展與推廣為職志，帶領學會同仁，透過《課程與教學季刊》、年度主題專書的發行，以及各項研討會的舉辦，以提供學術界與社會大眾對話的平臺，也深獲社會各界的肯定。

教學是科學更是藝術，學會有感於教學藝術層面的重要性，特以「教學藝術」做為2010年度專書主題，並委請中州科技大學黃校長政傑教授擔任主編，統籌專書編審事宜。黃政傑校長為本會創會會長，並歷任本學會四任理事長、臺南大學校長，投入課程與教學研究多年，累積了相當豐富的學術成果，近年來更積極關注教學藝術面的提倡與實踐，再者其春風化雨無數，本身即是教學藝術之典範，實為本專書主編的最優人選。在黃校長積極參與及編輯委會辛勞投入之下，本書共收錄了29篇與教學藝術相關的專著，相信當能做為學術研究、教學實務與行政決策，重要的參考依據。在本書出刊之際，除了再次感謝黃校長及全體學會同仁的付出外，更期盼藉由本專書的出刊，能讓臺灣的教育邁向更為完整與健全的發展。

中華民國課程與教學學會　理事長

國立臺南大學　校長

 謹誌

主編序

「教學是科學也是藝術」，這是教育學系「教學原理」課程中教導學生的話。只是在科學昌明的時代，整個社會都在追求科學的價值，教學作為一種藝術總是被忽略了，以致幾十年來的教學研究和師資培育，強調的是教學科學的理論、方法和技術，像是教學模式、系統化教學、行為目標、有效教學、教學效能、目標導向的學習評量，重視既定的教學目標、績效、規則、預測、控制、秩序等理念。在升學考試壓力下，更要求統一課程、統一教材、統一進度，所有教師的教學和學生的學習都是一個樣。教學因而是大量生產過程中的工具，依據既定的教育規格和程序，把標準化的教育成品製造出來。

不過，教學的對象是活生生的學生，他們各有其能力、經驗、興趣、性向等種種特質，其與生俱來的多元智慧有待開發，教學者必須因應學生的個別差異和需求，提供適性教學，以培育學生多元潛能，實現自我。教師面對著不同材質的學生，要運用各種可能的適切方法，把每個人雕塑成優質的藝術品；教學好比是創作，每個學生都是獨特的，教師不必讓學生相互比較，最重要是教導他們自我完成，變成個人自主獨立和社會有用的分子。因而教師的教學針對的是每個獨特的學生，引導其開展獨特的潛能。教師自身也是獨特的，運用其獨特的專長和特質，實施能讓自己發揮所長的教學。

個人的學術生涯當中對教學藝術一直有所關注，有鑑於教學藝術在教育界受到的重視不夠，以致教師不管學生的多元需求，不論自身特質，運用僵化的教學模式，並以教學作為篩選工具，未能發揮學生的多元才能，教導每個學生成材，乃興籌編《教學藝術》專書之意，期能導引教育學術界和實務界重視教學的藝術本色。適巧中華民國課程與教學學會，決定以教學藝術為題編輯2010年年度專書，乃應邀肩挑學會專書主編的責任，兩件事合成一件事，了結個人多年來的心願。

本書包含教學藝術的概念分析和理論基礎、教學藝術的實踐與反省及教學藝術與教師發展，加上主編的導論，共四篇，內容相當多元而豐富，可算是教學藝術學術探討的重要里程碑。本書之完成，首要感謝受邀撰稿之專家學者，及社會各界關心教學藝術的投稿人。除導論篇外，其餘每篇文章均通過匿名雙審。本書投稿甚為踴躍，惜因篇幅之限，以致有不少文章只能割愛，甚感遺珠之憾。其次要感謝的是本書各文的審稿人，由於他們的協助，使得各文得以修改得更加精緻。再次要感謝本書編輯特助吳錦惠博士，由於她的熱心負責，使得本書得以順利完成編輯任務。最後感謝出版本書的五南圖書出版公司，願意在教育學術界士氣低迷的時刻，堅持讓這本有意義的專書問世；謝謝五南編輯出版團隊的創新和辛勞，感謝中華民國課程與教學學會在本書主編和出版上的用心和協助。

黃政傑　謹誌

2010年12月19日

於中州技術學院及靜宜大學

目次

第一篇　導論

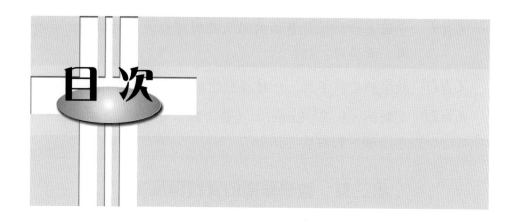

第二篇　教學藝術的概念分析和理論基礎

第三篇 教學藝術的實踐與反省

第四篇　教學藝術與教師發展

PART I

導論

1 教學藝術的理念與實踐

黃政傑
中州技術學院校長暨靜宜大學教育研究所講座教授
臺灣教育評論學會理事長

一 教學藝術的理念分析

教學藝術有各種意涵。有人說教學是一種藝術，和美術、音樂、戲劇一樣，教師相當於是畫家、作曲家、演員、舞蹈家，學習是教師和學生共同創作的園地，課程是創作的設計，教學過程等同於藝術創作的實施，而學生的學習成果則是創作成品。另有人說教學具有藝術的屬性，藝術重視的是整體、過程、自由、開放、創新、驚奇、美感、獨特，這些屬性具有崇高的價值，教師要在教學實踐之中予以發揚，徹底改變僵化的教學模式。因而教學不是特定模式支配的例行公事，而是受到學校文化、教師價值、學生特質、教學事件等不可預測因素所影響的活動。在教學過程中，師生用心投入共同研究，一起規劃、實施班級的教學活動，共同創造出經驗。教學藝術展現在教學過程中，理性與感性持續不斷地融合。

要而言之，教學藝術是指教師教學時，把認知、技能、情意等教學目標，視為開展性的教學目標，建立教師個人的教學特色，提供學生自由、開放的學習環境，創新地運用豐富的文字、語言、肢體、音樂、圖像、影像等多元而適切的教材，配合有趣的遊戲、經驗和活動，彈性運

作其教學過程，配合學生學習的需求，發揮創意，求新求變。教學藝術激勵學生產生學習的熱忱和想像力，對學習持續地反思和改進，充實學生的學習經驗，不斷擴展學習成果。

教學藝術關注的不是藝術教育，雖然兩者是有關聯的。藝術教育討論的是藝術課程、教學有關的事務，教學藝術談的是教學的藝術性，如何發揮教學的藝術性，讓它充分在教學中表現出來。科學發達以來，教育研究者運用科學方法研究教學，建立教學的法則，發展系統客觀的教學模式與方法，培育師資教學能力，確保預訂的教學目標得以實現而有其貢獻，因而系統化教學成為教育的顯學，每個師資生都要學習；遺憾的是它卻成為師資培育的唯一焦點，教學藝術從此被忽視了。

很早以來，教學就被視為科學也是藝術，但後來科學一枝獨大，藝術則甚萎靡。為何如此？原因是大多數人都不是藝術家，對於藝術創作欠缺瞭解，一直覺得藝術很神祕，藝術家要怎麼創作完全自由，且藝術創作成品說明很精簡，觀眾怎麼想都可以，留給觀眾很大的詮釋空間。教學若是藝術，有人擔心不就有更多黑暗不明之處？這著實令人擔心。其二，藝術常被看成非屬生活所必需，有藝術、沒藝術生活一樣過，何必花心思在藝術上？連帶地，在教學上重要的是有效達成教學目標，至於教學有沒有藝術是無關緊要的。其三，藝術創作的方法具有強烈的個人風格，也有很大的彈性，不容易理出系統而有效的方法和程序，因而在師資培育課程中，要系統而有效把教學藝術教給師資生不大容易，既然如此，不如把它略過。其四，傳統上認為藝術能力大都是天賦的，有藝術天賦的學生不用老師教，自己就會學習得很好，缺乏藝術天賦者，再怎麼教也學不到什麼。選出具有藝術天賦的學生來教導其學習藝術，很容易得到實效，其他學生只要給予藝術陶冶即可，師資培育的道理自是一樣，最多只要加強藝術類科目教師的素養即可，不需要求每個老師。基於以上的各種思考，自然把教學的藝術擺一邊。

這些思維對藝術和教學藝術有所誤解、有所看輕，其實藝術是每個人心靈的作用，每個人生活中都有藝術面，有了藝術的生活是豐富、愉悅而有品味的，藝術讓生活充滿價值、感動和意義，藝術還可反映社會、批判社會，進而改造心靈和社會，進行無國界溝通。教學藝術作為藝術的一環，也該是如此，每個教師都要學習，都要發揚教學的藝術性，才能讓學生在美感和藝術性上得到整全的學習。藝術雖然崇尚自由，但還是有方法的，藝術所強調的獨特、創新等精神，都是可教導、可學習的。教學作為藝術也是一樣，不論是師資的職前或在職教育，都該把教學藝術的特質和實踐方法當成教育的重點。

教學藝術的提倡，不是要排斥教學科學，而是要在教學科學的實踐中兼具教學的藝術性。教學藝術強調每位教師都可以是個藝術家，他要評估整體的教學情境，其中的人地時事物，構想自己的教學，創新教學方法。因為學生是活生生的個體，也是教學過程中的主體，教學不能是教師個人唱獨角戲，學生對教學過程也要有所貢獻，師生共同創造教學的成果。因此，教學現場很重要，教學過程中經過師生共同參與，學習變得更加豐富，才算是完全的教學。

教師和學生都是教學過程中的主角，兩者都具有主體性，每位教師和每位學生都有其獨特性，教師有其教學風格，展現其教學的與眾不同，但教師的教學需要考量不同學生各有其學習風格，在教學上要有所因應。除此之外，學生各有其特質和需求，教師要如同藝術家一樣善用各種材質創作藝術品，把每個學生教導成材。個別學生的特質和需求是教師要回應的，教學藝術要求教學過程是創新的，且是優雅而有美感的，協助學生發展為獨特的個體，最終成果是多元的。

教學目標固可事先訂定，但它不該是封閉的，讓學習到此為止，而該是開放的，讓學習不斷延伸，因而教學目標需要在教學過程中不斷調整發展，以符應學生的特殊需要。教學藝術下的學生學習是開放的，在過程中持續展開，學生運用所長去感知世界和表達所知所感，其成果是多元的，也是無限的，充滿各種可能性，令人驚奇。在整個教學過程中，師生之間和學生之間的互動是很頻繁的，需要針對學生學習特質和需求，不斷創新和調適，不斷向前推進。

二　教學藝術的特質

基於前述的討論，以下歸納教學藝術的幾個特質，包含自由和開放、創新與獨特、多元性、情意性、反思性等，作為發揚教學藝術性的指南針。

(一)教學藝術重視自由和開放

藝術的本質是自由和開放，藝術家先要有自由的思考和觀察，天馬行空的構想，尋找靈感，尋覓各種可能性，整個創作過程不受任何限制，才能找到創作的靈感。教學基於這項藝術特質，教師基於教學的各種條件，自由決定其教學的設計和實施，但如何教學必須奠基於自由和開放的基礎之上，才能找到適合教學實施和學生學習的構想。教學，不是一成不變的模式，不受限於既定的目標，而是在過程中順著學習者的感受和熱忱，調整教學內容，變換教學方法，逐漸開展為生動有趣的學習經驗。

(二)教學藝術重視創新和獨特

藝術的創作在自由和開放的基礎上，並非要去模仿別人，複製其他藝術家的創作，而是創新思考，在既有的成就和方法中另闢蹊徑，找出自己創作的獨特性。藝術講的是創作，其基本精神是與眾不同，不隨波逐流；有了獨特性，才能找到自己的獨特定位，有了獨特性，藝術的整體才會進步，才能擴大。教學藝術立基於這項特質，教師的教學是在既有的教學條件下，提供學生適性、創新而獨特的學習機會。

(三)教學藝術重視多元性

教學的主角是教師和學生，不論是教師或學生都是具有個別差異的個體，每個人的特性都是不同的，在自由、開放、創新和獨特的教學取向下，其教學必然是多元的。而所謂多元的教學，都是要追求卓越的，也都有追求卓越的可能性；教學藝術追求的是多元的卓越，而不是多元的拙劣。

(四)教學藝術重視情意性

藝術重視的是對現象的敏銳觀察、熱愛與感動，由此產生靈感，激發創作的衝動，教學不是冷冰冰的、理性無情的行動，教學是人與人之間的互動，在教學過程中充斥著師－生和生－生之間的遭逢，大家共同在教學過程中求真、求善、求美，其中很重要的是情感、喜愛、感動、熱忱、快樂等感受，有了這些正向的情意，才會激勵教與學的熱忱，加密教學過程中人際互動，加深教學的衝動、期待和影響力。教學藝術重視的是這些情意，有了情意，才有專注投入於教與學。

(五)教學藝術重視反思性

藝術重視事物的觀察，觀察要從不同的視角，才能周全，觀察也要看到細節，更要觀看整體，才能對事物產生深刻的理解；觀察要看到具體的實務，也要想像事務的各種可能性，見到人所未見。所以藝術要培養的是人觀察的敏銳性、想像的豐富性、構想的創新性，激發個人的衝動，進而將自己的感動透過媒材和技巧表達出來。教學藝術重視的是教師對教學現象的敏銳觀察，想像教學和學習的各種可能性，產生教學和學習的衝動，進而運用各種合適的教材和教法，引導學生學習。教學藝術的觀察、想像、構思、創新，如同其他藝術一樣，都要持續不斷地檢討反思，才能持續地求新求變。

三　教學藝術的實踐方法

實踐教學藝術的方法，首在把美育滲透到各科教學中，讓師生感受教學內容和過程中的美。其次要擬定開放性的教學目標，珍視教學過程中的偶發性及其開展功能，實施彈性和適性的教學，運用多元的教學方法，強調多感官、多媒材、多表達方式，實施多元的學習評鑑，發揚教學藝術的真精神。

(一)把美育滲透到各科教學中

五育中的美育融入於教學中，是很重要的教學藝術實踐方法。以往偶有人提到，德智體群美五育均衡發展的意思，應該是指五育所占課程的比重一樣多，即各占五分之一，且認為美育只存在於美術、音樂等課程之中，所占數量是很少的，應該趕快增加美術和音樂的教學時數。殊不知美育在各科課程中都是有的，例如體育所教的各種運動項目，都要講究美感，有許多運動都有美感表現的評分，像是舞蹈、體操、溜冰等。又如國文各課的課文，也都有美育的成分，像是自然環境之美、社會環境之美、倫理關係之美、社會服務之美等。教學藝術首先要把各領域或學科的美感教育予以落實。即每位教師要記得任教領域或學科中都有藝術的成分，都要負起責任把藝術相關內容、審美方法和態度教給學生。

(二)擬定開放性的教學目標

教學藝術在教學目標的訂定上，要重視目標的開放性，要讓學生學習到自由、開放、多元、獨立、自主、想像、創新的價值，培養反思的能力，把情性、感性和理性結合在一起發揚出來。教育科學強調的是明確的教學目標，固定的教學內容，經由系統性的教學方法和過程，教導學生表現出目標所要求的能力。教學藝術強調的是開放的教學目標，體驗的教學過程，運用適性的教學方法，教導學生體會所學的美感性和藝術性，以多元的表現方式表達心中之所學所感。換言之，教學目標應該致力於拓展開放性的學習結果，例如表意目標（expressive goals），「看完某個影片後，能夠從中得到啟示」，教學之後每個學生都會產生經驗和啟示，至於每個人的啟示為何則不必相同，個人如何表達所得到的啟示，也可由學生自由地決定，不必都用文字、口語或數字來表示。在表意目標下，師生互動提供了學生豐富的學習經驗。

(三)珍視教學過程中的偶發性及其開展功能

教學藝術下所實施的教學，固然要奠基於教學科學的規律，但不受限於這些規律，規律為教師所用，還是要有適度的變化，以發揮教學的創新性和獨特性。每個教學活動都像一個藝術品，處於特殊的人地時事物環境中，教師的教學不自限於課前準備或教材內容，也不自限於固定的一套教學模式，應視實際教學狀況作必要的調整。落實教學藝術的教師，重視教學過程中參與者經驗的互動，每個人都可在互動中作出自己的詮釋，改造自己的經驗，其中充斥著各種可能性，每個人都會有學習的驚奇。教學藝術的重點在實質的學習，教學形式可以多元。教師在實際教學過程中，經常遭遇偶發事件，傳統上會被視為教學的干擾，要設法加以排除，但教學藝術則將這個偶發事件當成不可多得的機會，力求轉化為有助於學習的一部分。而更重要的是，每個學生的學習，都在過程中不斷擴展，破除封閉，導向開放，讓自己的經驗不斷地改造。

(四)實施彈性和適性的教學

教學藝術必須破除標準化的教學。所謂標準化的教學是指統一課程、統一教材、統一進度和統一考試。統一，意指大家都一樣，學生修習相同的課程，教師實施相同的教學，用同一版本的教科書，每個班級的進度都一樣，評量時統一命題方式，每個人的考試題目都相同。學生不能多學一點或少學一點，也不能多學一些時間或少學一些時間，至於教師用不同的方式教學，學生用不同的方式學習也是不許可的。大家都知道，學生是具有個別差異的，他們具有多元智能，學習速度有快有慢，學習內容有多有少，教師應該運用不同的教學方法，教導學生適合的學習內容，安排學生適合的學習進度，這些安排都要切合學生的特質和需求，而如何做這些安排，則是教師的教學藝術。

(五)運用多元的教學方法

教育科學開發許多有效的教學方法，有的用在知識的教學，有的用於技能的教學，還有的用於情意的教學，包含價值、態度、興趣等。僵化的教學一味採取講述方法，不論教學目標是什麼，都是由教師說、學生聽，然後是對知識重點的記憶背誦，在考試之中得到好成績，便視為學習優良的表現。殊不知，這樣的教學方法，並不適合多元的學習目標，而要達成多元的學習目標，勢必非要採用多元的教學方法不可。例如要教導學生合作，必須運用合作學習法，學生不只要學知識和能力，同時也要學習合作。而合作學習的教學方法本身也是多元的，在不同科目的教學中有不同的合作學習方法，以適應學科學習的特殊需要。而在使用多元教學方法時，也要把教師和學生的特性放進去，調整教學的順序和安排，這就是教學方法的藝術。即便是講述的方法，有的老師善於講故事，啟發學生；有的老師善於說笑話，讓學生感到趣味；有的學生則善於表演，說演俱佳，這正是教學藝術的表現。

(六)強調多感官、多媒材、多表達方式

教學藝術重視學生全人發展，而人感知世界是經由視、聽、嗅、味、觸、動等感官，教學上便需要培養這些感官的能力，讓學生全面感知世界，獲得整全的理解。當學生全面感知周遭世界之後，他要把所知所感表達出來，可以運用多樣的媒材，就像藝術家選擇水墨、油彩、金屬（如銅、銀、金、鐵、不銹鋼）、木材、塑膠等，作為藝術創作的媒材，教學者也可以運用教科書、童話、故事書、雜誌、玩具、照片、圖片、影片、模擬物品、實物、實地等作為教學媒介。至於學生要表達所知所感，可採取傳統的文字、數字；此外，更重要的是經由美術、音樂、戲劇、攝影、舞蹈、運動等方式，創作多元化的作品。

(七)實施多元的學習評鑑

教學藝術因重視開放性的學習目標，因而在學習評鑑上要關注開放性的學習結果，也要注意非預期的學習結果和學習的特色。教學科學重視的是具體的目標，甚至於行為目標，其教學過程必須有系統、有效率地檢視學習結果是否達成。教學科學不太關心在具體的教學目標之外，學生是否學得更多、學得更好，或展現創意、獨特且令人驚奇的學習。教學科學習慣於將學生放在一起，用同樣的標準來比較，重視量化的成績。教學藝術重視的是把每位學生都當成獨特的個體，對學生自己在事物的觀察、思考、構想、行動、反思等方面，進行全方位的深入理解，所關心的是多元的學習表現，故而需要運用多元的評鑑方法，重視質性資料的分析。許多學習並無標準答案，不該設定固定的標準來衡量。教學藝術要鼓勵學生培養對事物及脈絡觀察的敏銳力，更要激發其想像、探索、冒險、創新或創作的衝動，在學習評鑑上當然要關注學生在這些能力上的表現。

(八)發揚教學藝術的真精神

教學藝術兼顧理性和感性，實施全人性的教育，尤其是長久以來受

到忽略的感性，更要加以強化，理性的教學加上感性後，教學才不會依著教學公式，一成不變、冷冰冰的，才會珍視熱忱、驚奇、讚嘆、喜愛、變化等人性特質。教學藝術要發揚學生的主體性，尊重主體的自由和創新，激勵主體的多元和獨特，強化主體的品味、優雅和美感，成就全人的教育。在教學藝術下，學生能自我表現，發展自我，而師生及學生之間的經驗分享，擴大了學習的多元性和豐富性。

四 教學藝術的實施配套

教學藝術的實踐，有賴於各項相關的配套措施予以支持，以下特別討論「研究、實踐和經驗分享」、「師資培育」及「教學視導輔導」三大項如何配合。

(一)研究、實踐與分享

教學藝術說起來容易、做起來難，到底要怎麼做才是兼含科學和藝術的教學，有必要由教學藝術的理念，銜接到教學設計和實施，在教學情境中予以落實。由理論到實踐的過程，需要教學藝術的研究者進行探討，對於各學科實施教學藝術的設計，進行規劃，協助教師不斷實踐和反省。再則，教育主管機關宜將教學藝術的推動納為重要政策，提供資源且有計畫地推動，對於教師的教學藝術實踐必須建構分享機制，讓教師彼此觀摩討論，互相檢討和激勵。對於教學藝術實踐的問題，也要有所分析和檢討，提出改進之道。

(二)師資培育的配合

職前的師資培育，不論是教學原理或分科教材教法、教學實習等課程，師資生學到的都是科學的教學模式和方法，強調教學的原則和規律，不過，這些法則的學習與實際教學情境仍甚有差距，需要依據教學藝術的原理和方法，更細緻地設計，以展現教師教學風格，符應學生的各種學習需要。因而師資培育課程的改革是有必要的，唯有其接納了教學藝術，師培的師資自身能實踐教學藝術，作為教學藝術的示範，之後他們所教導出來的師資，才能在中小學實踐教學藝術。而在職教師人數更多，如何讓他們學習教學藝術、實踐教學藝術，更是教育政策的重點所在。

(三)教學視導輔導的配合

教師的教學在學校有校長及行政主管的視導，在校外還有地方政府教育局的視導；而地方教育輔導團也分領域或學科，來輔導教師和學校的教學，這都是有形而正式的視導、輔導。教師所教班級的學生和家長，則是屬於非正式的監督者，他們常會觀察教師的教學，如有不滿則向學校或教育主管機關反映。在民主化以後，社會上有各種媒體扮演著監督學校和教師的角色，教師教學如有違「常態」便會被報導出來，要求改正。由於教學藝術所強調的教學有別於傳統教學，若各種正式和非正式的教學監督者不瞭解教學藝術的精髓，便會以傳統教學的觀念來批評他們。因此，校內外與教學視導、輔導及監督有關的人員，都有必要經由進修研習或資訊傳播溝通的途徑，深入瞭解教學藝術，才能有助於教學藝術的推展。

五 結語

提倡教學藝術不是要取代教學科學，而是要堅持教學是科學也是藝術的理念，要求別忽略藝術面，將教學的科學面和藝術面整合起來。但當主張教學科學和藝術兩者結合之際，教師不免要問，教學的科學和藝術可以結合嗎？即一位老師的教學既可符合教學科學研究得到的過程、方法和技術，又能符合教學藝術所要求的自由、開放、開展與多元嗎？這一點正是本文寫作的動機，也是教學藝術研究和實踐者努力的方向。我們的生活本來就是科學和藝術結合的，教學也是一樣，科學和藝術結合在一起，才能提升教學品質與教學成效，培育更優質的人才。以中小學學生來論，教師要教導學生學習生活必備的知識、技能和情意，這是每位教師的責任，也是每位學生的學習任務，只是教師和學生可用多元創新適性的方法進行教與學，而且對於教學目標、內容和學習結果，還要在教學和學習過程中不斷開展。

PART 2

教學藝術的概念分析和理論基礎

2 教學藝術之意涵與啟示

劉唯玉
國立東華大學
課程設計與潛能開發學系教授兼師資培育中心主任

一 教學是科學，還是藝術？

教學是什麼？是科學，還是藝術？Gage（1978）認為教學是一個人想要促進其他人學習的活動，這個活動通常要使用語言，但也有不用語言，例如以無言的行為表現，作為學生的楷模讓學生模仿。

郭為藩（1979）認為「凡屬教學行動，總代表施教者與受教者間的交互作用，這種作用就教育者而言是所謂施教（instruction），就受教者而言是所謂學習（learning）」。

林生傳（1988）將教學之內涵歸納為一種策略，一種由施教者與受教者產生的互動，它是多樣態、複雜的活動，而且是經過周詳設計與選擇，利用一連串技術以達成目的的一種策略行動。

高廣孚（1988）認為，教學是教師經由詳細的計畫和設計，運用適當的技術和方法，以指導、鼓勵及激發學生自動學習，以獲得生活上所必需的知識、技能、習慣和理想的一種工作或活動。

Smith（1985）認為，教學是透過訊號或符號對某人展示某些東西，亦即是給予訊息，告訴某人要如何做，或給予學科方面的知識。

歐陽教（1995）從認知哲學的觀點，認為教學是「多樣態的歷程」（a polymorphous process）。所謂多樣態歷程是指一種複合的概念（a complex concept），指涉著一組繁複的概念或活動歷程。教學既是一種多樣態的認知活動或歷程，任何單一的認知方法或活動，不但不足以代表教學的全部歷程，而且也較難達成教學的效果。

王策三（2000）認為，教學是教師教、學生學的統一活動，在這個活動中，學生掌握一定的知識和技能，同時，身心獲得一定的發展，形成一定的思想品德。

從上述學者對教學的定義得知，Gage（1978）、高廣孚（1988）與王策三（2000）的定義偏向教師單向的教導；郭為藩（1979）、林生傳（1988）與歐陽教（1995）的定義則論及師生的交互作用與多樣態歷程。

教學是科學還是藝術？Gage（1978）以「科學基礎的教學藝術」（a scientific basis for the art of teaching）定位教學，認為教學是同於工程師的工作，需要很強的科學基礎，但也需要豐富的藝術成分。教學活動的最高境界是達到藝術之境，但必須以堅實的科學為基礎。

主張教學是科學的學者，主要著眼於教學的可達成性及可預測性，要建構好的教學只要依循強而有力的原則，即可對教學產生高預測能力和控制。但當教學離開實驗室或教科書與學生面對面的時候，則增加教學藝術性的機會。科學不能成功地描述迂迴曲折的教學過程，因為教師為提升學習所需的判斷、領悟、敏感性、即席反應等，是形成教學藝術的基礎（Ornstein, 1999；周新富，2009）。

林進材（2001）指出，教學的科學與藝術意涵，包含教學活動的主觀與客觀層面、教學活動歷程的精確性與不可預測性。教師預期達到預定的教學目標，必須融合教學的科學與藝術。

綜合上述文獻探討得知，如果僅將教學定義為教師單向的意圖教導行為，會忽略教學是師生雙方的交互作用與多樣態歷程的特質，無法有效地掌握教學的本質與全貌。教學是科學，也是藝術。由於教學科學的探討已相當多，本文擬由教學藝術及其譬喻的層面探討教學的本質與意涵，期能為教學的實踐與研究打開另一條活路。

二 教學藝術的意涵

藝術（art）一詞源自於拉丁文ars，意為「技巧」，現在雖保有原意，卻也衍生出更廣義的涵義，幾乎包括所有的創造性學問（Wiki, 2010）。美學不同於理性的認知形式，一般而言，科學是經由個殊觀察，歸納出一個普遍的通則；而美學則是使人的主觀目的性與外在對象的客觀規律交融，使人體驗產生一種知覺和感受（陳錦惠，2004）。

杜威以為藝術具有調和各種差異與對立，以建立一個更為豐富經驗的功能（Dewey, 1934/1987: 248）。富有藝術性質的經驗，乃是生命發展的完滿且連續性的表徵，它同時也是人與人、人與自然之間分享意義的方式。「美」不獨立存在，而是在生活中，當經驗的主體沈浸於一個事件中，真誠而專注的參與，融合理性與感性，在經驗中與經驗後具有滿足與淋漓盡致的感受，即經歷了一個完整經驗（陳錦惠，2004；王怡婷，2007）。

以杜威之「完整經驗」觀點看師生在教與學之間所獲得的經驗。可知在教學歷程中，當師生用心投入，一同研究如何完成一件藝術作品，到逐漸創作出成果；或是一起規劃、排練到正式演出班級的表演活動，這些師生所共同創造出的經驗，從開始、過程到結束，不斷地融合理性與感性，即是教學藝術的展現（陳錦惠，2004）。

Eisner（1994）認為「教學即藝術」至少包含四種意義：

1.教學能以藝術的技巧與優美特質來表現；教學的經驗對師生而言同樣是具有美感的，教師在教室中的教學活動、提問問題和講解，都可以成為藝術表現的形式，提供師生內在的滿足。所以，我們會讚頌一場好的教學就如同藝術品一樣。

2.教師教學是一種藝術，他們如同畫家、作曲家、演員和舞蹈家一般，大部分根據行動過程中開展的特質而下判斷。教師運用敏銳的智慧去選擇、控制和組織教室內像是節奏、語調、速度或氛圍等等的特質，他必須「閱讀」教室中所產生的特質，引導學生朝向他所設定的目標或方向。

3.教學是一種藝術，因為教師的活動並非完全是由既定教學模式或例行公事所支配，而是受到個人價值、學生特質、學校文化、教學事件等不可預測及偶發性的特質所影響。所以，教師必須以創新的方法來擔任教學工作，才得以巧妙地應付這些偶發性。教學如同藝術品一般，在過程中是很複雜的。如果沒有自動化的慣例處理能力，將使教師的精力耗盡；但過於自動化的反應也會阻礙創造力，使教學成為一種公式化的回應。

4.教學是一種藝術，成果是在教學過程中慢慢被創造的。教學的許多成果是師生在互動的過程中不斷浮現的，這些成果是無法事先預定和要求有效達成的。如果過度強調效率和目標，將使教學化約成一種模式，一種規則；但實際上，如藝術性質的教學模式，才能提供在過程中創造成果的機會（陳錦惠，2004）。

陳錦惠（2004）指出，根據Eisner對「教學即藝術」的定義，教師在教學中必須具有智慧及敏覺力，覺察教學的情境，適時的以更具創意與技巧的方式來呈現教學，同時也能鼓勵一種探索的氣氛，讓師生都能盡心的探索，各自發揮創意，共同經歷「教」與「學」互動的歷程。

在這種教學過程中，教師與學生皆是教學的主體，教學目標是流動的，師生必須根據教室的環境、資源，加上當時的情境產生心智的應變性，所以教學是彈性的，過程中充滿偶然性，是一種不斷生成的場境，揉合了移情與想像、直觀與理性、行動與覺醒，是師生之間極富能動性的美感經驗。

根據上述文獻得知，對杜威而言，教學藝術是一種師生共同沈浸於特定教學事件中，真誠而專注的參與，並不斷地融合理性與感性的經驗過程。對Eisner而言，教學藝術包括：(1)以藝術的技巧與優美特質來表現教學；(2)運用敏銳的智慧去選擇、控制和組織教室節奏、語調、速度或氛圍；(3)以創新的方法進行教學；(4)教學成果是在教學過程中慢慢創造出來的。

張鴻苓（2003）指出，所謂教學藝術是指課堂教學中富有獨創性的、行之有效的教學方法。例如教一篇課文，如何開頭、如何展開、如何結尾，如何做才不流於千篇一律、一般化或模式化？這時既要有教學理論做指導，又需要教師自己根據教材特點和教學目標，精心構思，匠心獨具，設計出一套最佳方案，這就是教學藝術。課堂教學如果富有藝術性，會使教學產生吸引人的魅力，而有出色的效果。課堂教學若缺乏藝術性，則不能取得卓著效果，甚至會使學生聽而不聞、視而不見。好的課堂教學藝術性是不可或缺的。

張鴻苓（2003）以為，課堂教學的藝術分成課堂教學的技巧及課堂教學的氣氛和節奏兩部分。課堂教學的技巧首先要講究教師的語言和感情。語言要「準確」、「清晰」，如果重複、囉嗦，那不僅僅是廢話而已，還會使學生心情煩躁，精神懈怠。所以，教師要合理利用每一分鐘，不說半句廢話，不僅如此，講話要有幽默感，常用名言、警句、比喻、誇張、歇後語等修辭手法，使教學語言聲情並茂。此外，幽默感的恰當運用，教師的善於提問，給學生充分的表達機會，皆能使師生得以在「對白」的互動中，讓「教」與「學」生動活潑起來。

至於「情感」，看似抽象，卻是構成教學語言藝術的內在因素。教師先要在教材之中深刻理解，使自己的情感與之共鳴，不可抑止地形諸於外。其次對學生熱愛、關注之心自然地溢於言表。情感是一種信息，教師的態度、語態、顧盼，學生的眼神，一顰一笑，都是情感信息。這種信息是可以催化的，它會感染學生，使之心情振奮、精神煥發，否則會使學生無精打采，昏昏欲睡。所謂情發於內，言為心聲，教師的語言和情感是真情的流露，絕不同於舞臺演戲（張鴻苓，2003）。

教師如能善於創造課堂良好的氣氛與調控課堂節奏，則是教學藝術的突出表現。和諧安靜的課堂氣氛有助於學生專心聽課，細心思維和作業；爭辯熱烈的氣氛有利於學生思維活躍，心情興奮地學習；沈悶僵持的氣氛會使學生的思維停滯；混亂或鬆懈的氣氛則會使學生情緒煩躁或心神不寧。課堂氣氛的形成和多種條件有關，舉凡教學內容、教學方法、教學節奏、教師語言、教學態度、教學風格以及班級風氣都有關係，其中教師的教學風格和班級風氣尤其重要。優良的教學風格與學習風氣，將形塑良好的課堂學習氣氛。而課堂節奏則是在調節課堂的進度，它也間接地控制了課堂氣氛的形成或改變。教學環節、內容及其安排不能太快、太慢、太鬆或太緊，要密切注意學生的能力及反應。教學節奏是構成課堂氣氛的一個重要條件，課堂氣氛和教學節奏可以直接影響教學效果。探討教學藝術不可不重視課堂氣氛和教學節奏（張鴻苓，2003）。

研究者以為，教學藝術的意涵極富啟發性，有助於擴展以往偏狹的教學概念。首先，教學藝術指出，教學既非以教師為中心，亦非以學生為中心，而是教師與學生皆是教學的主體。其次，教學最重要的在其過程，而非事先預定的目標。因為教學是雙方共同投入教學歷程的創始、生成與轉化，共同經歷「教」與「學」互動的歷程，過程中充滿偶然性，教學目標是流動的，教學是彈性的。再次，教學是理性與感性的交織，知覺與感受是重要的。因為教學是一種不斷生成的場境，揉合了移情與想像、直觀與理性、行動與覺醒。最後，教學是一種師生共同創造的美感經驗。教學是師生之間極富能動性的美感經驗。

三　教學藝術的譬喻

由於教學藝術的意涵與傳統的教學定義大不相同，雖經由文字的抽象定義仍不易瞭解。因此，擬在此提供幾個譬喻以使讀者更瞭解教學藝術的內涵。

江欣穎（2008，頁1）曾這樣敘述：

> 如果老師像魔術師一樣地把課程變成了充滿驚奇、探索的遊戲；
>
> 像藝術家一樣把教學轉化為充滿了美感的經驗；
>
> 像爵士樂的指揮家一樣，讓課堂裡的每個孩子都能彈奏出屬於自己的旋律，那麼，學習將會變得多麼吸引人！

由於「教學如藝術」已在上文論及，因此，此處以「教學如爵士樂演奏」，以及「教學如遊戲」的相關譬喻進一步描繪教學藝術的圖像。

教學如爵士樂演奏

古典音樂講究高度的紀律與準確，演奏者上臺之前，必須花費幾百個小時培養基本能力，再花幾百個小時針對特定曲目反覆練

> 習，一直練到不會出錯，才能在眾多觀眾面前演出。那樣演出的音樂，不管有沒有失誤、錯誤，在本質上都是「完成品」，先做完、做好了才端出來（楊照，2010，頁67）。
>
> 爵士樂卻不是。爵士樂的根本精神，從來就不是要完美呈現某種已經完成的東西。好的、純正的爵士樂，在音樂演出發生前，只有籠統的樂曲旋律與一些節拍模式，除非到演出結束，包括臺上的樂手在內，沒有人知道音樂會呈現什麼樣的具體面貌。這樣的音樂，不是先在後面準備好了、弄清楚、弄乾淨了，然後端出來請大家欣賞享用。爵士音樂是在演出當下，藉著各個樂手臨場的美感、想法，刺激與互動出來的。爵士樂強調「即興」，「即興」最簡單卻也是最極致的定義，就是沒有譜，沒有預見計畫，樂手當場想出來、玩出來的音樂。聽到上一個樂句，猜不到下一個樂句是什麼，甚至聽著上一個音符，也無從想像下一個音符會如何出現、如何演奏。爵士樂不能用標準的態度來處理，要具備即興能力，首先就要擺脫固定的樂譜，不能完全依照寫好的音符演奏。沒有樂譜，並不表示即興是可以隨便高興怎麼樣就怎麼樣。即興的訓練依照的是最紮實的音樂感與基本功，完全內化和聲與節拍的根本邏輯，才會「隨心所欲不逾矩」（楊照，2010，頁68）。

學習應是一種對話的形式，而不是在聽演講。對話就像爵士樂般的即興創作，亦如音樂家在樂譜的規範中，仍有即興創作的成分。教學如果像爵士樂演奏，教師需要最紮實的教育專業功力，完全內化班級整體與個別學生特質，任教學科專門知識，各種教學方法，以及每一特質間交互作用所可能產生結果的根本邏輯。教師瞭解每一個個別樂器演奏者（學生）的特質，邀請他們參與樂曲的生成、轉化與合奏，並能彈奏出屬於自己的旋律。

教學如遊戲

遊戲一直以來都是快樂、滿足與想像的代名詞。Gadamer把遊戲從名詞game變化為動詞play的概念，重視的就是一種持續的、變動的歷程，就如同在課堂中，老師、教材與學生三者之間的交互作用。遊戲是一種「視域交融」的歷程，遊戲中的參與者拋棄原有的限制與框架，以一種輕鬆的遊戲態度來理解他者，並從中建構出屬於自己的意義。這樣的課程是迷人的、使人樂在其中的，並在這不斷的自我建構中，無限擴展，並開啟了想像的大門（江欣穎，2008）。

因此在學習上，即使教材、課程是固定的，但在主體與這些課程教材互動的過程中，教師如何營造出「空白」，讓每個孩子有機會以自己的方式和新知識對話、遊戲（play），進而在這樣的空間中發揮想像、將新的知識與生活經驗以及已有的知識架構產生新的連結，重新再建構成自我的觀點，最後達到自我超越的過程，並且在這個過程中，主體獲得了求知的滿足、感受到學習的愉悅（江欣穎，2008）。

教學如果像遊戲，教師最重要的是營造環境與提供孩子自由選擇的機會，讓孩子有時間與空間體驗及知覺教學內容，與同學、教師和自我對話及遊玩，進而感到求知的滿足和學習的愉悅。

四　教學藝術對教學實踐之啟示

周新富（2009）指出，教師受到個人認識論的影響，在進行教學設計與教學實施時會有不同的觀點與做法。認識論的流派紛雜，以實證主義（positivism）和相對主義（relativism）為例，實證主義包括行為論與認知論，行為論相信學習是外在刺激和行為反應的中介，認知心理學強調思考歷程與學習的結合，重點也是探討外在和內在活動的關係。實證主義認為外在真理的獲得需透過學習，而教學是傳遞外在真理的主要方法，傳統的教學模式都是這種哲學觀點的反映。

相對主義的觀點認為知識是由個體所建構，不存在個體的外部。事實（reality）不是直接可知的，只可以協商或共識的方式來推斷或分享，知識因而是學習者獨特的建構，不是一致性的傳遞。在教學上，這種取向重視學生中心的學習，認為學習是個體以協商的方式來提升個人的理解。教師主要的角色是營造學習情境，協助學習者建構知識（Hannafin & Hill, 2002）。這種建構教學有五種特性：1.學習是與複雜和實際的環境相結合，重點在解決實際的問題；2.提供社會協商（social negotiation）；3.支持多元觀點和多元呈現模式；4.強調學習的所有權，因個體是主動的學習者，可以控制自己學習過程；5.培養自我覺知在知識建構的過程。建構模式重視學習的過程，而不是學習的目的，對發展有意義的學習活動和高層次的思考特別有助益（Baylor, 2002）。

實證主義的認識論偏向教學科學觀點；相對主義的認識論偏向教學藝術觀點，因此，兩者在教學設計與教學實施時會有完全不同的風貌。科學取向的教學觀點，常常簡化教學的複雜性，認為教學可以視為社會科學現象，並從中分析出事件的法則關係，其中以教學系統化模式最具代表性。教學系統化以工具理性的方式來理解教室的教學行為，因此，教學實踐就極偏向技術性與實用性，認為教學就是設定教學目標，選用教學方法與教材，並進行教學評量檢視是否達到教學目標。這樣的教學取向常常忽略教學的主體——教師與學生，其個殊性以及其交互作用之複雜性。因此，常常無法解釋為何同樣的教學方法無法複製其有效性。值得省思的是，教學科學取向所輕忽的教師與學生，其實才是教學的主體，並且在我時代（Generation Me）加速其個別差異。

教學藝術重視教師與學生在教學中的主體性與主動建構性；在知識的範疇，除了重視理性，並強調感性；在教學目標，除了求真與善，並強調美的重要性。教學藝術幫助教學實踐者與教學研究者看見不同的社區背景、學校文化、教師信念及學生的特質等，皆是影響學習的關鍵。Vallance認為，教室情境、教學過程或課程材料等教育事件，就如同那些不可複製的藝術作品一般獨特（周淑卿，2005）。Eisner認為，具美感經驗的課程，是具有彈性的、變動的、驚奇的。美感課程擺脫了技術理性的思考，認同差異的存在，超越固定僵化的學習模式，讓知識的獲得成為一種更完滿、更充實的歷程（江欣穎，2008）。教育者不但應具有高超的技巧與專業知識，同時還應具有捕捉教學藝術性質產生之可能的卓越洞見及各種感性的能力。

杜威曾言：「教育要具有其專業性，則必須被當成藝術」。而教育活動若要不斷推陳出新，除了憑藉科學實驗精神與道德善的指引外，更需藝術領域所獨具的洞見、情感與創造力；也就是將教育活動當成一門藝術來創造，透過教學藝術之創發，才可使教育文化在傳承之中有所創新，師生也得以經由教學活動的共同參與，體會到知識殿堂的奧妙（王怡婷，2007）。

傳統的教學實踐因為過度強調教學科學，不知不覺就窄化了教學，只談科學定義下的「教學」，避談藝術定義下的「教學」，久而久之，教學就只剩下各種教學方法，各種技巧，教學實踐成為學習與運用各種既定教學方法之場域，教師陷在各種既定教學方法的框架中，忘記了重要的是教師與學生，他們的教學信念、教學風格、學習風格等個別差異必須成為教學的要素。教師自己是教學要素的一部分，深入瞭解自己與學生，以及教學各要素間可能產生之交互作用，教學時，專注在教學當下。那麼教學就有可能像坐雲霄飛車與爵士樂演奏一樣不可預知與令人驚艷，教師即能創造自己與不同學生間之獨特的教學體驗及結果。讓我們用不同的眼光看待教學吧！教學可以是師生共為主體，且相互激盪之美妙的理性與感性之旅。

參考文獻

中文部分——

王怡婷（2007）。杜威美學理論及其在教學藝術上的應用。臺灣師範大學教育學系碩士論文。臺北，未出版。

王策三（2000）。教學論稿。北京市：人民教育。

江欣穎（2008）。科學課程美感經驗之探究—遊戲與想像的觀點。國立臺北師範學院課程與教學研究所。碩士論文，未出版。

林生傳（1988）。新教學理論與策略。臺北：五南。

林進材（2001）。教學的科學與藝術。國教之友，**53(2)**，19-25。

周淑卿（2005）。課程的美感探究範疇與建構—當前問題與未來方向。課程與教學季刊，**8(3)**，11-13。

周新富（2009）。教學的意義、性質與研究。載於王財印、吳百祿、周新富（主編），教學原理（頁3-26）。臺北：五南。

高廣孚（1988）。教學原理。臺北：五南。

張鴻苓主編（2003）。語文教育學。北京：北京師範大學出版社。

陳錦惠（2004）。教學歷程中教師的美感經驗。國立臺北師範學院課程與教學研究所。碩士論文，未出版。

郭為藩（1979）。教育的理念。臺北：文景。

楊照（2010）。如何做一個正直的人。臺北：本事文化出版社。

歐陽教（1995）。教學的概念分析。載於黃光男（主編），教學原理（頁1-27）。臺北：師大書苑。

英文部分——

Eisner, E. W. (1994). *The educational imagination: on the design of evaluation of school programs* (3rd ed.). New York: Macmillan.

Gage, N. L. (1978). *The scientific basis of the art teaching*. NY: Teacher College Press, Columbia University.

Ornstein, A. C. (1999). Research for improving teaching. In A. C. Ornstein & L. S. Behar-Horenstein (Eds.), *Contemporary issues in curriculum* (pp. 68-80). Boston, MA: Allyn & Bacon.

Smith, B. O. (1985). Definitions of teaching. In M. J. Dukin (Ed.), *The International encyclopedia of teaching and teacher education* (pp.11-15). NY: Pergamon.

3 教學的「遊戲」結構

林逢祺
國立臺灣師範大學教育學系教授

無識自我之尊嚴，絕無尊重他人尊嚴之可能。

（Schiller, 1794: L24）[1]

席勒（F. Schiller, 1759-1805）《美育書簡》（*On the aesthetic education of man*, 1794）中的學說蘊含著深刻的教學理論，對於教師日常教學頗富啟發價值。本文旨在運用該書之核心思想來闡釋教學的內在結構，以說明為何教學藝術及教學的美取決於「遊戲」結構的建立與完整人性的發揚。正因為臺灣目前仍然普遍停留於忽略人性需求和漠視人性尊嚴的教學模式，席勒美育理論的教學蘊義也就顯得格外值得注意。

1 本文引述之席勒的文本皆出自《美育書簡》一書，為求簡潔，附註僅標示引文出自第幾封書簡（如L9即是代表第九封書簡）；若為席勒觀念之引申、解釋而非直接引用，便在書簡號碼前加「參見」二字（如參見L2）。另外，本文參考的《美育書簡》之英譯本有二，分別是R. Snell獨譯之版本，以及E. M. Wilkinson和L. A. Willoughby兩人合譯的版本。

一 教學的感性樣態

教學是影響力的發揮，而教學藝術則表現在不著形跡的浸潤作用。教師具有「純藝術」（the fine arts）的靈魂和天才，才能成為滋養高尚人格和偉大思想的不絕泉源。席勒說：「在真理得勝的光輝抵達內心深處之前，詩人的想像力先行捕捉了它的光芒……。」（L9）亦即真理的把握，透過藝術的感性管道將更為快速，因為藝術擅長以具體意象喚醒感覺官能和理性思維，並使之聯合運作，達到為抽象概念提供鮮明而易解之具體印象的效果。此乃藝術將「抽象具象化」[2]的能力。

席勒又說：

> 你要在謙虛靜穆的內心中珍愛得勝的真理，並以美的姿態將它從自身由內而外地展示出來，如此，則不僅思想敬重它，感官也會熱衷於捕捉它的形影。（L9）

在此，席勒間接道出了教學的秘密：對於真理的知性理解只能讓人敬重真理，還不能喚起熱愛真理之情；要等到人們懂得以美的形式，感性地將內在認識具象地表現出來，對於真理的熱愛才會發生，並由此散發動人力量，真理的傳播也在此刻得以潛移默化地遂行。

失敗的教學，有一部分原因來自於教師尚未掌握真理的感性樣態，便急於（或必須）以抽象說理「強迫」學生立刻接受顛撲不破的「正見」，這不但無法達到讓受教者敬重真理的目的，更難引發其熱愛真理之情。而依席勒之見，感性樣態的發掘乃是讓人對真理「既敬又愛」的關鍵。因此，懷抱教學理想者，在傳遞真理時不僅要精神上認識真理，還要能發現、創造及有效展示真理的感性樣態，方可竟教學之全功。這個道理提供了教學者一個檢視自我教學的絕佳線索：每位教學者

2 所謂「抽象具象化」乃是指將抽象概念還原成實際生活經驗中可感知的現象或例證；因為與實際現象的連結，抽象概念建立起接近、觸動人心的捷徑，也成為人人可以共同對話的主題。

都應當自我省思，分析在教學裡，「我要傳授的原理原則，都有適當而生動的例證了嗎？」教師的講解若是沒有這樣的例證，不僅學生瞭解不易，即便教師本身也會教得有氣無力；因為根據席勒的理論，這時教師講授的，必定還不是他百分之百熱愛的，而當他不能完全投入、接受自己講授的內容時，如何能講得傳神？如何能夠打動學生？值得一提的是，教學裡所用的感性例證（無論多麼精采、貼切），不能一成不變。這裡所指的一成不變，有兩個面向。首先是講法的面向：同一個例子，可以有多個講法；而實驗不同講解方法或呈現形式，不但是適應不同學生、不同教學節奏、不同教室氛圍的必要做法，也是滿足教者自身之創造天性，提升其教學興趣的良方。再者是例證的面向：教師面對性質差異極大的學生，僵硬使用同一例證來解說同一原理，效果往往不如預期；換言之，教授不同背景、不同程度的學生，適度改變用於講解的例證，乃是成功教學之要件。值得注意的是，例證不一定要由教師自行研發。有時教師殫精竭慮，就是無法提出妥貼的例子，但請求學生提供時，卻發現學生能毫不費力地舉述無比精采的案例。這說明學生是教師無比珍貴的教材發展夥伴；教學之中教學相長，教的人不必是老師，由此也可以得到說明。總之，發展適當、多元的講解例證，以提升教學內涵的感性樣態，乃是動人教學的必要條件，殆無疑義。

只是席勒並不看好一般教學者孕育感性樣態的創造力和耐性，因為創造真理之感性樣態的重要性雖然有不少人瞭解，可惜

> 並不是每一位胸懷這種理想的人，都有冷靜的創造精神和恆久的耐性，以將這種理想銘刻入無言之石，或鎔鑄為穩當的文字⋯⋯。神聖的創造衝動往往過於急躁，不願採取謹慎的方法，只想直接進入現實生活及行動世界，重塑道德世界中那些缺乏形式的事物。（L9）

只認識真理的理性形式，而不能以冷靜和耐心發掘其感性樣態，卻迫不及待地想要改造世界的人，經常嚇退那些還處於被動狀態的受教者。古語所謂「易子而教」的箴言，講的大約也是父母急於灌注「真

理」給兒女，不願「浪費」時間探求真理的感性樣態，缺乏和子女一同玩賞的興致，以致父與子在教與學中，盡皆索然無味，最終鬧得不歡而散；相對的，易子而教時，教與學雙方比較有冷靜、從容的心理距離，反而使「遊性」乍現、靈思泉湧，易於發現通往真理之門。只是，一般教學者對於這個常見現象的內在原理，並不一定完全理解，而理解者也未必能在實踐上貫徹。

更進一步說，席勒在此所提示的正是遊戲興致的重要。他說：

> 你那些嚴肅的原則，會把他們嚇走。但在遊戲中，他們將能忍受這些原則；他們的「品味」比他們的「心」更加純粹，因此你必須由此緊緊抓住那些膽小的脫逃者。（L9）

對於嚴肅的原則，人們「心」雖認同，但感於實踐之苦，經常萌生畏怯，或因情感柔弱，而不能全然接納，這種種不確定狀態令人不快，進而不自主地產生排斥心理，並有脫逃的衝動。相對的，遊戲興致能使人進入凝思、品賞的狀態，激發追求理性原則之感性樣態的衝動，並以生動象徵的發掘，向人的純粹「品味」展示理性原則感通人心的直覺姿態。舉例來說，生命世界中，生死相倚，是個嚴肅的定律，也是必然真理，但許多人面臨自己或摯愛親友的生死大關，仍然難以平靜地接受，這時詩人的隻字片語，如泰戈爾（R. Tagore, 1861-1941）的「願生如夏花之絢爛，死如秋葉之靜美。」（Let life be beautiful like summer flowers and death like autumn leaves.），經常可以對人產生安撫及感通的效用。而這即是席勒所謂：「在真理的勝利光輝抵達內心深處之前，詩人的想像力先行捕捉了它的光芒」，意欲表達的境界。許多成功的思想家都深知這個道理，並巧妙地運用。例如弗洛姆（E. Fromm, 1900-1980）在其名著《占有或存有？》（*To have or to be?*）一書中，為了生動而傳神地描述何謂「占有型」及「存有型」的生命情態，特別引用兩首詩。第一首是十九世紀英國桂冠詩人但尼生（A. Tennyson, 1809-1892）描述自己散步時，遇見一朵花的情形（Fromm, 1976: 4）：

裂牆縫裡的花，
我將你連根拔起，
整個握在手裡，
小花兒呀——假如我能瞭解妳
完完全全地，
我將能認識神和人的真諦。

在這首詩裡，花只是滿足但尼生認知興趣的工具，毫無生命尊嚴可言。所以，「連根拔起」花的時候，但尼生絲毫沒有意識到花將因此死去，更遑論為花惋惜；他只是思索著占有花之後，也許能透過對花的瞭解來達到認識神和人的目的。這種態度所表現的正是占有型的人，為達目的，不計代價也要占有外在事物的典型心態。弗洛姆引來和但尼生的詩句相對照的是日本詩人芭蕉（Matcuo Basho, 1644-1694）的詩作：

當我定神凝視，
驚覺薺花開了
就在樹籬邊上！

在前述詩句裡，芭蕉所表現的是驚嘆、欣喜，和內蘊在驚喜之中未說出但已暗示了的感恩、知足，完全沒有侵犯、占有的念頭。這是尊重萬物，與萬物和諧一體、共存共榮的涵養，也是存有型生存情態的最佳寫照。

要之，弗洛姆引用的兩首詩，不僅畫龍點睛地說明了何謂占有型的人和存有型的人，也為自己的知性理論，提出生動而又意境深遠的實例，可說深知席勒所謂「善用感性品味，傳遞理性原則」的道理。

二　教學的理性形式

然而我們不能誤以為人類只要求或只能在「理性的感性化」之中，體驗美的昇華作用；人也有將「感性理性化」的衝動，也能在這種衝動的轉化和實現過程中體驗美的底蘊。席勒認為，人如果只是以感性面對世界，拋棄心智活動，他將淪為純然的「物質」，而且此刻他所認識的世界，也將只是流變的「時間中一種無形式的內容」（a formless content of time）（L11）。

席勒認為，人雖然有恆動的部分，稱之為「狀態」（condition），亦有恆定的部分，稱為「位格」（person）[3]。位格要求人將認知中一切無形式的形式化，亦即將流變的恆定化，因為位格只有在恆定中才能將自己定位，並由此彰顯自己的獨特性（L11）。試想一個人如果在某一刻認定吸毒是惡的，在另一刻又認定它是善的，如此反反覆覆，難道不會感到茫然不知所措，進而懷疑起自己的定「位」和「格」律？質言之，認知的統一、融貫或恆定形式之確立，能帶來位格圓滿的美感，也是人之「典型神性」（the proper characteristic of divinity）的顯現（L11）。其實日常說法中，所謂「名正言順」、「名副其實」、「自我實現」等語，都可佐證席勒的見解。而席勒這個觀點，也可用於解釋為何「發現變化之中的秩序」或者「寓整齊於變化」，能帶給人無比的快樂。物體墜落、潮汐變化、水往下流等等看似不同的現象，實則都與「萬有引力」密切相關，學會和瞭解這個統一的原理，能使初學者快樂，而最先「發現」這個原理的牛頓（I. Newton, 1642-1727），其快樂自然更是筆墨難以形容。

透過前述認識來看教學，可知學生絕不會滿足於片段、零散事實的習取；學生渴望教師所教的任何東西，都有統一的形式，進而以此統一形式來觀察、瞭解，甚至創造各種事物。這種渴望不限於學習，一般人在日常生活的觀察中，也有類似的衝動。舉例而言，我們看國外一些公共標語時，有時會覺得不可思議。比如，有的公車在車內標示：「吐痰請向外吐，提高個人素質」；某地地震後，政府拉起紅布條宣傳：「命苦不怪父母，地震不怨政府」。這些口號很容易讓人覺得

3 在哲學上將person一字譯為「位格」，意指：瞭解人之尊嚴，能自由抉擇自己的路徑，「具有精神性及不能為別的個體所共有的特質之個別存有者」（項退結，1992：403）。

滑稽，甚至忍俊不禁，笑出聲來。而如果細細思考，或可發現它們之所以具有「笑果」，乃是因為它們都有康德（I. Kant, 1724-1804）所謂「出人意料之外」和霍布斯（T. Hobbes, 1588-1679）所謂「引發突然光榮（sudden glory）」的特質（參閱Lippitt, 1992）。換言之，這些標語所建議或提倡的事，都叫人意外、錯愕，同時感到自己一定可以提出更高明的意見來，而我們也就在這樣錯綜的覺知之下，不覺笑了出來，以抒發溢滿的情緒。有了康德和霍布斯的學說作為根據，我們不但得以理解各式各樣看似不同的滑稽現象，而必要時也可以運用兩人所描述的原理來創造具有滑稽效果的事物。這就是「寓變化於統一」的能力，也是席勒所謂之理性形式的尋取。

總結而論，「以法則貫串現象」和「以現象佐證法則」，同為成功教學或智慧生活不可或缺的要件；而人類感性與理性兼具的天性，則使得我們在能做到「以法則貫串現象」或「以現象佐證法則」時，感到莫大滿足。

三　教學裡的感性與理性

正因為人類的天性同時包含感性與理性，使得人同時受到兩種相反法則的驅使。席勒指出這兩種法則一是「絕對實在性」（absolute reality），另一是「絕對形式性」（absolute formality）；前者要求人把內在（理解之形式）外在化，後者則要求人把外在（大千世界之萬象）內在（形式）化（L11）。遵從第一種法則的驅力，席勒稱之為「感性衝動」（sensuous impulse），此一衝動強調此時此刻個體如何於現實世界的界限之內感知多樣豐富的現象，這是個體與真實世界相連，認識萬物之變化性和外延性的力量來源；遵從第二種法則的驅力，席勒稱之為「形式衝動」（formal impulse），此一衝動來自於理性追求自由、和諧、不受限於個別現象的特性，也是企圖將個別案例當一切案例之法則、把一瞬當作永恆的動機，其實現可使個體的自主性最大化（L12, L13）。席勒認為，教育的目的在於把人的這兩種特性統一起來，使位格獲得最高自主性，且和感性的最大豐富性統合，以達內外合一的要求；而實現這種理想狀態的人，不會在大千世界中失去自我，反而能將外在的豐富現象聚斂到內在精神之前，並以理性彰顯其一體的形式（L13）。

可是形式衝動和感性衝動也可能互相侵害。席勒相信當感性衝動取得絕對支配性，使感官成了「立法者」時，人將與客體無異，位格也因而消失；當形式衝動過剩而取代了感性的功能時，則是用形式在感受，這將使形式失去內容，並因此解消自我。要從這種衝突中跳脫，人們必須認識到：

> 只當人是自主的，實在才外於他，他的感受力才夠敏銳；而當人的感受力是敏銳的，實在才內於他，他才是思維的力量。（L13）

換言之，當人的自主性和感受力同時處於有效運作狀態時，感性衝動和形式衝動才相生而不相斥。

在教學上，有許多感性衝動取得絕對支配性的情況。常見的是教師以自認為「精采」的個案，占據了教學的絕大部分時間，而未作理性形式的深度探索。以致教學後，學生只記得聳動的故事、情節或笑話，不知其寓意或「道理」為何。另方面，武斷地以未經深究的個案，得出自認為「整全」之見，則是教師教學時經常難以克制的感性立法衝動，引人落入「洞穴偶像」的困局。至於教學時「以形式取代感受」的象牙塔現象，也是不勝枚舉。以取得知識的條件而論，當我們主張某個人（甲）擁有某個知識（P）時，這個主張的成立至少要符合三個條件：

1.P為真。

2.甲相信P為真。

3.甲提出充分理由證明P為真。

目前臺灣的中小學教育，升學主義風潮仍然高漲，為了以「經濟有效」的方式求取好成績，教師教學時往往只注重將結論或真理（P為真）「告訴」學生，並要求學生快速牢記，不問學生是否相信P，遑論細究其是否能提出恰當理據來證明。這造成學生學習到的，只能停留在淺層記憶，無法進入內心裡。教學者需瞭解：沒有感性實例的理性形式是空的，缺乏動人能量，不能使人「相信」，亦不能具體而有力地得到「證明」。如果教學的核心是在使人能「相信」和「證明」知識，則感性實例的探索、蒐集和運用，就有不容忽視的價值。教師們在此可能面對的問題是遺忘了自己所教的是「學生」而不是「考生」。學生渴求的是學習樂趣，考生在乎的是標準答案。如果教師把學生當考生來教，則提供學生們標準答案，教學任務也就大致完成了。在拉丁文中，"studere"（「學習」）一字的意義是「熱愛」（to love）；換言之，學生原是知識的熱愛者（Standish, 2005）。學生要成為真正的「學生」（知識的熱愛者），而不只是考生（現成答案的接收者），有賴教師在教學過程中，引導學生掌握其學習「文本」（text）的實際生活「脈絡」（context）。學習如果能做到文本之脈絡還原（亦即實例的探索、蒐集和運用），就是超越形式衝動，進而滿足感性衝動，此將有助求知熱情的維繫。

無論如何，究竟如何才能兼顧感性衝動和形式衝動，使兩者確實達到「相生而不相斥」的狀態呢？席勒建議：「放鬆」（relaxed）。

四 「放鬆的」教學

依席勒之見，感性衝動和形式衝動兩者都需要放鬆。感性衝動的放鬆不是讓感覺能力鈍化，而是要全力增加個體對現象的知覺廣度，但把現象深度的探索交給位格，鼓舞精神的自主和自由；形式衝動的放鬆，不是指精神、思維和意志的鬆懈，而是指理性力量高度運作時，仍然瞭解感覺的豐富性乃是照耀精神活動的光輝泉源，因而預留感性運作的天地，避免任意對其施加暴力（L13）。如此我們可以說席勒所謂「放鬆」是指人的感性和理性同時活潑躍動，而且感性和理性都自覺自己只代表真理的部分，故能容納彼此、協同運作，使人在認知和行動上具備彈性，並表現出「變化中有統一、統一中有變化」的形式、彈性和力量。對於這兩種衝動所可能產生的互惠、相生之性質，席勒的結論是：

> 一個衝動的活動，既引發另一個衝動的活動，也為其定下界限，任一個都因為另一個處於活躍狀態，才發揮最高潛能。（L14）

如果把教學比作「植物」，則理性的形式衝動可說是「陽光」，而知覺的感性衝動可喻為「水」。植物需要充分的陽光，也需要足量的水，就如同教學時，形式衝動和感性衝動同時需要得到充足的滿足機會。只看重或偏重形式衝動的教學，會變得枯燥乏味，一如只有陽光沒有水，或長期陽光炙烈，植物終會乾枯死滅。另方面，只看重或偏重感性衝動的教學，會變得浮泛不定，正如只有水分沒有陽光，或長期水滿為患，陸上植物終將陷溺腐壞。為了植物的生長，水和陽光要調節；為了學生的學習，教學時的形式衝動和感性衝動要在席勒的放鬆原理下，相互激盪調配。

綜而觀之，席勒的放鬆概念，對教學者至少有三個重要意涵：

第一，教學前的感性知覺和理性思維必須是飽滿的，而這種狀態來自充分準備。放鬆並不是放任感覺鈍化、精神鬆弛，反而是感性和理性的充盈和高度活潑。這樣的狀態唯有教師在課前身心安頓得宜、教材教法皆經深思熟慮，正式教學時才有放鬆的寬闊心理空間和實作能力根源。當然，有些時候課前再怎麼準備，也難覺得充分，這時教師的放鬆要領應在釐清課程中自己感到有把握和無把握的部分；有把握的部分思考如何生動清晰而有效率地教，無把握的部分思考如何從中歸納出關鍵議題，並將之化為課堂中師生共同挑戰和解決問題的遊戲，如此便能放鬆師與生的身分定位，降低緊張、焦慮，使感性和理性回復充盈，提高教室活潑朝氣。

第二，不以課前準備（無論多充分）為教學內容之全體。即使教師自覺課前準備完全妥當，正式教學時，絕不能只是把原先準備好的內容充分地教授就罷了，課堂中還要不斷要求自己適時邀請學生以其敏銳的感覺和思維，來豐富課堂中的感性和知性材料，並樂於根據學生的貢獻修正課前預定傳授之形式或法則。這樣的教學富有「冒險」[4]意味，對教學者或學習者而言，同為刺激的探索歷程。質言之，教學要有冒險時間，當教學真正成為求知的冒險，教與學雙方便是到了都能完全放鬆並忘情於共同開拓之園地的時刻。

第三，不陷溺於感性材料或理性形式。要在教學中讓感性材料和理性形式充分相互激盪，追求「以形式統一感性材料」、「以感性材料激發形式之創新」的目的，若能達到這樣的境界，教學將成為「由有限走向無限」的動人歷程。這時的教師在傳授理性形式（原理原則）時，會反思我有足以印證形式的感性材料嗎？或者有沒有感性材料足以否定這個形式？講述感性材料時，則會尋思自己舉出的種種個別實例，是否有貫串的原理可以用來詮釋和理解表面上紛雜不一的案例？要之，教學中的感性材料和理性形式的往返回饋，應該是不停歇的，而這種回饋若能不間斷，即印證了放鬆的精神是存在的。

伍　教學「遊戲」結構的創生

教師能在教學中放鬆，就是為進入「遊戲」狀態做好了準備。席勒說，感性衝動和形式衝動的協力合作，即為「遊戲衝動」（play impulse）（L14）。感性衝動要求感受對象；形式衝動要求創造對象；遊戲衝動則要求「在感受中創造，在創造中感受」（L14）。正因為遊戲衝動能同時滿足、統一人的感性與理性的雙重天性，所以席勒認為只當人遊戲的時候，他才是完整的人，且也只有完整的人，才遊戲（L15）。席勒又說遊戲衝動的對象是「活（生動）的形式」（living form），而活的形式即是最廣義的美（L15）。例如一塊大理石雖無生命亦無形式，但經藝術家之手，可以化為活的形式；然一個有生命的人，雖有形式，其形式卻不一定是活的。而一個人能在什麼時候現出活的形式而具有美呢？席勒認為：

4　Filene（2005）對教學蘊涵著冒險成分的現象，也有深刻闡釋。

> 只當一對象之形式能活在我們的感覺裡，且其生命又能在我們的知性中展露形式時，此對象才是活的形式；同時無論我們在何種情況下判定一對象為美，道理總是如此。（L15）

席勒進一步主張，認為唯有活的形式才能同時贏得人的愛慕和崇敬，活的形式因為在感性上令人覺得優美，故得愛慕，又因為在知性上向人展露尊嚴，故受崇敬（L15）。席勒舉雕像為例來說明這點，他說希臘女神朱諾（Juno Ludovici）的雕像除了有女性的嬌秀，還散發無所求的靜穆，故而能成就令人愛慕和崇敬兼而有之的活的形式。

教學要展露席勒所謂活的形式，亦即要成為美，應以遊戲為結構。此可由四個方面來解釋：

第一，教師需瞭解感性衝動和形式衝動是並存、分立，且皆有價值（皆有存在權利）的人性本源。教師能認識這個事實，才能適時調整教學，使感性衝動和形式衝動都成為教學的部分而非全體，且兩者都不對教學產生強制作用。如此為教學的「自由」立下了基礎，也為融合兩者成為一體狀態（遊戲衝動）鋪下了發展的道路（參見L16, L18, L19）。

第二，教學以遊戲為結構，就是以美，而不單以感覺經驗或抽象形式為對象。這樣的教學將同時具有「振奮之美」（energizing beauty）和「柔化之美」（melting beauty）。它的振奮之美有助消除力度及深度的不足，使軟弱變柔和、輕佻變輕快、冷漠變冷靜、膚淺變廣博、任性變自由；柔化之美則幫助教學化解感性緊張與精神緊張，免於感覺或概念的壓迫，從而保有自由及多樣性（參見L16, L17）。

第三，遊戲結構可以使教學進入「美感狀態」（the aesthetic）。美感狀態是一種中介心境（middle disposition）、自由心境，也是一種純粹狀態，擺脫一切既有規定，不以任何特定目的為對象（參見L20）。處於美感狀態的教學，不會僅僅以數學、物理或道德為唯一對象，而是能在數學裡看見物理、在道德裡和數學遇合。這就像最高等的音樂有圖像、最美的繪畫有樂章、文學裡有雕刻、雕刻裡有詩篇一樣，而這正顯示美的教學具備由有限通向無限的自由潛能（參見L16, L17）。

第四，以遊戲為結構的教學，能喚醒人自為立法者的尊嚴。教師若受物質世界盲目必然性之左右，將只是感性之奴，雖不依循任何規則，卻也不自由。因為一切事件或現象，對他而言都只是命運，而非能夠思維或改變的對象；這種教師不但自身不自由，也不能使人自由。相對的，教師的理性思維衝動如果急於脫離感性擺布，可能誤把個人感性之無限放大，認作個人感性之脫離。這樣的教學，將成為學生的奴役，無法包容、珍視學生的差異。教學的起點應在重視學生紛雜多元的生命經歷，並協助其由自我感性知覺到的種種個別案例，尋繹出理性形式之全體，進而學會如何成為自我生命的立法者；而這也是具有遊戲之美的教學所可授予人的最寶貴禮物：人性和自由（參見L24）。

陸　教學藝術：自由和想像的遊戲（代結語）

> ……藝術是自由的女兒，必須依從精神需求的指令，而非受物質渴望的差遣。可是，如今必然性（necessity）成了主人，墮落的人類屈服於它的暴虐宰制之下。效用（utility）是這個時代崇尚的巨大偶像，任何力量都要為它服務，所有才能都宣示對其效忠。在這些天平上，藝術的精神貢獻無足輕重；因為失去一切鼓舞，藝術就此遠離我們這個時代的喧囂市集。（L2）

教學是一種藝術，展現高度藝術的教學乃是自由的後裔。席勒在前述引文裡所指出的藝術發展隱憂，也可用於說明教學藝術不得自由的大敵，乃在只考慮三個密切相關的元素：物質性、必然性和效用性。當教學者把感性所知覺到的世界認作一切，只受命於物質需求而不發展精神力量，其教學將與主體自由絕緣，並停止追求成為藝術的可能。物質世界是受科學必然性宰制的範疇，因此強調物質面向的教學，也將自困於必然性的考量，是極為自然的。當教學者認為凡不涉及或缺乏科學的，就不能、不值得甚或不該教時，便是認必然性作教學的主人。誠然，科學大肆開疆拓土的同時，許多教學不由自主地崇拜，竟把自身的藝術當作貢品，無條件地獻出，這是席勒所言之「墮落」。然而，不作藝術、不求精神性存在、不探索必然性之外的自由空間，是墮落嗎？無論這個問題的答案為何，我們似乎已經進入專以物質和科學為單位來計量教學之「效用」的時代，此刻的「教學藝術」即使不願意，恐怕也不得不「墮落地」退出「我們這個時代的喧囂市集」。

不作物質和科學的臣僕而又能優游於教學、不使教學「硬化」者，是伯恩（J. A. Bowen）所謂「不器之教」（teaching naked）的高手（Bowen, 2009）。伯恩是美國南衛理大學（Southern Methodist University）梅鐸斯藝術學院（Meadows School of the Arts）的院長，有感於現代大學課堂上，盛行在昏暗的光線中，全程以「電腦簡報」（PowerPoint）呈現教學內容，已經使教學喪失了面對面對話、激發智慧火花的大學精神，因此呼籲課堂教學拋開一切機器輔助，進行與學生直接論辯、對話的「不器之教」。值得注意的是，伯恩所謂「不器」（naked），不僅有不倚賴機器輔助之意，也有拋開（或不困於）講義的意義，如此課堂才能真正成為心靈對話的殿堂；至於講義的閱讀甚至評鑑，大可透過網路，於上課之前或課後進行。其實是否使用機器，並不決定教學藝術之可能與否，重點端在如何使用機器以及機器呈現了什麼。明白地說，對話不一定要是口語的、人與人的交流，教學機器表現的內容若是活的，也可在學生心中激起對話的熱情。這裡所說的活的內涵，用席勒的觀念來詮釋，就是突破物質性、必然性和效用性的思維，而能自由進出現實與想像世界，並激發創意的題材。對席勒來說，停留或受限於物質滿足的人，尚未自由，行有餘力而能超越物質需求的「無所為而為」，才能展現自由，才能在行動中表現出遊戲興味，而藝術也就在這樣的狀態中萌芽。即便是動物，也有遊戲，而其遊戲也是活力充沛、行有餘力的自由。席勒說：

> 促使動物活動的因素若是匱乏，牠是在工作；促使其活動的因素若是力的充沛，亦即純粹因為生命力過剩而活動時，牠是在遊戲。（L27）

雄獅飽食之後，在曠野中乘風漫步；蝴蝶在空中翩翩起舞；鳥兒在樹梢引吭高歌，這些都是無所為而為的自在遊戲。兒童在精神上和體能上，經常顯現出遠較成人充沛的狀態，其可能原因之一乃在兒童的思想較不易固著於特定目的，所以能放鬆遊戲。雨傘在成人手中只是避雨的工具，在兒童手裡，一翻轉就成了可以在地上旋轉的陀螺或者任何成人意想不到的東西。所以，席勒認為在童心、美感趣味和遊戲的國度裡，萬物平等的理想可以實現；因為這時無論高貴的或低下的、科學的或非科學的、物質的或非物質的，一概皆有無限幻化的可能，想像之門也於焉開啟（參閱L27）。相反的，如果只停留在現實世界，只承認物質、科學和實用世界的有效性，想像的力量和遊戲的空間將會異常有限。想像的解放，象徵著人能超越日常目的和自然科學法則，但也因而使人擔心會脫離現實，甚至過著虛無的生活，但席勒更擔心的是想像力因遷就現實而逐漸乾枯。他把想像力稱作「自主擬像」（autonomous semblance）的發展能力，並斷定人們什麼時候能超越現實目的和功利，無所為而為地創造和評價「純粹擬像」（pure semblance）時，人的天性就在那一刻起了一場革命、一種飛躍，並蛻變成真正的人（參閱L27）。

席勒的理想是在遊戲的狀態中，為人性保全自由和想像的最大空間，也在此為藝術的發展儲備最為豐沛的能量。就教學而言，若教學要成為藝術，則其歷程也必須是一種充滿自由想像而富人性意味的遊戲。在這遊戲中，感性和理性時時對話、現實真相和自主擬像一同被重視，由此生動教學得到活水源頭。哥倫布（C. Columbus, 1451-1506）發現新大陸是個歷史真相，可是有教學藝術衝動的教師並不會滿足於學生牢記這個事實；相反的，他可能藉由活動來開啟學生進行一些相關的重要想像。例如，他可以邀請學生思考若是鄭和（1371-1433）最先發現美洲大陸，人類歷史會發生什麼樣的變化？學生在思考這個問題的歷程中，可能提出一些令人驚奇或感到有趣的答案，像是：「什麼也不會改變，因為鄭和只會要求蕃人朝貢，不會派兵占領。」或是「現在全世界最流行的速食，可能是刈包，而不是漢堡。」等等，此時，無論學生提出的答案價值如何，都可為教學注入意想不到的趣味和新鮮朝氣。

總之，以席勒的遊戲概念來建構和進行教學，乃是使教學人性化、生動化和藝術化的可行途徑。雖然有的學者（Goouch, 2008）指出，只有極少數的教師敢於把遊戲的原理應用在教學，但如果有人能將席勒的遊戲概念深化到教學的每一個環節，相信是教師展現專業以及樂在教學的一大助力。無可否認的，這種境界的達成，除了要對教材有高度瞭解之外，更需要耗費無比心神於實例的尋取。換言之，這是一條漫長道路，卻也是在教學中完全展現人性尊嚴的必經之路。

參考文獻

中文部分——

項退結編譯（1992）。西洋哲學辭典（W. M. Brugger原編著，1979年出版）。臺北：華香園出版社。

英文部分——

Bowen, J. A. (2009). *Teaching naked: Why removing technology from your classroom will improve student learning.* Retrieved Dec. 23, 2010, from http://cig.standford.edu/~dept-ctl/cgi-bin/tomprof/posting.php?ID=786

Filene, P. (2005). *The joy of teaching: a practicle guide for new college instructors.* North Carolina: University of North Carolina Press.

Fromm, E. (1976). *To have or to be?* Toronto: Banatam Books.

Goouch, K. (2008). Understanding playful pedagogies, play narratives and play spaces. *Early Years, 28*(1), 93-102.

Lippitt, J. (1992). Humour. In D. E. Cooper (Ed.), *A companion to aesthetics* (pp.199-203). Oxford: Blackwell.

Schiller, F. (1794/1965). *On the aesthetics education of man* (R. Snell, Trans.). New York: Frederick Ungar Publishing Company.

Schiller, F. (1794/1967). *On the aesthetics education of man* (E. M. Wilkinson & L. A. Willoughby, Trans.). Oxford: Clarendon Press.

Standish, P. (2005). Towards an economy of higher education. *Critical Quarterly, 47*(1-2), 53-71.

（本文感謝洪仁進及葉坤靈兩位先生的校正）

4 教學是在連接號上耕耘的藝術

吳麗君
國立臺北教育大學教育學系教授

一 前言

連接號（—，～）是一個表示連接、起止、流程的符號。在兩個相關的名詞中間使用連接號構成一個意義單位；在相關的時間、地點或數目之間用連接號，表示起止；在相關的字母、阿拉伯數字等之間用連接號，表示產品型態；在幾個相關的項目中間也可以使用連接號，其意義表示遞進式發展。本文把連接號放在兩個名詞之間，取其「連接、起止以及遞進式發展」的意涵，例如「教師—學生」意謂著由從教師到學生，進一步引申則可以看成是兩者間的「關係」，也可以解讀成教師在教學生涯的進程中，由自我的關懷慢慢遞進發展成關懷學生。細細長長的一條連接號猶如單槓一般，老師要順利而優雅地在兩端游移、穿梭，猶如藝術家一般，在穿梭之間把師生串連在學習的氛圍上，在來回的游移間締造第三空間，在行走於兩端的練習中遞進式地發展教師自身的專業。

用連接號的角度來看，首先我將簡要探索教學和藝術具有那些可能的關係？當我們說教學是一種藝術，究竟深層的意涵是什麼？Eisner（1994）在其著作《The Educational Imagination》乙書有專章探討教學藝術，Eisner主要從美術的視角來探究教學藝術，Eisner認為教學被視為藝術至少有下面四個理由：第一，教師和畫家、作曲家、演員、舞者一樣，在行動的歷程中隨著開展出來的品質而不斷地進行判斷。第二，教師的教學行動並非全然遵循處方箋式的常規，教學中有許多不可預測的成分。第三，教學可以在技術的表現上或以其優雅的行為讓師生均感受其美感。第四，教學可被視為藝術，因為教學的目標產生於教學歷程；如果是運用技巧以達到先前預定的目的，則被界定為技藝（craft）而非藝術。我固然可以直接參酌引援Eisner的論述，但在本文我試圖運用譬喻的視角，再度從藝術來回望教學。除了Eisner所提供的洞視之外，企圖有我自身對於教學藝術的看見。

囿於篇幅，本文第二部分僅對焦「師一生」這一個連接號，欣賞資深優秀教師的優雅精采的表演，繼而看見新手教師的可能改善空間。對照不是為了一比高下，而是為了突顯特色、看見優勢。思維中沒有比較是困難的，並置有助於教育社群的新手看見好的藝術、學習鑑賞，繼而在琢磨中也成為高明的教學藝術工作者。

文獻探析之外，訪談及文件分析是本文主要的研究方法，筆者於2007～2010年間陸續訪談師鐸獎、power teacher得獎教師和縣市特殊優良教師共20位，另邀請任職五年（含）以下的7位新手教師撰寫反思札記或接受訪談。訪談的部分有6位受訪者係由研究助理進行訪談的工作，其餘均由筆者進行訪談。這些訪談的設計原來是為瞭解教師的實務知識，實務知識的範圍相當廣，而師生關係只是其中的一個小項目。易言之，本研究乃以師生關係的經營為視角來和既有的田野資料進行對話。

二　教學和藝術之間的連接號（教學一藝術）

教學不但是一門理性的科學知識，也同時擁有藝術的色澤。這是教育社群耳熟能詳的論述，在這一個被「視為理所當然」的論述之上，如果進一步追問，則首先湧進我腦海的問題是：藝術具有什麼特質呢？提到藝術，舞蹈、音樂、繪畫、詩詞、視覺藝術、戲劇等等一股腦均湧上心頭，它們具有哪些特質可以豐厚教學的景觀呢？如果從譬喻的視角看，教學與藝術二者又有哪些相似之處呢？藝術對於教學能提供什麼洞見呢？

一個藝術門外漢如我，用藝術教育中著名的幽谷現象（U）來看（袁汝儀，2010a，頁116），我目前的藝術水準是停留在U這一個圖形的谷底，或許藉著書寫這一篇文章，參考藝術教育的相關論著，我的藝術水準可以朝U的開口處探望。走筆至此，不得不佩服Richardson和Pierre（2005）的論述「因為我不懂所以我探究」。我把自己帶到圖書館藝術類的書架前，這是過去我從未駐足的區域，《當代藝術家訪問錄》（廖雪芳，1980）在書架上向我招手，書中讓人敬重的藝術家說出了撞擊我心扉的話語，這些藝術家的思維不但改寫了許多我個人對藝術的先前概念，也進一步詮釋了教學如藝術背後的多種可能。

(一)從藝術家看教學和藝術之間的連接號

藝術家強調反思的習慣、在乎嚴謹的工作態度，並且要不斷地推陳出新，藝術家要有深刻的感情同時又要視野恢宏看得深、看得遠。從這些可敬的藝術家口中所吐出的珠璣，我看見藝術工作同時包含了紀律（discipline）和不確定性。此外，從藝術工作者的自我界定也看到「探究」是教學和藝術背後的相似紋理。

國畫家劉延濤對自己的創作永遠抱持著嚴格的態度，他時常反省、思考，主張畫家要多看、多聽、多想、多畫，以培養人格，充實學力（廖雪芳，1980）。如果把劉延濤說辭的主詞從畫家改為教師，其適切度絲毫不減。而劉延濤對於自己作品的嚴謹態度，也是把藝術家視為浪漫者的我始料未及的。畫家高一峰也有相似的見解，他說：「學畫並非平常人想像的那樣閒散，必須態度嚴肅認真，作畫時用腦思考，不作畫時頭腦也不能閒著，仍需觀察、思考」（廖雪芳，1980）。另以西畫工具表現國畫空靈感覺的畫家張道林一再強調：「藝術要不斷前進，不能重複過去，更不能抄襲自己，……誠懇地矻矻不息於創作路途之上」。在認真努力這一個元素之外，張道林的話語加入了「創新」的元素；另黃君璧也說：「我不服老，只要一筆在握，我將繼續求新、求變」（廖雪芳，1980，頁107）。這兩者都道出了藝術工作者對於創新價值的重視，對教學者而言也是深具價值的提醒。藝術家勉勵自身不能自我抄襲，這是在「求新求變」上非常嚴謹的自我要求；教育家則自我期許「苟日新，日日新，又日新」，我看見了跨藝術和教學的深層文化文法。

崇尚寫實的畫家李梅樹說：「無論音樂、繪畫，都得充分表達作者的感覺和情緒才算有藝術價值，如果作家本身不知感動為何……價值就不存在」（廖雪芳，1980，頁92）；高一峰有相似的見解，他說：「有所感而作的畫才有感情，有感情的畫始能動人」（廖雪芳，1980）。感情、感動是藝術家看重的，豐子愷也主張「真的美術的繪畫，其本質是美的，美是感情的，不是知識的」（豐子愷，1998）。對於老師而言，在教學上知識和感情二者必須得兼，而熱忱、教育愛是社群熟悉的語彙，甚至視為理所當然而「近廟欺神」，喪失了我們對熱忱、情感面向的敬重和敏銳。從科學研究的角度來看，教育愛無法被量化，熱忱也不易被研究；教育名言「教育無他，惟愛與榜樣」也因為一再地被口頭消費而起了厚厚的繭，喪失其動人的神韻。但是從教學走過那細細的、單槓般的連接號過渡到藝術的殿堂，驀然回首再次看見「有感情的教學始能動人」。我想起一位獲獎無數的小學老師在訪談中告訴我，他因為看了魯冰花這部電影哭得像淚人般而下定決心要當老師，在十餘年的教學生涯中他深刻體會到「感動你就可以感動孩子，就可以感動其他人」（杜20090324），在訪談裡他又說：「比起經驗，其實態度、熱忱還是最重要的」（杜20090324）。熱忱與感動接駁了藝術和教學。張大千說畫家的一枝筆是用來補造化的缺陷，走過連接號來到學校的殿堂，則老師的愛該用來撫平社會的不公不義，從這位因魯冰花而動情並獻身給偏遠地區孩子的老師身上，我看見他正在揮動張大千所說的那一枝補足缺陷的正義之筆。

畫家黃君璧強調「行萬里路讀萬卷書，這是開拓心胸、提升畫境、充實畫法與構想的最佳途徑」（廖雪芳，1980，頁103），藝術家需要視野，以知識分子自居的老師更需要跨界的經驗來恢宏自己的氣度。畫家的工具不是筆墨顏料而是不斷自我修練的畫家自身；用豐子愷（1998）的話來說，練畫不是練手腕，而是練心靈。

Pringle（2008）以視覺藝術家為案例所進行的研究發現：他們把藝

術工作界定為「概念探究以及意義建造的歷程」，他們參與創造性的探究以及問題的解決，而累積所得成果就是全神貫注於概念性創造的學習果實——其藝術作品。這些視覺藝術家或許有絕佳的數位科技能力或精於焊接技巧，但這些技巧僅用於表達藝術家特定的想法，這些藝術工作者並未把自身狹義地界定為雕塑家或攝影師。Pringle以社會科學研究的方式所獲得的結果和豐子愷等藝術家的論述是一致的。同理，影響教學最深遠的不是課程內容、不是教學方法，而是時時勤拂拭，勇於不斷向內觀照，勤於向外建構的教師。老師的自我界定必須超越狹隘的「數學老師」、「英文老師」等等，而教學當然是一種「探究以及意義建造的歷程」。

一位教學風格獨特的優秀老師在訪談中提到他對小學現場老師的觀察：

> 「事實上這些老師的生命就到達教科書要教什麼就教什麼，他沒有自己的想法，對自己的生命沒有多的期許。所以你看學校老師辦社團、辦研習懶洋洋的。為什麼？他覺得好累喔，為什麼覺得好累，因為沒有別的東西來滋潤。……每一個老師我覺得都需要一口他生命的深井，深井才會有活水源頭去滋潤他和滋潤他的學生和所有的東西。在這個方面我比較特殊，因為我一直在外面學習……，而且一學就是十年以上。學書法、學古琴。所以我覺得在這方面我就一直有熱情，我的熱情是從這邊灌進來的。」（黃20090429）

在教師的「生命樣態」這一個話題下，黃老師又說：

> 「你看到不一樣的東西的時候，你會對教育有更大的反差，你如果什麼都沒看，就不會有反差，就是這樣子啊，這樣很好了啊。看了那麼多東西，去香港、去大陸，看了那麼多教育。你會發覺說，我們以前是贏香港的耶，現在怎麼輸人家，還越輸越多的感覺。」（黃20090429）

地理上的跨界經驗讓黃老師的視野不同了，這個經驗和一位任教三十年依然動能十足、熱情洋溢的老師之生命經驗有共振之處，她說：

「因為我先生留學日本九年……我79到81留職停薪兩年……這兩年日本的鷹架，讓我深入日本，對我回國後這十六年的工作有相當的啟發。回來的前八年我做社區營造，納入教育系統。……後八年遇到學校百年校慶，我編百年校史，轉化為學校本位課程。去日本之前，我就是當一個老師，把現有的進度教完，我就是這樣的老師。可是從日本回來之後，這十六年我就不只把進度做完，啟發性很大」（蔡20080702）。

藝術不是技巧的事業，是心靈的事業（豐子愷，1998）；教學也不是教材教法與班級經營的堆疊而是深耕教師生命的志業。當教師的生命豐厚了，教學的風采也必然動人。

(二)從「工具及技法」看教學和藝術之間的連接號

從藝術家的經驗切入，我看見教學和藝術有諸多神似之處，也肯定教學可以從藝術獲得能量和洞視。前一段固然提及教學和藝術都是心靈的事業，但是在心靈的修練之外，教學可以向藝術領域借鑑之工具及技法的層面亦不在少數，如《藝術其實是個動詞》乙書的作者E. Booth說：藝術有很多有效的工具，像有目的的注意、串聯關係、使用抽象隱喻、想像及說故事等等。藝術家的工具箱裡這些有效的技法，也是老師在教學現場用得上的文化工具，例如在串聯/配對這項工作要做得好，必須先使用「注意力清掃功能」中「延遲解釋衝動的能力」。藝術家知道在點描畫家秀拉的畫前觀察得越久，將學到更多有關點描的知識，在判斷前後若能空出一段玩賞時間，將會出現意想不到的靈感和領悟，藝術家能忍受甚或享受暫時的「腦袋留白」以製造新的、巧妙的連結配對（謝靜如與陳嫻修，2000，頁101）。藝術家這種刻意擾亂人類效率機制的作為，讓我聯想起教育社群近來談「慢養」的作為，二者有其共通之處。

在忙亂而且時間被壓縮的教學現場，有效率的作決定是被老師看重的，但藝術社群這種反其道而行的作為值得我們借鏡。藉諸刻意的放慢或有助於改善許誌庭對國小教師缺乏深度思維的觀察，許誌庭（2004）指出，國小教師往往必須在極短的時間內往返於不同的場域，處理不同性質的事務，接受不同來源的訊息及面對不同的對象，其結果是國小教師的思慮長期處於割裂狀態，以致於無法對特定事務有較為深層的理解，因而容易形成過度簡化的思維，所採取的行動亦多屬於能快速見效的適應性行為，以便能應付下一個突發狀況。如果教學現場的老師也能偶而啟動「延遲解釋衝動的能力」，或有助於「思慮長期處於割裂狀態下，無法對特定事務有較深層的理解」的改善。

此外，從教學法的角度來看，在藝術領域經常被使用的拼貼教學，其精神被借用而運用於其他學科的學習已經相當普遍，並且已有深刻的學術論述（Garoian & Gaudelius, 2008）。教學包括老師的教和學生的學，而學習的考量應該先於教師的「教」，所以學習的理論也應先於教導的理論。以藝術本位理論（Arts-based theory/ Art-based theory）的學習（Sefton-Green, 2008）來看，Egan從文學出發看見想像力的重要性，並強調語言這一個認知的工具；而Eisner和Hetland等，則重視後設反思（meta-reflective）以及奠基於自發性的試驗性理解（experiential understanding）；另視覺藝術亦看重語言的角色，以及針對經驗進行反覆地反思以達到深層的理解。至於戲劇似乎提供了比較複雜的故事，一方面戲劇強調從經驗出發進行反思，看重後設反思的位置；但另一方面戲劇也重視從不同角色去理解不同的視角並發展其同理心，易言之，在反思、批判之外，未經仲介的經驗亦是戲劇所看重的。從藝術出發到教學，在工具的層級我看見其間的連結是豐富的、是厚實的，例如重視「做中學」這種未經仲介的經驗是教育領域常見的景觀，誠如Handy所說，最好的學習發生在真實的生活中，遭逢真正的難題、面對活生生的人而非在教室裡（Meighan, 1994）；此外如反思向來被視為專業教師之重要特質，因此Schön的論述〈在行動中反思〉以及〈對行動進行反思〉在教育社群廣受矚目。

不管從藝術家的論述或是從工具技法的層級切入，均可以看見教學可以從藝術的殿堂汲取養分，同時也能看見二者背後的文化文法。教育與藝術間的這個連接號是堅實而豐富的，這一個初淺的探究，亦有助於進一步理解教學藝術的內涵及深意。

三 師生之間的連接號（師一生）

鳥瞰教學研究的歷史似乎不斷隨著學術的流行而在改變，但檢視文獻後Clark和Peterson在1986年仍發現了幾項頗具一致性的現象，例如：老師在教學時其思維的重心絕大多數放在學生身上，其次是教學過程，而教學的歷程就是一個不斷作決定的過程，教師平均每兩分鐘就得下一個決定。從這一個具有高度一致性的發現來看，我們可以把教學詮釋為在變動的師生關係中耕耘的藝術。

早在一世紀（1910）前杜威就使用賣（selling）這一個概念來看待教學，沒有買方、沒有購買行為則沒有賣的事實發生。同理，如果學生沒有學習則教學也不成立（Eisner, 1994, p.158），從杜威買賣的譬喻再次看見師生關係在教學裡的重要性。談到關係Watzlawick, Beavin和Jackson於1967年的研究頗具啟示性，Watzlawick等的研究指出：當關係越是健康且自發，則此一關係就越有可能退居成背景而不易被辨識。易言之，傳達的內容在此種狀態下比較容易獲得注意；相反地，不健康的關係則充斥著持續性的掙扎，因此當不健康的關係是目光所在的焦點時，內容就不易成為強調的重心（Simpson & Galbo, 1986, p.40）。把這一個研究結果放在班級的脈絡來詮釋則可以看見：當資深優秀老師所經營的健康師生關係退居於背景，則其教學內容易於突顯而能達成教學成效；反之，當新手教師掙扎於班級經營，則不健康的關係容易成為焦點繼而覆蓋教學內容，於是教學成效彰顯。用這一個近半世紀前的研究來對照、觀看2010年5月澳洲的Grattan Institute所發表的報告，對於師生關係經營的重要性格外能體會。Grattan Institute的報告指出：在優秀教師的指導下，學生在半年內所能達成的學習，是學生在效能較低之教師指導下必須花上整整一年才能達成的；另在有效能的教師指導下，持續三年之後學生的表現遠比在效能較低之教師指導下的學生之表現多了50%（Kennedy, 2010）。

用Watzlawick, Beavin和Jackson的研究來詮釋，則資深優秀教師所經營的健康師生關係退居成為背景，我檢視20位優秀教師之訪談逐字稿的確發現：他們常把焦點放在相關的方案之上，例如：師生一起義賣籌錢去外島旅行，帶領低社經地區的孩子玩相機，規劃書法教室並讓學生享受寫書法的樂趣、發展校本課程、進行精采的作文教學等等。而新手教師則在訪談逐字稿和札記中充滿了師生關係的衝突和掙扎。用教學現場的語彙來說，資深優秀教師易於感動孩子、能擄獲孩子的心，而新手教師卻仍然望「心」興歎。

(一)帶班帶心

帶班要帶心幾乎已經是小學現場老師熟知的「教戰守則」，如何擄獲孩子的心是一項藝術。2010年11月初因業務需要進入臺北市的一個小學，並在下課時路過一低年級班級，我看到幾個小小孩抱著身材圓潤並已上了年紀的導師的腰。畫面溫馨，稍後詢問得知：那是一位師鐸獎得主，是一位深獲家長肯定的好老師。從其同事描繪的種種以及下課的畫面，我知道，這位老師已經擄獲孩子的心。

一位新手老師在訪談時說，他發現校內有些資深教師很願意花心力在孩子身上，而孩子的心也跟老師很近。反觀他自身，雖然是從三千多人的競爭中拔得頭籌而成為小學老師，但在任教的前四年，他把教學視同一般職業，他在乎學校和家庭生活的區隔，重視自身的自由。因此，他坦承任教前四年所帶的學生固然很乖，但是「他們很冷，我跟他們的距離很遙遠」（詹20090320）。接著他說，一位很愛孩子，在孩子身上花很多時間的同事改變了他，他發現「慢慢我越來越懂孩子的心，……我感覺跟他們是比較靠近的，就是他們認同我，可能畢業後還會回來找我的」（詹20090320）。老師除了在經驗中成長，願意投資時間在孩子身上，是理解學生繼而靠近學生的「心」之重要途徑之一。從這位新手老師的自白中我看見他慢慢地從老師的這一端，沿著連接號向孩子趨近。

我相信絕大多數的老師都在乎孩子的「心」，換個角度看，這個圖像會更清晰，教師在目前既有的生涯結構中所能獲得的物質性酬賞（如薪水）是穩定的，因此情感面向的酬賞顯得格外重要（楊先芝和吳麗君，2010），而師生關係經營的好壞常常是老師在情感面向酬賞的重要來源之一。一位教學近二十年的老師告訴我：「我很後面才發現，我之所以比較願意多投入教學活動，其實是因為我在孩子身上取暖」（曾20090410）。新手蔡教師清楚明白地在札記中寫道：「我在乎學生對我的評價與喜歡的程度」。蔡老師帶六年級畢業班，她在部落格上問：「畢業後會回來找老師嗎？」班上一個男孩直截了當地說「不會」，另一個則寫「不太想耶」。蔡老師為此而相當難過。她接著在札記裡寫道：「我在意那種被看見、被肯定的感覺……當我無法讓所有孩子喜歡……便覺得自己不夠好」（蔡20090402）。跨越細細長長的連接號繼而進入學生的心是老師在乎的，但它也是需要時間去燉煮的藝術。

(二)十年練一劍

「回首教學的來時路，你覺得在班級經營上從何時起自己可以遊刃有餘呢？」一位任教近二十年的老師考慮良久之後回答我，到目前為止都不敢說自己已經遊刃有餘，但可以察覺大概到第十年左右，在帶班上就沒有什麼大困擾了（鄧20090402）。當然不同的老師因背景經驗的差異，以及對自身要求的不同，而對這一個問題會有不同的回應。但有趣的是，不止一位受訪老師提到十年上下這個數目字（例如：曾20090410，董20090401）。這一個數據讓我聯想到西方學術社群所謂的「十年法則」（呂金燮等，2010）；而東方則以詩的語言表徵「十年練一劍」，此外，在日常生活中我們也常聽到「臺上三分鐘，臺下十年功」。

經過時間的熬煮，下面是一位任教近三十年的老師和班上一位亞斯伯格症的孩子互動的畫面。這個孩子的媽媽打電話給正在家中趕論文的如老師，電話那一端媽媽急切地說：「老師妳說……他不會發脾氣，妳看他現在發脾氣，他要拿刀殺我們，要教我們怎麼辦？」如老師跟學生媽媽說：「妳叫他接電話。」孩子的媽媽在家裡喊她的孩子接電話，而孩子在另一頭喊：「不要，我不要接，我不要接。」那一個特殊兒童一直哭而不接電話，媽媽接著情緒激動地說：「老師妳說怎麼辦？怎麼辦嘛？他要拿刀殺我。」如老師說：「好，妳現在離開他，妳不要管他，妳離開他，妳離開妳家，只要確定他是安全的就好。」隔天一早如老師臭著一張臉問那個孩子：「昨天我叫你接電話，你為什麼不接？」結果那個亞斯伯格症的孩子說：「因為妳在生氣」。如老師進一步問：「你明明知道我在生氣，你還不來接電話？」那個有亞斯伯格症的孩子說：「因為妳生氣的時候，妳會胃痛（哇……），我不要讓你胃痛（哇……）。」如老師在描述這一段過往的時候眼睛還泛著淚光。（如20101012）

一位連媽媽都無法安撫的亞斯伯格症孩子，竟能貼心地不願意讓老師生氣，因為他知道老師生氣的時候會胃痛。如老師如何跨越連接號去觸動孩子的心，無法全部展演在這有限的文章裡，但下面這一幕我看見如老師「真誠」的美及其「用心」的動人，我相信這份真誠與用心是她能這麼成功而漂亮地行走在連接號上的重要利器。如老師在家長日的時候告訴學生家長：「我每天早上準備一個蘋果，削成三份，我們家三個人，一人吃一份，然後一個人一個麵包。我先唸大悲咒，然後唸心經，這是淨化，讓自己心靈平靜，接著我迴向給您的子弟。」（如20101012）在一天的開始，身體尚未進入學校，如老師的心已經跨越了那一道師生之間的連接號進入孩子的心靈。

(三)行走在連接號上

Theisen & Adams（1990, p.277）認為：在沒有比較的情況下進行思維是一件不可思議的事，比較當然也是思考、探究師生關係的重要視野。

1.在對立中踉蹌困頓的新手

一位為師生關係經營而挫折的新手老師在札記上寫道：「下午到宏的班級去談天，他剛發了一頓脾氣，因為某些學生作業未繳……我這才知道每個班其實都有類似的問題：常規不佳、作業不交、整潔問題等等，每個老師都和學生不停『搏鬥』、『較勁』，好像在比誰先看不下去，誰先失去耐性，誰先降低標準，誰先棄械投降……」（蔡

20090303）。從札記的敘寫我看見這位新手老師的自我投射，從搏鬥、較勁、誰先棄械投降，我深刻感受到師生關係的經營對新手老師而言是一個不易跨越的連接號，老師站在連接號的這一端，雖然認真、用力甚至生氣吶喊，但是在連接號彼端的孩子卻不領情。

一位在國中任教第五年的老師，回首前塵時寫道：「（當時）縈繞在我心中的導師經驗，是『害怕』」兩個字。害怕自己管得太多，限制學生的太多自由，讓學生變成一個一個的『罐頭』。對環境漠不關心，成為一個不會思考的機器；害怕自己管得太少，當自己不在的時候學生都在吵鬧，讓想上課的同學不能專心，讓來上課的老師無法上課；害怕去教室，怕看到學生打掃不認真，吵吵鬧鬧；怕看到學生在自己講了千百遍上課應該要專心時，你一轉頭，學生又故態復萌，彷彿你從沒講過話一樣。很難想像，老師一整天都活在若隱若現的恐懼之中。即使是在辦公室也不見得安心，當學務處生教組長出現在辦公室門口時，在我腦中浮現的念頭是，是不是我們班上的學生又闖禍了？剛接國七導師不到半年的時間裡，我的心情除了害怕之外還有沮喪。我一直不懂，過一陣子地上就充滿垃圾飄來飄去，為什麼這些國七的學生總是看不到；說明了如何擦玻璃，可是玻璃還是髒髒的；上課想講話就講話，一定要等到老師兇了才會安靜……。我好想去操場大喊，為什麼要我管這些雞毛蒜皮的事情。」（志20101022）

從搏鬥、較勁、沮喪、害怕，甚至想大喊以宣洩內在的情緒，我深刻感受到新手教師行走在連接號上的辛苦和挫折。

2.也無風雨也無晴——資深優秀教師

從資深優秀老師談到學生的相關話語中，我固然感受到熱忱和溫暖，但相較於新手老師的掙扎與困頓，在我腦海所浮現的畫面是——也無風雨也無晴，這是用時間的薪材和苦難的爐火，在經驗裡慢慢熬煮出來的智慧。一位任教三十年的老師告訴我：「學生因為成績不好，他們會作弊或塗改成績，很多老師會很生氣。但是我會跟學生說，老師肯定你希望拿到好成績的這顆心，這是好現象表示你願意向上，只是你不知道怎麼做，所以你用了我們覺得不好的方法。但是你不能不肯定自己想向上的心……很多老師沒有先肯定學生，只針對行為做處理，所以學生為了自尊也不願意承認……」（鄧20090325）。真是溫暖而又有智慧的應對。

這位資深而深獲肯定的老師接著說：「我對孩子的包容度越來越高也和年紀有關，近十年來我已不太對學生動氣……學生這樣行為的背後一定有重要原因……我會有這樣想法和我小兒子過世有關，我後來看到每一個健康的孩子坐在這裡都知道不是那麼理所當然的，那是一段不容易的歷程，包括懷胎時母親的保護、生產時醫生的協助、成長過程整個天地對孩子的照顧……我會用很尊重孩子的心去對待他們。」（鄧20090325）。走過艱難的死別幽谷，鄧老師的生命視野不同了，她肯定學生，和學生站在一起，弭平對立和衝突，她通過了由老師迎向學生的連接號，回首向來蕭瑟處，也無風雨也無晴。

教學近二十年，一位走過婚變並歷經行政上種種挫折的教師，用感性而具生命力的語言說：「孩子們善良、體貼、可愛，他們給我溫暖和能量」（曾20090410）。但是他接著用非常警醒而反思的語彙告訴我：「對於不同樣貌的孩子，我還是沒有辦法每一個都好好的陪伴……其實有很多邊緣的孩子或特殊的孩子，到目前為止我還是沒有辦法好好照顧他們」（曾20090410）。他的語言是「陪伴」、「照顧」而非「搏鬥」、「較勁」，從他接受訪談時的神情，我再度讀到那首「回首向來蕭瑟處，也無風雨也無晴」的釋然和自在，但我知道他的心裏掛著那些特殊的孩子，他的深刻反思以及為了孩子而作的改變，與其說在作行動研究，不如說在創作一件偉大的藝術品，而磨難不斷的生命把他造就成有視野的藝術家。

觀看新手教師似乎不得法的用力，再對照資深優秀教師四兩撥千斤的態勢，我想起Eisner（1996）在教學藝術乙文中的論述，Eisner認為老師的教學必須同時兼具自動性及創新性，既有的一些常規性作法（亦即自動性）讓老師能夠將能量釋放到需要創新的地方；但是太多的自動化而變成墨守成規則會妨礙創新，一位成功的老師必須在自動及創新二者間拿捏其適切的平衡。個人以為新手教師必須有足夠的時間及經驗才能達到適切的自動化，因此在師生關係的經營上初期之費力而又不具好的效果是不難理解的現象。教學可以是藝術，但不是所有的教學都能展現其藝術之美（Eisner, 1996），新手教師一如藝術圈的學徒，必須投入時間，以有紀律的努力、主動的探究、反思等等來耕耘其教學的藝術。

(四)化妝的祝福

回歸普通班級的特殊生向來是老師的挑戰，一位任教班級有數位特殊生的新手老師，在任教的第五年回憶過往的這一段經驗說：「我常常打電話聯絡家長……我好痛苦，覺得每一天都在做惡夢，我祈求寒暑假趕快來。……那個爸爸是高知識分子，語氣聽起來有抱怨，他覺得我抓不住他的孩子（特殊生），他講的我可以理解，因為我真的是抓不住，我那時候一點辦法都沒有」（詹20090320），要抓住孩子的心其實不容易，尤其是那些具有特殊教育需求的天使們。

一位畢業第二年即順利考上教職，人人稱羨的新手老師於任教第一年的下學期開學前，在札記上告白：「開學前一週……心情相當低落……我……擔心班上兩位較讓我煩惱的孩子，害怕自己無法有效掌握這兩位孩子」（鄭20090208）。零拒絕、回歸主流等政策下，班級老師的挑戰是嚴峻的，而且困擾的不止新手老師，一位任教十六年頗自豪於自身教學品質的老師，在學校陰錯陽差的安排下得同時面對一個班級有八位注意力缺陷及過動的孩子，她在訪談時說：「白天的工作實在是太痛苦了……我真的很upset，因為沒有成就感，一個班這樣，每天光要存活都很困難……我一定得找出路。」（董20090401），她甚至付諸行動去找尋可以申請留職停薪的規定。老師需要成就感，而未能成功地擄獲這些特殊生的心，對教師的成就感是一項打擊。

換個角度看，這些天使帶給老師的苦難其實是化了妝的祝福，這些磨難是老師在練劍歷程中必要的挑戰和考驗。誠如一位浴火鳳凰般的老師告訴我：「我好幸運、很幸福，我這樣走過了路程，過程當中覺得好累、好辛苦，跌跌撞撞，事後發現，那些挫折、那些辛苦、那些不舒服，都是成就現在的我很重要的養分。」（曾20090410）

互動是學習過程中相當重要的面向，但是過去經常把互動視為增進學習的因素，Simpson & Galbo（1986）則進一步指出：互動不僅僅是促進學習的機制，互動其實是學習的核心之所在。學習是個體透過其與他人（例如老師）的關係而個別建構的，只看到老師企圖教導的內容是不夠的。用維高斯基的視角來看，師生關係仲介了學生的學習。學校現場的工作者從另一個角度也看見類似的景觀，一位辦學認真而績優的校長說：「國中階段（的學生）有個很特別的特質，就是我（指學生）喜歡這個老師，我就會很想要唸好他的科目；但是如果我不喜歡這個老師，我就是不唸他這科，好像是故意為難老師」（徐20100119）。師生關係的重要性由是可見，再次回到Watzlawick, Beavin和Jackson 1967年的研究：溝通有內容和關係兩個面向，而關係的重要性遠高過於內容，內容是符碼，而關係類似於脈絡，符碼的意義是在脈絡中藉著人際關係而賦予的（Simpson & Galbo, 1986, p.40）。用庶民的語彙來說，要先讓學生愛上你，然後他／她就會愛上你教給他的種種。

四 未完成的方案—從連接號到義大利麵條路口[1]（spaghetti junction）

教學可以詮釋為在師生關係中耕耘的藝術，惟在今日的臺灣，中小學教師除了得深耕師生關係，還需要有好的親師關係，才能凝聚教育村落的力量於學生的教育之上。非洲諺語說教育是全村人的事，如果借用這一個譬喻，那麼老師就是教育村落的村長，村長得善用「微型領導」（Microleadership）（袁汝儀，2010b，頁224）來耕耘全村的人際關係。教師的教學是一種不斷游移於各種關係、建立好的關係之藝術，除了師生關係、親師關係，還有教師與學科知識的關係、教師與教

1 義大利麵條路口圖例

資料來源：2010年11月6日http://www.democraticunderground.com/discuss/duboard.php?az=view_all&address=389x6597121

學法的關係、教師與同事的關係等等。在師一生、親一師、老師一課程之外，還有另一些連接號也在脈絡中湧現，例如：學生一課程，家長一課程，學生一教學等等，這個鳥瞰讓我看見老師要面對的不僅僅是單純的一個個連接號而已，而是錯綜複雜但卻需井然有序的義大利麵條路口。教學者游移在這些錯綜的馬路上除了需要科學的知識，也需要藝術的涵養，而資深優秀的現場工作者一定有許多精彩的故事可以展現其優雅而又有效能地穿梭在義大利麵條路口的實踐智慧。此刻我想起Della Pollock的話

> 「故事一定要經過訴說才能成為故事；
> 而訴說的故事一定要被聽見；
> 故事在訴說、被聽見之後繼而要被改變，否則就不能成為故事。」
>
> （Leavy, 2009）

這一個以藝術為對話視野，以「師一生」為焦點的故事已經訴說了，但仍需要讀者的聆讀，繼而以自身的生命經驗來改寫這些故事。至於由連接號轉向義大利麵條路口之故事則是尚待訴說的故事，這是一個尚未完成的方案（unfinished project），邀請後現代劇場中的你一齊粉墨登場。

參考文獻

中文部分——

呂金燮等譯（2010）。創造力、智慧與信賴一教育可以做什麼。臺北：心理。（原編者A. Craft, H. Gardner, and G. Claxton）

袁汝儀（2010a）。哈佛魔法一從**Do Harvard**到**Do world**的哈佛人領袖性教育民族

誌。臺北：遠流。

袁汝儀（2010b）。我們兒童的教育基礎—領袖性。載於呂金燮等合譯，創造力、智慧與信賴—教育可以做什麼（頁223-246）。臺北：心理。

許誌庭（2004）。從結構主義的觀點論重塑教師專業發展的學校組織再造。國民教育研究學報，**13**，123-146。

楊先芝、吳麗君（2010）。影響教師專業對話的結構性因素—以教師專業發展評鑑為例。論文發表於臺灣教育學術研討會，臺中教育大學2010年11月。

廖雪芳編著（1980）。當代藝術家訪問錄（二）。臺北：雄獅圖書。

謝靜如、陳嫻修譯（2000）。藝術，其實是個動詞。臺北：探索文化。（原作者：E. Booth）

豐子愷（2008）。豐子愷美術講堂—藝術欣賞與人生的四十堂課。臺北：三言。

英文部分——

Eisner, E. W. (1994). *The educational imagination-On the design and evaluation of school programs*. (3rd. ed.) New York: Macmillan College Publishing Com.

Garoian, C. R. & Gaudelius, Y. M. (2008). *Spectacle pedagogy-Art, politics, and visual culture*. New York: State University of New York.

Kennedy, K. J. (2010). *Teacher quality and its cultural contexts: What can the west learn from the east?* 師資培育政策與專業實踐的反思國際研討會，國立臺灣師範大學，2010年6月11-12日。

Leavy, P. (2009). *Method meets art-Art-based research practice*. New York: The Guildford Press.

Meighan, R. (Ed.) (1994). *The freethinkers' guide to the educational universe*. Nottingham: Educational Heretics Press.

Pringle, E. (2008). Artists' perspectives on art practices and pedagogy. In J. Sefton-Green (Ed.), *Creative learning* (pp.40-50). London: Arts Council.

Richardson, L. & Pierre, E. (2005). Writing: A method of inquiry. In N.K.

Simpson, R. J. & Galbo, J. J. (1986). Interaction and learning: Theorizing on the art of teaching. *Interchange, 17*(4): 37-51.

Sefton-Green, J. (2008). From learning to creative learning: Concept and traditions. In J. Sefton-Green (Ed.), *Creative learning* (pp.15-25). London: Arts Council.

Theisen, G. & Adams, D.(1990). Comparative education research. In R. M. Thomas (Ed.), *International comparative education-Practice, issues & prospects* (pp.277-298).

Oxford: Pergamon Press.

誌謝

1.感謝國科會的經費支持。

2.感恩現場老師在忙碌中撥空接受訪談或撰寫札記。

3.感謝助理們的協助及分勞。

4.感謝審查委員用心地閱讀初稿並給予建設性的建議。

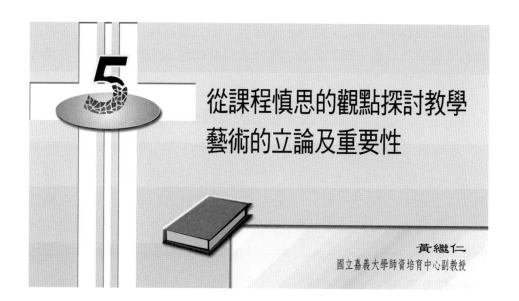

從課程慎思的觀點探討教學藝術的立論及重要性

黃繼仁
國立嘉義大學師資培育中心副教授

一 緒論

在「探討教學究竟是一種科學或藝術」這項議題時，Lee Shulman（1987）運用「實踐智慧」（wisdom of practice）這項見解作為概念和方法，透過醫學研究和教學研究之間關係的討論，拓展教育研究的深度，並藉以建立教學的專業性。

Shulman曾是Joseph Jackson Schwab的學生，深受他的思想的影響（Shulman, 1991; Westbury & Wilkof, 1978; Wilson, 2003）。Schwab（1983）發表〈實踐四：課程專家應做的事〉一文時，Shulman指出，該文隱含著「教學既是藝術也是專業」（teaching as art and profession）的意涵（Shulman, 1984, p.173）；同時，在這篇文章中，他也試圖從教學及教育研究的觀點回應課程慎思（curriculum deliberation）的論點。

因此，無論Shulman或Schwab，兩者所倡議的論點具有異曲同工之妙，都可回溯到Aristotle倡導的實踐智慧（phronesis, practical wisdom），而這項概念有助於描述和詮釋教師如何應對教學實踐的複雜性，也對教學藝術的理論基礎建構具有重要的價值。有鑑於此，本文採用歷史探究與文獻探討的方法，剖析教學實踐活動的特性，探討課程慎思觀點和教學藝術的共通點，並闡釋如何透過課程慎思的概念要素充實教學藝術的內涵，賦予新義，提升教學藝術層面的學術價值，為其理論基礎的建構提供論述的依據。

二 教學藝術與課程慎思

教學除了可從科學化的觀點來看之外，因其中具有不可化約的複雜性（Gage,1978; Shulman, 2004），故也可以從藝術化的特質來看，藉以解決科學觀點的侷限。而Schwab以課程慎思對於科學化研究的流弊提出針砭和處方，有助於處理教學情境的複雜性，也可作為教學藝術立論的借鑑，闡釋如下。

(一)教學藝術

本文先分析教學的特質，再探討教學藝術的重要性，說明如下：

1.教學的特質

關於教學的意義，國內外已有許多學者從不同角度進行相關的探討，例如，歐陽教（1994）、簡紅珠（1994）、黃政傑（2002）、Bruner（1906）、Hirst（1974）、Gage（1978）、Fenstermacher（1986）、Eisner（1994）以及Shulman（1992, 2004）等人。

綜合來說，教學是一項有意圖的活動（intentional activity），主要是為了實現教育目的（簡紅珠，1994; Eisner, 1994）；而其中所要考慮的因素和顧及的層面，包括教師、學生、課程與環境……等因素，極其錯綜複雜。因此，教學不僅是一種複雜的概念（a complex concept），指涉一組繁複的概念或活動歷程，更是一個多樣態的認知活動或歷程（歐陽教，1994；甄曉蘭，2002）。

對於教學這項活動而言，Fenstermacher（1986）透過哲學的分析指出，它具有下列的特質（p.38）：

(1)某人為P，擁有某些

(2)內容為C，而且某人

(3)想要傳達或灌輸C給

(4)某個缺乏C的人為R，以致於

(5)P和R兩者處於R想要獲得C之目的的關係。

因此，教學是施教者將某些內容傳遞給受教者的過程，而施教者擁有某些受教者缺乏的知識、技能和情意等的內容，而兩者的關係處於達成此一過程的目的。

然而，這兩者的關係不一定是這麼直接；例如，施教者進行教導，但受教者未必獲得學習的效果，或者受教者不想學，那麼教學的效果必然不理想。如果施教者並未擁有受教者所缺乏的特定內容，而是邀請社區人士進行特定內容的講授，也是一種教學的過程（黃政傑，2002）。

由此可見，教學本身的內涵，包含多種的可能性，其中要素之間的互動也不是一對一的固定關係，也可能是一對多或是多對多的雙向互動關係；若科學化約的方式處理形成通則，可能因而忽略某一面向或某種可能性，無法周全地考慮所有層面及其複雜性。所以，進行教學研究，除了科學化方法之外，可透過藝術的面向相輔相成。

2.教學藝術的重要性

Shulman（1987）認為，教學工作是相當複雜的，因為教師在教室中面對至少25-30位左右的學生，即使進行分組每組也有6-8位的學生，必須兼顧多重目標，同時關注理解和解碼、閱讀興趣和詞彙學習；關心一組學生的表現時，還需同時監控其他各組的情況。在醫院中，只有發生重大天災時，急診室才會遇到這種情況。

這種複雜情況無法事前完全預測，有時現場也難以控制。過程中，除了一般學生的學習進度掌握，也需關注個別學生的學習需求。因此，能否有效且完善地處理，與置身其中之教師的學養密切關聯，更仰賴其如藝術般的卓越能力（Eisner, 1994）。如同林逢祺（1998）分析所指出的，它不僅有不易掌握的深奧竅門，其表現的極致也是美的體現。因此，教學是一種藝術，而真正的教師就是藝術家，要能成功地溝通重要的觀念、喚起熱情和活力，進而拓展心靈的視野，獲得對終極價值的判斷力（Dewey, 1910/1991）。

如能臻至教學藝術的境界，教師不僅能為班級學生提供如藝術般的體驗，也能創造優質的學習環境，讓學生進行探索和大膽嘗試（risk-taking），容許飛馳的想像力、過程中的錯誤和愚昧，從中發現自身觀念的侷限，測試自身能力的極限，澄清並建構新的理解，培養理性思考、靈活的心智和個人的創意，進而孕育「遊於藝」（the disposition to play）的精神（Eisner, 1994），不斷地開拓各種新的可能性，使學生能持續地自我探索、開發潛能並追求自我實現的理想。

當代的教學朝向科學化發展，致力於觀察和實驗，追求客觀化、抽象化和普遍化，透過簡化的方式產生律則般的理論敘述，以形成「放諸四海而皆準」的通則（Shulman, 1992）。如同Gage（1978）所指出，對師生互動進行科學研究，以瞭解教室的溫馨氣氛，包括語言使用和眼神接觸；但是，若純粹只有重視語言的使用和眼神接觸，最終可能只剩下冷冰冰的技術而已，不再是溫馨的氣氛。因此，這種理論化的觀點如Schwab（1969a）所說，容易形成侷限的觀點，忽略教學情境的複雜性，甚至漠視行動者的主體性。

Shulman（2004）認為，從一系列的教室教學研究成果綜合來看，科學化研究成果難以直接套用到每個教室情境，而且，即使是科學化的研究，不同研究對於同一項主題的探討也可能獲得不一致的結論，其中的關鍵在於實際情境的複雜性。如同Eisner（1994）所說，教學的確是一種相當錯綜複雜的過程，許多研究者進行教學研究時都採取科學的角度，但自己在教學的時候，仍然將教學視為一種藝術活動。因此，他也認為，教學是一種受到教育價值、個人需求，以及各種教師擁有的信念或通則所引導的藝術。

不過，教學藝術概念內涵的發展，Gage（1978）認為仍然不能脫離科學的基礎，透過教學的科學研究獲得有關教和學的互動，以及教學本身的知識，使實務工作者能夠掌握這些內容，但在運用時還要能夠不受這些科學的限制，融會貫通地巧妙應用。

Schwab（1983）也認為，教師在學校生活中面對班級學生時，如何教學可能會有數以千計的理論建議，仍須根據真實的教學時機進行修改或調整，仰賴教師如藝術般的判斷和行動，時時刻刻針對教什麼、如何教及教學步調進行慎思，做成無數的決定，以符合每個不同情境的需求。因此，教師所實踐的行動是一種藝術，唯有藝術方能勝任這項工作。

由於教學一直是教育及教育改革的核心（Eisner, 2002; Shulman, 1991），而改善教學品質又是當代教育論述的核心，常見的主要策略是引介新的修辭論述以促進公共利益，諸如標準、專業能力、認證（accreditation）、績效和評鑑（appraisal）（Carr, 1989）。但是，這種修辭論述潛藏著某種危險，容易流於形式，受到未經檢驗的觀念和意識型態活動所支配，如技術理性的宰制。

因此，為了改善此一困境，應當深入分析並檢視教學觀背後的理論和意識型態，避免被偏狹的教學技術觀所宰制，進行如Schwab所倡議的典範轉移，轉而體認到實踐智慧的重要性，認可教師的主體性及實踐判斷（黃繼仁，2003、2005；Eisner, 1994; Shulman, 1991, 2004），結合認識論和倫理的層面，納入認知、內容、脈絡、文化、品格和合作等內涵（Shulman, 1991），賦予教師權能以提升其專業自主的能力，追求卓越的教學品質，發展教學的藝術層面（Eisner, 1994, 2002），以營造理想的學習情境。

(二)課程慎思

當代課程與教學領域的研究，逐漸認可並重視教師的實踐智慧，主要是受到Schwab的課程慎思觀點所影響（黃繼仁，2003、2005；甄曉蘭，2000a、2003; Shulman, 1984）。Schwab本身也是優秀的教師[1]，所倡議的課程慎思也促成了典範轉移的趨勢，闡釋如下。

1.課程慎思的意義

Schwab在1969年美國教育學會年會（American Educational Research Association, AERA）為文提出課程領域的警訊，並指出課程領域如果只有仰賴當時盛行的方法和原則，不僅毫無貢獻，也將覆滅。

1 Schwab曾兩度榮獲芝加哥大學教學卓越的獎項，具有深遠的影響力，請參閱黃繼仁（2005）。

根據他的分析，造成課程發展困境的原因包括（Schwab, 1978）：

(1)理論建構並不直接適用於實際的教與學，因為理論無法同時周全地考慮所有關於教師、內容與方式的具體事務；

(2)長期以來都是毫無質疑且根深蒂固地依賴理論，但是，這些理論有的不適當，有的不完整，或屬於教條，不僅不適合引申至課程領域，也容易產生受理論支配的流弊；

(3)即使所借用的理論是合適的，然而，這些和學校與教育事務（價值、社會與政治結構、心靈、知識）相關的各種理論，卻很難組合成統一理論，無法有效地處理所有的問題。

因為課程領域在發展的過程中，一直找不到更有效的新原則與方法，仍沿用現有方法與原則，所以才日趨沒落。因此，為了擺脫技術典範的流弊，亟需進行典範轉移的工作，轉移到實踐探究的典範，關注實踐藝術（practical arts）、準實踐藝術（quasi-practical arts）和折衷藝術（eclectic arts）（黃繼仁，2003、2005; Reid, 1979; Schwab, 1969a），並採用慎思的方法，重新使課程領域恢復生機和活力，能夠持續對教育領域產生貢獻。所謂「慎思」如他所說（Schwab, 1978: 318-319）：

> 慎思是既複雜又困難的。它必須兼顧目的和方法，視兩者相互依存，找出相關的事實，嘗試確認有關具體事件的事實，指出迫切的需要，據以提出各種變通方案，儘可能地探索每個方案所產生的各種結果及其對迫切需要的影響，衡量各種變通方案、成本與後果，再從中選擇一個最適切的而非正確卻不存在的方案。

因此，慎思是一種錯綜複雜卻相當精緻的知識性和社會性的過程，可採用個別或集體的形式，在實踐情境中辨明，並確定必須回應的實際問題，提出各種變通方案，運用理智思考集思廣益建立決定解決方案的基礎，再從可行的解決方案中進行抉擇（Reid, 1979）。課程問題是一種實踐的問題，不同於理論類型的問題，有關課程的決定就是針對實踐問題所做的決定，慎思則是其中用於考慮選擇方案與決定適切行動的過程（Schwab, 1978）。

換言之，慎思是一種不同於理論觀點的獨特實踐藝術，必須察覺實踐情境的問題、形成變通方案且考量後果。在這個慎思的過程中，必須均衡考量方法與目的、及倫理道德與實踐觀之間的統整性（Dewey, 1922/1957）；其中的關鍵在於，慎思是針對實際情境進行理解及詮釋，據以做成決定並採取適切的行動。因此，在教育情境進行慎思，不會為了追求純粹的效益策略而忽略倫理道德及教育的價值。

在多樣且複雜的當代民主社會中，任何政策的決定必須面臨各種價值的衝突，Schwab所倡議的慎思論述相當重視「他者的觀點」（other view）（Shulman, 1991），也結合折衷藝術和共同要素的應用，使理論和實踐得以相互溝通及協調一致（黃繼仁，2003、2005），接受個體的欲望並體驗世界各種差異經驗的結果，認可多樣化的觀點，將不同或相互衝突的意見和價值視為促進達成共識的媒介（McCutcheon, 1999; Westbury, 1994）。

2.典範轉移彰顯的意義

其實，Schwab倡議的課程慎思觀點，是針對傳統技術典範宰制現象的一種反省和批判。在技術典範的宰制下，教師被視為忠實的執行者，知識是由專家掌握，教師只能根據教科書進行課程計畫，任何改革工作也受到由外來力量的支配（Clandinin & Connelly, 1992）。因此，在課程典範的轉移趨勢下，能夠改變此一情況，逐漸使教師的調適協商、自主性與實踐觀成為研究焦點（甄曉蘭，2000a、2003；Elbaz, 1983），正視教師的行動主體性。

追本溯源，Schwab提議的「慎思」的概念受Dewey和McKeon[2]的影響頗深，更可以上溯到Aristotle的思想（Eisner, 1984; Reid, 1999a; Westbury & Wilkof, 1978）。Aristotle認為，處理不同的難題需要不同類型的思考，會產生不同的知識類型，因而將知識形式分成三種類型，包

2 McKeon是研究Aristotle思想的重要學者，Schwab思想所受的影響主要是來自於Mckeon對Aristotle作品及其思想的重新詮釋（Westbury & Wilkof, 1978; Carr, 1995）。

含理論（theoretical）、實踐（practical）和生產（productive）；對於實踐問題的處理，必須採取實際的行動，因此也需要具備計畫、行動和做決定的高層次思考能力，對於各種可能行動進行考量正是慎思的過程（Walker, 1990）。

慎思一詞亦有「實踐推理」（practical reasoning）的稱謂[3]（諸如Gauthier, 1963; Reid, 1979; Fenstermacher, 1980, 1986），屬於一種有效解決問題的實踐推理形式，係針對事務狀態，進行有秩序、合理而反省的實踐思考過程，並非嚴格的邏輯形式（Dewey, 1910/1991）。換言之，慎思的行動是合理的行動，為理性而行動，必須仰賴行動者的實踐判斷（Walker, 1990; Gauthier, 1963）。

善於慎思者即是擁有實踐智慧的人，如Aristotle（1925/1980: 142-143）所言：「所謂實踐智慧，也就是善於慎思對自己為善和有益之事，並導向普遍的善的生活事物。」實踐智慧係在變動的情境中判斷與實踐整體的善，達到卓越境界，成就德行；換言之，能在具體情境中進行判斷與行動的能力，知道「應該說什麼」與「應該做什麼」（沈清松，1998）。

進行慎思時，不僅要從倫理道德和社會責任的層面，考慮並衡量各種變通的方案與途徑，也要衡量各種不同的價值、興趣或利益，以及伴隨而來的衝突，預想各種變通方案的可能行動及後果，甚至是學生的反應，以及對社會的未來和前景的影響，來回地考量方法、目的、事實與價值之間的適切性，最後也要能在時限內做出適宜的決定，並採取行動（McCutcheon, 1995）。

傳統教育改革以教師為忠實的課程執行者，忽視教室的動態特質。這種觀點仰賴的典範隱含「技術理性」（technical rationality）（Schon, 1983），將課程改革和教學實踐視為技術性工作，為外來專家倡議的理論所支配，這也是課程和教學彼此分離的一項重要原因

3 Mulder（1994: 172）指出，慎思一詞係Habermas（1971）所謂「實踐推理」的同義詞。

（Clandinin & Connelly, 1992）。

總而言之，課程慎思興起於對技術典範的反動，是一種社會歷史詮釋取向，關注教育實踐情境——學校與教室，以及置身其中師生的日常活動與思考內容（Reid, 1992），重視選擇與行動的實踐藝術。因此，課程領域的典範轉移能夠促使知識的意義逐漸與實踐智慧產生關聯（Eisner, 1994），使教師的觀點與自主角色受到認可（Clandinin, 1986; Elbaz, 1981, 1983），將課程慎思融入教學實踐的藝術，得以調和課程與教學長期分離的論述困境。

三 從實踐智慧及實踐推理探討教學藝術的複雜性

當代教學的研究除了科學化努力之外，也有許多相關論述嘗試另闢蹊徑以突破科學化的侷限，轉而從實踐智慧和實踐推理進行探討，如Carr（1987, 1995）、Fenstermacher（1986）、Green（1976）和Shulman（1987, 2004）等研究。如前所述，在Schwab的課程慎思觀點中，慎思這項方法如同實踐推理一樣，需仰賴教師運用實踐智慧，也是教學藝術的重要依據，有助於處理和探討教學藝術的複雜性，闡釋如下。

(一)實踐智慧的重要性

教室情境同時具有人多事雜、同時發生、快速急切、難以預測、公開無私，以及歷史因果等特質（Doyle, 1986；單文經，1996），因此，身處其中的教師所進行的教學實踐，必須同時考量這些特性；但不可諱言的是，其複雜性、不確定性和多樣性，即使計畫完美且準備充分，也無法確保成功的教學。

就教室情境管理的複雜性來講，Shulman（2004）綜合探討一系列關於教師運用時間的研究，包括「輪流」（turn taking）和「候答時間」（wait-times）這兩類，如Berliner和同事的研究，Anderson、Evertson和Brophy（1978）、Rowe（1974a; 1974b）以及Shroyer（1981）等研究，發現這些研究結果彼此並不一致。從研究者觀點來看，教師不僅抗拒改革，也誤解新觀念的用途。

然而，如果採納Kuhn的典範轉移觀點來看，尊重教師的觀點，即看重其實踐智慧，就會發現這些在研究者眼中看來似乎愚蠢的抗拒改革現象，其實正是教師存活的唯一途徑。因此，如果採納Schwab的課程慎思觀點，轉移到實踐探究的典範，重視教師這個行動者的主體性，從教師的局內人觀點來看，就可能改變外來研究者的觀點，從同情理解的角度來看，轉而認可其在實際情境的特殊作為。

因此，抽象的理解很難適用於各個不同的實際情境，而實踐探究的主題是針對不會重複發生的獨特情境，相關決定只有參照所考量的實際情境，才是正當而合法的；正如同慎思的過程不會受到抽象原則的支配，以免個殊情境的獨特性與複雜性脫離慎思者的知覺（Cohen, 1999），同時也能考量主體的責任感及其對社會、政治與經濟產生的道德後果（Schubert, 1986）。

如Carr（1987）所說，教育實踐活動一向受其內在道德的理論所引導，過程中應該藉由參與情境的行動者的實踐智慧所調節，透過反省性行動轉化引導實踐的理論，使理論與實踐都處於持續調整與修正的狀態中，有效的解決情境中的實踐問題。所以，教師必須善用實踐智慧（wisdom of practice）（Shulman, 2004），認識真實的情境並同時自我認識，時時省察方法與目的合理性，掌握對實際情境的整體領悟（楊深坑，1998），從中選擇急切的問題，辨明原因，瞬間思考、做決定並採取行動，以解決實踐的問題。

由於教育實踐是一種專業且具有道德特質的活動，而人類行動和情感的背後隱含著推理的過程，自然也必須考慮行動與情感的後果（Schwab, 1954），以及可能造成的倫理道德後果。教師必須運用實踐智慧判斷特定情境的適切行動，實踐教育活動內在的善，在最佳證據的基礎上進行判斷（Grundy, 1987; Oliva, 1997）。所以，身為決定者的教師，不僅受各種有關問題的解決方案和權衡決定的理性分析所引導，其所擁有的直覺與批判實踐也扮演著重要的角色。

整體而言，在教室這個複雜而不確定的變化情境中，教師不僅是肩負道德責任的教育實踐者，也是具有創造性的藝術家，亟需仰賴並善用實踐智慧，根據實踐情境的要求、自身知識與經驗的基礎，透過有效的實踐推理，預想應用不同觀點所形成的各種行動方案的可能後果，權衡許多行動、情感與知識的交互作用，據以做出適切的專業判斷與決定。

(二)教學中的實踐推理

Fenstermacher（1986）將研究和實務分成知識生產的邏輯（logic of knowledge production）和知識使用的邏輯（logic of knowledge use），兩者是截然不同的；正如同Schwab（1978）對理論和實踐的區別一樣，兩者在探究的主題、使用的方法和獲得的結果，都有顯著的差異。

Buchmann（1984）也認同Schwab（1978）以實踐語言為基礎的觀點，將研究知識視為人類覺識的片段而已；無疑地，這種研究知識雖然珍貴卻不是為行動本身所創造出來的，無法充分且完全地支持行動。而這種實踐論證具有自己的力量，超越自研究發現演繹的實踐論證（引自Fenstermacher, 1986），難以為研究或理論的知識所取代。

因此，在實務這個領域中，教師關心的是行動和知識使用的邏輯，也重視工作中的經驗、倫理、熱情等的力量和價值。而實踐推論（practical arguments）即是知識使用的邏輯，是將實證研究的知識轉化成實務的方法（Fenstermacher, 1986），正是所謂的實踐推理（Green, 1976; Reid, 1979, 1999b），也是一種慎思的方法。

對於實踐推論這種知識使用的邏輯，Fenstermacher（1986, pp.43-44）舉例說明如下：

(1)最好能將兒童視為獨特的個體而非團體的成員。
(2)允許兒童調整自己的學習步調是彰顯其個別性的好方法。
(3)假如我發新的教材給全班，全體一起練習，同時再分派作業，如此反而妨礙他們以自己的步調來學習，就是否定了他們的個別性。
(4)假如我使用小組進行這些活動，就比較傾向能夠彰顯其個別性。

(5)假如我創造獨立的工作站，其中有不同時間可完成的各種作業，就能讓兒童安排自己的學習，就是盡最大努力來彰顯其個別性受到重視。

(6)班上的兒童正等著我為他們設計的作業。

行動：（我正在準備獨立的學習中心，每個中心都有廣泛的材料）。

這是某位教師所提供的實踐推論片段，因為她非常尊重兒童個體的個別差異，所以，教室的安排反映出這樣的信念和承諾。在這個推論的過程中，也運用了如同Gage（1978）所說的科學研究成果，或者是Schwab（1969）所謂的理論知識，透過折衷藝術，將這些知識做適度地剪裁以適應實際的情境。

在實際活動中，教師的教學也是一種複雜而彈性的反省思考過程（Calderhead, 1987; Clark & Yinger, 1987），正如Schon所謂的在實踐中反省，

> 他不依賴既有理論與技術的範疇，反而建構屬於該獨特個案的新理論，他的探究，未受限於依賴先前一致目的的方法的慎思。當他架構問題情境時，並未分離方法與目的，而使彼此交互界定。他並未將思考與行動分開，而是自身的推論轉換為行動的決定，因為他的實驗是一種行動，實行並轉化成為一種屬於他的探究（Schon, 1983: 68）。

此種關於思考與行動交混的描述，正是實踐推理的慎思特質，對於行動的思考，能促使教師產生敏銳的實踐意識，藉以解決實際的問題。換言之，教師正是運用實踐推理，協助決定教學內容及激勵學生、呈現觀念與精心安排課程的方法，據以取捨學校政策、教材、進修研習與同事家長互動（McCutcheon, 1995），形塑教學實踐。

處於教室這個情境中，教師經歷無數次做出有關「教什麼」與「如何教」決定的過程，從中瞭解不同行動與後果之間的連結，獲得情境的

洞察力，進行計畫時可針對未來類似情境提出已試驗過且有成效的方式（Schwab, 1959）。在不斷變遷的教學情境之流裡，必須運用自己的學養和想像力，因應學生特質與需求，將學科知識轉化成包含有關內容的個人理解、溝通此種理解及各種促進學生心理發展的知識，進行立即判斷，做成明智的教學決定。

概括而言，在複雜的教室情境中，教學是教師一連串實踐推理的結果，深受其實踐理性的引導（Green, 1976; Shulman, 1987）。教師在教室中與學生朝夕相處，透過密切的互動瞭解學生的特質與需求，透過教室實踐的驗證，證實各種研究的發現、理論以及學問的價值。所以，教師應獲得充分自由，以採取最佳判斷，參與討論、慎思和決定課程內容與教學方式（Schwab, 1983；歐用生，1999），如此才能妥善且熟練地應付教學的複雜性和不確定性，以發揮教學藝術的功能，創造理想的學習情境。

四　課程慎思對教學藝術概念重建的立論啟示

綜合前述討論得知，Schwab倡議的課程慎思觀點，的確隱含教學藝術的內涵和特質，因此，本文從其思想的重要內涵，包括實踐藝術、折衷藝術和慎思的使用，以及教師實踐觀[4]等層面（黃繼仁，2003、2005; Schwab, 1978, 1983），結合相關學者的論述（Eisner, 1994, 2002; Shulman, 1987, 2004），闡釋並充實教學藝術的內涵，重建此一概念，賦予新義，說明如下。

4　關於實踐觀因學者的界定而有不同的稱呼，例如，潛藏知識（tacit knowledge）（Polanyi, 1962）、行動中知識（Applebee, 1996）、行動的實踐理論（practical theory of action）（McCutcheon, 1995），由於理論亦屬於一種世界觀，本研究為與理論所有區別，便於後續討論，稱之為實踐觀點，國內也有不同的翻譯稱呼，例如實際知識、實務知識、實踐知識（高敬文，1999；歐用生，2000；甄曉蘭，2000a）。

(一)以實踐藝術充實教學藝術的內涵

教學情境相當複雜難測，而這種複雜性也具有無法化約的特質。正如同Schwab（1969a）所說的，教育問題產生自人類極度複雜的行動、回應和交往之中，構成無經濟、政治、社會與心理分別而不知邊界的盤根錯節的內容。因此，對於教育問題的探究，可分成理論和實踐這兩種類型，各有其不同的主題、方法和結果（Schubert, 1986）。

然而，每一理論都自成一個體系，具有獨特的主題和探究方法，獲得的結果為知識，無法直接地應用於問題的解決。如果過度仰賴理論或研究的知識，可能陷入Schwab所說的困境，只看到理論所指導「應當」觀察的內容，而難以察覺該理論沒有關注到的個體特殊性。他說：

> Tilda是個正在學習的兒童，在他身上，我們卻只有看見學習、兒童認知發展或人格等理論告知我們應當瞭解的內容，對於其他的特質，反而視若無睹。（Schwab, 1971: 325）

因此，研究者或觀察者可能受到某一理論的指引，產生有限的視野，看不到理論所遺漏的內容，反而遮蔽了兒童的整體面貌，只看到整體的一部分，獲得局部的觀點，甚至是理念上的兒童形象，難以反映其真實的個性。

Shulman（2004）認為，對複雜的兩難困境不能期望訴諸於簡單的解決方案，反而必須透過專業實務世界的持續探究，透過實踐智慧的探討，滋養並豐富相關研究的成果。因此，有必要回歸實踐的藝術。如Schwab（1969）所說，實踐藝術是一門複雜的學問，不同於以追求知識為目的的理論，反而是關於選擇與行動的學問，以達成任務為目的。

實踐藝術的提倡是要避免真實生活的全貌受到抽象原則的支配，而不致於使情境的獨特性與複雜性被忽視（Cohen, 1999）。而它是以半系統的方式來面對實際情境的問題，從中發現真實的問題，產生各種變

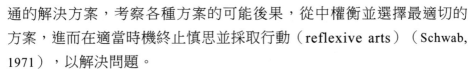

通的解決方案，考察各種方案的可能後果，從中權衡並選擇最適切的方案，進而在適當時機終止慎思並採取行動（reflexive arts）（Schwab, 1971），以解決問題。

換言之，實踐藝術旨在揭露理論未發掘的主題內涵，彌補理論的缺憾，修正可能的偏頗。透過實踐藝術，行動者能發揮實踐智慧，整體地面對人類的行動、回應與激盪所構成的複雜情境，察覺情境中的真正問題，產生適切的行動方案來解決問題。

所以，教師在進行教學活動時，應當掌握實踐藝術的原則，將科學研究的成果視為只是某一理論知識，在面對其中許多不確定性與價值衝突的情境時，避免受到個人主觀的偏見或單一理論的侷限，進而能夠善用實踐智慧，透過與學生的密切互動，獲得在真實情境中對個體的理解，以及班級學生的整體情境洞察，進行有關「教什麼」與「如何教」的決定，為學生提供優質的學習機會，促進教育的整體品質。

(二)運用慎思以發揮教學藝術的功能

慎思是實踐藝術的主要方法，與實踐智慧密切關聯；良好實踐者仰賴實踐智慧，藉由慎思推理並選擇各種方法，反省該決定依據的道德目的規準，解決道德兩難的問題（Carr, 1987）。因此，慎思如同實踐推理或實踐論證一樣，有助於解決教室中教學實踐的複雜問題。對於慎思在教學實踐的應用，已有相關的研究進行探討（Carr, 1989, 1995; Eisner, 1994, 2002; McCutcheon, 1995; Shulman, 1987），尤以Shulman（1987）的研究應用，最為廣泛。

Shulman（1987）除了參酌相關學者的論述，包括Dewey（1904）、Scheffler（1965）、Green（1971）、Fenstermacher（1978）、Smith（1989）和Schwab（1983），也對教師實務進行實證研究，結合訪談、觀察、結構化的課業和教材的檢視等方法的運用，揉合哲學性及實證性內容，提出一個教學推理和行動（pedagogical reasoning and action）的模式。

這個模式包含下列過程：1.理解：對目的、結構及觀念的理解；2.轉化：對教材的準備和表述，選擇教法，因應學生特質進行調整和剪裁；3.教學：管理、表述、互動、分組、紀律、幽默、提問和其他層面，以及探究教學或其他形式的教學；4.評量：互動中檢視學生的理解，結束時測驗學生的理解，評鑑教學表現並根據經驗調整；5.反省：回顧、重組及重演並批判地分析教學和學習的表現，提出具有證據的解釋；6.重新理解：對目的、科目、教學、學生和自己的理解，融入從經驗中獲得的嶄新理解和學習。

在這個過程中，教師進行課程轉化時，必須運用實踐推理的能力，涉入課程的批判闡釋、觀念的陳述與溝通、教學策略與模式的選擇，以及針對一般與個殊學生特質的調適（甄曉蘭，2002; Shulman, 1987）；之後，再根據轉化的內容進行實際的教學活動。因此，教室內教學實踐的結果，正是以教師的教學推理行動的思考與計畫為基礎，也是根據教學和學習成果的反省和重新理解所形塑的。

正如McCutcheon（1995）的研究發現，教師的計畫不僅發生於教學前，還包括教學當時，以及在完成課堂活動後，重新體驗並批判原計畫與實際的行動；以內心活動的大綱開始，實施時則具有即興計畫的特質；內心計畫更是課堂活動中不可分割的部分，藉以產生活動的順序和策略，演練解說內容、提出問題、分配材料的時機、分派練習或評量的內容、時間與可能的困難。這種心理演練的過程，正是慎思方法的運用。

有效的慎思必須符合下列規準（Schwab, 1969b）：1.察覺情境中的問題或難題所在之處；2.知悉有關其決定後果的相關責任；3.辨明該問題的相關事實；4.探究與該問題相關的許多事實，並透過有效的證據來判斷可信度；5.以明確且具體的事實資料作為基礎，而非只有事實的表述或理論的歸納；6.運用有關理論知識產生適切的個殊論述；7.以具體問題情境的認知而非構想的問題開始；8.以內心預演（rehearsal）進行仔細的檢查與判斷。

無論個人或團體形式，行動者運用有效的實踐推理，先察覺情境的問題，反覆細心的檢查與判斷，明辨相關事實，以有效的證據來界定問題，進行演練，剪裁理論知識來形成各種解決方案，知曉決定後果所伴隨的責任，決定並採取適切的行動。如此一來，就不會像

Fenstermacher（1986）所說的那位老師一樣遇到學生在標準化測驗表現不佳的情況，反而能在行動前評估最適切的方案，據以行動，解決實際的難題。

概括而言，透過慎思的運用，教師能依據實踐情境的需求，運用內心的構思沙盤推演各種方案的可能後果，從中選擇最適切的行動方案，在實踐活動中持續不斷地探究與驗證，獲得實踐成果，透過反省思考抽象化成為知識，將實踐推理逐漸推展至有意識的課程與教學思考，透過行動者與情境的密切互動發展敏銳的情境洞察力（甄曉蘭，2000b），促進教師專業能力的發展，拓展教學藝術的層面。

(三)以折衷藝術調和理論成就教學藝術

折衷藝術[5]認可多重及多樣化的觀點，換言之，這項概念反映了學科的多元論精神（黃繼仁，20003; Reid, 1999a; Shulman, 1991）。如前所述，它是一種非系統化、複雜而能有效聚焦於問題的方式，用以發現理論對主題或主體的扭曲與限制，使各種理論以不同方式影響情境問題的建構和表述，透過理論與實踐的溝通及協調，促進實踐問題的解決。簡而言之，它包括下列三種能力（Schubert, 1986; Schwab, 1971）：

1.使理論的或學科的知識與觀點，配合情境需要與興趣的能力；

2.根據情境需要與興趣剪裁並改造理論或學科的知識與觀點的能力；

3.產生變通行動並預期該行動的道德後果的能力。

由於現存的理論僅能說明部分的世界現象，即使運用各種方式將理論剪裁、改造、組合、延伸與調整，仍無法充分解釋所有的現象，所以，上述程序是必要的。而且，它應結合文獻與直接經驗來完成上述的

5 折衷藝術一詞，國內亦有「擇宜藝術」的翻譯（甄曉蘭，2003: 75），能呈現「在情境中選擇最適合實踐策略」的意義，卻難以詮釋「不同理論觀點」的內涵；Schwab對折衷藝術的闡釋，見於實踐系列，可溯自〈方法與獨斷極端〉（Means vs. Dogmatic Extremes）（1951），以及〈愛與教育〉（Eros and Education）（（1954）的論述（Westbury & Wilkof, 1978: 20-21）。

任務，單獨訴諸經驗或文獻，都難以發揮功效。值得注意的是，它應避免不適切的折衷，不能隨意或無意識地混合兩種觀點，或不知彼此不連貫而強為混合。

如上所述，同一探究領域存在不同理論，不同領域更有眾多理論，如Freud人格理論、Aristotle的倫理學理論，以及Frankenstein的自我理論，都能為某一教學主題提供不同的觀察角度，結合真實的、記錄的、或模擬的問題情境的呈現，運用交互反省辯證，激勵學生參與，使其經歷多重焦點概觀及知覺空間的維持（Schwab, 1971），藉以拓展師生的視野。

然而，不同理論兩兩之間或有衝突或矛盾的地方，可能導致不當的結合。因此，Schwab提出共同要素（commonplaces）來解決這個疑難，包括教師、學生、內容與教學環境（Schwab, 1973, 1983），運用時應以動態整全的方式處理各要素間的連貫性與相互依賴，彼此認識並形成局部連結，同時發揮作用並協調一致（Fox, 1985; Schwab, 1973），從中理解任一理論所包含或排除的內容，而不致於產生偏頗的現象或不適當的結合方式。

換言之，透過折衷藝術，可善用不同理論的重要價值，針對具體情境進行適切的剪裁與結合，以共通架構容許不同的理論或觀點的競爭與互動，使之成為探究實踐的資源，得以提出各種變通的觀點，周全地理解實踐問題（Shulman, 1991）。因此，教育實踐不致受限於單一理論，以免情境的真實狀態與問題受到片面觀點的遮蔽。

概括而言，教學藝術若能在掌握實踐藝術的主旨之外，包含且結合折衷藝術的運用，除了能夠善用不同科學研究的成果之外，也能結合其他的相關理論、知識和研究的重要知識及價值（Shulman, 2004），豐富教師個人的專業知能，提升其教學藝術的內涵。在教室中維持共同要素的協調一致，使每一學科成就成為學習經驗的資源，營造教室成為討論意義與合理性的適當環境（Schwab, 1969b），師生能夠共同創造並建構意義，提升教學藝術的層次，藉以形塑精緻的教學實踐。

(四)改善教師實踐觀以提升教學藝術的境界

教室內的教學實踐主要是透過教師的計畫、實踐與反省來進行，必須在目的與方法、政策與實施、意圖與行動之間斟酌考量，因而時常形塑各種多樣化的結果。在教學前、互動中及教學後等不同階段，教師所做的詮釋、判斷、決定與行動，都深受其實踐觀所影響（黃繼仁，2003；簡紅珠，1998; Clark & Peterson, 1986; McCutcheon, 1995）。

由於教師的實踐觀與實踐智慧密切關聯，係透過推理與經驗所形塑，而這種實踐觀如Grundy（1987）所說，它是由知識、判斷與品味所組合而成的洞察力；正如Shulman（1987；引自楊深坑，1999）所說，它包含教什麼（內容與教學內容的知識）、如何教（普通教學知識）及為何教（教育基礎的知識）等範疇，仰賴教師的實踐智慧，融合教學材料、教育情境與理論觀點，透過實踐推理與行動的循環過程，建構屬於自身獨特的一套實踐觀點。

因此，教師在處理教室內的課程實踐問題，主要是運用其實踐觀點，回應學生的問題、行動與課業，形塑師生間的對話，與其他教師、家長及行政人員討論自身的實踐行動（McCutcheon, 1995）；所以，教師的實踐觀是在複雜而不斷變遷的脈絡中持續調適的，不僅奠基於傳統，也是導向未來行動的基礎。

無論如何，教師都必須透過詮釋過程與情境理解，決定適切的課程方案並付諸實踐，而非發現新的知識，但也必須運用適當的知識，作為選擇與行動的理由（Shulman, 1987），所以，教師的實踐觀必須透過「實踐智慧」的運用，察覺、判斷並解決問題，以行動完成教學活動、與教師作為的意向性，因而具有實踐理性的特質。

從歷史發展來看，就爐火純青的技藝而言，優異的實務反而優於最佳的理論（Hawkins, 1966；引自Shulman, 2004）。不過，並非所有實務工作者的實踐活動都具備這種特質，行動者也可能陷入窘境，無法有效地處理。由於教學實踐深受教師實踐理性所引導，重視並提升教師的實踐判斷，有助於促進教室互動經驗的品質（Green, 1976; Shulman, 1984）。Fenstermacher（1986）也認為，改善教師心中的實踐論證，有助於提升教師的專業能力，進而能夠改進教學的品質。

相關研究發現（陳美玉，1997；Clandinin, 1986; Johnston, 1993），教師經驗具有道德特質，其道德成分的提升需藉由各種辯證、反省與批判過程予以實現，對該經驗重新概念化達到經驗重建的目的；因此，透過批判反省的過程，能夠不斷地提升教師的自我意識，用於處理教學兩難情境或觀察，並賦予教學活動意義（Feiman-Nemseer & Floden, 1986），藉以揭露行動背後習而不察的信念，在概念重建過程中改進教師的信念，提升教學實踐的品質。

概括而言，教學藝術在結合慎思的觀點之後，有助於轉變教學實踐的取向，不再僅僅專注於科學化的研究，轉而重視教師實踐觀為基礎的實踐推理形式，使教師在進行教學活動時，能夠針對可能的各種行動進行設想周到的深思熟慮；進而能夠結合各種不同的理論知識或哲學觀點，關注教育的共同要素，使教師的思考、計畫和行動，不僅能立足於過往的經驗，更能擴及歷史的經驗，發揮想像力，進而集思廣益，透過對話、辯論和討論，激發各種可能的變通方案，開展新的潛能；並且能夠透過理性的批判反省，超越個人經驗與習性的限制，前瞻未來的事務，在不間斷的實踐與反省的過程中，澄清思考的過程，促進教學意識的發展，提升教學藝術的層次和境界。

五 結論

自Gage（1978）呼籲對教學藝術的重視，並嘗試為它找尋科學的基礎，至今已三十餘年，隨著後續許多相關研究的探討，已逐漸肯定這個方向的努力，並且已獲得一些成果，對於教學藝術的概念化具有穩固基礎的作用；然而，不可諱言的是，在當代以技術典範為主流思想的勢力下，相對來講，它仍是比較受到忽視。因此，此一方向的探究，仍需後續的探討和深化，為它提供更有力的理論基礎。

有鑑於此，本文奠基於Schwab提出的課程慎思觀點，訴諸典範轉移的策略，結合相關論述及研究的探討及闡釋。首先，從實踐智慧的觀點，結合實踐推理的方法，嘗試架構所面對的教學複雜性的問題應對方式；其次，再運用實踐藝術、慎思方法和折衷藝術，以及教師的實踐觀

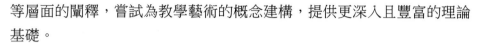

等層面的闡釋，嘗試為教學藝術的概念建構，提供更深入且豐富的理論基礎。

綜合上述討論得知，教學藝術的概念有其重要性和價值，除了是教師在面對實務工作的必要依據之外，也應該是理論研究或實證研究的主題，不應受到忽視。從教學藝術的概念出發，無論從事實務工作或研究任務，都應謹記實踐藝術，不受單一觀點的侷限，回歸真實情境，尊重其中行動者的慎思過程或實踐推理，並從折衷藝術多重且多樣化的觀點，認識實際的情境，進行問題的形成和界定，提出各種變通的解決方案，在目的和方法、價值和事實，以及行動和思考之間斟酌考量，為決定和行動建立合理的基礎，據以做出決定，付諸實踐。而且，在實踐的過程中，能根據實際的證據進行批判和反省，促使行動者的意識覺察，進而改善其實踐觀點，促進並提升專業的成長。

總而言之，教學科學雖然處於優勢的位置，卻不能因此偏廢教學的藝術層面；同樣地，在提倡教學藝術時，不能否認教學科學的重要性和價值，對於教學藝術的研究和運用，它也具有啟發的作用。所以，無論是教學的科學層面，或是教學的藝術層面，兩者的關係應如同折衷藝術一樣，透過共同要素的架構，進行溝通、剪裁、調適和轉化，相輔相成，為教學的理論和實踐作出重要的貢獻。

參考文獻

中文部分——

沈清松（1998）。情意發展與實踐智慧。通識教育季刊，**5**(1)，65-84。

林逢祺（1998）。美感創造與教育藝術。教育研究集刊，**40**，51-72。

高敬文（1999）。質化研究方法論。臺北：師大書苑。

陳美玉（1997）。教師專業：教學理念與實踐。高雄：麗文。

單文經（1996）。班級經營策略研究。臺北：師大書苑。

黃政傑（1991）。教學的意義與模式。載於黃政傑主編，教學原理（頁1-25）。臺北：師大書苑。

黃繼仁（2003）。課程慎思應用於教室層級課程實施之研究—以小學低年級教師的語文課程實踐為例。國立臺灣師範大學教育學系博士論文，未出版。

黃繼仁（2005）。許瓦布的課程思想。載於黃政傑主編，課程思想（59-102頁）。臺北：冠學。

楊深坑（1998）。美育與實踐智慧。通識教育季刊，**5**(1)，123-136。

楊深坑（1999）。知識形式與比較教育。臺北：揚智。

甄曉蘭（2000a）。新世紀課程改革的挑戰與課程實踐理論的重建，載於國立臺灣師範大學教育學系主編，教育研究集刊，**44**，61-89。

甄曉蘭（2000b）。教師與教學研究。載於洪志成主編，教學原理（頁383-408）。高雄：復文。

甄曉蘭（2002）。中小學課程改革與教學革新。臺北：高等教育。

甄曉蘭（2003）。教師的課程意識與教學實踐。教育研究集刊，**49**(1)，63-94。

歐用生（1996）。課程與教學革新。臺北：師大書苑。

歐用生（1999）。落實學校本位的課程發展。國民教育，**39**(4)，2-7。

歐用生（2000）。課程改革。臺北：師大書苑。

歐陽教（1994）。教學的觀念分析。載於黃光雄主編，教學原理（頁1-27）。臺北：師大書苑。

簡紅珠（1994）。教學研究的趨勢。載於黃光雄主編，教學原理（頁423-449）。臺北：師大書苑。

簡紅珠（1998）。教師教學決定：內涵、思考歷程與影響因素——兼談如何改進教學決定技能。課程與教學，**1(4)**，43-56。

英文部分——

Applebee, A. N. (1996). *Curriculum as conversation: Transforming traditions of teaching and learning*. Chicago: The University of Chicago.

Aristotle (1925/1980). *Nichomachean Ethics* (D. Ross, Trans.). Oxford: Oxford University.

Calderhead, J. (Ed.). (1987). *Exploring teachers' thinking*. London: Cassell.

Carr, W. (1987). What is an educational practice? *Journal of Philosophy of Education, 21*(2), 163-175.

Carr, W. (1989). *Quality in teaching: Arguments for a reflective profession*. London: The Falmer press.

Carr, W. (1995). For education: toward critical educational inquiry. London: Open university.

Clandinin, D. J. (1986). *Classroom practice: Teacher images in action*. Philadelphia: The Falmer press.

Clandinin, D. J. & Connelly, F. M. (1992). Teacher as curriculum maker. In P. Jackson (Ed.). *Handbook of research on curriculum,* (pp. 363-401). New York: MacMillan.

Clark, C. M. & Peterson, P. L. (1986). Teachers' thought processes. In M. C. Wittrock, (Ed.). *Handbook of research on teaching,* (3rd ed., pp. 255-296). New York: Macmillan.

Cohen, J. (1999). Deliberation, tradition, and the problem of incommensurability: Philosophical reflections on curriculum decision making. *Educational Theory, 49*(1), 71-89.

Dewey, J. (1910/1991). *How we think*? Boston: Heath.

Dewey, J. (1922/1957). *Human nature and conduct: An introduction to social psychology*. New York: Random House.

Doyle, W. (1986). Classroom organization and management. In M. C. Wittrock, (Ed.), *Handbook of research on teaching* (3rd ed., pp. 392-431). New York: Mccmillan.

Eisner, E. W. (1984). No easy answers: Joseph Schwab's contributions to curriculum. *Curriculum Inquiry, 14*(2), 201-210.

Eisner, E. W. (1994). *The educational imagination: On the design and evaluation of school programs* (3rd ed.). New York: Macmillan College.

Eisner, E. W. (2002). From episteme to phronesis to artistry in the study and improvement of teachinh. *Teaching and Teacher Education, 18*(2), 375-385.

Eisner, E. W. (1994). On the art of teaching. In *The educational imagination*, (pp.154-170). New York: Macmillan College.

Elbaz, F. (1981). The teacher's "practical knowledge": Report of a case study. *Curriculum Inquiry, 11*(1), 43-71.

Elbaz, F. (1983). *Teacher thinking: A study of practical knowledge*. New York: Nichols.

Feiman-Nemser, S., & Floden R. E. (1986). The culture of teaching. In M. C. Wittrock, (Ed.), *Handbook of research on teaching* (3rd ed., pp. 51-78). New York: Macmillan.

Fenstermacher, G. (1980). The nature of science and its uses for education: Remarks on the philosophical import of Schwab's work. *Curriculum Inquiry, 10*(2), 191-97.

Fenstermacher, G. (1986). Philosophy of research on teaching: three aspects. In M. C. Wittrock (Ed.), *Handbook of research on teaching* (3rd ed., pp. 37-49). New York:

Macmillan.

Fox, S. (1985). Dialogue: The vitality of theory in Schwab's conception of the practical. *Curriculum Inquiry, 15*(1), 61-89.

Gage, N. L. (1978). *The scientific basis of the art of teaching*. New York: Teachers College, Columbia University.

Gauthier, D. P. (1963). *Practical reasoning: The structure and foundations of prudential and moral arguments and their exemplification in discourse*. Oxford: Clarendon.

Green, T. F. (1976). Teacher competence as practical rationality, *Educational Theory*, *26*(3), 249-258.

Grundy, S. (1987). *Curriculum: Product or praxis*. Philadelphia, PA: Glamer.

Johnston, S. (1993). A case for the "Person" in curriculum deliberation. *Teaching and Teacher Education, 9*(5/6), 473-83.

Kuhn, T. S. (1962/1970). *The structure of scientific revolutions* (2nd ed.). Chicago: University of Chicago.

McKeon, R. (1952). Philosophy and action. *Ethics, 62*(2), 79-100.

McCutcheon, G. (1982). How do elementary school teachers plan? The nature of planning and influences on it. In W. Doyle & T. L. Good, (Eds.), *Focus on teaching : Readings from the Elementary School Journal* (pp. 260-279). Chicago: University of Chicago.

McCutcheon, G. (1995). *Developing the curriculum: Solo and group deliberation*. New York: Longman.

McCutcheon, G. (1999). Deliberation to develop school curricula. In J. G. Henderson & K. R. Kesson (Eds.), *Understanding democratic curriculum leadership* (pp. 33-46). New York: Teachers College, Columbia University.

Mulder, M. (1994). Deliberation in curriculum conferences. In J. T. Dillon (Ed.), *Deliberation in education and society* (pp. 157-210). Norwood, NJ: Ablex.

Oliva, P. F. (1997). *Developing the curriculum* (4th ed.). New York: Harper Collins.

Polanyi, M. (1962). *Personal knowledge: Towards a post-critical philosophy*. Chicago: University of Chicago.

Reid, W. A. (1979). Practical reasoning and curriculum theory: In search of a new paradigm. *Curriculum Inquiry, 9*, 187-207.

Reid, W. A. (1992). The state of curriculum inquiry. *Journal of Curriculum Studies, 24*(2), 165-177.

Reid, W. A. (1999a). *Curriculum as institution and practice: Essays in the deliberative *tradition*. Mahwah, NJ: Lawrence Erlbaum.

Reid, W. A. (1999b). The voice of 'the Practical': Schwab as correspondent. *Journal of Curriculum Studies, 31*(4), 385-397.

Schön, D. A. (1983). *The Reflective practitioner: How professionals think in action*. New York: Basic books.

Schubert, W. H. (1986). *Curriculum: Perspective, paradigm, and possibility*. New York: Macmillan.

Schwab, J. J. (1954). Eros and education. In I. Westbury & N. J. Wilkof (Eds.). (1978). *Science, curriculum, and liberal education: Selected essays* (pp. 105-132). Chicago: University of Chicago.

Schwab, J. (1958). Enquiry and the reading process. In I. Westbury & N. J. Wilkof (Eds.). (1978). *Science, curriculum, and liberal education: Selected essays* (pp. 149-163). Chicago: University of Chicago.

Schwab, J. J. (1959). The "impossible" role of the teacher in progressive education? In I. Westbury & N. J. Wilkof (Eds.). (1978). *Science, curriculum, and liberal education: Selected essay* (pp. 167-183). Chicago: University of Chicago.

Schwab, J. J. (1969a). The practical: A language for curriculum. *School Review, 78*(5), 1-23.

Schwab, J. J. (1969b). *College curriculum and student protest.* Chicago: University of Chicago.

Schwab, J. J. (1971). The practical 2: Arts of eclectic. In I. Westbury & N. J. Wilkof (Eds.). (1978). *Science, curriculum, and liberal education: Selected essays* (pp. 322-364). Chicago: University of Chicago.

Schwab, J. J. (1973). The practical 3: Translation into curriculum. In I. Westbury & N. J. Wilkof (Eds.). (1978). *Science, curriculum, and liberal education: Selected essays* (pp. 365-383). Chicago: University of Chicago.

Schwab, J. J (1983). The practical 4: Something for curriculum professors to do. *Curriculum Inquiry 13*(3), 239-265.

Schwab, J. J. & Roby, T. W. (1986, April). *The practical 5: Theoretical concerns of the practical; Literary commonplaces in practical curricula.* Paper presented at the Annual Meeting of the American Educational Research Association, San Francisco, CA.

Shulman, L. S. (1984). The practical and the eclectic: A deliberation on teaching and educational research. *Curriculum Inquiry, 14*(2), 183-200.

Shulman, L. S. (1987). Knowledge and teaching: Foundations of the new reform. *Harvard*

Educational Review, 57(1), 1-22.

Shulman, L. S. (1991). Joseph Jackson Schwab: 1909-1988. In E. Shils, (Ed.), *Remembering the university of Chicago: Teachers, scientists, and scholars* (pp. 452-468). Chicago: University of Chicago.

Shulman, L. S. (2004). *The wisdom of practice : essays on teaching, learning, and learning to teach*. San Francisco: Jossey-Bass.

Siegel, H. (1978). Kuhn and Schwab on science texts and the goals of science education. *Educational Theory, 28*(4), 302-309.

Walker, D. (1990). *Fundamentals of curriculum*. Orlando, FL: Harcourt Brace Jovanovich.

Westbury, I. & Wilkof, N. J. (Eds.). (1978). Introduction. In *Science, curriculum, and liberal education: Selected essays* (pp. 1-40). Chicago: University of Chicago.

Westbury, I. (1994). Deliberation and the improvement of schooling. In J. T. Dillon (ed.) *Deliberation and education* (pp. 37-65). New Jersey: Ablex.

Wilson, S. M. (2003). Introduction. In L. Shulman (2004). *The wisdom of practice: essays on teaching, learning, and learning to teach (pp.1-14)*. San Francisco: Jossey-Bass.

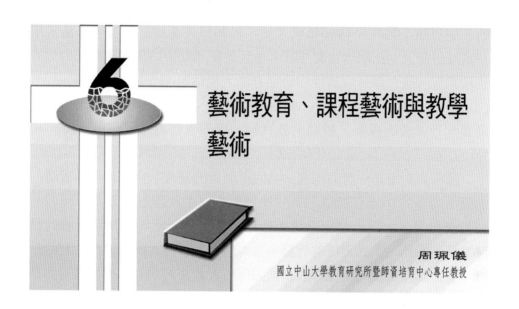

6 藝術教育、課程藝術與教學藝術

周珮儀
國立中山大學教育研究所暨師資培育中心專任教授

一 前言

藝術是人類的最高成就之一，應為全人類所共享。然而，藝術的經驗並不是自動成熟的結果，而是教育的結果。學校是學生接近藝術的重要機構，藝術應該是學校課程中統整的一部分。然而，藝術在學校課程之中只占一小部分，並經常被排擠到邊緣或忽視。事實上，除了將藝術當作一門課程內容來教導，藝術還可以對學校課程發揮更大的影響。如同Greene所言：「課程應該要激勵更多知覺、判斷、相信、回憶和想像的活動，協助學生發展他們的認知和觀點。」（引自Padgham, 1988）美學（aesthetics）是建立在知覺感官認知的藝術哲學或有關美感經驗的哲學（Bresler, 2010），它可以啟發學校課程與教學，讓學生將美感認知應用在所學的各門課程，讓教師可以在各門課程中實踐教學藝術。正如Eisner（2004）所言：「教育者應該思考教育的實施可以從藝術學到什麼？要透過藝術的思考形式，喚醒對教育概念的重建。」尤其是藝術教育，更是試驗與體現藝術思考形式在教育上最直接的關係。事實上，藝術教育和課程教學領域的關係非常密切。首先，從二十世紀後半，學校課程研究就開始加入了藝術美感的層面，並且擴展到一般課程的各個層面；其次，1990年代之後，以美學為基礎的研究方法論被用在課程研究上；此兩者皆關注日常生活教學活動中的運作課程和學生的經驗課程，並大都採取質性的研究方法，包括Aoki、Eisner、Greene、Grumet、Pinar、Stinson、Vallance等人，紛紛在課程與教學的各個層面進行美感的探究，對藝術教育和一般教育都有卓著貢獻（Bresler, 2010）。

課程與教學是一體的兩面，共同把教育的意象和期望轉化為實際的活動。兩者的功能互補但仍有分殊，在本文中將課程界定為一種教育的結構與內容，而教學則是透過教師的實踐轉化這種結構與內容的動態歷程。因此，本文將從當代藝術教育的發展著手，歸納其對教育的啟發，並從課程藝術的層面探討藝術如何充實教育的內容和轉化教育的結構，以及從教學藝術的層面探討藝術對學校教學實施的啟示。

二 藝術教育的發展

(一)兒童中心的藝術教育

近百年來藝術教育領域經歷多次典範轉移，1920年代的藝術教育著重創造性的自我表現運動，這種兒童中心的取向在二次世界大戰之後達到頂峰，其強調藝術教育的目標在促進學生個別性和創造性的發展，在教學內容方面著重兒童的創作，在教學方法上著重啟發、鼓勵與支持兒童的自我表現，依照學生藝術心理的成長發展階段加以引導；但較無系統性和預先決定的教材，也反對以成人藝術品為學習內容（陳朝平、黃壬來，1995）。

(二)學科本位的藝術教育

1950年晚期到1960年代，Sputnik事件對美國和其他國家的課程產生重大衝擊與改革的壓力。藝術需要證明其占有學校課程一席之地的貢獻（Bresler, 2010）。因此，藝術領域對於學科的態度有重大改變。在1960年代「新」學科課程中，學科被視為包含某些理念的概念架構。這些理念彼此以特殊方式連結，形成一種獨特的結構，界定某個獨特的學科。各學科的教育目標即是在瞭解這些概念架構和其中的主要理念，特別是在結構比較鬆散的藝術和人文學科更是如此。相對於記憶特定事實和練習特殊技能等低層次的學習，強調概念架構可以讓課程對學生更有意義。這種理念和架構的隱喻影響「學科本位取向的藝術教育」（Discipline-based Art Education，簡稱DBAE）的發展，將焦點放在教導藝術獨特而重要的理念（Parsons, 2004）。除了學科知識結構之外，這波的課程改革還強調探究的方法。Broudy認為每種學科有其獨特的研究方法，有其內在的邏輯、探究的模式和證明的規範。透過藝術可以培養獨特的探究模式，基於知覺的理解，以身體為理解的重要媒介，提供和形成資料蒐集（例如：觀察、訪談）、詮釋和分析的過程，例如：Eisner的「教育鑑賞和教育批評」將研究模式由語文和數字擴展到感官，許多他的學生將其概念用在各種課程教學情境的研究（周珮儀，1995）。

1960年代末期和1970年代的「美感教育方案」（The Aesthetics Education Program，簡稱AEP）是一種綜合模式的美感教育課程方案，它運用音樂、戲劇、舞蹈和視覺藝術作為小學課程內容的基礎。它強調藝術在兒童正常教育中的重要性，認為藝術是早期學校課程中統整的一部分，應該為全體兒童共享，而非將其排擠到邊緣。AEP強調美感教育要導入美感價值，發展學生知覺與理解的美感模式，並提供教師豐富的藝術課程去補充現有的藝術方案。AEP整合許多相關方面的研究，除了對現有藝術教育研究的蒐集和分析，對有關AEP本身的研究，包括它對師生的影響和實施的問題，更擴展到一般課程與教學理論的研究，包括創造力、兒童發展、學習理論、學習成果評量的研究，藉以解決課程議題和發展教學活動與評量。

在1980年代早期，Getty藝術教育中心開始推動一系列大型教育改革，從幼稚園到高中階段推動DBAE課程，這個課程也運用在博物館教育和成人教育。DBAE著重視覺藝術教育的認知層面，其內涵包括藝術史、藝術批評、美學與藝術創作等四類別，主張將課程做系列的規劃（Dobbs, 2004）。

當時DBAE的課程在美國各地廣泛實施，Bresler（2010）舉了兩個例子說明DBAE實施的情況。第一個是Wilson對六個Getty方案的實施進行七年的研究，觀察超過一百所實施DBAE之學校的課程，發現實施藝術方案使這些學校產生一種系統性的改革，包括學校領導者的參與和投入、教師追求專業發展和發展課程設計、課程改革社群持續的溝通和合作、特定學科領域專家和教師的合作、博物館和其他社區組織提供學習的內容和經驗、提升學生批判性和創造性思考等高層次思考技能，最終增進師生對人類目標的瞭解，並想像和創造新願景。另一個Getty中心與Board學院合作的計畫由Bresler執行，在五所高中進行實驗，這些高中分布在不同的州，他們具有多元族群的學生，校長和老師支持藝術。實驗課程將音樂、視覺藝術、舞蹈和戲劇與高中學科統整。這種統整的課程強調個人和社會的相關，並結合過去到現在的文化。實驗課程的內容、作業和評量鼓勵學生進行高層次思考和創造。教師以檔案和方案評量取代傳統的紙筆測驗和論文，鼓勵學生以各種表徵模式和學習風格呈現概念與想法。這個課程方案改變了師生的角色。對教師而言，課程設計變成一種創造，而非僅是實施的行動；教師從依賴教科書轉向主動尋找廣泛的主題和議題。對學生而言，他們能將作品連結到自己的認同與聲音，並融入更多的美感要素。他們將自己的作品講解給教師和同儕等感興趣的聽眾，對自己的理念和創作感到自豪，並產生追求卓越的動機。

(三)後現代的藝術教育

DBAE在1980年代達到頂峰，然而，1990年代之後，隨著後現代思潮的興起，DBAE開始受到批評，認為它們的教學內容狹隘，並且以菁英藝術為主；而社會批判學派亦認為它們缺乏社會行動的動力。

在二十世紀末期的後現代潮流中，美感的普遍性隨著其他普遍性被解構了。美感的概念被視為依情境而定和蘊含於某種關係中。因此，藝術研究開始轉向，從個別和文化脈絡研究美感的本質，研究非西方藝術形式的族群美學（Ethno-aesthetics），包括其美感價值和對創作者和使用者的研究，亦即藝術的人類學和族群科學，從這些族群的社會和文化脈絡中理解其獨特的審美傳統和藝術形式（Carpenter II & Tavin,

2010）。

後現代的藝術教育者反思現代性透過某些特定的場所和影像，以霸權的形式命名、分類和控制人類、自然和世界，並透過官方的學校課程將其合法化。後現代的視覺性政治質疑視覺概念的產生如何為特定的政治或意識型態服務，選擇一套特定的影像，透過某種特定的組織結構來觀看，並同時迎合某種特定主體性的需求。視覺性政治有助於詮釋視覺經驗和視覺化主體如何在社會系統、實施和結構中被建構，藉以瞭解在過去社會和政治如何透過各種視覺的公開展示和監督而發展一種壓迫形式，在現在又如何透過展示和旁觀的實踐而維持這種壓迫（Carpenter II & Tavin, 2010）。

現代主義主流的語言模式——結構主義，透過一種二元對立的方式將意義的要素鎖定在與他者相對的意義。後現代的藝術教育理論則質疑這種二元對立模式，甚至超越符號表徵，從象徵的場所和觀點朝向真實的心理領域——去中心化的主體。他們借用Lacan早期「鏡像階段」的理論從視覺影像討論去中心化的自我建構（Eagleton, 1996）。Lacan將這個過程視為一種「慾望」，源自一種人類努力要去填補缺乏而尋找的影像。這種欲望連結到注視和被注視，無意識地在客體（被注視）和主體（注視者）之間穿梭移動，逃脫了象徵、暗示的語言，最終對於真實無意識的慾望超越了符號表徵，到達一種無法表徵的境界。

探討無意識的慾望和日常生活視覺性的政治與權力，呼籲一種不同型態的藝術教育。藝術教育成為一個不斷再概念化的領域，需要反思它自己的歷史和政治、焦慮和害怕、實施和偏好，以及各種沒有意識到的想像。這種藝術教育提供一個場域讓師生質疑和重建自我與世界的意義，並促進有關民主公共領域、倫理要務和社會正義的自主行動。這意味著以往著重實用的、技術的、創造性的自我表達為中心，或是以自身為目的學科本位的教學取向，都必須轉向批判的、政治的和情境的模式，強調教育要傳達給社會大眾文化的倫理責任。知識建構變成積極地改變和行動，不斷進行政治立場的重塑、社會重建、文化探究的過程，而不只是產出一件完整的作品。然而，這種剛勃發的思潮尚未在藝術教育領域形成共識或甚至被廣泛理解，因此對藝術教育的實質影響仍待後續觀察與發展（Carpenter II & Tavin, 2010）。

藝術教育的發展過程對於美感取向的課程與教學有深厚的影響，早期的藝術表現課程奠定個別性和創造性是美感教育的核心，其尊重個別發展和開發個人潛能，對當前的課程與教學有諸多啟發。1960年代以來學科取向的藝術教育重視藝術的認知層面和探究方法，形成美感的認知模式；1970年和1980年代更推動許多以藝術為核心的統整課程，將藝術的影響力擴展到其他一般學科的課程與教學，以藝術為學校課程改革注入一股活力；1990年代的後現代藝術思潮更擴展了藝術的範圍，讓美感認知更進一步延伸到個人與社會的重建與行動。以上這些藝術教育的發展趨勢，對於當前的課程與教學有許多啟示，讓我們進一步去思考學校教育如何擴展課程的藝術空間，強化教學藝術的實施。

三　擴展課程的藝術空間

長久以來，學校課程建立在科學化知識的平臺上，並不重視以藝術和美感取向來改革學校課程（Eisner, 2004）。學校課程偏重認知的層面，認知、情感和心理動作的典型三分法，除了助長認知領域的獨大，也顯示這些心理領域的範疇是嚴密劃分的，將美感劃歸情感的領域，並且暗指經驗的美感並非思考的功能。學生的成就評估以測驗分數來顯示，例如：學術性向測驗（SAT）就集中在語文和數學領域，這兩種領域在本質上都被視為抽象而非具體的，它們代表著智力，象徵著對心智、知識和能力的整套假設。藝術被視為情感的解脫管道，而教育被視為培養思想的過程，所以藝術並不被視為是教育的主要使命，而美感層面就變成一種容易被忽略的奢侈品。然而，這種把藝術和智力、思想和感覺、美感和認知分開的傾向，對藝術和教育都不公平。這不但使得許多學生不能參與藝術，而且失去了以藝術的模式和參照架構來思考問題、解決問題的途徑，使得心智變得貧瘠而失去平衡，造成一種「不均衡的課程」（Eisner, 2002）。從當代藝術教育發展的過程我們可以看到：美感認知模式也可以獲得豐碩的教育成果。正如John Dewey認為智力表現在處理問題的方法上，藝術活動中處理思想和素材之間的關係，也是在運用美感認知解決問題，亦是一種智力表現。

Vallance（1991）提出課程和藝術有十項共通點：1.都是人類意義的產品；2.都是組織者（課程設計者或藝術家）和觀眾（學生或參觀博物館者）溝通的形式；3.都需要轉化知識的形式；4.都是問題解決過程的產品；5.都需要與觀眾互動以產生意義；6.都提供歡迎觀眾回應的情境；8.都可以刺激強烈的反應；9.都具有歷史和風格的傳統；10.都歡迎批評和評估。

既然課程與藝術有這麼多共通點，那麼學校課程可以從藝術學到什麼？歸納美感取向的課程學者之見如下：

(一)學校課程內容應強化多種感官的表徵形式

長久以來，西方的認知傳統和學校課程以文字界定了知識和認知。然而，並非所有知識都可以用命題的形式表達，學校課程不應該讓語言限定了學生的認知。Eisner（1982）認為：事物之於我們，是先由感官感知，然後才轉譯成語文。命題所指涉的參照物還是非命題的，它們是感官所選取的特質，而語文主要的功能就是代替這些特質。然而，語文相對於感官的原級經驗只是粗略的表徵，事實上，我們能區辨幾千種沒有字彙指涉的特質；而文法結構、句型或片語也是一樣。語文和經驗的本身並不相同，因為它們經過化約，特別是命題式的語文化約更大。這種命題知識系統是一種次級經驗的呈現，是概念、摘要、結論和推論結果的累積；形成知識的過程是將生活情境以原子論的方式切割成量化變數，加以一系列的控制，創造了一個不真實的世界，並作為其他不真實的變數的背景（Pinar, Reynolds, Slattery & Taubman, 2004）。然而，人類的思考模式是多重的，語文只是其中之一；而命題只是一種語文的表徵形式，無法包含所有實徵世界中所能被經驗或理解的事物。將知識的來源侷限於命題語文所能處理的現象，會扭曲人類理解能力的發展，並且扭曲現實、遺漏很多重要的事物。

從藝術教育發展的過程，我們可以看到許多藝術方案有效地培育學生發展多重感官經驗，並透過多種表徵形式來擴大認知範圍。雖然傳統的學校教育偏重以語言文字去表達，但是思考並不只限於語言活動。透過這些藝術方案幫助學生理解各種藝術形式都是思想運作的過程，不同的地方只在於所運用材質的性質和作品的特性與價值。更重要的是藝術活動是經由感官直接和材質接觸，所以比其他運用抽象符號的理智活動更能培養感官能力，幫助學生去感受、去注意細微差別、去行動和鑑賞自己選擇的後果、去修正和作出其他的選擇。感官提供了感覺，由感覺提升到美感，由美感產生了感情，重新建立了心智和感官之間的連結。這種連結不只是有助於藝術課程的學習，也有助一般課程的學習，例如：視覺呈現對科學概念的表徵很重要，學生透過視覺學習到的知識單獨靠語文不一定能學到（Ametller & Pinto, 2002）。圖形可以描繪事物的空間與視覺上的性質，特別是科學的視覺影像有助於顯示文字難以描述的複雜結構、多重關係和過程。在處理空間、線條、形狀和色彩的複雜比例與持續改變方面，視覺的區辨力遠比語文來得好（Cook, 2008）。因此，培養敏銳的感官經驗和多重表徵能力對藝術課程與一般課程都很重要。學校課程內容除了應該重視藝術課程的實施，也應該在一般課程中強化多種感官的表徵形式。

(二)學校課程結構應該由規則取向擴展到象徵取向

Eisner（1982）主張，學校課程可以分成兩大類：一種是規則取向（rule governed），各元素根據規定的法則來安排，每個元素彼此之間的連結是特定的，例如：算術、文法、拼字、發音等。它們的規則可以明確教導給別人，並能依照規則決定與評鑑操作的正確與否。另一種是象徵取向（figurative），它鼓勵發明新的組合元素的方式，容許更多個人的選擇、不同的解釋和形式的創新。藝術活動就是傾向於象徵取向的結構，例如：雖然律詩和絕句有一定的格式，但是它們在藝術上的重要性，不在於形式的正確與否，而在它們表達了什麼意涵。就這方面而言，是沒有規則可循的。

規則取向主要是符碼（codes）的結構，將符碼解碼有一定的、公開的規則；因為轉換的規則很明確，所以可以直接改寫，將形式的內容或陳述轉譯成另一種形式，並不會遺漏訊息和損害意義。相對地，象徵取向的結構是隱喻（metaphors），因為在這種結構中各部分之間的關係是獨一無二的，部分改變了，整體所傳達的意義也就會改變。解釋隱喻需要個人使用批判的智力去想像和判斷，規則並無法找出整體所產生的意義。

以上兩種結構各有優點和適用對象：規則取向的結構能增加共識，即是判斷的一致性，在這種結構中，任何人都瞭解規則，並能運用規則決定操作是否正確。越是象徵取向的結構，就越需要個別的選擇、詮釋和判斷，就沒有絕對優劣的答案，而必須運作高度複雜的心智過程，因此，深思、判斷和想像就變得很重要。這兩種取向對人類的學習都很重要。因此，學校課程必須提供充分的內容，能讓學生都有操作這兩種課程的機會。

然而，學生在學校中大部分的工作是偏向規則取向，都是在尋找正確的答案，缺乏個人詮釋的空間，即使是寫作課程也只著重模仿和複製。在將答案的對和錯內在化的過程中，學生學到的潛在課程是：每個問題都有對和錯兩種答案，教師知道正確的答案，學生的任務是找出正確答案。

Pinar、Reynolds、Slattery和Taubman（2004）主張，課程可視為一種美感和象徵的文本，一種如同藝術形式的方案，一種複雜的協商和經驗的重建。因此，學校應該提供更多「象徵取向」的課程，讓學生探索沒有絕對正確答案的問題，感受問題情境中複雜微妙的特質，權衡和妥協各種行動的變通方案，彈性地調整目的而完成更好的成果，我們可以在上述藝術教育課程中看到許多這種「象徵取向」的課程方案。

(三)學校應強化思想和媒材互動之整體質性關係的體驗課程

在藝術教育課程中，學生的創作必須在媒材的特性和限制下，進行整體的質性形式思考（qualitative forms of thinking）。例如：水彩所能畫出來的效果，油畫就不一定能辦到。每種媒材均有其特性，學生必須探討如何在素材的可能性與限制性下運用它，看見或體會從各種素材中浮現的質性關係（qualitative relationships），並加以判斷和組織這種關係，最後才能達成他想要的目標。當學生在繪畫或雕刻時即是在運用智力進行問題解決的過程，再設法把他的觀念、意象或感覺以某種素材表現出來。他必須處理所用的素材和所構想的藝術目標在視覺上的交互作用；選擇和組合材質，使它們發揮表達功能；預期處理素材產生的結果，注意創作時必然會產生的意外驚喜或挫折；處理作品中統一或和諧感等形式的問題，使作品凝聚成一體（Eisner, 1972）。

因此，藝術行為是一種美感的認知模式，它在形式和內容、材料和思考交互作用的過程中，產生了一種複雜微妙的質性整體。長久以來學校課程的設計往往著重在可以簡單量化的層面，而忽略了實際的人類活動中常常必須處理許多複雜微妙的質性關係，進行質性的決定和判斷，例如：飲食、服飾、室內布置、休閒娛樂、人際關係、運動，乃至於學校課程與教學等等，都得運用這方面的智慧。因此，學校課程需要提供更多機會讓學生處理思想與素材的互動，從各種素材的組合與創造中表達學生的意圖，展現自己獨特的形式與風格。學校課程內容和活動的設計與評量也要強調整體觀，要讓學生能體驗和發表各種可能性中浮現的一種質性的整體，而不是切割零碎的單純反應的累積。

(四)學校課程應導向批判的社會行動與自我和世界的解構與重建

1960年代興起的「新」學科課程運動和延續至1980年代的DBAE強調學科結構與認知取向，促使一向被視為結構鬆散的藝術與藝術教育的領域而提出美感認知的形式，一方面宣示藝術作為一個學科的合法性與重要性，另一方面發展一種結合美感和認知的獨特認知形式，打破認知、情意、技能的分立和認知領域的獨大。然而，後現代藝術與教育趨勢的興起對將藝術視為一種「學科」產生質疑，包含它的歷史特質和對它們的權力關係的質疑。特別是傳統的藝術學科有時被視為菁英主義的寶庫，貯存政治正確的知識，不民主地排除一般大眾、民俗藝術、其他非主流傳統藝術的作品和判斷（Parsons, 2004）。因此，後現代的思潮認為美感不只是單純地認知，更重要的是一種解構過程，不斷打破藝術領域既定的二元對立、穩定秩序和普遍法則，從解構藝術到解構自我與世界，並引發不斷批判與重建社會的行動。這股趨勢也呼應了Pinar（2004）的觀點，課程研究已經走向「後—再概念化」（post-reconceptualization）的趨勢，學校課程應導向批判的社會行動與自我和世界的解構與重建。

四 釋放教學藝術的魔力

如果學校課程結構能從規則取向擴展到象徵取向，能夠重視和實踐藝術課程的重要性，並在一般課程中加強多重表徵與美感體驗，這種教育結構與內容的轉化將有利於教師在班級教學中實踐教學藝術。誠如Eisner所言：「教學即藝術」（Eisner, 2002）。然而，要發揮教學藝術對教師仍是一項挑戰。教師在日常的教學中往往有太多的事務要處理而使教學經驗變得不完整，教學也經常被其他事務打斷而變得支離破碎，新進教師可能因為對教學不熟悉而使教學步調漫無目的或雜亂無章，而資深教師也可能因為喪失教學熱情和激勵而照本宣科，使得教學變成機械化的例行儀式。那麼教師在日常的教學活動中要如何使教學的美感要素釋放出來？我們可以從藝術教育的發展和方案中得到一些啟示。

(一)教學應強化因材施教的美感經驗

當學校課程內容強調思想和媒材互動與學生的體驗，教師要實踐這種課程必須扮演一種班級藝術家的角色。藝術家將思想透過素材轉化和表現出來，藝術創作必須考慮各種素材的特性和限制；教師也是如此，每位學生都是不同的素材，教師必須透過不斷地專業研究以瞭解各種材質的學生，並發揮藝術才能，充分地感知與鑑賞，進而深入理解個別學生的特性和限制，透過教學發揮學生的潛能和開展其特質，顯示其獨一無二的意義與價值。

這種因材施教的教學過程即是一種藝術的表意形式，教師必須因應學生個別需求與學習風格，也展現自己的教學風格，從各種內容與活動中加以選擇和組織、調整發問或講授方式，當一切教學活動都安排得宜和完整時，會讓師生共同有一種內在滿足的形式，也達成一種美感的高峰經驗。

因此，師資培育不只要充實教師專業，透過各種理論幫助他們更瞭解學生，還要增進教學的美感經驗，培養教師的藝術才能。師資培育應該提供教師更多藝術經驗和取向，讓他們學習透過感官去體驗、去注意細微差別、去綜合判斷、去行動和鑑賞自己選擇的後果、去修正和作出其他更好的教學選擇。學校要鼓勵探索的教師文化和校園氣氛，培育教師自由探索和創造的特質；使教師轉而營造自由探索的班級氣氛和具有豐富藝術特質的課程內容與班級情境，透過各種有意義的遊戲培育學生發展多元適性的藝術才能。相對地，如果教學缺乏感知的內在歷程而只關注操縱外顯的教學行為，將無法使師生從中產生美感經驗。

(二)教學過程應掌握整體特質的理解、判斷與控制

當學校的課程設計強調讓學生體驗整體質性關係，與之相對應的，教師也要理解、判斷與控制教學過程的整體特質。教師在教學決定中所下的判斷往往基於在教學過程師生互動中開展的特質，正如藝術創作需要有能力去理解、判斷、組織與控制合乎某種目的的質性關係，在無數的可能性中組織和完成最後的成品（Eisner, 2004）；教師必須要能發揮美感認知的質性智力形式，去選擇、控制和組織教室中不斷湧現的許多特質；例如：在教學的速度、聲調、氣氛、討論的步調和引導活動中，教師必須要能察覺並掌握其中眾多特質，做出適當的回應，將學生導向他所想要達成的目標或方向。在這個過程中教師必須不斷運作質性的判斷，以達到最終質性的目的。

不同藝術有其不同媒體特色和感官訴求的模式，但是藝術家都能體會從作品中浮現的質性關係，並加以判斷和組織這種關係。同樣地，每個教學的場景和其中的師生都是獨特的，好的教學並沒有一定的公式或規則可循，而是具有不同的形式和風格，但是他們整體的教學過程與結果都突顯一種統整而強度的質性關係，能讓師生印象深刻或感動不已。

(三)教學過程要不斷轉化偶發性和不確定性來創造驚奇

當學校課程結構從「規則取向」擴展到「象徵取向」，會創造出一個充滿彈性和變通的空間，有利教師的教學活動從「規則取向」轉向「象徵取向」。藝術創作的過程永遠充滿意外的驚喜或挫折。教學藝術讓有經驗的老師都知道，不顧一切固守教案有時反而可能是通往毀滅之

道（Eisner, 2004）。教學過程很難完全遵守規定或例行途徑，反而會受到各種無法預測的特質和偶發事件的影響，教師必須不斷以種種有創意的方法來克服和轉化這些偶發事件。這並不是說教學不需要預設的目標和計畫、例行的規定和既定的流程；教學就如同藝術創作，其中必然存在著「自動化」和「創造力」兩種因素的緊張關係。當然教師必須具有設計良好的教學例行途徑和充足的變通方案，才能有多餘的精力和注意力用在班級中浮現的種種特質；但是如果教學過於自動化、機械化或淪為例行公式、照本宣科，將會阻礙教學與學習的創造力。例如：從Hall和Loucks（1977）的課程實施層次中，我們可以看到教學如果只停留在「機械使用」和「例行化」，就無法達到更高層次的「精緻化」、「統整」和「更新」。相對地，如果教學中總是充滿讓學生驚奇的事物，學生自然會提高學習動機和持續探索的歷程。

(四)教學要著重不斷浮現的彈性目標和表意結果

在西方的理性決定模式中，目標、目的和標準的形成是關鍵的行動，一旦決定目標就是後續的實施和成果的評量，並持續這種循環直到目標和結果一致。目標經常是穩定的，而且總是先於方法（Eisner, 2004）。在教育領域盛行一時的行為目標運動和目標模式即是如此，他們主張：教育計畫要有意義，必須擬定明確的目標；要使目標明確，就要使用易於直接觀察的語詞來描述外顯行為。因此，行為目標是在教學活動進行之前，就事先設定了詳細而具體的內容、情境、規準和行為反應。

然而，我們可以從藝術教育的方案中看到：藝術領域的目的經常是在方法之後，意圖或目標不一定要在行動之前產生。在藝術工作的歷程中目標可能不斷轉移，達成Dewey所謂的「彈性目標」（flexible purposing），不必嚴守既定目標和原有規劃，而可以追求在整體關係中可能浮現的更好目標（Eisner, 2004）。同樣地，教室生活中有許多活動並不一定要遵循嚴密的「手段——目的」的線性思考模式，而是可以採取探索和遊戲的模式。教師可以提供豐富的情境和活動讓學生體驗，一開始可能沒有非常明確的目標意識，但是在活動中逐漸發展出目標，直到整個學習活動完成了，獲得整體的經驗和意義，才完成了目標（Eisner, 2002）。此外，目標也會隨著時間和空間而改變，這些改變影響師生在教學活動中所選擇的行為和所產生的結果。因此，教學所要達成的目標經常是在過程中產生的，它們是回溯的，不是預定的；是擴散的，不是聚斂的；是統整的，不是分離的（Eisner, 2002）。

此外，藝術教學的結果是一種表意的結果，需要更深、更廣、更複雜的知識來鑑賞和判斷，從而突顯傳統行為目標與目標模式語言的貧困及標準的僵化。行為目標的用語，往往不能表達許多複雜微妙的智性活動，例如：許多教學目標是在心中浮現的理想圖像，或是視覺、聽覺等感官的理解形式，並非是語文能清楚表達的命題。行為目標也未能區分標準和判斷的問題，因為行為目標講求精確特定的標準，適用於有明確標準的活動（Eisner, 2002）；然而，它並不能適用於所有的教育活動，更無法適應個別差異；例如：我們可以在DBAE的方案中看到，教師以方案評量、檔案評量等多元評量的方式在評鑑藝術作品。當學習活動需要學生進行高層次思考和完成一件複雜的方案或創作時，或是評估學生個別學習歷程的進展或個別的學習風格或特質，都必須使用更深、更廣、更複雜的專業知識來判斷學習的結果。

(五)教學應喚醒教育想像、渴望和熱情的魔力

長久以來多數學校的課程與教學，強調線性、語文、分析和理性的現代性觀點；然而在後現代社會中更多人性、美感和精神層面受到重視，非線性、視覺、精神和非理性的美感經驗特質開始受到重視（Iannone, 1998），而藝術也跨越學科邊界，打破「為藝術而藝術」的框架。在解構觀點下，藝術不再是純藝術，而是發展熱忱與同情、促進環境和社會行動、民主的公民素養和個人的精神轉化，賦予我們能量去想像與表達我們的願景，召喚我們去創造一種不同的新世界。

伴隨著學校課程的解構，教學得以釋放過去被封閉在制式結構中的魔力。現代主義將藝術置於理性的解析之下解除它的魔力（the disenchantment of the arts），使藝術失去某種一度對人們非常重要、難以定義的魅化（令人著魔）特質與終極價值。相對地，後現代思潮認

為藝術代表自然的顛峰事件與經驗的高潮，希望將藝術置於學校教育的核心，教師在教學中要重新釋放藝術的魔力（re-enchantment of the arts）（Spehler & Slattery, 1999），讓教學成為「喚醒」學生將教育的想像、渴望和熱情轉成實際方案的過程。我們可以在DBAE的方案中看到，教師和校長對藝術和教學的熱忱與投入，使得這些學校產生系統性的改革，也提升多元族群學生學習的動機和成果。雖然DBAE已經幫助許多學校找到教學改革的動力，然而我們仍要注意它還是被批評具有菁英藝術的取向，從後現代族群美學的角度，教學應該更能激發多元族群的學生，發展自己族群的社會文化脈絡中獨特的想像與意義。

五 結語

誠如Eisner（2004）所言：「當前講求績效的教育太強調預測和控制而非探索和發現，它的代價是只能從已知的事物去預測和控制，無法對不確定性開放。」以臺灣的教育現況而言，長久以來，在升學主義主導之下，產生一種典型的「規則取向」的學校教育，學習往往在反覆練習考試的標準答案，使得教育脫離真實的情境，課程內容缺乏感動，教學過程缺乏驚奇，教育人員缺乏熱情與想像，學生喪失學習動機與創造力（周珮儀，2010）。特別是在中等教育階段，藝術課程經常被挪用或以非專任教師充數而無法正常上課，導致學生缺乏基本的美感教育素養；一般課程更難以提供學生體會美感經驗的機會。

當代藝術教育的發展不只對美感取向的課程與教學有深厚的影響，也對改善現行學校課程與教學有諸多啟發。諸如Eisner等人，更同時是藝術教育和美感取向的課程與教學的專家和重要推手。回顧近百年來藝術教育的發展，經歷兩次最重要的典範轉移，一是創造性的自我表達運動，始於1920年代而在二次世界大戰之後達到頂峰；二是1960年代早期興起的學科導向運動，在1980年和1990年代以「學科本位的藝術教育」（DBAE）達到頂峰。晚近後現代藝術教育課程挑戰現代主義的美學概念，重建藝術教育的目標、方式、成果和場所。然而，這些想法尚未全面落實，仍然處於不斷定義和澄清的過程（Carpenter II & Tavin , 2010）。

兒童中心和學科本位的藝術教育對我國藝術教育的師資培育有很大影響，著重藝術作品的創作或研究，但是比較可惜的是在課程實施上多半侷限於少數幾門藝術課程之中，比較少像國外透過統整課程的形式，讓藝術課程與一般課程連結，擴散藝術對學校整體課程的影響，讓教師進一步去思考如何在一般課程中強化藝術的特質，甚至以藝術為促進學校整體轉型的動力。

課程和藝術有許多共通點，學校課程發展應該努力思考如何由傳統的規則取向擴展到藝術教育領域的象徵取向，讓學生體驗思想和媒材之間交互作用的整體質性關係，而非只是急於找到標準答案和正確操作。課程內容和活動應開發學生多種感官的感受力，發展多元的表徵形式來擴大認知的能力和範圍，而非只是侷限於語言文字，特別是命題式語言的表徵。隨著後現代藝術打破自我表達和學科本位的限制，走向社會重建與後現代社會的文化探究，學校課程也可進一步慎思如何走出為藝術而藝術、為知識而知識的框架，邁向批判的社會行動與自我和世界的解構與重建。

從知名藝術教育方案的實施過程，我們也可以看到教師運用教學藝術不只改變自己的學生和班級，也改變學校和社區的文化。教師的專業理念和學生的材質特性深度互動，帶給教師因材施教和學生適性發展的美感經驗。他們的教學著重的不是事先規劃完善的行為目標或既定的步驟和程序，而是提供豐富的活動和內容，讓學生感受、判斷和掌控其中的整體特質與控制，融合美感與認知，從中歸納發展一種表意的結果；教師也需要更深、更廣、更複雜的知識，來鑑賞和判斷學生的表意學習結果。教學過程充滿許多偶發性和不確定性，善用教學藝術的教師並不會對此感到困擾，而是能夠因勢利導，不斷彈性地修正目標，轉化這些偶發性和不確定性，喚醒學生的想像、渴望和熱情，創造讓學生驚喜的學習經驗。

藝術是人類重要的文化資產，美感認知是學校教育中重要的認知方式，美感經驗是學習的高峰經驗。然而，藝術課程在臺灣教育長期受到忽視，學校藝術課程通常固守學科本位，很少和其他學科對話與合作，或將藝術認知與學習的模式引入其他學科、將藝術創作引入學校和社區。藝術教師的培育過程偏向技能層面，一般教師的培育過程也缺乏藝術才能和教學藝術的培育，以及接近藝術的學習機會。從本文中我們從許多國外範例看到藝術在教育實施的多重可能性，它可以豐富課程內容，活化教學實施，啟發教師的教育想像，提升學生的學習動機，促進整體學校的改革。期待未來透過教育人員的合作，共同擴展我們的教育中課程藝術的空間，釋放教學藝術的魔力。

參考文獻

中文部分——

周珮儀（1995）。艾斯納教育批評理論之研究。國立臺灣師範大學教育研究所碩士論文。

周珮儀（2010）。麥當勞化課程的省思。教育學刊，**34**，1-31。

陳朝平、黃壬來（1995）。國小美勞科教材教法。臺北：五南。

英文部分——

Ametller, J. & Pinto, R. (2002). Students' reading of innovative images of energy at secondary school level. *International Journal of Science Education, 24* (3), 285-312.

Bresler, L. (2010). Aesthetic education research. In C. Kridel (Ed.). *Encyclopedia of curriculum studies*(pp.12-16). Thousand Oaks, CA: Sage.

Carpenter II, B. S. & Tavin, K. (2010). Art education beyond reconceptualization: Enacting curriculum through/with/by/for/of/in/beyond visual culture, community and public pedagogy. In E. Malewski (Ed.). *Curriculum studies handbook - the next moment*(pp. 244-258). New York: Routledge.

Cook, M. (2008). Students' Comprehension of science concepts depicted in textbook illustrations. *Electronic Journal of Science Education, 12*(1), 39-54.

Dewey, J. (2005). *Art as experience*. New York: Perigee Books.

Dobbs, S. M. (2004). Discipline-Based Art Education. In E. W. Eisner and M. D. Day

(Eds.), *Handbook of research and policy in art education* (pp.701-724). NJ: Lawrence Erlbaum Associates.

Eagleton, T. (1996). *Literary theory: An introduction.* Minneapolis: University of Minnesota Press.

Eisner, E. W. (1972). *Educating artistic vision.* New York: Macmillan.

Eisner, E. W. (1982). *Cognition and curriculum*. New York: Longman.

Eisner, E. W. (2002). *The educational imagination: On the design and evaluation of school programs* (3nd ed). New York: Macmillan.

Eisner, E. W. (2004, October 14). What can education learn from the arts about the practice of education? *International Journal of Education & the Arts, 5*(4).

Hall, G. & Loucks, S. (1977). A developmental model for determining whether the treatment is actually implemented. *American Educational Research Journal, 14*(3), 263-276.

Iannone, R. (1998). Art as a theoretical base for the postmodern curriculum. *Clearing House, 72* (2), 118-122.

Padgham, R. (1988). Correspondences: Contemporary curriculum theory and twentieth-century art. In W. Pinar (Ed.). *Contemporary curriculum discourses*(359-379). Scottsdale, AZ: Gorsuch Scarisbrick.

Parsons, M. (2004). Art and integrated curriculum. In E. W. Eisner and M. D. Day (Eds.), *Handbook of Research and Policy in Art Education* (pp.775-794). New Jersey: Lawrence Erlbaum Associates.

Pinar, W. F., Reynolds, W. M., Slattery, P. & Taubman, P. M. (2004). *Understanding Curriculum: An introduction to study of historical and contemporary curriculum discourses*. N.Y.: Peter Lang.

Pinar, W. F. (2004). *What is curriculum theory?* New Jersey: Lawrence Erlbaum Associates.

Spehler, R. M. & Slattery, P.(1999).Voices of imagination: The artist as prophet in the process of social change. *International Journal of Leadership in Education, 2*(1),1-12.

Vallance, E. (1991). Aesthetic inquiry: Art criticism. In E. Short (Ed.), *Forms of curriculum inquiry* (155-172). Albany, NY: State University of New York Press.

7

「自由」為核心之教學藝術理念與課程實踐——以美感教育為例

李雅婷
國立屏東教育大學教育學系助理教授

一 前言

回溯教育、課程與教學發展史，科學化理念使得教育、課程與教學得以透過實證性研究建構知識學門（Cremin, 1964），教育的科學性提供如此重大貢獻，然而，卻仍有其不足之處。從相關文獻可知，將「教學視為一種藝術形式」者不可勝數，如N. L. Gage、E. W. Eisner等人（Collins & Chandler, 1993; Grumet, 1993; May, 1993）。Gage（1977）在其《教學藝術的科學基礎》（*The Scientific Basis of the Art of Teaching*）指出，即使在電腦輔助教學（computer-assisted instruction）此種固定方案中，仍然需要藝術性（artistry）；然而，何時需要「藝術性」呢？Gage認為在激勵誘導策略、定義與範例的闡釋釐清、教學步調與反覆等此類的選擇與運用上，是需要藝術性的。而在師生面對面的互動上，需要藝術性的時機更是俱增，然而，促發學習所需要的判斷、即時洞察、敏覺力，以及敏捷性恐怕無法成功地清晰描繪。

按Gage此一說，「教學藝術」似乎是無法言說。Eisner（1994）在其教育鑑賞與教育批評中，也指出了教學歷程中無法直接言說的特質，因此主張「隱喻」的表徵形式。而談到教學藝術，Eisner在《教育的想像》（*The Educational Imagination: on the design and evaluation of school programs*）（Eisner, 1994）則為了「教學即藝術」之說，提出四點論證，他分別從「理想教學的藝術本質」、「教師角色即是藝術家」、「技巧與創意兼融的複雜歷程」與「結果的浮現論」，論述「教學」與「藝術」之間的符應性。不過，與其說Eisner認為「教學是一種藝術」，他所指的「藝術」是人們熟知的，如視覺藝術、立體藝術或平面藝術等此種被視為具學科性質之學門類別，研究者覺得，他所指的是「藝術性的」（artistic），而此種「藝術性質」在日常生活活動中即能尋得。如Eisner在其書中即舉了籃球遊戲作為比喻，以解釋他認為「教學藝術化」（artistry）的精神與理想境界——在一套明確的規則下，保持目標的彈性化，在此其中，參與者沈浸於一種探索、冒險與醞釀遊戲心境的氛圍中，而這即是藝術經驗（artistic experience）之源。

但是何為「藝術性的」？這似乎是必須釐清的問題，因為，在英文中「藝術」（artistic）常和「美感的」（aesthetic）伴隨出現，也常被人相互為用。Eisner在提及四點「教學即藝術」的論證中，第一點，他指出，教學需具有技巧（skill）與優雅（grace），對教師與學生而言，在教學中所獲致的經驗是可稱為「美感的」（aesthetic）。Eisner標示出這個觀點主要是源自於Dewey的《藝術即經驗》（*Art as Experience*）（Dewey, 1934）。Dewey在書中為「藝術性的」與「美感的」（esthetic[1]）兩個字詞提出界定，他認為「藝術性的」主要指涉的是產製的行為（act of production），而「審美的」則指涉的是知覺與愉悅的行為（act of perception and enjoyment）。然而，兩者卻不能切割為無關的兩個區塊。Dewey舉例說明他的觀點，他指出，實行中的完美（perfection）並不能只根據實行（execution）的情形而界定，尚需包括知覺與享有（enjoy）成品之人。Dewey（1934: 47）指出：「廚師為顧客準備食物，而食物的價值亦建立在消費中。」因此，真正的

1　Dewey（1934）著作中談論「美感的」，使用的是「esthetic」，該形容詞與「aesthetic」同義，故本文皆譯為「美感的」。

「藝術性」，其作品亦是美感的，具有愉悅特質、易於接受之知覺所架構。循此，Dewey綜歸，在形式上，藝術統合了實作（doing）與體驗（undergoing）、外放與內進的能量，這樣的統合關係所營作之經驗才得以稱為經驗。

其實Dewey對藝術與美學的界定，並未脫離被稱為美學之父的德國學者Bagartom在當時欲建構一個以「品味判斷」（judgment of taste）為核心之新美學的原意。獨特之處在於，Dewey統合藝術之創造與美感之知覺愉悅，而稱之為「實作」（doing）與「體驗」（undergoing），構作他「美感經驗」論述。

從歷史文獻觀之，若試圖為「教學藝術」尋得一個最高典範的實踐以界說其自身，恐會狹隘了對這個概念的理解。如果就Eisner（1994）所謂的「教學藝術」即是立基於「教學是一種藝術形式」（teaching is a form of art）之論說上，那麼本研究則意圖從「藝術」的另一個觀點來觀看「教學」—「自由」。以「自由」為核心的教學藝術，於課程與教學中該如何展現？研究者近年來帶領碩士班研究生以敘事課程為策略進行美感教育課程實驗，從而建構「美感教育課程發展模式」（李雅婷、黃筠珮、林于仙、吳珮如、吳哲維，2010；李雅婷，2010b；李雅婷，審稿中）。之前研究的探討中，以建構課程發展模式為主要目的，因為篇幅所限，並未深入探究運用該模式的教學藝術，職此，本研究以該模式與實驗精神為例，說明並省思以自由為核心之教學藝術觀，以提升教育之實用性。

二　「自由」的美學觀

一般而言，「藝術」常與「創造性」相提並論，「創造性」被視為是「藝術的本質」。然而，從藝術史的沿革中，可以得知藝術在「模仿論」下的美學觀，究其根柢與「創造性」恐無涉（劉文潭譯，1989）。換言之，「藝術家思維」，如藝術家般思維，然而，不同藝術風格或美學理論實質上會延伸出不同的課程與教學實踐，所以究竟所謂的「教學藝術」，是以何種「藝術觀」或「美學觀」作為論述基礎，其所秉持的「教學藝術」亦會有所不同的風貌展現。

從藝術史上，以倡導「創造性」與「自我表現」為其風格者，首推現代主義下的表現主義（expressionism），回溯美國表現主義下的藝術教育實踐，亦是教育史上進步主義教育學者所推崇的一種教育型態與課程實踐（Cremin, 1964），這也可從Dewey《藝術即經驗》（Dewey, 1934）書中大篇幅探討「形式」（form）、「內容」（substance）、「表現」（express）與情緒（emotion）等概念，皆是表現主義美學的課題而獲得證實。

美國二十世紀初同樣鼓舞自我表現與創造的兒童中心教育思潮，對於傳統學校教育提出相當多的批判。被稱為社會重建論之學者Harold Rugg，其基於「經驗」哲學批判傳統活動方案，他指出，傳統學校教育不是沒有活動，而是，將活動視為一種「符號」（symbols）運作，包括代數、文法、拼字、地理、歷史、寫字與閱讀等的精熟（Rugg, 1936）。他稱這類型活動僅是以語辭活動組構，偏向死寂、口語與分析；嚴重的是，這些活動與學生真實生活經驗脫離。上述的批判指出兩個傳統學校教育活動的問題，第一，活動本質偏狹，傾向語辭等靜態類型；其次，與學習者生活經驗無法接合，然而，其意識底蘊，Rugg直指的是一種威權式的教學意識型態。據此，其以創造性自我表現主義美學，融合重建論之革新理念，提出創造性革新（creative revolution）美學論述，萃取「自由」作為他批判美國學校教育、課程與教學之刃（Rugg, 1947）。「自由」不僅是外在行為等法規自由，如行動、遷居的自由，於課程教學中，其著重的是認知歷程與結果的「自由」。而這個觀點與Eisner「教學即一種藝術」中的「未能預期的」歷程與結果之說，具有相似之處。

Rugg批判科學運動下的課程，預設了一組因果關係，而Dewey（1933）的「問題解決」亦是一種科學基礎下的認知行為，這個批判在Rugg（1952）的著作中早已提出。Rugg繼而以藝術美學思維作為基礎，主張「表現行為」（expressive act）作為課程與教學之策略。兩者的差異，Rugg在他的著作中有實例加以說明，一個是容器轉換的問題[2]，一個是天文學的問題[3]。上述兩個問題之共通特質有兩項，第一為「歷程」的控制，如路徑；另一個是「結果」的一致性。分別藉由容器與天文學家的兩個實例，Rugg（1963）指出科學方法具有「循環」、「一致性」與「檢證」等特徵，進而Rugg指出，Dewey的問題解決思考行動即具有此種科學邏輯的預設：必須根據外在情境所指定的特定因素尋求問題的特定答案，答案可複製，是一種已預設好路徑以等待人們落入的規則設定。

批判之餘，Rugg在其編列的一系列社會領域教科書中，亦實際將他的基於「自由」之理念化為實際課程內容。在Rugg與Krueger（1937: 177）的教科書中運用了四個問題，引導學生進行教室窗簷的設計與製作：「你要複製嗎？」、「你會如何設計？」、「你如何像優秀的工藝師一般進行工作？」，以及「我是否已真正學習到完整的技藝？我是否已經全部學會別人教導我或我自學的技藝？」這些引導句，奠基於現代藝術運動下「人人即藝術家」的思維，主張參與和體驗，著重學習與自我生活空間的連結。而獨特的是，其主張開放歷程與成果之「問題」是符合藝術——美學式的組織型態（李雅婷，2010a）。

研究者觀察臺灣坊間一些所謂益智或是潛能開發的遊戲器具設計，其實偏向的是一種封閉性與單一答案式的設計，例如類似傳統九連環遊戲或是國外引進的某些問題式的遊戲器具。這些遊戲從「問題」出發，期待遊戲參與者解決問題，例如解開九連環、將某目標物移出格子中。首次接觸或許吸引參與者投入於邏輯性思維以求解答，然而，實質上，就如同前述Rugg所列舉的科學性問題解決案例，它的解答步驟常常就只能是一種，或是僅有唯一答案，即使不同參與者其解決途徑與

2 有三個容器，容量分別是3、5、8夸脫（quarts）。前二個容器是空的，最後一個是滿的，所要解決的問題為：不透過其他容器或裝置，將水平均倒入其他兩個容器中（Rugg, 1952: 194）。

3 1845年，英國John Couch與法國U. J. J. Leverrier兩位天文學家各自預測了海王星的位置，他們各自從觀察星球與宇宙星圖，提出相同的假設，得到相同的數值（Rugg, 1963: 35）。

解答仍需被規訓。而這樣的遊戲設計常常是一旦知曉答案後，就再也缺乏動手把玩與思索的吸引力。在這樣的遊戲設計活動，多數偏向邏輯性，相較之下似乎缺乏美學認知中所強調之知識的自由面。此外，臺灣近來相當多有關創造力相關論著或研討會等，其中「問題情境」常被運用於創新教學中作為教學策略；然而，即使是最常被稱為培育創造力或是稱之為創新教學的其一策略，似乎教學目標亦僅停頓於事實知識之認知，或是最終的學習歷程導向一個「預定」的答案，教學目標在「發現」，而非「創造」：發現自然生活現象中的事實，而無再鼓勵學習者將所獲得或發現之知識延伸至生活應用之創造思考。這些臺灣現象常令研究者如此思索：如果改變不同的教學法，可是其學習本質與結果仍是學習複製，那麼，所謂的「創造」從何而來？

美國課程史上，二十世紀以「自由」作為課程與教學基礎而成現代性下的創造性革新美學觀，進入當代，「自由」亦同樣受到關注。其中，美國哲學家Maxine Greene（1995, 2001）以「想像」為核心的美育受到關注。其主張開展想像之教學與課程中，需以「自由」作為後設理念以反對美國學校教育中的壓抑以及相關政策。Greene對美國學校教育的省思中，她指出，學校組織結構再造（school restructuring）確實突破了舊式的量化模式思維，然而其背後的動力是來自追求John Dewey所稱「對確定性的渴求」（the quest for certainty）的焦慮（Greene, 1995），從對「確定性」的批判中，Greene從而提出「可能性」（possibility）一語，因為對「可能性」的認同，想像力才得以有空間。而所謂的「想像力」（imaginative capacity）係指將事物看待成其他可能樣貌的能力（Greene, 1995: 19），因此，透過想像力而看見世界的其他可能性，即是她美感教育與教育的論點。

而在此教育旨趣之下，那麼教學又該如何呢？Greene（1995）在她文中引用了當代英國哲學學者Mary Warnock的觀點，Warnock認為，教育的首要目的即是讓人免於無趣感、免於陷入無價值感，或是無可期待感之末。Greene主張，一個充滿思考性與批判意識的教室，即是師生從他們各自生活情境探尋中，進而導引的合作探究（collaborative search）。Greene進而解釋她所謂的「合作探究」，她指出，一般而言，尋找一個探究問題即是個大問題，Greene如此說道，或許探究的開始即以打破單調的日常生活作為嘗試，走路、飲食、看東西、處理一些必須做的事情、洗衣服、煮晚餐……學生可能以這些來描繪他們的日常生活，或者是毫不質疑地接收購物商場的文化：速食櫃檯、洗衣店、假的植栽……，而這些活動皆是一種習慣性的、視為理所當然的，或是不加質疑的。Greene期待的是以一種建構心智或意識來看待世界，而非將之視為本質性的或是既定的。

若由Greene觀點視之，所謂的教學藝術，其所指的藝術性，除了是本質、歷程、結果與教師角色的質性與不確定性外，實質上，教師宜自許著一種「陌生人」的信念與態度，如此，所謂的「教學藝術」才可能在教室中發生。Greene（1988: 5）解釋：「自由（freedom）即是空間（spaces）與觀點（perspectives）的開啟（opening）」。Greene以卡謬的「返鄉的陌生人」作為她論述的引註，她期待人們得以觀自身，而非只是沒入系統之中，放棄為自身而觀看、理解與表達的自由，而掌握此自由之念的另一種關懷即是意識的廣泛覺察（wide-awakeness）。

由上述「自由」為核心之教學觀，可瞭解其教學實踐策略不脫離「探究」的精神與取向——探究的問題具有成果之開放性，以及日常生活的關聯性。成果之開放性在於突破可預測性之封閉特質，而日常生活的關聯性則是自去脈絡化的、抽象的、純語辭學習的思維中，進入自身生活與文化場域的關懷行動。綜言之，以「自由」為核心之教學藝術，呈現的是探究的教學形式、朝向的是表現性的歷程展現、連結的是日常生活場域。上述特質，於研究者所引領的美感教育課程方案，並形成之美感教育課程發展模式（簡稱PAAR模式）中可窺見實踐之案例。

三　一個美感教育課程行動舉隅

研究者自2009年開始，數年帶領碩士班研究生共同進行以美感教育為題的敘事課程理論與實務之課程行動研究，經文獻探討、初構課程模式、課程實驗、修正，以及模式再建構（李雅婷、黃筠珮、林于仙、吳珮如、吳哲維，2010；李雅婷，2010b；李雅婷，審稿中），提出「美感教育課程發展模式」，又簡稱為「PAAR模式」（如附錄一）。PAAR模式中，包括了四個要素（目標、脈絡、探究問題與探索行動）與八項能力（多感官知覺、提問、辨識與組織訊息、連結先備知識與經驗、移情與理解他人經驗、自我表現、創制意義，以及省思／評鑑）。根據此八項能力，研究者再將之分類命名為知覺力（perception）、聯想力（association）、行動力（action）與反思力（reflection），取此四大能力之英文字首而命名「PAAR模式」。實質上，建構一個探究取向的美感教育課程發展模式並非是身兼為教師與研究者的唯一旨趣，其底蘊更是一個教育想像：創造一個具有美感經驗的教學歷程。讓身為教師的研究者，以及身為學生的碩士生，共創一個兼具培育課程設計技巧以及「自由創作」與「探究建構」空間的美感經驗。

在本文中，因篇幅所致，故僅選擇於2010年1月至2010年6月期間第二階段的課程行動研究成果，其中一組課程實驗小組之課程成果作為主要呈現內容。第二階段課程行動研究，乃是統合第一階段（2009年1月至2009年6月）之初步敘事課程融入美感教育實驗成果（李雅婷、黃筠珮、林于仙、吳珮如、吳哲維，2010），以及再經美感教育與敘事課程之理論文獻深究，從而建構的初步課程模式（李雅婷，2010b），依該模式而進行第二階段課程行動研究，研究歷程中蒐集文件檔案與訪談資料，採質性分析而成研究成果——美感教育課程發展模式（PAAR模式）。第二階段課程行動之參與者共有14位碩士班研究生，本研究所選之參與小組的課程主題為「手」，她們選擇以「手」之攝影照片作為審美對象，理由有兩點：

> 一是「手」有其隱喻，代表一種權力、一股力量，可以體現行動，可以給予關懷。二是研究者所選擇的攝影作品是「德雷莎修女的手」，一方面德雷莎修女是一位令人景仰的女性，而Marry Allen Mark[4]也是一位女性，攝影師為了拍攝照片，隻身到印度，

4 女性攝影師，1941年，出生於美國費城，作品偏好寫實攝影。她在印度拍攝了一系列德蕾莎修女奉獻服務的影像。

拍下德雷莎修女的手，有其意義性。（20100630，第三組，小組報告）

課程實驗中，呈現攝影圖像後，擔任教師的課程實驗小組成員試圖以下列的問題口頭誘導學生觀看，如「你從這張照片中看到什麼？」、「你覺得這雙手看起來如何？」、「你覺得她在做什麼？」等，提出此等問題的目的在接續激發學生自身對於後續探究問題之提出。並不習慣探究式學習的學童，在課程實驗小組成員的多次提問互動下，漸能試圖釋放被動等待的侷限，自由地發聲——就Rugg（1936）的觀點，此亦是透過釋放兒童的喉嚨以達心智自由的活動。例如在探究4中，學生瞭解了照片中的手為德蕾莎修女後，經歷前階段的學習後，學生漸能提問，有些提問較偏事實性，如：「她是哪裡人？」、「何時出生？」、「何時去世？」；然而，有些問題則是屬於開放性的評價題，如：「她是個怎樣的人？」、「她做了哪些事，讓世人永遠記得她？」這些問題的類型，如依Dewey（1934）於《藝術即經驗》書中所提及，意圖引導學習者構作與創造一個含攝智識性（intellectual）、情緒性（emotional）與實務性（practical）之統合的美感經驗（Dewey, 1934）[5]。

上述美感教育課程由於是實驗性質，因此，實施時間較短，且活動上仍有延伸之空間，例如，該照片「手」當時正在高雄美術館展出，教師可安排帶學生至美術館參觀展覽。而探究5「你想如何表現你身邊人物的故事？」是衍生行動方案的探究問題，亦是發展「行動力」的關鍵。此次課程實驗，學生各組最後可能受德蕾莎修女照片媒材影響，因此，各組的行動方案中，皆選擇以攝影作為再現方式，教師也引導學生認識拍攝的一些技巧。若再實施，可以鼓勵學生以其他媒材表現主

5 Dewey（1934: 54-55）對於經驗的智識性、情緒性與實務性有一段解釋。所謂的智識性，Dewey所指的是經驗具有自身意義，而情緒性則指將部分統整為整體，實務性則是有機體與周遭事件和對象的互動。此三者無法分割，是「一個經驗」（an experience），亦是美感經驗（esthetic experience）。

基本能力：欣賞、表現與創新；表達、溝通與分享；尊重、關懷與團隊合作。
課程目標：1.認識圖像背景、內涵與藝術家。2.探索表現人物特質的媒材再現。3.感知關懷的實踐。

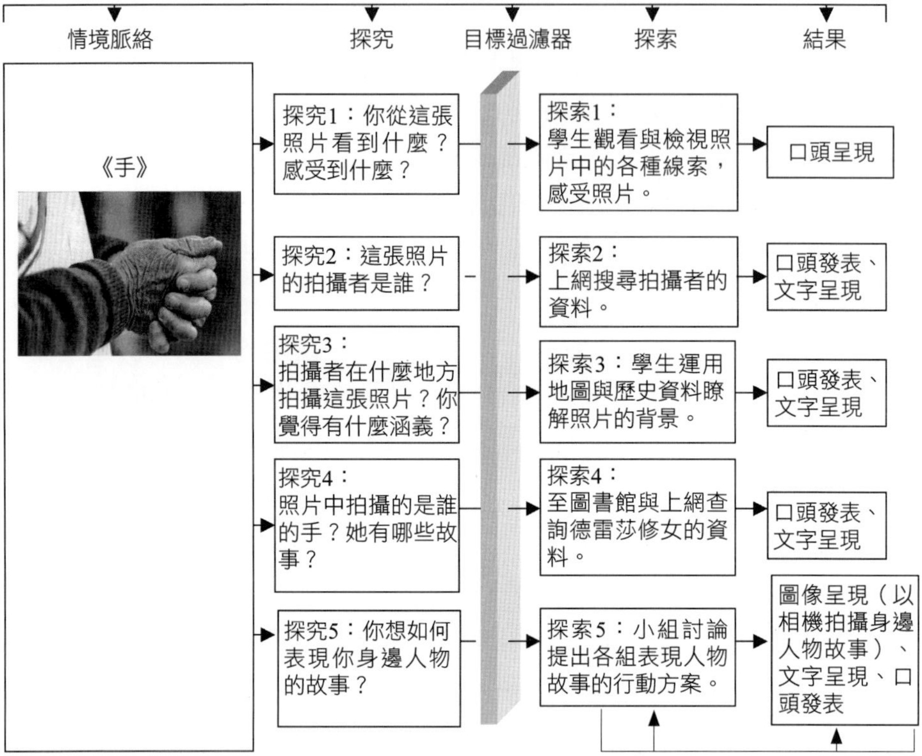

圖7-1　「手」課程樣板

資料來源：20100625，第二組，實驗報告

題。最終的「行動力」，研究者認為是PAAR模式中另一個體現「自由」與「創造」意涵的培養階段。實質上，不侷限於以傳統繪畫或勞作的「美術」（fine art）作為整個課程方案的暫時性終點，而是跨越學科式地由學習者討論、選擇與漸次展現行動方案。研究者認為，在理念上乃是意圖創造一個與社群進行對話（dialogical）的契機。

除了此處所呈現的這份主題為「手」的課程方案外，其他課程方案的實驗組別亦有令學習者相當沈浸其中的行動歷程與成果。例如，一組亦以攝影「手」為主題的方案，在「行動力」的發展階段，從「探究問題：哪些手的動作對我們來說是有意義的？」全班分組討論，決定以攝影方式捕捉生活中動態的手，其中一組學習者則獵取了奶奶握著鍋鏟，為家人下廚的手。此組的分享，激發他組同學在書面省思中提及關注自己親人的迴響與聯想。

復次以繪本《花婆婆》（和英出版社）為審美對象之組別，從「探究問題：花婆婆如何實踐自己的夢想？她如何讓世界變得更美麗？」引導學童討論、構思、規劃與實踐自我的夢想，亦同時共構一個全班的夢想行動——將校園中較邊緣的一塊雜草區，撿去乾燥落葉與枯木，各小組依區埋入各組選擇的花種子，期待原本暫時廢置的校園土地上，開滿各類花朵。

四 討論與省思——美感教育教學藝術之後設分析

本文前言曾提及Eisner（1994）以「理想教學的藝術本質」、「教師角色即是藝術家」、「技巧與創意兼融的複雜歷程」與「結果的浮現論」等四項進行「教學即藝術」一說之論證，這四項實質上是理論基礎（藝術／美學）、教師角色、實施歷程與成果。本研究以自由、探究與關懷為理念與策略的美感教育，其教學藝術之討論上，除了參考Eisner的四項外，因為上述美感教育方案最終係以建構發展模式為旨趣，故再加入對「模式」的分析，則從理論基礎、教師角色、評量與模式等四個面向提出討論與省思。

(一)教學藝術之美學基礎立論分析

將「教學視為一種藝術」，其合理性在於論證「教學」與「藝術」之間的符應性，不過從藝術的觀點看待教與學，仍需返回「藝術觀」之後設理論的理解。現代主義下的美學理論相當多，如孤立論（isolationism）、脈絡論（contextualism）、相對論（relativism）（Collins & Chandler, 1993），或是模仿論、實用論、表現論與形式論（Efland, 1995）等，這些美學論之實在觀（reality）、藝術觀，從而至教學觀、師生互動觀等有其不同差異。本研究所列舉之美感教育課程與教學，主要融合了Greene（1995、2001）的美感教育、美國林肯中心學苑美感教育課程（Holzer, 2007）與Lauritzen及Jaeger（1997）的敘事課程觀點。若再溯源，Greene的美感教育觀立基於Dewey的脈絡論美學、Hannah Arendt的行動（action）與教育論、歐陸存在主義與現象學等，Lauritzen與Jaeger主要以建構論（含外在之社會互動與內在之認知意義）作為課程發展之理論核心。這些當下美學、課程與教學理論視實在（reality）為動態與多元特質，鼓吹師生共創的課程與教學歷程，因此，「自由」（freedom）之倡議，隱含著解放壓迫。

然而，美學立論其內存在著待議之處為，Greene被批判潛藏的「人類中心」與「經典藝術」意識（Peim, 2004）。如此一來，「藝術觀」則顯得狹隘——侷限於人為藝術，排除自然美學；侷限於過去文化遺產，輕忽流行文化，或是當今更多元的藝術形式與精神，如美國加州聖地牙哥大學藝術史學者Grant H. Kester主張「對話性創作」（conversation pieces）美學，其意圖超越「即刻性感官經驗」的藝術品之理解，融入Mikhail Bakhtin「對話」觀點之文化研究，而將藝術品視為一個論述之交流與協商過程所在，是一種新類型的社群藝術（吳瑪悧、謝明學、梁錦鋆譯，2006）。此等批判所揭露的是，本研究所列舉之美感教育係以現代藝術／美學作為立論，藝術作品為具觀點性的圖像物件，具有個人論式的視點與自主性，若以「後現代」觀點審視則較為不適切，而這亦是美感教育PAAR模式有待再實驗、檢視或可能超越之處。

(二)拒絕成為棋子或齒輪的動能教師與學習者

本研究之美感教育課程行動方案將關懷納為其理念之一，學童從探究問題中所思考出的行動方案，雖然表象上是達成目標，然而，卻流洩出必須正視的潛在問題。以繪本《花婆婆》為審美對象的組別，針對學童激盪行動方案的歷程提出了下列的省思：

「關懷的主題雖然廣泛，但流於形式，或觀念需修正。讓世界變得更美好的方式有很多，但學生因為媒體或時事的關係，會認為關懷就是捐錢、或參與慈善事業或是長大了才能做的事情，當這樣的回答被說的差不多時，就不再發言。」（20100630，第四組，小組報告）受媒體影響所及，兒童一旦涉及關懷，即直接複製式反映出「答案」，然而，卻常是未連結個人意義的心智思考，這樣的歷程並非是發展「想像力」所意圖的旨趣。Greene（1995: 28）如是說道：「**想像的角色並非意圖解決，也非指出方向，亦非改善。而是喚醒（awaken），揭露日常生活中尚未看見、聽見與預期之事。**」而此種具有喚醒性質的想像，將人們的身體引領入遊戲境界，激發人們的感覺（feelings），開啟所謂的「知覺理解之門」（doors of perception）。Greene（1995）與Eisner（1994）同時皆以「遊戲」一詞比喻教學氛圍，而本研究所進行之美感教育課程實驗，從與藝術品的交會為起點，繼而延展探究問題與探索活動，其底蘊並非線性科學式地邁向「單一方向」與「正確答案」，也並非尋求刺激——反應般的反射、固定與制式。有趣的是，有課程實驗小組反映，在教室中，原任導師會在一旁著急地向學童暗示探究問題與探索活動進行的方向或是答案的揭示，催促著前進的步調與節奏，以求有效與快速地達成教學目標（20100525，課程實驗分享紀錄），如此一來，可能斲喪了讓學童在其中遊戲、聯想與想像的契機。

(三)評量方法的藝術性

Eisner（1994）在其《教育的想像》書中提出如此的詰問：教育評量成果如何以藝術性的方式呈現？該書中，他批判美國社會大眾普遍接受以標準化測驗與成績排名來展現學校教育成效的狹隘性，在此批判下，他主張以「教育批評」（educational criticism）作為展現與溝通的方法。有關教育批評的相關研究，在國內多被稱為是美學取向的課程探究方式（周淑卿，2005），而Eisner（1994）在此書中，將之視為一種展現學生學習成效的藝術性評量方法。其策略上，可透過學校生活影片、錄影帶、靜態照片等作為陳述方式之一，再結合評論性的敘述，可拓展與家長溝通的管道。此外，亦可錄製師生訪談，或是分析闡釋學童的作文，而非只是給個分數成果，此等做法皆可協助家長瞭解學童的認知與技能發展。本研究之課程實驗小組在進行課程發展與教學活動設計、實驗等歷程中，亦拍攝下整個課程實驗歷程，回到研究所課堂上分享歷程與成果，包括教室內的桌椅安排與布置如何？藝術品向學童開展自由與想像的空間之際，學童如何回應？學生與教師的互動情況如何？哪些探究問題與探索活動引發學童的興趣與沈浸？除了影像之外，並結合實驗組員的自我省思與批評，一併邀請同儕針對課程實驗提出回饋。研究者於整個課程實驗結束後再進行與各組實驗組員訪談，訪談的焦點包括課程設計的焦點為何？從學童哪些能力的成長中顯現學習成效，哪些能力尚未顯現其外？課程模式需要再修正之處為何？以及整個課程設計與實驗歷程的自我省思（李雅婷，審稿中）。這些訪談對話亦以錄音方式記錄。不過，或許未來訪談也可採錄影方式，影像紀錄與討論在當代成為另一波潮流，視覺人類學（visual anthropology）（Knorpp, 2009）、視覺社會學（visual sociology）（Prosser, 1998）、視覺文化（visual culture）（Mirzoeff, 1998）等視覺敘事（visual narrative）主張以攝影機取代筆與筆記型電腦成為記錄的工具，或以其作為理論識框（frame），或將之納入課程內容等，透過將視覺作為主題（topic）與資源（resource），關注與彰顯人類生活與研究的視覺面向。

至於在學生學習經驗的理解方面，課程實驗小組們採用多種評量策略，如口頭發表與文字書寫等靜態方式、付諸轉化行動的動態形式，以及量化調查的回饋形式。採用多類途徑，其目的乃在於融合科學性與藝術性之不同評量理念下的策略，透過多種表徵方式，觸及不同視角觀看下的多重實在（realities）。

(四)美感教育模式的自由與規則

即便教學藝術化，然而，「規則」的存在卻有其必要性。就美國課程史的發展而言，課程模式的建構盛行於二十世紀初科學運動影響下的課程學術界。模式的本身多半是由要素與關係而組成，目的在提供相關場域的實務之用。從模式的線性思維遭逢批判以降，後續所發展的模式，多半意圖突破這樣的侷限，例如，自課程之社會重建論思潮繼而發展成的以未來學為基礎之未來取向課程設計模式，依據進步主義、存在主義和精粹主義不同哲學立論而提出了三種模式（Longstreet & Shane, 1993）。甚至以後現代之名所發展之課程觀以「模體」（matrix）作為構建基礎，破解現代性下的起點與終點之預設性質，強化意義網絡的豐富性建構與聯繫（Doll, 1993）。這些課程模式已相當跳脫二十世紀初期，課程模式單由要素與關係之組合樣貌。

如果就模式特性反身觀看美感教育PAAR模式，該模式具有循環特質，然而，值得再思考的是「目標」（goals）是否亦應納入循環之列？而模式中，目標似乎是作為模式的「起點」，其他要素是否亦可成為起點呢？目標的取向有多種，如導向完美生活的全球型目標（global purposes）、行為目標（behavioral objectives）、演化型目標（evolving purposes）與表意型目標（expressive objectives）（Schubert, 1986）等。本研究所列舉的美感教育PAAR模式的「目標」（goals），並非是基於行為主義「刺激—反應」下的「具體目標」（objects）（Merrill, 1971），較偏向表意型目標，目標意指的是「方向」而非立即性的外在表現達成，PAAR模式觀點在於整個課程／教學之「意圖」的產生縱使是模糊尚未明確，仍是影響著對審美對象的觀看與引導態度，而從藝術品的觀看與感知所浮現的探究問題可能相當之多，此時「目標」正可發揮著濾網之效，而這亦是Lauritzen與Jaeger（1997）所主張的敘事課程（narrative curriculum）計畫中提及「目標」的功用之一。經歷探究問題與探索活動之後，是否也應返回「目標」，重思行動方案與目標之關係，以及再進行目標的調整與修正呢？就教師的角色而言，這的確是相當需要的。然而，就實際教學的歷程而言，這個返回目標的步調是依附或內隱於教師的自身省視之中，一般而言並不顯現於師生的實際互動中。因此，這亦是PAAR模式未將「目標」納入於循環圈之因。此外，「目標」是否為單一起點？其他要素是否亦可成為起點？實質上，整個模式的起點應是「脈絡」——可能是文字抑或是圖像表徵文本，文本提供一個誘發好奇與興趣的學習情境，從情境中展開各種的探索活動或方案。

模式的圖示建構係提供一個課程與教學的實務資料庫，如同Eisner（1994）於《教育的想像》書中所言，教師的活動並非由規範或常規所掌控，但這並非意謂著「不需要」規範。藝術家的藝術表現需要技能，身為如藝術家的教師，亦是如此。完善的常規與教學技巧可令教師免於耗費太多精力於瑣事，而專注於教室之中。美感教育PAAR模式即期待在教學的自動性（automaticity）與創發（inventiveness）之間，提供一個藝術化的實務性思維。

此外，建構PAAR模式的課程實驗對象，恰巧皆是以國小四至六年級學童為範疇，並未至較為幼小學童，因此是否適用於較低年級的學童，亦另有待再實驗。而由此延伸與激發的問題是：此四大能力是否有不同認知階段上的發展差異？而這四大能力是否能因應認知發展階段與課程內容，從而制定不同學習階段的能力指標或範疇呢？換言之，PAAR模式是一個面，那麼加入學生認知發展階段（縱軸）與四大能力之發展內容（橫軸），或可使美感教育之模式成為一立體造型，更形具課程與教學之實用性價值。當然，建構模式有個必須要承擔的風險，模式的建構在於透過不同表徵方式表達觀點，以補充文字符號的不足。然而，同時，圖像表徵亦有因「視覺具象化」而導致「固著」之嫌，而這亦有待教學者開展教學藝術之精神，將之視為原則、規則，繼而依實際浮現的教學現場彈性轉化之。例如，Anderson（1998）在其<美學即批判探究>文中，主張將美學作為批判探究（critical inquiry）之識框。其認為批判探究取向提供學生參與建構美學理論的機會，促使學習者成為決定移動方向與移動方式的遊戲者，發展高層次思考技巧，並能類化此能力至提升個人智識與社會革新之培力。該文中，他列舉兩種教學策略引領學生探究藝術的意義與價值等。其中一種策略為「比較」，活動方式約如下：教師請學生攜帶兩件物品，其中一件他們稱為是「藝術品」者，另一件則否。接續，學生必須就他們選擇的理由與規準提出辯護。在這個活動中，學生所宣稱的藝術品約有原創繪畫、藝術名作的印刷品、素描、兒童的藝術、陶鑄雕塑、人工製品、珠寶、攝影、貝殼製的民間藝術、可樂罐、迴紋針、樹枝。學生視為非藝術品者有樹枝、可樂罐、迴紋針、一疊紙、曬衣夾、美術印刷品。從學生的理由與規準判斷結果顯示，某些物件是否為藝術品具有爭議性。教師的角色在於將問題與規準記錄在黑板上，並且適時提出質問以保持討論的活化。Anderson所提出的「比較」策略，對於認知性的概念建構或是喚起覺察的情感有其教學上的助益。

五 結語

本研究意圖以藝術之「自由」作為教學藝術化觀點之討論位置，歸納以「自由」為核心之教學藝術理念，具有探究之教學形式與關懷日常生活場域特質。接續以美感教育PAAR模式建構為「審美對象」，反思其內隱之實在觀、藝術本質觀與課程教學策略，以作為教育／課程實踐之參酌。從本研究探究得知，立基於不同美學理論的教學藝術，其所呈顯的風貌自然各有所長。本研究列舉的美感教育PAAR模式，其以「自由」為核心的教學藝術，融合歐陸存在主義與現象學、美國脈絡論美學，以及建構認知論為基礎，隱含著解放壓迫的開放性與自我表現意旨，然亦兼容規則與自由——期待提供課程實務上的應用，但也需由教師依實務場域，包括感知學生習以為常的反射性回應與多項質性評鑑方式的選擇等，以締造較適切的課程實施，而這亦是教學藝術理念的精神。

參考文獻

中文部分——

吳瑪悧、謝明學、梁錦鋆（譯）（2006）。對話性創作：現代藝術中的社群與溝通（G. Kester原著，2004年出版）。臺北：遠流。

李雅婷（2010a）。**Rugg創造性革新美學理念之研究**。臺北：師大書苑。

李雅婷（2010b）。美感教育之實踐策略探究—以敘事課程為例。**教育學刊**，**35**，65-98。

李雅婷（審稿中）。美感教育課程模式之建構研究。

李雅婷、黃筠珮、林于仙、吳珮如、吳哲維（2010）。美感教育敘事教材發展之研究—以想像力為題。**美育**，**173**，78-91。

周淑卿（2005）。課程的美學探究範疇之建構—當前的問題與未來的方向。**課程與教學季刊**，**8**(2)，1-14。

劉文潭（譯）（1989）。西洋六大美學理念史（W. Tatarkiewicz著，1980年英文版出版）。臺北：聯經。

英文部分——

Anderson, T. (1998). Aesthetics as critical inquiry. *Art Education, 51*(5), 49-55.

Collins, E. C. & Chandler, S. (1993). Beyond art as product: Using an artistic perspective to understand classroom life. *Theory into Practice, 32*(4), 199-203.

Cremin, L. A. (1964). *The transformation of the school: progressivism in American education, 1876-1957*. New York: Vintage Books.

Dewey, J. (1933). *How we think*. New York: Houghton Mifflin Company.

Dewey, J. (1934). *Art as experience*. New York: Van Rees.

Doll, W. E. (1993). *A post-modern perspective on curriculum*. New York: Teachers College Press.

Efland, A. D. (1995). Change in the conceptions of art teaching. In R. W. Neperud (ed.), *Context, content, and community in art education- beyond postmodernism.* New York: Teachers College.

Eisner, E. W. (1994). *The Educational imagination: on the design and evaluation of school programs*(3rd). New York: Macmillan College.

Gage, N. L. (1977). *The Scientific basis of the art of teaching*. New York: Teachers College Press.

Greene, M. (1988). *The dialectic of freedom*. New York: Teachers College Press.

Greene, M. (1995). *Releasing the imagination: Essays on education, the arts, and social change*. San Francisco: Jossey-Bass.

Greene, M. (2001). *Variations on a blue guitar- the Lincoln Center Institute lectures on aesthetic education.* New York: Teachers College, Columbia University.

Grumet, M. R. (1993). The play of meanings in the art of teaching. *Theory into Practice, 32*(4), 204-209.

Holzer, M. F. (2007). *Aesthetic education, inquiry, and the imagination*. Retrieved January 7, 2010, from http:// www.lcinstitute.org/ wps/ PA_1_0_P1/ Docs/ 495-AEII.pdf.

Knorpp, B. (2009). Reflecting visual anthropology: using the camera in anthropological research. *Journal of the Royal Anthropological Institute, 15*(2), 444-445.

Lauritzen, C. & Jaeger, M. (1997). *Integrating learning through story: the narrative curriculum.* Albany, New York: Delmar.

Longstreet, W. S. & Shane, H. G. (1993). *Curriculum for a new millennium.* Boston: Allyn and Bacon.

May, W. T. (1993). Teaching as a work of art in the medium of curriculum. *Theory into Practice, 32*(4), 210-217.

Merrill, M. D. (1971). *Instructional design: Readings.* New Jersey: Prentice-Hall, Inc.

Mirzoeff, N. (ed.)(1998). *The visual culture reader.* London: Routledge.

Peim, N. (2004). Variations on a blue guitar (book reviews). *Educational Review, 56*(1), 85-86.

Prosser, J. (1998). *Image based research: a sourcebook for qualitative researchers*. London: Falmer Press.

Rugg, H. & Krueger, L. (1937). *Man at work: His arts and crafts*. New York: Arno & The New York Times.

Rugg, H. (1936). *American life and the school curriculum.* New York: Ginn and Company.

Rugg, H. (1947). *Foundations for American education.* New York: World Book.

Rugg, H. (1952). *The teacher of teachers: Frontiers of theory and practice in teacher education.* New York: Harper & Brothers.

Rugg, H. (1963). *Imagination.* New York: Harper & Row.

Schubert, W. H. (1986). *Curriculum: Perspective, paradigm, and possibility*. New York: Macmillan.

附錄一

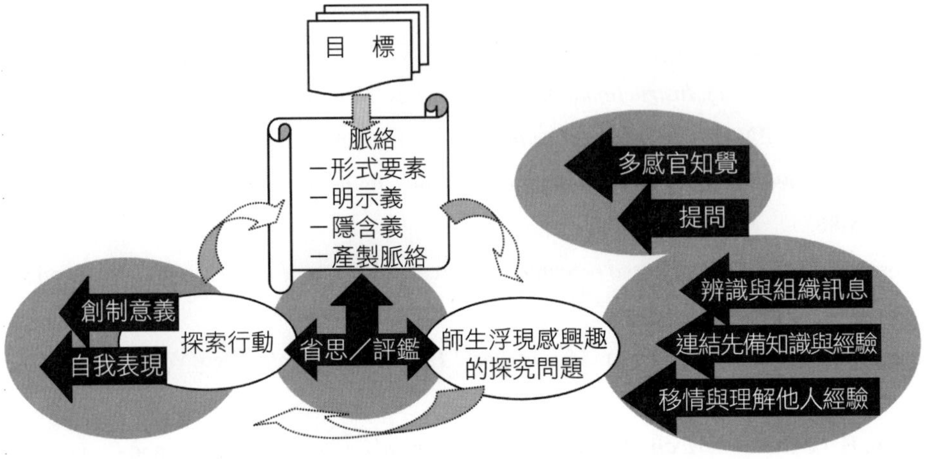

美感教育課程發展模式（the PAAR model）概念圖

資料來源：研究者自繪

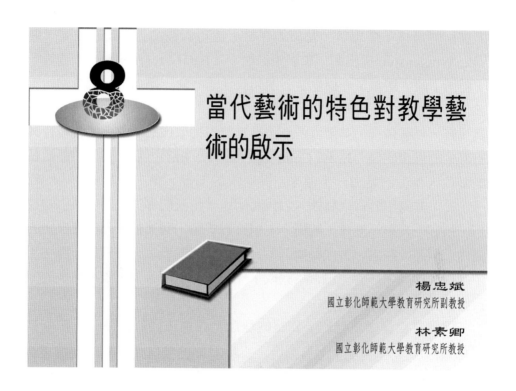

8 當代藝術的特色對教學藝術的啟示

楊忠斌
國立彰化師範大學教育研究所副教授

林素卿
國立彰化師範大學教育研究所教授

一 前言

J. Dewey（1983）曾指出，教育與教學實為一種藝術。藝術家多少需要具備一些機械性的技巧，但若徒具技巧而無原創性、熱忱、想像力與個人見解，將降低其層次。教師如同藝術家一樣，也必須具有教學的熱忱、想像力與智慧。E. W. Eisner（1994）也提及教學藝術具有一些意涵，如教學需精心安排氣氛與節奏、能處理偶發性的事件、具有彈性的目的等。長久以來，教育學者致力於由心理學等社會科學中去尋找「有效教學」的普遍法則，目標管理、效率、分析、控制、評量、回饋等標準化模式充斥於教學理論與實際中，教學充滿了工具理性的思維方式。將教學比擬為藝術，即在強調教學非一種遵循固定原則的、機械性的活動，教學應是一種創造性的、具有美感的、變通性的活動。

教學藝術的概念意指教學可由藝術中得到啟發或借鏡。但何謂「藝術」？藝術家與美學家幾乎是人言言殊，沒有什麼共識。不僅是因藝術的風格不斷出新，藝術的媒材、技巧與觀念也不斷在改變。如同L. Wittgenstein提出的「家族相似性」（family resemblance）理論，「藝術」同「遊戲」一樣也是一個開放性的概念，難以下一個普遍的定義。即使如此，藝術時常展示了對世界與人的新觀察，啟發我們的心智與視野，昇華精神，其價值是無法被其他事物取代的。偉大的藝術皆具有深刻的思想內涵。E. H. Gombrich（1995）指出，每一時代的藝術品對當代人產生的魅力，不僅來自其完成的部分，更出自其未完成的部分，此尤其適用於當代藝術。古典藝術通常使我們專注於其中精密的技巧、色彩、光影、旋律、結構、主題與形式等，藝術被視為自主自足的傑作，無關於觀者。當代藝術則不太重視這些要素，有時只是一種生活中的現成物品，作者並沒有「完成」什麼東西，而且要求觀者更多的參與及詮釋，一起來完成作品。

因為當代藝術呈現出了獨特的理念及各種古怪的作品，一般欣賞當代藝術作品的人有時不免疑惑：「這是藝術嗎？」義大利藝術家P. Manzoni於1961年宣稱已將其大便裝入90個罐頭，每罐是30公克，上面皆有簽名及編號，作品名為《藝術家的大便》（*Artist's Shit*）。編號57的罐頭於2005年拍賣了11萬歐元，編號18的則於2007年賣了12萬4000歐元（蔡康永，2009）。有些人會認為買家大概是瘋了，大便怎麼會是藝術？有學者在評論一件並置了靈堂、假少女糞便、AV女優、供桌與天堂等物件的裝置藝術時，寫道：「令人思之作嘔的東西都可以當作藝術，到底藝術的功能或價值是什麼」、「臺灣當代裝置藝術是否已喪失了正面、積極、昂揚之美的創造力」（游惠遠，2008，頁6）？在當前，藝術或許的確變得比以往更難捉摸，什麼都可以是藝術，但問題是，藝術是否都必須表達正面、積極與美？當我們在看待當代藝術時，也許應保留更多的思考空間。

當前許多直接論述教學藝術的文獻仍不多（如林逢祺，2004；周淑卿，2009；吳靖國，2009；陳閔翔、洪仁進，2007；Eisner, 1994; Simpson, Jackson, & Aycock, 2005），都是以教學與藝術做類比。雖然這些研究已提出不少的洞見，如：教師要有熱忱、想像力、技巧（術）與視野，教學要能感人、有節奏、是一種師生心靈的交流與愉悅滿足等，但多是一種理論上的詮釋，甚少深入作品的探討。而且就當代藝術而言，藝術未必如上所述是感人、令人愉快、心靈交流、具高度技術的，因而在教學藝術的啟示上也非需全以此為準。以當代實際藝術作品為主的論述似仍付之闕如。「藝術」的概念與內涵不斷在發展，古典藝術的美學理念與當代藝術即有很大的差異，談論教學藝術時所依據的「藝術形象」若不同，結果也可能會不同。本文即在由具體的藝術作品來闡述當代藝術的特性，並以此闡述其對教學藝術的啟示。

二　當代藝術的概略發展

大約在二十世紀初，藝術的發展有了重大的轉變，達達主義（Dadaism）扮演了關鍵的角色。R. Atkins（1997）認為二十世紀後的藝術，都必須藉由達達的表現形式與觀念才能得以理解。「達達」其實並無特別意思，在法語中意指「木馬」（hobby horse）或嬰兒無意識的語言。據說是因不同國籍藝術家於1916年在瑞士聚會時，其中一位詩人隨意將筆刀插入字典中而指到這個字，而後即以此為團體的代表。Gombrich（1995）認為這個孩子氣的音節表示了藝術家想要像小孩一樣，反對大人們嚴肅的藝術定義。達達主義的確是一群反藝術、反理性、反戰、表達虛無的各類藝術家之集合體。他們嘲諷一切既有的教條與價值觀、藝術創作原則，發展了各種新奇的表現手法。

如M. Duchamp喜歡以「現成物」（ready mades）來創作，他在一個倒置的小便池上簽了「R. Mutt」（源於美國一家名為「Mott」的大型衛生設備製造商），並將此作品取名為《噴泉》（*Fountain*）（維基百科，2010）。他也在印有「蒙娜麗莎」肖像的印刷品上，替人像嘴邊畫上了兩撇鬍子，命名為《L.H.O.O.Q.》（1919），法文意為「Elle a chaud au cul」（「她有個熱情的（hot）屁股」），此激怒了那些古典藝術的擁護者。美國的M. Ray則將釘地毯用的大頭針黏貼在電熨斗底部，名為《Gift》（1921）。德國K. Schwitters則將街頭中撿拾的廢棄物品，在家中拼貼成大型的作品《莫茲堡大教堂》（*Merzbau, or The Cathedral of Erotic Misery*），也用車票、報紙、破布等黏成花束（李賢輝，1998；Atkins, 1997; Gombrich, 1995）。這些作品意在挑戰藝術的定義，質疑其物質性特徵與技術，否定油彩、畫布、陶土等材料的必要性，只要賦予意義，任何東西都可以是藝術。在給予小便斗、電熨斗、廢棄物新觀點後，其實用性功能也就消失而轉成具有意義的藝術了。

達達主義在社會掀起了一陣狂風，某些人士譏其為荒謬、可笑、垃圾、譁眾取寵，引起大眾議論紛紛。著名的藝術史家Gombrich（1995）顯然也認為它們破壞與愚弄了藝術的嚴肅性與壯麗性。但它卻開創了之後多種重要的流派，如觀念藝術、表演藝術、行動藝術、身體藝術、超現實主義、裝置藝術（Installation Art）、普普藝術（Pop Art）、偶發藝術、拼貼藝術等（Atkins, 1997），影響一直延續到最近的當代藝術。大量藝術家奉行著達達的基本理念，而自行開發更多樣的「怪異」藝術出來。500位藝術家在英國2004年Turner Prize舉行前夕票選了當代最有影響力的藝術品，結果Duchamp的《噴泉》獲得第一名，跌破眾人的眼鏡。藝術家S. Wilson指出此作品：

> 反映了今日藝術的動態本質，其理念展示了作品中的創造過程是最重要的事——作品可由任何東西做成，也可以任何形式表現之（引自BBCNews, 2004）。

當前不少國際知名的前衛藝術家與作品發揮了達達的精神，不斷推進各種新穎的表現手法，如反對商業化、重視生態理念的地景藝術（Land Art），喜歡製造視覺幻像的歐普藝術（Op Art）、主張減化至本質的極簡藝術（Minimalism Art）、運用攝影機的錄像藝術、使用電腦合成的數位藝術等（Atkins, 1997），以及混合各種媒材與各種風格的藝術，非常的多元，主題也由反省藝術本質擴及到更多元的人性、社會、生態、生活等議題。國外幾個重要的美術館，如紐約現代藝術博物館、古根漢博物館、英國泰德美術館、法國龐畢度中心等，均時常展出當代藝術作品。國內的臺北市立美術館與國家美術館及世界各國雙年展的各項大型展覽，也常發現裝置藝術、表演藝術、行動藝術等，當代藝術已成為一種重要的表現形式。

三 當代藝術的特色

要歸納當代藝術的特色幾乎是不可能的事，不只是因為其包含了太多的各類藝術及混合性藝術，也因各種多媒材、多形式的藝術作品仍不斷在產生中，難以搜羅殆盡。不過我們仍可以從許多受到藝術界肯定與討論的作品中，看出一些特色。由於不少作品同時具有多樣特色，難以清楚劃分。為論述上的方便，以下以藝術的哲學化、社會與個人生命意義等三個面向為軸線，來展現當代藝術的主要特色。當然此種分類也無法完全清楚區隔，因某些藝術品有時也跨及其他面向。

(一)藝術的哲學化——探索藝術的本質

在杜象的達達主義之後，整個藝術界不斷開始挑戰與質疑藝術的本質。藝術家進行著哲學本體論（ontology）的思考，不再重視物質形式與傳統的技巧，而強調觀念的啟發。J. Cage於1952年的著名音樂作品《4分33秒》即挑戰了音樂的一般意義。整部作品並未彈出任何一個音，從寂靜無聲到觀眾的竊竊私語與不明究理的噪動，作者有意表明音樂並不一定要有音符，無聲、觀眾聲也可以是一首音樂曲子，試圖顛覆音樂的定義，具有禪宗的哲學味道（唐曉蘭，2004）。這種情形一直延伸到了當代的新潮藝術。1999年，英國青年藝術家T. Emin的作品《我的床》（*My Bed*）在著名的泰特美術館（Tate Gallery）展出，引發了全英國的關注。作品是一件她睡覺的床，床上是凌亂、發黃的白色被單與浴巾及絲襪，床下的藍色地毯上則是一堆髒亂的物品，如衛生紙、菸盒、藥盒、酒瓶、用過的避孕套、沾有經血的內褲、照片、拖鞋等。這樣一張看來只是呈現了作者本人混亂私生活的床，卻能進入藝術的殿堂，引起了軒然大波。不只藝評家紛紛提出了不同看法，媒體、大眾也加入了論爭的行列，甚至有一位家庭主婦專程帶了打掃工具要去清掃，認為這張床是女孩的壞榜樣。這些社會反應反而助長了作者的知名度，作品還獲得英國Turner獎的提名並賣出天價（肖穆，2009）。

這樣一張床為何是藝術呢？當時的藝術家兼電視節目主持人R. Harris即批評這作品根本不是藝術，他不明白為何它可稱為藝術，此種行為根本就是犯罪（引自廣東美術館，2006）。問題是，藝術應該是像什麼樣子呢？Emin這種揭露自我私生活的方式是否只是譁眾取寵？如同作者自己所提到的，她從接連幾天的宿醉醒來，看著自己的床，想到自己差點死在床上，床突然變得像是這世界以外的恐怖物體（引自肖穆，2009）。作品的確是呈現了一個現實，但我們可以從中做不同的解讀。如作品讓我們反省了狂亂生活的後果、思考著社會生活的現象、反省了生存的意義等，藝術不就是生活？

D. Hirst的死屍系列作品也同樣挑戰了藝術與人性。1992年的作品《生者對於死者無動於衷》（*A Physical Impossibility of Death in the Mind of Someone Living*），是一條從澳洲買回來並用甲醛保存在玻璃櫃裡面的18英尺長的虎鯊，立刻引起了轟動。另一件標本作品《第一隻小豬往市場，第二隻小豬留在家》（*This Little Piggy Went to Market, This Little Piggy Stayed at Home*），則呈現一隻切成兩半的小豬，切半的小豬時而合體，時而分開，伴隨著刺耳的機器滑動聲，觀賞者就好像聽到動物被屠宰的哀嚎聲一樣，也刻意讓觀賞者看到小豬體內的器官。其他尚有乳牛、羊等動物的標本作品及腐爛的牛頭與蛆等。這些作品引起了許多人的驚嚇、憤怒與批判，認為太殘忍、無人性。而Hirst本人正希望透過藝術品來呈現驚嚇，有意操弄人們的情緒。他想要觀賞者由此種「活生生的死物」感受到動物的生命和受苦，而不是傳統藝術各種象徵的動物符號（魏瑄慧，2008）。Hirst的用意似乎在逼迫觀賞者近距離去看人們不想看的東西，並進而反省人與動物之間的關係、生物的權利，甚至是環保議題。素食主義者大概會極力稱讚這種作品。

對於一般大眾而言，藝術應該是美的或令人感到愉快、賞心悅目、舒服的。就算是裝置藝術、身體藝術或行動藝術等新潮的表現手法，若不能表現美感，至少也不能醜到讓人看不下去。但就如同T. W. Adorno（1999）所說，社會上的保守主義者認為既有的社會事物已夠醜了，藝術應捍衛高尚的美感。當代藝術卻偏好醜陋、令人厭惡的事物。問題是，藝術為何應以美為標準？美與醜的界線又何在？如果世界兼具有美與醜的事情，藝術為何不能表現醜？人們不喜歡醜有時是一種逃避，不想正視一些事情，如濫捕鯊魚、殘殺動物。Hirst的死屍藝術極具親臨震撼力，逼使人們再度正視生物生命的議題。《生者對於死者無動於衷》在2004年賣了800萬美元，此價格讓Hirst在作品價格最高的在世藝術家中排名第二。那些認為此類作品為垃圾的人，大概會認為收購者頭腦有問題吧！雖然價格不等於價值，部分藝術市場中的價格的確是炒作出來的，賣出高價不等於具有高的藝術或美感價值。但如果藝術的價值在開展人們的新視野與看待世界及人的新方式，那此作品為何不是藝術？

M. Landy則於South London Gallery中設置了一個600立方公尺的大型透明藝術（垃圾）箱，取名為《藝術箱》（*Art Bin*），並邀請多位知名藝術家如D. Hirst和T. Emin等人及民眾，一起來丟棄他們不滿意的藝術品。整個展期之間（2010年1月至3月），500多位藝術家丟了1000多件作品於容器中。整個過程都有拍攝下來，並置於網站供人觀賞。Landy提到，此作品即是在顯現一個「創造失敗作品的紀念碑」。作者想要突顯主體在價值中的角色與情感依附的意義，揭露被感知的東西與金錢價值的終極力量與影響，也質疑所有權與作者之間的關係。他常常故意在別人丟作品前惋惜的表示「噢……那看起來很不錯耶……」（South London Gallary, 2010; Khsun, 2010）。Landy似乎是要人們思考擁有物品的意義，並要人們勇於丟棄所有物，但其實是挑戰了何謂藝術的問題。藝術與垃圾的區別界線為何？當拿在手上的時候是藝術，丟到箱中時則變成了垃圾，但這一堆垃圾又組成了藝術。是誰規定了何為藝術或垃圾？是美術館、藝術家、市場或一般大眾？

在音樂方面，奧地利實驗電音先驅C. Fennesz運用電吉他、合成器和筆記型電腦，以及即興軟體lloopp來處理聲音，將簡約的旋律潛藏在如渦流般層層的電訊當中，創造出某種融合古典樂、管弦樂、概念音樂、數位結構的繁複旋律（國立臺灣美術館，2009）。其作品有如水波盪漾，融合電音的質感，打破傳統的器樂創作，創造了一種新的音樂語言，同樣改變了人們對音樂與藝術的看法。

(二)反思社會問題

當代藝術通常與生活密切相關。當代藝術迫使觀賞者思索不熟悉的觀念，重新思考日常的事物，「以你未曾想過的方式讓你面對已知或未知的事物」（林心如、黃亞紀譯，2010，頁23）。阮初芝淳的《自由呼吸12,756.3》是一件由跑步組成的作品，現場陳列的是一張張標示著跑步路徑的各國都市衛星圖片及路跑的紀錄片。作者認為，在跑步成為一種運動前，我們已在為了搏鬥、求生、征戰、獵食、傳訊而跑。對世界各國的難民而言，跑步與逃跑是追求自由的生存方式，必須忍受肌肉的張力與地表的摩擦力，奮力呼吸每一口空氣，自由地呼吸變成了一件奢侈品。「12,765.3」代表了地球直徑的公里數。阮初芝淳計畫花數年的時間在世界各地去跑足這個距離，藉此表達難民逃跑與爭取自由的渴望。他提到：「這不是表演。我試圖以身與心、汗水與奮鬥，親身體驗難民所面對的現實。……跑過的路徑所累積下來的跑步數據，也成了某種『土地畫』或『跑步畫』」（阮初芝淳，2007）。阮初芝淳的作品喚起了世人對難民問題的關注。或許當這些作品展示給手握大權的政治人物看時，能引起具體的行動吧！我們也可藉此教育學生珍惜所有的一切，體會難民的處境，甚至參與國際協助的活動。

印度藝術家胥哈．悟登的攝影作品《我們也是人：街民》，則試圖捕捉印度街民的真實處境。在越來越都市化的趨勢下，移民與街民也越來越多，他們被視為社會的棄民。但在街民的生活世界中，形成一套生活的法則，也仍保有其自身的主體性（胥哈．悟登，2007）。臺灣因失業等問題產生的「街友」也不少，值得更進一步關心。除了展現對弱勢族群的關懷外，藝術也反省了社會的價值觀。郭振昌的《圖騰與禁忌—會議中心》是一幅拼貼式的圖，挪用了達文西描繪耶穌被出賣的《最後的晚餐》場景，場景中人物換成了著古服的孔子與他的13位門生。理想神性被解構了，只剩下各懷鬼胎的嘈雜私語。會場本來應該是在討論仁、義、禮教，卻也在會議桌上出現男女打情罵俏的情節，桌子下還有一隻象徵西方文化的米老鼠。作者想要表達的是臺灣社會倫理、價值觀脫序下的犬儒眾生像，及東方崛起、西方退位的時代，也暗示在全球化的鏡像中，如何在其中找到自我的價值認同（郭振昌，2007）。作品讓我們思考到人性百態及社會價值觀，如何保存儒家的精神並融入現代自由民主的價值觀，而非一味西化，也是國內教育應加以探討的問題。

目前世界知名的日本藝術家村上隆，其作品挑戰了藝術與商業、色情、流行文化的議題，融入動漫畫、卡通、公仔、模型、可愛、日本文化的元素。知名的兩件公仔作品之一《Hiropon》，是一個將從巨大乳頭噴出來的乳汁當成跳繩玩的女孩；另一件《My Lonesome Cowboy》（1998），則是一名手握陽具並將射出的精液當成牛仔的繩套般甩動的金髮男孩，於2008年賣出了1500多萬美元的天價。村上隆認為藝術在表現人類覺得最可恥的部分，如同日本人恥於公開談性（何定照，2007），他的作品即在揭發生活中人們不想公開談論的議題。藝術界有批評村上隆膚淺、庸俗、商業化者，如村上隆2010年9月於法國凡爾賽宮展出時，即受到當地上流人士指責為「侮辱歷史遺產」（頭條日報，2010），也有認為創新、可愛、親切、挑戰日本性文化觀的評論。無論如何，村上隆的作品反映了通俗文化與高雅藝術的界定問題。自普普藝術的流行風以來，藝術與商業、流行文化間的關係一直是個議題。商業化的藝術不算藝術？通俗可愛的產品如漫畫、公仔登不上藝術殿堂？當然我們也可思考當前消費文化是否造成了某些不良後果，如花費重金盲目蒐集偶像物品？

陳龍斌的《臉—2》則以很多的舊電話簿雕成一個深沈而巨大的臉，其傳達出的疏離與神祕氣氛，使人想到社會傳統人倫關係瓦解後，人與人間的關係變得陌生，如同在一本本的厚重電話簿中，卻沒有什麼認識的人（游惠遠，2008）。現代人的關係是否比以前冷漠與疏離？有什麼樣的變化？或許值得我們進一步思考。

菲裔美國藝術家D. Hammons的作品《2000年全球傳真節》（*2000 Global Fax Festival*），則反思了科技生活的問題。他搭蓋了一個長條型的透明建物，近屋頂處共間隔地懸掛了9臺傳真機，邀請全世界各地的人在展覽期間以傳真的方式來參與此作品。因此，在展覽期間觀賞者可以聽到傳真機此起彼落的電話及列印聲，迴蕩在空曠的現場。而且列印出來的紙張、圖片如雪花般飄下。觀賞者在展場中不只好奇地看著傳真機的運作聲響，也不斷來回撿拾掉下來的紙張閱讀，形成一幅有趣的畫面。作者提到，非洲部族會以敲擊空心木頭的節奏，來做遠距離的訊息傳送，傳真就類似如此地憑空傳遞，能將無形的能源流動轉換成可見的物件（巫義堅，2001）。Hammons的作品反省著都市生活、當代藝術的陰謀詭計，混雜了一種尖酸的幽默、詩意與遊戲特性，突顯藝術家、種族與能見度之間的問題（Hand/Eye Projects, 2004）。作品表達的是科技宰制了人的生活？或是一種懷鄉的情感？黑人在野地中生活的本能，是否已因都市化生活而消失？過度依賴傳真機乃至高科技物品，是否會造成另一種溝通能力的喪失？或許作者並無答案，觀賞者自可以有自己的多元詮釋。

在傳統的藝術形式中，觀眾與作品是分開的，當代藝術則越來越強調觀賞者的介入或參與。觀賞者已成為作品的一部分。T. Sehgal於2006年紐約古根漢博物館展出了一種別開生面的「暫時藝術」（Ephemeral Art），整個展場沒有看到任何物品，只見環形螺旋坡道空間中排隊等著參觀的人潮。作品名為《這叫進步》（*This Progress*），已約略可看出其要反省人類社會進步的問題。整個作品只由時間、空間與人的互動組成，是一種生活與藝術的互相滲透（Gersh-Nesic, 2010）。觀眾順著坡道往前時，一位9或10歲左右的小女孩會上前牽著觀賞者的手，邊走邊問：「何謂進步？可以舉個例子說說嗎？」在往上前進的過程中，接著會遇到一位20歲左右的年輕人，再來會遇到一位中年婦人，最後會「進步地」來到更高的樓層與一位老先生會談，並結束這件「作品」。過程中都是在談「何謂進步」的主題（王鼎曄，2010）。這是一件藝術品還是一場哲學對話？不管是藝術或哲學，經由對話，可能會激發觀賞者的不同想法。B. Gersh-Nesic在觀展後提到，當他在與最後的長者談著進步、美國教育系統的未來等問題後，感到很愉悅，並希望未來能一再到博物館以獲得此種完全的愉快。此作品展示了人性的進步，因其提高了對思維過程的覺知。他說：

> 當我改變我的回答和談話的對象時，我對藝術和生活的觀點也產生改變，這種可能性似乎永不停止（Gersh-Nesic, 2010）。

Sehgal的作品並不是表演或行動藝術，而是一種介入或干預（intervention），要將觀賞者置入某些情境中，讓其表達看法。作品沒有任何物質性的物件或文字，唯一留下的痕跡只是觀眾參與和見證展覽中當下的體驗（王鼎曄，2010）。藝術即在促使人們反思與覺察社會的問題。何謂進步？如果真正的進步意指心靈與精神層面上的提升，則現代科技社會是否比以前更進步了呢？

(三)對個人生命或生活意義的反思

對藝術家而言，人生的生老病死也是一重要的反省主題，如石晉華的作品《走鉛筆的人》。石晉華於1994年開始了走筆系列的創作，最初只是因為將一支墨水快用完的筆拿來畫在一張白紙上，直到墨水用完，作者因此而體悟筆的生命已終止，並為筆寫了一首紀念詩，而形成了第一件作品《生命中最後的一張畫》。之後又陸續畫了一些實驗性作品，而形成《走筆》系列作品。1996年後開始了《走鉛筆的人》，屬於一種表演藝術作品，不斷在世界各國演出，至今已超過十四年，仍在進行中。作者在一面巨大的白牆前，來回行走並在牆上走畫鉛筆線，同時邊走筆邊持咒語、心經或誦唸諸佛菩薩的名號。鉛筆用完即插入綁在手臂上的自動削鉛筆機，然後再畫。這個削鉛筆、走線和誦唸的行動其實非常耗體力，不斷重複進行著，每次約2小時15分。作品試圖在累生造作的惡業前冥想著：若一支筆代表一個人的一生，那麼在生死輪迴中，我們走出了什麼樣的人生線條？若將一生的軌跡呈現在眼前，我們可能會驚訝於生活中充滿一再重複、單調、無意義、荒謬的作為。作者試圖以藝術超越肉身的侷限，作品也呈現了宗教救贖、作者修煉及省思生命的意義（陳宏星，2007；蔡文婷，2003）。除了宗教的輪迴意義外，石晉華的作品也提醒了我們，無機物也有生命，萬物都有生命，我們應好好對待與善用各種物品。當然更重要的是要讓我們思考生命的本質，應如何活出自我而不只是機械式地重複固定的生活方式。

M. Landy的裝置作品《瓦解》（*Break Down*）（2001），則公開摧毀了其所有的一切物質財產。他以牛津街的一家服飾店作為展場，將他全部財產從郵票、書、證件、衣服、車子、自己作品、所收藏的藝術家作品等共7227件物品，予以一一編號，在10位助理的協助拆解下，利用輸送帶，花了兩個星期予以銷毀。他全部的財產最後只剩下一堆垃圾。整個展期的參觀者約有四萬人。他的作品讓我們思考，人的價值是否只是這些物質性產品的集合？擁有與失去的感覺和意義是如何？沒有了資本主義式的生活觀與商品，我們是否即無法生活了？Landy的作品其實反映了基督教與佛教等宗教的思想。宗教追求的是精神生活與出世價值，世間的物質享受應降至最低，執著於名利只是會使人徒增紛擾與痛苦。不過Landy本人似乎並未走向宗教，只是獨自追索著生活的意義。在此作品結束後，Landy過了一段一無所有的生活，但他並未離群索居，最終仍是回到生活世界，繼續創作藝術。

巴黎市立現代美術館（Musée d'art moderne de la Ville de Paris）於2009年10月舉辦了《最後期限》（*Deadline*），展出12位過去二十年因病過世的知名藝術家的晚年作品，如M. Kipenberger, Absalon, H. Hartung, F. Gonzalez-Torres, J. Mitchell, R. Mapplethorpe等人。這些藝術家在面對死亡將臨時，雖然不免有掙扎不安、憤怒、妥協、豁達等情緒表現，但並未因此自暴自棄，反而皆抓住有限的生命，激發出更多的創造性作品，將對死亡的恐懼轉化為創作的能量。如法國抒情抽象畫家Hartung在82歲中風後，因行動不便而改良農夫用的灑水器來創作，在過世前的三年中畫了驚人的650幅作品。Mitchell則是美國抽象表現主義及行動繪畫的代表人物之一（李晏禎，2010），晚期風格由線條走向帶狀的色塊，創造了另一種形式的抽象表現主義（王秀雄，2008）。

Mitchell最後一幅作品《此地》（*Ici*）（1992）（2.6公尺×4公尺），用色鮮艷，筆觸豪放，主色雖有較暗的藍色，但橘色與黃色等較明亮的色彩占多數，好像在開滿花朵的花園中摻雜了一點雜草。暗色系與亮色系似在對抗又似和平互補。與V. Gogh最後的畫作，狂亂而不安的《麥田裡的烏鴉》相比，《此地》平和多了。不過藍色也好像病毒般正一點點吞噬剩餘的明亮色彩。或許作者心裡也正因與疾病對抗而處於希望與絕望的矛盾中吧！藝術品如同一群自我充足的「單子」（monad），這些單子形成一種統一體，並以能量的形式表現出來，使得藝術產生一種獨特的光環（aura）或氛圍，而能深深撼動人心。作品的巨大能量，也能使人感受到作者內心的掙扎。

綜合上述，有相當部分的當代藝術並不強調傳統藝術所重視的技法、媒材、色彩等，古典美學的和諧、對稱、明晰與美等原則，也不適用於解釋當代藝術。當代藝術更重視的是觀念與思考。唐曉蘭（2004）指出，當代的觀念藝術多在探討哲學的本體論（藝術的本質）、知識論（如何知道其為藝術）與人生哲學（生與死、自我的存在等）等問題，這些問題又是扣緊社會脈絡的。當代藝術之挑戰藝術的本質，其實是對整個藝術體制、資產階級藝術的批判，質疑唯美主義的美學，將藝術重新融入生活，而非使藝術高高在上（蔡佩君、徐明松譯，1998）。有些當代藝術的作品不只不美，還有些醜或噁心，它不再遵循主流菁英階級的審美觀。Adorno（1999）則主張某些當代藝術（如A. Schoenberg、S. Beckett的作品）呈現了不可理解、不和諧的內容，以否定性的方式來抵抗與批判社會的非人化與壓迫，指示了尚未存在的、可能的世界。雖然部分當代藝術走向通俗性與商業性（如村上隆），但其背後仍是具有深刻的思想，也能啟發進一步的哲學討論。當代藝術或許更合乎後現代主義的多元、開放與尊重差異的精神。

總之，當代藝術的精神主要在以多樣與創新的藝術形式表現出對藝術、社會與人性的本質之哲學思考。基本上，當代藝術表現了一種理性的思考，但卻是藉由不合理性的方式來促成人做理性思考。此除了與我們已有的認知不合外，也在情感上引發不快感。它們時常反抗既有的觀點與價值，表現出一種思考性、震撼性、荒謬性、不合理性、平面性、通俗性、觀眾參與性、媒材多元性、自我反省性、反思社會處境與生命意義等特色，而這些都是源於對藝術本質、當代的社會生活狀況與自我生命處境的思考。在看似荒謬、淺顯的地方也有其深刻的啟發，總是引領我們去做不同的省思，這不就是藝術的意義與價值？

四　當代藝術對教學藝術的啟示

周淑卿（2009）指出，R. A. Smith之所以反對將教學類比於藝術，乃因其仍持有傳統的工廠模式的課程觀，視學生為原料，學習結果是產品。由概念重建的觀點而言，教學是師生共同建構的過程，除了認知也有感受，成果也非完全可控制的。而M. Greene（1971）認為雖然為了對抗機械化、非人化與生產取向的教育，而有將教學比做藝術者，但這是浪漫、危險的，因為藝術家的形象與生活並非如此完美，且藝術家只在追求自我表現，不在乎觀眾的看法。其實藝術家本來就有不同的形象，談教學藝術並不是要教師去模仿他們的生活與習性。不過就某方面而言，教師的確不能只在追求自我實現，更必須關心學習者的情形與成效，此則非藝術家所注重。總之，教學本就不完全等同於藝術，教學藝術的論述是希望由藝術的經驗中去汲取各種創作與欣賞中表現出的重要價值，去啟發教學的創新與智慧，而促進教育的發展。

當然在將教學類比於藝術時應更有彈性，如我們不一定要將「藝術家—作品—觀眾」一一對應於「教師—教材—學生」。教師也可將自己當作觀眾，從學生而不只是教師的角度，來評價自己的作品是否成功、令人滿意。不只是教師，學生也可以學習藝術家的思考方式、自我挑戰的勇氣、想像力，培養「藝術家之眼」。而作品也未必是藝術家或教師的產物，而是藝術家與觀眾或教師與學生共同創作出的。以下將依據前述當代藝術的特色，進一步論述之。

(一)教師應時時反省教學的本質

如同前面提到的，Emin、Hirst等當代藝術家質疑藝術的本質為何，凌亂的床、死屍標本、丟藝術品入箱中也可以是一件藝術作品。那麼教學的本質又為何？一般而言，教學是指擁有特定知識、技能、態度等內容的人，有意把這些內容傳授給缺乏者。為了達成這個目的而建立的互動關係，包括有教、學、師生互動、及達成目標等活動。換言之，教學是學生在教師有目的、有計畫的指導下，主動積極地參與學習的過程。教學過程是一種極為複雜的活動，其構成要素可包括提出教學目標、引起動機、提供教材內容、指導學生學習、適時給予回饋、評定學習結果等。教師不只依科學進行，也需藝術性地變通運用（黃政傑，1994）。問題是：這些要素應依何種標準進行呢？教育目標應如何訂定，成果應如何評量才是正確的？何謂好的教學？此涉及了教學的本質與哲學基礎問題。

Goodlad等人指出，實際的課堂教學具有多維性、同時性、即時性、不可預期性、歷史性等特性。課堂教學中常有多種多樣的事情發生，教師既要教學，也要管理、控制、評鑑、蒐集資料等，而同一事件，可能會產生多種不同結果。此外，教師也常要處理同一時間發生的事情、偶發事件，面對各種不可預測的事情等（引自林素卿，2007）。可見教學無法像科學般的有條理、有固定的步驟與規劃。面對如此複雜與多變的教學現場，教師要能時時充滿彈性與變通，不斷地加以調整，充分展現教學的藝術，將方法運用自如，如賈馥茗所言：「如書法之猶勁多變、如繪畫之微妙傳神、如歌聲之沁人肺腑，乃是高度的藝術」（引自陳伯璋、盧美貴，2009，頁3）。

如果說當代藝術是時代的產物，教育何嘗不是？作為教育下位概念的教學，也需因應時代的變遷而加以調整。教師的教學意圖是否還固守於精熟各學科的內容呢？而教學內容是否還是依教科書為依歸呢？教學活動是否還是傳統的講述？對學生學習的評量是否還是單一形式的紙筆測驗呢？面對時代的改變，我們是否還一味的迷思或沈醉於過往的「有效」教學中呢？追求效能的教學是否反而會阻斷學生潛能的開發呢？由當代藝術反其道而行的風格、不同於主流社會的觀點來看，教學是否也能不跟著流行走？以評量為例，一般評量總以認知成果為依歸，學生必須記得教學內容才能得高分。但是否也可評量一下學生喜不喜歡該門課？為何不喜歡？如何改進？或是評量學生對某一概念或事件的個人看法？

V. Manen等人依J. Habermas提出的技術、實踐與解放的三種知識建構興趣，將教師反省分為三種層級，包括技術的（方法的有效性）、實務的（內容的意義與可理解性）和批判的（目標或意圖是否合乎社會正義、自由與生命的創造）反省（引自林素卿，2008）。在教學現場中，礙於時間的壓力，教師常處於「趕進度重要？還是學生學會重要？」的兩難中，甚少鼓勵學生提問。在升學主義下，教師通常只能照本宣科，很少質疑為什麼一定要教這些內容？更遑論批判文本中的意識型態。教師也時常習慣於工具性的思維模式與既定的教學模式，只在依已設定的目標去做有次序的、合理的教材安排，並未去質疑目標的價值性問題。倘若教師願意經常去反省與批判教學的意圖、教學的內容及教學的方法等三方面問題，經常思考：教學的意義與本質應為何？為什麼一定要如此教這些內容？設計教學內容時是否有如創作一件藝術品般精心構思、變化多端？為何一定都是如此教法？沒有別的可能性嗎？教學一定要生動活潑嗎？教師一定要有幽默感？還是應像藝術家一樣去建立自己獨特的風格？……等，將能更加澄清與反省自身習而不察的意識型態，洞見教學活動中背後潛藏的問題與價值觀，或許能跳脫過往學科中心的框架。

對比於當代藝術所具有的震撼性、荒謬性、不合理性、平面性、通俗性、觀眾參與性、媒材多元性及自我反省性等特色，教學是否也能逼迫學生正視其不想看、不想聽的事，挑戰學生的價值標準，如美醜、善惡與對錯等標準？教師是否也能給予學生震撼性的經驗？教師是否可考慮引用流行性的教材或開發多種不一樣的混合教材，如使用其他學科、校園、師生或生活事件等做教材？教學不應理所當然地只在呈現美好的一面，也不一定要符合心理學等學科主張的科學法則，沒有什麼法則是普遍性的真理。教學的本質是多元性的，並無單一的教學典範與模式，教師應反省自己是否有受到固定教學理念與模式的束縛，多方嘗試新奇的想法與做法。教師可以思考如何突破既有的教學概念與形式，如：改由學生準備教材來教教師，教師改當學生；科學課多一些科學家的生活史、愛情故事、生命觀的介紹；要學生簡介科學家的發明故事；將民歌與漫畫融入法律知識教學中；刻意安排一節課突然帶同學去散步談心等。當然在加以運用時也需考量學生的身心發展情況，以達最佳的教學成效。

(二)教學應引入學習者一起思考

在表現方式上，當代藝術越來越強調觀賞者的介入或參與。不論是討論進步問題、投擲藝術品於藝術箱中或傳真文件成為藝術品，觀賞者已成為作品的一部分。藝術家有意地要求觀賞者主動參與作品的完成，促使其思考各種議題。就教學的特性而言，教學本身就是一種師生互動的過程。只是在此過程中，誰具有主導性？教師希望學生參與的意圖為何？學生投入教學活動是屬主動？還是被動？主動投入與被動投入所呈現的教學效果有何不同？

在傳統教育中，教學大抵由學科教材或教師所主導，學生只是被動的接受所教授的內容。但從美感經驗理論的觀點言，美感經驗之獲得乃是個體主動地投入美感的對象中，統整各種刺激與訊息，而產生愉悅等感覺，學習經驗也應是如此。教師必須體認學生具有主動探索的能力，應利用各種方法激發其能動性，而不是一味地充填學生的各種知識，否則即是一種囤積式的教育，將扼殺學生的想像力與創造力。教學需能引發學生探索式的知覺活動，使學生不斷地揣摩學習內容或材料中各主題與概念之間的關係，能反覆思索各種可能的意義，而不只是在確認某些知識而已（林素卿，2009）。

教學不只在傳遞，更應在溝通與轉變。藝術家不只是表現或傳達自己的想法，更在透過藝術與社會大眾溝通。但教師通常只在傳遞數學、理化、地理、歷史的知識，是單向式、背誦記憶式的，而非透過這些知識與學生的心靈做雙向溝通，啟發學生的心智架構與思考視野。教師是否有透過教學與學生產生溝通及「連結」？對藝術家而言，作品是溝通世界的媒介，具有豐富的意義在其中，能讓觀賞者不斷欣賞與思考，是有機的，作品會說話，但教師的作品是否具溝通性，還是死板、制式、僵化、無生氣的東西？

然而，教學該透過什麼樣的媒介才能引發學生的主動投入及思考呢？前已提及，當代藝術藉由不合理性的方式來促成人做理性的思考，其作品也經常挑戰既有的認知模式與價值觀，表現出一種震撼性、荒謬性、不合理性、平面性、通俗性及自我反省性。常常看似誇張、荒謬、無深度的作品，如《My Lonesome Cowboy》、《4分33秒》、《我的床》、《瓦解》等，卻有著深刻啟發的價值，引領我們做不同的思考。如同動物死屍也可以是藝術，教師可以故意提出看似荒謬的、不合理的問題或教材，及使用一些看似不合邏輯的教學法。甚至教師也可以用當代藝術作為教學材料，間接引發學生學習本門學科的興趣。在日常的學校生活中，教學經常是因循慣例，學生也因而常感到枯燥無趣。由於某些當代藝術的表現方式較為極端，正可用來激發學生的好奇心與興趣，活絡教學的氣氛，促使學生主動參與教學互動，並能反省與接納差異。

一般認為就教學藝術而言，教師應致力於使學生獲得美感經驗。但何謂美感經驗？楊忠斌（2009）指出，如同「美學」非僅指研究「美」的學問，「美感經驗」也非指「美」的經驗。「美感」會使人誤以為只意指美的、舒服的、愉快的感覺。在欣賞一些表現支離破碎的人體、性器官、生態污染或諷刺社會的當代藝術作品時，感受到的大概不會是愉悅，而是莫名的沈重、恐懼、憤怒與迷惑等，然而這些都可說是一種美感經驗。當代藝術訴諸的是知性上的愉快，而不是感性上的快樂。教學也不應只在獲得情感上的愉快，由震撼性、新奇的經驗引至理性的反省，也是一種教學的藝術。教師應突破「教學是美感愉悅經驗與精神內在的滿足」的既有思維，嘗試提供學生不是那麼賞心悅目的經驗，體驗不舒服的、不喜歡的、令人不快的感受，並進一步思考這種感受的由來與合理性等。

(三)教學應融入對社會與生命的反思

對現實生活的反思是當代藝術主要的特色之一，如同前述反省難民、街民、社會倫理與中西文化關係等的作品。村上隆的作品讓我們省思流行文化、商品化、消費文化的現象，也提醒我們勇於面對人類覺得可恥的事。《這叫進步？》的作品促使觀賞者不斷思考何謂進步，在不斷對話中，反省各種社會現象，從而使觀賞者重新省視科學、文明、教育、經濟生活、環境等議題。就教育而言，教學不只是把預備好的學科知識傳遞給學生而已，還應有意識地與生活連結。此種連結不是一般把教材生活化，以使學生容易理解教學內容，然後考試得以考高分的做法；而是要挑出與社會有關的重要議題，並引導學生加以批判與反省。

在學科取向的套裝課程設計與績效責任制的要求下，臺灣社會大眾或教育當局常常不自覺得以學校考上第一志願的人數，來衡量該校的辦學績效，以基測、學測、指考代表學生學習的成效，而陷入過度狹隘界定學校教育的成果及簡化評量的概念。但辦學績效良好只是指培養出考上很多第一志願的學生？在升學主義至上的原則下，教師也莫不以培養考上高志願學生為目標。這些「優秀的」學生對於社會生活是否有足夠

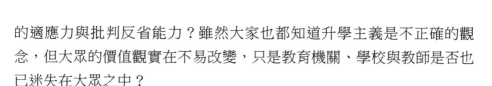

的適應力與批判反省能力？雖然大家也都知道升學主義是不正確的觀念，但大眾的價值觀實在不易改變，只是教育機關、學校與教師是否也已迷失在大眾之中？

在教學法方面，教師應鼓勵學生如當代藝術般地創作，以發揮潛能，各類科教師皆可以由其教學主題中，擬定一個創作的活動，或許是設計一個教案、設計一件藝術品或提供一個想法。如在美國電影《讓愛傳出去》（*Pay It Forward*）中，社會科的教師要求學生針對如何改變這個令人不滿意、失望的世界，提出看法並加以實行，結果作為學期的成績。家長雖覺得荒謬，但卻值得我們思考。而學生的想法雖千奇百怪，但也有獨到觀點者。教師是否也能打破慣常的作業模式，提出這種另類的作業？

教育的目的除在使人進入社會生活外，也在能瞭解自我生命的意義。M. Foucault晚年提及的「生存美學」（Aesthetics of Existence）即在主張將自我當作藝術般看待，活出自己的風格。Socrates也主張「未經檢視的生命是不值得活的」。教育的主體是人，教育應在啟發受教者對自我生命意義的反省。如同前述石晉華、Landy、Hartung與Mitchell等人的作品，對於生命意義、物質生活與面對死亡議題的思考，使我們有了一種特殊的感受。美感經驗是一種創造性的活動，始於心智架構的轉變。當我們以「藝術家之眼」去看事物時，便獲得了一種新型的看法（楊忠斌，2008）。教學也應促使學生反思生命的意義，各科教學應融入生命教育的題材，使學生反省自我的生命價值觀。

M. Heidegger在評析V. Gogh一件描繪農鞋的油畫時指出，這幅畫令人驚嘆地濃縮了與其相關聯的整個生活世界。其揭露了存有者（農鞋）的存有特性，而使我們一同進入了農婦的生活世界。美感經驗即在發掘被置入作品中的真理與生活世界，從而使我們對這個社會生活、自我、生存的奮鬥、生命的意義等有更深入的理解（楊忠斌，2009）。類似地，在前述《我的床》作品中，觀賞者也看到了作者的生活世界，這個世界實則反映了某種社會生活的情境。教師可以用此部作品與學生討論生活的意義，如請學生談談他們家的床、他們看過的床、心目中理想的床等，描述其特性及個人的感覺。我們或可由此得知學生家庭生活的經濟、族群、階級、家庭關係等狀況，以此來討論應如何奮發向上或珍惜現有的一切等議題。

對M. Greene而言，藝術創造了一種語言，能開啟對話的空間。藝術創造了某些非現存、不可預測、非完全理性的事物，逼迫吾人以新的方式來與自我或他人交談。藝術讓我們能以非預設結果的方式來深入對話。教師若能以探討自我生命與生活的當代藝術或其他事物作為教材，藉此使學生們各自敘說自己的故事，可擴大交流，使學生能瞭解教室中「沈默的一群人」之心聲，發展同理與團結的班級文化（楊忠斌，2007）。在當代藝術以各種看似荒謬的方式來自由表達其思想與批判社會，違反社會主流的觀點時，背後彰顯的是藝術家的主體性與勇氣。在教學中，教師是否也能重視學生的主體性？是否能培養學生主動發言的勇氣？教師是否能多給予學生自由發聲的機會？

綜上所述，當代藝術不斷質問著藝術的本質，反思社會與自我生命的意義。教師也應時時反思教學的意義與本質，藉由教學促進學生對於社會與自我的思考。以此而言，我們實應擴大「教學」的定義。教學不再只是某一個學科領域的單向知識傳遞，還應涉及廣泛的道德、人性、社會、文化、科技與環境等面向，應將教學導向社會、人性與自我的面向，才符合教育的深層價值，也才能不使教學變成一種僵化的形式。

五 結語

莊子以「庖丁解牛」的故事來說明由「技」到「藝」，再進至「道」的境界。當代藝術否定了技術的重要性，挑戰了藝術的概念，最終也是在追求一種「道」的思考。依前述，當代藝術反對一切既有規範與思維，挑戰著人們對藝術的看法，引發了許多爭議。當代藝術以藝術的形式之名，涉及了本體論、社會哲學與人生哲學的問題，呈現出震撼性、荒謬性、通俗性、觀眾參與性、媒材多元性及自我反省性等特色，而這些都是源於對藝術本質、社會生活與自我生命的思考。

當代藝術的精神對教學藝術提出了許多啟示。教師應時時反省教學的本質，體認教學的本質是多元的。教師可採用一些看似荒謬、不合理的教材或教法，使學生感到震撼，體驗到不同的學習經驗。教師也應引入社會與自我生命的反省，不使教學脫離廣大的生活世界。依此而言，教學不再只是某一個學科領域的知識傳遞，還應涉及廣泛的道德、人性、社會、文化、科技與環境等面向。如此則教學不再是僵化的科學模式，而是一種藝術。教師也不再是匠師，而是真正的藝術家。

參考文獻

中文部分——

王秀雄（2008）。約安・米琪爾。美育，**163**，42-45。http://www.shijinhua.com/reviews_item.php?pindex=21

王鼎曄（2010）。以藝術之名，創造自我汀諾・塞格的生態哲學。今藝術，**215**，160-163。

何定照（2007）。村上隆談恥，逾萬人爭睹。2010年11月3日，取自http://ccindustry.pixnet.net/blog/post/11409611

吳靖國（2009）。「詩」對教學藝術的啟示：G. Vico的觀點。當代教育研究，**17(4)**，27-60。

巫義堅（2001）。論當代藝術中的「藝術介入」課題—流變中的前身概述，一個新美學的論域雛型。2010年11月3日，取自mhttp://www.sancf.org.tw/SANCF/arts_detail.php?artsid=5&artsyear=2001

李晏禎（2010）。「最後期限」展的多重隱喻：藝術家們面對疾病及死亡的掙扎。2010年11月1日，取自http://jka9644503.pixnet.net/blog/post/4785113

李賢輝（1998）。達達主義（**dadaism**）。2010年11月3日，取自http://vr.theatre.ntu.edu.tw/hlee/course/th6_520/sty_20c/painting/dadaism.htm

肖穆（2009）。自然流露出—情感翠西・艾敏：從壞女孩到女人。2010年10月29日，取自http://www.artda.cn/view.php?tid=983&cid=35

阮初芝淳（2007）。自述。2010年10月25日，取自http://www.asianartbiennial.org/2007/artist.htm

林心如、黃亞紀譯（2010）。當代藝術收藏指南（L. Buck和J. Greer原著，2007年出版）。臺北：典藏藝術家庭。
林素卿（2007）。從課程與教學改革趨勢，談教師專業發展評鑑。教育資料與研究，**76**，29-46。
林素卿（2008）。行動研究與教學檔案於教師專業發展之應用。教育研究月刊，**167**，24-35。
林素卿（2009）。美感經驗對課程美學建構之啟示。東海教育評論，**3**，43-70。
林逢祺（2004）。教育規準論。臺北：五南。
周淑卿（2009）。借鏡於藝術的教學—與「藝術創作者／教師」的對話。當代教育研究，**17(2)**，1-29。
胥哈・悟登（2007）。我們也是人：街民。2010年10月12日，取自http://www.asianartbiennial.org/2009/cht/index_cht.html
唐曉蘭（2004）。觀念藝術的淵源與發展。臺北：遠流。
國立臺灣美術館（2009）。聲呼吸。2010年11月3日，取自http://blog.roodo.com/breathingsounds/archives/10461909.html
郭振昌（2007）。圖騰與禁忌—會議中心。2010年10月25日，取自http://www.asianartbiennial.org/2007/artist.htm
陳伯璋、盧美貴（2009）。「慢」與「美」的共舞課程—幼兒園新課綱「美感」內涵領域探源。兒童與教育研究，**5**，1-22。
陳宏星（2007）。業力的軌跡：祭「筆的輪迴」。2010年10月26日，取自http://www.itpark.com.tw/people/essays_data/578/490
陳閔翔、洪仁進（2007）。追尋教學的藝術—從J. Dewey思想衍繹教師角色與教學的美感特質。教育研究集刊，**53(1)**，87-118。
游惠遠（2008）。臺灣當代裝置藝術的流行風。美育，**164**，4-9。
黃政傑（1994）。課程教學之變革。臺北：師大書苑。
楊忠斌（2007）。藝術、想像與社會正義—Maxine Greene的美育思想研究。載於嘉義大學人文藝術學院主編，第二屆美感與文化學術研討會論文集（頁71-89）。嘉義：國立嘉義大學人文藝術學院。
楊忠斌（2008）。卡西勒哲學中的教師圖像。載於林逢祺、洪仁進主編，教師哲學：哲學中的教師圖像（頁185-201）。臺北：五南。
楊忠斌（2009）。美感經驗理論對教師的啟示。教育資料與研究，**88**，49-68。
維基百科（2010）。噴泉（杜象）。2010年11月1日，取自http://zh.wikipedia.org/zh-hant/%E5%99%B4%E6%B3%89_（%E6%9D%9C%E8%B1%A1）
廣東美術館（2006）。餘震——英國當代視覺藝術展。2010年10月15日，取自http://

www.gdmoa.org/zhanlan/zhanlandangan/dangan_2_6/74/01/8839.jsp

蔡文婷（2003）。走鉛筆的人——石晉華。臺灣光華雜誌，6月號，69-70。

蔡佩君、徐明松譯（1998）。前衛藝術理論（P. Burger原著，1987年出版）。臺北：時報。

蔡康永（2009）。藝術家的大便「賣到歐元**12**萬**4**千」。2010年11月3日，取自http://blog.sina.com.tw/caikangyong/article.php?pbgid=56125&entryid=595558

頭條日報（2010）。凡爾賽宮藝術展覽村上隆作品惹劣評。2010年10月22日，取自http://news.hkheadline.com/dailynews/content_in/2010/09/17/123094.asp

魏瑄慧（2008）。藝術裡的真實動物：觀看達米恩．赫斯特藝術創作裡的動物呈現。2010年10月31日，取自http://hermes.hrc.ntu.edu.tw/csa/journal/79/park02.htm

英文部分——

Adorno, T. W. (1999). *Aesthetic theory* (R. Hullot-Kentor, Trans.). Minneapolis: University of Minnesota Press. (Original work published 1970)

Atkins, R. (1997). *Art speak: A guide to contemporary ideas, movements, and buzzwords*. New York: Abbeville Press Publishers.

BBC News (2004). *Duchamp's urinal tops art survey*. Retrieved Oct. 15, 2010, from http://news.bbc.co.uk/2/hi/entertainment/4059997.stm

Dewey, J. (1983). The classroom teacher. In J. J. A. Boydston(Ed.), *The middle works, 1899-1924*(pp.180-189). Carbondale: Southern Illinois University Press.

Eisner, E. W. (1994). *The educational imagination: On the design and evaluation of school programs*. New York: Macmillan College.

Gersh-Nesic, B. (2010). *Of Being and Nothingness: Tino Seghal's The Kiss and This Progress*. Retrieved Oct. 29, 2010, from http://arthistory.about.com/od/special_exhibitions/fr/seghal_progess_kiss.htm

Gombrich, E. H. (1995). *The story of art*. London: Phaidon Press, Ltd.

Greene, M. (1971). Art, technique, and the indifferent Gods. In R. A. Smith(Ed.), *Aesthetics and problems of education*(pp.555-563). Urbana: University of Illinois Press.

Hand/Eye Projects (2004). *About the artist*. Retrieved Nov. 4, 2010, from http://www.handeyeprojects.org/

Khsun (2010). *Art Bin: Michael Landy*. Retrieved Oct. 30, 2010, from http://85eye.blogspot.com/2010/03/art-bin-michael-landy.html

Simpson, D. J., Jackson, M. J. B. & Aycock, J. C. (2005). *John Dewey and the art of teaching: Toward reflective and imaginative practice*. London: Sage.

South London Gallary (2010). *Michael Landy: Art Bin*. Retrieved Oct. 29, 2010, from http://www.southlondongallery.org/page/144/Michael+Landy+Art+Bin/85.

9 中國上古詩性智慧的內涵及其對課程美學的啟示

吳靖國
國立臺灣海洋大學教育研究所教授

黃儀婷
基隆市中山高中國文老師

一 前言

國內教育學者所使用的「詩性智慧」一詞有兩個來源：一是G. Vico的「poetic wisdom」（源於1744年出版的《新科學（*New Science*）》一書）（Vico, 1948），另一是來自於K. P. Kesson的「Mythopoetic」[1]（出現在1999年的〈邁向Mythopoetic意義的課程（*Toward a Curriculum of Mythopoetic Meaning*）〉一文）（Kesson,

1 「Mythopoetic」被譯為「詩性智慧」（陳伯璋，2003；歐用生，2004，2009），事實上，從字面的構造muthos（story）和poiein（to make）來看，「Mythopoetic」所呈現出來的意思是「創作故事」。依Kesson（1999）所強調的是，透過故事創作導引出靈性中蘊含的奧秘特質。故吳靖國（2005）認為，「Mythopoetic」應該中譯為「神思」、「神馳」或「詩意的奧秘」比較恰當。有關「Mythopoetic」與「poetic wisdom」兩者之間的區別，可參見〈詩性智慧對後現代課程實踐的啟示〉（吳靖國，2005）一文。

1999）。儘管兩者的根源與意涵上有所差異，卻共同指向兩個教育重點：一是故事教學，另一是課程美學。也就是說，詩性智慧在教育上的發展，逐漸地成為建構課程美學的重要基礎之一，並且也表現在教師的故事教學實踐活動中。然而，在國內的相關文獻中，尚未發現從中國思想來處理和建構「詩性智慧」在教育上啟示，更遑論將「詩性智慧」應用於課程美學的相關議題上。

「詩性智慧」在本質上不同於「理性智慧」（劉士林，2004），在《新科學》中甚至將「詩性」與「理性」相對立（吳靖國，2004）。Vico認為「詩性語句來自於激情和情愛的感受，相對於經由反思和推理所形成的哲學語句」（NS219）[2]，而「當推理能力弱的時候，相對地想像能力就越是強盛」（NS185）。然而在中國哲學思維中，詩性與理性之間的對立並不明顯，也不是主體與客體的劃分，而是「天人合一」的融入與「物我同一」的和諧互動，其在儒家（勞承万，2003a；劉永，2008）、道家（李月媛，2008；殷滿堂，2003；陳增福、歐陽可惺，2001）、理學（石明慶，2008）、禪學（王柯平，2008；陳劍暉，2006；勞承万，2003b；劉士林，2008）等相關著作中比比皆是，並且從中也共同彰顯出一種「和諧」的審美理念：

> 倘以儒、道、禪三家審美理想、美學特徵和藝術追求來反觀「和合」文化對中國詩性智慧的浸潤，更能看出中國美學的和諧基調。三家美學中，儒家美學偏重個體與社會間的和諧，道家美學偏重於個體與自然間的和諧，禪宗美學偏重於個體與自我的和諧；……儒家美學是一種倫理美學，道家美學是一種自然美學，而禪宗美學是一種心性美學，雖然各有其側重點，但都以和諧為基本內容和基本特徵。（黃念然、胡立新，1999，頁18；黃念然，2007，頁83）

2 「NS219」表示引自Vico著作《新科學》第三版中第219段落，表示方式以下皆相同。

不僅於此，歷代詩者、文人的作品中，也蘊含著詩性智慧「寓意於物」的和諧、審美的獨特意識，而顯現出一種人生意境的提升、生活意境的品味（吳靖國，2009）。也就是說，中國詩性智慧具有其別於西方詩性智慧的獨特性，值得進一步探究和揭露，來作為教育領域上的啟發和應用。

然而，思想的發展具有其脈絡性，要掌握中國詩性智慧的發展，必須回到其思想的根源——上古時期；也就是說，不管是儒家的倫理美學、道家的自然美學、或禪宗的心性美學，都必然有其根源與傳承，故本文乃針對中國上古時期的思想，試圖建構其詩性智慧的美學內涵，以作為探究後續思想發展的起點。

本文所稱「上古時期」，係指先秦諸子百家爭鳴以前，即中國進入理性思維時期之前，上古人民從遠古的蠻荒，歷經鐵與血的征伐，在努力求生存和理解生命意義中，產生屬於中國的詩性智慧；本文以李澤厚（1989）在《美的歷程》一書中的觀點出發，從《周易》、《山海經》和《淮南子》中，整理出上古人民對天地的觀察與想像，在《尚書》、若干青銅器的圖騰以及甲骨文的出土裡，窺見中國古代「人」與「神」之間的微妙關係，而後來東漢的《說文解字》，記載了文字的濫觴，其中的創意正是中國詩性智慧的具體表現。

本文採用理論分析，主要目的在於掌握中國上古時期的詩性智慧內涵，並進而應用於教育領域上作為發展課程美學的基礎。據此，以下首先探討中國上古時期詩性智慧的內涵，再進一步從中掌握其美學意義，以及在教育上對課程美學的啟示。

二　詩性智慧溯源：上古的天、地、神、人

「天」、「地」、「神」、「人」四者，是上古社會與生活中不可或缺的關鍵要素，其間的關係與互動，正是原始社會形成與發展的基礎（吳靖國，2005），以下便以這四個要素之間的互動關係來說明中國詩性智慧所蘊含的特質：

(一)詩性智慧蘊含的奧秘、想像與虔敬[3]

1.想像與奧秘之間的共生

在原初時代，上古人民因為對生存環境瞭解有限，不明白暴風雷電的成因，對山嶺江海巨石坑谷都產生一種神秘感，由於能力與技術的侷限，無法順利一探究竟，所以對自然萬象的奧秘油然而生。法國人類學家Lucien Lévy-Bruhl（1857-1939）曾言：

> ……例如懸崖和峭壁，因其位置和形狀使原始人的想像感到驚懼，所以它們很容易由於憑空加上的神秘屬性而具有神聖的性質。江、河、雲、風也被認為具有這種神秘的能力。空間的部分和東南西北的方位也有自己神秘的意義。（引自原來，2009，頁65）

奧秘往往起因於畏懼，害怕危及自身生命是上古人民生存的心理恐懼。事實上，許多遠古民族並沒有死亡必然性的概念，對於死亡現象的發生，乃是歸結於巫術作祟或敵人蓄意加害（劉士林，2003），所以外界一切的植物、動物、天象、地理等，因為「巫」的作用，也就成了上古人民對世界感到神秘、陌生又驚懼的來源。《山海經・大荒西經》中指出「西南海之外，流沙之濱，赤水之後，黑水之前，有大山，名曰崑崙之丘」（臺灣商務印書館，1981，頁69），其鋪陳了崑崙山的神秘感，上古人民遠遠遙望，神山氤氳繚繞，充滿未知與無限可能，也因為無法一探究竟，所以產生想像，用流沙、赤水、黑水等象徵阻隔與距離的詞彙，突顯了在上古人民眼中，高山的深不可測、攀登之難，充滿各種神祇與不可知。「奧秘」源於自然萬物本身，與「想像」是一體的兩

3 雖然「詩性智慧」（poetic wisdom）一詞來自於Vico，但此處所提及詩性智慧中蘊含的「想像」、「奧秘」、「虔敬」三要素並非由Vico所提出，而是由吳靖國（2009）在〈「海洋詩性智慧」教學內涵之研究〉一文揭露，其透過「想像」、「奧秘」、「虔敬」三者，試圖結合中國詩性智慧來超越Vico詩性智慧的意涵，但只是進行了理念上的初步討論，故本文延續運用「想像」、「奧秘」、「虔敬」三者，來對中國詩性智慧進行較深入的探討。

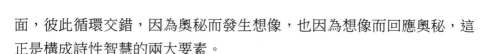

面，彼此循環交錯，因為奧秘而發生想像，也因為想像而回應奧秘，這正是構成詩性智慧的兩大要素。

2.天地奧秘衍生的虔敬感

在華夏民族的生活中，第一個觀照對象就是天空（傅道彬，2010），《日知錄》中指出：

> 三代以上，人人皆知天文。「七月流火」，農夫之辭也。「三星在天」，婦人之語也。「月離於畢」，戍卒之作也。「龍尾伏辰」，兒童之謠也。後世文人學士，有問之而茫然不知者矣。（顧炎武，1965，頁1）

面對「天」的奧秘，進而開始觀察而行動。華夏民族以農立國，天象的變化對農作物影響甚鉅，所以上古時期人民對天文星象運行的觀察和體悟，便成了生活的一部分，其不是為了研究，而是為了生存（傅道彬，2010）；因為天象對人的直接影響，在生存上產生了迫切性，人們卻對影響自身生存的「天」遙不可及、無能為力，加上猜不透天象中蘊含的旨意，於是心中畏懼乃逐漸地將「天」神聖化，並轉以一種虔敬的態度來面對「天」，藉以表達自身與「天」之間的關係，以及從中領會蘊含的旨意。這種虔敬感發源於想像與奧秘，在《周易》中充分展現出上古人民這種詩性思維，其以「乾」為天，《乾》卦所描寫的正是「天」，乃是天空之詩。《乾》之卦爻辭（徐子宏，2002，頁3-4）：

> 乾：元、亨、利、貞。
> 初九，潛龍勿用。
> 九二，見龍在田，利見大人。
> 九三，君子終日乾乾，夕惕若，厲，無咎。
> 九四，或躍在淵，無咎。
> 九五，飛龍在天，利見大人。
> 上九，亢龍有悔。
> 用九，見群龍無首，吉。

這裡的「龍」並非剛健吉祥的圖騰，它的變化運轉是上古人民對天空的認識與陳述，是初民對星象的描繪，是對「奧秘」的「想像」，因為無法用有限的邏輯思維來解釋自己的生活世界，於是創造出一個超越人類的「神」（傅道彬，2010）。在華夏民族心中就是「天」，「天」是世界的起源，也是判斷人們行為的仲裁者，人們力求自己一切作為不違背「天」，於是虔敬之心由此展開，《文言》中所謂：

「潛龍勿用」，下也。「見龍在田」，時舍也。「終日乾乾」，行事也。「或躍在淵」，自試也。「飛龍在天」，上治也。「亢龍有悔」，窮之災也。「乾元用九」，天下治也。（徐子宏，2002，頁14）

孔子建構了星象與人事的對應，「天」的自然現象，透過想像，在人身上發生意義，當自然的星象處於潛藏位置的時候，人類也應收斂鋒芒沈潛下來，「龍」成了思想的「象」（傅道彬，2010），讓「天」與「人」的關係顯得更加密切。

「大地」對上古人民而言，更加親近平易，有季節的遞嬗，也就有植物顏色的繽紛，也就有動物不同屬性的呈現，古人觀察其中的奧秘，將自身生活與之連結，《周易》的《坤》卦爻辭作（徐子宏，2002，頁19-24）：

爻位，爻辭，斷占之辭。

初六，履霜，堅冰至。

六二，直方，大不習，無不利。

六三，含章，或從王事，無成有終。

六四，括囊，無咎無譽。

六五，黃裳，元吉。

上六，龍戰，于野，其血玄黃。

《坤》乃是大地之詩，其中「履霜」為寒降之時，描繪了一幅秋霜初降坦蕩無垠五色斑斕的秋天大地的圖畫（傅道彬，2010，頁39）。人們在豐收的季節欣喜忙碌，士人君子穿著黃色的衣裳，最後寫兩條蛇相互爭鬥廝殺的場面，古人龍蛇不分，奈何不了寒冷彼此咬得鮮血淋漓的樣子（傅道彬，2010）。詩中呈現了大地氣象飽滿，跟《乾》不一樣之處，在於天空離我們相對遙遠，並非感官所及，於是表現一種亙古的精神和意象；而大地，環繞、激勵與我們經歷的所在（傅道彬，2010），其強調出一種溫暖又肅殺的氛圍，大地的奧秘引發上古人民的想像，再引申為虔敬，象曰：「地勢坤，君子以厚德載物。」（徐子宏，2002，頁19）藉四時的運行，說明君子內直外方，遵行著地之道，即恪守著臣之道，故《文言》曰：「坤至柔而動也剛，至靜而德方，後得主而有常，含萬物而化光。坤道其順乎，承天而時行。積善之家，必有餘慶；積不善之家，必有餘殃。」（徐子宏，2002，頁25）從大地習得的啟示為古代社會開展了一條人倫之道，於是讓「奧秘」所衍生出來的「虔敬」，乃與「良善」結合在一起。

3.巫術與權力中的詩性智慧

英國人類學家Edward B. Tylor（1832-1917）指出：「巫術本身不是藝術，但巫術孕育、影響著藝術。」（引自張玉春、王禕，2008，頁50）中國的巫俗文化萌芽於龍山時代，繁盛於殷商，上古人民透過音樂、舞蹈、儀式等活動，去擬測宇宙中蘊藏與呈顯出來的意義，故J.G. Frazer（1854-1941）在《金枝》（*The Golden Bough*）中提及「人或物之間存在著超距離的交感作用的信念就是巫術的本質」（引自張玉春、王禕，2008，頁53）。

在上古時期，人人都可以借助巫的幫助與天相通，其有兩種方式：一是大山，屈原在《涉江》中提及「登崑崙兮食玉英，與天地兮同壽，與日月兮齊光」（蘇雪林，1978，頁307-308）：也就是說，上古人民認為高山連接天庭，經由登山，人神可以往來（紀曉建，2006）；另一是若干種樹木，在《淮南子‧墬形訓》中記載「建木在都廣，眾帝所自上下」（劉安，1965c，頁3-4），而江林昌認為，若木、扶桑神樹之所以與溝通天地的巫術有關，乃是因為這些樹木都是太陽樹（引自紀曉建，2006，頁118），這反應了當時人民對太陽的崇拜。

不過在「絕地天通」後，這種權力就握在少數人手裡（原來，2009，頁66），《尚書・呂刑》中記載：

> 上帝監民，罔有馨香德，刑發聞惟腥。皇帝哀矜庶戮之不辜，報虐以威，遏絕苗民，無世在下，乃命重、黎，絕地天通。（錢宗武、江灝譯注，1996，頁458）

透過「封山」壟斷通天通神的路徑，不准普通人登山與神往來，唯有擁有權力者才能與神互動、瞭解天意，故李宗侗認為「上古時期，君及官吏皆出於巫」（引自原來，2009，頁68）。

人們將「想像」用於領略天地自然的「奧秘」，而「巫」成了人的想像與天地自然的奧秘兩者激盪下產生「虔敬感」的中介，例如大家耳熟能詳的故事：不可以浪費食物，否則會遭天打雷劈，究其源頭，即可能是當時作為「人」與「神」媒介的「巫」所提出的說法，其中也富有強烈的教化意味，詮釋當時最令上古人民畏懼的天象意義，並導以正面積極的良善觀點，而將「虔敬」帶入人民的生活與內心。所以「巫」成了「神」的代言人，在上古時期演變為人類社會中的部落首領，即後來的帝王，產生所謂「君權神授」的說法，後來由於世襲制度，王權穩固，「巫」漸漸轉為一種能跟「神」溝通的職業，透過特定的儀式、服裝與造型，也就是「巫術」，來臆測天神意旨，再回報給皇帝。

早期人們的生活與巫術密切相關，凡是無法解決的事情都訴諸巫術，其中很重要的巫術活動是「旱則舞雩」（引自張玉春、王禕，2008：54）。《論語・先進》中指出：「……暮春者，春服既成；冠者五六人，童者六七人，浴乎沂，風乎舞雩，詠而歸。」（朱熹，1965，頁7）其中「舞雩」便是周朝祭天求雨的地方。比「雩」更早的求雨儀式是「㸑」，把人或牲畜放在柴火上焚燒，以告雨神降雨。《淮南子・主術訓》：「湯之時，七年旱，以身禱于桑林之際，而四海之雲湊，千里之雨至。抱質效誠，感動天地，神諭方外。」（劉安，2005，頁521-522）商湯這種自焚求雨的方式就是「㸑」，從周代開始，「㸑」被改名為「焚」。《左傳》僖公二十一年：「夏大旱，公欲焚巫尪」。杜預

注：「巫尪，女巫也，主祈禱請雨者。」（臺灣商務印書館，1986b，頁307）因焚巫的殘酷，後來就改為曝巫。《禮記・檀弓下》：「歲旱，穆子召其子而問然，曰：『天久不雨，吾欲暴尪而奚若？』」（臺灣商務印書館，1986c，頁230）可見人們對巫的態度取決於是否達實利的目的。

中國的詩性智慧在周朝步入理性的人文精神，孔子扭轉了「巫」的神靈色彩，在「人」與「神」之間，試圖開闢一條回歸社會制度的道路，用「君子儒」取代「巫」的印象，前所提及的《周易》，就是將奧秘和想像引申出來的虔敬感，最具有說服力的代表。

(二)圖騰與文字是詩性智慧的表現

1.圖騰中的詩性智慧

商代的祭祀活動頻繁，範圍廣大，日月星辰、風雨雷電、山川河流，乃至祖先祖靈等，都是商人反覆祭祀的對象，有時一天之內有數次祭祀（原來，2009），符應《左傳》所言「國之大事，在祀與戎」（臺灣商務印書館，1986b，頁581），而其中青銅器是重要的媒介，故張光直認為「商周青銅器上的動物紋樣扮演了溝通人神世界的使者的角色」（引自原來，2009，頁65）。其中青銅器上的「饕餮」獸紋，更蘊含著特殊的意涵：

> 它們不再是仰韶彩陶紋飾中的那些生動活潑愉快寫實的形象了，也不同於儘管神秘畢竟抽象的陶器的幾何紋樣了。它們完全是變形了的、風格化了的、幻想的、可怖的動物形象。它們呈現給你的感受是一種神秘的威力和獰厲美。它們之所以具有威嚇神秘的力量，不在於這些怪異動物形象本身有如何的威力，而在於這些怪異形象為象徵符號，指向了某種似乎是超世間的權威神力的觀念。（李澤厚，1989，頁37）

圖9-1　《神異經・西荒經》中描述的「饕餮」形象

對於「饕餮」（如圖9-1所示）的描述顯現在《神異經・西荒經》中：「饕餮，獸名，身如牛，人面，目在腋下，食人。」（王國良譯注，1985，頁77）在封建社會制度下，統治者為了自身利益，使下位者甘心被驅役，或者不敢反抗，真實地想像出來的某種東西，代表著「神力」或「標記」，也是統治階級對自身權力的肯定與幻想，「以饕餮為代表的青銅器紋飾具有肯定自身、保護社會、協上下、承天禮的禎祥意義」（李澤厚，1989，頁36），據此可以看出前述權力、神、美感與詩性智慧之間的複雜關係。另外，《詩經・商頌》中記載「武王載旆、有虔秉鉞。如火烈烈、則莫我敢曷」（臺灣商務印書館，1986d，頁985），商湯武王秉持天命，帶著軍隊勢如破竹地討伐夏桀，像火一樣，無人能擋，青銅器鐫刻的圖騰真正反應了那個血與火的年代，從野蠻走向文明的必然（李澤厚，1989）。

再者，雲紋是青銅器上最常見的幾何紋飾，係取自於甲骨文「雲」，《說文解字》中指出「雲，山川氣也」（許慎，1996，頁580），「雲」字象天上雲彩翻捲之形狀，而雲上於天，以回轉之形表示，並且在青銅器上刻鏤類似的紋飾，帶有上天的含意（原來，2009，頁64）；而在《周易》中變化莫測的生命稱之為「神」，《說文解字》則曰：「申，神也」（許慎，1996，頁753），甲骨文「申」，在青銅器上呈現其回轉之紋飾，象徵天神在青銅器上可以直接與巫溝通（如圖9-2）。所以青銅器不是一般生活用器，是貴重的「神器」，依照其製作成本龐大、過程繁複的情況來看，「圖騰」並非單純的藝術裝飾，蘊含著上古人民對神力的渴望與崇敬（原來，2009）。

圖9-2　「雲」與「申」在甲骨文中的圖騰形象

在殷商的青銅器上，回環曲折的雷紋是很普遍的圖騰（如圖9-3），幫助君王與巫覡的祈禱語上達天神（原來，2009），雷電威力無窮，令人生畏，產生神靈的想像。《克鼎》說：「天子明德，顯孝于申。」（馮時，2007，頁127）上古人民對於「雷」、「電」天象感到奧秘，將其回轉之形畫記下來，不僅表達意思，也標誌著自然的神力。

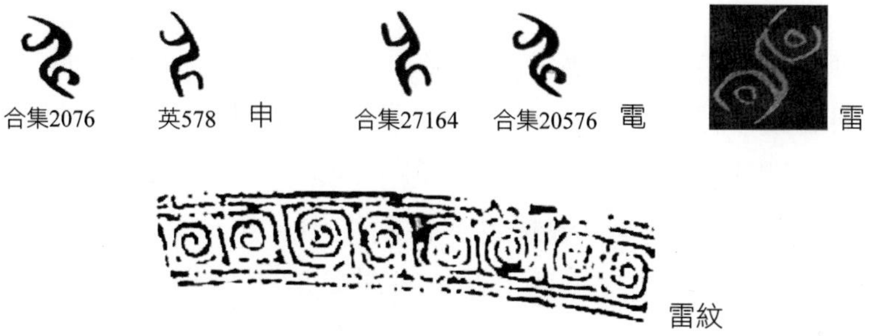

圖9-3　青銅器上的「雷紋」與甲骨文「申」、「電」、「雷」的關係

2.文字中的詩性智慧

漢字源遠流長，非一人一時一地之功，除了殷墟的甲骨文之外，上古人民占卜的記號、新石器時代的陶紋以及更早的圖騰，都是漢字的醞釀與養分。

在甲骨文中「東」（如圖9-4），表示早晨，許慎《說文解字》「東」字引官溥說：「從日在木中。」段玉裁注：「日在木中曰東。在木上曰杲。在木下曰杳。」（許慎，1996：273）在《說文解字》中指出：「莫，日且冥也；從日在草中。」段注：「莫為日且冥，杳則全冥矣。由莫而行地下，而至於扶桑之下也。」（許慎，1996，頁48）上古人民觀察太陽一天之中的運行，其中「杲」指大亮之時，即日在樹梢；而「杳」則寫黃昏，日於樹木之下；「東」是方向詞，人立於樹下看到日出之景，而其方向正是東方，當時人們融合對自然的虔敬之情與想像之功，詩意地將所見景象畫記下來，一直沿用至今，其所蘊含的智慧，與萬物合一。

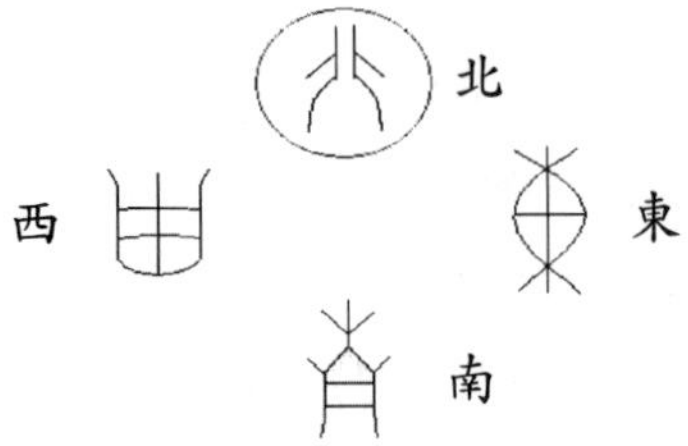

圖9-4　「東」字中蘊含的日出與樹木之關係

前面提過的「神」字，許慎說：「申，神也」，與甲骨文的「電」字，兩者幾乎同形，從字形可知，該兩字展現閃電曲折伸縮形狀，象雲氣中有閃電，說明「申」與「電」同源（原來，2009），說文雨部「電」之釋文：「陰陽激耀也。從雨從申。申，古文電如此。」（許慎，1996，頁577）說文虫部「虹」字釋文亦言：「籀文虹，從申，申，電也。」（許慎，1996，頁680）推知「申」、「電」在上古人民心中為同一個意象，即「神」：

> 許慎皆以申視為電之形也。蓋古人穴居野處，一旦暴風大雨迅至，閃電自天而降，對於不了解的天象，概以天神而畏之；而「電」字雖有回轉之形，但申屈不定，飛行迅速，是天神之神力才能行之。（原來，2009，頁64）

再看甲骨文中的「雷」字（如圖9-5），古人將天象賦予想像，以為雷聲是天在打鼓，無論是讚嘆或驚懼，都出於對自然界無法理解的神秘。田倩君曾述：「按字學原則，一字僅有一義，申之本義即神靈也。此乃古人見天象變化，於敬畏下造成此字，作為膜拜之徵象。」（轉引原來，2009，頁64）

殷後下1.12 殷前4.10.1 前4.11.7 前7.26.2 合集13408 合集24367

說文籀文 漢印 漢印 袁安碑

圖9-5 「雷」字的演變（上排）與「電」、「申」（下排）的相似圖形

也就是說，上古人民對於自然萬物懷抱著虔敬謙卑的學習精神，不僅對自然提供生存所需表達感激，更進一步師法天地萬物，仔細觀察風雲鳥獸的運行與特質，一筆一劃繪出想像。漢字本身就是一種詩性智慧，從甲骨文、金文、篆書、隸書、楷書、行草等流變，雖然字形剛柔直曲有所不同，鐵畫銀鉤、鳶飛鷹擊、龍飛鳳舞，在動靜相宜中體現著世界的風流，與其他文字相比，漢字的書寫方式幾千年來未曾發生過質的改變（郭守運，2007），流露華夏民族的思維與智慧，以象形為基礎的漢字一直沿用，也顯示了中國人的思維哲學不曾與事實世界的具體形象分離（郭守運，2007），並且將美感一併蘊含其中。

三 上古詩性智慧的教育意義及其對課程美學的啟示

(一)上古詩性智慧中的教育蘊義

從上述討論中可以看出，詩性智慧的展現一方面是受到自然的啟發，並且進一步將自然予以神秘化與神聖化，而這個歷程包含了想像、奧秘、虔敬三個要素之間的互動。這種對自然的學習，以及將自然神聖化之後的教化作用，都顯現出詩性智慧中所蘊含的教育意義，以下分別說明之：

1.將生活導於自然和諧之中

中國詩性智慧就在上古人民賴以生存的一天一地中萌芽與茁長，從奧秘中衍生出虔敬感，用正向積極的態度看待未知，透過想像使自己的內心獲得安適。《詩經・大雅・生民》中，將漢民族早期的生存際遇，透過周始祖后稷誕生經過的想像，這也說明了中國詩性智慧和諧的發軔，華夏民族以農立國，所以最初的「道」就是「種植」，周始祖后稷披澤於民，使之安居樂業，「風調雨順」是橫越了五千年的祈求，與大自然相濡以沫的情感，一路走來，始終如一。《詩經》中指出：

> 厥初生民，時維姜嫄。生民如何？克禋克祀，以弗無子。履帝武敏歆，攸介攸止，載震載夙。載生載育，時維後稷。誕彌厥月，先生如達。不坼不副，無菑無害。以赫厥靈。上帝不寧，不康禋祀，居然生子。誕寘之隘巷，牛羊腓字之。誕寘之平林，會伐平林。誕寘之寒冰，鳥覆翼之。鳥乃去矣，後稷呱矣。實覃實訏，厥聲載路。誕實匍匐，克岐克嶷，以就口食。（臺灣商務印書館，1986d，頁749-750）

姜嫄受到神的感應而生下后稷，但后稷被姜嫄拋棄三次，受到牛羊的保衛、伐木人的救助和野鳥的守護，后稷棄而復得後，並沒有被當作神子對待，童年就在「種植」中度過，《史記・周本紀》中記載：

> 棄為兒時，屹如巨人之志。其游戲，好種樹麻、菽麻、菽美。及為成人，遂好耕農，相地之宜，宜穀者稼穡焉，民皆法則之。（司馬遷，1986，頁92）

后稷的「道」就是一套幫助莊稼生長的方法，以供養家人，豐收之後舉行郊祭，穀物的馨香翳入蒼穹，上天欣然安享，「其香始升，上帝居歆」，這種對地耕種，對天祭祀的情懷，奠定華夏民族對土地熾熱的情感，深深地感激與眷戀，不是征服，而是相濡以沫的共依共存，《淮南子・修務訓》中記載：

> 古者民茹草飲水，采樹木之實，食蠃蠬之肉，時多疾病毒傷

之害，於是神農乃始教民播種五穀，相土地宜。（劉安，1965b，頁1）

「採樹木之實」即採集生活，「食蠃蠪之肉」即狩獵生活，「播種五穀」即農耕生活（吳中勝，2008），此為漢民族的生產方式，也就是生活方式，而唯有天地和順，上古人民才得以生存，人的生命與天地萬物息息相關，這種人類生活與萬物的和諧共存，也正是上古詩性智慧中所蘊含天、地、神、人之間的和諧之美，它蘊藏在神話之中，也呈顯在生活之中。

2.在神話中賦予教化意義

詩性智慧蘊含在神話與寓言之中（Vico, 1948）。就中國而言，隨著文字的發明，上古人民可以將「想像」具體地流傳，「神話」可以說是上古詩性智慧的綜合體，透過文字的敘述、故事的情節、誇張的渲染、生動的描摹，讓普通的事物承載了遠遠超出其自身的文化意義（張玉春、王禕，2008）。在《山海經‧南山經》中指出：

又東五百里，曰丹穴之山，其上多金玉。丹水出焉，而南流注於渤海。有鳥焉，其狀如雞，五采而文，名曰鳳皇，首文曰德，翼文曰義，背文曰禮，膺文曰仁，腹文曰信。是鳥也，飲食自然，自歌自舞，見則天下安寧。（臺灣商務印書館，1981，頁7）

「鳳凰」自古就是祥瑞之物，存在於上古人民的「想像」之中，於是將牠繽紛的色彩與人倫道義做連結，在鳳凰身上，牠的頭、翅、背、胸、腹等處的紋理色澤對當時人民產生了意義，即德、義、禮、仁、信等五種在人類社會中維持和諧運行的要素，積極正向而富有教化的功能，藉由「徵祥物」提高甚至鞏固人倫道義的精神，藉此，也讓一般人民的「虔敬感」油然而生，並且藉由鳳凰的比喻和神話傳說，世代遞嬗，以啟迪人們的性靈，修整人們的言行。

在上古社會中，人們面對環境，為了生存也為了安適，將未知陌生的不能理解的現象賦予「奧秘」的想像，帶著敬與畏，即使在危難中，也保存著善意，將領略之積極意象帶入生活當中。在《淮南子・覽冥訓》中指出：

> ……於是女媧煉五色石以補蒼天，斷鰲足以立四極，殺黑龍以濟冀州，積蘆灰以止淫水。蒼天補，四極正，淫水涸，冀州平，狡蟲死，顓民生。（劉安，1965a，頁7）

在華夏文化中，女媧是人類的創始者，也是災難的解救者，上古人民從不以自己為天地的主宰者自居，在他們的思維裡，有一個更高的開創者在主導存在，透過想像和幻想寄託實現自己本質力量、支配他物的願望（章旭青、周引莉，2003），經由文獻的記載，神話不停地提醒後人，那個人類初生、災難深重的洪荒亙古，即便在千年以後的今日，我們也能穿越歷史的時空，返回人類生命的源頭（孫愛玲，2009），尋找性靈中最原初的感動和思維，故神話的流傳是一種教化，普遍化在生活之中，也就成為一種社會教育。

(二)上古詩性智慧中的美學意涵

上述透過詩性智慧來進行生活上的教化與融入自然的和諧生活，是上古社會所展現的簡樸智慧，而如果進一步探究這種詩性智慧的蘊含，則可以從中獲得美學上的意涵，以下從詩性智慧中的想像、奧秘、虔敬來說明：

1.想像，是構造美感事物的起點

如同前述，上古人民透過「想像」將人倫道義蘊含在鳳凰身上，不但具有隱喻之美，也透過鳳凰的形體之美來稱說倫常的整體之美。所以，「想像」來自於個體的本然特質，不但是美學的基礎，也是一切創造的原動力（吳靖國，2009），「沒有想像，便沒有藝術，更談不上有什麼詩性智慧」（陳劍暉，2006，頁38）。人類面對奧秘呈現出來的不可知、不確定，「想像」便自然而然地運作了起來，所以人們的詩性智慧便透過「隱喻」、「譬喻」的方式來表現其自身與天、地、神之間的互動關係，而具體顯現在「寓意於物」、「寄情於物」的作為上（吳靖國，2009），而這種寓意於物的展現也是一種「神入」的體驗歷程，是人與物的合一、人與自然的和諧。

2.奧秘，是超越侷限的美感動力

上古人民面對自然現象時所產生的奧秘感，是探究自然萬象的動力。由於事物充滿著奧秘，所以不敢妄加論斷，而讓蘊含於事物中的可能性得以存在；由於奧秘，所以必須仔細觀察與思考，而讓現象背後的道理得以呈顯；由於奧秘，所以必須超越人類自身的眼界，而領會來自天際的聲音。這樣的過程，是一種超越現實、開展存有的過程。而從「美」的範疇來看，奧秘乃為現實提供出另一種可能性，也就鬆動了人們的思維模式，而讓心靈具有開放性，去面對不可知，去探索不確定，去接受新關係，於是有了類似於老子「人法地，地法天，天法道，道法自然」，對人、地、天、道、自然之間關係的重新思維。

3.虔敬，是成就美感表現的修為

「虔敬」來自於個體面對奧秘時進一步產生的思維和感受，而在上古時期的人民，其更顯現出面對神秘與神聖之時的畏懼之心，特別是在神聖中所彰顯的良善之導引下，轉化為一種自我修為之後的心靈境界，它的重點在於對天地之「誠」的感受和領悟，也顯現在人們領會道理之後讓自己遵循道理的「知行合一」表現，尤其是表現在「贊天地化育，與萬物參」的作為。

事實上，想像、奧秘、虔敬三者在詩性智慧中並不是分別獨立存在的，而是共同相生而相互彰顯的，上述所提及的圖騰與文字，都顯示出三者之間的互動關係，尤其在中國上古的思維中，虔敬中所蘊含的良善，也就讓想像與奧秘有了明確的開展方向，它們進一步成就了道家的自然之行與儒家的倫常之行。由於可以看到，中國傳統思維中將「善」與「美」進行的聯繫，並顯現在「和諧」的意識和行動中。

(三)對課程美學的啟示

不管哪個時代，人類原始的思維始終隱藏在每個人的內心深處，需要教育的啟發過程，來提供人們獲得自我探索和自我揭露的機會；詩性智慧在課程上的應用，主要是教師要在課程實踐中融入想像、奧秘、虔敬。由於想像是創造的起點，故在課程中融入想像，乃是透過教學歷程讓學生構造美感事物；而在課程中融入奧秘，主要是教師透過教學來導引學生超越現實的侷限，以獲得更自由的心靈，因為美感的產生，往往需要在自由的心靈中才得以顯現出來；而在課程中融入虔敬，重點在於透過教學來促發學生得以領會良善，並成就學生的美感表現。

綜合前述，就課程美學的角度，中國上古詩性智慧所帶來的啟示，進一步提出下列四項：

1.領略語文蘊含，回溯智慧本源

將詩性智慧蘊含於文字中，這是上古人民的獨特智慧，透過文字，這種智慧薪火相傳地被保存在文化思維與日常生活之中，其具有世世代代的影響力。所以，在教學歷程中，教師如果可以將文字中蘊含的詩性智慧之美適度地進行揭露和詮釋，不但可以讓學生領受文字的真實內涵，增進其對語文的深度掌握，並且可以讓學生理解先民的智慧，引發學生思考先民對想像、奧秘、虔敬的運用情形，並藉以導引學生將三者應用於日常生活，而作為開啟和激發學生創造能力的基礎。

2.導引心物交融，體驗自然之美

中國詩性智慧中的「美」，不宜落入視覺或心理層次上的美，其所彰顯的是一種精神層次上的存在之美，是人在「自然—社會—天神」之間的和諧之美。事實上，中國詩性智慧特別強調人與天之間的契合，故沒有讓「人」的角色過度膨脹而危害到自然與社會，所以「詩性智慧」蘊含著「天人合一」的和諧精神。就教師而言，在教學中透過讓學生獲得一種心物交融的體驗，來導引學生領會美感的內涵與關係，讓學生理解和認識「人」在天、地、神之間的位置，以及感受自身存在的適切角色，從中領略人的存在關係，以及自身與自然之間相濡以沫的存在方式。

3.透過神話教學，敞亮性靈之美

在神話故事教學中，不管是「聽故事」、「講故事」或「創作故事」，其主要目的是讓學生從中發現自我。從「聽故事」中促使學生以擬人的方式進入情境，而以奇特的身分去感受未曾在現實出現過的想像經驗，當學生將這種想像的經驗返回生活情境中來觀看時，往往會超越於現實，而為自己看出另一種可能性。再者，從上述「在神話中賦予教化意義」的陳述裡，已經說明了上古的神話中所蘊含的教化意味，故透過神話故事的傳達，其並非對學生造成直接說教，所以能夠帶給學生思維上的轉圜，以及能夠讓學生使用感性心靈自由自在地領會，這樣的方式比較能夠讓學生真正回到自身的生命意義來進行思考與感悟，為其生命的開展帶來另一層啟發。所以透過神話故事教學，可以敞亮學生的性靈美感。

4.培養虔敬之心，感悟良善之舉

上古時期所表現出來的詩性智慧，不管是圖騰或文字，都蘊含著「虔敬」對人的想像（即「詩性」）的導引作用，並且與「良善」緊密相繫；所以，教師在開啟學生的詩性智慧過程中，對於「虔敬之心」的培養特別重要。就神話故事的教學而言，必須讓學生在面對神話故事時的態度是虔敬的，如此才不致於讓學生以流俗、戲謔，甚至污穢的思維來看待神話故事，而落入以現實來框架神話故事的窘境。並且，教師面對神話故事時所持的開放心靈，是讓神話故事得以產生張力的基本條件，而這種開放的心靈，必然也是來自於面對神話故事的奧秘特質（因為它的解釋與發展仍然不確定）時所產生的虔敬感。再者，一位具有虔敬態度的教師，必然誠心面對自己的工作，戰戰兢兢、盡心盡力，時時反省自己、改進自己，讓教育工作更臻完善，這種精神與態度對學生造成的潛移默化，更是教師帶領學生感悟虔敬、實踐良善的重要途徑。

四　結語

在中國哲學的脈絡中，詩性智慧確實具有其相當的獨特性，它強調「寓意於物」，這種認識事物的方式不是採用分析、對象化的二元思維模式，而是一種整體直觀、以物觀物的融通與契合，其超越物我之間的界限，而得以進行心靈層次上的交流、溝通、領會，在這種「心物交融」的歷程中，人們釋放了自己的偏執（貪求、占有、操控、搾取），而顯現出一種人生意境的提升與生活意境的品味，藉此可以看出中國詩性智慧蘊含的生命美感特質，以及其用以提升生命境界的積極教育作用。這種蘊含「天人合一」的詩性智慧哲學思維，乃不同於西方「理性智慧」的哲學思維，尤其它保留了人與萬物之間的和諧關係。

本文透過掌握中國上古時期的詩性智慧來闡釋其中的教育蘊含，並進一步用於對課程美學產生啟示。本文最後指出，中國詩性智慧中所蘊含的美學意義，主要有三項，包括：第一、在課程中融入奧秘，透過教學讓學生超越現實的侷限；第二、在課程中融入想像，透過教學讓學生構造美感事物；第三、在課程中融入虔敬，透過教學來成就學生的美感表現。再者，中國詩性智慧對課程美學的啟示，則有四項：第一、領略語文蘊含，回溯智慧本源；第二、導引心物交融，體驗自然之美；第三、透過神話教學，敞亮性靈之美；第四、培養虔敬之心，感悟良善之舉。

事實上，從國小到高中的課程裡，尤其是在國語文教學中，漢字與相關神話都不斷地持續被提及，雖然它所呈現出來的是一種文學的形式，但是在詩性智慧的視角下，它們蘊藏著更豐富的、多元的，或者說更高的、更原始的內涵，是屬於華夏民族的奧秘、想像和虔敬。對於這一層次的思維，是一種心靈境界的提升，它必須藉由教育的導引，來讓這種蘊含於文字與文化中的詩性智慧，得以進一步被感受和彰顯！

參考文獻

中文部分——

王柯平（2008）。禪悟中的詩性智慧。東方叢刊，**2008**(1)，16-34。

王茜（2003）。《周易》的詩性智慧。商丘師範學院學報，**20**(3)，15-19。

王國良（1985）。神異經研究。臺灣：文史哲。

司馬遷（1986）。史記。載於臺灣商務印書館（編），景印文淵閣四庫全書（第**243**卷）。臺北：臺灣商務。

臺灣商務印書館（編）（1981）。四部叢刊正編（第**24**集）。臺北：臺灣商務。

臺灣商務印書館（編）（1986a）。景印文淵閣四庫全書（第**7**卷）。臺北：臺灣商務。
臺灣商務印書館（編）（1986a）。景印文淵閣四庫全書（第**143**卷）。臺北：臺灣商務。
臺灣商務印書館（編）（1986b）。景印文淵閣四庫全書（第**115**卷）。臺北：臺灣商務。
臺灣商務印書館（編）（1986c）。景印文淵閣四庫全書（第**69**卷）。臺北：臺灣商務。
石明慶（2008）。詩性智慧與象山心學的詩學精神。中國文化研究，**2008**(2)，74-78。
朱熹（1965）。四書集注・論語（第**6**卷）。臺北：中華書局。
吾淳（2008）。中國神靈觀念的遠古源頭。徐州師範大學學報（哲學社會科學版），**34**(3)，102-107。
吳中勝（2008）。採集・狩獵・農耕與中國文論的詩性思維。曲靖師範學院學報，**27**(2)，8-13。
吳靖國（2004）。G. Vico「詩性智慧」的哲學構造與教育蘊義。教育研究集刊，**50**(3)，31-59。
吳靖國（2005）。詩性智慧對後現代課程實踐的啟示。載於游家政、莊梅枝（主編），後現代的課程—實踐與評鑑（頁83-100）。新店：中華民國教材研究發展學會。
吳靖國（2008）。英雄心靈的展現—維柯哲學中的教師圖像。載於林逢祺、洪仁進（主編），教師哲學：哲學中的教師圖像（頁79-90）。臺北：五南。
吳靖國（2009）。「海洋詩性智慧」教學內涵之研究。海洋文化學刊，**6**，145-174。
李月媛（2008）。從「上善若水」到「以水喻道」—尚水精神與中國古代文藝思想的詩性言說。陝西廣播電視大學學報，**10**(2)，56-58。
李澤厚（1989）。美的歷程。北京：文物。
紀曉建（2006）。《楚辭》與《山海經》山水樹木神話之互證。理論月刊，**2006**(11)，118-120。
原來（2009）。商早期青銅器紋飾之研究—試論其雲雷圖像隱喻之研究。藝術學報，**84**，60-71。
孫作雲（2008）。天問研究。河南：中國河南大學出版社。
孫愛玲（2009）。論《紅樓夢》開篇神話的本真意蘊。濟南大學學報（社會科學版），**19**(2)，15-18。
徐子宏（譯注）（2002）。周易（第**3**版）。臺北：臺灣古籍。

殷滿堂（2003）。從《莊子》看楚人的詩性智慧與楚文學的藝術精神。湖北社會科學，**2003**(2)，31-33。

張玉春、王褘（2008）。原始思維，詩性智慧—史前巫俗文化在《樂記》中的遺痕。孔子研究，**2008**(5)，49-57。

許慎（1996）。說文解字（第**12**版）。臺北，黎明文化。

郭守運（2007）。中國「詩性智慧」的早期生成。汕頭大學學報（人文社會科學版），**23**(5)，45-49。

陳伯璋（2003）。實踐智慧（phronesis）與校長課程領導。載於歐用生、莊梅枝（主編），活化課程領導（頁3-17）。新店：中華民國教材研究發展學會。

陳劍暉（2006）。論散文的詩性智慧。文藝評論，**2006**(2)，36-41。

陳增福、歐陽可惺（2001）。《老子》在當代作為詩接受的可能性。新疆大學學報，**29**(2)，83-88。

章旭青、周引莉（2003）。論神話的詩性智慧。商丘職業技術學院學報，**2003**(2)，39-40。

傅道彬（2010）。《周易》的詩體結構形式與詩性智慧。文學評論，**2010**(2)，36-44。

勞承万（2003a）。孔孟儒學的詩學方向。南京師範大學文學院學報，**2003**(1)，31-36。

勞承万（2003b）。論中國佛禪的詩學方向。江蘇大學學報，**5**(2)，60-65。

馮時（2007）。西周金文所見「信」、「義」思想考。載於林慶彰、李學勤等著，新出土文獻與先秦思想重構。臺北：五南。

黃念然（2007）。中國古典和諧論美學的生態智慧及現實意義。復旦學報（社會科學版），**2007**(4)，81-87。

黃念然、胡立新（1999）。和合：中國古代詩性智慧之根。湛江師範學院學報（哲學社會科學版），**20**(3)，12-18。

劉士林（2003）。在中國語境中闡釋詩性智慧。南京師大學報（社會科學版），**1**，106-113。

劉士林（2004）。生態美學與詩性智慧的現代復活。泰山學院學報，**26**(1)，1-7。

劉士林（2008）。詩與禪的似與異。西北大學學報（哲學社會科學版），**38**(3)，37-42。

劉永（2008）。方以智的生活理想與儒家詩性智慧。泰山學院學報，**30**(1)，39-41。

劉安（編）（1965a）。淮南子（第**6**卷）。臺北：中華書局。

劉安（編）（1965b）。淮南子（第**19**卷）。臺北：中華書局。

劉安（編）（1965c）。淮南子（第**4**卷）。臺北：中華書局。

劉安（編）（2005）。淮南子（第**2**版）。臺北：臺灣古籍。

歐用生（2004）。詩性智慧的課程領導。載於單文經（主編），課程與教學新論（頁2-28）。臺北：心理。

歐用生（2009）。尋找教學的詩性智慧。研習資訊，**26**(4)，19-26。

錢宗武、江灝（譯注）（1996）。尚書。臺北：臺灣古籍。

蘇雪林（1978）。楚辭新詁。臺北：國立編譯館。

顧炎武（1965）。日知錄・卷三十・天文（第**4**冊）。臺北：中華書局。

英文部分——

Kesson, K. R. (1999). Toward a curriculum of Mythepoetic meaning, In J. G. Henderson & K. R. Kesson (Eds.): *Understanding democratic curriculum leadership*. (pp.84-105). New York: Teacher College, Columbia University.

Vico, G. (1948). *The New Science of Giambattista Vico*. (T. G. Bergin & M. H. Fisch, Trans.) New York: Cornell University Press.

10 教學的變與不變——神經科學的觀點

高博銓
實踐大學家庭研究與兒童發展學系助理教授

一 前言

教學是促進學生學習的有效途徑，也是學校教育的核心活動。從教育的本質來看，學生是學習的主體，所以學校教育的設計與實施理應以增進學生的學習成效為目標。基於此，學校教育活動的安排，務必要能配合學生身心能力發展的概況，考量其個別差異的程度，同時在教育活動的設計上，也需要奠基在他們的背景知識，並尊重其多元歧異的文化特性，方能成功地引導學生，啟迪其潛能。

而為了達成上述的目標，必須針對影響學習的相關因素，舉凡教師、資源、科技、環境等要素，詳加考察，縝密規劃，以發揮加乘的效果。而綜觀這些因素，教師的教學是與學生學習最直接、最密切相關的要素，可以說是箇中的關鍵，影響甚鉅。值得關注的是，教學活動的設計與執行者是教師，其實施主要是以人為樞紐，教師個人擁有不同的認知思維、情緒特性以及教學技巧，使其在傳道、授業、解惑的過程中，會採取不同的詮釋角度和溝通方式。再加上教師教學的目標對象——學生，也具有同樣的屬性，兩者互動所產生的多元變化型態，更增添了教學的複雜性，無怪乎，教學常被視為一種藝術。

值得關注的是，教學的藝術特性可能為教師帶來挑戰，特別是教學

者未能洞悉教學的藝術特性，而囿於慣用的教學方式，從而在教學場域中屢遭挫折，不但讓個人氣餒，更可能影響學生的學習動機。對此，教學者也不得不以戒慎恐懼、如履薄冰的態度來因應日趨複雜的教學情境。是以，本文擬針對近年來神經科學（neuroscience）的發展，根據其所累積豐富的大腦知識，尤其是神經科學有關人類觀察模仿、記憶運作、心智發展、創造思考、語言學習、情緒發展等方面的重要發現，可以幫助教師重新檢視其個人的教學設計與實施，並認識教學的變與不變之處，從而掌握以神經科學證據為基礎（evidence-based）的教學原理。

以下首先介紹神經科學的發展；其次，說明神經科學的重要發現；再次，闡釋神經科學重要研究成果在教學上的啟示；最後，總結相關的討論，介紹教學的演變，藉以突顯教學的變與不變之處。

二 神經科學的發展

自古以來，人類對於其所具有的思考、推理、記憶、學習等能力的產生，即充滿了好奇。而心靈哲學所探討心靈和身體的互動關係，引發心物一元論和心物二元論的不同觀點，更是長久以來對此議題關切的事實證明。不過，雖然人類很早就對腦部研究有濃厚的興趣，但直到近年來，神經科學的快速發展，人類對其腦部生理結構及其運作方式的瞭解，才有更深入的認識。

事實上，就神經科學的發展歷程而言，具體的研究進展始自文藝復興時期，當時的研究是直接將人死亡之後的腦部進行解剖，同時比對其生前所表現的行為特徵及其解剖後腦部呈現的狀況，從而推論出腦部各區域所負責的功能。例如，法國學者Paul Broca（1824-1880）解剖失語症（aphasia）患者的腦部，發現負責說話的特定區域是在布洛卡區（Broca Area）；德國神經科學家Carl Wernicke（1848-1905）則研究可以說話但說話內容沒有意義的語言缺失病人，進而發現負責語言中語法和理解的威尼克區（Wernicke Area）。

爾後，因為科學技術的進步，神經科學家可以使用更為精進的儀器和工具，使得相關的研究普遍採用活體（vivo）技術的方式來實驗，因而能夠獲取更豐富、更詳實的資料（Sternberg, 2009）。舉例而言，神經心理學之父Karl Spencer Lashley（1890-1958）選擇以動物為對象，運用手術的方法在動物腦中特定的區域植入電擊，以研究大腦區位化的現象，同時採取切除或切斷組織的方法，以中斷感覺和動作神經細胞間經過大腦皮質的神經通路，藉以消除記憶。上述這些以人類及動物腦部解剖所進行的觀察與實驗，可以說是腦部研究初期的發展趨勢（Schwartz & Begley, 2003; Sternberg, 2009; Wolfe, 2010）。

隨著腦部研究的進展，神經科學家也開始針對腦傷病人、中風者或其他病變者，進行系統性的探究，藉此來瞭解腦部結構間的連結與功能，其發展進一步地揭開人類部分行為、心理問題與神經科學的關係。例如，分析阿茲海默症（Alzheimer's disease）、情感性疾患（affective disorders），如憂鬱症（depression）、躁鬱症（bipolar disorders）患者的腦部病變以瞭解其成因（Gardner, 2006; Runco, 2006）。除此之外，諸如失讀症（dyslexia）、注意力不足過動症（ADHD）、自閉症（autism）、飲食異常（eating disorder）、強迫症（obsessive-compulsive disorder, OCD）及其他一些造成學生學校表現不良的問題，也成為晚近神經科學領域探究的焦點，而其研究發現所指出神經系統上的功能問題，則有助於學校教師瞭解學生學習困難所產生的原因，裨益其教學的設計與實施。

目前神經科學上常用的研究方法，除了利用老鼠、狗、貓、蛞蝓、猩猩和其他動物的腦部做研究外，科學家更積極採用核磁共振造影（magnetic resonance imaging, MRI）、功能性核磁共振造影（functional magnetic resonance imaging, fMRI）、腦波圖（electroencephalogram, EEG）、正子斷層掃瞄（positron emission tomography, PET）、光譜儀（spectrometer）、跨顱磁刺激（transcranial magnetic stimulation, TMS）、腦磁波（magnetoencephalography, MEG）等先進的方法來探究人類在進行特定作業活動時，大腦活動的造影。雖然這些方法所依據的原理不盡相同，但其研究的發現有助於我們進一步認識人類的大腦和心智作業的關係（Jensen, 2005; Kringelbach & Associates, 2007; Sternberg, 2009）。

值得關注的是，雖然近年來神經科學家對於人類腦傷或相關病變的研究，已經獲致若干具體的成果。但平心而論，對於人類複雜的腦部結構及其運作機制，我們的瞭解仍然有限，有賴持續性的努力和關注。不過，即便如此，神經科學領域的部分研究發現，仍值得參酌，特別是這些研究發現所提供的部分論點，在學校教育的教學活動上饒富意義，頗具價值。

三 神經科學的重要發現

在人類的生理特徵中，其腦部的發展及其所具有的功能，與其他哺乳動物相較，顯得相當複雜與精細，而這也是人之所異於禽獸，主要的關鍵之一。誠如前述，為了揭開人類腦部神祕的面紗，神經科學家竭盡心力，利用新穎的研究工具，除了瞭解腦的一般生理功能外，更深入探討其認知功能，讓神經科學領域的貢獻，更趨明顯。綜觀神經科學所獲致的成果，其對於學校教師的教學活動也具有重要的啟示，這些研究發現可以從觀察模仿、記憶運作、心智發展、創造思考、語言學習、情緒發展等方面，來加以說明。

(一)觀察模仿

人類是屬於群居性的動物，其在生活環境中，需要觀察模仿，與其他人進行社會互動，透過訊息的表達、傳遞及溝通，促進彼此的瞭解，進而產生共鳴，以適應來自外在環境的挑戰。德國哲學家，現象學創始人胡塞爾（Edmund Husserl）指出，人類互為主體所共享的經驗，在生物認知過程與思想世界中，扮演相當重要的角色，而此種共鳴、共享的經驗累積，也對人類及其文明發展具有特別重要的作用（Husserl, 2010）。就此而言，人類利用觀察模仿來進行行為學習以及認知理解他人的心理意向，實為社會互動之重要基礎。事實上，觀察他人如何做，然後自己依樣畫葫蘆，如法泡製，這是人類常用的學習方法。而其他動物也同樣會運用觀察模仿，例如鳥類、靈長類動物，可說是其適應環境的生存機制。

值得一提的是，神經科學家透過對猴子的實驗，發現到觀察模仿時，腦部的運作原理。1992年義大利神經科學家Giacomo Rizzolatti發現，猴子大腦內前運動皮質區（負責動作控制的腦區）的神經元，會在猴子觀察人類或其他猴子拿東西時受到激發，例如，拿花生的行為，即使猴子本身並沒有動作，這些被稱為鏡像神經元（mirror neurons）的細胞也會被活化。因此，這些神經元既是運動也是感覺神經元，具有鏡像的特質（Blademore & Firth, 2005）。至於人類大腦，在透過功能性核磁共振造影或腦波圖，也記錄到其活化的情形。由此觀之，神經科學家對於鏡像神經元的關注和掌握，讓我們可以更進一步地將人際之間抽象而難以捉摸的社會互動，轉化成可以具體測量的生物機轉，並找出那些無法發揮此一功能，而產生心理或行為問題者的成因。

(二)記憶運作

記憶是人類認知學習的基礎，也是個人追尋自我意義和價值之所繫。在我們成長的過程中，常常需要去記憶各類的事實、技巧和概念，舉凡地理名詞、化學符號、語音字彙、運算法則、歷史事件、法案名稱等，都與我們的生活適應和問題解決有關。而對於記憶的運作歷程、模型以及知識表徵，認知心理學已有不少的討論，也提出若干具有代表性的看法（Smith & Kosslyn, 2009）。令人欣喜的是，近年來，隨著神經科學的快速發展，認知心理學與其整合為認知神經科學，這使得我們對於記憶有更進一步的認識。

Carter（2000）及Wolfe（2010）歸納神經科學有關人類記憶系統所包含的大腦區域之研究發現，指出顳葉（temporal lobe）係語意記憶貯存的地方，額葉（frontal lobe）負責事件的記憶，殼核是程序記憶所在之處，海馬回（hippocampus）的功能是記錄和提取記憶，杏仁核（amygdale）則和潛意識的創傷記憶有關等。除此之外，記憶的固化（consolidation）和海馬回有密切的關係，海馬回會不斷地重複演練事件，尤其在睡眠時期，每一次的重複都使訊息重新回到皮質，使每一個場景又重新記錄一次，這使原來的神經激發型態不斷地操練，直到事件本身成為一個緊密的型態，深入皮質組織而不容易褪色。易言之，這個機制會促使神經系統中神經元之間的突觸強度增強，此乃所謂的長期增益現象（long-term potentiation, LTP）。當然，假如把海馬回整個切除，則病人只能記得眼前的事，而他也只能活在當下的生活情境。

Cohen（2007）同樣也指出，腦攝影研究發現，倫敦計程車司機腦中的海馬回特別大，乃因其穿梭於倫敦複雜街道的經驗，使得海馬回獲得鍛鍊的機會而變大。該研究同時也發現，音樂家腦中關於聽力與分辨音高、音色的區域，功能也遠超過常人。準此而論，此種記憶運作的生理基礎一方面可以讓我們瞭解記憶障礙的部分成因，另一方面也能夠透過藥物或其他身體及思考的活動，促進化學元素的分泌，例如乙醯膽鹼（acetylcholine）可以用來刺激神經元長出樹突（dendrite），形成新的連結，使腦神經結構越複雜，進而強化記憶；基底核（basal ganglia）與多巴胺（dopamine）會促進神經元的活化速率，影響個人學習的行為，可以說是人類學習行為的關鍵之鑰（陳秋坪，2007）。

(三)心智發展

近年隨著腦科學的進步，大腦具有可塑性的觀點已經獲得神經科學方面研究的證實（Frith & Blakemore, 2005; Goswami, 2008; Jensen, 2008）。而此重要的研究發現也讓我們瞭解，人類的腦部會因為不斷的訓練、教育、應用而進化，腦力也因此更靈光，創造的表現也更為優異。基於此，Medina（2009）歸結相關的研究，分別從運動、生存、大腦迴路、注意力、短期記憶、長期記憶、睡眠、壓力、感覺的整合、視覺、性別、探索等角度，提出大腦運作的十二條守則，藉以增進大腦的工作效率與表現，同時作為日常生活、教室教學、職場工作之指引。尤其諸多研究已證實，人類腦部雖然會隨著老化而失去一些突觸的連結，但大腦也會繼續補充學習相關區域的神經元，讓大腦保持因應經驗改變結構和功能的能力。是以，人類具有提升吾人探索世界和創造事物的能力，而此關鍵繫於腦部的學習與演化。

進而言之，人類的腦部具有一種能力，可以因應外在環境的需求而進行局部的彈性變化，而當我們從事創造性的活動時，也會讓我們的腦部以及在認知測驗的成績產生某些變化，例如專司記憶的海馬回會因為人類從事活動時間的增加而擴大（Cohen, 2007; Schwartz & Begley,

2003）。準此而論，人類訓練大腦永遠不會嫌太遲，尤其當我們瞭解大腦究竟是如何運作，就更能充分利用大腦，展現更高的心智能力，此發現打破過去對於腦部發展與運作的錯誤認知，讓我們能夠採取更為前瞻、更為樂觀的態度來開發腦部，有效提升個人的心智能力。

(四)創造思考

一般對於人類創造思考的活動，常被認為是屬於右腦的活動，此種看法主要是源自於早期神經科學家有關裂腦（split brain）的研究發現。Sperry（1964）在其經典性的裂腦研究中，指出人類大腦半球具有特化的現象，其研究係將人類的腦部連合部（commissurotomy）切開，從而發現大腦半球具有特化的現象。所謂的特化，是指大腦半球從中央分成右腦以及左腦兩半球，透過一條由億萬條神經纖維組成的寬帶，稱為胼胝體（corpus callosum）來溝通訊息，每一個腦半球都特化來執行某些行為。值得注意的是，該項研究同時也證實了胼胝體具有連接人類腦部兩個半球之間訊息傳遞的功能。

進而言之，人類腦部的連合部被切開之後，其原有的結構也被切斷。而切斷之後的觀察發現，兩個腦半球明顯是獨立作業，個別進行其工作。基於此，推測人類行為有其專門負責的腦部區域或半球之論點，自此開始受到重視。同時隨著後續研究的印證，有關腦半球特化的觀點廣泛地被接受，認為優勢腦半球通常發生在左腦，其歷程是程序性的、邏輯的、分析的、語言的；非優勢腦半球則多半是在右腦，其特性是整體的、視覺空間的、圖形辨認的、綜合的、非論述性的（Katz, 1997）。然而，此種論點可能是對於裂腦研究的過度推論，值得商榷。

Flaherty（2005）就認為，大腦半球特化的觀點顯然不適用於需要以語言為基礎的創新，因為多數的創造思考與它的文化傳遞都非常倚賴符號性的語文溝通，所以將創造思考歸於右腦半球的看法，顯然欠周延。此外，Hoppe和Kyle（1990）以腦波圖對情感失認症（alexithemia）患者的研究也指出，情感表達障礙與左半腦的語言區及右顳葉有關，而個體面對機會與挑戰，可能不會產生情感上的興奮，因而難以有創造力的表現。

是以，研究證實創造力的運作涉及左右半腦的活動。事實上，人類日常的行為活動，都是腦部整體運作的結果。除非真的將兩個半腦切開，否則人類的行為很少是單一腦半球的活動。基於此，過去常將創造力活動視為右腦作業，甚至國內一般坊間的補習班，在家長望子成龍、望女成鳳的殷切期盼下，積極向家長宣導，必須儘早開發孩子右腦的商業性行銷，都應加以澄清。

(五)語言學習

語言是人類傳遞訊息和探究思考的基礎，同時也是人類在傳承經驗智慧與生物演化發展過程中，最為顯著的一項特徵。心理學家L. S. Vygotsky在其《思想與語言》（*Thought and language*）一書中指出，語言在人類認知發展上，具有兩大功能：其一是在文化傳承中，成人將其生活經驗和解決問題的思維方法，透過語言傳遞給兒童；其二是兒童以語言為工具，用於適應環境和解決問題，從而促進其認知發展（張春興，2009）。基於此，語言學習自然是兒童成長和學校教育過程中，相當重要的課題。也因此，有關人類語言如何產生和習得的問題，一直受到相當多的關注。

審視語言的發展，奠定近代語言學革命而提出語言本能理論的Noam Chomsky乃是最為人所熟知的，其反對1950年代由John Watson、B. F. Skinner等行為主義者所主導的社會科學時期，倡導語言發展絕非簡單的刺激—反應連結，而主張語言本能觀。Pinker（2007）指出，Chomsky的語言本能理論基於兩個觀點，其一是人類可以用有限的字創造出無限的句子，這豈是刺激—反應連結所能解釋的。事實上，大腦早已設定了「心理語法」（mental grammar），才能具有此卓越的語言能力；其二是任何國度的小孩都能在其出生後，迅速發展複雜的文法，不需要經過學校教師的指導，而兒童並能以此複雜的文法去解釋從未聽聞過的句子，此乃「普遍語法」（universal grammar）的概念。

就此而言，法國神經科學家Stanislas Dehaene和Ghislaine Dehaene-Lambertz等人所進行的前瞻性研究指出，當掃描三個月大嬰兒睡眠時和聆聽口語時的大腦狀態，其所激發的腦部區域和成人是屬於同樣位置的區塊，顯見大腦的組織並不需要數年經驗的累積才具功效，事實是語言處理的機制早就已經在固定的腦區開始運行（Blademore & Firth, 2005）。準此而論，嬰兒在尚未獲得刺激—反應的連結經驗，也未開始接觸複雜的生活環境前，其與生俱來的語言機制就已發揮作用，協助其順利適應周遭的生活要求。此神經科學上的發現，印證了Chomsky、Pinker等心智語言學家的語言本能觀，饒富意義。

除了語言本能的爭議外，語言學習的敏感期假說（sensitive-period hypothesis）亦是另一受到關注的議題。誠如前述語言本能論所提，新生兒能區辨所有語言的語音（音素），但青春期之後，大腦側化（lateralized）的情形底定，就難具有此能力。所謂側化係指人類的腦包含左、右腦，而人類的左、右腦半球會以互補性的方式存在，各職其司，這也是人類在演化過程中關鍵性的發展。是以，兒童的失語症（aphasia）不需特別治療就能回復其喪失的語言技能，而青春期後因大腦神經任務的分工，故難恢復原先之語言技能，此現象證實了敏感期的存在（Shaffer & Kipp, 2006）。值得關注的是，英國神經科學家針對臉孔辨識能力所進行的一項實驗也同樣地發現，六個月大以後的嬰兒，其臉孔辨識僅善於區辨人類的臉孔，對其他動物的臉孔辨識能力則逐漸喪失（Blademore & Firth, 2005）。就此而言，人類發展和學習過程中，敏感期的存在，或許有其可能性，值得進一步探究。至於在學校教育相關的課程規劃上，則可以考量此特性，儘早讓學童接觸所欲學習的語言，同時也應該要避免太晚學習而影響其學習的成效。

此外，Neville和Bruner（2001）的研究指出，語意和文法的處理是由腦內不同的神經系統所負責，前者會同時激發左右兩半腦，後者則只有左半腦迴路被激發。而有效的文法學習則有時間上的限制，若13歲以後才開始學習第二語言，可能無法自動化熟練該語言的文法，且年紀越大，其大腦雙側（bilateral）的活動就越明顯，至於語意的學習則沒有此種限制。就此而言，國內目前學校中的英語教學，其文法課程大都是在國中階段才開始實施，Neville和Bruner的研究發現，提供我們進一步來檢視當前英語文法教學的起始點，是否應該提前至國民小學階段，如此才有可能如前述的研究發現，讓學童可以自動化熟練英語的文法。

(六)情緒發展

相較於認知發展，情緒發展在學校教育中，過去並未受到同等的關注。然而，此種偏差的看法，隨著「情緒智慧」（emotional intelligence）的提出，產生了明顯的轉變。心理學家對於人類如何正確地感受到情緒、如何利用情緒幫助思考、如何瞭解情緒背後的涵義，以及如何有效地管理情緒等議題，進行系統性的研究，其豐碩的研究成果也使情緒智慧的發展在教育領域中逐漸受到重視。尤有甚者，美國的心理學家Goleman（2007, 2009）更指出，「情緒智慧」關注的是我們處理自身情緒的能力，以及建立正向人際關係的內在潛能。但在未來互動更趨頻繁的複雜社會中，成功的關鍵準則應該是培養「社會智能」（social intelligence）和「生態智能」（ecological intelligence），個人不但要具有像甘地一樣擁有感動別人的能力，能超越自我，提升其社會智能，同時也要擁有綠色EQ這項集體智能，才能在成就個人，貢獻社會之餘，也能確保地球生態的永續發展。易言之，學校教育對於學生的輔導重心，要從過去傳統的IQ，擴及到單人的EQ並進入雙人的SQ，以至於維繫人與自然和諧關係的綠色EQ階段。而此目標的達成，必須奠基在IQ與EQ的智能發展。

整體而言，過去的學校教育比較偏重在知識上的學習，而忽略了個人情緒發展的需要。然而，此種現象近年來已有明顯的改善。但值得關注的是，在學校教育中，部分學生所面臨的情緒發展問題到底是基因還是環境因素造成的？就此而言，我們當然可以透過系統性的衡鑑，找出影響學生情緒發展的環境因素。不過，本文所更加關心的是，影響個人情緒發展的生理因素。尤其過去許多的學生行為問題常常被誤認為是環境因素所引起，忽略其可能的生理因素，因而未能「對症下藥」，採取有效的輔導策略，甚至延誤了治療的時機，殊為可惜。Jensen（2005）指出，目前神經科學上的研究發現已經證實，情緒發展的障礙，如自閉症（autism）、亞斯伯格症（Asperger syndrome）、注意力不足過動症

（attention deficit hyperactivity disorder, ADHD）等，都可能和大腦的異常有關，而這有助於我們重新去認識那些有類似發展障礙的兒童，同時也可以進一步地檢視學校在對於這類兒童進行輔導時，其做法的適切性。

以自閉症的孩子為例，根據Blademore和Firth（2005）的研究，這類孩子缺乏瞭解他人心智的直覺能力或同理心的能力，而其成因則是來自於大腦的異常，同時在不同的年齡會表現出不同的方式。進而言之，發展正常的孩子可以很快速的習得心智化（mentalizing）的能力，大約在5歲左右就可以理解非常複雜的社會情境，例如，錯誤信念、假裝、欺騙、善意的謊言等。但是自閉症的孩子就是不能理解他人可以有和自己不同的信念，他們最先被發現缺乏聯合注意力（joint attention），爾後就是缺乏假扮遊戲（pretend play）。

此外，更值得一提的是，近年來的研究顯示，人的情緒失常和創造力具有關聯。科學家選擇許多知名的藝術家、作家，以及作曲家為研究的對象，根據他們的信件、日誌、病歷紀錄，以及家人與朋友的敘述，發現有許多人都罹患了躁鬱症或重鬱症，而實證的研究也發現，與情緒失常有關的性格及認知方式，可以強化其創造力。是以，情緒失常有其複雜的生物基礎，同時會影響其知覺、智性、行為、活力、創意的表現（潘震澤譯，2005）。基於此，學校教師應該以更健康的態度來看待學生的各項表現，一方面鼓勵情緒失常的學生接受醫藥的治療和專業的心理輔導，另一方面也可以更健康的態度來看待有類似問題的學生，並提供多元的機會，激發學生的創造思考表現，使其智性的發展更具意義。

上述的討論顯示，人類情緒發展上的問題，有些涉及了複雜的生物基礎，這可由其腦部的異常及其在心智、認知上的差異，獲得證明。是以，學校過去對於這類兒童的輔導方式，應考量其可能的生物因素，而不是一味地從環境論的觀點，採取行為主義式的策略來輔導學生。事實上，在不犧牲重要的人性情緒和經驗的前提下，透過醫療或藥物來治療是可行的方式。而學校若能從更寬廣的視野，提供更多具意義性的選擇，將有助於學生的情緒發展。

四 教學的演變

教學是促進個人學習，傳承經驗的有效方式。雖然人類遠自漁獵社會中，可能就已經存在形式上的教學活動，但其發展一直到現代學校系統的建立，以及之後教育科學的興起，才有了明顯的變化，同時也開始受到較多的關注。值此科際整合的時代中，教學活動的設計與實施自然也受到其他學科領域的影響。前述已列舉了神經科學領域在近年來的重要研究發現，這些研究成果對於教師的教學設計與實施頗具意義，而其所帶來的啟示反映出教學的演變，也突顯出教學的變與不變之處。至於其內容則說明如下：

(一)採取行為示範可以提升教學成效

教師在課堂的教學活動中，常常會運用示範的方式，來引導學生的學習。而此種利用觀察、模仿他人的動作而習得新的態度、技能和行為，被稱為觀察學習（observational learning），也是直接教學法被認為是有效教學的重要論點（Woolfolk, 2009）。事實上，在平時的師生互動中，我們常會發現，學生會模仿教師的行為，而教師若以親切、友善、尊重的態度來對待學生，則學生在潛移默化中，也能學會這些適當合宜的行為。當然，教師也可以利用學生觀察模仿的特性，示範複雜的技巧，如寫作、運動技巧、科學實驗等。Bandura（1993）的研究就指出，利用對教師的模仿乃是教導學生學習態度和技能最強而有力的方法。

誠如上述，學生會採取觀察模仿的方式來學習各類的知識、技能和態度，這在教育科學的研究中，可獲證實。值得一提的是，近年來神經科學的研究亦獲得同樣的發現，人類在目睹一個目標導向的動作時，即會進行觀察模仿，在腦中對這個動作產生表徵，此時其鏡像神經元會活化，進而學習到該動作目標有關的行為。而與鏡像神經元密切相關的運動皮質區若受損，其觀察模仿的能力自然也會受到影響，而這也可能是部分學生無法有效學習技能，缺乏社會互動認知能力的原因。

(二)重複演練有助於強化學習的記憶

近年來對於引導學生的學習與發展、知識理解以及習慣態度的培養等做法，其教學的重心已逐漸由教師轉向學生（Eggen & Kauchak, 2006）。尤其當教師的教學活動已經實施簡介（introduction）、聚焦（focus）、示範（demonstration）、深度思考（thinkalouds）等步驟後，接下來教師通常會引導學生進行練習，檢驗學生的理解並給予回饋，以激勵其學習的動機。當然，在此階段中，學生也常常會進行獨立練習。一般認為，在隨堂的練習中，應該要有90%的學生成功，才算是有效的教學。此外，為增進學習的成效，教師會安排家庭作業，作為課堂練習的延伸。其目的旨在藉由增加練習的時間，強化學習的記憶，進而提高學生的學習效果（Santrock, 2008）。

事實上，透過重複演練來強化學習的記憶，同樣也在神經科學的研究中，獲得印證。Ratey和Hagerman（2008）指出，大腦要學習，就必須經由「長期增益作用」的動態機制強化神經元之間的連結，隨著頻繁的練習活動，神經元之間的吸引力變得越強，也越容易發射訊號並取得聯繫。2000年諾貝爾生理暨醫學獎得主Kandel（2007）研究指出，重複啟動腦部迴路，也就是我們所說的練習活動，可以讓突觸自行膨大並建立起更強的連結。而神經元就像一棵長了突觸葉片的樹，它會冒出新的分支，提供更多的突觸來鞏固神經元之間的連結。此種變化乃是「突觸可塑性」（synaptic plasticity）的細胞適應機制。

值得一提的是，近來研究發現，運動時，會啟動神經元，製造出傳遞訊號的神經傳導物質，如多巴胺（dopamine）、血清素（serotonin）、正腎上腺素（norepinephrine）、麩胺酸（glutamate），它會刺激更多的「腦衍生神經滋養因子」（brain-derived neurotrophic factor, BDNF）受器生成，擴充神經之間的連結以便固化記憶，尤其是長期記憶（Ratey & Hagerman, 2008）。事實上，此研究發現也促進美國部分學校推動「零時體育課」（Zero Hour PE），讓學生在還沒正式上課前，先到學校運動，而這也明顯顛覆了傳統的看法，認為運動會影響學生的課業學習，值得深思。

(三)掌握大腦的可塑性促進心智發展

根據前述的討論，大腦的可塑性不僅存在於兒童、青少年階段，也呈現在中年、老年時期。有鑑於此，學校所設計的教學活動應該要以更積極樂觀的態度來看待各年齡階段的學習者。尤其當我們的社會正快速地進入高齡化的社會，而老年人口中，患有心智疾病或喪失者，逐漸增多。是以，若能結合終身學習社會系統的建立，利用學校的教學設計，將可對於各年齡族群，特別是老年族群，提供心智成長的機會。

就此而言，Cohen（2007）運用深度訪談及問卷調查方式，針對三千多位樣本所進行的研究，同時依據豐富的神經科學研究成果，修訂其師艾瑞克森（Erik Erikson）心理發展的八階段論，而重新描述人生後半段的心理發展，包括中年重評估（midlife reevaluation）、解放（liberation）、總結（summing up）、安可（encore）等四個階段，指出人類一輩子都有成長、創造、獲取感情滿足的潛力。其主張可說是對於上述論點的最佳例證。

(四)創造力教學應植基於左右腦活動

創造力是人類適應外在環境，解決生存問題，生物競爭演化過程中，極為重要的關鍵能力。而其發展所呈現的獨特性與複雜性，長久以來，一直為各界所關注。綜觀創造力方面的研究可以發現，相關研究的焦點主要從行為、動機、性格、認知、發展、社會、組織、歷史、演化、教育等不同的觀點來探討創造力的發展，藉以瞭解影響創造力發展的重要因素及其意義（Kaufman & Sternberg, 2006）。是以，創造力的整合理論主張，創造力的產生必須統整多重的個人和環境因素，而其所涉及的腦部活動，橫跨左右腦，並不僅止於右腦的活化。

此外，2004年，臺灣諾基亞與中華創造學會公布「臺灣區創造力發展調查」，調查結果顯示，父母是創造力殺手第一名；教師則排名第二（天下遠見，2009）。此調查結果更突顯了創造力教學的重要性。畢竟，除了父母之外，教師在學校教育中，是學生最親近的人，他們如果沒有正確的觀念和做法，將不利於學生創造力的發展。基於此，神經科學的研究發現有助於學校重新審視有關創造力教學活動的規劃與設計，進一步地提升學生的創造思考能力。當然，此種發展也有利於釐清過去對於創造力發展的錯誤認知或迷失，讓創造力的教學可以獲致更佳的成效。

(五)語言教學應配合語言發展的特性

語言是人類溝通訊息和思考問題的基礎，其發展攸關個人的生存適應，因而是學校教育的重心之一。雖然長期以來，有關人類語言發展的理論並不一致，但近年來神經科學的研究發現，印證了部分語言學家所倡導的「心理語法」與「普遍語法」的概念。由於腦部的實驗發現嬰兒時期人類的語言機制即已建置，發揮作用，所以語言本能的觀點受到證實，而這也突顯學齡前的嬰幼兒，家庭若能配合提供豐富的語言刺激，將有助於促進其語言的發展。至於語言學習的敏感期假說，則提供家庭和學校教育應把握語言學習的關鍵期，才能事半功倍。尤其青春期後，大腦側化的現象產生，語言技能的學習或語言能力的修復，都將面臨更大的挑戰。

其次，神經科學的研究指出，人類語言語意和文法的處理，是依據不同的神經系統，涉及的腦區迴路相異。尤其文法的學習有時間上的限制，若超過13歲才學習第二語言，那麼學習者若想自動化熟練該語言的文法，將有很大的困難，這對於國內的英語教育頗具啟示，因為現在學校教導英語文法的時間，大概就在此臨界點。

(六)釐清行為問題的成因可以促進教學

瞭解人類學習的本質可以引導學校的教育活動，作為教學設計的基礎。就此而言，由於人類是屬於群居性的動物，而且在成長的過程中，需要較多的照護，具有較長的依賴期，所以在學習的本質上，明顯有著社會互動的特性。職是之故，在學校的教學活動中，無論是師生之間的溝通討論或是學生同儕間的合作探究，都反映出學習的社會互動本質，而且具有促進學習成效的作用。Slavin（2008）指出，社會互動在學習中的重要性，可由三種理論觀點來加以解釋：(1)Jean Piaget與Lev

Vygotsky所提出的發展理論（developmental theories）；(2)精緻化理論（elaboration theory）；(3)動機理論（motivational theory）。這些理論都強調社會互動是達成學習目標的關鍵所在。

既然社會互動是學生學習的重要方式，那麼影響師生或學生同儕間社會互動的因素，自然應該加以正視。睽諸學校的教學現況，影響師生社會互動的相關因素中，學生的行為問題可能是學校教師，特別是新手教師的首要難題。過去，學校教師對於學生行為問題的處理，通常都採取班級經營與行為輔導方面的技巧來進行，而這些技巧的理論依據主要是奠基在哲學、心理學和社會學的原理。如今，神經科學的研究發現，可以提供學校教師從更多元的角度來看待學生的行為問題。尤其神經科學的研究已證實，學生因情緒發展障礙所引起的行為問題，如自閉症、亞斯伯格症、注意力不足過動症等，都可能和大腦的異常有關，因而這些學童比較缺乏直覺、同理心、注意力，造成溝通上的困難。而透過藥物、運動的方式，可以明顯改善這些問題。

事實上，過去我們用以治療注意力不足過動症兒童所使用的「利他能」（ritalin），其功能就是在增進大腦中的多巴胺。令人欣喜的是，現今運動已被證實可以分泌多巴胺，所以透過運動方式就能夠增進學生的心理健康和大腦的認知能力，不但成為人際關係的潤滑劑，紓解焦慮；更重要的是，運動並不會產生任何的副作用。至於其他像是焦慮症、躁鬱症、重鬱症等，同樣也都能藉由運動、藥物方式來減少問題行為的出現（Ratey& Hagerman, 2008）。準此而論，學校的教學設計絕不能忽略體育課程，因為神經科學的研究已指出，運動不但能提升學習能力，還能釋放壓力，避免焦慮和憂鬱，更能減緩老化，遠離身心障礙。就像前述所提，美國許多地區正擴大推動「零時體育課」（Zero Hour PE），希望在正式課程實施前，可以讓學生做好學習準備。基於此，無論是以外加或融入的方式，教師可依課程的需要，規劃動態性的活動，降低學生的行為問題，提高教學的成效。

五 結語

自從現代學校系統建立之後，教學就成為學校教育的核心活動。之後，隨著教育科學的發展，教學的設計與實施，與時俱進，不斷更新。尤有甚者，當前各學科領域的發展，受到其他學門的影響甚鉅，其朝向科際整合的趨勢，至為明顯。本文即以近年來發展迅速的神經科學為探究的焦點。首先，說明人類為一窺認知思考能力的產生，瞭解心靈和身體的互動關係，所以從文藝復興時期便開始展開人類大腦的探索之旅，這方面的努力一直到最近大腦探究技術的提升，才有了明顯的進展；其次，縱覽神經科學近年來的研究發現，分別從觀察模仿、記憶運作、心智發展、創造思考、語言學習、情緒發展等方面的研究成果，來說明神經科學的重要發現。最後，依據上述各層面所提出的相關論點，闡釋其在教學活動上的影響，據以突顯在漫漫長久的教育演變中，教學的變與不變之處，同時也反映教學的藝術特性。

有關教學不變之處有二，其一，神經科學的研究發現支持了原先行為主義、社會學習論所採取的立場，亦即教師可以透過教學所安排的環境刺激，例如楷模、情境練習等，經由人類大腦神經網絡所設定的觀察模仿、重複演練的迴路和機制，可以促進其學習的成效；其二，神經元「用進廢退」的特性也符應了杜威所強調經驗的重組和改造，以及皮亞傑、維果茨基等人所揭櫫的認知發展論，重視人與環境、文化、語言之間的互動。

至於教學的變化之處則有四：其一，大腦的可塑性存在於人生全期，老年時期的學習不但受到肯定，並且是防止人類心智老化的重要方法；其二，創造思考教學的設計應植基於左右腦的活動，修正過去偏重右腦為主的設計思維；其三，語言教學應考量語意、語法所涉及神經系統腦區迴路上的差異，把握其學習的關鍵期與修復期；其四，學生在課堂教學中的行為問題會影響教師教學的成效，而神經科學已證實，部分學生的行為問題是源自於其大腦的異常或病變，因而在輔導的做法上，可以配合藥物、運動的方式進行，尤其運動可以分泌增進學生心理健康和大腦認知能力的神經傳導物質，同時也不會產生任何的副作用，更值得採用。

總括而言，近年來神經科學的研究成果，印證了過去學校教學活動中既有的一些做法，但是也反映出部分教學思維上的錯誤認知。教學不僅是科學，也是一種藝術。神經科學的研究發現，一方面證實早先源自心理學所啟示的教學原理，同時也導正了教學上的偏差想法；另一方面，神經科學研究指出，人類大腦具有可塑性，而且可以透過藥物、運動等方式來增進行為輔導的成效，不但讓學生的潛能得以開展，也肯定每一個學生是具有能動的生命個體。而此種特性也彰顯了教學的藝術本質，具有無限的可能性。

參考文獻

中文部分——

天下遠見（2009）。遠見創意教養：教出創造力特刊。臺北：作者。

陳秋坪（2007，11月26日）。基底核與多巴胺——學習行為的關鍵之鑰。自由時報，B7版。

張春興（2009）。現代心理學。臺北：東華。

潘震澤（譯）（2005）。K. R. Jamison著。躁鬱症與創造力。科學人，**45**，54-60。

英文部分——

Bandura, A. (1993). Perceived self-efficacy in cognitive development and functioning. *Educational Psychologist, 28*(2), 117-148.

Blademore, S. J. & Firth, U. (2005). *The learning brain: Lessons for education.* Oxford, England: Blackwell Publishing Ltd.

Carter, R. (2000). *Mapping the mind.* Berkeley, CA: University of California Press.

Cohen, G. D. (2007). *The mature mind: The positive power of the aging brain.* New York : Basic Books.

Eggen, P. D. & Kauchak, D. P. (2006). *Learning and teaching*(5th ed.). Boston: Allyn &

Bacon.

Gardner, H. (2006). *Multiple intelligences: New horizons in theory and practice.* New York: Basic Books.

Goleman, D. (2007). *Social intelligence: The new science of human relationships.* Westminster, MD : Bantam Dell Pub Group.

Goleman, D. (2009). *Ecological intelligence: How knowing the hidden impacts of what we buy can change everything* . Thousand Oaks, CA: Crown.

Goswami, U. (2008). *Cognitive development: The learning brain.* New York: Psychology Press.

Husserl, E. (2010). *The idea of phenomenology.* New York: Springer Netherlands.

Jensen, E. (2005). *Teaching with the brain in mind*(2nd ed.). Alexandria, VA: Association for Supervision and Curriculum Development.

Jensen, E. P. (2008). *Brain-based learning: The new paradigm of teaching.*(2nd ed.). Thousand Oaks, CA: Corwin Press.

Kaufman, J. C. & Sternberg, R. J. (2006). *The international handbook of creativity.* London: Cambridge University Press.

Kandel, E. (2007). *In Search of Memory: The Emergence of a New Science of Mind.* New York: W. W. Norton & Company.

Kringelbach, M. L., Jenkinson, N., Green, A. L., Owen, S. L. F., Hansen, P. C., Cornelissen, P. L., et al. (2007). Deep brain stimulation for chronic pain investigated with magnetoencephalography. *NeuroReport, 18*(3), 223-228.

Medina, J. (2009). *Brain rules: 12 principles for surviving and thriving at work, home, and school.* Seattle, WA: Pear Press.

Neville, H. & Bruner, J. (2001). Language processing: How experience affects brain organization. In Bailey, D. B.(Ed.), *Critical thinking about critical periods* (pp.151-172). Baltimore, MD: Brookes Publishing Company.

Pinker, S. (2007). *The language instinct: How the mind creates language.* New York, NY: Harper Perennial Modern Classi.

Ratey, J. J. & Hagerman, E. (2008). *Spark: The Revolutionary New Science of Exercise and the Brain.* New York, NY: Little, Brown and Company.

Runco, M. A. (2006). *Creativity: Theories and themes: Research, development, and practice.* Boston: Elsevier Academic Press .

Santrock, J. (2008). *Educational psychology*(4th ed.). New York, NY: McGraw-Hill.

Sternberg, R. J. (2009). *Cognitive psychology*(5th ed.). Belmont, CA: Thomson Wadsworth.

Schwartz, J. M. & Begley, S. (2003). *The mind and the brain: Neuroplasticity and the power of mental force.* New York, NY: Harper Perennial.

Shaffer, D. R. & Kipp, K. (2006). *Developmental psychology: Childhood and adolescence*(7th ed.). Belmont, CA: Thomson Wadsworth.

Slavin, R. E. (2008). *Educational psychology: Theory and practice*(9th ed.). Boston: Allyn & Bacon.

Smith, E. E. & Kosslyn, S. M. (2009). *Cognitive psychology: Mind And brain.* Englewood Cliffs, NJ: Prentice Hall.

Sperry, R. (1964). The great cerebral commissure. *Scientific American, 210*(1), 42–52.

Wolfe, P. (2010). *Brain matters*(2nd ed.). Alexandria, VA: Association for Supervision and Curriculum Development.

Woolfolk, A. (2009). *Educational psychology*(11th ed.). Englewood Cliffs, NJ: Prentice Hall.

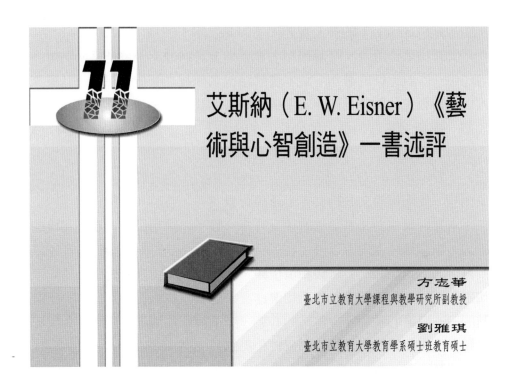

11 艾斯納（E. W. Eisner）《藝術與心智創造》一書述評

方志華
臺北市立教育大學課程與教學研究所副教授

劉雅琪
臺北市立教育大學教育學系碩士班教育碩士

一 前言

艾斯納（Elliot W. Eisner, 1933-）是美國著名的藝術教育家和教育改革家，曾擔任理事長的組織包括：美國藝術教育學會、國際藝術交流教育協會、美國研究協會、杜威協會。他曾任芝加哥大學教授，現任史丹福大學藝術系教授和教育系講座教授。艾斯納早期重要名著包括：《教育想像力》（1979/1994）[1]探索課程的設計與評鑑、《教育評鑑的藝術》（1985）蒐羅早期論文集、《啟蒙之眼》（1991）提出對質性研究與教育關係之看法、《認知與課程》（1994）檢視心智與表徵的關係，還有《我們需要的學校》（1998）進行對美國教育改革的論辯等。艾斯納思想所受到的影響主要來自杜威（John Dewey）對經驗、創造力與藝術的看法、Donald Schon的反省實踐思想，以及嘉德納

1 該書1994年第三版已有中文譯本，參見：郭禎祥、陳碧珠譯（2008）。

（Howard Gardner）的多元智能。（Smith, 2005；劉雅琪，2009）

艾斯納著作等身，《藝術與心智創造》（2002）一書是艾斯納眾多著作中一本較近期的著作。這本書總結他之前每本著作的想法，且更深入以藝術教育的教學典範及其價值為核心的論述。臺灣研究討論艾斯納思想、或運用其理論進行教學研究的著作和論文不少，其中，林千楓（2006）和劉雅琪（2009）[2]的碩士論文都是以艾斯納《藝術與心智創造》（*The arts and the creation of mind,* 2002）為主體，與本文研究對象相同。此兩篇論文分析文本、蒐羅背景資料，各有其詮釋貢獻。

本文則集中於文本論述的後設分析。除了以綱舉目張、系統爬梳的方式，先介紹該書內容以外，在評析部分，是將該書如何論述、及達成撰寫目的的認識觀、方法觀和價值觀，進行論述的後設分析。希望能以精確簡短的形式和篇幅，展現和傳達艾斯納本人在該書英文文本中所流露的——語重心長和諄諄善誘的心意、旁徵博引和細緻分析的功力、和以藝術典範貫穿教育領域的創意轉化思維。

《藝術與心智創造》內容呈現艾斯納思想的統整連貫，理論與實證兼重，各篇文句時顯詩境對比之機鋒，是一本集大成的圓熟與智慧之作，值得細膩吸收其精華。以下即是順其文脈先就內容加以紹介，最後再作評論分析。

二 《藝術與心智創造》一書宗旨及架構

在此先介紹本書的宗旨及架構，也作為最後討論其論述策略，如何達到撰書目的的依據。

(一)撰書宗旨

綜合言之，《藝術與心智創造》一書宗旨在於指出：學校教育中，

2 本文全文由方志華閱讀、構思、執筆撰寫完成。在本文前言的資料蒐集部分，本文引用了劉雅琪論文資料。之前在雅琪撰寫碩士論文時，與身為指導教授的筆者多方討論，也引發筆者不同的構想，想以不同的形式策略切入，研究該書觀點。因之本文之完成，劉雅琪有參與討論文本與資料蒐集的貢獻。

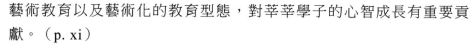

藝術教育以及藝術化的教育型態，對莘莘學子的心智成長有重要貢獻。（p. xi）

分別言之，《藝術與心智創造》一書有兩個主要目的。

第一個目的是：提出藝術具有認知與反省的功能。（p. xii）藝術科目一直處於邊緣、不重要的副科。即使教育當局明文規定，藝術仍是核心領域之一，但實際上一般人仍打從心底不視之為必要科目，只是不想被人說自己是俗不可耐之人而已（p. xi）。因此艾斯納在本書中特意要提出：學生在藝術學習的過程中，從接納感知、想像設計、運用媒材、到鑑賞評論等歷程，無一不是學習細膩認知和高階反省的歷程。

《藝術與心智創造》一書的第二個目的是：提出藝術的目的與方法，可作為教育的核心價值。（p. xii）這是對比於以理性、效率、目標導向為核心的科學典範教育觀。艾斯納謙遜地以模式（model）來稱自己所提之藝術的教育觀（p. xii），然而對比於科學的教育觀，這正是兩種典範（paradigm）之差異。

艾斯納舉效率為例，提出了一個很有趣的對比，他說：

> 對於那些我們不太甘願去做的事而言，追求效率是一種美德；我們不太有人會有效率地吃頓大餐、或有效率地與人興緻勃勃地聊天，或甚至有效率地做愛。我們對於享受之事總是徜徉其中，而學校體系以效率為宗的結果，通常都沒有持久的品質。（p. xiii）

艾斯納提出，教育從教學目的、環境設計到成果表現，教師都可以用藝術思維和美感經驗來進行，如此不但可以避免過去教育現場的疏離現象，師生都能在教學過程中更獲成就感，並繼續教與學的動力。

在藝術教育目的方面，艾斯納正面提出：藝術對比於科學，有其獨特的認知與學習歷程；學生可以以藝術型態學習，而教師可以運用藝術型態教學。但除此以外，他也小心指出兩點說明。

第一點是藝術人人可為，但藝術作品仍有高下。（p. xiii）各大文化所成就的重要藝術文明，都是改變人類思維與想像，甚至決定文明方向的極致表現。這個說明上通於英國哲學家休謨（David Hume）的思想（Hume原著，1990；高永恩，2008）。休謨也認為美感經驗人人有之，但品味仍有高下，有精緻品味的人，就能品味各文化文明的藝術極品——這些是歷經千錘百鍊後遺留給子孫的精華。

第二點是藝術美感可詮釋教育措施，但教育仍應有具體的作為、歷程、成果，作為評價的事實。（p. xiv）艾斯納語重心長地說：我們會希望學生的表現朝向越來越精確細緻、敏覺與想像越見獨特、媒材技術越顯高明——當這些實現之時，會有不小的工作負擔，但也確實是個偉大的成就。（p. xiv）

(二)各章重點與架構

《藝術與心智創造》一書除導言以外，共有十章，每章標題互相連貫，全書結構完整。前五章集中在談論藝術教育本身的特質，包括藝術對意識之轉化、藝術的視野詮釋功能、如何教藝術（學習元素）、藝術教什麼和如何呈現（內涵與方法），以及對視覺藝術中所學的描述等。第六到第八章則進入課程的視野，包括從藝術角度看課程與標準的作用、教育評量與藝術評價，以及藝術對教育的教導（或說貢獻）。以上這三章是從課程與教學的角度提出藝術教育的貢獻，最後第九章是對比於科學化的教育研究，談論重視藝術價值的教育研究特徵。第十章總結，艾斯納以十二個重點提出本書的重要意義和主張。本文即以「視覺藝術教育特質」、「藝術教育的課程與評鑑」、「重視藝術價值的教育研究」三大部分連貫地介紹各章內容，本書簡化的架構脈絡，可參見筆者整理之圖11-1。

艾斯納在每章標題之下都有一句精心設計的副標題句子，像是智慧格言一樣讓讀者反覆體會。以下即依循本書的各章次序，述評其重點內容，並保留各章的副標題句子，可以供作品味艾斯納為每一章節所下的智慧注腳。

- 藝術與心智創造
  - 視覺藝術教育的特質（第1～5章）
    - 藝術與意識轉化
    - 藝術教育的視野
    - 教學成效的因素
    - 教學內涵與方法
    - 創作的分析描述
  - 藝術教育的課程與評鑑（第6～8章）
    - 課程與標準
    - 教育評量與藝術評價
    - 藝術對教育的教導
  - 重視藝術價值的教育研究（第9章）
    - 藝術教育研究的課題
    - 教育研究理念的轉變
    - 藝術教育需要的研究
  - 總結與意義（第10章）

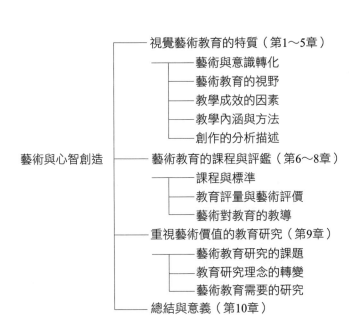

圖11-1　《藝術與心智創造》一書架構圖

三　視覺藝術教育的特質

(一)藝術與意識轉化

——「教育是學習如何創造你自己的歷程。」（p.1）

艾斯納在第一章開宗明義揭示藝術活動的認知性質，而且是如此複雜而創造的認知活動，文明的進展也隨著藝術的意識轉換而推擴。

1.藝術培養的認知能力

(1)藝術的認知：敏覺力、想像力和表徵能力

艾斯納首先強調，藝術可以精鍊我們的感官能力（或敏覺力，sensibility），並擴大我們的想像力（imagination），這很接近遊戲（play）的態度。我們總會看到小孩子在遊戲中，盡情發揮肢體能力、各種感官活化、想像力無窮，一下子活蹦亂跳地展翅飛翔，一下子又裝老爸老媽扮家家酒。小孩運用感官可以得到滿足，運用想像力可以得到冒險的快樂，這些都是認知能力的發展。（p. 5）

(2)表徵的歷程：銘刻、編輯、交流、驚喜

藝術的重要能力，除了感官的感受力或敏覺力和想像力外，我們尚需要將內在感受與想像加以穩定，並表達出來，這就是表徵（representation）。表徵能力主要透過四個歷程讓想像和概念間可以交互轉換：銘刻（inscribing）、編輯（editing）、交流（communication）和驚喜（surprise）。（p.6）

在我們交流的過程中，需要將內在的想像或意象具現出來，就是「銘刻」，例如：將腦海中浮現的某一景像畫出來；接著我們需要修飾細節，讓具體意象更加清晰，這就是「編輯」；之後我們透過作品和別人對話、討論分享，就是「交流」；而作品本身之創作歷程與完成、與之後得到的交流和回饋，所產生的內在滿足，都是「驚喜」，也是繼續創作的動力。

(3)藝術的表徵系統：模擬性、表達形式、傳統符號

在藝術教育中，要提供豐富素材與想像空間給學生，以激發創作靈感，而表徵系統正是將想像力具體化的重要媒介。艾斯納將表徵系統分為三類，包括模擬性、表達形式和傳統符號，他說：

> 我們會發現藝術家常會在同一作品上交替運用這三種觀點模式，兒童也是如此。模擬性、表達形式和傳統符號這三者，能傳送出創作者的目的，在創造意象的能力中，是認知的重要成就。這需要工藝技能的嫻熟、對形式的敏銳感知，和運用適當傳統符號的能力。（p.19）

模擬性可以看出創作者抓住事物特徵的認知思考；表達形式可以看出創作者對形式的掌握；而傳統符號是對客觀世界的理解和再詮釋。在教學中適時介紹或說明各種表徵系統，不但有助於創作，也有助於進行藝術鑑賞和批評時交互運用。

2.藝術是由感官出發的認知，包含內外的所有覺察歷程，擴大了認知的功能

過去一般人都將感性和理性切為兩半，認為認知活動是純粹來自大

腦的活動，來自於感官的情緒反而可能干擾大腦理性的判斷。艾斯納藉由當代認知神經科學的發展，提出認知是由感官出發，經由神經傳導到大腦的綜合判斷，故認知歷程包括對外環境與對內意識，兩者同時的感知與判斷，因此感官的學習並不是非認知（noncognitive）的。艾斯納舉畫水彩為例，說明藝術活動當然具有認知性質，而且是複雜的認知：

> 水彩是多樣能力同時有效並進的學習歷程，包括需要精確感知、促發想像、準確判斷和良巧技術等的鍛鍊。如此複雜的功能需求，而藝術卻仍被視為是「非認知」（noncognitive）的領域，不是很諷刺嗎？（p.15）

艾斯納所言的藝術認知，包括了察覺在內，任何可以為我們意識所察覺的都是我們認知的範圍。藝術以廣義的認知取代以往只運用理性的說法，當然就擴大了認知學習的內涵。

艾斯納提出藝術學習的認知功能包括（p.10-11）：

(1)幫助細膩感受，注意世界的殊異風貌——如莫內的名畫，在同一場景中，卻可以細緻注意到不同時節的光景變化。

(2)允許解放自我，以想像探索各種可能——例如：可以學著想像他人的內心世界、試著去瞭解弦外之音，而文明進展也建立在想像的基礎而來。

(3)接受事物的模糊狀態，培養沈穩氣質——在藝術的探索中，當我們可以不在乎外在世界的不安定，轉而看向自己內在的信念、確定自己的真實感受時，獨立自主的氣質風度，也由此奠基培養。

(4)讓原會淡忘的意念意象，保存於創作——當我們將所思所想如銘刻般地畫下來成為作品時，也可以讓我們有機會在作品中再檢視和反省自己內在的想法。

(5)讓我們在具象中，探索自身內在心境——當我們因藝術而有所感動、感觸時，我們有了反身澄清自己情感的機會，瞭解自己在各種經歷中的情感回應。

3.由「感官」出發的認知「意象」，轉化為「概念」，想像可能性、並化私為公

既然由感官出發可以有認知，艾斯納又提出「感官在概念形塑中扮演重要角色」（p.15）。即由感官接收到概念發展之間，存在著什麼要素，如何轉化人類的意識？

艾斯納拿人類的近親猩猩和人做比較，提醒人類才會運用「概念」。到此艾斯納的說法與一般科學家、人類學家的人禽之辨也沒有什麼不同。但艾斯納接著提出：

> 概念是感官或其聯合形式純淨化後的意象（images），用來表徵經驗的獨特性。我們人類因有了概念，可以做兩件很獨特的事：一來可以想像尚未遇見的各種可能，二來可以將自己私密意識中的想像，試著化為公領域中創新的潛能。我們在和別人的分享中，化私為公（make the private public）。（p.3）

在此，「私」指的是內在感受及其種種組合後的新意象（或新想像），而「公」指的是明朗化後、可以表達傳遞出來的概念，所以概念來自於感官感受和想像作用的意象，這概念是具體的意象，而非抽象的觀念。在課堂上分享是一種化私為公，在公開畫展中分享，更是面向社會或擴大向無限的化私為公。

艾斯納提出，不論是藝術或科學工作，其實在最初時，都是由感官接收感知並發出想像的歷程；也就是說，科學工作也需要由藝術感知入手：

> 化私為公在藝術和科學工作中，都是一個原初的歷程。此歷程依賴體驗環境品質的能力，環境品質餵養我們的概念生活、充實我們的想像人生。（pp.3-4）

4.藝術活動是重要的意識轉換歷程，可促進心智成熟

接著艾斯納用一連串的論證，說明藝術經歷是重要的意識轉換與心

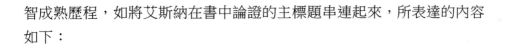

智成熟歷程，如將艾斯納在書中論證的主標題串連起來，所表達的內容如下：

> 人生來即是生活於質性世界的感性生物。感官系統是我們經驗質性世界最原始的資源。兒童長大時，經驗環境品質的能力會越來越分化。這樣的分化可讓兒童形成概念，概念代表感官形式中，一種連結於質性的意象。概念及其意義，可用任何素材或符號系統來代表。
>
> 兒童能力發展到會分辨、形成和運用概念時，就是心智的成長。兒童參與環境的目的和方法，還有如何運用素材來表達自己的參與，都會影響兒童認知能力的發展；兒童心智，就是在文化環境的氛圍中形塑。運用什麼形式表徵來表達自我，影響的不只是表徵事物，也影響到自己的經驗；我們總會想去找到可以表徵的事物。
>
> 藝術家會邀請兒童注意環境的特徵、想像的內涵，以製作可表達、或喚起充滿情感回應的作品。藝術教育的主要目標，是經由創作、或接收表達形式，促進兒童的心智發展。（pp. 20-24）

艾斯納強調整個教育歷程就是：在表達自我的獨特經驗中，形塑自我和創造自我的價值。藝術對此有獨特貢獻，因為藝術可以讓想像力自由馳騁，在創作和欣賞表徵的過程中，每個人可以發揮自己心智的獨特品質。

在第一章中，我們看到藝術可以在轉化意識中發展心智、在表達情感中創造自我和文明的價值。艾斯納提示了藝術最重要的資產——轉化意識、創造價值。

(二)藝術教育的視野

——「一種看見的方式，也是一種看不見的方式。」（p.25）

在第二章中，艾斯納歸納了藝術教育的各種視野，其實也是詮釋說明其不同面向的功能，他提出了藝術教育的八種視野功能如下（p.

25-42）：

1.可學習DBAE課程

DBAE（discipline based art education）課程由學習繪畫技能、藝術評論、歷史文化、和美學討論等四個面向統整而成。艾斯納說明在1990年代的美國，這個視野已成為視覺藝術的顯學，而藝術教育提供這樣統整的課程，可以發揮心智轉化的功能。

2.可進行社會批評

視覺文化可分為精緻文化和大眾文化，後者是經由媒體之意象解讀，去判別媒體是在服務誰的利益，以對族群、性別和後現代的各種文化議題提出批判。而精緻文化本身也同樣有可批判的議題。因此藝術學習，也是在民主社會中從事人類學、民俗誌的研究，以發揮社會改良的力量。

3.可學習問題解決

就如同設計產品或建築一樣，在視覺藝術的設計中，需要分析需求、提出創意、運用工具；而設計師還需要學習瞭解財務、結構、工程、美學等，去下綜合判斷，在解決問題中發揮創意。

4.可發展創意表達

這是由精神分析學派發展出來的看法，指出藝術衝動駐足在潛意識中；藝術提供創意的出口，是精神的解放，不僅有益於教育，也是一種情緒的治療。

5.可準備職場工作

在藝術學習中，可以發展主動精神、創造力、激發想像力、促進自信，以及計畫的技能，甚至與人溝通合作的能力。而且藝術創作也強調動手做的精神，這些都是職場上所需要的能力。

6.可發展認知能力

藝術學習的認知能力是精微複雜的、注重質性關係的、富有想像力的，可以鍛鍊更繁複、有彈性的思考能力。

7.可促進學術能力

艾斯納引用研究指出，聽音樂後的創意和成績都會提升，這即是「莫札特效應」（Mozart effect）；又美國歷屆教改都重視基本學科能力提升，但直接訓練基本學科似乎效果不彰，於是藝術所訓練的感性與靈活的認知能力，又開始受到重視，學術能力要靠藝術涵養來增進。

8.可統整學習經驗

這包括藝術和非藝術的學科學習，藝術可融入學科教學，或作為統整不同領域學習的核心經驗。

在第二章藝術的視野詮釋中，我們看到DBAE課程提供豐富的學習內涵，藝術可以學習的面向還有：社會批判、解決問題、創意表達、準備職場、發展認知、促進學術和統整經驗等。

艾斯納表示，並非在一種藝術課程中可以同時達到這些教學目標，而是要由教師視需要，去選用相關的詮釋視野。

(三)影響藝術教學成效的因素

——「有教沒有學，就如賣東西而沒有買氣。」（p.46）

瞭解藝術可以詮釋的視野面向後，第三章艾斯納開始對視覺藝術教學成效的影響因素，進行反思，並提出「教學藝術性」作為提升教學成效的重要因素。

1.對藝術教學的成效反思

他首先指出教師要像一位環境設計師，布置一個能引起學生有意義學習的情境，包括工作任務和教材，讓學生能學習連結到真實世界。（p.49）艾斯納認為教學的最高境界會出現藝術性（artistry），他對「教學的藝術性」的定義如下：

> 藝術性是一種實踐形式，它由想像主導去選擇和組織表達特質的技術，以獲得美感滿足的目的。當創作者學著去觀看和反省自己創造出來的作品時，藝術性——藝術實踐的表現——會被提升。（p.49）

於是第一個影響教學效果的因素是，教學實踐是否有「藝術性」，即教師是否將教學和教學情境視為一個藝術品去營造。這需要教師發揮想像，自我反省並接受別人的批評。

第二個藝術教學的影響因素，起於教室外。大部分人都重視標準測驗，以其來看教學成就。艾斯納則認為，應視學生之學習是否能連結到真實世界的需求，而非只看標準測驗的分數。眾所皆知，會考試之人未必能好好應付真實世界。

第三個有關藝術教學成效的思考是，教學效果往往不是立即的，而是長久以後才會不期然地顯現，對於這點，教師要有自知之明，不必求立竿見影。（p.51）

第四個會影響藝術教學的因素，在於是否有提醒學生創作的目的，讓學生不是漫無目的的創作。但是藝術學習的目的，又是彈性不可固著的，所以適時提供學生一些規準和界限，如媒材或題材的規定等，對於學生創作的成果必有助益。

在教學成效的反思之後，艾斯納接著提出如何提升教學的藝術性。

2.要提升教學的藝術性

艾斯納提出阻礙教學藝術性的重要因素是，一成不變的教學習性。由於多年的經驗，常讓教師妥協於現實，不思改進。為了專業成長，「我們需要視教學為一種個人探究的形式」（p.56），而且永無止境。因此需要有對教學藝術性具洞見之人，來為教師進行教育鑑賞（educational connoisseurship），將所鑑賞的內容表達出來，就成了教育批評（educational criticism）。艾斯納將教學本身比喻為藝術作品而指出：

> 當創作者（指教師）得到別人對此作品（指教學本身）的批評時，更增強此種經歷（指教學藝術性）。這種回饋的功能讓他們（指教師）對自己的創作（指教學本身），能保持更敏感和更周全的掌握。（p.49）

此外，艾斯納也提醒教師，教學過程不只是在教知識，教師本身與所教內容的關係，也是學生學習吸收的一部分。如：教師對油畫的熱愛程度、對於畫布真實觸感的描述等，這些都是學生不會錯過的「潛在課

程」。（p.58）

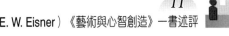

艾斯納在第三章舉了三位富有創意的教師為例，說明教學藝術性的創意、精緻，與為學生帶來的驚奇。艾斯納以藝術性之有無，來檢討教學的效果，而教學的藝術性，掌握在教師對於所教，是否具有創意、敏覺與熱忱。

(四)藝術教學的內涵與方法

——「學生學到的比老師教的，更多卻也更少。」（p. 70）

艾斯納這句格言在提醒教師，學生學到的潛在課程比老師教的還要多，然而老師真的想教給學生的，如未運用良好的教學，則學生又未必會領受。在第三章中，以「藝術性」來討論教學成效，而在第四章中，則以藝術教導我們的七項能力及學習經驗四個因素的規劃設計，說明藝術教學的重要內涵與方法。

1.藝術教導我們的七項能力

艾斯納提出藝術教導我們的能力，細分為以下七項（pp. 75-90）：

(1)注意事物間之關係

創作中注意關係間的能力，是指在創造或鑑賞中，運用身體感知到的知識去調整、或詮釋作品中各事物間的關係，使之平衡、恰到好處。艾斯納認為不論是音樂、舞蹈、繪畫、作詩，都需要學習並運用這種關係的知識能力。這是敏覺的感知力、是身體的創造力，當事物恰到好處時，身體就會知道「完成了」。

(2)學習目的富有彈性

過去我們習慣的手段是配合目標，只要設定了目標，對手段、方法的評量，就看其是否能達成既定目標，一切清楚明白。然而藝術卻非如此，就像爵士樂、又像是一場對話，在藝術創作中，過程是無法預料的，因此就要學著接受讓目的富於彈性，如此願意冒險，也常造成意想不到的效果和驚喜。良好的藝術教學，會鼓勵這種接受彈性目的的能力。

(3)將素材轉化為媒介

例如要將一次旅遊經歷的風景，創作為一幅畫、一支舞、一首曲子，最後是一個故事，每一種形式的選擇和素材的運用，思考都不一樣。這是將素材轉化為媒介的歷程，而所媒介的是，創作者的目標和創作中不斷選擇兩者的關係，因此素材轉化為媒介，是一種能力、成就。當素材能將創作者發現的、想表達的保留下來時，素材就成功地成為表達的媒介。學生的認知發展，就在素材的表現和限制，以及技法的學習中成長；在這樣的過程中，也需要內在獨白以幫助認知；而當技法可以成熟地表現內在概念時，創作的藝術性也更加提升。（p.81）

(4)創作表達之獨特形式

艾斯納藉由「反美感」來對比美感的重要，他說反美感的事物，封鎖人的情感，讓感覺遲頓、麻木。美的事物則提升敏感度，不論是創作歷程、藝術品，或是欣賞的過程，能讓人有美感體驗的，都是來自創作出來的形式，也就是作品呈現關係的方式。艾斯納對「創作的藝術性」也提出說明：

> 藝術性要有：值得表達的理念、能設想方法的想像、能有效處理素材的技巧，以及能精緻微調的敏覺力，讓最美好而動人的形式呈現出來。（p.81）

艾斯納舉世界名畫家為例，說明這些畫家發現了能讓觀眾起身體反應的視覺形式，而且是百看不厭，每次都會有新的驚喜。兒童越大對這種形式的覺察也越成熟。艾斯納並強調，藝術教育很重要的，就是在發展敏覺力、想像力和技巧力，而這些都是為了創作有獨特風格的美感形式。

(5)想像力之不斷練習

艾斯納對於想像力的重要性，在全書不斷提出，此處則以科學、人生、政治之對比反差，說明以藝術教育培養想像力的重要。藝術和科學都需要想像力，科學最後總要一個確定的答案，而藝術卻可以繼續異想天開、讓自己與眾不同。在生活中，有想像力之人可以重組對生命的嶄

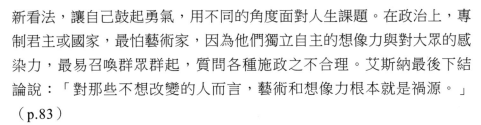

新看法，讓自己鼓起勇氣，用不同的角度面對人生課題。在政治上，專制君主或國家，最怕藝術家，因為他們獨立自主的想像力與對大眾的感染力，最易召喚群眾群起，質問各種施政之不合理。艾斯納最後下結論說：「對那些不想改變的人而言，藝術和想像力根本就是禍源。」（p.83）

(6)以審美眼光創意看世界

就如朱美潛在《談美》（2003）中提出看待松木的三種眼光一樣，艾斯納也提出我們看待事物或這個世界時，有不同的眼光就會有不同的評價，例如一個石頭，以實用觀點言之，可以看其是否可用作建材，而有實利價值；以科學觀點言之，會看其質地特性及如何分類；然以美學觀點觀之，則這顆石頭中的風景可能比我們一生的起伏還來得精采。艾斯納說：

> 不論是以審美眼光看一個石頭，還是欣賞天籟樂曲、觀看美妙戲劇等，我們不只在品味美好的質地，也在尋求人性的感動，發現自己有感動的天性，這是向自己內在最深處的風景探險，是經歷悅樂（joy）最美好的時刻。
>
> 悅樂不常用在教育的脈絡中，但如果藝術還有一點重要性的話，那就是藝術如何呈現，而讓你有所感受——一旦你讀懂它的形式。當我們在藝術中體驗到自己淋漓盡致的情感生命時，藝術就變得生意盎然了。（pp. 84-85）

藝術提供我們表達所見所聞的形式，藝術教育就是在教導我們以審美的眼光看待世界，而有情感深刻、嶄新創意的眼光。艾斯納說：「視覺，是為感受而服務。」（p.86），教育既要提供學生看待世界的眼光，也要幫助學生轉變看待世界的眼光，而藝術正扮演了提供內容與表達形式的途徑。

(7)化經驗為話語與文本

前六項是有關認知形式，而第七項是有關藝術體驗。艾斯納提出「伴生感覺」（synesthesia）現象，即一種感官經驗有時會轉化為其他感官經驗，如形容音樂聽來是「軟的」或是「硬的」，聽音樂時腦中會出現畫面，或看畫時內心出現聲音等。

文學家起於所見所感，而止於文字，而讀者是起於閱讀文字，而止於所感。當一個藝術作品，我們既欣賞它、又說出自己的感受時，會豐富和擴大我們對作品的認識。然而這不是理論式的知識，而是看見更多品質間的關聯，最後回歸到對人性有更透徹的感受與理解。艾斯納特別指出這種「看見」（seeing），仍是屬於「知識的」（epistemic）（p.89）。

2.規劃藝術學習經驗的四個要素——豐盛、鷹架、觀摩、自主學習

艾斯納以課堂學習經驗的四個要素，來提醒教師要重視環境經驗的安排與布置（pp. 71-75）：

(1)素材豐富的工作任務——豐盛

艾斯納提醒，每種教學活動與素材的運用，對學生的經驗而言，既是擴充也是限制，所以豐盛是重要的。因此如是文學課，就應充滿隱喻；如是美術課，就應充滿色彩，讓學生可以多多感受和選用。每種素材都會發展學生獨特的敏感度和技能，達到目的的手段也多所不同。課程計畫要特別運用教師的想像力，想像學生的心智能力會在怎樣的藝術探索中開展。

(2)視學生如藝術家的鼓勵——鷹架

教師可提供各種提示、線索、和鷹架，讓學生獲得成功經驗。教學時不要直接介入學生的作品，而可適時提供相似風格畫家的畫作、和再高一層的技巧加以指點，讓學生在藝術創作過程中既獲得自信，也懂得獨立解決問題。

(3)互相觀摩的藝術教室——觀摩

一般教室不准學生走動，也不准學生看別人的作業；然而藝術教室迥然不同，其歡迎適時觀摩交流，有師生交流、也有學生間的交流，教師時而個別指導、時而團體指導，充滿自由學習與觀摩的氛圍。

(4)獨立自主的藝術學習氛圍——自主學習

艾斯納指出第四項影響學生學習經驗的因素，是建立在前三項的基礎上，即在友善觀摩的教室氛圍中，提供豐富的素材和想像空間，讓

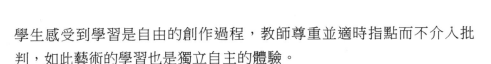

學生感受到學習是自由的創作過程，教師尊重並適時指點而不介入批判，如此藝術的學習也是獨立自主的體驗。

(五)創作的分析描述

——「兒童的發展必須同時由內向外和由外向內。」（p.93）

艾斯納在第五章中分析了兒童畫作內容，包括23幅素描和8幅水彩[3]。他也提及自己在分析評論畫作時，看起來好像都在談論技法，似乎畫畫只有技巧問題，其實不然。他說，分析技巧，即是在分析畫者的思考。兒童在畫畫時，不論正在往下畫、還是正在修改，都正在思考。而所想的是，在已經畫好的、和正想要畫上的之間，要做些什麼。這種能力不只運用在畫作上，也是每天的日常生活都要運用的——我們做事時都不斷在評估、調整、運作和評價結果，而兒童在繪畫思考上的進步，也是這種思考的成長進步。（pp.146-147）

四　藝術教育的課程與評鑑

在課程與評鑑方面，艾斯納非常重視評鑑的功能，但評量、評鑑應是師生可以運用來幫助自己反省教與學、對成長有助益的運用工具，而非將評鑑變成制式化、對師生產生壓制和阻擋創造力發揮的障礙。

(一)課程的性質與標準的功能

——「課程是讓心智改變的裝備。」（p.148）

艾斯納自言在本書前幾章都是以視覺藝術作為討論內涵，而第六章起，他談論的不論是課程、教學或是評鑑，都不限於藝術領域，但仍是以藝術的思維與典範作為出發點。（p.153）

3　由於篇幅所限，本文在此不討論其分析內容。

1.藝術課程的統整問題

艾斯納認為藝術課程很適合作為統整或融入的領域，但是如何統整學習才是對學生最有益的，仍有待行動研究加以研發。例如，最常運用來結合的領域是社會和歷史領域。在教導社會或歷史時，可加入相關年代的藝術作品研究，但這樣可能只教了藝術內容，而並沒有真正的藝術活動在其中。（p.154）

其次，是以一個核心理念來貫穿各領域的學習，如「黎明前是最黑暗的時刻。」在不同學科可以有不同的詮釋，如科學、歷史、社會等，或是像「適者生存」、「生成變化」等都可以作為核心理念。核心理念最好有開放性，在不同領域中都有其運用價值，這種統整教學，不在於教師教授完整的學科知識，而是有利於以學生為中心的統整學習。（p.155）

第三個和統整相關的問題，是課程設計時，要同時考量外顯課程、潛在課程和懸缺課程。潛在課程是學校的整體制度和氛圍，而懸缺課程是艾斯納本人所創的課程反思，艾斯納說：「被忽略的行動可能和執行任務的行動，一樣地有意義。」（p.159）總之，藝術課程的統整功能，艾斯納認為大有可為，但也需有充實的教師專業和教學研究作為後盾。

2.標準與規準的建設性角色

艾斯納認為過去美國把所有的教育措施都科學化（scientize）、標準化以求效率的做法，有待商榷。（p.170）以藝術的需求和眼光，來運用標準或規準（criteria），更能突顯人性化的學習目的。例如：有彈性而不斤斤計較於標準，才能展現課程的意義；可以運用規準來提醒課程計畫者，哪些是重要的教學內容，可提供規準來判斷課程是否有效率等。

規準的功能，是用來促進探究。例如可以問下列問題：這個作為藝術作品的質感如何？它有何特徵？讓人有何感受？艾斯納說：「在這樣的探究歷程中，不是為了敘獎、打等第、或是作比較，而是增進對作品有更深刻全面的解讀（reading），以助師生能知道進一步要做什麼。」（p.170）標準是供作計畫和討論之參考，不可凌駕於教學現場

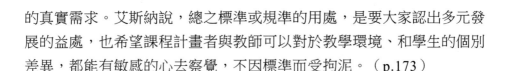

的真實需求。艾斯納說，總之標準或規準的用處，是要大家認出多元發展的益處，也希望課程計畫者與教師可以對於教學環境、和學生的個別差異，都能有敏感的心去察覺，不因標準而受拘泥。（p.173）

(二)教育評量與藝術評價

——「不是每個重要事物都可測量；也不是每個受測量的事物都重要。」（p.178）

1.藝術教育與評鑑的關係

艾斯納在第七章指出一個普遍現象，即藝術教育似乎不太喜歡用評量與評鑑二字，原因不外乎：第一，會阻礙自由的創造力；第二，藝術形式表現不能用數字來評量；第三，藝術教育重在歷程，而非結果；第四，評量需要標準化測驗，藝術不適合標準化；第五，打等第會傷害學生。

艾斯納則認為，不去評鑑或是誤用評鑑，對藝術教育都不好。教師應該還是需要某種形式的評量或評鑑，雖然所有的評鑑都有它不周延之處，我們仍需要各種資訊，來瞭解並改善師生的教與學。（p.179）

2.可受評量與評鑑的面向

艾斯納提出課程評量的面向可有三：課程的內容與形式、教學的品質、學生學到什麼。這三個面向又分別有其評量規準。

第一項課程內容與形式，評量規準為「是否重要而有相關」。課程內容是否是基礎和重要的、是否有益於學生的發展與興趣，兩者要兼重。

第二項評量教學的品質，規準為「活動設計可促進何種思考形式」。如老師要比較當代前後期畫派的畫風，不如讓學生自己去比較並說出來，如此學生要想出詞彙說明，思考訓練就不同。所以教學活動如何促進學生複雜而精微的思考、如何增進或減弱教材的功能，這都是可評鑑的面向。

第三項評量學生學到什麼，除了注意標準的達成以外，還要注意一些效果是教學目標或標準沒有列出來的，這需要教師的觀察以及訪談，有時訪談還可以問出一些教師意想不到的結果。學生作品則可以看出學生在教學脈絡中，學到的思考能力。（pp.185-186）

3.尋找學生作業的特色

艾斯納提出在評量中可以表揚學生的三個特徵：技術、創意、美感。（p.183）細緻地說，技術方面，可以看出學生作品對於形式展現的程度，以及形式間的和諧共鳴。創意方面，是指作品的新穎和想像力，是否訴說著新的視野，或是以嶄新的形式訴說著我們熟悉的事物。表達力道和美感渲染力，是藝術的主要價值，包含了上述形式組織與技術處理的統整結合。（pp.184）

4.教育鑑賞與教育評論

進行教育鑑賞可說明教室現象，就像球評在播報和評論球賽；經由教育鑑賞，將教育深刻又複雜的過程和經歷說出來，就成了教育評論。教育評論要說出或寫出學生及教師的工作、課程的特徵，或教室生活狀況，以幫助別人看到沒有注意到的、或注意到但也不知其意義的地方。（pp.187-189）

艾斯納提出教育評論的四個面向：

第一，描述所見。讓不在場者也可以想像當時的意象。

第二，詮釋意義。例如教學中讓學生看水中墨色的變化，就有如在看羅氏墨跡測驗（Rorschach inkblot），可以投射學生的內在回應。這是對所見到的教學，進一步提供詮釋架構。

第三，評鑑好壞。提出規準以評鑑優缺點，如：與之前作品相比，是否有進步；由學生的議論中，看出有何進步；課程活動是否具有想像力；學生是否覺得參與活動很有意義等。

第四，總結主題（thematics）。從所觀察、描述、詮釋、評鑑中，獲致總結的觀察與結論。

5.學生的同儕評量

艾斯納對於同儕互評給予高度的肯定。他指出各種課程中，除了教師給出評量以外，學生同儕間以及學生自己，都可以評量。同儕互評是個很好的學習，因為學生知道自己也會被別人評量，所以學會在評論別人時會敏感地給予回饋。而且同儕給評語，是為了互相幫助，這不同於

報章雜誌，是給總結性而非形成性的評論。（p.193）

此外，互評對於評論者是很好的學習，學生可以學會「觀察與講評互相為用」，這從小學到大學的各種課程都適用。而教師也可以從中學到：學生定義的成功是什麼、學生如何觀察、學生如何支持自己的判斷等認知方式。（p.194）如此一來，評量變成了分享，師生角色都改變了，教師不必是權威唯一的來源，學生也開始學習更獨立、更有自信。（p.195）

(三)藝術對教育的教導

——「讓學生和自己的創作有戀愛的感覺，是我們學校最重要的目標。」（p.196）

艾斯納在「教育可以從藝術學到什麼？」這個標題下提出八個重點，主要是想讓教育政策決策者和教師瞭解：藝術對於一般教育的重要貢獻。（p.196）

教導一：問題是開放的，解決方式或答案不只一個。

艾斯納舉英文和數學為例。傳統在教英文字的拼音時，都強調正確的拼法，並不容許學生自創新字，其實是可以給學生創意造字的空間。數學計算方法本來就有多種途徑，然而教室中通常也強調正確的計算方式和答案。這些都在教導學生一個確定的答案，但人生並非如此。藝術就像人生一樣，有各種不同的詮釋進路；如對樂曲可有不同的詮釋，舞蹈可有豐富的肢體語言意涵，繪畫或雕刻可有多種的描述方式，詩篇也富含言外之意。藝術教導我們：多樣和多變可以是教育的核心，解答不只一個。（p.197）

教導二：事物的形成，內容與形式方法兩者相互為用、無法偏廢。

我們的所說（內容），離不開我們如何說（形式、方法）。艾斯納說：

形式與內容相互為用（interpenetration）。我們如何說，也形塑了所說的意義；形式變成了內容。這個道理，演員最心知肚明；

> 而詩人、畫家、音樂家等藝術家也都懂得這個道理。包括歷史事件如何描述，都會影響讀者的觀點。內容和形式的相互為用，是藝術透顯的重要洞見，人類的活動亦復如此。（p.197）

人類種種活動都有內容和形式相互為用的情況，教育活動也不例外。艾斯納指出，學校中藝術與人文領域，很容易可以分辨出內容和形式的關係，例如詩的形式會影響我們對內容的感知。然而其他非藝術人文學科呢？像數學、自然科學、社會學科，這些學科的內容與形式的關係如何呢？艾斯納認為這已進入知識論的思考。這些學科的教學中，除了教師本身自己應有覺察以外，也要讓學生認識形式對於內容接收與思考，有多大的影響。

教導三：懂得想像力的重要、與敏覺力之需要精鍊與運用。

藝術歡迎學生天馬行空，任想像遨遊，然而其他學術科目則講究確實。艾斯納認為，想像力不但可以為學術帶來創新思維，想像本身就是愉悅的歷程。可惜我們的教育似乎只有在幼兒和小學較容許學習中加入想像力，實則想像力是文化發展、文明演進的重要核心。（p.198）

艾斯納進一步指出，科學家和藝術家都是在所見之中，想像未來的可能性，再運用他們已經具備的知識、技能以及敏覺力，去追求他們所想像的。（p.199）

教導四：恰到好處的關係呈現時，可以感受到一種神性之美。

藝術形式要能感動我們，就靠藝術家在作品上所展現、對關係的組織能力。每個形式之間的關係都很重要，所以藝術家可能花多年時間處理作品中的關係。例如：那塊顏色是否太亮了、這塊是否畫得太細了、這個邊應該更柔還是更尖銳些、整幅畫夠不夠動態、會不會顯得靜謐等。這些都在處理作品中形式的關係，要避免只看到表面而未深入整體的形式內涵。

這樣的關係判斷，無法化約為規則、公式或食譜來處理。而只能靠感覺，而感覺來自於身體知識去判斷何時是恰到好處，不能再增減一分。創作者會全心投入以自己的敏感覺受，發自內在去判斷作品的形式關係，並加以修改。（p.201）艾斯納說：

> 要獲得好的作品，應能說明如何注意素材各部分間的關係，因為這樣的經驗可以讓人知道何以需要修改。藝術讓人關照這樣的關係。即使是學術科目的作品，應也要注意這種關係。（p.202）

即使是非藝術的作品，艾斯納認為也有類似的品質，像是一個科學實驗、一份有關公民的報告、寫一篇論文或故事等，都需要關照部分與全部的關係。

有關「恰到好處」的藝術性，艾斯納不只在創作上提及，也運用在教學藝術上，他說：

> 在教學中，速度、時間點、語調、指示、示範等，都需注意之間的關係，這樣的能力造就優秀教學中的藝術性。（p.202）
>
> 判斷需要對「恰到好處」很敏感，就是對事情的處理拿捏得剛好的感覺。具備教學藝術（the artistry of teaching）的老師會在教學中，不斷認出這種拿捏剛好的感受，而且在這敏感拿捏的過程中，保有教學的最高報酬，即內在的滿足。（p.202）

教導五：懂得追求內在的滿足。

艾斯納說：

> 當你看到一個人沈浸在藝術活動中時，你會發現那個人似乎活在另一個世界裡。那些真正在追求畫畫、唱歌、舞蹈、或寫詩的人，是為了生命品質而追求，不是為了作品的獲利。（p.202）

艾斯納並說，沈浸在活動本身的過程和當中的品質，應是我們更重視的，藝術提醒我們——生命本身是最重要的。對於做讓我們滿足的事，艾斯納從三個面向分析：第一是當我們做某件事時，經驗本身的品質正是我們所要的，像性愛和遊戲就是最好的例子。第二是做某事的結果是我們想要的，如我們不愛打掃，但愛打掃之後的清潔。第三種事是，做某事的過程和結果都不是我們想要的，但是做該事所得的報酬是我們想要的，例如薪水，這可類比於在學校中重視的分數。這有如負擔與工作之不同，而艾斯納感嘆，學校總是給學生太沈重的負擔，太少真正的工作。（p.203）

學生能做的事與學生願意做的事，是非常不同的，學生願意去做，才是學校教育有意義的結果，這培養了行為的氣質和動機。能養成內在滿足，正增長了這種主動積極的氣質。（p.204）

教導六：人類能懂得或表現的方法，不是只有字面的意思和數字。

艾斯納指出，學校教育中凡不是用直接淺白的文字或數字表達的，都被邊緣化。然而詩可以有弦外之音，畫面可以有曲折的表述，音樂讓人有活生生的感受。總之，我們運用感性能力和這些表徵形式，而能注意、攫取並理解的事物，都有重要的貢獻。正如Pascal所言「心有腦所不知的理由」。（p.204）

教導七：懂得讓所從事的工作，富有彈性的目的。

藝術活動的目標，是富有彈性的，就像一個組織隨著需求，會調整或改變該組織的目標一樣，藝術活動也是如此，而其他課程應該也是如此，或鼓勵其如此。學習既然是個探索的過程，所以應以解決問題為主，而非限定於達到特定目標。就像爵士樂的演奏一樣，開發不在預期內的可能性，在認知學習上不同於既定目標的學習，可更促進學生的認知發展。（p.206）

教導八：懂得慢慢品味和體會追求的歷程。

經驗不是被給的，而是製造出來的，我們追求的是經驗本身，學藝術就是在學習品味經驗的當下。像音樂會、藝術博物館和戲劇院，都是讓我們停下腳步，品味人生百態經驗的地方。即使是科學的成果或實踐，都可以是生命藝術型態之一。（p.208）這和「慢活」的說法是互相呼應的。

五　重視藝術價值的教育研究

——「科學是研究種類中的一種；但研究不是科學種類中的一種。」（p.209）

(一)藝術教育研究的兩個課題

在藝術教育研究方面，艾斯納提出了兩個重要課題，其一是要設想重要的議題，其二是要設想研究的性質。

在研究議題方面，艾斯納認為藝術教育的研究應是長期的，然而過去的研究多是個別的，解決之道是將個別研究納入長期整合研究計畫的一部分。（p.209）

在研究性質方面，過去受實證主義影響的社會科學，是以自然科學方法為研究的典範，導致教育研究成果的效用有限。在1960年代以後，因為後現代主義、女性主義、多元文化等的興起，有了新的局面。即使是最保守的人，對於研究的探究，都有了更自由開放的概念。（p.210）

(二)教育研究理念的轉變

艾斯納對於過去一些研究迷思的討論，可歸納為以下二點：

重大迷思一：教育研究必定是科學研究

將研究視為必定是科學研究，則視研究屬於科學，然而研究可以有不同的典範種類，因此應說科學研究是研究的一種。以藝術為基礎的研究和科學研究同等重要，都同樣可以幫助我們認識自己的生活世界。有些複雜的現象，必須靠藝術形式的研究和展現，如小說可以刻劃人生，像婚姻、家庭、戰爭等，以及社會階層的現實百態，這些都不是科學式的研究可以深刻呈現的。藝術式的研究可以不讓科學式研究壟斷教育研究的方向和描述方式。（p.213）

重大迷思二：研究結果必定可以告訴我們：要做什麼和如何做

過去認為研究結果必定要可以推論到所有情境，現在則認為這犯了過度簡化研究功能的謬誤。理論和實踐之間仍隔著情境脈絡的問題，不能直接指示和應用。早在亞里斯多德時就已將理論之知與實踐之知區分開，實踐之知需在行動的過程中去領悟。個人在情境脈絡中的實踐之知，不再追求整體的確定知識，而是承認一直處在模糊、不確定、不斷在改變的情境狀態，在其中做出智慧的判斷。因此，教師從設計到評鑑

課程，必有其環境脈絡等多方因素的考量，如將個殊的脈絡忽略，反而是不智之舉。（p.214）

艾斯納進一步指出：

> 這種方法概念的解放，不只是方法論上的擴張而已，也是知識論的擴張，是知識概念化的變革。這使得方法概念更加流暢可行。所謂知識要倚賴觀點、時間、興趣、方法和呈現的形式。藝術教導我們——選擇研究世界的途徑，不只選擇了我們能如何說，也選擇了我們所追求的以及所見到的。方法，定義了我們分析世界的框架。（p.214）

以上這些迷思的反駁，不是要反對科學研究，而是要提出，人類的探究方法不只一種，無需拘泥。艾斯納運用藝術的概念，給予質性研究有藝術原理的依據，他之前提到過，在藝術中，不同的形式會傳達不同的概念，形式與內容之間有著互動的關係，因之教育研究選用不同的形式表達時，也會有新的意涵出現。當教育研究需要瞭解更多的內涵時，就有新的形式需求。（p.210）

(三)藝術教育需要的研究

艾斯納提出藝術教育當前所需要的研究，有諸多面向，例如：

1.教室同儕如何成為藝術學習社群的研究

如何形塑教室內的行為規範和程序，讓生活其中的學生可以成為學習社群，是教學中重要又常受到忽略的因素。「於是，藝術教室中社會組織形成的結果，不再是教學研究中的小事而已。」（p.216）首先可以問的問題包括：學生互動的情形如何？他們談些什麼？和其他事情對比下，他們所關切的有多少和審美有關？他們喜歡分享什麼？這個教室瀰漫什麼規範？同學間會提供哪方面的指導協助？他們有發揮互助督促學習的功能嗎？（p.216）

2.如何運用質性研究進行教學改進

我們要能在每一種教學方式中看出其優缺點，給予實踐的肯定和改善意見。艾斯納舉例說明運用質性研究進行教學改進，是一種很不錯的方法論取向。他舉一例：研究者觀察低年級教師在藝術課中說些什麼，分析發現，教師多在做秩序管理，而少有關於審美的言談，於是研究者設計了一個「美感拓展」的課程，讓師生多專注於美感的對話。艾斯納認為，這種多去瞭解教師在教室裡到底在做什麼的研究，對於在職進修課程是有實質幫助的。（p.217）

3.教師如何思考藝術教學的個案研究

我們需要實證地去瞭解：在學生的工作、素材、教室規範以及促進思考方面，教師如何運用藝術思維去達成教學。這樣的研究有助於教師設計協助學生藝術認知發展的教學。艾斯納相信許多優秀的藝術教師本來就如此在教學，但是沒有特別對於發展學生的藝術認知有所察覺。因此在師資培育方面，學習藝術認知的教學與研究，應是個重點。（p.217）

4.如何在教室進行教育鑑賞和評論

「光是看是不夠的，這個觀賞者必須能看見，看見是一種鑑賞，是對所看見的能詮釋意義。」（p.217）艾斯納提到曾有人研究藝術系大學生作畫的策略，大略分為歧異的、自發的和精緻的三類，並將作畫策略與人格特質做比對。艾斯納說兩者的關係需要更多研究支持，但是類似的研究值得鼓勵，這可以追蹤和瞭解不同繪畫形式的創作歷程和思維方式。（p.218）

5.藝術與學習遷移的研究

即研究藝術的習得能力，是否能遷移至學業表現或其他非藝術領域，包括藝術領域內的學習遷移（如水彩和油畫的學習遷移），和領域間的學習遷移等。在這個問題上比較弔詭的是，艾斯納是以討論如何用科學實驗的方式，取得數據支持。他也不希望一旦發現藝術學習可以提高學業成就，大家才開始重視藝術，因為這樣反而忽略了藝術本身的價值和貢獻。（pp.219-224）

6.進行人口統計學的藝術教育研究

藝術教育的人口統計學或地位研究，包括量化和質性的調查，可以瞭解目前藝術教育的現況，問題可以包括：評量學生藝術成績的程序為何？學校藝術課程除了要學生交作品以外，有加入多少藝術批評和藝術史課程？家長、行政人員和教師對藝術教育投入多少關心？藝術和其他科目比起來，受到多少重視？若要教師教藝術課程，他們最想學的是什麼等等。艾斯納認為類似以上的這些問題，對於美國或其他國家關心藝術教育政策與發展的人是有意義的，這些都需要全面而長期的觀察。（p.225）

7.藝術教育的歷史研究

艾斯納提及，就美國而言，可以瞭解美國藝術教育在十九世紀的起源；此外，一般人對於藝術有一些刻板印象，如大部分的藝術活動都是女性的，藝術史研究既可以瞭解這樣的現象，也可以看見變革的源流。對於教導藝術教育的人而言，可以瞭解過去藝術如何教導、由誰來教、教些什麼，以及有何變革。（p.226）

8.課程與教學的實驗研究

探討教學與課程的問題，總是需要做課程教學的實驗，並與傳統教學比較異同。艾斯納舉了兩例：第一個是如果探究藝術教育與其他領域的統整教學，要注意什麼。例如將視覺藝術融入科學教育，此時研究要探討兩者的關係與異同、統整的優缺點，另如用傳統的教學方式，是否也會得到相同的效果等。第二個例子是：教師運用小組合作的教學，成效如何。如將全班分組，除了要看個人作品，還要看小組交流的成果，此時，質性的描述就非常合適。艾斯納指出類似上述這兩個研究，並不需要特殊器材或環境，只要在教學中有探究教學的意願就可以進行，這樣的研究對現場的教育很具價值。（p.226）

9.創新評量的研究

評量方面有兩個研究問題。第一是藝術教育的目標不同，就有不同的評量。第二是學生個殊性的問題，如視每個學生都可以用自己的速度學習自己之所長，那就無法比較，而需要發展多元的評量；如視教育如賽馬，要比出高低，艾斯納認為，這就不只是理論問題，而是個政治問題了。（p.229）研究者對此需有哲學立場的覺知與抉擇。

六 總結與意義評析

在第十章中，艾斯納歸納了本書重點十二條，每個重點下也再將之前的論述加以強調。茲先將這十二條文字錄於下文，筆者再對本書宗旨進行後設評論。

(一)艾斯納在本書中的總結

——「一個岩石中的紋路之美，可抵上你一生之經歷。」（p.230）

1.意義不限於文字表達的意思。整本《藝術與心智創造》最重要的就是在強調「人是創造意義的生物」這樣的理念。（p.230）

2.有關質性（或品質）關係的判斷，是仰賴於身體知識，或是對「恰到好處」的直覺。（p.231）

3.美感的品質不侷限於藝術，其體現在於：我們選擇如何體驗這個世界。（p.231）

4.藝術的活動是一種質性智能的探究形式。（p.232）

5.藝術教育要注意的面向，不會只有單面向。（p.232）

6.個體的藝術發展，不是成熟的自動結果。（p.233）

7.應視藝術對教育有獨特和清楚的貢獻。（p.234）

8.從事藝術工作時，學習的來源是多元的。（p.235）

9.學校的各領域學習中，藝術是站在頌揚多樣化、個體性和驚喜的最前線。（p.235）

10.藝術教導實踐者在素材的限制和特質中思考。（p.236）

11.評量和評估應視為教育的資源和實踐，有助於教育歷程的改善。（p.238）

12.表徵再現的歷程，穩定住理念和意象，使編輯歷程實現，提供了分享意義和創造發現的機會。（p.239）

(二)筆者對本書後設觀點的評析

艾斯納在本書一開頭，即開宗明義地說本書的目的為論述：

目的一、藝術具有認知與反省的功能。

目的二、藝術的目的與方法，可作為教育的核心價值。

以下即針對艾斯納如何達到此兩目的的論述，評析本書立論的後設分析。

1.對本書目的的後設分析之一：以神經認知科學為基礎、文明演進為目的之論述

(1)基於神經認知科學研究成果，提出藝術以身體感性意象為主的認識觀

艾斯納的知識預設是：源於意象式概念的身體知識。這種藝術取向的課程、教學與教育研究，奠基於當代最新的經神認知科學研究成果，將原為哲學研究中抽象化的概念，轉向為科學研究中由感官接收而來的實質意象，作為概念基礎。且此意象是結合身心對外在環境、和內在心理狀態的有機反應，是既客觀又主觀、既具體又需要反省捕捉的認知資源。感性的生命狀態，經由意識認知，轉化為知識反省的價值源頭。

艾斯納採取以認知與創造力為藝術價值的核心論述，來提升藝術的地位、突顯藝術的認知價值。認知與創造力正是科學研究的強項，過去會以科學作為教育學的學術核心造型，正是因為科學的研究觀點與方法，可以帶來嚴謹有用的知識。教育界認為科學研究可以帶來確定正確的知識，而知識帶來進步和文明的創新，因此教育取向與教育研究多以科學研究思維為原型。

艾斯納論述藝術認知的源頭，有身體的感受與神經傳導大腦的關係等，都是來自當代重要的神經認知科學成就，因為學術界已熟悉科學架構的對話，因之，他是用大家都熟悉而且公認的科學知識，來建構和說服讀者有關藝術思維的重要貢獻。可以說，艾斯納是以科學研究成果為基、以與科學對話和對比為平臺，以科學思維建構的課程教學評鑑等內容作為再概念化的架構，成功過渡到讓大家接受並熟悉藝術思維的種種

益處。

(2)基於藝術思維可協助個人意識反省到文明創新，提出藝術可為教育的核心價值

對比於科學認知的客觀、統一與抽象，艾斯納提出了藝術過程中的意識轉化，是包含感官感知、自由想像、與具體意象、化私為公等歷程。艾斯納所言的藝術認知中之意識轉化歷程，是連結內外、由個人到集體文明的轉化歷程，筆者歸納如圖11-2之歷程：

感官接收感知＝＞神經傳導至大腦 ＝＞內在與外在意象之連結 ＝＞意象概念之認知 ＝＞個人想像（轉化為私密的意識） ＝＞藉由媒材表徵、發表創作 ＝＞與群體分享想像（轉化為公開的意識） ＝＞文明集體的反省、創新、進步

圖11-2　藝術認知的意識轉化歷程與功能

這樣的意識轉化，也正是藝術學習與創造的歷程，其中的概念不是抽象的理念，而是個人主觀的豐富意象之創意表達。藝術意象的概念認知，成就了意識由接收轉化為想像；而想像的創意表達，也成就了意識由私密轉化為公開，因為能公開，所以可以成為社會大眾的知識，甚至成就文明的演化。艾斯納在本書第一到第五章論述藝術教育特質，即是以藝術教育為原型，在說明這樣的意識轉化歷程如何可能——小為個人自我意識的創意轉化、大到文明文化的創造演化。

2.對本書目的的後設分析之二：藝術的目的與方法，可作為教育的核心價值

(1)以藝術「方法」為核心價值，論述策略：「對藝術教育作研究」、「對教育的藝術性作研究」以及「以藝術思維作教育研究」三者並重

《藝術與心智創造》一書中，艾斯納是以對比於科學與教育的關係，而重新建構藝術與教育的關係。

艾斯納在該書中首先對於一般人過度重視效率與測驗之教育評鑑迷思，以及對於教育研究以科學為唯一典範之現象，都以藝術典範之特質

加以駁回。艾斯納提出藝術教育的美感經驗中，有複雜的認知內涵，包括：感知接收、創意轉化、表達交流、技巧學習及評價反省等，這些都一一抽絲剝繭、加以論述並舉例說明，使得藝術教育一詞，不再相對於數理領域、語文領域等，似乎為不重認知的學習領域。而是相反地，由於藝術獨特的認知性質，可以如「科學」一詞般，成為研究教育、實踐教育和驗收教育成就，一種兼具目的與手段的教育模式、教育觀或教育典範。艾斯納在本書第1-5章即是「對藝術教育作研究」、第6-8章是「對教育的藝術性作研究」，而第9章是「以藝術思維作教育研究」，確實貫徹以藝術「方法」為核心價值的目的。三者之間的邏輯關係（可參見圖11-3），如將藝術教育視為教育諸多領域中的一環，以教育的性質內含於教育之中，那麼可以說「對藝術教育作研究」範圍最小，然也是最能向藝術認知學習的一環；再來是「對教育的藝術性作研究」，是以藝術認知作為教育的性質；而「以藝術思維作教育研究」範圍最大，因在認知思考上，完全以藝術認知而非科學認知，去含括對教育的認識與研究。

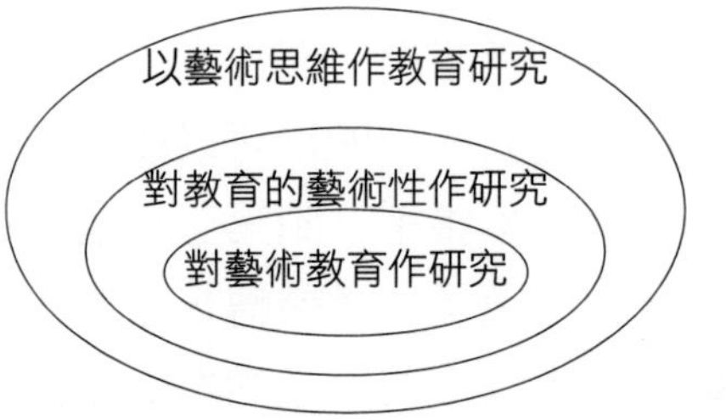

圖11-3　以藝術方法為教育價值核心的論述策略（邏輯關係圖）

(2)以藝術「目的」為核心價值，論述策略：細緻而有層次地分析藝術在三種不同層面上的教育功能

艾斯納在本書中提出了各種不同層面的藝術功能，可以看出都是以藝術為核心價值的教育功能描述。例如藝術學習的認知功能、藝術教育的視野詮釋，以及藝術對教育的教導，這三者如從文字表面看，會覺得難以區分，然而艾斯納在書中是做不同層次的功能說明。如圖11-3之邏輯一般，藝術在教育上的功能價值，也可以整理為圖11-4。

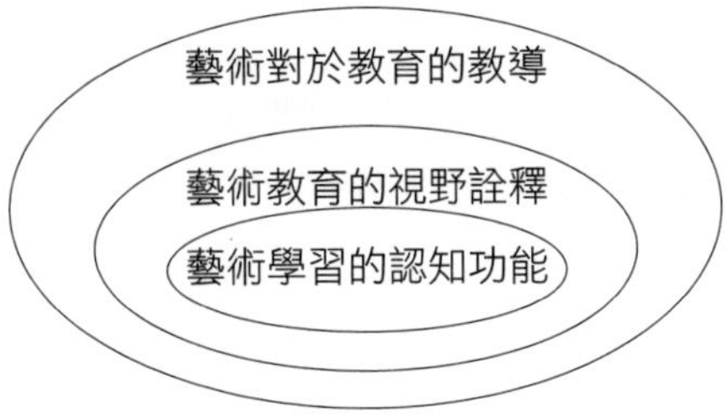

圖11-4　以藝術目的作為教育價值核心的論述策略（邏輯關係圖）

這三個層面由小到大、由內到外各有其內涵。例如，藝術學習的認知功能有：幫助我們細膩感受、注意這個世界的殊異風貌；允許解放自我，想像探索各種可能；在藝術探索中，接受事物的模糊狀態，培養沈穩氣質；讓原本會淡忘消逝的意念和意象，在藝術創作中保存下來；提供我們探索自身內在的心境。

而在藝術教育的視野詮釋方面，則有：可學習DBAE課程、進行社會批評、學習問題解決、發展創意表達、準備職場工作、發展認知能力、可促進學術能力、統整學習經驗等。

藝術對教育的教導則包括：對問題抱持開放的看法、內容與形式相互為用、想像力與敏覺力要精鍊、關係的恰到好處蘊藏著美、享受內在的滿足、懂得弦外之音、對未來目的保持彈性，以及慢慢品味歷程等。

以上三種藝術功能或目的的提點，雖面向層次各有不同，但全部都指向人性更細膩的挖掘、與更內在情感的沈澱，正能對比出要求效率之工具和目標導向的教育，有著無法滿足人性深刻需求的缺失。

3.論述策略的整體後設分析——以科學與藝術為對比、以認識觀與方法觀相互為用，突顯藝術在教育上的核心價值

艾斯納在一開始的著書目的，提出要論證「藝術有認知反省的功能；藝術的目的與方法，可作為教育的核心價值」。這兩個目的即蘊涵了認知與方法的密切關係。Harding（1987）提出方法論是分析關於研究如何進行的理論，知識論涉及知識的理論，回答關於誰知道、知道什麼和什麼算是合法的知識等問題。而方法論和知識論之間是互相關聯的，研究如何進行也反映出背後的知識觀點，而知識觀也會隨著研究形式的進行而呈現出來。

以藝術對比於科學的論述方法，對於教育目的、學習歷程、教學方法、課程內容、教育研究等皆重新檢視，並在其中細緻地呈現：藝術認知是複雜細膩、與高層次的反省思維。艾斯納在《藝術與心智創造》一書中，強烈地將「藝術—認知型態—研究型態—功能價值」四者，在課程教學現場中做重新的連結與定位。近則指向看見每個人與外在環境互動中，心智運作呈顯的獨特表達與情感意涵；遠則指向文明集體發展創造的文化精華。不論是個人的自我價值感，還是集體的文化價值，都是起源於藝術中身體意象的感性認知。一方面指點出藝術在學習上的重要，提升藝術的學科地位；另一方面也讓藝術的貢獻能真實地置於教育與研究的核心，達到教育改革能挺立人性價值的境地。

(三)對臺灣教育在課程改革上的整體啟示

從艾斯納運用科學研究的成果和思維，來破解一般人對藝術教育以及教育藝術化的迷思，可以看出，要將教育的思維由具體實利的方向，導引向更為深刻內蘊的人性需求，有多麼不易。科學化的教育，未必一定會導向功利，然而在臺灣的教育領域，假科學的系統化和可提升效率之名，而使得教育往往只有客觀標準化的結構和打分數，而未真實看到教育現場師生人性的需求，所在多有，實在扼殺了許多師生互動本可有的創意時刻。

艾斯納從藝術教育本質的層次、教育藝術化的層次和以藝術思維作教育研究的三個層次，進行課程、評鑑和研究的再概念化論述；也從藝術學習的認知層面、藝術教育的視野層面和藝術對教育的教導層面，提出藝術在不同面向，都可提供高層次思維的認知功能。

臺灣的課程改革，也已到了改弦更張的時候。我們反思臺灣的課程改革，也應重視：藝術教育的發展與研究、教學藝術化的研究和評鑑研究的質性開展。這三者看來是非常不同的面向，在艾斯納的論述中卻是一體三面，如此改革才能創造更貼近整全人性需求的教學環境和教學意識。如借用艾斯納所言，教育如同藝術，則不僅要改變個人意識，還要促進文化文明的開展。

參考文獻

中文部分——

朱光潛（2003），談美。臺北：晨星。

林千楓（2006），E. Eisner「美感認知」觀對臺灣課程研究之啟示。國立臺北教育大學課程與教學研究所碩士論文，未出版。

高永恩（2008），休謨論鑑賞及其教育蘊義。臺北市立教育大學教育學系碩士論文，未出版。

郭禎祥、陳碧珠（譯）（2008），教育想像力：學校課程、教學的設計與評鑑。（E. W. Eisner原著）。臺北：洪葉。

楊適等（譯）（1990），休姆散文集。（David Hume原著）。臺北：志文。

劉雅琪（2009），E. W. Eisner藝術教育思想中創造心智之研究。臺北市立教育大學教育學系碩士論文，未出版。

英文部分——

Eisner, E. W. (2002). *The arts and the creation of mind*. New Haven & London: Yale University.

Harding, Sandra (1987). Introduction: Is there a feminist method? In Sandra Harding (ed.) *Feminism and methodology: social science issues*. Blooming and Indianapolis: Indian University Press. pp. 1-14.

Smith, M. K. (2005). 'Elliot W. Eisner, connoisseurship, criticism and the art of education', *the encyclopaedia of informal education*, www.infed.org/thinkers/eisner.htm. Accessed: Nov 1, 2010.

PART 3

教學藝術的實踐與反省

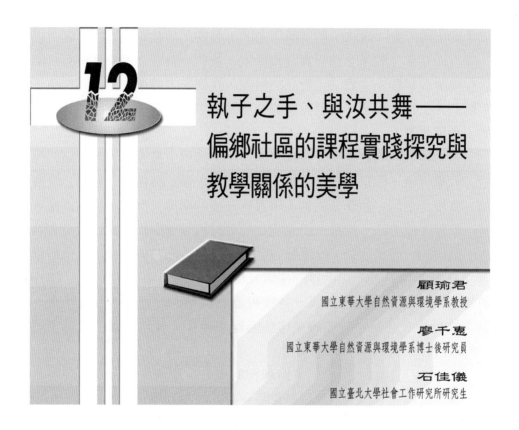

12 執子之手、與汝共舞——偏鄉社區的課程實踐探究與教學關係的美學

顧瑜君
國立東華大學自然資源與環境學系教授

廖千惠
國立東華大學自然資源與環境學系博士後研究員

石佳儀
國立臺北大學社會工作研究所研究生

我們彼此所交流的，只是一個充滿秘密的方向（orientation），而我們無法客觀地說明這個秘密。凡是秘密的東西，不會完全是客觀的。（龔卓軍譯，2003，頁36）

一 前言——教學關係的課程美學

臺灣的教育環境，在升學主義掛帥下，學校教育過度強調基本能力，卻忽略生命意義的啟發，學生即使通過考試，也未必能活用知識，對自身存在的價值更是茫然。我們在東部鄉村現場的教育實踐裡，看到許多孩子在偏鄉、家庭和學校的多重弱勢處境生命框架下，從大人們的指間縫隙滑落。兩年多前，我們走出校園，嘗試利用鄉村社區內一處閒置空間房舍，經營二手商店，週末兩天假日的時間跟孩子們在

二手商店內互動，讓孩子們當商店老闆，發展另類教育模式的可能。以「課程即關係」的理念進行實踐和探索，我們一直在思考：有沒有可能跳脫傳統教學觀主客體二元對立的侷限，找到施力的可能？為鄉村孩子平衡的人生播下種子，在教與學的交互關係中，與孩子共譜出意義深遠的人生風景畫。

在功能取向的教學中（傳統教學），「課程」被視為一套既定的程序（教學目標、教學內容、評量方式），課程確認後再由「教學」去實施，課程是名詞，教學是動詞，兩者有先後的關係。然而，課程不應該是一套程序或方法，或是一組系統化的教材與教學編輯，而是教育者涉入、參與的一連串活動，是經驗與歷程、是個人內在的旅程，也是教學者與學習者共同對未知世界的探索及體驗；當然，課程也包括了操作與思考，不管是正確或錯誤，各種可能的情緒與記憶——喜悅快樂、痛苦挫折，身在其中的個體在這些過程中詮釋、發現意義，建構主體（Pinar, 1975; Slattery, 1995）。

Grundy（1987）所提出實踐課程的概念，更清楚而深入地說明我們所涉入的課程實踐：教學者是帶著自身的經驗到課程裡，因此，必須檢視與批判自身的生活經驗與個人生命歷史、社會建構歷程，察覺自身過去和現在經驗的交互作用，認識自身的優缺點、偏見、意識型態、價值觀，講述自己的生命歷史與歷程，解構文本和論述，企圖釐清所處之社會、歷史範疇與關係，以重新理論化，這就是課程實踐（curriculum as praxis）。

而我們認為必須從課程實踐探究與教學關係的美學，去探詢偏鄉孩子學習困境的出路。

傳統教學觀帶來的問題也展現在我們帶領的這群鄉村孩子身上，孩子們普遍學業成就不佳、對課堂／學科學習普遍沒有興趣或缺乏足夠專注、對自己沒有自信、對未來缺乏想像，呈現在外人面前的是容易自我放棄、調皮搗蛋、沒有耐性、缺乏適當教養或是怯懦寡言。雖然，這些孩子都上過很多年的學校，但就如同Greene（1978: 12）對「教育」與「就學」（schooling）的區分，「上過學」與「受到教育」（educated）根本是兩回事，也就是某些孩子雖然身體在校園的圍牆內、教室裡，實際上並未接受到應有的教育。國內學者蕭昭君曾以「教室裡的客人」為文，描述臺灣國小教育現場中未受到教育學習者的學習樣貌：「在學校，卻與學校預期的學習嚴重脫節，在一個學業導向的社會，他們的學校經驗充滿挫敗、焦慮、否定，失敗帶來失敗，並發展出消極逃避、白日夢、反抗等因應策略，再帶著累積的壓抑與低落的基本學業能力，進入國中。」（蕭昭君，1996，頁1）蕭文發表後十多年的現在，我們所接觸到的臺灣教育現場，似乎是十年如一日，並沒有太大的改變：失功能的家庭處境、缺乏成就感的受教歷程、渴望關心卻無法獲得滿足的成長背景，使他們輕易被學校老師和身旁的大人們貼上「不足」的標籤，老師們也因為努力過後使不上力的挫敗，選擇用權威或放棄的方式面對這些孩子在學校體制裡的落後和不適應。

若前述我們在偏鄉觀察到的現況是一種已然存在的處境，那麼我們帶著行動與改變的意圖，貼近孩子們的學習經驗時，我們所要思考的是：接納孩子們這種「他人眼中的不足」作為一種安身立命的狀態，然後再去尋找可能性，會不會比「補足」、「趕上」更有機會讓邊陲弱勢的孩子有所學習？（顧瑜君、林育瑜，2009，頁4）又或者，正因為深信「自我是學習的參與者、探索者、與意義的創造者」這件事，我們如何打開一扇互利雙方的窗，使孩子們在「與大人的交往關係」中學習且經驗自我？打破大人主動教、小孩被動學的二元關係，穿上孩子的鞋使彼此在「聆聽」和「理解」中，發展出教與學的默會知識（廖千惠、吳明鴻、洪靖雅、顧瑜君，2009，頁7-12），則成為我們在偏鄉教學關係中關注的焦點。

本文即著力於以我們在偏鄉教育現場的幾個實例進行分析和討論，嘗試拋出我們對教學關係中課程美學的一些思考與體悟。

二 看見孩子的置身所在[1]

課程不是如現代主義者所說的是被給予的，或一種詮釋或共同建構，而是一種生成（becoming）的過程，師生之間沒有明顯的界線，學生的生成與教師的生成是交互存在的，所有的學習都是內在的，是師生之間可能的共鳴的實質化。（楊俊鴻、歐用生，2009，頁76）

以下我們以幾個現場的小故事，呈現出大人如何置身在孩子的脈絡裡試圖去理解和行動，引領著彼此以產生有效且具延續性的教學關係；此種教學關係可能是交互揉雜的，導引孩子的學習不再是眼前所見的停滯，因而能開創出不同的、亮眼的發展。本文所欲闡述之「攜手」、「共舞」的概念，也將從平凡的故事中被看見。

(一)看不見與看見——黑皮的中秋節

在這段利用偏鄉閒置空間所進行的教育嘗試裡，我們希望孩子是自願來的，孩子先是喜歡這個空間裡的關係，不強調課業輔導，若願意帶功課來，我們就幫他。黑皮，是一個從來不帶功課來寫的國小二年級的孩子。一個中秋節後的黃昏，我們已經打烊休息、準備回家，黑皮破天荒地帶著作文簿來，說要寫圖畫日記，我們只好利用很短的時間，陪著黑皮寫完極短篇日記：

> 今天下午我在這裡看到外國人，我和他們玩搞笑遊戲，小朋友

1 置身所在（situatedness）是詮釋現象學方法論的概念。海德格指出人存在的本質現象是寓居於世（Being-in-the-world），並且首先是活在其周圍世界之中。人置身（situated）於其中，構成其與周遭事物及人事相關聯的涉入狀態。若我們以寓居於世來作為對人的根本瞭解，人的行為與活動將總是顯露了某些生活的涉入狀態，在其中某些特定的社會文化視框為人們所用，而事物也因此被朝著某些特定的社會文化視框來理解，人們並且依此而採取某些特定的處理行動。我們可以因為「人置身於其中」的這個特點，將如此的涉入狀態稱之為「置身所在」。由於置身所在關涉到人們在具體生活場景中如何思索、欲求、行動與反應，是人心生活的「理路」。（李維倫，2004）

有跳舞，外國人他們有唱歌。我們吃飯的時候有聽外國人講話，還有比手畫腳，我覺得很好玩（五—作—981008—黑）。

黑皮為自己這篇充滿了快樂的日記下了標題「開心的一天」，畫了一臺載著外國人進入社區來的遊覽車。黑皮開心分享的作文得到78分，老師的評語是：「你的中秋節過得怎樣？怎麼沒有寫呢？」此外，老師也認真地用紅筆改了黑皮的錯別字。分數與評語，對黑皮與我們無疑是當頭一棒。

從功能取向的課程操作而言，黑皮被指定的圖畫日記，教學／學習目標是：記錄與敘述自己的中秋節，透過作文為媒介，完成此教學活動。在此框架下，黑皮按耐不住興奮、所寫下分享的「開心的一天」，換得老師的「不滿意」以及「文不對題」的評價。

在功能取向的課程與教學脈絡下，黑皮有個認真、想幫助孩子導入正軌的老師，批改作業給評語、訂正錯字，檢視教學目標是否達成，且指導其修改方向。孩子的不足、缺乏，很清楚的被教學者看見與指出——「沒有按照規定的題目寫作文」，從老師的評語中，以及對黑皮家庭狀況的瞭解，我們很大膽的推測，黑皮極可能是個「常常沒有完成指定作業」的孩子（累犯者），在老師的情緒／感受帳本中積欠了多次該寫沒寫的紀錄，老師的責任是再次提醒孩子：要記得老師指定的作文題目啊！

如果學校老師可以在黑皮原本的圖畫日記本上，「開心的一天」標題後的第一行開頭處，幫黑皮加上一小段文字：「今年的中秋節我過得很不一樣，我有開心的一天」，一句簡單的話，就可以讓黑皮的作文「符合主題」了。同樣是寫下一句話，老師捨棄功能取向既定教學程序的實施模式，以課程實踐的概念去面對孩子的文不對題，使孩子與自己在交互的過程中，成就了一次美學的課程實踐。是什麼限制了現場的老師去執行與孩子攜手共舞的美學課程實踐呢？

1.手指縫出現，孩子滑落了

在一個「文不對題」的作文本中，教學者面對一個「累犯」學生，很難不以直線連結的方式處理問題，明確指正錯誤，讓孩子清楚該怎麼改善或至少知道做錯了什麼。

很多老師很難去聯想黑皮的居家環境是破舊鐵皮屋組成、內部陰暗潮濕、屋內各種難聞的味道，一般人恐怕並不習慣，沙發椅是回收廠帶回的汽車後座，浴室沒有燈光、廚房猶如垃圾回收站。在這種生活狀態中的孩子，會有什麼樣的中秋節，或能夠有什麼樣的慶祝活動？老師在出題目時、收到作文時，是很難連結起來的。黑皮可能過了一個平凡無聊到不知可以寫些什麼的中秋節，若黑皮的父母還有些功能，可能會幫黑皮寫一個符合中產階級期待的、電視中常見「闔家賞月、烤肉、吃月餅」的美好景象，偏偏黑皮沒有這樣的父母或兄長，沒能幫助他躲過一劫。在多元文化論述逐漸在教學的現場熱絡被討論後，這位老師或許會被簡化為「缺乏多元觀」或「文化回應教學」能力不足的老師，以中產階級、漢人為主的節日作為作文題目，缺乏對原住民、低社經地位孩子的關照。我們不打算用多元觀作為理解老師教學的視框，而希望還原孩子生活脈絡去找出可能。

對生活在偏鄉角落的原住民孩子黑皮而言，今年的中秋節，意外的社區裡發生了一件令黑皮覺得有趣的事情（外國人來參訪吃飯），是8歲的他生平第一次的經驗／驚豔，黑皮將老師指定的作文題目拋到九霄雲外，還大膽忘情、自作主張的下了標題「開心的一天」，主動寫下自己的奇妙經驗。如果用愛麗絲夢遊奇境為比擬，黑皮從一個平常、平凡的生活中，掉入了奇境，興奮之情難以言語，難怪要拿出圖畫日記來求助，畫下載著外國人進入村子的遊覽車，寫下自己的「奇遇記」，完成一次不得不寫下來的「生命遭逢」。

偏鄉的老師，忙碌的教學工作、改不完的作業、訂正不完的錯字，補救教學、提升學科成績、改善行為、規訓常規，往往是偏遠地區教育者最努力卻最無力的「教育工作」，老師們被沈重的教學環境壓迫著，喘息困難，而少了一種悠閒、問問自己「跟外國人吃飯？在偏僻的鄉村中，怎麼會有這種經驗？為什麼黑皮會參加這種活動？」、「我自己上一次跟外國人坐在同一張桌子吃飯是什麼時候？」、「我若跟外國人同桌吃飯有搞笑的本領與勇氣嗎？」桌上等待批改的作業本還有很多，盡責批改作文的老師，很難去珍視黑皮生活世界中的「奇遇記」，從黑皮的經驗脈絡裡錯身而過，給了好不容易寫下真實心情日記的黑皮一個失敗的經驗。

偏鄉孩子往往在結構化課程與教學的概念下，悄悄的從老師的指縫中滑落。

2.背景：「開心的一天」

黑皮作文裡描述的「開心的一天」，是我們在社區閒置空間帶孩子進行生活化學習時的一個經驗。當紐約的長島大學想來參訪跟我們聯繫時，我們利用這個難得的機會，思考如何讓雙方都獲益，成為彼此的學習者，而不是只當「被觀看者」或簡報式接待。

於是我們邀請他們一起來和孩子們用餐、一起工作，希望這些外國來的大學生將他們自己的家鄉、文化等分享給我們的孩子，同時，美國大學生學習如何與臺灣偏鄉孩子們相處、體驗文化、服務學習。

事先，我們做了各項前置準備。例如，撰寫製作一份「指導說明」給美國大學生，告訴他們「如果孩子害羞躲你，你要怎麼做？」教導長島大學的美籍學生，如何儘量運用身體語言、策略，跟這群難得與外國人接觸的孩子們互動。我們賦予長島大學生的任務是：「即使孩子聽不懂你講的話，用盡方法也要讓孩子覺得他們與你們可以溝通。」在互動的過程中，孩子英文並沒有進步，但是願意嘗試的動機和自信增加了。

孩子們則從照片認識19位將來訪的外國大哥哥姊姊們，熟悉他們的名字怎麼發音，從分組演練中讓孩子們學習如何跟陌生的外籍者相處；並請孩子們對美國哥哥姊姊提出問題、好奇，蒐集到幾十個問題彙整分類後，提供給長島學生，讓他們對臺灣鄉村孩子如何觀看美國人有直接的瞭解，並將這些內容準備成為正式分享與小組聊天的素材。

例如，有一個孩子——阿奇問美國學生：「girl friend？」（你有女朋友嗎？）美國學生用落淚的身體語言回答。阿奇說：「沒有喔，沒有女朋友。」但外國人聽不懂中文，阿奇馬上改口：「No, no girl friend?」雙手比出沒有的動作，雖然不是正確文法的英文，但外國人聽懂了，搖頭（你猜錯囉），繼續落淚的動作，阿奇努力想著對方比手畫腳究竟在說什麼，跟同儕小朋友討論一番，獲得結論：「對人走。」

（臺語，移情別戀的意思）外國人還是聽不懂，於是阿奇跟同儕演出了女友愛上別人的短劇，美國學生馬上停止哭泣動作，跟阿奇握手：「yes!」阿奇發現他竟然可以獲得如此珍貴的訊息，到每一桌去跟人家講，這位美國大學生發現阿奇到處去宣揚，故做出「千萬不要幫我宣揚」的搞笑求饒動作，去拉住阿奇求他不要去說，阿奇則安撫這位美籍學生解釋說：「沒關係啦，講一下啦，不會怎樣啦……」。他們雙方都「演戲」，拉拉扯扯、雞同鴨講的對話，引得大家哄堂大笑。

簡單的說，長島大學來訪那天，黑皮如愛麗絲所經歷的Wonderland——竟然能跟外國人同桌吃飯、聊天搞笑，黑皮以為這一切是個偶然巧遇，豐富的體驗衝擊著小小的心靈，心中的wonder無處可去——不明白自己怎麼了、感到疑惑、想知道究竟怎麼回事，對整個晚上發生的種種感到奇妙、驚喜，才會在二手商店打烊後，跑來找我們幫忙寫圖畫日記——希望透過書寫釐清自己的wonder experience。

認真的老師／謹守功能取向教學的老師，在缺乏生活脈絡與學生經驗理解的前提下，無法處理這個從Wonderland走出來胡言亂語的傻孩子。

當我們看到黑皮的圖畫日記分數與評語時，我們問黑皮感想，黑皮只重複老師的評語：「老師說我沒寫中秋節。」這個原本出於善意提醒與幫助導入正軌的評語，卻意外的製造了雙輸的局面，老師和孩子在這一個經驗中沒有贏家。

我們反覆讀著老師的評語，感覺到無力沈重，不知道怎麼安慰黑皮，擔心將來他更不願意拿作業來寫，不再讓我們幫助他。

於是，我們鼓勵黑皮重寫一次「題文相符」的作文，重新送給老師，提出這個邀請時，我們沒有把握黑皮願意再寫一次，沒想到黑皮竟然願意。

第二次，黑皮重寫了「中秋節」作文，這次黑皮將比較完整的經驗呈現，且沒有跟之前寫的內容重複。

中秋節那一天我去五味屋，那一天有很多人來，有美國來的外國人，她們是長島大學的學生，來跟我們玩。早上我先幫忙標價，搬東西，其他人幫忙搬箱子和棚子。晚上我們和她們一起吃飯，她們都說英文，我聽不懂，有人幫我翻譯，我們有跟她們說笑話，也有和她們玩。她們要回去的時候，抱著一個人，我有看到覺得很好笑，因為我以前沒有看過外國人。我那天看到外國人本來很怕，到最後就不會怕了。我覺得這次的中秋節比較好，因為外國人一直跟我玩（五—作—981015—黑）。

3.教學機智——課程美學展現的形式

從黑皮開心的一天到中秋節，不難理解課程美學所訴求的簡單原理：廣度覺醒，課程是師生共同建構生成的過程，教與學交互存在於師生之間，而不是將目標確定後，鞭策學生達到目標的機械化操作步驟。

Van Manen在《教學機智》（李樹英譯，2001，頁139）一書中提醒我們：在計畫的嚴密性裡隱含了一種危險。那種試圖將未來的情境完全固定的計畫，剝奪了我們的自由。這種自由對於在情境中隨時發生的教育時機，保持清醒卻是十分必要的。當計畫變得太死板的時候，成人與孩子的互動就可能有喪失我們人類日常互動所特有的不確定性和開放性的危險。

我們的課程設計表面上與一般的模式差異不大，但在整個參訪活動中，「教學者」並沒有明確的現身，很難去指出那個人是老師，課程設計者／老師所做的實際上是去營造一個充滿各種訊息的「空間」，在此空間內有一股「讓……發生」的底蘊，孩子們在此學習空間中，自由的與各種訊息相遇，憑著他們個人的經驗、特質去擷取、運用，甚至主導。換言之，在這次參訪學習課程中我們掌握幾個關鍵性的課程設計概念：召喚出孩子們在課程空間中主動的回應。一群原本是來「參訪」的外籍學生，在我們設計的課程中，轉換角色成為課程資源、學習素材，從單向觀看對方（弱勢孩子）的身分，移動位置成為進入學習者生命中的擾動者。而在黑皮所走進的Wonderland裡，實際上是一種在課程實施中的際遇，我們在這種際遇中，奇妙地經驗到「真正權威是在孩子那兒，而不是在成人這裡。孩子的脆弱變成了一種奇怪的駕馭成人的

力量。」（李樹英譯，2001，頁95）

更重要的是，在這個教學歷程中，教學者置身於學習者的生存世界中，產生了理解與接應，教學者有機會成為關懷學童心理的提攜者。反之，學校的結構化教學無形中成為弱勢學生的一種宰制壓迫（中秋節的中產階級價值），弱勢學習者在學校的學習過程中不斷地從老師手中滑落，被邊緣化，教育工作者在日常教學活動中錯失了教育促成社會正義（social justice）的機會（Ayers, 2004）。

回到這個教學案例的原始提問：是什麼阻礙了第一線的老師，去執行美學取向的課程與教學？不是多元文化素養或文化回應教學能力不足，Greene在《*Landscapes of Learning*》（1978）這本書中，強調教師必須培養「廣度的覺醒」（wide-awakeness）；所謂「廣度的覺醒」指的是一種能夠參與世界，並且完全覺察到人群及發生事件的態度。這是一種敏感度和視野的培養，它會幫助大人們去看見美好的、在互動中生成的教學關係如何可能。

從黑皮的案例中，很明顯的看見了，孩子生活中的味道、光線、觸覺與學校的「課程與教學」脈絡，很難相連，與課程無關。黑皮走出學校圍牆之外的生活世界，被視為「不利課程」的干擾因素（文化、社會資本不足）。[2]而實際上課程作為一個學習的整體歷程，必須將學習者的生活、歷史、社會性脈絡納入課程實施中考量，而不是孤立於一個稱為「教室」的空間去思考，若然，schooling與educated的落差或許會漸漸的縮小。

2 可進一步參考Peter Mclaren（2003, pp. 334-335）的說法，他指出：在街頭，學生大量運用身體參與、身體符號和直覺，學生每天都在掙扎調適親身經歷的街頭文化意義和學校課程中心學習之間的落差，學校過度強調準確、程序和邏輯等的知識內涵，街頭文化則強調描述、模糊和一語多義。學生處在一種雙重束縛的情境中，如果留在學校而且想要成功，他們就被迫放棄自己的文化資本、街頭文化知識，以及尊嚴。他們被迫在一個既定的弱勢下跟別人競爭。

(二)穿上孩子的鞋與之遭逢、展開世界

1.從「I no」開始

阿明國中一年級，國小時一直是課輔補救計畫的成員，成績低落。在長島參訪團的活動中，阿明不願意參加國小組的英語歌唱表演，也拒絕參與國中組大孩子的英語表演——自我介紹。幾次周旋，都沒有進展。

那天我[3]以開玩笑、帶著挑釁方式，用英文對他說：「阿明，你非選一樣參加不可啊！自我介紹還是英文歌，你選一個吧！」接著劈哩啪啦的講了一串英文，因為非常確定他根本聽不懂在講什麼，也並不期望他聽懂或回應。說完即轉身去拿東西，背後卻傳來阿明大聲的回應：「I know」，我很驚訝，他竟然聽懂了我講的英文，且用英文回答我他同意！

我轉身問他：「What is your decision?」他沈穩看著我，張大眼睛、篤定且用力的搖著頭說：「I～～NO！（我不要）」。對於阿明如此有創意的拒絕方式，當時在場的大人都忍住不敢笑出來。我看著阿明，心中的困惑是：明明聽不懂我講什麼，英文又不好，兩個條件都不存在時，為何他要選擇用不擅長且沒把握的「全英語」拒絕？我已經轉身了，他也可以裝作沒聽見。我們相信這不是一個偶然，於是我們決定牽起阿明的手，跟他跳舞。

我刻意保持平靜、淡淡說：「你講錯了喔。」然後請小海——英文較好的國三孩子，過去幫阿明解圍。小海在阿明耳邊輕聲提示，阿明帶著戰勝者的姿態，以微笑口吻、超大音量、輕蔑的繼續搖著頭對我講：「NO WAY！」（這時在場的大人都笑翻天了）我接著問：「Why not?」小海再次耳語幫助阿明，回答我：「I don't want」，我繼續問：「You did not tell me why」，經過小海提示後，阿明繼續開心的說：「I hate English」（hate和English兩個字的發音非常不正確，且四個音節之間是斷開的，無法順利發音），我接著提問，在小海的幫忙下，來

3　本文的第一作者。

回幾次阿明都用簡單句的英語「拒絕」我的要求。

在阿明正得意自己可以用英文抗拒要求的狀態下，我話鋒一轉，跟阿明說：「你剛剛已經說了五句英文了，英文自我介紹五句就可以，你要不要試試看，你的英文講得不錯，蠻標準的囉！如果你願意，我會請大學生幫忙你。」阿明沒有立即拒絕我的提議，弄清楚我所謂「五句就可以自我介紹是什麼意思」（名字、年紀、家人、興趣）後，阿明答應了邀請，在大學生的協助下寫出My name is Killer, I'm thirteen years old, I like jagging, I have two younger sisters, I love eggs.

經過一週的練習（提供他MP3錄音檔案，讓他每天聽），阿明非常順利的在80個來賓面前，完成英文自我介紹，獲得熱烈掌聲，並從美籍領隊老師手中接下獎品。（在等待上臺授獎的空檔，阿明面對自己將在如此盛大的會場獲得獎品，既期待又有些忐忑不安，阿明問我：「老師，頒獎一定要搞的那麼大嗎？」）

阿明是一個典型對自己沒有期許的孩子，成績低落、對學習缺乏興趣，這類的孩子需要「成功經驗」，且多數教育者瞭解成功經驗的重要，但如何在細緻的師生互動中，形成微型的課程與教學，讓孩子清楚的感受到「I can」是很多基層教育工作者努力的目標。

2.攜手共舞如何產生

以阿明的例子來看，當他聽到完全不懂的英文長句時，他雖然不懂英文，但卻清清楚楚地知道：老師又在為難我啦！換言之，阿明是個非常聰明的孩子，他不是從文字的表面去獲得訊息，他從整個事情的脈絡去推測、掌握，而且阿明有大膽假設、勇於行動的眼界與氣魄。阿明很清楚，自己絕對不能坐以待斃，必須反抗到底（從他的反抗中再次透露他在學校中的受壓迫學習經驗），既使是人單勢孤，也不能沈默以對，若選擇沈默，要翻身就難了。

所以當他面對我一連串的英文句子時，他並不驚慌，他腦中盤算著各種脫困的方案，阿明選擇了用他並不擅長的英文反抗，這是非常有趣的訊息，實際上他並不需要用說英文來拒絕，阿明「I～～NO」充滿了創意、趣味與生命力；換言之，當阿明選擇「正面交鋒」時，各種迂迴、閃躲的策略沒有被選擇，而這個「正面交鋒」清清楚楚地傳遞了這個學習者面對劣勢處境時的求生狀態。

阿明在「I～～NO」當下給了我（教學者）一個很清楚且明確的訊息，以及豐富的教學資源，讓我能夠牽起他的手，進行後面的共舞歷程。

我意識到阿明說「I～～NO」時，他展現自己是個充滿信心、勇敢面對挑戰、未知的個體——「你別想小看我、別想耍我」、「別以為我聽不懂英文，就一定輸喔」、「英文，沒有在怕啦！」受壓迫者的教育概念，在臺灣的教育界已經是多數人可以朗朗上口的知識，但孩子在我們面前展現不願被壓迫時，我們卻不容易看見。阿明的「菜英文」當下成為我的「教學資源」，現場剛好有個英文好的孩子阿海順勢成為「助教」，當阿海去幫忙阿明時，阿明的學習動機應該是無比強烈的，況且當阿明發現原來用「簡單句」就可以完成拒絕（對抗）的任務時，意氣風發之勢甚強，將「NO WAY」扔過來（他得意的超級飛彈），此時，我更為清楚了阿明的學習狀態，我的教學目標也更明確了：「很好，孩子！繼續說英文吧！」因此我繼續用英文引導對話／抗，阿明也一句一句的接招了，即使多音節的單字說得吃力，但他為了對抗老師的壓迫，再難唸的單字都要講完啦，因為他不能輸，一定要贏過老師！我，一定要讓他贏，因為他贏了，就是雙贏。

與阿明的這個迷你教學歷程，正是「執子之手、與汝共舞」的寫照，當我漸漸地從阿明的對抗神態、企圖中開始看懂他的舞動身軀，同時抓準了他究竟踩的是哪種旋律舞步，在關鍵的時候，音樂悄悄地響起，共舞就可以開始。當我問阿明，你已經講五句英文了，要不要改變主意自我介紹呢？音樂從無到有的充滿了教學的空間，孩子想弄懂「五句就可以自我介紹，是啥意思啊」——孩子伸出了手，願意與老師共舞。

或許有人會認為是教學者很會教，教會了阿明，若從課程美學的理解，倒是可以把其中的奧妙解釋清楚。Eisner在《教育的想像力》（郭禎祥、陳碧珠譯，2008）一書中提及，教學應被視為一門藝術。教學不只是一種「工藝」，更是一門「藝術」——教學者利用技巧、透過行動以尋找目的的過程。Dewey（1934）也認為，教學時必須兼具技巧與優雅，對老師而言，教學的經驗是具有「美感」的。另外，Ecker, D.（1963）則用畫家、作曲家、演員、舞蹈家來比擬教師，教學中的判斷依據主要是學生質性的特徵，而教師對學生特質的認識，需要在交互的行動中才會慢慢顯現。教師的教學活動不是由事前的規範或常規所主導，而是取決於不可預期、不斷變動中的教學情境。教師必須創新，才能因應這些意外狀況。與阿明共舞的經驗，與上述「教學是一門藝術」的想法正好相互呼應，並且，我們從與之共舞的經驗中，體認到教學所欲達成的目的，往往是在過程中創造出來的，就如同著名藝術史學家H. W. Janson說的：「所謂的藝術家，就是一群在玩捉迷藏的人，但是一直要到捉到了，才知道藏起來的是什麼。」（Polanyi, M. &Prosch, H., 1977）正因如此，教學的過程顯得迷人。

三　舞動中的教學關係——分析與討論

> 處於第三空間中的課程是「舞動中的課程」（dancing curriculum），這是一種自我與陌生交互作用所形成的獨特舞步，這個陌生人可以是他者，可以是文本，也可以是存在於自我內部中的存有。（Wang, 2004, p.178）

(一)將孩子的特質與反應視為可資運用的教學資源

如同Max Van Manen（李樹英譯，2001）所言，教育學的意向也是我們面對孩子最基本的體驗，我們將孩子看做是走進我們生活的另一個人，他向我們提出要求，從這個來回試探、回應的過程，他改變了我們的生活。從這意義上說，教育學的意向也可以視為我們面對孩子時，我們發現被召喚（calling）時的一種主動的回應。

老師和學生之間不是對立的兩端，而是一種在試探中互有進退，以成就相互舞動的關係。當孩子耍賴、抗拒、沈默，展現各種不是乖乖接受的面對姿態時，身旁的大人不必急於管控或灰心，穿上孩子的鞋、努力與孩子站在一起，這樣的教學關係需要慢慢「磨」，磨出孩子對回應大人的信任和興趣，也磨出大人接招的敏感度和能力。看起來不太有效益，但正因為跳脫了權威與對立，在來回試探之間，反而能偵測到孩子展現的特質和反應，這往往正是孩子的學習得以引發和持續的重要教學資源。

(二)從理解和行動中培養「提煉」教學資源的能力

Greene指出，基進教育者和學生之間的對話式教學歷程中，發生著「行動取向的相互瞭解」（action-orienting mutual understanding），令學習者困惑的知覺現象在這種瞭解過程中，經由介入者的協助與成員們的相互反映，而逐漸浮顯出主題並變化成對學習者有意義的符號形式（symbolic forms）（夏林清，2002）。黑皮與阿明反映出Greene所提出的理解與行動，於是，命名（naming），詮釋與意義建構接續發生，互為主體的關係（inter-subjective relations）進入了生活中；原本被視為無能力學習或弱勢的學習者，意外的經由意識覺醒的行動能力去介入與改變現實，創造屬於他們自己的學習樣貌與景觀。

Aoki（2005）建議基層教師要脫離在「課程即計畫」（curriculum-as-plan）與「課程是生活經驗」（curriculum-as-lived-experience）兩個世界之間徘徊擺盪的困境，最好的方式是跨越疆界（in-between/zone of between），但如何跨越呢？

在教學的現場，我們漸漸地發展出屬於自己的一套課程哲學：「課程，不是東西」，課程不是實體存在的物件，西方的理論用了很多方式將課程非實體的概念描述，但卻很難跟基層老師溝通，因此我們發現，用「課程不是東西」的概念跟基層互動，則能很快的被理解。基於「人即是課程」的理解，所以我用「我—課程」的形式去描述我對課程的認識，在臺灣教育現場所經驗的課程，仍然是以「選擇、組織、設計課程的策略、技術、戰術」為主的討論，一如Reynolds和Webber（2004）指出，雖然課程已經「再概念了」多時，但多數學者並沒有足夠的熱情去擁抱或貼近課程的第一現場，仍然坐在自己的安樂椅上（armchair），專注於驗證自己的理論工作（臺灣的學者則多了一項驗證移植理論的工作）。Reynolds和Webber認為：「課程研究仍停留在粗糙的立場，我們是否能利用新的方法論走出去，找出理解課程的新途徑，而非依賴充滿缺陷和偏見的傳統？」（2004，頁204，引自歐用生，2006，頁iii）現今的社會是渾沌、跨越疆界的，學術方法論的界線已經模糊了，但遺憾的是，現實的課程世界裡，沒有反映這種異質性，尚處於狹隘、空談的狀態，課程研究多數時候關注課程的實體，以及受限於學校的圍牆內、教室的門窗裡，再概念課程的理解仍是陌生與遙遠的形式。面對這個處境，作為一個課程者，該怎麼做以應對呢？

誠如Max Van Manen在《教學機智》裡所說：「教師與學生的教育關係不能是強迫性的。教師不能強迫學生接受老師——老師的地位最終必須通過學生的給予中贏得。」（李樹英譯，2001，頁103）Paulo Freire對此也有類似地說法，他說：「權威要能夠受到認定為真實可靠，不能僅僅透過權力的讓渡（transfer of power），而是透過授權（delegation），或是一種來自感情深處的擁戴。」（方永泉譯，2009，頁230）透過我們的教育實踐，對Max Van Manen以及Paulo Freire的慧見，有了更深的體會。我們於是明白：教師之所以為教師，必須經由學生的授權給予，而師生間的對話關係，是建立在對彼此的尊重與信心之上。對話需要對於人性有著高度的信心，相信人有製作與再製作、創造與再創造的能力。這種信心是師生進行對話的先決條件。如果教師將課程與教學侷限在既有的形式上，每個學習者變成了物化的客體，教師必須去操縱，而失去了與學習者相遇、對話的機會，也就沒有辦法將學習者的自然樣貌作為教學資源，讓學習者自身的主體性在學習歷程中展現與被自身所掌握。

四 執子之手、與汝同行——代結語

當討論偏遠弱勢學習者的處境時，多數的論述從學生缺乏文化資本與社會資本的窘境去分析偏鄉弱勢學習者的不足。文化與社會資本往往被歸責於家庭，偏鄉地區的處境普遍是貧窮所導致的缺乏，多數偏鄉孩童處於營養不良的狀態，貧病交迫、家庭破碎，產生了各種惡性循環，弱勢家庭的失能處境惡化了弱勢學習者的學習處境；然而，從教學微觀的層面卻能看出不同的樣貌。教學實踐的微觀面，並非在談論某種神祕的媒介力量、歷史的下層基礎，或是隱而不顯的背後推力，而是細微的去看見學習者的所作所為。從某個角度而言，「如果實踐是隱而不顯的，是因為實踐和我們所有行為一般，擁有同樣的歷史命運與結果：我們通常意識到它的存在，卻沒有概念可以理解它。」（Veyne Paul, 1997: 153）在此，我們主張以學習者的行為當作判準，意味著不從他們的意識型態去判斷他們；也意味著不從文化資本、社會資本的匱乏等概念對之進行理解。這些外在的概念會讓具體教學情境中的參與者所擁有的創造力變得平凡無奇，了無新意。

如果教育工作者能理解「學習」乃是在具體情境中，對自我生命所察覺的問題作回應，當弱勢學生甚少從家庭獲得有利於學習的資本時，教學者或許能從日常教學中提供孩子們能掌握的資本。從黑皮與阿明的例子中可以看出，當教學者能理解、接應時，孩子的學習是樂觀的，且因此描繪出屬於他們自己獨特的學習風景。改變家長或家庭可能是天方夜譚，無力感甚高，多數第一線的教育工作者，從習得的無助中逐漸放棄，或視而不見。

借用Greene的概念，在適當的時刻，教師可能會發現到當他與學生的目光交會，並且覺察到學生的存在時，所代表的意義。這種意義下的邂逅——是一種「我—汝」（I-Thou）關係的邂逅，總是發生在當下的時刻，而不是發生在客體世界（object-world）的領域中。在這樣的對話關係中，教師可以經歷到身為一個學習者是怎樣的滋味；教師是以一種獨特的方式，成為了學習者本身。

從課程實踐與教學美學的觀點，在每個教學互動中，教學者與學習者相遇、理解、共同創造出舞動中的課程（dancing curriculum），如此的理解與實踐，或將是改變偏鄉教育工作者自身與學習者命運的契機。

參考文獻

中文部分——

方永泉（譯）（2009）。受壓迫者教育學（原作者：Paulo Freire）。臺北：巨流。

李維倫（2004）。以「置身所在」作為心理學研究的目標現象及其相關之方法論。應用心理學，第22期：157-200。

李樹英（譯）（2001）。教學機智——教育智慧的意蘊（原作者：Max Van Manen）。北京：教育科學出版社。

夏林清（2002）。尋找一個對話的位置：激進教育與學習歷程。應用心理學，第16期：119-156。

歐用生（2006）。課程理論與實踐。臺北市：學富文化。

郭禎祥、陳碧珠（譯）（2008）。教育想像力（原作者：Elliot W. Eisner）。臺北：洪葉文化。

楊俊鴻、歐用生（2009）。第三空間及其課程美學蘊義。教育資料與研究雙月刊，第88期：69-92。

龔卓軍（譯）（2003）。空間詩學（原作者：Gaston Bachelard）。臺北：張老師文化。

蕭昭君（1996）。教室中的主人與客人—花蓮鄉下學童經驗課程觀察研究。偏遠地區的教育診斷理論與實務的探究研討會論文集。東師。

蕭昭君（譯）（2003）。校園生活：批判教育學導論（原作者：Peter Mclare）。臺北：巨流。

英文部分——

Aoki, T. T. (2005). *Curriculum in a new key: the collected works of Ted T. Aoki* / edited by W. F. Pinar and R. L. Irwin. N. J.: L. Erlbaum Associates.

Ayers, W. (2004). *Teaching the personal and the political: Essays on hope and justice.* N.Y.: Teachers College, Columbia University.

Dewey, J. (1934). *Art as experience*. New York: Minton, Balch.

Ecker, D. (1963, Spring). The artistic process as qualitative problem-solving. *Journal of Aesthetics and Art Criticism*, *21*(3), 57-68.

Greene, M. (1978). *Landscapes of Learning*. New York: Teachers College Press.

Grundy, S. (1987). *Curriculum: Product or praxis.* London: The Falmer Press.

Pinar, W. F. (1975). *Curriculum theorizing*. Berkeley: Mc Cutchan.

Polanyi, M. & Prosch, H. (1977). *Meaning. Chicago: The University of Chicago Press*.

Reynolds, W. M. & Webber, J. A. (2004). Introduction: Curriculum theory- dis/positon. In W. M. Reynolds & J. A. Webber (Eds.), *Expanding curriculum theory- Did/position and lines of flight* (pp. 1-18). New Jersey: Lawrence.

Slattery, P. (1995). *Curriculum development in the postmodern era*. N.Y.: Garland.

Veyne, Paul. (1997). *Foucault revolutionizes history*. In Arnold Davidson, ed., Foucault and his interlocutors, pp. 146-82. Translated by Catherine Potter. 1978. Translation, Chicago: University of Chicago Press.

Wang, H. Y. (2004). *The call from the stranger on a journey home: Curriculum in a third space*. New York: Peter Lang.

13 教室劇場的劇本是誰寫的——教學藝術實踐的評析

游麗卿
國立臺南大學教育學系教授

一 前言

Eisner（2002）在《教育的想像力》（*The educational imagination*）一書中，批判美國學校教育的缺失，他指出教學的複雜度被政客簡單化，因為複雜讓政治難以行銷（p.6）；如此，教學評量就以精簡的量化形式，進而影響教學的內涵。然而，後現代的課程取向（Pinar, 1975; Pinar, 1998a; Pinar, 1998b; Eisner, 1995, 1998, 2002a, 2002b; Greene, 1995; Wood, 1996; Semetsky, 2004）要求老師在錯綜複雜的教學歷程要具藝術的內涵，然而浸泡在現代課程的教學者能夠鬆綁傳授知識的教學目標嗎？或甚或能脫下自我意識、教師權威，而讓師生思考飛揚嗎？

國內學者大多探討藝術課程理論（陳錦惠，2005；李雅婷，2007；洪詠善，2004），或美學取向在研究的應用（周淑卿，2006；林千楓，2006；王慧勤，2006；涂志賢，2009；許芳懿，2009），或從哲學觀點探究教學藝術的內涵（唐用生，2007；吳靖國，2009；李笛榛，2000），少數將美學理論落實於教學實務（李雅婷，2002；洪詠善，2008；鍾添騰，2009）。我寫這篇論文的目的是期望透過描述和評析一個小學低年級唐老師的教學，引發理論學者與教學實務者思索，從現代轉移到後現代課

程理念的歷程中，老師如何平衡制式化知識的灌輸與創造性藝術的追求；期望能提升教學者在實踐面上的表現，也提供美學課程學者如何從教學實務的實施與困難，精緻化美學課程理論的參考。

我曾以示範如何運用紮根理論所提示的開放和主軸編碼策略，以及解釋現象為寫作目標，分析唐老師和學生的對話，解釋他釋放和收回說話權是為了達到教學目標，批判他侷限了學生的創意（游麗卿，2004）；然而，這樣卻沒從「感知」（sensation, Eisner, 1985: 203）方面描述他教學的整體性和流暢性。我因而想從教學藝術的觀點，描述和詮釋唐老師如何以小學低年級喜歡在想像、假裝中自發性的戲劇遊戲為基礎，把戲劇融入國語課；以及評析教學所具藝術的品質。

在尋求同時關照描述、解釋與評析唐老師教學歷程中創造性的一面，我以教室活動進行中師生語言和非語言的訊息，以及訪談和觀察資料的分析結果，細膩地描述他上「橋」的教學片段，並從Vallance，Eisner和Greene的觀點，評析他以戲劇融入國語課教學所引導的教室對話具有什麼藝術品質，師生為什麼如此參與的美學品質為何，並在文末提出教學藝術落實的難處，以及如何化解。

二 教學美學探究的緣起與路徑

我和我的研究團隊成員到唐老師教室觀察他的國語課前，已經在他的數學課教室觀察了三年。之所以到他的國語課教室的初衷，是想三角校正在數學課所蒐集分析的資料。由於我和唐老師都喜歡探究如何在討論中引發思考，而我大學的主修也是文學，就愛上了他把閱讀和寫作、文學和戲劇關聯起來的教學方式；而他也想要整理和反思好更精進；於是，我們就開始每週兩次在他國語課的教室觀察。我們每週觀察兩次，第一次觀察兩節課，第二次一節。從他開始帶一班一年級開始，一直觀察到這班上完二年級，研究進行為期兩年。資料蒐集的方式是觀察、錄影和深度訪談，以及蒐集上課所用的教材。觀察一節課的那天下課後，我訪問唐老師課程的計畫，對學生參與的詮釋，在教學歷程中課程計畫的修訂或決定，以及之所以回應學生的某些話語背後的教學理念等等。

深度訪談是根據詮釋現象取向三個訪談序列的原則（Seidman, 2006），包括經驗、經驗的細節，以及經驗的意義。就詮釋現象學而言，「經驗」指的是人與世界的互動，以及反思互動的意義。事物或經驗的意義依存於我們所覺知的事物中，我們從看得到的事物理解或反思看不見的意義（Merleau-Ponty, 1968）。語言把所覺知或經驗的說了出來，讓人之所以為人的經驗顯露出它的意義（余德慧，2001）；我因而藉著訪談內容詮釋個案教學經驗的本質。而在本文所謂的經驗除了包括唐老師對自己經驗的敘說跟反思，和他跟學生在教室的對話，還包括師生在對話活動中非語言的訊息，以及我對這些經驗的詮釋。

觀察和訪談的內容都有錄音及錄影。課程進行的錄影是由兩名研究成員，各操作一臺攝錄影機，分別在教室的前方和中間。置於前方的錄影機錄下老師教學的語文和非語文訊息；置於教室中間的錄影機捕捉學生的參與和師生的互動。捕捉的訊息包括師生的對話、臉部的表情、肢體動作、專注或講話的方向、行進的位置、對話的對象、師生互動的情形，以及板書書寫的順序和內容等等。

資料分析的歷程涉入「整體—部分—整體」的詮釋循環（Smith, Flowers, & Larkin, 2009; Conroy, 2003）原則，以及視框分析法（frame analysis）。藉著個案教學實務的整體去瞭解他教學歷程或訪談中某些細節的本質何在，也藉著細節的部分去瞭解教學整體的本質。在分析的歷程中，通常涉入寫下初步的省思，再逐一進行細部的解析，釐析出主題；並藉著跨時跨事件的檢測確認主題。同時，也採取余德慧及其研究伙伴（余德慧＆顧瑜君，2000；余德慧＆蔡怡佳，1995）所採取Heidegger剖析現象的破裂法。而至於本文寫作風格的決定，來自敘說探究的啟發（Clandinin & Connelly, 2000）。

由於探究的焦點在於唐老師教學內容具有什麼藝術品質，而根據Eisner等人對教學藝術起於老師的教育價值、個人需求以及信念，資料分析的焦點之一因而在此。且由於「美」的品質何在難以捉摸，而又是潛藏於內在情境（Vallance, 1991; Eisner, 2003），僅以教學經驗的自發性、自我轉化，還有帶來愉悅感受的程度（Vallance, 1991; Eisner, 1995,

1998, 2002a, 2002b; Greene, 1995; Huebner, 1975a & b; Pinar, 1975, 1998a; Wood, 1996; Semetsky, 2004），作為分析教學藝術品質的焦點。

三 教室劇場的美學品質

Vallance（1991）認為美學探究（aesthetic inquiry）是有系統的探究隱晦的、潛藏於內在的情境，目的是探究情境美化的品質，以及人們如此美化情境的經驗品質為何。接下來我根據Vallance與其他學者（Vallance, 1991; Eisner, 1995, 1998, 2002a, 2002b; Greene, 1995）所主張的美學品質判準：自發性的、以新的視野來看待舊事物，還有是否帶來愉悅的感受，評析唐老師教學藝術的內涵。

唐老師靈活的運用技巧，隨著前後伴隨什麼來決定當下要如何因應的表現，達到Eisner（2002 a&b）所謂的把藝術本質用於教學的質感。他透過行動的即興演出，讓學生在想像、懸疑、對談和遊戲中，關聯自我的經驗理解課文的意旨，思辯言談的合理性，並演出或改編所理解的故事人物情緒和情節。他和學生在當下的自由揮灑具有像Eisner所說的非由預先假設所決定的自發性品質，雙方都得以在參與跟創造中得到滿足。在描述和詮釋唐老師教學的藝術品質前，我先介紹唐老師和他的學生，再說明他怎麼設計「橋」這個課程，然後描繪他教學的片段。

(一)教室劇場中的演員

1.唐老師——編劇、導演及主要演員

我觀察唐老師前後達六年之久，先後看了他的數學課、國語課、社會課，還有音樂課。唐老師多年實踐討論教學法，他在這些不同學科的課堂中，都與學生在問答的互動中進行教學。來回觀看和分析他所展開教室活動，還有思索他在訪談中的敘述，我感受到他的教學之所以具美學意味，是潛藏在他無盡的活力、不斷湧現的創意、隨機而轉的靈動下，對教學的熱情和對學生的關懷，有如Greene（1995）所說因為愛而有的寄望（hope）。

首先，唐老師視自己為過渡學生先前的經驗，還有學生逐漸發展出的能力和自信之間的「橋樑」。他說：

小孩子……陸陸續續、零零散散，在他腦海裡蒐集很多的資訊，他在這個時候反映出來，而我能幫助他把想的講清楚，我就覺得是件得意的事情，我們彼此都得到很大的成長，我就覺得說當老師就是一個橋樑……我希望孩子能夠從人群中建立出自信，〔就是〕我自己有一些想法，然後很適當，很妥善的把它表達出來。

其次，與Greene以文學啟發教育實務者思考批判有異曲同工之妙，唐老師引導學生察覺課文中語言所潛藏的情感和意念，培養學生文學素養和批判能力。他說：

瞭解了語言內在的意涵，這個語言才能有生命力，那才能被表現，……我希望他們能夠領略文學的美……以後他讀書的時候，他真的能夠咀嚼……沈澱……發酵，他的批判能力會變得很強，這就是民主養成的過程……我希望他內在感受的東西能夠表現出來，所以我不斷地製造很多的議題，去刺激他，讓他開始……從小就開始習慣去批判思考。

如此，唐老師的動機就像Greene（1995）說的：

對話不能在沒有寄望的氛圍進行，要成為一個全人，不僅要投入批判思考，還必須要有能力想像那些源自於他們所期望的事物，並以探究來克服緘默（p.25）。

也就是Greene所強調的——堅持探究背後所持有的信念和目標。

唐老師從不曾照本宣科，總是釐析課程內容所要引發的思考何在，自創一些符合他的風格，及關聯學生生活經驗的教學活動。在國語課他常用一些具有文學性的文章來引發學生思考。他隨著課堂學習活動的流轉，扮演不同的角色，他有時是嚴師、有時是學習伙伴、有時是演員，通常是喜劇演員，還當編劇、導演、旁白員，甚至場監的工作。

我在分析資料和寫作的歷程中，常穿梭於唐老師揉合戲劇與教學的課堂中。我咀嚼再三他所扮演的不同角色，感悟他之所以將課程戲劇化，不但是知道自己和學生愛演戲和看戲的心理；還有的是他要彰顯意義，連結理解、溝通和討論，甚至是把文學過渡到戲劇這樣的渴望。他在上課前會先挖掘課程中所要傳遞的意旨何在，然後再設計問題，引導學生爬梳課文中故事主角的思考和感情，要求學生在角色扮演中，替代性的體驗主角的生活和情緒經驗，並從中思索課文的意旨，甚至請學生改寫故事。在我和唐老師一起探索為什麼他要在國語課裡演戲時，他表示小孩還沒發展到像大人一樣流暢的表達思考和感覺，所以會「透過他的肢體，來表達他想說的話」。他強調「最後能夠到戲劇……已經真正能夠理解文章，你才能……表達這個人物的一個內在感受……能夠抓的更精準，更精確」。而且，唐老師也覺得「小孩子就是喜歡演戲和看戲啊……上課就變得好玩了」。

唐老師開放給學生說出他們獨特的想法，他引發學生溝通思考的策略包括獎懲制度、提問、追問、製造衝突懸疑、穿插即性戲劇、或遊戲增加趣味性。他大膽的啟發低年級兒童的想像力、溝通能力，以及獨立思考能力，引導學生玩味課文中主角的想法和感覺，並達到移情或轉化自我的作用。他用重述、補充或延伸學生說法的策略讚賞學生，讓他們相信他歡迎且接受他們的想法。他的學生因而敢發言，少數學生甚至敢打斷他，或取代老師的角色，提出對課文不同的詮釋或摘要討論內容。

我有時窺探到他借學生的口說出他的想法；有時他直接告訴學生課文的含意，權威性的轉移話題；但是，有時用學生的說法取代自己的；也會讓學生把話題拉回來，甚至讓學生決定或改變話題。此外，他還為學生說錯的講法圓場；甚至向學生道歉，表明老師也有不是之處。同時，為了達到教學目標，唐老師也講述、摘要之前討論的內容，以進入下一個主題；也會把偏離主題的現場拉回到討論的主線。當學生說不出來時，他會修改原先所提的問題，提示，或直接告訴學生；當學生說的不是他的想法，他會質疑，甚至用反問的方式否定學生的說法（游麗卿，2004）。

2.學生──機動性演員

「橋」的劇場中共有34個一年級下學期的學生，他們來自於臺灣南部中上階級的家庭。當天學生在視聽教室上課，他們照平常所分的六組，分坐在四張直排和兩張橫排於黑板前的桌子周圍，學生座位如附錄一所示。在唐老師的鼓勵和引導下，學生大多願意嘗試參與討論活動，其中有14個學生參與討論的頻率明顯高於其他學生。絕大多數學生口語表達的能力都很流暢，只有一個學生，溫祥，因為有情緒障礙的問題，思考和語言的連結不順暢，但在唐老師的引導下，逐漸主動參與討論活動。

(二)劇本的初擬

在上「橋」（見附錄二）這一課之前，唐老師把他閱讀的感動「轉化成」問題，引發學生思考，其中包括文章結構和人物的分析，學生有什麼類似的經驗，接著關聯這樣的經驗到「橋」的寓意──在判斷是非前，要蒐集證據，從不同的角度來思考才不致偏頗。他在上課以前先要學生先看文章的前三段，巧妙地引發學生想看故事有什麼結果的好奇，還要他們回答閱讀理解和推理的問題，包括「青青和棕棕兩隻松鼠是什麼關係」、「青青看見棕棕做了什麼事情，剛開始青青心裡想到什麼」，還有「你覺得棕棕是小偷嗎？為什麼」。

(三)教室劇場上演的情節

第一節一開始上課，唐老師要兩個學生摘述文章的前三段，接著引發學生閱讀理解課文的動機，引發了11個學生公開相互爭辯棕棕的行為算不算是偷；接下來唐老師用兩個遊戲，想讓學生體悟，以自己觀點來觀看事物會有偏頗的意義；然後，想像青青為什麼會對棕棕失望，還有青青會不會再找棕棕；講述課文的前三段；詢問青青踢橋代表的意義何在；接著講述第四段，並要學生推測阿金會不會為青青倉庫加鎖，及為什麼。

第二節課，唐老師要學生想像阿金真的做鎖，還有棕棕如果看到門被鎖住，棕棕會怎麼想；接著，他要學生判斷阿金是否是青青的好朋友。然後，為了準備好學生可以用戲劇的方式來呈現他們對課文的理解，老師問三個主角的個性為何，像班上的哪些同學，他們喜歡哪個角色。最後，老師把教室中現有的東西想像成故事的場景和道具，挑選兩組合適的學生把故事演了出來。演完原創版後，老師提示「我要演不一樣的，你會不會頭腦想一想，想到好辦法」，請學生改編。學生把棕棕不說就拿的情節，改成留了一張字條再拿走。

(四)師生即興演出的美感品質

唐老師師生在探究「棕棕在青青睡覺的時候，為了不吵醒青青而拿走了果實，是否算是偷的行為」的歷程中，師生的言談從自我的詮釋和判斷出發，也在多方的言談中相互激盪想法和感覺。就他所理解的課文主旨，唐老師敏覺當下師生探究歷程中所衍生出的思緒和情緒，具有什麼本質，並關聯教學的目標與當下師生的言談內容，引發接續的探究。當時有11個學生公開的表示他們的想法和感覺。其中有5個學生甚至在探究的歷程中，隨著多方觀點和感覺的交織，轉化原本「青青應該把棕棕拿走果實的行為看成是偷」的想法，達到杜威所謂的自我的再建構，或Greene所說的放下既有的，而追求新穎的。

1.春暖花開，眾鳥爭鳴

當時唐老師先請全班的同學表態，舉手表示自己覺得棕棕的行為是不是偷，接著再問學生這樣想的理由。幾乎所有的學生都認為棕棕這樣做算偷，只有柏廷、仲亞、欣依和錢衛四個學生認為不算偷。在探究的歷程中，11個學生相互回應，他們提出例證或指出對方所說的缺失，來反駁或質疑，甚至打斷老師的話語，改變老師的教學決定。

首先，柏廷和小麟就棕棕的行為是否為蓄意的進行辯論，接著伊方則繼以所有權的觀點論斷棕棕是小偷。老師先問柏廷為什麼覺得不算偷，柏廷起身拿起麥克風說「小朋友請看我這裡」，等大家回應說「好」，柏廷才說「他們也會在一起玩……會把它當作開玩笑」；站在柏廷右斜前方的唐老師看著柏廷點了一下頭，雙眉上揚，舉起左手左右的揮動，說「那你從文章哪裡來判斷，棕棕是跟青青在開玩笑嗎」。在此，老師的非語文動作及他轉述柏廷所說的話語後頭，加了一個疑問詞

——「嗎」，透露出他的質疑，還有邀請柏廷提出支持的論點。

小麟聽到柏廷說「開玩笑」，就馬上舉手想取得發言權，一邊忍不住的說「是，是」；在他從老師那兒得到發言權後，伸手向站在他面前的柏廷拿走麥克風。老師叫他先說他的企圖「我想問」，小麟就說「我想問你，那為什麼，那個棕棕要和其他的松鼠一起吃呢」，把他的質疑點挑了出來。

老師要小麟再問一次，並且叫他先說「我想問你一個問題」，小麟這次用反問句，指出柏廷說法的漏洞，更清楚的批判開玩笑的說法是不合理的。他沒照老師的要求先說開頭語，他說「如果是開玩笑的話，應該不會真的吃掉……為什麼他把他的果實偷走以後，他跟別的松鼠一起去吃呢」。小麟沒有看著站在對面的柏廷說，他的眼神隨著老師沿著呈威和仲亞他們那兩組移動到教室後方而轉動；說完把麥克風還給柏廷，並坐了下來。柏廷停頓了四秒，站著面對著小麟，辯解的說「他們就像在借一樣，把東西借去，阿，忘了跟他講」。小麟並沒有看柏廷，也沒有再回應，他低著頭，手指在桌面上滑動。接著，伊方面向老師舉手，老師示意她可以發言。伊方從所有權人的觀點，還是認為棕棕的行為算偷，她說「可是我覺得如果你沒有經過別人的同意，你就把它偷走了，你就把它拿走了，然後不還給他，我覺得那樣子是偷的行為」。

另一個主張棕棕的行為不算偷的仲亞，與同學展開另一個系列的辯論。仲亞從分享的觀點為棕棕辯護；同學則以要事先告知，還有課文的內容加以駁斥。仲亞說「可是我有問題，他們兩個是好朋友，應該要分享啊」，但是同學紛紛用伊方所提的「分享要跟人家講一聲」否定仲亞。凱偉則直接舉課文中「青青……看見棕棕從倉庫裡拿了一些果實，就急急忙忙的跑走了」為證，反駁說「可是為什麼棕棕不要理他，一直用跑得，他應該可以先走慢一點，啊，再告訴青青說我拿了你的東西可不可以，因為這樣他用衝的，青青不知道他在幹什麼」。

溫祥雖然發音有構音的問題，思考和語言的連結不順暢，也以課文的內容為證，論斷棕棕是小偷。溫祥打斷正在黑板做摘要的唐老師，用老師所規範的起始句說「老師，我有一個問題」取得說話權。溫祥看著課文慢慢地說：「東東，因為棕棕有，沒有跟青青講說，我想要喝你的果子，就拿走，可是棕棕又偷青青的果子。」唐老師讚賞溫祥可以理解課文並說出自己的看法。

唐老師接著讓學生在兩個遊戲中體悟，以自己觀點來觀看事物會有偏頗的意義。第一個遊戲是蒙住眼的學生，靠摸索猜出他面前的同學是誰；另一個遊戲是用一張一面是白色的，另一面是黑色的紙，問學生說紙是什麼顏色。當看到黑色那邊的學生宣稱紙是黑色時，唐老師就故意用反面的觀點，大聲質疑說「人家說白色，你說黑色」，彰顯關照點不同的衝突；學生則就自己的觀點奮力辯護。

2.任由想像展翅飛翔

在唐老師接著走過青青為什麼對棕棕失望後，他問學生青青會怎麼辦，欣依說「他會不跟棕棕做朋友」，老師因而調查大家的想法。他很訝異有十五個學生表示會跟棕棕繼續交往，只有五個學生表示不會。唐老師雖然訝異仲亞不但不認為棕棕偷青青的果實，又主張青青要跟棕棕繼續交往，他順著仲亞的想法，運用想像力，誇張的即興演出青青和棕棕可能對談的情形，讓教室充滿了歡樂，不但呼應了Greene（1995）強調的教學藝術要與想像力結合，也可說符合Vallance（1991）美學品質之一，帶來愉悅的感受，或Eisner（2002a）所謂的內在的滿足感。

當時仲亞說他會問棕棕「你為什麼偷我的果實」，老師頓時眉頭一皺，上眼皮壓在眼眶上，往後退一大步，雙手交叉在大腿間，然後一邊往前走一步說「喔，你會跑去問他說」，一邊搞笑得演出青青興師問罪的樣子，他先悶咳一聲，歪斜著頭，壓低聲音，往前跨一大步，雙手交叉在胸前，用兇狠的眼神，右手指著面前的中珍，用臺語說「是按怎，哩咩掏家哇耶果實」；學生都忍不住笑了。仲亞聽出老師的戲謔，他澄清說「如果他講理的話，我就會再跟他做朋友」。老師的表演慾一發不可收拾，他又快速的移到仲亞旁邊，右手上前伸得挺直，手指著仲亞，先急速有力的對仲亞說「生氣的問」，再一邊把右手放下來，兩手手掌往外翻後交叉在腰下，一邊換為緩和的語氣說「還是要不生氣的問」；仲亞說他會不生氣的問。接著唐老師要仲亞扮演青青會怎麼問棕棕，唐老師自己則演棕棕做賊心虛的樣子，他雙手交叉在腰

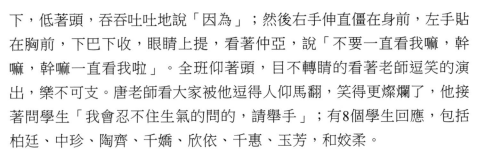

下，低著頭，吞吞吐吐地說「因為」；然後右手伸直僵在身前，左手貼在胸前，下巴下收，眼睛上提，看著仲亞，說「不要一直看我嘛，幹嘛，幹嘛一直看我啦」。全班仰著頭，目不轉睛的看著老師逗笑的演出，樂不可支。唐老師看大家被他逗得人仰馬翻，笑得更燦爛了，他接著問學生「我會忍不住生氣的問的，請舉手」；有8個學生回應，包括柏廷、中珍、陶齊、千嬌、欣依、千惠、玉芳，和姣柔。

3.在眾聲喧嘩中自我轉化

唐老師師生的教學活動達到藝術境界的品質，還可以從師生在對談中自我轉化，開闊新視野及超越（Greene, 1995; Vallance, 1991）中看出。唐老師在與學生對談的脈絡中，對「橋」的寓意有新的見解。他在上完「橋」後的訪談中，說「今天呢，不是我們教了孩子，而是孩子給我們上了一課」，他從學生的觀點體悟到「我們失去很多很多人類最原始的一個純真，孩子所看到的社會，友誼勝於果實」。

唐老師使用正反論證，引發學生想像青青會不會與棕棕持續友誼，使正反雙方都有機會說出他們的想法。其中有5個學生，小麟、玉芳、溫祥、伊方和聖君，甚至在對談中轉化原本的思維。他們在傾聽仲亞所提到的另有觀點，及理解其他在課堂中的互動，跳躍的轉化自己原本認定棕棕偷竊的行為。玉芳先說到青青不找棕棕，會少了一個朋友；溫祥繼而說沒有棕棕，青青會很無聊，都把朋友的可貴點了出來；最後，小麟在之前對談脈絡的催化下說，果實可以再採，但是絕交的朋友永遠找不回來，把兩者價質的權衡，用具象而又樸質的語言創發了出來，也轉化了自我，開闊了新的視野。

(1)黃鶯欲出谷，飛鷹卻盤旋

坐在仲亞前面桌的小麟，聽到仲亞說他會不生氣的問，就想的確沒什麼好生氣的，一改之前咬定青青會覺得棕棕是偷了果實，而不是開玩笑的想法，小麟振振有詞又很肯定的大聲插嘴說「反正，反正那個青青家裡果實那麼多」。唐老師因為正在問學生會不會忍不住生氣的思緒，一時不懂小麟說什麼，也就不假思索的認為是無關的說法，他轉頭看小麟，提高聲量的反問說「你怎麼知道他家很多果實」，想撇下小麟的想法；小麟還是繼續編織他的想像，說「他少了四顆而已啊」。唐老師沒理小麟的答辯，繼續邀請學生談「青青還會不會去找棕棕玩」。

(2)成鳥吱喳欲離巢，母鳥殷殷展翅庇護

然而，小麟的思考似乎已經點燃了另有觀點；老師開始傾聽，且用反向的思維挑起感性和理性，或自我與社會我的矛盾心理，鼓勵多元的觀點。原本認定棕棕是小偷，而且也認為應該生氣的質問棕棕為什麼偷果實的玉芳，提出青青還是會找棕棕玩耍的意見。她說「因為如果青青再也不去找棕棕，他就等於是少了一個朋友」；唐老師用懷疑的口氣問「這種朋友還要嗎」。玉芳篤定的說「要」；老師身體往後微仰，捧腹大笑，眼睛瞇成一線，笑了三秒，才感嘆說「為什麼，你們還要啊」。這引發持反對意見的凱偉舉手要表示他的看法，他說「我不要，因為我覺得我好不容易賺到的，就白費力氣，還要去賺」；坐在旁邊的青玉頭枕於靠在桌上的右手手臂上，甜美的笑著看她左邊說話的凱偉。唐老師先是同理的說「所以這個朋友寧願不要了」，又故意挑起矛盾的心理說「可是你會很孤單吔」。講話一向誇張的聖君，戲劇化的、抑揚頓挫的說「我寧願死，也不要跟那個人做朋友……因為他實在是讓我太傷心了」，講到「太傷心」時，說話速度放慢，邊說還邊搖頭。唐老師看著聖君，幽默的說「你的心很大，怕什麼，傷心一點點，才會有大胸襟」。

唐老師想摘述之前的討論後去看課文，但是學生還不想離開這個主題。雖然唐老師說「所以你看，我真的不知道這兩個好朋友，現在能不能」，溫祥卻又打斷老師，說「因為青青沒有找棕棕，青青會很無聊」，言下之意是轉化了之前認定棕棕沒有事先講就拿是偷，而改口認為青青應該原諒棕棕，再與棕棕做朋友；本來就不認為棕棕是小偷的仲亞也接著說「這只是小事，為什麼青青就不理棕棕」。老師一方面提醒說棕棕的行為讓青青失望，他們之間的信任沒了，另一方面同意仲亞說這是小事。

(3)成鳥試啼，母鳥和鳴

小麟就在玉芳、溫祥和仲亞發言之後，延伸之前「青青家果實很多，少了四顆而已」的說法，並在接續與老師的對話中，說清楚他思考的轉化，訴諸感性的觀想。小麟以為青青可用另外一種視野看待棕棕的行為，他說「少了一些果實，不會怎麼樣，再去採就好了啊」；唐老師聽了很欣賞並把小麟的意思聯想到友誼。唐老師對著小麟說「你覺得友誼比果實還重要」，並接著點出兩者的差異，他說「喔，果實再去採，可是友誼呢，沒有辦法再採了」。小麟的重述「他果實被偷了，還可以再去拿啊，但是，但是他跟他的」還沒能關聯到友誼。在老師又再次提示「友誼」兩個字後，小麟就得以接著說「果實還可以再去拿，但是，那個朋友跟他絕交了，那個，就永遠找不回來了」，把朋友與果實關聯了起來。如此，師生一起使用語言，在對照「可再採的果實」與「一去不回的友誼」之間短暫和永恆的差異，點出友誼易碎而又可貴的本質，因而需要珍惜。

(4)成鳥已展翅，雛鳥尚待哺

唐老師本來還要鋪陳小麟所說的，他說「所以我可不可以接他的話講」，但學生七嘴八舌的紛紛表示意見。中珍還不能像小麟那麼快的轉化，質疑說「那為什麼青青他就是，我就看文章，文章裡面它就說，那個青青把橋踢走」。唐老師注視著中珍，但在中珍還沒說完，就走回講臺，他先表示認同的說「喔，對啊」，然後想順水推舟的結束這個話題去看課文，他說「〔中珍〕剛才提一個，我接下來要講的」。但是小麟則想與中珍對話，他想像青青當時看到自己的東西被拿走時生氣的情緒，所以大聲為青青辯解說「可是因為他真的忍不住，踹一腳」。

唐老師眉頭皺起來，雙唇展開成一線，右手掌抓緊，欲言又止的看著插嘴的小麟。他走下講臺，暫時打住他想開始講解課文的決定，轉而回應小麟說「一個人生氣的時候」，表示同理；柏廷卻沒讓老師說完，他回應小麟說「可是他後悔，他不會後悔對方」。唐老師就在自己預設的課程與跟學生即興的演出中繼續遊走，時而讚嘆學生的演出，並與他們共舞，時而憂心忡忡既定的課程如何走完。

四　評析與討論

我在訪談唐老師，還有分析和詮釋他的教學實務的同時，時常反思自己的教學，也因而影響了自己教學的風格。我逐漸開放自己的想法和情緒，也在學習這樣做的同時，體悟教學是在與學生取得關係後思考的交流；我因而得以享受教學中與學生透過教材與對話中，思考與心靈交流的觸動。從解析唐老師「橋」這堂課，我看見他形塑自己成為人師歷程的點滴，得以反觀自己學習教學的歷程不是也這樣。從外表看似一個引導者，骨子裡不忘做一個主導者，在體察甚而開始玩味學生另有思考的同時，躊躇怎麼在放手後收回說話權。在重新建構知識觀的歷程中，逐漸學會隨著學生的參與，及當下脈絡所衍生的靈感，悠遊於與學生共同創作的樂趣，而心生滿足感。

唐老師靈巧的以問答、遊戲、戲劇的形式讓學生經驗課程，並在敏覺當下與學生對談的意義與教學目標的關聯為何，時而同理時而挑戰學生的想法，展現了Eisner所強調的彈性。他能言善舞，以肢體語言的表演，引發學生投入和享受思辯和創造，甚至自我轉化，使他教學堪稱達到後現代課程理念所強調的藝術境界。然而，我透過整體、部分和整體的詮釋循環以及破裂法的分析，在發現唐老師同時在掌控秩序中要求一致，在提問歷程中否定與他不同的想法，或以假開放問題強行灌輸知識中，理解他在致力實踐後現代課程理念的歷程，揮之不去的是那根深蒂固的實證論觀點；進而理解主導意識的再概念（Pinar, 1975）不是一蹴而成的。

如同Foucault說監獄是透過空間施展權力（Dreyfus & Rabinow, 1982: 190），唐老師透過規範施展權力，決定了誰可以說話、說什麼、怎麼說，以及什麼時候說。他在訪談中提到怎麼引導學生演戲時，曾說

> 我每一分每一秒都在觀察，他們到底在做了些什麼，有沒有偏離我的軌道太多，我要即時的拉回來，所以每一個要進場的人我都先給他設一個關卡，給他限制了，我就告訴你，你要做什麼，你不可以給我亂來。

讓我感受到他在變成（becoming）歷程中的過渡，也就是同時具有掌控形式、內容的需求及壓力，還有希求學生思考創造的矛盾現象。

(一)一致性與創造性的矛盾

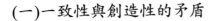

唐老師規範學生在發言前用正式開頭語的形式，如「小朋友請看我這裡」、「我想請問」，或「我有一個問題」等等，掌控學生的專注、教室的秩序，彰顯學生參與的內涵；但這些開頭語有時被形式化了，失去話語意義；有時學生為了因應這樣的要求而失去即興的創意。例如溫祥在前文用所規範的開頭語，「我有一個問題」，取得發言權；但是他並不是提出問題，而是發表他自己的看法。又如在「橋」的第二節課，柏廷回應老師「阿金真的做了鎖，棕棕會怎麼想」，第一次的回應是「棕棕會覺得青青已經不想和他做朋友了，所以他們友誼的裂痕會更大」。由於當時老師要控制教室秩序，要柏廷加上開頭語重說一次，柏廷說第二次時，就只說前面一句，少了第二句具抽象、推論、創發的部分。從前文也看出，像柏廷、小麟等發表溝通能力都不是問題的學生，在需要即刻回應揮灑創意時，卻因要顧及形式減緩了創意。

(二)否定與肯定的矛盾

從唐老師不經意的否定學生後又致歉，我看到他在短短的30秒內，從教師主導的作風改變到以學生為主的軌跡。學生當時在發表棕棕拿走青青的果實的行為算不算偷竊的看法，千惠在聖君說「青青用跑的，不讓人知道」後，說「他還把那個，分給別的松鼠吃」。唐老師放下原本拉成一直線的雙唇，嘴巴微微張開，雙眼茫然的看著千惠，頭先微微向右轉又回正的說「這跟偷有什麼關係嗎」；臺下的聖君附和著說「對阿」。老師看著臺下，小聲的說「有關係嗎，對不起，我用這樣不對」，隨即舉起左手的四根指頭摀住嘴巴，並閉上眼睛；接著兩手手掌張開，掌心向外，舉高至兩肩的高度，仍然閉著眼睛，說「ㄟ，對不起我剛才不應該用這樣的口氣跟你講」。他接著張開雙眼，把舉起的左手掌猛然往前伸，加重語氣的對著全班說「他講得很好」；接著轉身，右手高舉，看著黑板，開始為千惠詮釋說「那你認為說如果」。然後，他轉回頭，接著開始誇張的演出在千惠想像中青青的憤慨。他先是低著頭，接著語調激動的說「已經很誇張了」；一邊右手猛然揮動，一邊抬起頭來繼續說「你就已經給人家拿東西了」。他接著走下講臺，他右手向前舉，食指指著前方說，「你還拿去給別人分享」，接著兩手叉在腰上。

我佩服唐老師願意在學生、我的研究群，還有我面前釋放他的驚悚，以及重新塑造自己的企圖；也感同身受那一不留神就跳了出來的教師權威。他對千惠的回應，包括臉部表情和否定的話語，都讓「專家是知識的權威」的潛藏信念曝了光；而他否定千惠，還有接著意識到「不對」，都再次洩露他已自動化的「知識不是對就是錯」的想法，以及他那尚需在意識層面控制的建構觀點。然而，他沒請千惠說明，而是為千惠詮釋，又再次跌回實證論的漩渦。

這個從教室語料所分析出的整體，可以跟我用破裂法所分析的訪談結果呼應。他在上完「橋」後，說學生認為友誼勝於果實「教」了他。從這個「不是他教」的「教」的論述，我看到他對教學意義的掌握有「告訴」的成分；而他對可以讓學生把能力表現出來，感到「得意」，傳遞出他重視「教」的效果，還有是因為他「教」而有的教學成效，也確認了他尚有實證主義的知識觀點（游麗卿，2005）。

(三)開放與封閉的矛盾

我發現唐老師用像「你認為棕棕是小偷嗎」或「青青會不會棕棕繼續交往」開放給學生思考，而他在講述課文時所提的問題多是像Barnes所謂的假開放的問題（引自Cazden, 1988），讓學生跟著他的思考，以確定學生說出他對課文理解的教學目標。他所提的問題種類，收與放的韻律和節奏都反映了這個目標；因而，學生在老師的引導和許可下，重述老師所說的，或使用自己的語言說出老師的意思（游麗卿，2004）。

唐老師在第二節課，要學生想像「阿金真的作了鎖，棕棕會怎麼想」，但他心中既有的答案是「棕棕會認為青青以為他是小偷」。當時，中珍並沒有說出老師的想法，老師就把問題改成「看到門被鎖住，棕棕心情會怎樣」，他用他的語言和非語言的表情，演出棕棕當時雙手撐開在大腿旁，眼睛睜的老大，他說「天啊，他倉庫的門竟然鎖起來，那你想，棕棕會不會突然怎麼樣」，由於老師透露「出乎意料」的模樣，柏廷就說出老師心裡的想法「嚇了一大跳」。

唐老師接著先說「會心」，然後停頓一下；雖然沒說出「心碎」，柏廷就接著說「心一定會碎掉」。老師緊接著問「為什麼心一定會碎掉」，千嬌雖取得老師的許可發言，卻離題了。老師打斷千嬌，追問棕棕會有什麼樣的想法。當欣依說「他覺得青青不會再跟他做朋友了」，老師很高興的追問要把呼之欲出的答案催生出來，他說「然後，就可以擺明了，清楚的說明了，其實青青是認為」，然後停頓，讓欣依說出「他是偷的」；老師隨即大聲的彰顯「就只有他聽懂我的意思」，點出老師早已認定這個答案，並要由學生說出來的意向。

從這整體到部分的詮釋循環，我是用破裂法分析訪談資料。我把「說與不說」放在「說」的辯證關係，發現唐老師所謂「說」是在他要求的時機才開口說話，並且「量」要不多不少。在他談到依據什麼原則開放給學生說話時表示，當學生不講時，他會強制性的要求他們；而當學生講太多時，他擔憂他們獨佔話面。我遂從學生「說的太多或太少」的「非說」，或「不」符合他所謂「該說」時「說」，看出學生的「說」是被要求的行為，而且受老師不時的檢視。而這個部分還可以和從教室語料所分析出的整體呼應，如前文打斷小麟回到他的主題；聽中珍開倒車時回到講臺，取回說話權的片段。

五 啟示與建議

根據Eisner（2002a）說「課程經驗後才有課程可言」（p. 26），以及Pinar（1975）強調課程是「研究教育的經驗」（p. 400）的說法，課程的定義可說是研究教與學活動的經驗。從唐老師和學生在互動中的話語及非語文的分析，我除了看到他在同理學生，並挑戰學生激發思考中達到藝術境界，同時敏覺到不確定與規律的邊界，一個可能促發或偏離教學藝術的地帶；而師生一點點細膩的動作及其具有的本質，都會細微的影響教學所具有的藝術品質，就像混沌理論所說的蝴蝶效應（butterfly effect, Cziko, 1989），師生因而都需要學習察覺自我開放的程度，並需適時在放下自我，讓彼此的思考都能釋放且相互激盪。

資料分析顯示唐老師就在特定知識的傳授與開放思考徘徊。他把要收回的說話權讓渡給學生，同理或延伸他們的說法；也打斷學生說話，或在學生還沒說出「正確」的答案，就請其他學生發言。同時，他讚嘆學生說的像哲學家；也在學生提出有別於他的想法時，微微張開嘴巴、眉毛上揚，用懷疑的語氣質疑。從唐老師開放或封閉性問題、還有他的凝視、皺眉、嘟嘴、皺鼻、微笑乃至開口大笑、等待、致歉、讚美、加註、延伸，或出爾反爾，學生感受到他真心邀請他們說出想法；而也同時感受到他既開放又封閉，既同理又否定，既邀請又轉臺等等的矛盾，因而常在猜測老師的想法為何，而不是創發新想。

如此，唐老師師生在說話權的取捨，還有言談對象的選擇，和言談內容的決定方面可說處於混沌的邊界（the edge of chaos, Jones & Culliney, 1999），而權力的集中或分散攸關創發思考的可能性，也關乎美學教學實踐的品質。唐老師把培養學生溝通、思考的能力和教導內容知識兩者視為教學目標。為了培養學生溝通思考，他必須放手給學生說話；然而，教室中不管誰說了話，話語就拉出了多元的知識，連同也得到權力；如此，權力就分散了。在多重的聲音中，若不符合他所認定的課文內容意義，他就收回說話權，改用威權式的指導，而不是在提問中與學生延伸合作（extended collaboration, Cazden, 1988: 14）。即使他意識到自己的強勢，並竭力把它藏起來，他在向千惠道歉後誇張的表演還是張揚了他主導的優勢。

另外，我從學生在對誰說、說什麼，也看到混沌的邊界；而學生把老師視為主要對談對象，也影響教學美學的品質。像小麟反駁站在他面前的柏廷，眼睛卻盯著老師直轉的現象，內容雖對焦了，卻少了與對象在對談相互激盪中，創發思考的熱情與喜悅。而像中珍在小麟自我轉化之後，用課本部分內容，質疑小麟思考躍升的事件看來，小麟與老師兩個人的對話，中珍並沒有被納入或交融於他們兩個的思緒中，中珍或其他學生重建知識的機會也失去了。

唐老師在傳授知識和啟發思考、創造的爭戰或許可以用學者對科學和藝術並存的論述、知識的本質，和師生平權來化解。Eisner & Powell（2002）就指出社會科學學者同時具有科學和藝術的關切；Huebner（1975a）也說「知識不只是權力，它是人類意義建構歷程的表徵；是人類回應自己的感覺、內在的生命，以及對世界的回應」（p. 234）。也就是知識除了具理性的確定性，同時具有美的本質，是在於它即興的、獨特和超越的本質。Chen（2005）引Ames（1989）用莊子「無己」的說法提醒老師放手；Jones & Culliney（1999）進一步用莊子養生主中庖丁解牛的譬喻，更明確的指出消弭自我意識而讓智慧浮現，進而超越自我的道理。老師需敏銳覺察教學脈絡，就像庖丁解析牛的「彼節者有閒」；適時的除去控制的意識，就像庖丁的「刀刃者無厚」一樣；如此，「以無厚入有閒，恢恢呼其於遊刃必有餘地矣」，才能在師生互動所衍生出的自然脈絡，與「道」共舞。也就是在師生平權的前提下，要有像社群成員間在相互磋商中超越自己的意願；在督促彼此說話的品質要具有說服性（persuasive discourse, Cornelius & Herrenkohl, 2004）的同時，還要讓聽者決定是否接受說者，以享受在自發下創發新知識的喜悅。

除了再概念化主導權，「時間」的再概念化也是實踐教學藝術化的重要議題。唐老師雖然開放給學生在想像中馳騁，也因課程進度而用假開放的問題，很快的走過課文，或打斷學生。Huebner（1975b）提醒我們教學者的迷思在於侷限在某些價值下訂定某些教學目標，並且先前假定教學可以促成在短暫時間下學習結果的產生；忽略語言和意義探究的神秘性，不僅需要關照教學歷程的當下，還需關切學生的過去和未來，才能逐漸形構出當下（present）來，並不是一蹴而成的，或單靠老師既定的課程目標。像小麟是在他的潛能和背景知識，還有老師對他成長進步的期望下，在與唐老師對話中轉化；而且，小麟的跳躍也促成了老師理解課文要旨的教學目標。中珍沒能理解小麟的跳躍，是因為她沒有像小麟的過去和未來，她的精進需要時間和耐心才有可能，但是被老師在時間的壓力下想趕快交代課文的目標暫時忽略了。從這層思考我們不但醒覺教學者對教學目標與時間的關切，還領悟教學藝術實踐的難處，就像唐老師說「國小老師的一個困境是說，教學是這麼即興，不是這麼有條理」，隨時考驗教學者在錯綜複雜又充滿雜音的教學現場，如何善巧的堅持教學藝術的教育價值；而且考驗我們如何在以教學為使命中，不斷在修正價值和信念中形變，誠如Huebner（1999: 380-381）所說：

> 如果教學只被視為工作，挫折會像是工廠的工人因為疲累而被接受；如果教學只是科技和方法，那比較好的方法和科技是對挫折的回應；但是，如果從使命（vocation）的觀點來看……教學是我們的生命（life）……身為老師的意涵就是我們得隨著世界不斷改變的新思潮重新塑造價值（引自Alexander, 2003: 239）。

附錄

附錄一：教室座位圖

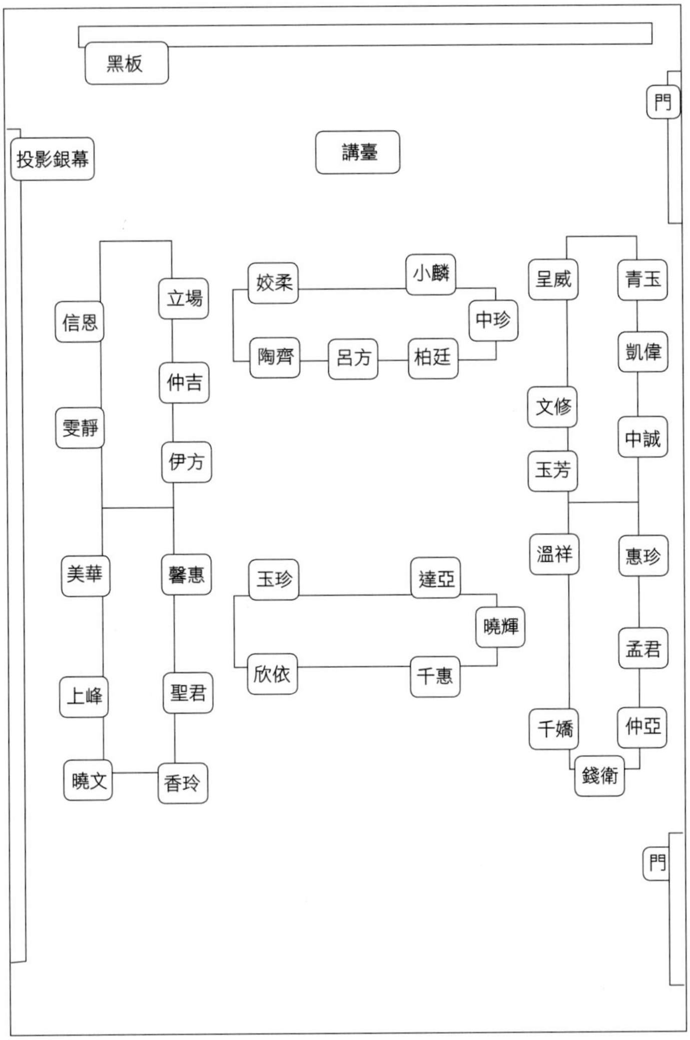
黑板
門
投影銀幕
講臺
信恩
立場
仲吉
雯靜
伊方
美華
馨惠
上峰
聖君
曉文
香玲
姣柔
小麟
中珍
陶齊
呂方
柏廷
玉珍
達亞
曉輝
欣依
千惠
呈威
青玉
凱偉
文修
中誠
玉芳
溫祥
惠珍
孟君
千嬌
仲亞
錢衛
門

附錄

附錄二：課文——橋

青青和棕棕是好朋友，住在溪流的對岸。他們用落木搭了一座橋，所以每天都可以見面。

有一天早上，青青聽到外面有聲音，往窗外一看，看見棕棕從倉庫裡拿了一些果實，就急急忙忙的跑走了。青青想，棕棕是他的好朋友，不會偷他的果實吧！

青青過河找棕棕，哎呀！棕棕和另一隻松鼠在分吃青青的果實呢！青青好失望，又好生氣，他跑回對岸，用力的踢，用力的踢，把落木橋踢走。「好！」他說：「你不跟我做朋友，就不要過來。」

接下來幾天，青青自己吃果實，自己喝茶，他很失望又很想念棕棕。但是棕棕已經不是他的朋友了。

一天早上，青青遇到木匠阿金，告訴棕棕偷果實的事情，請阿金幫忙換倉庫的門，而且要加上鎖。阿金說：「我知道你需要什麼，我下午就會把它做好。」

晚上，青青回到家裡，倉庫的門沒有換，也沒有上鎖。「這是怎麼一回事呢？」他正想著，就看見棕棕背著一個大袋子過來，高興的說：「我就知道你是我的好朋友！前幾天我的表哥來找我，家裡的果實吃完了，我想向你借，可是你還在睡覺，我就先拿了一些果實，應該沒關係吧。後來，看到你把橋踢走，我想你大概生氣了，可是沒了橋我也過不來，剛剛看到新的橋，我才知道，你不會生我的氣。袋子裡的果實是還你的，明天再來，再見！」

橋？青青走出去一看，溪上多了一座新橋，青青笑了，他想，「阿金真的知道我需要什麼。」

參考文獻

中文部分——

王慧勤（2006）。折衷藝術在課程研究上之運用：Arts of the Eclectic的要旨與評析。國立編譯館館刊，**34**(3)，87-97。

余德慧（2001）。詮釋現象心理學。臺北：心靈工坊。

余德慧、蔡怡佳（1995）。「離合」在青少年發展的意義。本土心理學研究，**3**，93-140。

余德慧、顧瑜君（2000）。父母眼中的離合處境與現代倫理意涵。應用心理學研究，**6**，173－211。

李雅婷（2002）。課程美學探究取向的理論與實踐研究—以國小藝術統整課程之教育批評為例。國立臺灣師範大學教育研究所博士論文，未出版，臺北市。

李雅婷（2007）。H.Rugg創造性自我表現之課程美學觀點探究。課程與教學季刊，10(2)，145-159。

李笛榛（2000）。傅科生存美學思想對課程美學的啟示。國立臺北教育大學課程與教學研究所，碩士論文，未出版。

周淑卿（2006）。美學取向課程研究的範疇及其可行途徑之研究。行政院國家科學委員會專題研究計畫成果報告。計畫編號：NSC94-2413-H-152-007。

吳靖國（2009）。「詩」對教學藝術的啟示：G. Vico的觀點。當代教育研究，**17**(4)，27-60。

林千楓（2006）。E. Eisner「美感經驗」觀對臺灣課程研究之啟示。國立臺北教育大學課程與教學研究所，碩士論文，未出版。

洪詠善（2008）。美感經驗觀點的教學再概念化。國立臺北教育大學課程與教學研究所博士論文，未出版，臺北市。

洪詠善（2004）。美學探究在本土課程研究應用之初探。中等教育，**55**(3), 112-123。

陳錦惠（2005）。教學歷程中教學美感經驗之研究——杜威美感經驗的觀點。課程與教學季刊，8(2)，15-24。

涂志賢（2009）。再概念化學派的課程美學探究及其對課程研究的啟示。教育資料與研究雙月刊，**88**，93-110。

許芳懿（2009）。存在體驗課程與自傳－W.F.Pinar的高度意識主張。教育研究學報，**43**(1)，79-105。

游麗卿（2004）。教室劇場的劇本是誰寫的—談資料分析與寫作。收於質性研究的探討—理論與實務的對談國際學術研討會論文集，109-127。臺南：國立臺南師範學院。

游麗卿（2005）。從評析師生問答的歷程探究社會數學規範形成的機制。收於中小學數學科教育改革的回顧與展望研討會論文集，247-271。臺北：國立臺灣師範大學。

歐用生（2007）。詩性智慧及其對課程研究的啟示。課程與教學季刊，**10**(3)，1-15。

鍾添騰（2009）。課程美學探究與實踐之研究：以國小國文領域「詩畫統整」課程為例。國立臺北教育大學教育政策與管理研究所博士論文，未出版，臺北市。

英文部分——

Alexander, H. A. (2003). Education as spiritual critique: Dwayne Huebner's lure of the transcendent. *Journal of Curriculum Studies, 35*(2), 231-245.

Cazden, C. B. (1988). *Classroom discourse: The language of teaching and learning.* Portsmouth, NH: Heinemann.

Chen, S. (2005). Thinking "the unthinkable" and teaching "the impossible": East-west dialogue through "chaos" of aesthetic formulation, butterfly effect of sagely action, and responsive and responsible wu-wei of de. *East-West Connections: Review of Studies*, 5(1), 165-178.

Conroy, S. A. (2003). A pathway for interpretive phenomenology. *International Journal of Qualitative Methods, 2*(3), 36-62.

Cornelius, L. L. & Herrenkohl, L. R. (2004). Power in the classroom: How the classroom environment shapes students' relationships with each other and with concept. *Cognition and Instruction, 22*(4), 467-498.

Cziko, G. (1989). Unpredictability and indeterminism in human behavior: Arguments and implications for educational research. *Educational Researcher, 18*(3), 17-25.

Dreyfus, H. L. & Rabinow, P. (1982). *Michel Foucault: Beyond structuralism and hermeneutics*. New York, NY: Harvester Press Limited. The University of Chicago.

Eisner, E. W. (1994). *Cognition and curriculum reconsidered.* New York, NY: Teachers College Press

Eisner, E. W. (1995). *Constructing professional knowledge in teaching: A narrative of change and development.* New York, NY: Teachers College Press.

Eisner, E. W. (1998). *A light in dark times: Maxine Greene and the unfinished conversation.*

New York, NY: Teachers College Press, Columbia University.

Eisner, E. W. (2002a). *Educational imagination: On the design and evaluation of school programs*. 3rd ed. Upper Saddle River, NJ: Pearson Education..

Eisner, E. W. (2002b). *The arts and the creation of mind*. London: Yale University Press

Eisner, E. W. & Powell (2002). Art in science. *Curriculum Inquiry, 32*(2), 131-159.

Gordon, D. (2000). Power, autonomy, authorship, and community: Foucault as educational guru. *Curriculum Inquiry, 30*(2), 215-236.

Greene, M. (1995). *Releasing the imagination: Essays on education, the arts, and social change*. San Francisco, CA: Jossey-Bass Publishers.

Huebner, D. (1975a). Curricular language and classroom meanings. In W. Pinar (Ed.), *Curriculum Theorizing: The reconceptionist* (pp. 217-236). Barkeley, CA: McCutchan Publishing Corporation.

Huebner, D. (1975b). Curriculum as concern for man's temporality. In W. Pinar (Ed.), *Curriculum Theorizing: The reconceptionist* (pp. 237-249). Barkeley, CA: McCutchan Publishing Corporation.

Jones, D. & Culliney, J. (1999). The fractal self and the organization of nature: The daoist sage and chaos theory. Zygon, 34(4), 643-654.

Merleau-Ponty, M. (1968). The visible and the invisible. Evanston: Northwestern University Press.

Pinar, W. F. (1998a). *The passionate mind of Maxine Greene: "I am- not yet"*. New York, NY: Falmer Press.

Pinar, W. F. (1998b). *Curriculum: Toward new identities*. New York, NY: Garland Publ.

Pinar, W. F. (Ed.). (1975). *Curriculum theorizing: The reconceptualists*. Barkeley, CA: McCutchan Publishing Corporation.

Seidman, I. (2006). *Interviewing as qualitative research: A guide for researchers in education and the social science*. New York, NY: Teachers College, Columbia University.

Semetsky, I. (2004). The role of intuition in thinking and learning: Deleuze and the pragmatic legacy. *Educational Philosophy and Theory, 36*(4), 433-454.

Smith, J.A. Flowers, P. & Larkin, M. (2009). *Interpretative phenomenological analysis: Theory, method, and Research*. Thousand Oak, CA: Sage Publications Inc.

Vallance, E. (1991). Aesthetic inquiry: Art criticism. In E. C. Short (Ed.), *Forms of curriculum inquiry* (pp. 155-172). New York, NY: State University of New York.

Wood, P. (1996). *Researching the art of teaching: Ethnography for educational use*. London: Routledge.

14 教師跨文化專業成長經驗及外語教學藝術

嚴嘉琪
國立臺中技術學院應用英語系副教授兼語言中心主任

一 緒論

教師個人成長和專業學習經驗，是教師專業知識結構中，很重要的教學資產。英國課程學者Stenhouse（1975）明白指出，「沒有一種課程發展是不需要仰賴教師專業發展」。Adams和Krockover（1997）整理出五種教師專業知識：自我知識（例如：信念和價值觀）、學科知識（例如：內容及章法結構）、學科教學知識（例如：教學策略）、一般教育知識（例如：班級經營）及情境知識（例如：學校及社區文化）等。這些知識的建構，無不在教師個人成長與學習經驗中養成。

在過往的研究和實務應用中，認為只要給予適當的專業訓練及進修課程，自然可持續培養並提升教師的專業性；然而，探討教師學習成長心情和經驗感受，其實很重要，卻鮮少被提及（歐用生，2009）。教師專業知識本身具有脈絡性、經驗性，以及個別特殊性質（Connelly & Clandinin, 1992; Elbaz, 1991; Grumet, 1987）。教師若能透過反思自我學習成長的經驗，建立具有啟發性的個人教育哲學，更可充分地在課堂上做教育實踐（Dewey, 1980）。Pinar（1980）早在1980年就鼓勵教師，「要透過自我瞭解，才能理解教育的真正意義。」（Bullough & Pinnegar, 2001, p.13）。所以，若能具體化老師本身生命經驗的聲音，使個人較主觀性和直覺的經驗之意義再詮釋及擴充，一方面可協助教師建構具有美學、現代、靈性層面的自我感（Dirkx, 2008）；另一方面，也透過生命經驗的美感再現，進一步豐富課堂上的教學藝術。這也呼應了美國教育大師杜威的重要教育三部曲：經驗—藝術—教育之論述。

經驗在學習上很重要。本文所談的經驗，除了包含課堂上教師與學生互動的經驗，以及學生本身的學習經驗，更進一步探索教師本身的學習成長經驗。杜威提到的「經驗」—「做中學」，強調的是學生參與實作、體驗過程，並且融入學生個人主觀和直接的生活經驗（Jackson, 1998）。這樣的實作經驗一再強調，教學若脫離生活層面，是無法有學習價值，所以必須將學生個人生活經驗融入學習；然而這樣的互動，還是忽略了另一個重要個體：也就是教師本身的生活經驗。在整個教學／實作經驗當中，教師本身的經驗，無形中形成個人教學理念的重要根基，因此更應該一併加入教室內的實作行列，這對老師和學生教與學的互動層面上，更具有意義。

當然，並非所有的經驗都是值得探討（Dewey, 1987）且具有教育意義的（林秀珍，2007）。經驗必須有連續性（continuum）和互動性（interaction），才具有教育意義。連續性是指所有的學習與成長，不會是單一事件經驗所形成的。例如老師的專業訓練，不會因單一課程進修的經驗，培養了全面的專業性；學生的學習，也非單一課程就能完整的學習和成長，還是需要和內在生命經驗脈絡結合，進而互動。經驗透過融合個人情感、想法、行為等，持續自我再造。所以，杜威鼓勵將經驗再給予檢驗（Mitias, 1986）。經驗再檢驗的重點有三項：第一，不能只是生物經驗，而是要具有主動思考能力的；第二，具有連續性且相互交流的作用；第三，必須將片段經驗整合起來，並賦予意義（江合建，2001）。總結來說，生命經驗必須具有教育意義、歷史脈絡的連續性，及公私領域人事物的意義互動交流，再透過經驗者本身的自我反思，重新將片段經驗整合後，再造具有藝術精神的教育價值。

基於上述原因，本文探討本籍英語教師的跨文化專業學習經驗的再詮釋。藉由本籍英語教師異國求學經驗之深入反思，再次賦予主動思考的能力，探索經驗背後更深的意涵。根據社會學家Fay（1996）的論述，人們要瞭解經驗的意義，必須將「擁有」（have）經驗的層次，提升到「瞭解」（know）經驗的意義。這也呼應了杜威所認為有意義的經驗，不能只是單純的生物經驗，必須要有主動思考能力，整合過去的學習成長經驗、現在的應用，以及未來的願景，進行一場跨時空的意義交流。同時，將片段經驗化為整體性，賦予更深的意涵。身為英語教師者，更應該進一步，將自身在跨文化經驗中，所培養對語言文化的敏感度和觀察力，轉化為真實教學教材，透過教學藝術的呈現，開放跨文化生命文本，和學生真情交流、解放並擴充它，以豐富課堂中語言教學及文化學習多元面向。

接下來，本文將分成兩個部分來討論：第一，再詮釋本籍英語教師的跨文化專業成長經驗的意義。第二，跨文化外語教學藝術的呈現及其應用層面。

二　再詮釋本籍英語教師的跨文化專業成長經驗

(一)文化

談到跨文化，首先必須先談談文化的定義。文化學家Banks（1987）指出，「文化」是一個很複雜的概念。許多學者透過不同的管道討論，甚至爭辯是否有其真正的定義。文化，簡單來說，可以指某一團體的生活模式總稱（Hodge, Struckmann, & Trots, 1975），亦可指某社會的生活方式，包含行為、價值觀和技能等（Gordon, 1978; Brislin, 1981），或者對某一族群具有意義的歷史、傳統、價值觀、組織等的概念（Green, 1982）。而跨文化經驗（cross-cultural/intercultural experience），簡單來說，是指在不同國家的生活體驗，例如臺灣人在美國之求學生活。再細分下去，跨文化經驗可包含跨越不同種族、語言、社經地位、區域、性別、生活方式、傳統、價值觀等。例如來自臺灣（國家）屏東（區域）鄉下（生活方式）的一位女性（性別），來到美國（國家）中西部（區域）的一個小城鎮（生活方式）求學（價值）。

本研究所指的異國跨文化生活經驗，非僅止於短期的幾個月旅遊或遊學。此跨文化經驗意指：長期居住並深入體驗異國的語言文化、社會環境等。所謂跨文化學習經驗，說明了異鄉遊子因長期置身於不熟悉的文化環境當中，例如不同的語言、區域、生活方式、傳統價值等，親身體驗了文化的多元和多層次性，也重新思考、評估並發展更多元的視野。所以，在認知、行為及情感上，都有不同程度的學習（Brislin & Cushner, 1995; Cushner & Mahon, 2002; Paige, 1993）。當跨越不同文化的藩籬時，就會從經驗中學習，並發展出所謂的「跨文化知能」（intercultural competency）。跨文化知能指的是：面臨不同文化的人事物，能合宜地應對進退（Hammer, Bennett, & Wiseman, 2003）。這也包含了「跨文化敏感度」（intercultural sensitivity）。也就是說，若身處跨文化環境中，對彼此言行舉止的互動，首先會先觀察陌生性的挑戰，進而採取跨文化全面性思考，選擇合宜的應對進退言行，希望獲得成功且滿足的跨文化學習經驗。擁有跨文化經驗的人，通常會發展出有別於過去自我的特質，例如自我概念更正面性、自信心增加、較具有批判性思考能力、傾向開放彈性的人際關係、對模糊不清的事物容忍度較高、好奇心較強等（Caligiuri, Jacobs, & Farr, 2000; Johnson, Lenartowicz, & Apud, 2006; Van Oudenhoven, Van der Zee, & Van Kooten, 2001; Yamazaki & Kayes, 2004）。所以，跨文化知能，於目前全球在地化的潮流中，是很重要的文化素養（cultural literacy），也是在英語教師語言文化專業學習經驗中，需要培養的重要能力之一。

(二)跨文化經驗的重要性

在教育部外語教育政策當中，也頻頻提到，外語聽說讀寫能力的培養，已不足以培養全方位的國際視野（嚴嘉琪，2005）。依據教育部在99年度施政計畫指出（教育部，2010），就提升國際競爭力的方案來說，積極獎勵老師學生實際參與國際教育交流活動，例如留學和研習、國際志工的參與、多元文化的活動等，以親身的國際體驗（跨文化學習經驗）來培養國際觀。這突顯在外語教學上，除了聽說讀寫和情境練習之外，若能親身體驗整個語言文化社會脈絡的互動，對培養學生全球視野相當重要，並能同時提升國際競爭力。跨文化學習經驗的研究，國外早在1930年代即已開始（Yan, 2002），但國內於1990年之後才慢慢興盛。跨文化研究的專業領域，橫跨商業管理、教育、心理、及文學等。目前研究跨文化經驗的主題，大概可分成九種：(1)跨文化適應，例如外派或國內外籍主管或員工、外籍勞工、外籍教師、外籍配偶、國際組織人員等。(2)跨文化溝通，例如協商或管理等；(3)跨文化價值觀或行為的比較；(4)跨文化訓練和教育；(5)跨文化家庭和教育；(6)文化和語言教育；(7)跨文化文學分析；(8)翻譯；(9)其他（嚴嘉琪，2008）。過去針對跨文化經驗的相關研究不少，但有關本籍英語教師的跨文化經驗卻鮮少提起。從前面的文獻得知，跨文化經驗在個人生命當中，是具有相當影響性，而教師本身的個人及專業學習成長經驗，又是課程中很重要的教學資產，因此本籍英語教師本身之跨文化經驗，對個人成長和專業訓練，包含認知、價值觀、行為、情緒等，都有重要且顯著的影響性。這突顯出本研究要探討的重點——鼓勵本籍英語教師再次反思本身之異國求學歷程，從擁有經驗（have），到再次瞭解（know）其經驗，並反思其意義，進而培養跨文化敏感度和觀察力。透過教學藝術精神的再現，開放異國生命文本和學生真情交流、解放並擴充它，以豐富課堂中語言教學及文化學習多元面向。

從另外一個角度來說，英語教學領域中，大多數本籍英語教師，擁有跨文化學習經驗。這些老師因專業訓練（外語教學）所需，以各種不同方式到外語國家進修。依據教育部所提供98學年大專校院（教育部，2009）名單，本文一一整理出外文相關系所的教師，例如外文系、應用外語／英語系、翻譯系等，大約有2100人左右，在國外取得碩／博士學位。以比例來說，約有七成以上。而這樣的異國學習生命歷程，無疑在外語教學和研究上，都具有相當的影響力。知名文化評論家Giroux（1992）更指出，語言教師無疑是最佳的文化傳遞者。一方面帶領學生進入一個全新的語言文化國度；另一方面，時時刻刻在認知上、社會上及情感上，扮演著溝通平臺的跨文化角色（p. 45）。非英語為母語的專業英語教師（non-native English professionals），本身就是跨文化學習的最佳範本和媒介（Velasco-Martin, 2004; Kamhi-Stein, 2004）。長期在異國生活的目的不盡相同，若以雙方國家長期互惠的跨文化活動交流中，McLeod（1981）整理出（表14-1），身為「老師」的雙方互惠目的性最強。就英語教師來說，在異鄉求學，本身為語言文化學習者，第一步就主動學習當地的語言和文化，同時亦協助當地人瞭解自己國家的語言與文化；回國後，亦將國外求學的專業經驗帶回，繼續豐富課堂中外語學習及文化涵養。

外語能力的培養分為兩個部分：語言能力和溝通能力。語言能力指學習既定的語言規則，例如語音、語義、語法等；而溝通能力，也就是語言應用的能力，需針對實際情境的判斷，及掌握社會文化的互動脈絡，來做合宜且正確的語言表現和應用。就第二個部分，對於外語學習者，非短時間在課堂當中，或藉由虛擬情境製造，可以培養出來的。這需要經過長時間，對目標語的社會文化有所觀察、思考、體認，且逐漸發展成熟穩定的概念，才可培養出如母語人士的溝通能力（Gumperz, 1972; Gschwind-Holtzer, 1981；陳麗娟，2007）。這也再次呼應了，沈浸在異鄉多年的本籍英語教師，在生活上有足夠的時間觀察，也實際體驗目標語的社會文化，所以由他們來解說，及帶領學生深入探索跨文化的多元層面，更加適當。

表14-1　McLeod（1981）整理

種類 Category	主要受益 Benefit	受益評估標準 Result	受益國家 Home/Host
商業人士 Businessperson	商人本身 Himself/herself	利潤 Profit	所屬國家 Home
外交官員 Diplomat	所屬政府 Home government	權力 Power	所屬國家 Home
研究員 Researcher	研究機構 Institutions	研究結果 Result	所屬國家 Home
和平組織 Peace Corps	任務單位 The Mission	任務完成 Achievement	依任務性質決定 Depends on Missions
神職人員 Missionary	任務單位 The Mission	信仰 Belief	依任務性質決定 Depends on Missions
老師／學生 Teacher/Student	教育 Education	相互瞭解 Mutual Understanding	所屬國家及留學國家 Host and Home

所以，我們已經第一步瞭解，本籍英語教師跨文化學習經驗，在教學中所扮演的重要角色後，接下來，本文將探討如何具體化本籍英語教師的跨文化學習經驗，從擁有（have）這樣的經驗，到瞭解（know）其經驗的真正意義，進一步將此重要的生命經驗，轉化成課堂中的教學藝術教材，和學生有更豐富的語言文化互動。

(三)從擁有（have）經驗到瞭解（know）經驗

社會學家Fay（1996）指出我們的生活當中，擁有（have）各式各樣的經驗。但大多數的經驗，都無法很確切被瞭解（know），這些經驗到底代表了什麼？也如同杜威所陳述的，若只是生物上的經驗，而非經過主動思考，也就不會有教育意義。Fay也說明，經驗若沒有經過指認（identify）、敘述（describe）和解釋（explain）（Fay, 1996, p.20），使其經驗的意義再突顯，這些經驗本身就只是個經驗而已。例如，有人說：我去過美國。若只是「擁有」經驗的話，只能單純解釋，這個人—我，在這個地方—美國，做了這件事情—去過。但若要瞭解這個經驗有什麼意涵，必須進一步深入探索和思考，例如去了美國哪些地方？做了什麼事？和哪些人互動？這些人又是從哪裡來的？有什麼不同於在臺灣的感受或相同的？對美國／人的瞭解是什麼？這次的經驗可代表美國的整體經驗嗎？所以就本文來說，本籍英語教師的跨文化經驗，若無進一步「瞭解」這些經驗的意義到底是什麼，只能說，「有過」這樣的經驗，但並不代表「瞭解」其意義，更無法覺察其經驗對個人成長及專業訓練的全面影響。

另外，根據現象教育學家van Manen（1984）提出，針對生命經驗，反思前（pre-reflective）和反思後（reflective）的瞭解是不一樣的。例如異鄉者在生活經驗上，雖然面臨不同的文化挑戰，但因目標導向的態度，例如學成歸國，通常其跨文化適應力很高，忍受許多跨文化互動上的不明確性（ambiguity tolerance），最後雖然處理了壓力和問題，卻可能不知道這些壓力或問題，到底是什麼？以及這些是如何影響自己個人及專業知識的建構？就如同在國外的跨文化經驗研究中，整個研究重點，從以前僅探討跨文化的「適應能力」（cultural adjustment）到現在著重在跨文化的「學習」（intercultural learning）（Heyward, 2002），在在證明了，需要進一步瞭解我們所適應的前因後果到底為何。當遇到跨文化衝擊的時候，若只是「有」這個經驗，無主動性反思整個跨文化的適應過程（圖14-1），從一開始有些不舒服甚至反抗的心態，但當下為了解決問題，不加以思索其所以然，立即尊重不同的文化性，最後也適應了這些模糊性，接受一切的想法和行為。但這中間的鴻溝還是存在的，因為經驗者本身只知道，這些是語言文化不同所造成的衝擊，而不知道是語言或文化的哪個部分不同所造成的？又這些經驗對個人經驗和專業學習有何影響？所代表的意義為何？若可以參考之前學者的建議，經驗的發生當下或之後，主動思考，為什麼會有這樣的文化衝擊？是哪些認知、行為或情緒上的不同文化環節，導致這些衝擊？經過詮釋後，也瞭解其不同性，當進行到下一步的尊重和調適時，自我壓力的心情調適，也更加愉快自在了（圖14-2）。

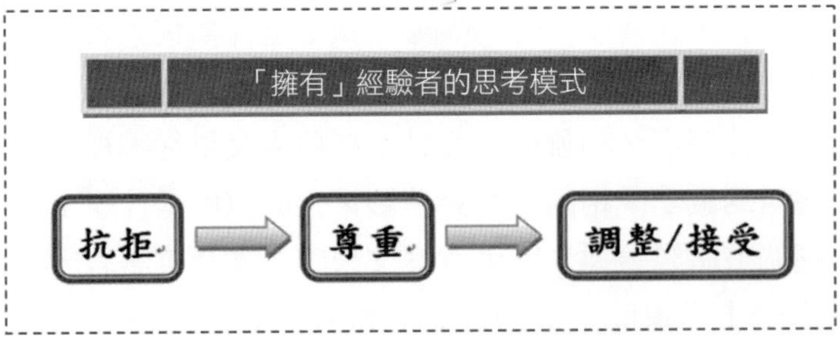

圖14-1　「擁有」經驗者的思考模式

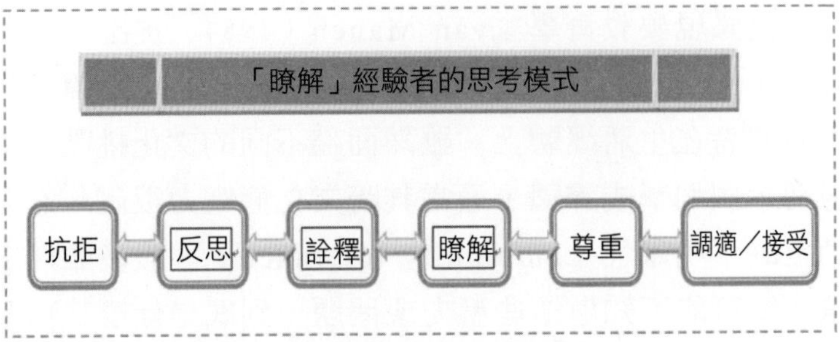

圖14-2　「瞭解」經驗者的思考模式

所以，本籍英語教師的跨文化生命經驗，在外語教學的課程設計和教學中，占有舉足輕重的影響地位。長期沈浸在異國語言文化社會環境當中，教師個人和專業的認知、行為、情緒等，無不受到相當程度的影響。因教師在語言文化上，有多元及多層次性的體驗，無疑是跨文化溝通上最佳的媒介和指導者。若能再進一步瞭解和再詮釋其經驗深入的意義，一方面重新認識這樣的跨文化學習經驗，對自己個人和專業上的影響是什麼；另一方面，亦可將跨文化生命文本帶入課堂中，再次和學生互動，進一步解放和擴充其跨文化經驗，以豐富外語學習中，語言文化的多元學習。

三 跨文化外語教學藝術

從上一段已經說明，透過瞭解教師的跨文化生命經驗，再次豐富課堂的教育意義。但本文更重要的精神是，如何透過藝術性的美感，延伸出更完整的教育意義。首先，先談談藝術和經驗的關係。自從Fine Arts一詞出現後，藝術的討論越來越傾向形而上的精神論述，漸漸和日常生活經驗脫節。杜威於1934年出版《藝術及經驗》一書明顯指出，藝術應和生活經驗再結合，除了美化並豐富生活品質，藝術也藉由生活經驗的體現，注入更多元的色彩。杜威曾提出，為什麼不是所有的人都可以成為藝術家？其實，藝術無所不在（Dewey, 1934）。在我們的生活當中，已經擁有許多藝術素材，但這些僅止於模糊性的情感和觀念。所欠缺的，是如何將抽象的、複雜且矛盾的，甚至靈性的情感，轉化為具體明確的事物（Dewey, 1987）。這又呼應社會學家Fay（1996）所說，「有」這樣的經驗，並不代表「瞭解」這樣的經驗為何。必須經過再詮釋，將許多模糊的經驗，具體指出來，並加以說明詮釋，對自我的生命經驗，才能有進一步的瞭解。赫爾巴特（Johann Friedrich Herbart, 1776-1841）特別提出「教育智慧」這樣的概念（引自梁福鎮，2004），也就是在理論和實務之間，教育和經驗之間所存在的鴻溝，透過審美的判斷力，將模糊的情感和概念，具體指出、說明、且瞭解後，進而開放經驗的文本空間，帶入課堂學習中，讓老師和學生共同創造具有藝術美感的教與學互動。所以藝術，對經驗而言，是具有啟示性的（Dewey,

1934; 1987）。透過經驗意義的再詮釋，使自己再次從經驗中啟發，加速意義的膨脹。也就如同陳敏翔、洪仁進（2007）所闡述的「對經驗內涵的詮釋與判斷，將是審美觀的展現」（頁98）。

所以本籍英語教師如何將自身的跨文化學習經驗，經過判斷及再詮釋，瞭解其生命意義的豐富內涵，就是展現教學藝術的第一重要步驟了。跨文化學習經驗的歷程，因置身於不熟悉的多重文化範疇中，生活上、學習上，時時刻刻充滿不同程度的心理壓力，例如語言及文化的陌生度、面對種族優越主義、先前的期待落空、強勢弱勢族群的自我定位等（Paige, 1993）。若將個人這樣重要且特別的生命經驗，再從藝術觀點來看，可更突顯生命經驗中存在的教育價值。杜威認為，當生命的未來，呈現許多的不確定性，而生命者本身，展現出生命奮鬥的精神，以積極的態度，面對及克服生活中的挑戰，進而轉化負面能量為正向經驗，其歷程所呈現的藝術性，無疑是相當具有教育價值的。所以反思、深化、意義再造自我生命史，進而轉化和應用在個人生活與專業領域等層面，無疑是藝術能力的再現。

針對學習經驗如何具有藝術價值，Simpson、Jackson與Aycock（2005）等人提出五種課堂經驗的分類：麻木經驗（anesthetic experience）、無美感經驗（non-aesthetic experience）、經驗（experience）、完整經驗（an experience）及美感經驗（aesthetic experience）（圖14-3）。這些學者指出，只有最後兩種，才是具有教學藝術意義的完整經驗。簡單來說，第一，「麻木經驗」指學生眼神呆滯，毫無反應。第二，「無美感經驗」是指機械式的教學互動，學生感

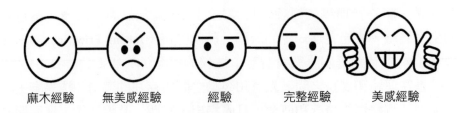

圖14-3　經驗臉譜

資料來源：Simpson等人（2005, p.132）

受不到學習意義。第三，就「經驗」來說，學生學習了，但訊息片段而不連貫，下課後記憶模糊或立即忘記。第四，「完整經驗」，也就是包含了杜威所提出重要經驗的特質，需要有「連續性」和「互動性」，才算具有教育意義的經驗。第五，「完整經驗」是指將課堂的教學，連結到學生個人生活脈絡，予以互動分享，使其學習具有個人意義。例如，在英語學習課程中，若談到英文面談技巧，尚未進入課程主題時，可以先請同學分享面談時，個人經驗或自己的認知，應該注意的事項有哪些，再協助學生以英文來練習這些詞彙或句子，將英語學習和個人經驗整合及實踐，使此次的英語學習經驗對個人而言，具有意義和價值。但是，這還未達到具有藝術精神的經驗，最後還有一個完滿的經驗，也就是「美感的經驗」，亦是本文探討的重點。它是一種具有創造性的教與學的藝術經驗。這種經驗，不僅將老師和學生個人生活經驗脈絡帶入互動，老師和學生們也會就課堂中的議題討論，經過共同思考、討論、判斷和再詮釋，如同藝術創作，再現學習的豐富性和啟發性。以下就針對跨文化外語教學藝術性，提供實例來做更深入的討論。

四 跨文化外語教學藝術的實際應用

外語教學的領域，主要教授兩種能力：聽說讀寫的語言能力，和透過真實／虛擬的文化情境練習下，所培養的實際溝通能力。所有跨文化外語教學藝術，必須結合教師本身和學習者生命經驗的連續性，針對課堂中所產生的語言或文化議題，透過反思、討論、判斷、再詮釋，共同進行藝術創作。雙方是創作者亦是欣賞者，最後也共同享受教育與學習的豐富性和啟發性。以下分別討論，如何將教學藝術的元素，透過教師跨文化專業成長經驗的再詮釋，進而融入外語教學中，形成所謂的「跨文化外語教學藝術」。

(一)再詮釋跨文化經驗

在課程設計與教學歷程中，教師個人和專業成長經驗是很重要的教師專業知識養成的一部分。就本籍英語教師而言，在異鄉的跨文化專業成長經驗，歷經了認知、行為及情感上的種種挑戰。就杜威所提及的，當人們在生命中，面對許多不確定性挑戰的時候，能將負面或否定的能量，轉化成正面且積極的完滿展現，也就是藝術精神的展現，同時也蘊含了大量的教育意義。所以，本文建議本籍英語教師，重新審視跨文化學習經驗的意義，進一步思考如何在文化衝擊或遭遇困難之時，使危機變成轉機，化為正面能量，讓這樣的經驗更具有藝術和教育價值，並帶入課堂的對話中。本籍英語教師可從幾個方面來思考：個人和專業的成長與改變，包含認知、行為、情緒等；外語的再學習和應用層面，例如何謂標準英語？若有了標準英語，就可有效的溝通互動嗎？反之亦然嗎？對單一跨文化事件經驗和整體性的瞭解和感受是什麼？如何看待個人和專業身分認同的再造等等。曾有跨文化研究受訪者表示（Yan, 2004），這樣反思自我生命的經驗，讓自己思考很多以前從未有過的想法。有些事件的再詮釋和瞭解後，自己很興奮，因為藉由反思與再詮釋，更瞭解自己了；但有些事情，卻有些無力感，因為發現把自己的生命視為理所當然，而未曾想過經驗背後有其更深的意義，甚為可惜。

(二)美感經驗的呈現

如同Simpson等人（2005）所提起的，課堂中若要呈現最好的狀態，也就是具有美感的經驗，包含了教育的定義，就是經驗的解放和擴充（Dewey, 1986, pp. 277-278）。所以，將教師本身的生命經驗意義再解釋和擴充之後，藉由課堂議題的討論，進一步開放老師本身的生命文本，讓學生有機會來共同討論和再創經驗的意義。這樣持續性的互動和共同創作，透過深入的思考、挑戰、壓力、突破、轉化的能力，進而共同欣賞這一切的成果。教與學的互動歷程，往往是課程的焦點和目標，而非原本預期的學習成果（蔡清田，2008）。不僅可提升學生多元潛能和發展面向，亦可協助教師和學生在教與學的過程當中，進入自我學習經驗及生命歷程中，一探全貌的究竟，再透過藝術來協調各種差異對立，讓彼此建立更豐富且有意義的課堂教學經驗（Dewey, 1934; 1987）。

教學若要具備藝術性質，就必須屬於開放性的互動，也就是需透過提問的教學方式，才有更多的空間來思考各種可能性的答案。Dewey（1986）也說過：「提問的藝術，完全是一種指導學習的藝術」（頁331）。例如，當學生提出有關留學事宜的時候，外語教師不應該急著說出留學經驗的點點滴滴，反而可以先提出問題，激發更多不同的思考層面，使其對話具有藝術性的互動空間。接下來，藉由呈現筆者曾經和學生的對話內容，加以分析，如何透過教學藝術的精神，例如提問、互動歷程、經驗意義再擴充等，來呈現跨文化外語教學的藝術性。

主題：學生詢問老師有關留學訊息的對話	跨文化外語教學藝術的對話分析
學生：老師，出國留學好不好？	學生習慣性期待老師提供個人經驗的「答案」。
老師：我們先暫時不談「好不好」這個問題。老師可以先問你，你留學的目的是什麼呢？	分享個人跨文化經驗之前，老師先以「問題」來引導學生學習「思考」，開啟具有藝術美感的教與學互動。
學生：有兩種吧！第一是想取得國外學位，第二是想增廣見聞。	引導學生主動思考，才能更突顯此互動經驗的意義。
老師：為什麼不拿國內學位呢？	詢問答案背後可能隱藏的其他意涵，引導學生作反思性的思考，擴充並延伸對話意義空間，讓更多元的答案加入互動。
學生：聽說，不過這好像也是種迷思，有留學過的，工作好像比較好找。若你有國外的學位或一些國外的經驗，老闆或學校，好像比較會聘任你。	透過對話和思考，學生自己提到「聽說」、「迷思」，針對自己的想法也提出某種程度的批判，是否這樣的原因能確實支持自己出國的理由。
老師：這些訊息是從哪裡來的呢？	老師再度發問，協助學生釐清訊息來源的可信度。
學生：有時候有些老師會說。	此時學生將自己過往的學習經驗帶入討論，形成Simpson等人所提到的「完整學習經驗」。而學生的回覆，也明顯指出，之前老師分享自己跨文化生命文本時，無形中形成學生生涯規劃上，很重要的判斷依據。
老師：那麼有關增廣見聞呢？為什麼出國就會增廣見聞？	帶入第二個問題。繼續協助學生思考訊息的合理性。
學生：總是覺得在國內，很多訊息還是很侷限。	學生持續反思中，老師也思考著，是否可帶入不同的角度，創造更多的對話空間。

老師：侷限？那麼透過網際網路呢？不是可以連線到全球的訊息嗎？	針對語意不明的訊息，老師再提出另一個可能性，藉此激勵學生思考的深度和廣度。
學生：不一樣耶！面對面的感覺還是不同。老師，那你的經驗是怎麼樣呢？	學生認為面對面所接觸的訊息和透過網路是不一樣的，也提出自己並不是網購愛好者，喜歡親身體驗事物。這除了協助學生釐清並進一步瞭解想出國的原因，也重新檢視自己的學習風格。當然，這時候，對話老師的生命經驗文本也帶入討論了。
老師：你是指哪一方面的留學經驗？	跨文化生命文本具有豐富的多樣性，從一開始的對話，還是必須透過「問題」來確認方向和主題，才可決定要帶入什麼樣合適的生命文本來和學生對話。

透過以上的對話，可以明顯看到，多層次的教學藝術蘊含於此。首先，直接回答學生的問題，是最不希望看到的結果；反而是要藉互動，來突顯學習目標，這也呼應了蔡清田（2008）的論點，師生互動歷程才是教與學的焦點和目標。另外，如同杜威所倡導，透過提問，引導學生主動反思和詮釋經驗意義，再透過深入思考、突破、轉化的能力，進而共同欣賞這一切對話歷程的成果。在語言文化課程中，若能常有這樣的對話，也可減少日後出國學子，對異鄉留學有不切實際的期待，導致更大的跨文化衝擊（Paige, 1993）。

(三)多元的教學方法，多感官的學習融入

要呈現跨文化外語教學的藝術性，就如同藝術本身的精神，必須要透過多元的方式、允許想像力和創造力的發揮，可如遊戲般的探索（林逢祺，1998），來延伸學習經驗的意義。例如，在大一英文課程中，尤其是非英語本科的學生，通常將大一英文視為非專業的科目，所以就跨文化外語教學藝術的角度來看，如何使用多元方式和教材，引起學生主動學習和參與對話，是英語教師首要任務。例如，課本中有篇關於選美比賽（beauty contest）的文章，除了瞭解文章的單字、句意和文法之外，文章的議題本身，極具討論性。然而要求大一非英語系學生，使用待加強的文法和詞彙，以英文來討論對選美比賽的看法，確實有些挑戰；但放棄這樣有趣的話題，卻又可惜，所以，可透過外語教學的藝

術精神，讓學生使用想像力和創造力，進行如遊戲般的探索練習。可以請學生就一個英文單字，來描述在選美比賽中，自己認為最關鍵的特質是什麼？一開始，有些同學直接回答課本上的單字，例如intelligence、talent、smile等，但因為同學之間的答案不能重複，這時候，就可以發現學生無不絞盡腦汁，陸續提出各式各樣五花八門，且具有創造力和想像力的答案。例如confidence、attitude、elegance、knowledge、manners等；甚至非常娛樂性的說，eyes（學生補充說明：因為眼睛是靈魂之窗）、beauty（學生說：因為是選美比賽，所以就是要選美）等。

多元活動的設計和評量，還可以包含上課發言、團體競賽活動、個人1-2分鐘主題報告、網路平臺上做學習分享、小考筆試、雙人對話口試、團體話劇表演、校內活動競賽和英語學習講座的參與、校內自學資源的學習等。就課堂內發言，在國外的學術殿堂中，跨文化學者Gudykunst（1994）提出，西方的教育文化比較重視口語性的參與（verbal participation）。「上課發言」，視為每位學生必備的上課態度和學習方式。而這樣的學習態度，尤其在語言課程，甚為重要，因為語言最終的目的在溝通。學生的發言，切勿只單向請學生回答，也要開放空間，請學生學習提問。針對英語學習，若要學生開口以英文來回答，某種程度的心理障礙已經上升了。所以可以先透過學生提問，使學生養成發問的習慣，再慢慢鼓勵學生回答。但別忘了，實質的鼓勵是相當重要的。只要學生提問，即使是很簡單的問題，還是要給予發言的加分成績，而教師的態度，始終是支持和鼓勵的。另外，練習1-2分鐘全英文的報告，也是訓練開口的方式。報告的內容，一定要結合學生本身的經驗和需求，例如主題若談到網路，個人的報告，就可以分享「個人的網路生活」，這樣一來，在準備過程當中，「完整經驗」的學習意義已經存在。還有團體話劇表演，可以整合且融入感官上的學習，使整個語言的學習更加完整。就時間和空間上的多元化，除了在教室內，也可以在網路平臺上，在校園活動中，亦可以在自學室。學生的學習風格不盡相同，所以可藉由不同時空和多元管道，做更豐富的藝術性學習。

所以，談到教學藝術的課程，它的氛圍一定要充滿支持、讚美、鼓勵的正面能量，使老師和學生們的情感，能自在的交流互動。例如，在國外學術殿堂的跨文化學習經驗中，若有同學提出不一樣的想法，甚至牛頭不對馬嘴的發言，還是會看到教授耐心的說：「Mm-hm... Very interesting!」長時間沈浸在跨文化的學術殿堂中，才瞭解針對發言來說，內容或論點是什麼，或許是其次，主要的是，學生若願意拋出話題來共同激盪，或許有些創新，甚至有些不搭調，但基於欣賞的角度，來場充滿想像力和創造力的對話，不一定最後會激出更燦爛的火花。所以這樣的跨文化學習經驗，也理所當然帶入了我們跨文化外語教學藝術當中，針對學生所提出比較另類的問題或答案，可使用「Mm-hm... Very interesting!」的態度來和學生互動與交流。

(四)審美觀的反思學習

Dewey（1986）清楚地闡述著：學習，就是要學會思考（Learning is learning to think.）。而帶有審美的思考藝術就是反思。就跨文化外語教學藝術的角度，可分成兩個部分：首先，教師藉由教學過程，不斷自我反思其跨文化學習經驗和教學應用上的意義，持續自我成長和意義延伸。同時，亦帶領學生們，就語言文化等相關內容和議題，進行一場跨文化及時空的意義交流。將自身在跨文化經驗中所培養對語言文化的敏感度和觀察力，轉化為真實教學教材和方法。透過跨文化外語教學藝術的呈現，進一步開放跨文化生命文本，和學生真情交流、解放並擴充它，以豐富課堂中語言教學及文化學習多元面向。

例如，就前面部分所提起的課堂內發言，可進一步反思更深的意涵。在國外的課堂中，由於學生慣於發問或表示個人想法，而老師的課程設計，也大多是任務導向，讓學生們有獨立自主的機會完成任務，所以課堂上的氛圍，屬於多方溝通。反觀國內的課堂互動，學生比較不擅長發表個人想法，課堂的氛圍傾向靜態進行。就語言學習來說，當然學生能踴躍發言，更有利於語言的學習。但若以跨文化教學的角度來看，英語教師應該發揮跨文化的敏感度，不能一味透過活動設計，立即期待學生主動性的參與。所以帶領學生們發言時，還是必須先退一步考量學生本身的學習文化。從小到大，若並不是在開放性互動課程中學習的，如何在這一門課，立即做主動性的參與呢？如果能先有這一層認知，或許針對學生們有時無法主動參與時，可以多給他們一些等待的時間（wait time）。如同跨文化學者Gudykunst（1994）所提醒的，西方的教育文化，是口語性的參與（verbal participation），而東方的教育氛圍，通常是沈默參與的（silent participation）。當學生比較沈默性參與課堂時，教師必須先進行第一步的反思，並認同學生在某種程度上還是有參與的；至於如何進一步轉換成口語上的參與，可循序漸進，多給學生們時間來熟悉互動性的課堂教學。等這些互動模式已經變成課堂中習慣性的教學風格，學生自然而然就會主動參與，進而開口練習了。

(五)形塑社會價值、啟發社會責任

在英語教師實習課程當中，服務學習通常也是課程設計的一種（Stachowski & Visconti, 1998）。所以，培養學生服務社會的價值觀，啟發社會責任，連結課堂上的學習和社會需求，讓學生自然而然成為社會的一部分，共同促進多元平等和利益共享的社會，亦是很重要的教學藝術精神。在這全球村的潮流下，本籍英語教師可反思在跨文化學習經驗中，若因語言文化上的弱勢，被貼上標籤為弱勢族群（minority），也體驗過民族優越主義的文化（ethnocentrism），就必須反思自身國內的情況。若本身的語言文化被視為主流（majority），則需懷有同理心，來照顧身處臺灣的弱勢族群。例如因全球化的強勢，使得英文儼然已經變成一種語言上的一種霸權主義（linguistic imperialism）（Phillipson, 1992）。加上現今經濟和教育程度都趨向M型化的社會，英文的學習，使得某些族群成為劣勢學習者，例如偏遠地區、經濟弱勢族群、文化弱勢等。所以此時本籍英語教師的責任，一方面不能再將同樣強勢文化和語言，以及背後所涵蓋的帝國霸權主義意識型態，透過粗糙且不敏感的教學方式，再次傳授給學生，讓學生誤以為學習英文，就比較優越或學習成就較高；另一方面，在課程的設計上，不論是英語相關科系或師資培訓課程，都必須將多元文化概念置入，加強對弱勢族群學子的服務，共同啟發社會責任（嚴嘉琪，2010）。如此一來，也可透過專業上的學習，和社會生活層面連結，使自己的學習歷程，對自己也

對所處的社會國家，有更全面性的意義。

五 結語

教師個人及專業成長經驗，是很重要的教學藝術教材。本文邀請本籍英語教師們，再次反思跨文化專業學習經驗。從擁有經驗，再透過反思、詮釋和瞭解其經驗背後的多元意義，使其跨文化生命經驗，由抽象、複雜，甚至矛盾的情感，轉化為具體明確的事物（Dewey, 1987），融入更多的教育藝術精神。在課堂中，時時刻刻覺知當下教與學的互動，可就跨文化角度，提供超越二元化（西方vs.東方）的思考模式。再以提問方式，邀請學生們共同參與討論，如同共同創作一項藝術品，透過想像與創作、批判與反思，加上多元互動的方式，共創更豐富的語言文化學習意義。最後欣賞其共同創作的藝術品，使教與學都充滿教育價值的藝術美感。

參考文獻

江合建（2001）。杜威藝術經驗理念之實踐，教育研究集刊，**7(47)**，17-35。

林逢祺（1998）。美感創造與教育藝術。教育研究集刊，**1(40)**，51-72。

林秀珍（2007）。經驗與教育探微：杜威（**John Dewey**）教育哲學之詮釋。臺北：師大書苑。

梁福鎮（2004）。改革教育學—起源、內涵與問題的探究。臺北：五南。

陳敏翔、洪仁進（2007）。追尋教學的藝術—從J. Dewey思想衍義教師角色與教學的美感特質，教育研究期刊，**53**(1), 87-118。

陳麗娟（2007）。外語教學中的跨文化溝通問題。外國語文研究，**6**，21-38。

歐用生（2009）。當教師與藝術相遇—藝術為基礎的教師專業發展。研習資訊，**26**(5)，25-34。

蔡清田（2008）。「教育即研究者」的理念對課程研究發展與教師專業發展的教育啟示，教育研究月刊，**166**，130-140。

嚴嘉琪（2005）。培養國際觀人才之淺談。北京科技大學學報，**21**，97-99。

嚴嘉琪（2008，12月）。英語教師的跨文化故事。語言、符號、敘事與故事國際研討會。國立臺中技術學院。

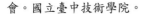

嚴嘉琪（2010）。探索英語志工服務學習經驗的多元性。亞洲地區弱勢學生教育教師專業及課程與教學國際學術研討會專書論文。

教育部（2009）。**98學年度大專校園一覽表**。2010年10月20日，取自http://reg.aca.ntu.edu.tw/college/search/

教育部（2010）。99年度施政計畫。2010年10月19日，取自http://www.edu.tw/secretary/content.aspx?site_content_sn=906

英文部分——

Adams, P. E. & Krockover, G. H. (1997). Beginning science teacher cognition and its origin in the pre-service secondary science teacher program. *Journal of Research in Science Teaching, 34*, 633-653.

Banks, J. A. (1987). *Teaching strategies for ethnic studies* (4th Ed.). Boston, MA: Allyn and Bacon.

Brislin, R. W. (1981). *Cross-cultural encounters.* New York: Pergamon.

Brislin, R. W. & Cushner, K. (1995). *Intercultural interactions: A practical guide.* Beverly Hills, CA: Sage.

Bullough, Jr. R. V. & Pinnegar, S. (2001). Guidelines for quality in autobiographical forms of self-study research. *Educational Researcher, 30*(3), 13-21.

Caligiuri, P. M., Jacobs, R. R. & Farr, J. L. (2000). The attitudinal and behavioral openness scale: Scale development and construct validation. *International Journal of Intercultural Relations, 24*, 27-46.

Connelly, F. M. & Clandinin, D. J. (1992). Narrative inquiry: Storied experience. In E. C. Short (Ed.), *Forms of Curriculum Inquiry* (pp.121-182). New York: State University of New York Press.

Cushner, K., & Mahon, J. (2002). Overseas student teaching: Affecting personal, professional, and global competencies in an age of globalization. *Journal of Studies in International Education, 6*(1), 44-58.

Dewey, J. (1934). *Art as experience*. New York: Minton Balch Press.

Dewey, J. (1980). *The middle works of John Dewey, Volume 9,* 1899-1924: Democracy and education, 1916. Carbondale & Edwardsville: Southern Illinois University Press.

Dewey, J. (1986). *The later works of John Dewey, Volume 8,* 1925-1953: 1933, Essays and how we think. Carbondale & Edwardsville: Southern Illinois University Press.

Dewey, J. (1987). *The later works of John Dewey, Volume 10,* 1925-1953: 1934, Art as experience. Carbondale & Edwardsville: Southern Illinois University Press.

Dirkx, J. M. (2008). Care of the self: Mythopoetic dimensions of professional preparation and development. *Pedagogies of the Imagination, 1*, 65-82.

Elbaz, F. (1991). Research on teacher's knowledge: The evolution of a discourse. *Journal of Curriculum Studies, 23*(1), 1-19.

Fay, B. (1996). Do you have to be one to know one? *Contemporary philosophy of social science: A multicultural approach.* Oxford, UK: Blackwell.

Giroux, H. A. (1992). *Border crossing and cultural workers and the politics of education.* London: Routledge.

Gordon, M. M. (1978). *Assimilation in American Life.* New York: Oxford University Press.

Green, J. W. (1982). *Cultural Awareness in the Human Services.* Englewood Cliffs, NJ: Prentice-Hall.

Grumet, M. R. (1987). The politics of personal knowledge. *Curriculum Inquiry, 17*(3), 317-329.

Gschwind-Holtzer G. (1981). *L'Analyse sociloinguistique de la communication et didactique.* Paris: Hatier.

Gudykunst, W. B. (1994). *Bridging differences: Effective intergroup communication* (2nd ed.). London: Sage Publications.

Gumperz, J. J. (1972). *The Ethnography of communication: Introduction.* New York: Holt, Rinehart & Winson.

Hammer, M., Bennett, M. & Wiseman R. (2003). Measuring intercultural sensitivity: The intercultural development inventory. *International Journal of Intercultural Relations, 27*, 421-443.

Heyward, M. (2002). From international to intercultural: Redefining the international school for a globalized world. *Journal of Research in International Education, 1*(1), 9-32.

Hodge, J. L., Struckmann, D. K. & Trtost, L. D. (1975). *Cultural Bases of Racism and Group Oppression.* Berkeley, CA: Two Riders.

Jackson, P. W. (1998). *John Dewey and the lessons of art.* New Haven, CT: Yale University Press.

Johnson, J. P., Lenartowicz, T. & Apud, S. (2006). Cross-cultural competence in international business: Toward a definition and a model. *Journal of International Business Studies, 37*, 525-543.

Kamhi-Stein, L. D. (2004). *Learning and teaching from experiences: Perspectives on nonnative English speaking professionals*. Ann Arbor, MI: The University of Michigan Press.

McLeod, B. (1981). The mediating person and cultural identity. In Bochner, S. (Ed.), *The mediating person: Bridges between cultures*. Boston: G. K. Hall.

Mitias, M. H. (Ed.). (1986). *Possibility of the aesthetic experience.* Dordrecht: Martinus Nijhoff.

Paige, R. M. (Ed). (1993). *Education for the intercultural experience.* Yarmouth: International Press, Inc.

Phillipson, R. (1992). *Linguistic Imperialism*. Oxford, England: Oxford University Press.

Pinar, W. F. (1980). Life history and educational experience. *Journal of Curriculum Theorizing, 2*(2), 159-212.

Simpson, D. J., Jackson, M. J. B. & Aycock, J. C. (2005). *John Dewey and the art of teaching: Toward reflective and imaginative practice.* London: Sage.

Stachowski, L. L. & Visconti, V. A. (1998). Service learning in overseas nations: U.S. student teachers give, grow, and gain outside the classroom. *Journal of Teacher Education, 49*(3), 212-219.

Stenhouse, L. (1975). *An Introduction to curriculum research and development.* London: Heinemann.

van Manen, M. (1984). Practicing phenomenological writing. *Phenomenology Pedagogy, 2*(1), 36-69.

Van Oudenhoven, J. P., Van der Zee, K. I. & Van Kooten, M. (2001). Successful adaptation strategies according expatriates. *International Journal of Intercultural Relations, 25*, 467-482.

Velasco-Martin C. (2004). The nonnative English-speaking teacher as an intercultural speaker. In L.D. Kamhi-Stein (Ed.), *Learning and teaching from experiences: Perspectives on nonnative English speaking professionals* (pp.277-293*).* Ann Arbor, MI: The University of Michigan Press.

Yamazaki, Y. & Kayes, D. (2004). An experiential approach to cross-cultural learning: A review and integration of competencies for successful expatriate adaptation. *Academy of Management Learning and Education, 3*, 362-379.

Yan, J. C. (2002). *Learning away from home: A phenomenological study of intercultural experience.* Unpublished doctoral dissertation, University of Indiana, Bloomington.

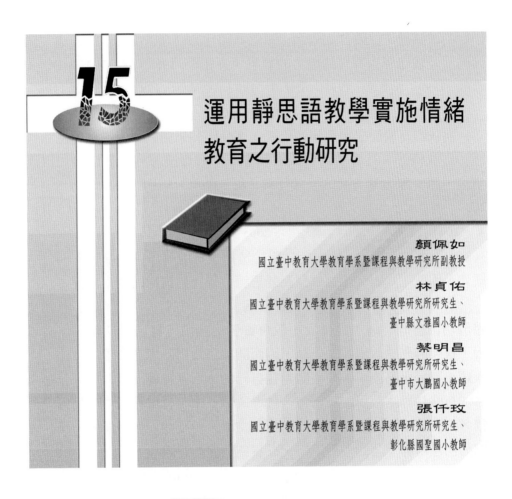

15 運用靜思語教學實施情緒教育之行動研究

顏佩如
國立臺中教育大學教育學系暨課程與教學研究所副教授

林貞佑
國立臺中教育大學教育學系暨課程與教學研究所研究生、
臺中縣文雅國小教師

蔡明昌
國立臺中教育大學教育學系暨課程與教學研究所研究生、
臺中市大鵬國小教師

張仟玫
國立臺中教育大學教育學系暨課程與教學研究所研究生、
彰化縣國聖國小教師

一 研究的背景與緣起

自從Goleman（1995）提出情緒智力（emotional intelligence）是影響個人成功的重要因素之一後，大大地改變了傳統對於智力內涵的狹隘想法（蕭瑞玲，2001），而從情緒智力相關研究中我們也可以發現：情緒智力高低可以預測學生學業成就（王財印，2000；劉清芬，2000）與生活適應（王財印，2000；李孟儒，2001）的好壞。陳騏龍（2001）透過文獻的整理，指出情緒智力為人際關係和幸福感的重要指標。既然有這麼多研究都指出情緒智力的重要性，那麼，我們如何透過教育，提升學生的情緒智力呢？

我國有關情緒教育的研究，主要是在探討情緒教育的實施對於增進學生的情緒穩定性與自我概念；減低非理性的信念；促進情緒表達、情緒調節及情緒運用等情緒能力的效果（吳麗娟，1985；黃月霞，1989；王淑俐，1990；徐高鳳，1991；梁靜珊，1997；陳啟勳，1997；曾娉婷，1998；張秋華，1998；吳盈瑩，2000；陳美姿，2000）。

而我國有關靜思語教學的研究，則發現靜思語教學對學童的生活適應、自我概念、社會情緒、人際關係、孝道實踐、利社會行為、班級常規、語文能力等方面的成效（賀正楨，1999；周倩慧，2000；李月娥，2001；馮厚美，2001；李玟玲，2003；何世力，2003；邱滿祥，2004；陳珮育，2004；張琬琴，2004；鄒欣芸，2005；郭怡玲，2005；林佳慧，2005；徐永能，2005）。然而，國內探討關於情緒教育的靜思語教學研究則付之闕如，因此，本研究便嘗試運用靜思語教學來建構情緒教育課程。

研究者在國中求學階段，曾經因國文老師的介紹而認識了佛教及慈濟功德會的組織。到了大四教育實習的階段，實習學校有一位吳老師，推展靜思語教學非常成功，因而開啟了我對靜思語教學的興趣。進入國小職場服務後，研究者開始在自己的班上實施靜思語教學，並報名參加有關靜思語教學的研習會，幾場研習下來，發現靜思語教學可以是很多元而豐富的。因此，本文就相關文獻分析及個人教學經驗，探討教師如何運用靜思語的教學策略，以實施情緒教育課程。

本研究採行動研究的方式進行，運用Grundy（1987）的行動研究四大要素——計畫、行動、觀察、反省的循環行動螺旋，研究重點在探討教師如何運用「靜思語教學」實施「情緒教育」的過程以及師生的成長歷程。研究者選取所任教的一個國小六年級班級，由研究者設計融入「靜思語教學策略」的「情緒教育課程」（共計八個單元），並擔任教學者，進行為期四週的行動研究（2008年9月第1週至第4週）。經由教學活動的錄影、靜思語學習單、研究者的省思札記與無結構訪談等多種方式來蒐集資料，並透過研究者、協同研究者及批判諍友的討論與澄清，在實施行動研究後深入檢討、反省和修正。

二　情緒與情緒教育

管理情緒是人人必須學習的重要課題，因此，學校如何落實情緒教育便逐漸受到大家重視。以下研究者首先探討情緒的定義及情緒智力的內涵，接著探討情緒教育的內涵與實施方式。

(一)情緒的定義

一般性或是教育及心理學方面的百科全書、辭典在談論「情緒」一詞時，都有個共同的困擾，那就是難以對「情緒」下定義（王淑俐，1990；劉方，2000）。而張富湖（2002）曾將國內外學者對於情緒的定義，整理如表15-1。

表15-1　情緒定義彙整表

研究者	情緒的定義
王淑俐（1990）	情緒包含心理感受、生理變化、認知評價與外顯行為等四個層面。
張春興（1995）	情緒是個體受到某種刺激後所產生的一種激動狀態；此種狀態雖為個體所能體驗，但不易為其所控制，因之對於個體行為具有干擾或促動作用，並導致其生理與行為的變化。
黃德祥（1996）	情緒是個體對於內外環境的生理激起、感覺、認知、反應感受的狀態，個體有情緒反應才會有喜怒哀樂的感受。
曹中瑋（1997）	情緒是由內外刺激所引發的一種主觀的激動狀態，此狀態是由主觀感受、生理反應、認知評估、行為表達四種成分交互作用而成的。
曾娉妍（1998）	情緒是由內、外在刺激所引發的一種反應的狀態。這些狀態是由個體的心理感受、生理的反應、認知的評價、外顯的行為等四種成分交互作用而成的。
Dworetsky（1985）	情緒是一種極複雜的心理感受狀態，包含意識經驗、內在的生理反應以及動機性的行為傾向。
Izard（1991）	情緒是被經驗的感覺，這些感覺會刺激、組織及引導我們的知覺、思考與行動。
Chabot（1993）	情緒可以區分成五種特別的要素，包含生理變化、愉快或不愉快的感覺、臉部表情與肢體語言、適應行為與認知之評估（引自陳羚芝譯，2001）。
Plutchik（1994）	情緒是一種自我的感受，情緒存在於社會行為與人際互動中。
Lazarus &Lazarus（1994）	情緒包含六項心理要素，即個人目標的結局、自我或自尊、評價、個人意義、刺激事件以及行動傾向（引自李素卿譯，2001）。
Goleman（1995）	情緒是指感覺及其特有的思想、生理與心理的狀態及相關的行為傾向（引自張美惠譯，1996）。

資料來源：作者修改自張富湖（2002）表2-1（頁16）。

綜合上述學者的看法，可歸納情緒是由內、外在刺激引發個體的一種反應的狀態，這些狀態的組成要素包括心理的感受、生理的反應、認知的評價、外顯的行為等四種成分。

(二)情緒智力的內涵

第一個提出「情緒智力」一詞的是耶魯大學沙洛維教授（Peter Salovey）和新穆罕大學的梅耶教授（J. D. Mayer）（梁靜珊，1997），1995年10月份美國《時代雜誌》（*Time*）的封面出現了「Emotional Intelligence, E.Q.」（情緒智力，E.Q.）的新名詞，E.Q.一詞從此也成為人們日常生活中的流行語（陳騏龍，2001）。

Mayer和Salovey（1997）認為，早期對情緒智力的定義缺少對於感覺的思考，因此又指出新的修正定義：「情緒智力，包括正確知覺、評估和表達情緒的能力；接近並產生有助於思考的感覺之能力；瞭解情緒和情緒的知識的能力；以及反省性調節情緒從而促進情緒的和理智的成長之能力。」

由上述學者的定義，可歸納情緒智力為：能正確覺察、認知及表達自我情緒與人際情緒，接近並產生有助於思考的感覺之能力，且能進一步將情緒作一正向的轉換、調整，促進個體情緒和理智成長的能力，進而更能適應環境，擁有良好的人際關係。

(三)情緒教育的內涵

Morse（1982）認為情緒教育是有目的的情緒介入，以增進學生正向自我概念、學生正向的社會化，幫助學生在面對自己或他人感覺時有適當的反應。

黃月霞（1989）認為情緒教育（emotion education）是探討個人各種感覺與衝突，及如何在團體中表達對自我、同伴、學校的各種感覺及態度。

Salovey和Mayer（引自郭有遹，1997）認為情緒智力的實施可分成三個部分：即情緒的瞭解與表達、情緒的管理與情緒的利用。

綜合以上國內外學者專家對情緒教育的看法，研究者歸納情緒教育之內涵，包括：1.對自己及他人情緒的認識與覺察；2.適切的情緒表達與抒發；3.反省與調節負向情緒；4.激勵與促進正向情緒；5.人際關係。因此，本研究設計之靜思語教學即以此五個內涵為架構，發展出情緒教育之課程。

(四)情緒教育的實施方式

Dagley（1987）認為情感教育的實施方式可分兩種：一種是以班級輔導活動方式進行，由學校諮商員直接教導；另一種則是由教師直接輔導，輔導的全體人員提供資源與諮詢服務。徐高鳳（1991）提到情感教育可從以下兩種方式來實施：一種是由班級教師、輔導員，以團隊合作的方式，在班級教導情感教育課程；一種是以小團體方式進行。曾娉妍（1998）認為國小情緒教育課程適合於班級輔導活動中。吳盈瑩（2000）也嘗試將情緒教育融入國語科教學活動中，也是利用班級輔導的方法。張富湖（2002）對國中生實施情緒教育的輔導課程，也是在班級中進行。

綜合以上的研究舉例及考量本研究之需要，因此本研究運用靜思語採取班級輔導的方式來進行情緒教育課程，期望能擴大其預防的效果。

三　靜思語教學對情緒智力之影響

(一)靜思語的緣起及教學內涵

靜思語的緣起是證嚴法師在慈濟人心志脆弱的時候，給予堅定的力量；在慈濟人徬徨摸索的時候，指點方向（高信疆，1989）。於是在1989年慈濟功德會的委員，希望把上人平日向弟子、會員或社會人士開示的話，輯錄下來，讓更多有心的朋友，能夠親近它、掌握它，經上人定名為「靜思語」（洪素貞，1997）。

賀正楨（1999）的研究中，則簡單定義「靜思語教學」為教師透過各種方式，將「靜思語」的道理融入教學中所形成的教學活動。

(二)靜思語教學實施步驟

在慈濟教聯會所出版的一套系統性的國小道德教材《大愛引航》中，明確標示出實施靜思語教學的五大步驟：體驗、講述故事、省思、靜思和生活實踐（呂素琴，1999）。

在《大愛引航》中的每一句靜思語，都以五大步驟來啟發學生的良知良能，分述如下（慈濟教師聯誼會主編，1999）：

活動一「體驗」：著重在教學情境中，教師採「以境示教」的方式，讓學生由自身的感受中，體悟靜思語的意思。因此在此教學步驟進行時，教師可以運用「想像及討論」、「看圖說話」、「角色扮演」和「經驗分享」等方式。

活動二「講述故事」：在於以小故事配合靜思語，吸引學生的注意，使其從中反照自己的行為。通常教師會以輕柔的音樂導入聽故事的安寧情境，使用幻燈片、投影片、圖卡說故事。

活動三「省思」：依據故事，提出問題，做自由的討論，期望學生經由自我判斷，達到價值觀的澄清。在此步驟，教師會運用討論法、學習單、將心比心、角色扮演或改編故事的方式實施。

活動四「靜思」：讓學生從同齡孩子的真實生活心得中，連結自己的經驗，獲得啟發，再將道德意識做深層內化。教師會在學生安靜之後，朗讀作品，讓學生在靜坐中傾聽、思考，亦會請學生說出或寫出自己的經驗或得到的啟示。

活動五「生活實踐」：由師生共同研討落實的方法，產生有意義的學習，而獲得更大的體悟。教師會在學生用心實踐後，表彰學生的善行，學生也會分享自己實踐後的心得。

(三)靜思語教學與學童情緒智力的相關性

目前靜思語教學可以在許多書刊、雜誌等找到相關的資料，如《妙語生華》上、下冊、《小草春風》、《愛的希望》1、2集，這些資料提到靜思語教學的成效，包括學校生活、家庭生活、自我概念和社會情緒等方面（李玫玲，2003）。

另外，從靜思語教學相關的研究，我們亦可以發現：靜思語教學有助於提升學童的情緒智力（馮厚美，2001；李玫玲，2003；陳珮育，2004；鄒欣芸，2005；郭怡玲，2005）。而研究者檢視《大愛引航》的內容，將其中的靜思語按照情緒教育的內涵做一整理（如附錄一），發現書中十八個單元，每個單元均有涉及情緒教育之靜思語，尤其關於負向情緒轉化的靜思語，更是不勝枚舉。因此研究者認為，靜思語教學是一套實施情緒教育的適當教材。

四 運用靜思語設計情緒教育方案

研究者經過相關文獻資料的探討與整理後，擷取《大愛引航》中的靜思語設計八堂課的情緒教育方案，希望透過行動研究的歷程獲得教學上的成長與省思。以下分別說明研究情境、課程設計及資料蒐集與分析方式。

(一)研究情境

研究者任教於臺中縣快樂國小（匿名），並於國立臺中教育大學課程與教學研究所進修。現任國小高年級導師，已有五年的高年級導師經驗。認為小學高年級階段的學生，除了知識的學習之外，「情緒管理」的能力乃另一重要課題。而預防勝於治療，期盼以一系列的靜思語教學方案培養學生情緒管理的能力，因此便醞釀將針對情緒教育做一行動研究。

本研究的對象為目前研究者任教的班級，共有30名學生。此班從五年級開始，研究者便利用綜合活動課時間，每週一堂課進行一則靜思語教學，教學實施依照靜思語教學的五大步驟：體驗、講述故事、省思、靜思和生活實踐進行，並請學生在靜思語週記中寫下自己的心得省思。因此學生對於靜思語教學並不陌生，而且還蠻喜歡上這堂課，因為這堂課比較輕鬆，且課堂上老師講述的故事或播放的影片很能吸引他們的注意力。

本研究上課場地在班級教室，教室內配有電腦、電視、DVD播放器、單槍投影機等設備，資訊媒體設備齊全，對於課程媒材的呈現有很大的輔助效果。

(二)課程設計

根據情緒教育內涵相關文獻的探討，本研究之情緒教育課程的架構，包括：1.對自己及他人情緒的認識、覺察與接納等內涵；2.適切的情緒表達與抒發；3.反省與調節負向情緒；4.激勵與促進正向情緒；5.人際關係。課程內容取自《大愛引航》中與情緒教育相關的靜思語及故事，並加入一些繪本輔助，以提高學生學習興趣，課程設計架構如表15-2所示。

表15-2　靜思語融入情緒教育方案課程設計架構

週次	情緒教育內涵	單元名稱	靜思語
一	對自己及他人情緒的認識、覺察	情緒大觀園	內心若不調和，待人接物時就易發生衝突。
		情緒你我他	每個人都有不同的臉孔及習氣，相處時要互相尊重，互相包容。
二	適切的情緒表達與抒發	情緒交流站	要學習穩重的待人接物，情緒化最傷人害己。
三	反省與調節負向情緒	情緒停看聽	生氣就是拿別人的錯誤來懲罰自己。
		情緒紅綠燈	煩惱非因別人造成，而是自己的心招惹的；煩惱從心起，也要從心滅。
四	激勵與促進正向情緒	情緒挑戰營	以歡喜心面對境界，培養善解，就不易被境界誘導而好發脾氣。
		情緒變變變	快樂不是擁有的多，而是計較的少。
五	人際關係	情緒百寶箱	以簡單的道理與人相處，日子就會過得很自在；若太複雜，就會惹來滿心煩惱。

資料來源：作者自行整理。

以下分別說明各單元的設計理念與教學活動：

單元一：情緒大觀園

靜思語：內心若不調和，待人接物時就易發生衝突。

1.設計理念：第一堂課首先要讓學生認識常見的情緒，包括正面情緒及負面情緒，並試著分析自己曾有過的情緒經驗，以強化自我情緒覺察的能力。

2.教學活動：一開始的體驗活動請學生列舉各種不同情緒，並歸納為正面情緒及負面情緒，並舉例說明負面情緒若不能適時調節，則容易發生人際衝突。接著講述故事「壞脾氣的船夫」，並加以省思，然後以《大愛引航》中之「學生心得示例」予以靜思，最後由全班討論本單元的「生活實踐」項目，由研究者製作學習單，請學生加以記錄其實踐過程。

單元二：情緒你我他

靜思語：每個人都有不同的臉孔及習氣，相處時要互相尊重，互相包容。

1.設計理念：本單元的教學目標在於讓學生練習辨識與覺察他人的情緒，瞭解情緒的組成要素包括生理反應、行為表現、內心的感覺與想法；而想要覺察他人情緒的方法，包括：(1)觀察他人的生理反應及行為表現；(2)站在對方的立場來看待事務。

2.教學活動：一開始以「情緒猜謎」為體驗活動，藉該活動練習覺察他人的情緒，並歸納覺察他人情緒的方法：(1)觀察他人的生理反應及行為表現；(2)站在對方的立場來看待事務。接著講述故事「都是我不對」，並加以省思，然後以《大愛引航》中之「學生心得示例」予以靜思，最後由全班討論本單元的「生活實踐」項目，由研究者製作學習單，請學生加以記錄其實踐過程。

單元三：情緒交流站

靜思語：要學習穩重的待人接物，情緒化最傷人害己。

1.設計理念：本單元的教學目標在於讓學生學習適當的情緒表達方式，尤其當負面情緒產生時，運用適當方式紓解情緒並理直氣和地表達意見，才是良好的情緒表達方式。

2.教學活動：一開始以一個被批評的情境作為體驗活動，讓學生體驗負向情緒產生時的感覺。接著講述繪本《好一個吵架天》，並加以省思，然後以《大愛引航》中之「學生心得示例」予以靜思，最後由全班討論本單元的「生活實踐」項目，由研究者製作學習單，請學生加以記錄其實踐過程。

單元四：情緒停看聽

靜思語：生氣就是拿別人的錯誤來懲罰自己。

1.設計理念：本單元的教學目標在於讓學生學習如何面對負向情緒——生氣，運用適當的方法紓解生氣的情緒，並願意善解與包容他人。

2.教學活動：一開始的體驗活動請學生分享自己生氣的經驗，藉以體驗生氣的感覺。接著講述繪本《菲菲生氣了》，並加以省思，然後以《大愛引航》中之「學生心得示例」予以靜思，最後由全班討論本單元的「生活實踐」項目，由研究者製作學習單，請學生加以記錄其實踐過程。

單元五：情緒紅綠燈

靜思語：煩惱非因別人造成，而是自己的心招惹的；煩惱從心起，也要從心滅。

1.設計理念：本單元的教學目標在於讓學生學習如何面對負向情緒——煩惱，並瞭解煩惱乃源自內心的非理性想法，若能轉個念頭，多往好處想，並懂得感恩知足，則煩惱便能消除。

2.教學活動：一開始的體驗活動請學生分享自己煩惱的事情，藉以體驗煩惱的感覺。接著講述繪本《傻比傻利》，並加以省思，然後播放「你還憂慮什麼」PPT，請學生分享心得，最後由全班討論本單元的「生活實踐」項目，由研究者製作學習單，請學生加以記錄其實踐過程。

單元六：情緒挑戰營

靜思語：以歡喜心面對境界，培養善解，就不易被境界誘導而好發脾氣。

1.設計理念：本單元的教學目標在於讓學生學習以正向思考來轉化負面情緒，並懂得以樂觀豁達的態度來面對生活中的挫折。

2.教學活動：一開始以一個偶發事件作為體驗活動，藉以體驗被境界的誘導而好發脾氣的經驗。接著講述故事「丟在棉被上的球」，並加以省思，然後以《大愛引航》中之「學生心得示例」予以靜思，最後由全班討論本單元的「生活實踐」項目，由研究者製作學習單，請學生加以記錄其實踐過程。

單元七：情緒變變變

靜思語：快樂不是擁有的多，而是計較的少。

1.設計理念：本單元的教學目標在於讓學生學習以正向價值觀（不計較）來促進正面情緒，並懂得以樂觀豁達的態度來面對生活中的人、事、物。

2.教學活動：一開始以一個分蛋糕的情境作為體驗活動，藉以體驗愛計較只會使自己不快樂。接著講述故事「限購的耐吉鞋」，並加以省思，然後以《大愛引航》中之「學生心得示例」予以靜思，最後由全班討論本單元的「生活實踐」項目，由研究者製作學習單，請學生加以記錄其實踐過程。

單元八：情緒百寶箱

靜思語：以簡單的道理與人相處，日子就會過得很自在；若太複雜，就會惹來滿心煩惱。

1.設計理念：本單元的教學目標在於讓學生學習適當的人際互動方式。對他人要懂得欣賞他人的優點，協助他人不足之處；對自己要看重自己的長處，改進自己的缺點。

2.教學活動：一開始以分配大掃除工作作為體驗活動，藉以體驗人際互動中可能產生衝突的情況。接著講述故事「嫉妒」，並加以省思，然後以《大愛引航》中之「學生心得示例」予以靜思，最後由全班討論本單元的「生活實踐」項目，由研究者製作學習單，請學生加以記錄其實踐過程。

(三)資料蒐集與分析

1.教學活動的錄影

將靜思語教學過程轉謄成逐字稿，並輔以錄影帶，確保逐字稿字句、語詞完整，待完成後進行資料之整理。將確認之逐字稿按照順序編碼，供日後進一步分析。

2.研究者的省思札記

研究期間，隨時將回顧、反省的資料記載於省思札記中，以補充說明教學或研究過程所發現的問題。

3.訪談

研究期間，研究者於特定聚會或遇到問題產生疑惑時，不定期與指導教授、批判諍友請益，或隨機利用下課時間、午餐時間與學生談話，在自然情況下，讓學生個人發表意見及想法，進行非正式且無結構式的訪談。

4.文件蒐集

(1)靜思語學習單：「靜思語學習單」分為三部分，第一部分為靜思語故事的「省思」，請學生回答當天靜思語故事的相關問題；第二部分為「行為檢核表」，研究者針對單元目標設計相關情緒行為檢核表，請學生記錄檢核自己的情緒行為，將適當的情緒行為落實於生活中；第三部分為「爸媽的話」，請家長針對單元課程內容或孩子近日生活表現給予回饋。

(2)生活札記：每週學生於聯絡簿寫下當週生活中的相關事務，從中可以發現學生在日常生活中的情緒事件。

(3)學生回饋問卷：研究者在課程結束後，設計開放性問卷以瞭解學生對於學習靜思語教學方案後的接受程度及感受。

五 運用靜思語實施情緒教育之結果與省思

(一)運用靜思語實施情緒教育方面

1.學生大多喜歡上靜思語教學

從學生的課後回饋單及訪談結果可以看出，大部分學生喜歡靜思語教學，他們認為比起其他科目，靜思語課程較輕鬆，而且課堂上老師會講故事、繪本或播放影片等，這些媒材比較吸引注意力，令人印象深刻（饋S22、S27-970922）；另外，上課方式大多採用討論式，學生能充分表達自己的意見，因此上起課來學生覺得比較有參與感。不過，學生也提出了一些建議，他們覺得有一些繪本教材內容太短，故事不夠精采，希望老師可以挑選一些故事內容較長、較精采的繪本來作為教材（轉970912）；另外，學生也不喜歡寫學習單，他們覺得寫學習單就是增加了他們的作業負擔（饋S13、S23-970922）。

2.家長肯定靜思語教學

開始實施的時候，家長會很好奇靜思語教學的內容，透過班親會的宣導及學生的轉述，他們大多支持靜思語教學活動並配合檢視學生生活實踐的部分，在學習單上給孩子鼓勵及回饋。

我的孩子情緒管理較差，最近我看了一下老師所教的靜思語內容，就是我想要告訴孩子的，期待她能在情緒管理方面有進步。（訪P19-970911）

謝謝老師的用心，《大愛引航》是一套很棒的教材，蘭班的孩子有福了！（單S16-970917）

3.學生情緒管理的能力有提升

從學生的學習單、課後回饋單、家長的回饋及研究者的觀察，學生在接受靜思語教學課程後，更懂得如何轉化自己的負向情緒，雖然有些個性較衝動的學生在面對人際衝突時仍會有不恰當的情緒行為產生，不過經過約談，他們都能運用靜思語的精神轉化自己的負向情緒，在情緒認知的部分覺察到負向情緒的產生，進而學習如何做好情緒管理。以下是一個例子：

T：你為什麼打小明？

S01：因為他說我很胖，我聽了很生氣！

T：老師可以瞭解你難過的心情，他說你很胖，確實是他不對，不過你因為生氣就動手打人，這樣你是不是也有錯？老師曾經教過靜思語「生氣就是拿別人的錯誤來懲罰自己。」你是不是也拿別人的錯誤來懲罰自己呢？

S01：對啊！我也覺得自己很笨，可是當聽到他們這樣說我時，我還是會很生氣！

T：那怎麼辦呢？下次再遇到這種情況，你有沒有更好的處理方式？

S01：我可以理直氣和地告訴他：「你這樣說我，我會很難過」，如果他還是繼續說我，我會來報告老師，請老師幫我糾正他。

T：很好，你這樣的處理方式很有智慧喔（訪S01-970926）！

(二)教學省思

1.課程設計方面

(1)本實驗課程的內涵多偏向探討負面情緒的調節，可增加正向心理學的內涵以激發學生正面情緒。

本實驗課程的內涵，多數在探討負面情緒的調節，對於正面情緒的激發與促進，僅於第六、七兩個單元有所著墨。Resnick（1997）認為傳統的心理學承襲文化中的反快樂哲學，瞭解悲傷、恐懼、氣憤、痛苦等負面情緒，卻對於愛、信任、歡笑等正面情緒所知有限，所以新進的心理學逐漸將焦點放在正向心理學，以促進精神層次的健康及充實生活所需的積極技巧（引自常雅珍、毛國楠，2006）。而研究者檢視《大愛引航》內所收錄的靜思語，亦有許多關於培養正面情緒的靜思語。因此，研究者在省思札記中寫道：

> 當初若能在課程設計時，多放入一些探討正面情緒的靜思語，相信會有更好的教學效果。（札970921）

(2)運用影片、繪本等媒材融入靜思語教學，能使教學活動更豐富，不過選材時，需考量到學生的心智成熟度。

靜思語教學強調透過故事的隱喻來說明做人處事的道理，兒童最喜歡聽故事了，故事中人物主角的言行舉止導致的後果，總能帶給兒童一些啟發。另外，若能搭配靜思語內容，運用一些繪本或影片等媒材進行教學，將使教學活動更豐富，也更引發學生學習興趣。不過，教師在選材時，須考量到學生的心智成熟度，本實驗課程所選的三本繪本《好一個吵架天》、《菲菲生氣了》、《傻比傻利》都是符合單元主題的情緒繪本，不過，學生普遍反映故事內容太短、不夠精采。研究者在省思札記中寫道：

這三本繪本內容似乎較適合中低年級，高年級由於心智成熟度較高，適合以內容情節較複雜的故事或「我們這一班」等符合其心智年齡的影片，來作為課程教材（札970918）。

2.課程實施方面

(1)利用生活事件隨機指導，更能將情緒教育落實於日常生活中

實施情緒教育的目的，除了希望達到預防性的效果，防患於未然；更重要的是，能夠在情緒行為事件發生時，給予輔導治療的效果，靜思語教學亦應如此。教師除了在課堂上針對特定主題進行有系統的教學外，更應該利用日常生活中隨機偶發的情緒行為事件，針對個案進行指導，如此才能將情緒教育落實於日常生活中。研究者在研究期間，即運用靜思語調解學生的衝突事件及情緒行為，發現學生皆能接受老師的調解並反省自己的過錯（訪S12、S15-970920；訪S01-970926），透過這樣的過程，他們也更瞭解靜思語的內涵並運用在日常生活中。

(2)教學時注重境教、言教、身教，更能收到潛移默化的效果

圓融豁達的處事態度是靜思語的主要精神，在教學現場中教師若能以身作則，給學生一個良好學習的典範，則更能讓學生感同身受。研究者在實施靜思語教學的過程中，有一次因為事前準備工作沒做好，因此耽誤了上課時間。當研究者忙於架設教學設備時，班上學生因無所事事而秩序不佳，還有兩個同學發生肢體衝突。當時研究者情緒狀況不佳，甚至想破口大罵那些破壞秩序的學生，不過研究者立刻意識到自己的情緒狀態，克制自己的情緒衝動，希望給學生作良好的行為示範。課程結束後研究者與學生分享自己當時的心情，並與學生討論當時的狀況，索性學生們都能很貼心的安慰研究者並承認他們自己的過錯。研究者在省思札記中寫道：

透過教師的以身作則，學生在愛與包容的環境中更願意反省自己的錯誤行為，師生間的感情變好了。同時他們也學習到如何調整自己的負面情緒，做出適當的行為（札970912）。

(3)教學前做好充分的準備工作，將是課程實施成功與否的關鍵

為了讓課程內容更精采，更吸引學生注意，研究者自行翻拍繪本融入到教學活動中，不過相關媒體設備如單槍投影機、筆記型電腦、DV錄影機等設備的架設往往需要耗費一些時間，而在繁忙的教學工作中還要額外撥出時間來架設、熟悉這些器材，對研究者來說可說是一項負擔。在課程實施的初期，由於尚未熟悉這些器材，因此常因架設器材而耽誤到上課時間，所以上起課來便因為時間的壓縮而無法讓學生暢所欲言，教學效果也打了折扣（轉970912）。到了後期，對這些器材越來越熟悉了之後，可以很快的掌握這些器材，才能從容不迫地實施教學。因此教學者若能在教學前做好充分的準備工作，將是課程實施成功與否的關鍵（札970919）。

3.學習評量方面

(1)學習單的設計宜針對行為檢核的部分做整合

完整的教學評量應兼顧認知、情意與技能三個層面，而情緒教育的評量亦復如此。多年來，情緒教育一直為人所詬病的，便是停留在認知與情意的層次，缺少涉及技能方面的演練。有鑑於此，研究者在設計本實驗課程時，特別針對行為實踐的部分，運用學習單設計行為檢核表，請學生每日記錄其行為實踐的情況。然而，或許是學習單的習寫過於密集，抑或是學生課後補習的安排過於頻繁，因此，常會有學生忘記記錄，或為了交作業而敷衍了事，記錄不確實。關於這部分，研究者在省思札記中寫道：

> 在學習單的設計方面，應該做一整合，不一定每一張學習單都要有行為檢核表，可以針對特定主題設計一張長期記錄的檢核表，當成每日例行性功課，每日收回批改，相信學生能夠更確實地記錄。（札970912）

(2)親師合作，效果加倍

情緒教育不僅是學校教育的一環，更應落實於日常生活中。實施靜思語教學時若能與家長合作，讓家長參與學習，例如：分享靜思語心

得、在學習單上給予回饋或鼓勵……，這樣的互動，不僅能增進親子間的感情，父母親也能協助觀察兒童生活中的情緒問題，適時提供協助。如此，情緒教育才能真正落實於生活中。以下是一位家長在學習單上給孩子的回饋：

> 如果你有正面情緒，請記得與父母分享；如果你有負面情緒，爸媽願意陪你度過，儘管說出來，全家都挺妳（單S22-970904）。

(三)教學者自我省思與成長部分

透過這次的課程行動研究，研究者發現自己除了在課程設計與教學技巧方面的成長外，自我情緒管理的能力也提升了。當研究者在研究過程中遇到挫折時，研究者也能覺察到自己的情緒狀態，並運用靜思語的精神來轉化自己的負面情緒。所謂「教學相長」，研究者在實施靜思語教學的過程中，也更瞭解情緒教育的內涵，並與學生一同成長（札970922）。

六 結語

教育乃百年大計，無法立竿見影，情緒教育亦是如此。1993年教育部公布新課程標準，將舊課程的生活倫理改為道德與健康，課程標準明訂課程要以德智體群美五育為依歸，首重德育。但到了90學年度實施九年一貫課程，將學習科目統整為七大領域，分別是語文、數學、自然與科技、社會、藝術與人文、健康與體育、綜合活動，這樣的改變不知不覺間就將道德教育模糊化，學校不知該在哪個領域實施道德規範的陶冶了。

慈濟教師聯誼會有感於現今社會道德逐漸式微，學校課程也減少了德育的教授，因而將推行了十多年的「靜思語教學」經驗，出版成《大愛引航》，期盼與學校老師或者家長分享（李玫玲，2003）。時至今日，靜思語教學在各個階段的教育蔚然成風，尤其在中小學階段，更是行之有年。許多相關文獻皆顯示靜思語教學對學童的孝道行為、生活適應表現、自我概念、情緒發展及行為問題均有正向影響效果（周倩慧，2000；馮厚美，2001；李玫玲，2003）。有鑑於此，本研究參考了國內外文獻資料，依據情緒教育的內涵，設計出一套融入「靜思語教學策略」的「情緒教育課程」。透過行動研究的歷程，得到下列結論：

一、靜思語教學有助於提升國小學童情緒智力。

二、家長及學童均肯定靜思語教學。

三、運用影片、繪本等媒材融入靜思語教學，能使教學活動更豐富。

四、教學時注重境教、言教、身教，更能收到潛移默化的效果。

五、親師合作，效果加倍。

六、運用行為檢核表，於日常生活中落實行為實踐。

參考文獻

中文部分——

王財印（2000）。國民中學學生情緒智力、生活適應與學業成就關係之研究。國立高雄師範大學教育學系博士論文。

王淑俐（1990）。國中階段青少年情緒的發展與問題及輔導。國立臺灣師範大學教育研究所博士論文。

安東尼·布朗（2006）。桑霓譯。傻比傻利。臺北市：格林文化。

何世力（2003）。靜思語教學融入國文科教學之行動研究——以宜蘭縣一所國中為例。慈濟大學教育研究所碩士論文。

吳盈瑩（2000）。情緒教育融入國小國語科之教學研究—以國小四年級為例。國立東華大學教育研究所碩士論文。

吳麗娟（1985）。理情教育課程對國中學生理性思考、情緒穩定與自我尊重之影響。國立臺灣師範大學輔導所碩士論文。

呂素琴（1999）。大愛引航。慈濟月刊，**390**，頁106。

李月娥（2002）。慈濟教師應用靜思語教學實施生命教育之質性研究——以臺北市一所國小為例。臺北市立師範學院國民教育研究所碩士論文。

李孟儒（2000）。臺南縣國民中學生情緒智力、生活適應與自殺傾向之相關研究。國立高雄師範大學教育學系碩士論文。

李玫玲（2004）。靜思語教學對國小六年級學童自我概念之影響。屏東師範學院國民教育研究所碩士論文。

周倩慧（2001）。靜思語教學對國小學生孝道態度、行為效果之研究。慈濟大學教育研究所碩士論文。

林佳慧（2005）。靜思語創意教學之行動研究。國立臺灣師範大學創造力發展碩士在職專班碩士論文。

邱滿祥（2004）。靜思語教學對提昇國小兒童利社會行為之效果研究。屏東師範學院教育心理與輔導學系碩士論文。

洪素貞（1997）。靜思語緣起。靜思語教學月刊，**1**，第三版。

夏洛特・佐羅托（2002）。好一個吵架天。劉清彥譯。臺北市：上誼文化。（原著1963年出版）

徐永能（2005）。靜思語融入國小作文教學研究。國立臺北教育大學語文教育學系碩士班碩士論文。

徐高鳳（1991）。情感教育課程對國小兒童自我概念影響之實驗研究。國立臺灣師範大學教育心理與輔導研究所碩士論文。

高信疆（1989）。靜思語第一集一一九八九年編輯緣起。臺北：慈濟文化。

高曼（D. Goleman）（1996）。*EQ*：*Emotional Intelligence*。張美惠譯。臺北市：時報。（原著1995年出版）

張秋華（1998）。合理情緒課程對國中生自尊、自我概念影響之研究。國立臺南師範學院國民教育研究所碩士論文。

張富湖（2002）。情緒教育課程對提昇國中學生情緒智力效果之研究。屏東師範學院教育心理與輔導研究所碩士論文。

張琬琴（2004）。靜思語教學對增進國小學童孝道實踐之成效研究。屏東師範學院教育行政研究所碩士論文。

常雅珍、毛國楠（2006）。以正向心理學建構情意教育之行動研究。師大學報，**51**(2)，121-146

梁靜珊（1997）。情緒教育課程對國小資優生情緒適應行為之效果研究。臺北市立師範學院國民教育研究所碩士論文。

莫莉・卞（2000）。菲菲生氣了—非常、非常的生氣。李坤珊譯。臺北縣：三之三文化。（原著1999年出版）

郭有適（1997）。情緒教育的目標與教略：情緒的了解、表達、管理與利用。臺灣教育，**559**，2-8。

郭怡玲（2005）。運用靜思語教學實施國小品格教育之行動研究。銘傳大學教育研究所碩士論文。

陳美姿（2000）。以兒童繪本進行幼兒情感教育之行動研究。國立東華大學教育研究所碩士論文。

陳珮育（2004）。靜思語教學運用於班級經營之行動研究。國立臺北師範學院課程與教學研究所碩士論文。

陳啟勳（1997）。情緒管理課程對高職學生情緒穩定、人際關係、認知學習及學業表現的影響。國立臺灣師範大學教育心理與輔導研究所碩士論文。

陳羚芝譯（2001）。培養快樂的情緒智商。臺北市：木棉國際事業有限公司。

陳騏龍（2001）。國小學童情緒智力與幸福感、人際關係及人格特質之相關研究。國立屏東師範學院教育心理與輔導研究所碩士論文。

曾娉妍（1998）。情緒教育課程對提昇國小兒童情緒智慧效果之研究。國立臺中師範學院國民教育研究所碩士論文。

賀正楨（1999）。國民小學靜思語教學之研究。臺中師範學院國民教育研究所碩士論文。

黃月霞（1989）。情感教育與發展性輔導。臺北市：五南出版社。

馮厚美（2002）。靜思語教學對提升國小兒童生活適應之研究。屏東師範學院國民教育研究所碩士論文。

慈濟教師聯誼會主編（1997）。妙語生華上、下冊。臺北：靜思文化。

慈濟教師聯誼會主編（1999）。大愛引航出版了！靜思語教學月刊，**29**，第四版。

慈濟教師聯誼會主編（1999）。大愛引航第一～十二冊。臺北：靜思文化。

慈濟教師聯誼會主編（2001）。大愛引航學習單第一～十二冊。臺北：靜思文化。

慈濟教師聯誼會主編（2002）。愛的希望**1**、**2**集。臺北：靜思文化。

慈濟教師聯誼會主編（2003）。小草春風。臺北：靜思文化。

鄒欣芸（2005）。靜思語教學對國民小學兒童自我概念、人際關係與生命意義感之影響。慈濟大學教育研究所碩士論文。

劉方（2000）。高中生負向情緒經驗之分析研究。國立屏東師範學院教育心理與輔導研究所碩士論文。

劉清芬（2000）。國小學生批判思考、情緒智力與學業成就關係之研究。國立高雄師範大學教育學系碩士論文。

蕭瑞玲（2001）。國小學童情緒調整及相關因素之研究。國立屏東師範學院教育心理與輔導研究所碩士論文。

英文部分——

Vernon Ann (1989a). *Thinking, Feeling, Behaving: An Emotional Educational Curriculum for Children, Grades 1-6*. Champaign. IL: Research Press.

Vernon Ann (1989b). *Thinking, Feeling, Behaving: An Emotional Educational Curriculum for Children, Grades 7-12*. Champaign, IL: Research Press.

Grundy, S. (1987). *Curriculum: Product or Praxis*. Philadelphia, Pennsylvania: The Falmer Press.

Izard, C. E. (1991). *The psychology of emotions*. New York: Plenum.

Mayer, J. D., & Salovey, P. (1997). What is emotional intelligence？In P. Salovey & D. J. Sluyter (Eds.), *Emotional development and emotional intelligennce: Educational implications*. New York: Basic Books.

Salovey, P. & Mayer, J. D. (1990). Emotional intelligence. *Imagination, Cognition, and Personality, 9*, 185-211.

Morse, W. C. (1982). The place of affective education in special education. *Teaching Exceptional Chldren, 14*(6), 209-211.

Gunter, Lamar (1990). Book reviews. *Psychosocial Rehabilitation Journal, 14*(1), pp. 91-92.

Dagley, J. C. (1987). A new look at developmental guidance: The hearthstone of school counseling. *The School Counselor, 35*, 102-109.

附 錄

附錄一：靜思語對應情緒教育內涵架構表

情緒教育內涵	靜思語
對自己及他人情緒的認識與覺察	◎能照顧好自己的心，對人生就懂得關心，對人群也會付出愛心。 ◎煩惱非因別人造成，而是自己的心招惹的；煩惱從心起，也要從心滅。 ◎心結不解就會百病叢生，埋怨只會導致失敗。 ◎人的心地如一畦田，土地沒有種下好的種子，也長不出好的果實。 ◎內心若不調和，待人接物時就易發生衝突。 ◎拿別人的錯誤來懲罰自己，就是煩惱的來源。 ◎有些人常煩惱，是因為別人無心的一句話，他卻有意地接受。 ◎心地的無名草只有自己能拔除，沒有人可以代勞。 ◎要別人接受我，必須自己先打開心胸接納別人。 ◎每個人都有不同的臉孔及習氣，相處時要互相尊重，互相包容。
適切的情緒表達與抒發	◎孝首重在順，要體貼親心，聲色柔順，切不可不耐與嫌煩。 ◎微笑是世界上最美的臉，也是最親切的招呼。 ◎與人講話，「聲」要輕言細語，「色」要微笑寬柔。 ◎愛的表達常在於型態上，對人一定要溫和懇切。 ◎理直要氣和，得理要饒人。 ◎微笑加上輕聲柔語，給人的印象是很有涵養。 ◎當他人生氣的時候，我就少說兩句，等他氣消了，再和他談理。 ◎笑，是一種表情，皺眉也是一種表情，笑比皺眉好看。 ◎忍一口氣海闊天空，爭一口氣禍事臨頭。 ◎心要淨化，不要情緒化。 ◎理直氣壯，得理不饒人，不僅惹事生非、傷人傷己，甚至無法化解仇恨，圓融人事。 ◎要培養自制力，不能因高興而隨心所欲。 ◎要學習穩重的待人接物，情緒化最傷人害己。 ◎脾氣、嘴巴不好，就不能算是好人。 ◎做事以誠正為原則，待人則要用寬柔的態度。 ◎發脾氣時，不僅寬諒祥和遁形無蹤，還可能口出惡言，動作粗暴。 ◎忍一口氣海闊天空，爭一口氣禍事臨頭。
反省與調節負向情緒	◎勤能補拙，將嘲笑視同啟發，把諷刺當作激勵。 ◎唯有愛與感恩才能洗淨心中的煩惱。 ◎若遇不如意事來考驗，更要秉持感恩心加以善解、包容。 ◎逆境是增上緣，碰到逆境應心生感恩。 ◎面對紛亂的氣氛，只要抱持感恩心，就不會感覺煩躁。 ◎生氣是短暫的發瘋，會醜化了自己。

反省與調節負向情緒	◎心中有愛就能突破內心的障礙與畏懼。 ◎把氣憤的心境轉化為柔和，把柔和的心境再轉化為愛。 ◎對社會與其擔心，不如化作信心，更要付出愛心。 ◎聽到好話要感恩，聽到壞話要善解。 ◎若能轉變自己的觀念，把握因緣，放開心胸，命運會在無形中改變。 ◎憤怒會剝奪一個人的洞察力及忍耐力，最後會像猛火一樣，毀滅玩火的人。 ◎人會煩惱重重，乃因眼睛經常往上看，覺得別人都比自己有福。 ◎人若不知足，就永遠在煩惱中。 ◎貪求物質享受與聲色逸樂，會煩惱重重；如能去貪就簡，就可使心靈得到寧靜。 ◎換一個角度來看世界，世界無限寬大；換一種立場來待人處事，人事無不輕安。 ◎能清除內心的煩惱，化為一股清涼的悲心，即是智慧。 ◎過去的事再煩惱也是惘然，不如放下，讓心念保持平靜，以面對現在及未來的事。 ◎心量狹小多煩惱，心量廣大則智慧豐饒。 ◎人生最大的成就，就是從失敗中站起來。 ◎任何困難挫折，對有志學習的人而言，正是磨練的好機會。 ◎人生挫折難免，但以歡喜心接受，挫折即刻就會過去。 ◎悲愁不能消除昨日的哀傷，只會削減明日的銳氣。 ◎世間事本來就有重重困難，必須有耐心、毅力，才能一步步克服難關。 ◎逆境如磨玉之石，能使璞玉發光發熱。 ◎待人處事只怕本分沒守好，若已盡心盡力，就不要太在意結果。 ◎不管做什麼事都要用心，不要操心、煩心。 ◎把氣憤的心境轉為柔和的心境，再轉換為友愛，世間將愈益完美。
激勵與促進正向情緒	◎勿輕言挫折感、無力感，縱然困難如石也要鑽過去。 ◎要用寬諒和快樂的心來代替埋怨。 ◎人不要鬥氣要競志。 ◎我不輕視自己也不自大。 ◎以歡喜心面對境界，培養善解，就不易被境界誘導而好發脾氣。 ◎快樂不是擁有的多，而是計較的少。 ◎施比受更有福，真正的快樂是施捨後的那份清淨、安慰與喜悅。 ◎若能抱持平常心，則遇到任何環境或挫折，都能夠安然自在。 ◎能忍辱的人就是最堅強的人。 ◎不要小看自己，因為人有無限的可能。 ◎凡事要往好處想，盡最大的努力，抱最大的希望。 ◎要學會把苦轉為樂，凡是要樂觀進取不要洩氣。 ◎人生要向前邁進，不能停留在昨日的煩惱中。 ◎只要有心，世間沒有什麼困難的事可以障礙我們。 ◎與其擔心，不如化作耐心，加上信心，方可成就。 ◎多為自己祝福就是往好處想，因為逆境就是增上緣。
人際關係	◎以感恩心處理人事，持之以恆，必能日日歡喜自在。 ◎別人批評我們時，問心是否無愧，無愧則心安。 ◎別人罵我、不諒解我、毀謗我，要感謝他考驗我的修養。 ◎要感恩別人的指正，讚嘆他人的修正。

人際關係	◎能受天磨方鐵漢，所以不遭人忌是庸才，被別人忌妒應該感恩。 ◎看別人不順眼，是自己修養不夠。 ◎要志氣用事，不要意氣用事，在團體中要有尊重每個人的觀念。 ◎原諒別人就是善待自己。 ◎不要過分在意他人的批評而失去熱心，盡本分奉獻自己的力量最重要。 ◎幫助別人就是幫助自己，因為多做多得，少做多失。 ◎別人無心的一句話，不要有心地放在心裡。 ◎凡事將心比心，從最好的角度去看、去想，就是善解。 ◎以簡單的道理與人相處，日子就會過得很自在；若太複雜，就會惹來滿心煩惱。 ◎在群體中做事，必須心無所求，才會做得很歡喜。 ◎處事為人，實幹優於能幹，和氣勝過爭氣。 ◎看到別人有成就，應該歡喜，立志學習。 ◎你好我也好，一個人不但要看重自己，也要懂得欣賞別人。 ◎別人強過我，要向他學習；別人不如我，要謙虛的鼓勵他。 ◎有智慧的人，會從他人的錯誤中找出自己的責任來。 ◎對人對事不計較，不爭誰對誰錯，放開心胸，自然人事皆安。 ◎原諒犯錯的人，並非縱容他再去犯錯，應該用智慧去勸導他，用愛心去原諒他。

附錄

附錄二：課後回饋表

課後回饋表

各位同學你好：

感謝各位在這一段時間認真地參與靜思語教學的活動，為了使這一套靜思語教學課程能夠更加完善，我們相當需要你的寶貴意見，以作為日後改善的參考。**此回饋表的結果僅作為改善課程之用，絕對保守秘密，敬請放心做答，謝謝你！**

導師　林貞佑　敬啟

【基本資料】

座號：＿＿＿＿　姓名：＿＿＿＿＿

【題目開始】

	完全符合	大部分符合	大部分不符合	完全不符合
一、自我評估靜思語教學學習成效：				
1.在課程活動中我都認真的參與	4	3	2	1
2.在課程活動中我都有出席	4	3	2	1
3.課程結束後，我對於自己及他人情緒的覺察能力有提升	4	3	2	1
4.課程結束後，我比較能合適及準確的表達自己的情緒	4	3	2	1
5.課程結束後，我比較能夠辨識他人情緒的真偽	4	3	2	1
6.課程結束後，我比較可以接納自己各種的情緒	4	3	2	1
7.課程結束後，我比較能控制自己的情緒	4	3	2	1
8.課程結束後，我比較瞭解情緒對自己的影響	4	3	2	1
9.課程結束後，我比較能夠適當的調整自己的情緒	4	3	2	1
二、對於靜思語教學活動安排的看法：				
1.我喜歡靜思語教學的上課方式	4	3	2	1
2.我覺得課程中所安排的活動內容都能吸引我的注意	4	3	2	1
3.我覺得上課的場地地點很適合	4	3	2	1
4.我覺得老師的態度和藹可親	4	3	2	1

三、對於靜思語課程內容的看法：

我覺得對我有幫助的單元有哪些？（請在□中打√，可複選）試說明原因。

單元名稱	靜思語	打√
一、情緒大觀園	內心若不調和，待人接物時就易發生衝突。	
二、情緒你我他	每個人都有不同的臉孔及習氣，相處時要互相尊重，互相包容。	
三、情緒交流站	要學習穩重的待人接物，情緒化最傷人害己。	
四、情緒停看聽	生氣就是拿別人的錯誤來懲罰自己。	
五、情緒紅綠燈	煩惱非因別人造成，而是自己的心招惹的；煩惱從心起，也要從心滅。	
六、情緒挑戰營	以歡喜心面對境界，培養善解，就不易被境界誘導而好發脾氣。	
七、情緒變變變	快樂不是擁有的多，而是計較的少。	
八、情緒百寶箱	以簡單的道理與人相處，日子就會過得很自在；若太複雜，就會惹來滿心煩惱。	
原因：		

四、參加靜思語教學活動之後，我的感想為：

五、對於靜思語教學活動，你是否還有其他的意見或建議，請把它寫下來：

附錄

附錄三：各種原始資料編碼及意義表

資料編碼	代表意義
T	教學者；研究者
S12	表示12號學生
單S12-970914	表示12號學生於民國97年9月14日所寫的學習單內容
訪S12-970914	表示12號學生於民國97年9月14日所做的訪談內容
訪P12-970914	表示12號家長於民國97年9月14日所做的訪談內容
饋S12-970914	表示12號學生於民國97年9月14日所寫的回饋問卷內容
札S12-970914	表示12號學生於民國97年9月14日所寫的生活札記內容
札970914	表示研究者於民國97年9月14日所寫的教學省思札記內容
轉970914	表示民國97年9月14日靜思語教學的錄影帶轉錄

16 教學藝術與科學的結合：偏遠弱勢地區優良教師語文教學之個案研究

張如慧
國立臺東大學教育學系副教授

王前龍
國立臺東大學教育學系教授

一 前言

家庭的社經地位對學童的學業成就有關鍵性的影響，來自越貧窮家庭的孩子，學業成就也越低，未來接受更高教育的機會也越少；相反地，來自越富裕家庭的孩子，其學業成就也越高，未來接受更高教育的機會也越多，形成社會階層再製的馬太效應現象（甘鳳琴，2007；巫有鎰，2000；李文益、黃毅志，2004；陳建志，1998；陳順利，2001；黃信誠，2002；簡淑真，2010）。但研究發現，學校教育仍可有效提升低社經學童的學習表現，因為如果沒有學校的影響，這些學童的學業成就將會更受到限制（王麗雲、游錦雲，2005）。因此對教育工作者而言，如何透過好的教學，來提升弱勢學生學業成就，以彌補家庭的不利地位和維護社會公平與正義，是永不能放棄的使命。

有鑑於語文是所有學科學習的基礎，因此如何提升學童的語文能力，成為世界各國推展教學革新的重要目標（陳淑麗，2008）。然而何謂好的或優良的語文教學呢？以美國語文教育界為例，大致可以分為技巧導向教學（skill-based instructional orientation）和全語言導向教學（whole language instructional orientation）兩個取向。但2001年「No Child Left Behind」法案確立採用證據本位的有效教學，並強調系統和明示的教學法後，技巧導向的教學已成為語文教學的主流（曾世杰，2010）。近年來有相當多有關成功或有效教學策略的研究與書籍，這些奠基於證據本位研究而發展出的系統化教學方法和策略，在不少實驗計畫中都獲得了正面的成效（Glasgow, & Farrell, 2007）。然而對實務工作者而言，這些系統化的教學策略仍有其限制。首先，它將教學化約為教學技術，亦讓教學變成了零碎的行為，然而因為教室中許多教學決定和行動是相互關聯的，切割過度的結果，反而令教師難以掌握教學的全貌或核心重點；其次，這些客觀但去除教學脈絡的有效教學規準，忽略了許多細節，去脈絡化的規準會導致理解的困難，因此對現場教師而言仍然非常抽象，以至於難以遷移至不同的教室情境之中；最後，當教學理念未溝通清楚，卻又過於強調「標準化的」教學技術或步驟時，反而可能變成無效的僵化策略，進而造成學校現場的衝突（Kozol, 2006; McNeil, 2004）。

其實教學在傳統上一直是融合藝術與科學的領域，從教學藝術的概念來看，如同杜威（John Dewey）所言，「**教學就是一種藝術，真正的教師就是藝術家。**」技術和人是無法割離的，因為能展現教學藝術的教師，其本身常常具備有充滿遊戲興致、想像力豐富和熱烈情感投注等特質，因此，才能在教學現場掌握各種教學的因素，和精湛自然地靈活運用，並在情意上帶領學生領略知識之美及創造感動的經驗，使學生發揮潛力展現各種的可能性，也使教學成為美感的體現（林逢祺，1998；吳靖國，2009）。因此，有效教學的學習，絕不只是片段模仿技術而已，應是在楷模教師的教學脈絡中，瞭解其進行教學決定的歷程，以及在此決定下所運用的策略，如此方能對教學有全面性的理解，並有助於有效教學策略的學習與應用。從質性研究的觀點來看，任何由上而下或專家指導的改革，都無法全盤瞭解或適時解決教師在現場所面臨的問題。教育學者建構的教學理論，雖會對學校教師有所啟發和影響，但是唯有長期置身於學校教室中的教師，才是教學現場中真正的舵手，知道如何整合語文教學的理論與實踐（Pressley, Wharton-Mcdonald, & Hampston, 2006; Rycik, 2003）。因此本研究採取質性個案研究，以一位在東部偏遠弱勢地區工作的優秀教師為個案，透過歷時一年的深度訪談和教室觀察，探究其教學信念、歷程和策略，以及如何體現教學藝術與科學的結合，希望能作為同為偏遠弱勢地區教師語文教學之參考。

二 語文教學的內涵與策略

根據相關文獻，影響弱勢學生語文學習與教學成效的因素，主要是因為家庭社經地位及文化與語言差異。在社經地位方面，主要是從文化不利的觀點，討論因為缺乏學習資源而導致的不利影響。例如家中缺乏書房書桌等唸書空間或設施、接觸讀寫機會較少、缺乏廣泛閱讀環境與資源（陳淑麗，2004; Vernon-Feagans,Hamer, Miccio, & Manlove, 2003）、較傾向基本而機械化式的語言習慣等（譚光鼎，1998）。而且低社經家庭所產生的危險因素，對兒童語文成績的影響更甚於對數學成績的影響（Esposito Lamy, 2003）。至於在文化與語文差異方面，則是從文化差異的觀點，探討家庭與學校語言型態的差異，以及師生語言溝通能力上的差異對語文教學的影響。例如弱勢族群或家庭與主流文化強調的語言型態不符（譚光鼎，1998；Tharp, 1976; Vernon-Feagans,Hamer, Miccio, & Manlove, 2003）。基於上述觀點，對促進弱勢學生語文學習的教學，大致包括以下做法：

第一種是普偏性的有效教學策略，例如布置豐富語文學習環境、教導閱讀技能及解碼策略、教導系統性寫作歷程、對落後學生提供更多的直接教學和支持、提升學生動機和興趣、隨年級不同調整教學策略（例如隨年紀減少視覺性提示及重複練習、教師主導性降低等）、持續監測與瞭解學生的表現、緊密的教學活動、統整聽說讀寫教學、結合全語法與傳統技能導向教學的平衡式教學、對學生抱持高度期待、廣泛運用鷹架支持學生做進一步學習、持續鼓勵學生自律、和學童父母保持緊密聯繫、對低社經家庭的孩子在學習上保持高度期許、良好的紀律與明確的獎懲制度、定期評量及監測學生學習成效、提供豐富校外活動、補救教學的介入、早期介入等（朱瑛、蔡其蓁譯，2004；陳淑麗，2004；

張鑑如、善雲譯，2007；Denton, Foorman, & Mathes, 2003; Esposito Lamy, 2003; Strickland, 2003；Wharton-Mcdonald, R. & Hampston, J. M., 2006; Sagor & Cox, 2004）。

第二種是文化涉入或文化回應的教學策略，包括：理解弱勢族群學生的文化和語言特質，以調整教學方式；探究學生的學習型態，增加適合其學習型態的課程教學活動；課程與教學融入弱勢族群的文化內涵，協助學生由熟悉的內涵轉換為抽象的知識。例如1970年代於夏威夷所進行的「KEEP」計畫（Kamehameha Early Education Program），即是透過對社區文化的探究，呈現出文化與學習的關聯，並以此改進語文教學。例如依夏威夷人合作的文化，採用分組方式進行教學、允許學生上課中自由發言、增加視覺和模仿學習，避免只倚賴口語指導（張慧芝譯，2001），許多研究都發現少數族群的學習風格傾向合作學習、動態學習、視覺學習（譚光鼎，1998）。另外還有因應原住民的口述歷史傳統，以說故事的方式來增進學生對一些字詞的記憶及複述能力（Gallimore, 1974）；深入探討社區及少數族群文化，理解與尊重文化差異，將傳統文化融入課程教學之中，創造適合少數族群學生學習的友善環境等（Antill, 1975; Banks, 2006; Yan, 1999）。這樣的做法不只適用於夏威夷，後來將之推展至美國其他弱勢族群學校中，也獲得不錯的成效（Au, 1993）。而且從多元文化教育的觀點來看，這類做法也有助於建立跨族群的瞭解與族群關係，為少數族群創造一個尊重且友善的學習環境（陳麗華，2000）。

綜上所述，對弱勢地區學童的語文教學，教師必須掌握：第一，除了一般性的教學策略之外，還要特別注意與學童父母的保持緊密聯繫、對低社經家庭的孩子在學習上保持高度的期許、提供豐富校外活動、補救教學的適時介入和早期介入等。第二，要重視文化差異對學童學習帶來的影響，採取文化涉入的語文教學。

三 尋找優秀的語文教師

本研究是由學生語文測驗成績，以及教育專業人員的推薦，來選擇合作之個案教師。成績只是優良教師的條件之一，「好老師」不應只是能帶出好成績，因此在對優良教師的相關研究，除了參考學生客觀的學習成效外，亦重視專業教育人員及家長的推薦意見（張德銳，2006；Denton, Foorman, & Mathes, 2003）。根據2006年該縣國小二年級學力測驗成績結果，筆者發現國小學生學業成就確實有城鄉差距，而巫有鎰（2000）的研究也證實，該縣市區明星學校學生學業表現其實和臺北市學生成績相當。然筆者卻發現有一班偏遠地區學校低年級學生的成績表現非常突出，與市區明星學校不相上下，而且相關教育專業人員皆對該班教師之專業高度肯定，特別是其在教學上的創意策略。而研究者在與教師初步接觸後，也發現她在教學歷程中相當重視美感經驗。因此在徵得該位教師（以下簡稱陳老師）的正式同意後，研究者於2008年8月至2009年7月間，開始進行深度訪談、課室觀察、學校觀察與相關文件分析。深度訪談共四次，每次約2小時，地點都在陳老師教室，以便訪談時可隨時取得相關教學資料，並瞭解陳老師對教學環境的安排。第一次訪談目的主要在瞭解教師對語文教學的理念、設計與策略。第二次和第三次訪談，主要在針對課室觀察內容及結果進行討論，並針對前次訪談所延伸出的新議題或疑點進行討論；第四次訪談除了同第二和第三次的內容外，因時值期末，也請教師對這一年來的教學與學生學習狀況進行回顧。在課室觀察部分，除完整錄影觀察教科書兩個語文單元外，也包括該班額外的「閱讀指導時間」、教學結束下課時間的教師和學生活動、及部分非語文課時間，合計錄影時間約15小時。而學校觀察則採非錄影式的參與觀察，目的在瞭解與語文有關的全校性活動和校園語文環境布置與氛圍，並藉此與部分學校人員進行非正式訪談，合計約六次。在文件分析部分，則包括學生的背景資料表、聯絡簿、作業、考卷、教師個人札記、教師教學資料、學校概況資料、學校課程計畫、學校閱讀計畫等。而在資料的分析與詮釋上，參考相關文獻與現場質性資料，分為教師教學理念、教學基本流程與內容、提升學生學習動機與創造學習樂趣的多元策略、和良好的班級經營與對弱勢家庭的理解等四個主題來描述。[1]最後在資料的檢核上，則是以上述多種資料來源進行三角檢證，所有訪談內容逐字稿均請教師進行檢核。

四 陳老師的國語課

(一)陳老師的教學理念：每個孩子都是獨特的！

陳老師的學校位於東部原漢混居的小村，全校學生數不到70人，整體而言，多數家長皆需忙於生計，較無暇顧及孩子教育（ds200801）。這是她任教的第八年，擔任一年級導師，班上12位孩子中，其中三成族籍是原住民，四分之一是單親或隔代教養家庭，六成以上家長職業為小工或務農。踏進陳老師的教室，即可看到布告欄上方幾個英文字：「Kids are special people.」。這塊牆的位置在其他教室中，常是放著格言諺語來訓勉學生，但陳老師放的是她心中對教學和孩子的想法。她常常用「好玩」兩字來描寫教師的工作：

> 當老師就是好玩，就是真的是這樣子，真的很好笑，就每天看到他們，是不一樣的……我還是會對小孩子生氣啊……（可是）想到她們很好笑的話，我就會很開心（fit120081201）。

她在教學過程中體認到每個孩子都是特別的，所以她珍惜孩子，也常思考如何帶領這些孩子，例如從她如何處理孩子的作品，可以看出她

---

1 以研究發現最上層歸納出的四個主要分析概念（教師教學理念、教學基本流程與內容、提升學生學習動機與創造學習樂趣的多元策略、和良好的班級經營與對弱勢家庭的理解）為例，這是因為由文獻討論中發現，系統化教學重視教學基本流程和策略；而教學藝術強調教師特質、靈活運用策略及美感經驗。而這些都是陳老師訪談所談到的要點，因此將這兩者所強調的重點，歸納為「教師教學理念、教學基本流程與內容、提升學生學習動機與創造學習樂趣的多元策略」等三個概念。另外，由弱勢學童教學文獻及陳老師教學現場，都可發現班級經營與對學童家庭的瞭解，有助於學生的學習。因此，形成「良好的班級經營與對弱勢家庭的理解」此一概念。

對孩子的珍視和肯定。她的教室牆上不僅有孩子的正式作品，即便是孩子信手的潦草塗鴉或片斷文字，她都為他們掛了個鐵板，每當有新作品就貼上去。而這也的確激勵孩子樂於創作和發表，因為每回研究者到教室，都可看到孩子們源源不絕的新作品。在該班的班網中，也會放小朋友的作品或是快樂的學校生活影像。陳老師說，她很「享受」現場中孩子們單純自然的想法和表現（fit120081201; fn20081201）。

(二)教學基本流程與內容

陳老師的教學流程非常規律緊湊，每節課都做到了教學、練習與複習，在緊密的教學活動中，每個小型教學活動結束都會統整主要概念作複習，新的活動開始也會簡單回溯檢視學生的舊經驗是否穩固，其間透過不斷地行間巡視隨時監測學生的學習成效，找出落後的學生，進行個別的指導。在教學策略上，她會透過豐富的語言、肢體、影像、教具等多元創意方式，配合有趣的遊戲和活動帶領學生一起學習和精熟練習。陳老師認為低年級語文課本的語料很簡單，也不夠深刻，但老師既然是專業，「一定要有辦法消化你現在的教材。」（fit120081201），來豐富語文的學習。以基本上五節的國語課為例，她的基本上課流程和內容大致如下：

1.課文大意與內容深究

(1)第一節在看課文之前，陳老師會把大張的課本圖片放在黑板，帶學生看圖說話，並進行提問。會透過看圖來學習，一方面是陳老師她本身的學習型態傾向視覺學習，另一方面是她在教學中發現班上低成就的小朋友，相較於用文字思考，對圖像的思考會較敏銳，所以她希望自己的教學應加強圖與文的連結（fit120090116）。但是看圖說話小朋友的回答會很零散，所以老師要透過提問，讓學生提取課文中的語料，並透過不同學生的回答，形成正確且完整的語句。例如在「過新年」這課，老師先以光碟播放課文內容，引起學生對過新年的記憶再看圖，學生在教師提問中由片斷的語詞，發展出課文的語句：

師：剛才每個圖案你們都看過，都有講到每個人在做什麼。第一個圖案有人在做什麼？

生1：年夜飯。

生2：有人在大掃除。

師：他們在忙什麼？

生3：一家人在大掃除。

師：他們在忙打掃對不對？

生3：家家戶戶忙打掃。（co20081229）

一年級上學期的內容深究，多限於直接提取語料。但即使是提取語料，不要直接告訴學生答案，而是透過提示引導，讓學生主動去找到訊息。例如有個題目是：「小白兔家裡來幾個客人？」老師會提示；「你剛剛不是讀過了嗎？他們來了幾個客人？有誰有誰有誰，好，哪幾個？」（fit120090616）。

不過關於這點，看過陳老師本節教學錄影的同事提出了質疑：「這樣簡單的提問光看就知道答案，所以學生一定能回答出來，因此是否應作更深入的提問呢？」陳老師在訪談和自己的札記中，都透露了對如何加深對自己文章分析及提問層次的疑惑，以及企圖去思考教學背後的理論基礎。最後她的決定是：因為一年級只有五節課，時間有限，而且來自弱勢家庭的低成就學生應優先加強識字和主動閱讀的習慣，因此她在一上基本仍維持較簡單的提問，但是她也接受了同事的意見，在內容分析上應有所加深，例如在讀圖時必須要帶出層次感。因為陳老師對圖和文字的分析是影像式的，例如這課前四句大致內容是「新年好，家家戶戶忙打掃」，這是個遠鏡頭，然後再慢慢拉近，看到後四句的家家戶戶在貼春聯等細部活動。然而在她的提問中，並無法讓學生理解這樣的運鏡轉變，因此提問時必須加入比較性的提問，例如可問學生：「前面四句和後面四句有什麼不一樣呢？」如此可帶領學生一起理解文字，也可呈現出影像的轉變（fi20090116; tn2009-1）。

而到了一年級下學期，隨著學生能力增長，陳老師也增加許多高層次的提問，例如在「聰明的烏鴉」這課，老師會開放式提問：「有沒有人可以告訴我他對這隻烏鴉的感覺？」（co20090608;fit120090601）

或是文體和內容的比較性問題，例如讓學生比較本課和其他寓言（「烏鴉和翠鳥」、「井底之蛙」）在文體和概念上之異同（fit120090616）。

(2)教師先作美讀的範讀，再來是學生練習。陳老師會變換不同的朗讀方式來增加變化和樂趣，例如有時是全班跟著光碟朗讀，有時是分排輪流唸，有時是依文中角色來唸。朗誦課第一個目的是讓學生邊唸邊找字，因為識字是低年級語文教學的基礎，所以要特別找出識字仍有問題的學生。第二個則是要體會語言抑揚頓挫之美，所以注意學生的咬字清晰，還要學生引導學生邊唸邊聯想圖片，想像過年開心的氣氛，加入情感，在唸熟後還變化不同語調節奏，最後學生很自然地就都能默背完課文，也加強了文字與語音的連結（co20081229；co20090908；fi20090616）。在一年級上學期因為課本語料非常少，因此聽一次課文內容光碟後就可進行看圖說話，但到了一下語料變多了，因此陳老師有時會先進行課文朗讀，讓學生熟悉文本後來看圖說話（co20090908）。

(3)結束圖片和朗讀後，回到文字，開始分句與圈詞，目的在配對之前說到的語料，也方便對生詞作後續精熟練習（fit120081201）。但圈詞不是直接唸出生詞，而是給予適當的鷹架提示，讓學生答出正確的語詞。例如「家家戶戶貼春聯」這句，老師採反問方式，要學生由較簡單的口語解釋中，說出正確的語詞：

師：每個家庭是什麼意思？
生：家家戶戶。
師：過年時貼在門口的是什麼？
生：春聯。
師：加上動作呢？
生：貼春聯。（co20081229）

2.生字教學

因為識字是低年級最重要的目標，也是評量後發現班上學生表現最弱的部分，所以陳老師生字教學基本流程很仔細，大概花費二節課時間（fit120081201; fit120090116;fit120090617;co20081230; co20081231; co20090608）。

(1)學生隨著老師在黑板的示範，書空生字與筆順。要特別注意字的結構及每筆的正確位置，陳老師非常強調字體的美感和均衡性，因為漢字在她眼中，也是個圖像，美感和正確性是相互關聯的，她常常問學生：「你不覺得這樣寫會更好看嗎？」而透過錯字與正確字的比較來加強學生印象。例如讓學生區辨「恭」的心部和「小」之不同。

(2)在一上多只要求將單字與課文語詞作連結或簡單造句，但到了一下學生則能造出大量的新詞。中文同音異義字很多，此時強化同音異義字的區辨。例如生字「忙」：

師：是芒果的「芒」嗎？

生：不是。

師：課本上說什麼？

生：忙打掃。

師：「忙」，很忙的「忙」！你很忙嗎？很忙，我很忙！芒果的芒不是這個忙。

(3)介紹部首、計算筆畫，並寫在課本上。但到了下學期，因為學生已學習查字典也熟悉了文章形式，老師就會開始讓學生自行課前預習，必須課本上寫出該課文體、分句或分段、生字部首，筆畫數，並自己唸課文兩遍，雖然他們只是一年級學生，但到了期末約僅有三分之一學生無法全部完整做到。

(4)學生在語詞簿上寫兩個生字，學生寫完後即可上前繳交，老師會在辦公桌上作個別批閱和訂正，有錯誤就再回去訂正，這個教學活動會持續到每位學生的每個字都正確為止。寫完的學生會自動去看書，或學習如何教別的同學。低年級學生的注意時間有限，因此每教一定份量詞語後，就轉換為書寫的活動。

(5)回家每個生字練習三次。陳老師會告訴家長作業不用多，最多

30分鐘做完，但父母要在這時間中專心陪孩子。

(6)可教完生字後隔日，通常一開始仍是加強識字，例如完成未教完的生字、在全班一起改錯字來加強練習、全班隨光碟書空練習筆順、進行簡單的聽寫，確認學生的學習成效、寫習作中有關識字題目等。所有在語詞簿和習作上的練習，都隨時進行個別成果的檢核、立即回饋與修正。而直到一上快結束時，還是有極少數低成就學生的注音符號學習尚未精熟，因此老師仍會用正拼和反拼的方式，或利用注音符號的口訣作為鷹架（如用「窗簾ㄤ」提示學生符號與語音的連結），針對這些學生予以個別指導。

3.形式深究與習作練習

一般而言形式深究包括文體、文章結構、詞義、句子與文法修辭。一年級因為文章偏短，文體也簡單，所以陳老師通常將文章結構與第一節的內容深究結合，所以第三節後半至第五節就是主要配合課本練習和習作，作詞與句的練習和延伸。例如課本「唸一唸」的練習，在教修辭中的「疊字」：

師：為什麼「大小」可以變成「大大小小」？變成「大大小小」意思有一樣嗎？

生：沒有

師：意思是沒有改變，但寫起來比較有感覺（加強語氣和語調強弱，又把「大大小小」唸一次）。就像開心可以寫成

生：開開心心。

師：還有什麼這樣的字？（co20081231）

陳老師把習作當成教學的一部分，都在上課時練習，以監測學生學習狀況。每個習題的練習也都依循「教師說明、全班練習、個別練習、個別成果的檢核、立即回饋與修正」等基本流程。老師會要求同學先闔起書本書寫，不論有無全寫完或寫對都要先拿給老師批閱，因為老師可以藉此發現學生錯誤的迷思概念，她很少直接就給學生答案，而是提供鷹架提示。然後學生第二次才可以翻開課本對照寫，先寫完的同

學在教師檢視無誤後，學生就可自行進入下一個大題練習，全部寫完者，可自行閱讀書籍，或在老師指導下，學習幫助落後的同學。老師在批閱作業時，會隨時掌控學生是否專注練習，適時提醒散漫的學生，亦會隨時提出學生常見錯誤和全班討論。而同學間還會彼此競賽速度和正確性，很多學生就像打電玩破關一樣，非常積極參與及投入。通常在第四節課多數學生都可完成全部的習作。

4.綜合練習

最後一節課除了確認所有練習都完成和加強討論常見錯誤外，陳老師會設計一些綜合性的活動。例如過新年那課的第五是看圖說年獸的故事。這是一個比較有故事情節的分格漫畫，她會一張張看圖，提醒孩子注意觀察細節，並說出完整的句子，最後回到生活經驗，並結束這一課（co20090106）。而另一次講畫蛇添足的故事時，她則反過來讓孩子去自訂題目，一方面讓孩子主動去抓概念，另一方面則是培養他們的創意，例如有位孩子即將題目訂為「三個人與一壺酒」，陳老師十分讚賞這種由孩子腦中自己「跑出來」的想法（fit120090616），因為這是學生主動建構與學習的經驗。

(三)提升學生學習動機與創造學習樂趣的多元策略

在偏遠弱勢地區的老師，常有教學無力感。但陳老師認為低成就的學生本來入學就已經落後，所以在學校一定要加緊習得基本語文能力，才會有繼續學習的信心。因此她以積極的態度面對教學困難：

> 老師不要再找太多藉口了，……你要所有的方式你都試過了，你才講說他真的不行，或者是你真的不會教。……很多老師太容易講說我沒辦法做到（fit120081201）。

這種不輕言放棄與多方嘗試的積極心態，讓她發展出許多兼具學習目的與趣味的教學策略和遊戲。

1.運用多樣且活潑有趣的遊戲進行精熟練習

從上述對教學歷程的描述，可以發現陳老師的教學與有效教學的基本規準有高度吻合，如系統化呈現、監測、立即回饋與修正等。但她非常強調這些歷程都必須透過生動有趣的教學活動來包裝和引導，因為陳老師相信：「孩子的動機如果高了，其實他要學習什麼他都很快樂。」而且：「精熟不是只有抄寫，其實有很多方式。」識字是低年級語文學習的重點，以生字教學為例，她很重視練習，但精熟不應只是叫學生抄寫，而是配合不同活動和遊戲來做練習，因為孩子只要覺得好玩就會有學習動機。陳老師擅長運用一些現有的材料和免費教具，創造出充滿樂趣的小小學習遊戲。例如上課前她會運用出版商的字卡，將國字、注音、筆順、部首都分開剪下，變成一張張閃示卡，有時出示國字讓學生寫注音，有時反過來出示注音讓學生寫國字（fit120081201。）

下課時，她會讓小朋友玩字筒遊戲，就是她將書商給的一整張字卡拆組，全丟入一個字卡筒中，讓小朋友相互提問。只要老師帶領一次，小朋友下課會自己拿來玩，複製這個遊戲：

> 我們有字筒，然後有時候他們無聊的話，他們就可以這樣：「你知道這什麼字嗎？這是什麼？」下課的時候就常常這樣子指，然後小朋友就會唸啊，這是什麼。」（fit120081201）

教注音時讓學生拼玩注音符號的「心臟病」遊戲，來做認識符號練習：

> 我們要找「ㄨ」，就一直弄弄弄，看到「ㄨ」，就給他（碰一聲），就給他拍下去，心臟病超好玩的，而且會很緊張……他們的課本裡面有附件，那個附件就撕下來，就讓他們玩。（fit120081201）

這些附件因為太小，而且撕下來要花很久時間，所以很多老師都覺得不便教學使用。但陳老師說：「不是很好用，可是想辦法讓它變好用。」所以會請孩子回家撕，再來學校玩。很多遊戲看起來很簡單，但是由陳老師一玩，配合她的生動表情和口語，似乎再無聊的遊戲也變得好玩了。這種透過遊戲中學習的方式，在她的其他科目也是如此，例如數學課，她將不好用的幾何圖形附件，請學生拿去拼貼圖案，然後讓學生去數共運用了哪些以及多少個幾何圖形，來練習數和幾何概念（fit120081201）。

2.運用圖像、影像與媒體

雖然是偏遠學校，但是每間教室都有單槍投影機，投影機刻意不裝置於教室中間，因此螢幕只會占據黑板的右半側，另外完整的左半側可作為教師板書使用。陳老師發現低成就的孩子比較依靠視覺的學習，因此從上述的看圖書說話和基礎的生字活動，都會運用影像和圖像來教學。低成就的孩子也會透過玩光碟注音符號遊戲，讓他感受到學習樂趣，漸漸可以主動閱讀（fit120081201）。除了善用與改造出版商供應的教學媒體與教具外，繪本和影片也是她常用的工具。她說故事的能力極佳，表情動作語言都非常生動有魅力，配合大量的影像，例如影片或繪本圖畫，都深深引起了學生的興趣和注意。

3.結合語文與藝術的自編評量

陳老師也會使用坊間的閱讀評量，將它當成回家作業，之後再回到課室做共同訂正時，在課文深究中所學到的文章結構分析，即可應用在閱讀評量所提供的文本裡。不過她幾乎不使用書商提供的考試卷，因為自編評量才能明確地針對教學內容設計，她每節課都會自編不同主題的學習單和繪本的學習單。她會結合不同文本，並統整語文與藝術。有回課文中提到青蛙，陳老師參考英文童書《*The Super Colossal Book of Hidden Pictures-Vol.3*》的內容和圖片，她將英文原文譯成中文，並標上注音，為學生編譯了一張有趣的學習單，內容是青蛙佛萊迪精心打扮參加聚會。學習單放入了構圖非常優美豐富的A4大小黑白圖片，學生必須先讀懂100字左右的文字說明，大部分的字都是課文以外的單字，只是附有注音，然後依提示找出畫面中隱藏的物件，並發揮創意加以著色。陳老師會讓學生就像玩探險遊戲一樣，努力的閱讀提示文字，以找到圖片中的秘密（h-1）。因為學習單太好玩，有時還把作業當成「獎勵」，亦即只有所有練習都完成的學生，老師才會獎勵讓他再多一張學習單（fit120090116）。此外，每學期都會帶孩子做一本小書，因

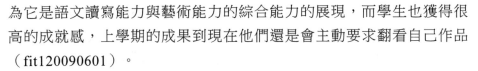

為它是語文讀寫能力與藝術能力的綜合能力的展現，而學生也獲得很高的成就感，上學期的成果到現在他們還是會主動要求翻看自己作品（fit120090601）。

4.多元且大量的閱讀教學與共享閱讀樂趣

陳老師是個很愛閱讀的人，她認為閱讀很「個人」，有人喜歡但有人不喜歡，她不喜歡一些制式的「閱讀運動」比賽，或太過強調閱讀技巧，所以她做的是「分享」，和孩子分享她在閱讀中得到的樂趣。因此不同於上課時的緊密系統化步驟，星期三早上該校各班都有半小時閱讀指導時間，她會將繪本掃描投影在螢幕上，以生動的口語和表情動作訴說故事，然後透過簡單的提問與內容做連結。在這種輕鬆愉快的氛圍中，孩子多會提起閱讀興趣，每次她介紹一本書，他們下課都會跑去看，這本書就會在班上風靡一陣子。至於在主題上，她則視學生近期生活經驗而定。例如有一陣子學校來了流浪狗，於是就分享《流浪狗之歌》這本線條簡單的繪本，也連結他們以前看過的《我和我們家附近的流浪狗》，最後探討如何面對學校中出現的流浪狗（fit120090116; fit1200906001; fit120090616; co20090610）。而閱讀的文本不僅是繪本文字，她採多元文本的閱讀觀點，因此媒體影像也是她嘗試閱讀的文本。有一次她帶孩子一起看一部五分鐘的洗髮精廣告短片，主題是只要堅持到底，每個人都可以在自己的領域中發亮，目的在鼓勵孩子上臺不要緊張。不過她也發現對低年級的小朋友而言，還只能理解劇情中的人物關係，雖然已上過寓言課了，但對當中的暗示和寓意仍無法真正理解（co20090610; fit120090016）。因此從許多不同的文本嘗試中，都可看到學生的能力或是認知理解上的限制。

5.布置豐富的語文學習情境

這是間有豐富語文學習資源的教室，許多教學時用的揭示條、圖卡、閃示卡，在教學後都會布置於教室中，可隨時提供複習之用。小朋友的各種作品，也被珍視地高掛在教室中，她自己買了整排櫃子的圖書和繪本，加上樂高積木遊戲或老師自製的小遊戲道具，除了讓孩子下課使用，也讓提早完成作業或練習的小朋友有個別學習的機會。每週老師介紹過的相關主題書籍，都會明顯展示在教室後面櫃子上，以吸引孩子翻閱。

而比他校老師更好的環境是，近年來這所學校的校長及老師都非常重視閱讀教育的重要性，在全校課程計畫中，都規劃了許多全校性的閱讀主題和推動閱讀措施。例如每星期三早上半小時「閱讀指導時間」；星期三早上不定期的全校性活動也常與語文學習進行統整，像科學遊戲也會配合科學繪本閱讀；每週一次早自習故事媽媽時間；全校書香排行榜鼓勵學生借書；星期四低年級下午也要留下來上課，增加弱勢學童更多學習時間；與鄰校的校際比賽也包括閱讀的競賽等。

6.個別化教學指導

陳老師是志願到小校小班的偏遠學校任教，她認為人數少，才能維持教學品質，也才有餘力讓她進行補救教學和家訪，照顧到每個孩子。在五節的國語課中，她至少有近一半左右時間都會進行個別指導，對於低成就的學生，還會用下課時間繼續個別指導，因為孩子最喜歡下課，所以他會拼命把作業完成（f1ti20090601）。因此即使是下課時間，也是指導學生學習的時間。

7.將語文教學融入其他科目

陳老師認為所有的科目都會用到語文，因此她會設法在一些非語文的課程中融入或加強語文的學習。例如低年級體育課強調全身性的活動和運動參與，陳老師會結合語文遊戲與運動，像把生字卡廣泛灑在操場上，讓學生們合作尋找學習拼字（fit120090601）。在國語課發現學生有量詞使用的問題，而數學應用題中又常出現量詞，例如「巴士總共可載33位乘客」、「21個小朋友，1人分一個氣球」、「小成有65元，買了一支40元的筆後，還夠買一瓶20元的膠水嗎？」遇到這些題目時，陳老師會請學生把量詞圈起來，加強學生對量詞的理解和使用（fit120090616）。

(四)良好的班級經營與對弱勢家庭的理解

陳老師教室黑板上也放了個增強板，但筆者注意到她其實很少使用，連她自己都說，孩子不太在意。這是因為一方面陳老師的教學活動很豐富，讓學生們多能投入學習之中；另一方面是她在教室中時就像隻老鷹一樣，總是能注意到所有學生，並以簡短明確又不容妥協的肯定語氣提醒學生。她很少懲罰或限制孩子，因為如同她強調主動學習，學生也應主動遵守班級常規。有回剛上課時班上有點吵，學生們推說是班長沒管秩序，但陳老師會問學生：「沒有班長我們就不能做什麼嗎？」、「如果老師還沒到教室，你需要人家告訴你要安靜嗎？」、「你可以管理你自己對不對？」、「你同學的提醒，你可以聽進去對不對？」（co20081229）而上課時孩子難免會有爭執，但老師多會暫時中止衝突，再留待下課處理。有次兩位學生很激動地吵起來，老師的做法是讓他們自己想出解決的方法，於是一個建議用投票，一個要用猜拳，讓他們自己去找出合適的溝通解決方式（co20081229）。主動學習的理念，不僅落實在孩子所有的學習情境中，她也將理念與家長分享。在連絡簿中，她對一位因寫功課而與孩子衝突的家長說：

> 孩子有時在面對困難時，會把情緒轉嫁給大人。這時很難要他去理解題目。學校有好玩的下課，課後照顧有好吃的點心，這時孩子比較「肯」主動發現問題，當他花了很多時間跟我嘔完氣，心平氣和告訴老師他做錯（或）不會，老師也會軟化下來，用問題引導他思考解決辦法，最後我們希望的目的都可以達到（fb20090605）。

陳老師畢業後即志願到偏遠地區的學校教書，選擇學校時，除了希望在較小型的班級以實現個別教學的理想外，還有一個重要條件就是：「那邊一定要有原住民。」（fit120081201）因為也是身為原住民的她，在學習歷程中感受到一種「原罪」，那是潛在的歧視，但讓她更努力於學習和工作：

> 你做一百分人家還是看不到你是原住民，你要做到兩百分，人家才會說：「喔，她是原住民老師」。可是你做壞事，你只要做一分，人家馬上看到你是原住民。……以前我在學校有一個學長，他常常講說：我們的孩子沒有偶像，沒有那個model，然後就是沒有

可以學習的對象，就是剩下老師們，就是他現在看到的老師，所以原住民老師真的很重要。（fit120081201）

也因為自己的身分和背景，陳老師更能理解弱勢家庭的困境，她說身為全校唯一的原住民籍老師，她好像是這些家長的一個「出口」：

我跟那些家長還蠻親的，而且那些家長還蠻敢跟我講事情的。……有些老師很喜歡說他爸爸都喝酒啊，怎樣怎樣這樣子。可是我去問的時候，可能那個家長會說，嗯……因為他最近沒什麼工作啊，然後心情也不是很好這樣子。（fit120081201）

偏遠弱勢地區的親職教育問題，一直是許多學校教師抱怨的主題，因為家長對她的信任，也讓她更能夠和這些弱勢的家長溝通親職教育的問題。例如當她勸導家長不要喝酒時，家長也比較聽得下去（fit120081201）；有一次一位老奶奶因為擔心孫子的病所以突然來到學校，然而老人家卻害羞地躲在窗邊不敢進教室，陳老師看到她後，立即以親切淺白的話語和她聊起小朋友的狀況，讓奶奶得以帶著安心的笑容返家（n20090116）。而翻開學生的家庭聯絡簿時，也發現當中滿滿的都是老師對家長的說明和提醒，她也會耐心地一一回應家長對孩子學習的疑問。甚至她還兼任學校夜間附設的新住民女性語言學習班教師。她不僅教語文，也分享教導孩子的經驗和技巧，鼓勵這些母親：

妳現在的能力，妳要儲備，儲備下來為以後妳的孩子的功課指導，所以你現在越好，你孩子就更好。（fit120081201）

陳老師的努力也有了正面的結果，這個社區的新住民女性已開始主動增能，積極地申請她們需要的課程，希望讓自己更有能力。

五 結語：好老師與好的教學

將上述陳老師的教學信念、歷程及策略，對照前述有效教學和教學藝術的文獻，發現她的做法不僅和文獻有相當高的一致性，而且能靈活地運用教學藝術與系統化教學的理念和策略，將兩者自然地融合在一起，在教學理念與實踐上有高度的連貫性。首先，陳老師在教學理念上，珍視每個孩子的獨特性，對孩子抱持高度期待，不斷嘗試各種不同的教學方法和策略，並強調學習的樂趣、美感和主動學習態度的培養。其次，在教學基本流程上，非常重視低成就孩子基本語文能力的培養，特別是學生的解碼能力。雖然教學緊湊有系統，但因具多樣化與趣味化，所以不會流於孤立的技能學習，在這歷程中會持續監測與瞭解學生的表現，並廣泛運用鷹架適當支持低成就學生。而在教學策略方面，則是針對孩子視覺型的學習特質，發展出多元創意的活動來提升學生學習動機與創造學習樂趣，包括：運用多樣且活潑有趣的遊戲進行精熟練習；運用圖像、影像與媒體，結合文字與圖像；結合語文與藝術的自編評量，統整聽說讀寫教學；多元且大量的閱讀教學，並共享閱讀樂趣；布置豐富的語文學習情境；個別化教學指導，對落後學生提供更多的直接教學和支持；將語文教學融入其他科目，不僅只是在國語課教語文等。此外，重視學生主動學習和自我管理，使她不靠嚴厲的手段，也能塑造了良好的班級經營氛圍和親師關係。而原住民認同與經驗，讓她能理解弱勢家庭處境，獲得家長的信任，建立良好互動關係，以增進家庭對讀寫的支持。另外，該校校長和教師皆重視閱讀的重要性，也塑造了良好的學校學習氛圍。總括來看，她的教學以樂趣、美感、主動學習為核心，配合系統化的教學流程和多元創意的教學策略，讓學生不只學會基本能力，也培養了閱讀興趣和主動學習的習慣。陳老師讓原本文獻中簡略的教學規準或理想，變得不僅不再抽象，而且還成功地在教室中細緻地具體實現，對同處偏遠弱勢地區的教師而言，應可透過本文對教學理念和策略細緻的描述與分析，對教學有更深入的理解，並運用於不同教室之中。

另外，從文獻來看，陳老師的教學非常接近結合全語言和技巧導向的「平衡教學法」（balanced teaching），目前對優秀語文教師的教學現場研究也發現，優秀的老師並沒有陷入學術的爭論中，而是靈活地在教學歷程中兼採取兩種取向的優點（曾世杰譯，2010；Denton, Foorman, & Mathes, 2003; Pressley, Wharton-Mcdonald, & Hampston, 2006）。這應是陳老師的學生雖然多來自弱勢家庭，但卻得以展現良好語文學習成效的原因。在研究進行當時，陳老師並沒有聽過平衡教學法，她是基於以往師資培育的訓練，加上現場實務工作的經驗，在一次又一次嘗試中找到適合孩子學習的方法和策略。因此優良教師以其教學展現，在實務工作上自然地調合了理論上的爭議。特別是融合兩者優點是實務教育工作者都希望達到的理想，但目前國內對平衡教學法的研究，僅限於英語教學，雖呈現出正面的結果，但未呈現細部的教學歷程（柳雅梅、黃秀霜，2007），並不利於實務工作者參考。因此本文上述建立在情境脈絡下的教師教學歷程經驗與情境知識，相較於抽象的有效教學規準，不僅可為類似處境的教育工作者參考，也提示身為師資培育工作的研究者，應在語文教學上加強教學藝術與系統化教學的結合。

最後，對筆者而言，走進陳老師的教室，是個非常愉快的相遇經驗。同樣身為教師的我，也深深地被她鼓舞。因為她對自己的生命、教學與孩子，都充滿探索的熱情，她享受和孩子的互動、享受教學，也享受自己的生命！真實展現與實踐了教學藝術的理想。記得在一次的閒聊中，她提到希望當自己更有能力時，想到更偏遠或人數較多班級挑戰自己的教學能力。而一年後的暑假，她真的就主動請調到一所更偏遠，而且有大班級學生數的原住民地區學校。筆者想起黑人學者bell hooks（1994）表示，小學時期黑人老師的教導與期許，是使她同時擁有成功的語文能力及強烈民族認同的重要關鍵。相信陳老師也能讓新學校的孩子們，獲得愉快與充實的語文學習經驗，並以身為原住民為榮。

參考文獻

中文部分——

王麗雲、游錦雲（2005）。學童社經背景與暑期經驗對暑期學習成就進展影響之研究。教育研究集刊，**51**(4)，1-41。

甘鳳琴（2006）。國小兒童學業成績馬太效應現象：一個長期的觀察。雲嘉特教期刊，**4**，68-75。

朱瑛、蔡其蓁譯（2004）。多元世界的教與學：兒童的多元文化教育（P. G. Ramsey原著，1998出版）。臺北：心理。

巫有鎰（2000）。影響國小學生學業成就的因果機制：以臺北市和臺東縣作比較。教育研究集刊，**7**(43)，213-242。

李文益、黃毅志（2004）。文化資本、社會資本與學生成就的關聯性之研究——以臺東師院為例。臺東大學教育學報，**15**(2)，23-58。

吳靖國（2009）。「詩」對教學藝術的啟示：G. Vico的觀點。當代教育研究，**17**(4)，24-60。

林逢祺（1998）。美感創造與教育藝術。教育研究集刊，**1**(40)，51-72。

柳雅梅、黃秀霜（2007）。平衡閱讀教學對國小學童英文閱讀能力及閱讀動機之影響。師大學報，**52**(1)，133-157。

張德銳（2006）。中小學優良教師專業發展歷程之研究。教育資料與研究，**23**，23-41。

張慧芝譯（2001）。人類發展：兒童心理學。（D. E. Papalia, S. W. Olds, & R. D. Feldman原著，2001出版）。臺北：桂冠。

張鑑如、善雲譯（2007）。幼兒語言與讀寫課室觀察工具集：使用指南（M. V. Smith, D. K. Dickinson, A. Sangeorge, & L. Anastasopoulous原著，2002年出版）。臺北市：心理。

陳建志（1998）。族群及家庭背景對學業成績之影響模式：以臺東縣原、漢學童作比較。教育與心理研究，**21**，85-106。

陳淑麗（2004）。轉介前介入對原住民閱讀障礙診斷區辨效度之研究。國立臺灣師範大學特殊教育研究所博士論文，未出版，臺北市。

陳淑麗（2008）。弱勢學童讀寫希望工程：課輔現場的瞭解與改造。臺北市：五南。

陳順利（2001）原、漢青少年飲酒行為與學業成就之追蹤調查：以臺東縣關山地區為例。教育與心理研究，**24**，67-98。
陳麗華（2000）。族群關係課程發展研究。臺北市：五南。
曾世杰（2010）。譯者序。載於曾世杰譯，Michael Pressley原著，有效的讀寫教學：平衡取向教學（頁ix-xiv）。臺北市：心理。
曾世杰譯（2010）。有效的讀寫教學：平衡取向教學（M. Pressley原著，2006年出版）。臺北市：心理。
曾世杰、簡淑真（2007）。全語法爭議：文獻回顧。臺東大學教育學報，**17**(2)，1-32。
黃信誠（2002）。家庭教育資本與學生學習態度之研究—居住嘉義偏遠地區與一般地區國中生之比較。南華大學／教育社會學研究所碩士論文，未出版，嘉義縣。
簡淑真（2010）。三種早期閱讀介入方案對社經弱勢幼兒的教學效果研究。臺東大學教育學報，**21**(1)，93-124，
譚光鼎（1998）。原住民教育研究。臺北市：五南。

英文部分——

Antill, E. (1975). *Standardized Test Results, 1972-75: KEEP and Selected Comparison Groups. Technical Report #36.* Honolulu, HI: Kamehameha Early Education Project, Kamehameha Schools. (ERIC Document Reproduction Service No. ED158854)

Au, K. H. (1993). *Literacy instruction in multicultural settings.* Orlando, FL: Harcourt Brace Jovanovich.

Banks, M. J. (2006).*Cultural diversity and education: Foundations, curriculum, and teaching.* Boston, MA: Pearson Education.

Denton, C. A., Foorman, B. R., & Mathes, P. G. (2003). Schools That "Beat the Odds: Implications for Reading Instruction. *Remedial and Special Education, 24*(5), 258-261.

Esposito Lamy, C. (2003). *Academic achievement in the context of poverty: Examining the effects of family risk on children's math and reading achievement over the elementary school years* . Unpublished doctoral dissertation, Rutgers, The State university of New Jersey- New Brunswick, NJ.

Gallimore (1974). *Solving Problems in Hawaiian-American Classrooms: Excellent Teaching and Cultural Factors. Technical Report #2.* Honolulu, HI: Kamehameha Early Education Project, Kamehameha Schools. (ERIC Document Reproduction Service No. ED158831)

Glasgow, N. A. & Farrell, T. S. (2007). *What successful literacy teachers do: Research-*

based strategies for teachers, reading coaches, and instructional planners. Thousand Oaks, CA: Corwin Press.

hooks, b. (1994). *Teaching to Transgress: Education as the practice of freedom.* New York, NY: Routledge.

Kozol, J. (2006). Success for all: Trying to make an end run around inequality and segregation. *Phi Delta Kappan, Vol. 87, 8*, 624-626.

McNeil, L. M. (2004). Creating new inequalities: Contradictions of reform. In D. J. Flinders & S. J. Thornton (eds.), *The Curriculum Studies Reader (2ed.),* pp. 275-284. New York, NY: RoutledgeFalmer.

Pressley, M., Wharton-Mcdonald, R. & Hampston, J. M. (2006). Expert primary-level teaching of literacy is balanced teaching. In M. Pressley (Ed.) *Reading instruction that works* (pp. 240-292). New York: Guilford.

Rycik, M. T. (2003). *A case study of how frequency words are taught by two excellent primary teachers.* Un published doctoral dissertation , The University of Akron, Akron, OH.

Sagor, R. & Cox, J. (2004). *At-risk students: Reaching and teaching them(2ne.ed.).* Larchmont, NY: Eye on education.

Strickland, D. S. (2003). Early intervention for African American children considered to be at risk. In S. B. Neuman & D. K. Dickinson (Eds.), *Handbook of early literacy research* (pp.322-332). New York: Guilford.

Tharp, C. J. (1976), *Learning-Teaching Interactions Among Polynesian-Hawaiian Children in a School Context: Rationale, Method, and Preliminary Results. Technical Report #67.* Honolulu, HI: Kamehameha Early Education Project, Kamehameha Schools. (ERIC Document Reproduction Service No. ED158866)

Vernon-Feagans, L., Hamer, C. S., Miccio, A. & Manlove, E. (2003). Early language and literacy skills in low-income African American and Hispanic children. In S. B. Neuman & D. K. Dickinson (Eds.), *Handbook of early literacy research* (pp. 192-210). New York, NY: The Guklford.

Yan, W. (1999). Successful African American students: The role of parental involvement. *The Journal of Negro Education, 68*(1), 5-22.

17 探討「藝術統整課程」之教學藝術

劉斐如
亞洲大學通識教育中心專任講師

一 前言

小朋友戴者斗笠，充滿期待地走向菜園，好久不見的張奶奶〈老師扮演〉笑盈盈地迎接孩子的到來。老師和小朋友在菜園邊圍成圈，一邊注視著嫩綠的小白菜葉，一邊歌唱慶祝小白菜的收割。接著，老師示範小朋友如何拔小白菜，只見孩子們認真地彎著身拔小白菜……。「小朋友，這裡的小白菜因為沒有灑農藥，所以有很多菜蟲，你們可以找找看。」頓時，菜園間驚呼聲此起彼落，「老師我找到菜蟲了！」、「菜蟲好肥歐！」、「這裡還有一隻蚱蜢！」老師還鼓勵孩子們摸菜蟲……（我看到孩子們毫不害怕地摸著手裡的菜蟲）「小朋友，我們現在一起幫忙把小白菜裝進菜籃裡，這一籃的小白菜是要帶回教室煮的，你們也可以帶回家，等一下要用板車運小白菜，最後我們要來比賽划板車……。」（觀察990414）

以上是一堂幼稚園「藝術統整課程」的片段。課程當天的點心就是小朋友親手摘下的新鮮小白菜煮成的菜湯。一場戶外的「藝術統整課程」未必要有寫生活動或是交響樂的背景音樂，正如上述的觀察記錄，此堂的「藝術統整課程」是包含孩子們融入情境時自己所唱的歌曲，以及透過視覺、聽覺、嗅覺、觸覺、味覺等多種感官的體驗與探索活動。美存在於大自然當中，故宮「翠玉白菜」的創作者若不是親手摸過、親眼看過真實的小白菜，那麼何來「栩栩如生」、「唯妙唯肖」的藝術傑作？親身體驗、潛移默化是最好的美感學習方式，畫家也是作家的席慕蓉認為，親近大自然即是親近美的起步。在那一堂課裡，研究者從老師的用心、孩子的專注與投入、人與大自然的和諧、人與人溫馨的互動中，體驗到一種教學之美的感動。

無論中西，有關「教學即藝術」之相關論述由來已久，教學的藝術在於如何呈現教學的創新與美感，誠如以上所描述的教學歷程，一堂藝術統整的課程可以是一場音樂、美術、戲劇、舞蹈所拼湊的熱鬧大型活動，亦可以是一場自然融合各樣藝術元素、質樸的，卻又令人心領神會的美感歷程。而如何將課程統整的巧妙又真正達到美感教育的目的，這一切則有賴於教師的用心、創新與精熟又具美感的教學呈現，此是謂教學藝術的目的所在。本文旨在探討臺中市道禾幼稚園實施「藝術統整課程」的歷程與其教學特色，並以「教學即藝術」的觀點來探討其課程的美感特質。期盼研究結果能提供教育夥伴們一些參考與啟示。

二　文獻探討

(一)教學即藝術的相關理論

1.藝術與教學的共通性

「如果教育要無愧於其使命，教育就必須被看做是一種藝術性工作，需要具有音樂家、畫家和藝術家一樣的個人熱情和想像力。每一類藝術家或多或少都需要某種機械性技能，但如果藝術家過分追求制式規則性技術，而失去其個性觀念，他就不再是一名藝術家，就會淪為工匠的水平，遵循由他人制定的藍圖、圖樣和計畫。」—Dewey（耿益群譯，2009）

長久以來，教育的研究受到科學理性至上知識觀的影響，強調「效率」與「量化分析」，而課程美學探究取向則源自於對實證典範之科學主義的批判與超越。Vallance認為，課程美學探究是對課程情境的美感特質進行系統性探究，它與科學取向的分析研究應是相輔相成的（李雅婷，2004）。事實上，無論中西有關「教學即藝術」的相關論述由來已久，在西方，課程美學探究的代表人物為Eisner，他強調教學不僅是教育活動，它還含括了美感層面，亦可稱為是一種藝術（鍾添騰，2003）。Eisner（1994）將教學視為藝術的觀點如下：

(1)教學必須兼具技巧與優雅。對師生而言，教學的經驗是具有美感的，例如：教師設計的課程活動、教學的步調、說話的聲調、提問的方式，都可形成一種藝術的表現，可以帶來內在的滿足。

(2)教師如同畫家、作曲家、演員、舞蹈家，其判斷來自行動中展現該門藝術之特質。教師必須能讀懂教室中浮現的特質，以適合學生學習的特質做回應，而教室特質的選擇、掌握與組織，有賴教師智慧的判斷。

(3)教師的行動並非刻板或拘泥於形式的，教師必須創新，才能因應教室中偶發或不可預期的狀況。這種隨機應變的能力與創新的洞見，都是教學者與藝術家所應具備的特質，創新讓教學不僵化而失去其美感。

(4)教學的結果是在過程中被創造。教學的結果常是意外的，這並非表示不能預設教學目標，而是強調教學不應化約為一套演算公式，而需要有如藝術性的教學模式，讓教師的教學從機械化的例行性中「解凍」。（郭禎祥、陳碧珠譯，2007；李雅婷，2004）

Vallance（1991）亦認為課程本身就如同藝術品一般，乃是教師透過觀察、想像、構思所創造的藝術品。李雅婷（2004）歸納Vallance主張「課程即藝術」的九點理由為以下三大項：

(1)藝術與課程皆是人所創作的，且已深具內部統合性，此即美與和諧的展現。

(2)藝術與課程皆是創造者與欣賞者之間的溝通工具，邀請對話，歡迎批評。

(3)藝術與課程皆是問題解決歷程的產物，是知識轉化的產物，是一種經驗形式，具象徵意義與價值性的影響。

2.教學中的「美感經驗」

人類的任何經驗都可以成為藝術，而教學的藝術性意指教師與學生都能像藝術家一般投入個人的情感、想像，表現個人的概念與意象，並在開放的意義探索與發現中，獲得一種內在的滿足感，這樣的經驗，可稱為美感經驗（周淑卿，2005）。而Dewey在《藝術即經驗》的論著中即強調「美感經驗」乃是「完整經驗」的極致表現，其所謂的「完整經驗」具有：(1)特質突出、完滿自足的感受。(2)內在的統一性。(3)情感的投入與整合。(4)做與受的交互作用。所謂完整經驗的突出，以及它所給人的完滿自足感受，其實是存在於教學活動的各種面向裡，例如：學生從學習困惑中得到新理念的喜悅，學生獲得某知識或技能的滿足感，學生從創作一件藝術品所得到的成就感，以及師生共同完成一場演出，而達至一種淋漓盡致、心領神會的感受等等，這種完滿自足的特質是每一個成功的「教」與「學」的重要因素。所以，當師生全心投入教學，共同參與以創發出彼此的經驗，此即是一種完整的經驗，具有美感的特質（陳錦惠，2005）。

綜上所述，「教學即藝術」的重要性在於鼓勵教師以創新、直觀想像來形塑一個更具創造性、冒險性、探索性的教學環境，以引導學生冒險、想像、判斷與省思，而在教學歷程中師生互動、投入、共鳴中所獲得的愉悅與成就，即所謂的美感經驗，而具有美感經驗的教學即是藝術化的教學。

(二)統整課程的意涵

課程統整是近年來美國教育學者公認最重要的議題，它同時也是我國九年一貫課程的重要指標。社會大眾及教育學者之所以重視這個議題，主要是因為他們認為學生在學校裡所學到的知識是破碎的、孤立的、無用的、沒有意義的、和生活是脫節的。因此課程統整的目標則是統整生活與學習，培養學生帶著走的能力（周珮儀，2000）。統整課程的型態有許多種，一般以Foggarty的十種課程方式最具代表性，Beane

則認為課程統整應包含經驗、社會、知識和課程設計等四個層面。陳伯璋則綜合相關學者意見，將課程統整歸納為學科知識間的統整，學科、知識與生活的統整以及資源的統整等三大類型。總括而言，課程統整不應僅停留於分科知識的爭論上，它是一種課程設計的理念與態度。如何打破學科之間的分野，透過教學活動的設計，將知識與生活連結，並透過校內外資源的整合、支援與流通，以及教師間團隊合作及協同教學，以建立一個更好的學習環境，這些才是落實統整課程最重要的關鍵（陳伯璋，2003）。

一般教師比較熟悉的課程統整模式即是透過某一主題進行的統整模式，而主題統整模式已被廣泛運用於世界各國，並視為最適切的統整形式。事實上，由於幼兒教育強調不分科的教學，故統整教育的概念在幼稚園已實行多年。我國自1929年即以「單元」作為課程的名稱，意即透過單元教學活動統整各課程的領域。爾後，受到國外開放教育的影響，又出現主題課程、方案教學等不同的課程名稱，雖名稱不同，但皆為強調課程的統整（盧素碧，2002）。綜上所述，研究者認為，課程統整是一種以學生經驗為出發，並結合其生活經驗的教學理念，其主要目的在於強調打破學科之間的藩籬，使學生具備貫穿知識的能力，並能將所學靈活運用於實際的生活當中。

三 研究方法與場域

(一)研究方法

本研究採質性研究之個案研究法，研究者以實行「藝術統整課程」已十多年的道禾幼稚園為研究對象，研究時間從2008年9月至2009年7月。資料的蒐集為六次「藝術統整課程」的課堂觀察紀錄表、「藝術統整課程」的教學計畫表（附錄一）、照片，以及訪談園所創辦人、幼教部主任、三位「藝術統整課程」老師的訪談逐字稿（附錄二）。透過上述資料的蒐集與分析，來探討該園「藝術統整課程」的發展與特色。

(二)研究場域

本文的研究對象道禾幼稚園創校已十四年，園所座落於臺中市市區的住宅區中，校園明淨寬敞、綠意盎然。該園目前有八個班，學生約130人左右。道禾採取「節氣生活統整課程」的教學模式，即依循一年二十四節氣的大自然時序，並強調由生活與工作的具體經驗中感知學習的生活課程模式。此外，結合「藝術統整課程」，形成「節氣生活美學」的教學特色（曾國俊，2005）。王秀雄（1998）認為，藝術統整教育可以培養兒童多元知覺的傳達能力和創造力，進而體驗個人存在價值，成為有個人風格並具備創造力的人。據此，道禾幼稚園非常重視藝術教育，並實施「藝術統整課程」（以下簡稱藝統課）。而有別於一般園所外聘鐘點制的才藝老師，道禾幼稚園堅持以專任、專職的方式聘用藝術老師，並成立專屬部門，稱為藝能部。藝能部的師資目前以音樂、美術、戲劇為主，他們除了負責自己專業的藝術課外，最重要的是規劃與實施「藝統課」。「藝統課」是由藝能部老師以協同教學的方式，經過共同開會、討論所研發的課程，目的是以學習者為中心、以生活體驗的藝術工作與生活教育為元素，讓孩子由生活與體驗工作中去認知、理解、思考、想像、創造，並從其中培養孩子可以帶著走的能力與經驗。藝能部亦是園所的藝術資源中心，提供幼教老師所需藝術相關的資源與諮詢（曾國俊）。創校十多年來，「藝統課」已成為園所的教學特色，近年來更引起不少幼教學者的關注，並成為許多幼教師生觀摩與學習的對象。

四 「藝術統整課程」的發展與課程紀實

(一)「藝術統整課程」三階段的發展與演變

即使在創園之初，「藝統課」的定位既非一堂「藝術能力」的統合課程，也不是一堂獨立於幼教課程的「才藝課」，而是期望結合生活、融合於生活、延伸於生活的生活美感教育，然而要達到如此的境界實非易事。根據園所藝術教師的觀察與歸納，道禾幼稚園「藝統課」的發展與演變大致可分成三個階段：

(1)第一階段：一場熱鬧的嘉年華會（87學年至91學年）

由於該園所創校初期是採用單元教學，因此藝能部老師在學期初即依照單元主題輪流擔任召集人。此階段以「紙網迷蹤大風吹」為例，活動內容包括放鬆遊戲、傘布大野狼遊戲、造型遊戲、紙網大風吹等。課程設計除了活動內容豐富多元以外，還可達到增進社會互動與信任感、增進視覺與聽覺能力等目標。但於事後的省思中，藝能部老師發現這樣的課程像是一場熱鬧的嘉年華會，於固定的時間集合了孩子，做了一堂包含戲劇、音樂、美術元素的大型活動，孩子於課前既無相關的生活體驗與期待，課後也無相關的生活延伸與對話，對這一堂課所存留的印象可能只停留於視覺效果上的震撼，以及當下愉快的心情而已，而無法獲得深刻藝術美感的體驗。在課程設計的過程中既缺乏與幼教老師的溝通，亦缺乏與幼教課程的連結與銜接性（曾國俊）。因此，此階段的「藝統課」屬於拼湊式並與幼教課程分割的課程。

(2)第二階段：以主題人物貫串整學期的「藝統課」（91學年至97學年）

此階段園所的課程改以「生活主題學科統整課程」為規劃，藝能部老師則以「月」為單位來設計課程，依每月的生活主題共同討論涵蓋各藝術領域的課程（曾國俊）。

> 在前期的課程經驗中我們覺得每次都要去設計一堂新的課程，非常疲累，而且藝統課程與生活課程沒有相關，所以我們決定讓藝統課程有延續性，讓每一堂課程彼此有銜接的元素，所以我們決定以人物做課程的串連，「老鼠村的故事」就在這時候誕生（訪談990830，碧云）。

以「老鼠村—阿土仔的故事」主題為例，該主題乃運用閩南文化配合節氣、儀式與習俗做課程規劃，從配合九月田園之秋的「阿土仔要種田」，十月歡樂慶豐收的「阿土仔要起厝」，十一月大地的禮讚的「阿土仔吹鼓吹」到一月份的「阿土仔要娶某」。整學期的課程中以鄉土小人物「阿土仔」做串場，使得課程更具連貫性，其中看到孩子們對藝統課程有了更多的期待。然而，在這樣的課程實施中，由於藝能部老師從課程活動的構思、定案到帶班老師拿到完整教案及配合事項時，只剩大約一星期左右的時間，在時間的緊迫下，帶班的老師在配合藝統課的引導和延伸上有力不從心之感，孩子由於情境轉換而無法深刻地作自我內化的動作，導致有意猶未盡或者課程中斷的感覺。因而，「藝統課」在實質上與幼教部課程的結合度仍不夠深入（曾國俊）。

(3)第三階段：配合節氣生活美學、全面性的「藝統課」（98學年至今）

有鑑於前一階段「藝統課」時間的緊迫性，以及與幼教課程的結合度不夠深入，藝能部老師希望幼教部的老師能共同參與「藝統課」的討論。

> 我們覺得藝統課程不應該是僅屬於藝術老師的工作，更希望能拓展到班級老師也能共同參與，甚至全校行政人員與教師都能支援這樣的課程，所以藝統課程開始深入班級與學校的活動，走向「全面性」的藝統課時代（訪談990830，碧云）。

> 園所走「節氣生活美學」課程有三年的時間，一開始幼教老師對「節氣生活美學」的確比較瞭解一些。幼教部和藝能部不是那麼緊密，那我就希望自己可以進去加入團隊，看是否可以給一些意見或分享，曾先生（創辦人）也希望我加入，我也希望去瞭解他們的「藝統課」是如何發展出來的（訪談991012，玲玲）。

此階段最大的不同在於幼教部主任的積極參與，也因此讓「藝統課」與「節氣生活美學」有了更緊密的結合，如此「藝統課」的預備與延伸活動就更能融入教室的角落與生活中。此階段的代表例子為98學年的「張奶奶的生活故事」，課程中運用客家文化配合節氣生活與習俗做課程規劃，以張奶奶為課程主題人物，並依序發展相關子題。課程實施歷程中，無論課程的準備與延伸都儘量與帶班老師做密切的配合。

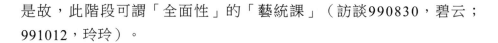

是故，此階段可謂「全面性」的「藝統課」（訪談990830，碧云；991012，玲玲）。

(二)「張奶奶的生活故事」課程紀實

98學年藝能部以「張奶奶的生活故事」為整學年「藝統課」的主題，並依序設計張奶奶的古厝、張奶奶的菜園、張奶奶的童玩、張奶奶要過年、張奶奶的染布、張奶奶的祝福等六個「藝統課」活動內容（訪談990830，碧云）。

> 我們在設計課程的時候，一開始定調是光陰故事，因為那時候有很多電視劇都在講我們小時候的生活，所以我們一開始定調本來是一個老阿嬤帶著一個小學生的課程引導，可是後來有幼教老師說：「張家古厝」那地方不錯，然後我帶著我的先生跟孩子也去過，覺得那個地方很不錯，就把它作為藝統課的一個地點，就是這樣開始。後來去查才知道說那個是客家人！是有一點誤打誤撞……然後小真（音樂老師）也是客家人，所以其實我覺得因為現在推行母語教育嘛，但是母語並不是只有臺語啊！所以，我想說就讓小孩子認識不一樣的語言和文化（訪談990823，碧云）。

以「張奶奶的古厝」為「藝統課」的第一個主題，然後依循節氣生活延伸為「張奶奶的童玩」、「張奶奶要過年」、「張奶奶的菜園」、「張奶奶的染布」、「張奶奶的祝福」等六個主題，並在課程當中融入客家的生活與文化。以下針對六個主題的教師課程發想與預備、課程的發展與延伸，以及研究者的課堂觀察心得加以說明。

(一)主題一「張奶奶的古厝」

1.教師的課程發想與預備

配合秋分的節氣，又時值收割之際。教師計畫透過一個場域讓孩子去感受早期的農村生活，選擇一個附近正好有稻田的四合院建築——「張家古厝」，讓孩子同時能認識古老建築之美，並感受古老的生活環境與方式（訪談991012，玲玲）。配合客家的文化及秋分時節，音樂老師事先教了孩子們唱「天空落水」和中秋唸謠。

2.課程的發展與延伸

張奶奶（玲玲老師扮演）事先打扮換裝好，在四合院的中庭前等待小朋友。小朋友到達後，首先由戲劇老師以竹板伴奏說書的方式來介紹張奶奶以及她們的古厝，然後由張奶奶以客語唱「天空落水」歡迎小朋友。小朋友也接著很熟練地唸著在課堂中學習的「中秋唸謠」給張奶奶聽。接著為分組參觀，由藝統老師三人各帶一組小朋友，分別參觀臥室、廚房、書房、大埕與半月池、惜字亭等地方。最後集合道別時，張奶奶送小朋友早期的糖果和餅乾。為了加深孩子們的印象，藝術老師們於個別藝術課中，另外又多加了一些「藝統課」的延伸活動，音樂老師課後以歌曲「天空落水」的歌唱延伸至樂器伴奏與合奏；美術老師透過投影機重複播放張奶奶家的建築影片喚起孩子的記憶，並讓孩子以陶土捏塑的方式來表現出古厝的瓦當形式（教學計畫表98-1）。

3.研究者的課堂觀察心得

在參觀各房間的過程中，藝統老師會引導孩子們觀察門環、紅棉床、桌椅、大鍋、煙囪、菜櫥及各種造型的窗戶，在參觀臥房時，老師還讓孩子聞古時衣櫃特別的味道，小朋友在參觀的過程中表現高度的專注和好奇心，有一位男孩好奇地用手去摸牆壁上的圖案，有一位女孩則一直問洗衣服的地方在哪裡，於是在參觀後院露天的半月池時，老師則解釋該處排水系統的運作。古色古香的建築，精心雕琢的門窗與瓦當、孩子的好奇與專注、張奶奶的客家歌唱以及孩子的中秋唸謠、老師耐心引導以及古蹟所散發寧靜雅致的氛圍，交織成一幅美麗的畫面，令人印象深刻。看到老師們在參觀過程中，很用心地引導孩子透過視覺、嗅覺、聽覺、味覺、觸覺去感受古時候的建築和生活文化。建議老師多以開放性問題引發孩子自動去觀察和探索，以增進其視覺敏銳性和觀察力。（觀察980930）

(二)主題二「張奶奶的童玩」

1.教師的課程發想與預備

配合豐收季節農閒之時的情境，想像著張奶奶坐在庭院中為孫子一針一線地縫著沙包，於是藝統老師有了玩童玩的發想（教學計畫表98-2）。同時希望透過古早童玩的認識與製作，一方面建立廢物利用的回收概念，也讓孩子們學會珍惜玩具。在課前的預備上，音樂老師運用小朋友教室原有的沙包進行沙包的遊戲，廚房阿姨也幫忙回收可利用的資源（訪談991012，玲玲）。

2.課程的發展與延伸

首先，孩子以上次從張奶奶學的客家歌謠「天空落水」配上樂器與舞蹈來歡迎張奶奶，然後由張奶奶介紹沙包、竹青蛙和紙捲童玩。接著是分組活動，由藝統老師在不同的空間帶領孩子進行童玩遊戲和創作。沙包遊戲由音樂老師帶領，配合歌唱與節奏進行丟、拋、前傳、後傳等不同傳遞沙包的遊戲。竹青蛙的遊戲由戲劇老師負責，先由老師示範玩法和做法，由於竹青蛙製作費時，故只讓小朋友兩兩一組玩竹青蛙跳高、跳遠比賽遊戲。最後每人要完成「竹青蛙馬拉松」，每個小朋友要將竹青蛙從某地跳到終點站。紙捲童玩則由美術老師負責，先由老師說明紙捲玩法及由來，然後讓小朋友在自己的紙捲上畫自己，並做適當的彩繪裝飾後再玩紙捲競走遊戲。最後張奶奶送給每班一袋自己種的五穀米，讓孩子帶回教室炊煮（教學計畫表98-2）。「藝統課」過後，帶班老師即帶孩子去參觀資源回收廠（訪談991012，玲玲）。

3.研究者的課堂觀察心得

在分組進行童玩遊戲時，看到孩子在老師的鼓勵下創作了很多不同傳遞沙包的玩法，老師並引導孩子們去感覺沙包的重量以及聆聽沙包所發出特殊的音色。在紙捲的遊戲中，孩子也發明不同的紙捲比賽遊戲，或用手推、嘴吹，還有孩子將其放在頭頂上，真是創意無限，有小朋友還把紙捲遊戲取名叫「捲捲樂」，我看到孩子們在遊戲中積極投入與展現無限創意。另外，裝著五穀米的客家花布袋是由美術老師親手縫製的，在此也看到老師們無不利用機會將客家文化帶入，足見老師們的細膩與用心。由於三個童玩分別在不同地點，孩子們花費太多時間在空間的轉換上，所以時間顯得有點趕，建議只要選擇一種童玩即可，讓孩子們有充分的時間進行探索與創作（觀察981202）。

(三)主題三「張奶奶要過年」

1.教師的課程發想與預備

由於「過年」是道禾幼稚園每年必過的節慶，此時全校都會舉辦為期一個月的年節系列活動，包括臘八粥（炊蘿蔔糕）、童玩大街、藝統課、團圓飯、元宵猜燈謎。所不同的是，今年孩子們請了最愛的張奶奶一同前來觀賞孩子們的演出。為了演出，美術老師事先為每一位孩子準備一件素背心，好讓他們裝飾或彩繪，同時讓孩子運用回收資源製作龍頭和龍身。音樂老師在音樂課中，則帶孩子欣賞年節的相關音樂以及介紹和練習鑼鼓點，戲劇老師則帶孩子欣賞及練習舞龍舞獅（教學計畫表98-3）。

2.課程的發展與延伸

活動的開始先是歡迎張奶奶，接著為各班的表演。表演節目依序是鑼鼓喧天、小拜年、新年快樂、旗開得勝、綵獅舞新春、祥龍獻瑞，內容包括歌唱、樂器敲奏、鑼鼓樂和舞龍舞獅。藝統課結束後，繼續展開年節的系列活動（教學計畫表98-3）。

3.研究者的課堂觀察心得

孩子們非常賣力地演出，穿著自己裝飾且具各班特色的小背心。藝能部老師將舞臺布置得喜氣洋洋。色彩繽紛、擊鼓敲樂、肢體舞動，的確很能展現年節的熱鬧與歡欣。「過年」是道禾幼稚園創校以來每年必走的主題，「藝統課」是屬於年節系列的一部分，主要以孩子的表演為主，此次藝統課依然循此模式（觀察990206）。

(四)主題四「張奶奶的菜園」

1.教師的課程發想與預備

過完年後孩子們回到學校，開始在校園的種植箱裡種花草，為了讓孩子們踩得到泥土、抓菜蟲、除草、摘菜，老師們決定帶孩子們到真正的菜園去體會農民種植的辛苦以及享受收成的樂趣。學校在筏子溪正好有一塊地，老師們經過一個月的整地和種植後，請孩子們來幫忙收割（訪談991012，玲玲）。除了整地和種植的預備外，音樂老師在課堂中先教唱「小白菜」歌曲。戲劇老師則介紹運菜的板車以及划板車的技巧（教學計畫表98-4）。

2.課程的發展與延伸

活動開始全體牽手圍成圈，以歌唱慶祝小白菜的豐收，也藉肢體的律動為拔菜做暖身的預備。接著是張奶奶示範如何除雜草和摘菜，然後老師請孩子找菜蟲並鼓勵他們摸菜蟲。再來是將拔好的小白菜放入菜籃裡，再以板車載運白菜籃，最後是玩划板車接力賽的遊戲。孩子們回到教室後即享用老師烹煮的白菜湯（教學計畫表98-4）。「藝統課」後，美術老師藉由小白菜水墨畫，喚醒孩子在張奶奶菜園裡拔菜的生活記憶（訪談991008，碧云）。

3.研究者的課堂觀察心得

從老師一個月的整地與種植看見其用心。活動中提供孩子聽覺、觸覺、嗅覺、味覺、視覺五感的學習經驗，以及讓孩子透過雙手勞動後享受收成樂趣的體驗課程。從過程中看見孩子們的驚奇、投入、愉悅與滿足。如果時間足夠，可以讓小朋友多在戶外探索，也可以多鼓勵孩子發言和分享。例如：摸菜蟲的感覺、如何分辨小白菜和雜草等（觀察990414）。

(五)主題五「張奶奶的染布」

1.教師的課程發想與預備

延續客家文化的認識，以及讓大班畢業生親手製作並送給自己的一份手工、天然的畢業禮物，藝統課老師設計了客家藍染的活動。染布完成後要請家長將其縫製成束口袋，然後放入親手寫的祝福的話送給自己的孩子當畢業禮物（教學計畫表98-5）。為了將染布的步驟融合在工作中，玲玲老師創作了一首染布唸謠（訪談991012，玲玲）。美術老師也在事前讓孩子去體會與感受各種布料的不同觸感，並透過欣賞不同布塊的圖案設計學習圖案的分類，並試著設計出自己的布塊（教學計畫表

98-5）。

2.課程的發展與延伸

由張奶奶先展示她漂亮的染布，然後示範染布從去漿到染完晾曬的過程。接著孩子們以4至5人為一組進行染布。先將布料以橡皮筋或是綁紮的方式做綁染，然後將染布放入調好的染液中，孩子一邊揉捏布料，一邊唱著由老師自編的染布歌謠。將染布擰乾取出稍微撥開皺摺處，此乃與空氣氧化的重要過程，要撥開內折處與空氣接觸使布料從綠轉藍。最後沖水、晾曬即完成（教學計畫表98-5）。有些幼教老師在教室中又帶孩子再做染布的活動，而且是用孩子從家裡帶來的衣服（訪談991012，玲玲）。

3.研究者的課堂觀察心得

孩子們一邊進行藍染，一邊唱著有關工作步驟的工作歌謠，似乎讓整個過程更順暢，孩子們非常專注與投入，看到他們很期待看見自己的作品。建議集合時可讓孩子有多一點時間欣賞別人的作品（觀察990603）。

(六)主題六「張奶奶的祝福」

1.教師的課程發想與預備

畢業季節將至，大班的孩子要畢業了，張奶奶要為孩子們帶來特別的客家禮物，但孩子們要經過大考驗才能得到。於是藝統老師設計了高塔取物、製作別針與包釦、圖卡配對遊戲，以展現孩子們的勇氣、意志力與智慧。音樂老師在課前複習整學期的節氣歌曲，戲劇老師則於課前讓孩子接受多項體適能的挑戰（教學計畫表98-6）。

2.課程的發展與延伸

活動首先是張奶奶的祝福，然後進行分組活動。首先孩子們必須登上勇氣高塔，才能拿到禮物，即一小袋不同的播茶種子。其二是花布的祝福，男孩要親手以張奶奶送的客家花布縫製成別針；女孩則製作包釦髮帶，作為慶祝自己成長的禮物。其三是四季唱遊，孩子藉由完成各節氣圖卡與相對應歌曲或詩詞的配對遊戲以展現智慧。最後是播茶與奉茶，孩子以4人為一組圍坐一桌，並將從智慧高塔取得的各樣種子來播

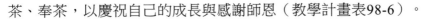

茶、奉茶，以慶祝自己的成長與感謝師恩（教學計畫表98-6）。

3.研究者的課堂觀察心得

擂茶的教室地板為塌塌米，孩子們每4人圍坐一桌。木製的四方桌，上面擺著精緻的茶具，情境布置得非常好。在擂茶的過程中，孩子們將勇氣高塔上取得的四種種子依序搗碎並擂成茶。在過程中，教室香味四溢，看他們都迫不及待地偷吃，最後是溫馨的奉茶和感謝師恩。親手製作別針與包釦、季節歌曲的歌唱、親手製茶而後品茶的過程，又是一場視覺、聽覺、嗅覺、味覺、觸覺兼具的五感體驗活動（觀察990722）。

從以上的課程紀實中可以觀見「藝統課」主題之間的連貫性，以及在課程的設計上注重課前的預備與課後的延伸。此外，課程設計乃依循節氣生活的脈動，活動內容則注重視覺、聽覺、嗅覺、味覺、觸覺的五感體驗學習。惟某些課程中，在空間的轉換上花費太多時間，以致活動的步調顯得急促，幼兒探索的時間較不足。此外，由於跨班級活動人數較多，師生的互動相對較少。

五 研究發現與評析

綜合以上，從「藝統課」的教學計畫表、研究者的課堂觀察以及與藝能部老師、幼教部主任、創辦人的訪談中，研究者以「教學即藝術」的觀點歸納道禾幼稚園「藝統課」的美感特質如下：

1.教師的創新與用心

藝術的精神在於創新，教師如何運用自己的專業不斷地追求課程的創新是追求教學藝術化的先決條件。

學生是一個半月上一次課，所以最慢要在一個月內把課程內容架構想好，我們每個禮拜三都固定開會，我們常常就是，今天開會開到一個瓶頸，我們就會回家想，明天再來討論，見面的時候有什麼idea就會提出來，隨時都在醞釀，其實你說我們真正開會的時間很難去估算，有時候很好的idea不是在開會中出現，在真的開會那個時段有時是沒有辦法想出東西來的，所以我們就是回家有時候想點想點，有時候idea就突然出現了，隔天再跟她們兩個分享，其實就是大家一起互相激盪出來的（訪談990830，碧云）。

我們常常會利用假日的時間一起去看展覽，看戲劇或音樂的表演，如果我看到好的展覽我會回來跟她們分享。因為學校的主軸很清楚走節氣生活美學，所以在生活中如果發現某些符合道禾幼稚園精神的，就會把它加入「藝統課」（訪談991008，小真）。

教師為著教學的信念與目標，運用專業技巧並投入想像與情感，其所散發的熱忱與認真執著正如藝術家面對自己的作品一般，這正是教學藝術化的展現。

張奶奶的菜園主題我們就花了一個月的時間整地、除草和種菜，還有一次有關原住民的藝統課，為了讓小朋友穿上自己彩繪裝飾的背心，我們就車了200件的背心（訪談991008，碧云）。

張家古厝那一次我們去了兩次勘查場地，第一次先初步瞭解場地，拍照回來做學習單，第二次就去想活動的動線，去想活動在哪裡進行，我們會去想像那個畫面，小朋友在那個地方可以做什麼，怎麼樣可以產生比較好的效果（訪談991008，小真）。

2.課程與教學社群的統整

歐用生（2003）認為九年一貫的課程統整中缺少了人的統整，他認為教師間如何形成一個有意義且能彼此分享經驗與研究發展的教學社群是統整課程很重要的因素。故合作教學或協同教學並非行政上的湊合，而是需要經過同儕文化的磨合以及情感的投入。道禾幼稚園的「藝能部」不但有良好的教學默契及同儕關係，他們也是一個從彼此學習中不斷成長的團體。

我們藝能部的辦公室是獨立的，三個人一直在同一個空間裡，沒有別人，所以常常天馬行空的討論「藝統課」，所以一起生活、做事，無形中就會有很好的默契（訪談991008，碧云）。

我從音樂跟美術老師身上學到很多東西，她們有時候會帶給我不一樣的啟發點。音樂的點子，或者是樂器，或者是節奏的東西，我都會稍微拿出來用。以前我會覺得對美術這一塊很差，可是跟她們在一起久了之後，知道也可以運用一些資源來玩，或是說畫的欣賞方式，原來她們的角度看來是這樣，經過她們講了之後我才知道可以用不同的面向去解讀，所以這對我都是一種啟發，所以跟她們在一起我自己獲得很多（訪談990830，薇安）。

除了「藝統課」老師之間具有良好的默契及同儕關係之外，「藝能部」與幼教部老師在園方的要求下亦有比先前更為緊密的配合。例如98學年的「藝統課」從課程設計到實施都有幼教部主任的參與，甚至幼教部主任就是當學年「藝統課」的主題人物張奶奶。

玲玲老師的加入其實對美學呈現的部分還是有影響的，因為她對節氣的部分很瞭解，她現在有幫幼教老師做節氣的生活藝術分享，那我就會覺得既然她對節氣這麼深刻，在討論課程當中的時候，她會發現我們好像有點沒有在跟節氣做結合的時候，她就會適時的提醒我們……（訪談990823，小真）。

就比如說我們要帶動課程的時候，我們希望用一個比較歡樂的方式，那她會覺得這個季節應該是屬於心靈沈澱的季節，然後她會建議我們去用比較不一樣的方式去呈現。比如說春天、夏天是草木萌發的時候，那應該整個是比較外放，可是到秋天的時候就是比較收，比較內斂，那希望小孩也會比較收，不要一直都是放出去的感覺，所以她就會在課程上做這些建議（訪談990823，碧云）。

這種打破教師本位主義而共同為著教學信念的協同教學模式，不但有助於真正落實園所的課程統整，而教師群良好的合作關係與默契，也展現了一種和諧之美。

3.建立美感經驗與日常經驗的連結

依循道禾幼稚園從單元主題、生活主題到節氣生活美學的課程模式，其「藝統課」亦從嘉年華式、獨立於園所生活的課程模式，而逐漸走向結合與融合於生活的課程設計。

> 節氣生活美學的最大特色是它開始有一些東西放進教室裡，真正發生在幼教的現場，幼教老師也扮演藝術統合的角色，他已經共通發生這個故事的連結，發生共同的創作，發生了一些事情的準備，而這些事情的預備跟發生就是情感連結的開始，而不會只發生在你藝統課的當下。就像你種稻是從插秧、除草、灌溉、等候再除草，再收穗、再收割，那個過程就像我們收割後在一個戲臺裡演出一場謝天謝地的戲，而後我們在那邊分享著我們的豐收，一群人去到前面看戲，分享食物，但是如果你沒有之前那樣一個過程，那麼忽然間有了一個叫做謝神的戲要演，就跟現代一樣，很多的廟口都有人在演戲，但是沒有人看，為什麼？因為他們沒有人參與（訪談990831，曾先生）。

> 曾先生（創辦人）的理念就是希望老師帶著孩子過生活，比如說，我們以前會在過母親節時，在五月的時候才會做花器或是做卡片，現在我們走節氣生活，我們就會在三月時先向藝術老師學習用陶土做花器，孩子們會先種花，透過每天的照顧，孩子的心意會比去外面買一朵花更重要，所以生活是強調那個連貫性（訪談991012，玲玲）。

杜威（Dewey）認為不論藝術本身或美學探索都與人類生活經驗有關，其研究的基本任務就是去恢復美感統整和日常生活經驗的連結性。從日常經驗中提煉出美感的性質，進而使日常生活的各種經驗成為一個具有美感的「完整經驗」。據此，道禾幼稚園「藝統課」所呈現的生活美學正與杜威的美學理念不謀而合。

4.「做中學」與五感體驗學習

以98學年度「藝統課」為例，「張奶奶的古厝」中古色古香的建築、美麗的半月池、精雕細琢的屋瓦設計；「張奶奶的童玩」的童玩創作、玩童玩；「張奶奶的菜園」的親手摘白菜、摸菜蟲、吃白菜、板車比賽遊戲；「張奶奶要過年」的舞龍舞獅、樂器敲奏，以及「張奶奶的染布」的動手做染布、染布圖案的創作，到最後「張奶奶的祝福」的包釦製作、擂茶、喝茶的活動歷程中，教師們充分提供了視覺、聽覺、觸覺、味覺、嗅覺與親自動手做的探索與體驗活動，如此兼具理性與感性的教學饗宴，擴張了幼兒們的生活視野，也豐富了幼兒們的感官學習。

> 到底藝術統整課程，我們想給孩子什麼樣的內容呢？我們覺得學習如果是一堂三十分鐘的課，或者變成一堂五十分鐘的課，那麼我們會覺得這樣的課程，充其量也只能在某些特定的議題上，加以適當的延伸。但是如果你想要讓孩子再內化成他內在的一部分，那麼你一定是一種幾近乎浸染的，浸染的環境，就是我的家庭環境提供了一個美的環境，我的學校環境也提供了美的環境，我的人師的一舉一動，也提供了一個美的環境，而後你的課程經過音樂、美術、戲劇、手工跟生活的文化去統整的結果，可以讓孩子在這樣的統整活動中，去開啟各種感官……對於所謂的藝術統整課程的期望，是希望它能夠讓孩子更開啟他全然的感官（訪談990831，曾先生）。

> 孩子們的學習是用全身的感官，所以我們希望他們在課程中摸得到菜、踩得到泥土、聞得到泥土的香味，或是自己摘菜、挑菜、把菜帶回來煮。我會希望孩子不要只是喧譁，而是可以透過他的感官去深刻體驗才有內化的效果（訪談991012，玲玲）。

Dewey（1934）一再強調，透過身體感官與環境的接觸，才能使我們從世界體會經驗，獲得意義。而透過視覺、聽覺、觸覺、味覺、嗅覺可以深化和擴充意義的範圍，這也正是道禾幼稚園從創校至今所堅持的「從做中學」以及「五感教學」的理念。

5.幼兒的投入與期待

從「藝統課」實施的第二階段開始，藝能部老師即以一種故事性、戲劇性的想像情境為課程設計的基調。98學年更以孩子真實生活所熟悉的親人——奶奶（阿嬤）為主題人物，使孩子在當中產生更多的投入與期待。

> 張奶奶這個人物給孩子的印象是很深刻的，孩子們在藝統課時都會很期待張奶奶會給他們什麼分享。他們只要看到不像是教室內的東西，就會說那是張奶奶的，或是我們在做「藝統課」課前引導時，比如染布那堂課前有小信差（藝術老師扮演）送一塊染布到班上來，他們就會說那是張奶奶送的……（訪談991012，玲玲）。

> 孩子很喜歡上藝統課，在集合時就很期待，也很專注聆聽藝統老師說的話。孩子們會回家做分享。有家長寫回饋單說孩子希望家裡也種菜，孩子們會希望在學校的生活也能連接到家庭（訪談991012，玲玲）。

孩子們在藝能部老師精心策劃的課程中，充滿期待與想像，在活動中專注與投入，甚至期望將藝統課獲得的美好經驗延伸到家庭生活中，此與杜威（Dewey）所謂的「完整經驗」相呼應，展現了美感經驗的特質。

六 結論與建議

(一)結論

研究者從道禾幼稚園「藝統課」的發展與演變歷程，以及教學的美感特質歸納以下結論：

1.學習、生活、教師群的統整

從道禾幼稚園「藝統課」的發展歷程中，觀其如何從與生活分割的才藝式教學，逐漸走向與幼兒生活更緊密的課程模式。而藝能部老師之間、藝能部與幼教部之間，也從責任分攤、各自為政而逐漸形成具良好默契與同儕關係的教學社群。尤其從98學年「藝統課」的課程設計與發展中，由於有幼教部主任積極的參與，藝能部教師才能更掌握所謂節氣生活的精髓，使課程與生活更加緊密。如此一個具有統整學習、生活、教師的課程統整模式乃經過長時間的蛻變，其發展歷程必能提供從事統整教學的教育夥伴們一些參考與啟示。

2.教學藝術化，學習深刻化

教學的藝術乃在於教學過程中予人美的感受，而如何在教學的過程中予人美的感受，端賴教師的專業水準以及精熟的課程設計技巧。從上述課程紀實與訪談中，研究者歸納道禾幼稚園「藝統課」的美感特質在於：(1)教師的創新與用心。(2)課程與教學社群的統整。(3)建立美感經驗與日常經驗的連結。(4)「做中學」與五感體驗學習。(5)幼兒的投入與期待。當教師的教學更藝術化，必能提供學生更豐富與深刻的學習。

(二)建議

1.園所需供應統整課程所需的時間、空間以及各樣的行政支援

道禾幼稚園「藝能部」的老師因擁有獨立的空間而建立良好的默契，的確有助於教學。然而在訪談中，藝統老師仍然表示，由於有時必須支援園所的其他活動，甚至一些行政上的支援，以致無法專注於課程的研發，也因此有時使得「藝統課」的進行顯得倉促（訪談990830，碧云、小真、薇安）。因此，提供必要的行政支援，排除一切影響教學的障礙，供應統整教學所需的對話時間與周邊設備，讓教師有共同的時間和空間可以一起討論、一起進修、一起交流經驗，才能使統整課程達到更高的效果。

2.幼兒師資教育學程應增設「課程統整」與「課程美學」相關的課程

道禾幼稚園的「藝統課」經過多年的摸索與調整，才能建立目前理想的統整課程模式。「課程統整」為當今教育的重要議題，亦是幼兒教育強調的課程理念。是故，幼兒師資教育學程應增設「課程統整」的相關課程，以利未來的幼教老師能更有效率地於職場上實施課程的統整。而「課程美學」的探究則能提供全面地思維，以協助教師解決教學現場的問題與課程的決定，並有助於教師以更創新、彈性、靈活的態度來面對未來教學職場的各種境遇。據此，增設「課程美學」的相關課程實有其必要性。

教師們追求專業上的提升和教學的創新過程，就是教學藝術化的展現，當教師的教學帶給學生更多的美感經驗時，必能使教學更具影響力。道禾幼稚園的「藝術統整課程」呈現了多種教學的美感特質，亦開創了教學的多種可能性。期盼本文的研究結果，能提供教育夥伴們一些參考與啟示。

（在此感謝道禾幼稚園提供本文研究的相關資料，使本研究得以順利進行。）

附 錄

附錄一：藝統課教學計畫表

主題名稱	藝統課教學計畫表編碼
張奶奶的古厝	98-1
張奶奶的童玩	98-2
張奶奶要過年	98-3
張奶奶的菜園	98-4
張奶奶的染布	98-5
張奶奶的祝福	98-6

附 錄

附錄二：訪談對象與訪談表

訪談的對象為：美術老師—碧云（化名）、音樂老師—小真（化名）、戲劇老師—薇安（化名）、幼教部主任—玲玲（化名）、創辦人—曾先生

	日期（編碼）	地點	對象	訪談內容
訪談一	99.8.23（990823）	道禾幼稚園	碧云老師 小真老師 薇安老師	1.藝統課程構思的流程 2.藝統課程實施之歷程與轉變為何？
訪談二	99.8.30（990830）	道禾幼稚園	碧云老師 小真老師 薇安老師	1.藝統課程的省思 2.藝統課程實施之困境 3.藝統課程實施之建議
訪談三	99.8.31（990831）	道禾幼稚園	T先生	1.對於藝統課的定位和期許 2.對於藝統課實施的過程及現狀的看法如何
訪談四	99.10.8（991008）	道禾幼稚園	碧云老師 小真老師	1.藝統課的預備和延伸情形 2.藝能部老師的合作關係
訪談五	99.10.12（991012）	道禾幼稚園	玲玲老師	1.加入藝統課討論的心得 2.藝能部與幼教部老師之間的教學配合情形

參考文獻

中文部分——

王秀雄（1998）。藝術統合教育的教育價值。兒童美育文教雜誌，**11**，27- 28。

李雅婷（2004）。課程美學探究取向之理論基礎探析。載於黃昆輝主編，課程與教學新論。臺北：心理。

周珮儀（2000）。課程統整與課程分化。載於中華民國課程與教學學會主編，課程統整與教學。臺北：楊智。

周淑卿（2005）。課程的美學探究範疇之建構—當前的問題與未來的方向。課程與教學季刊，**8-2**，1-14。

耿益群譯（2009）。杜威與教學的藝術。Douglas J. Simpson, Michael J. B. Jackson, Judy C. Aycock原著。北京：中國輕工業出版社。

陳伯璋（2003）。課程統整的迷思與省思。載於歐用生、陳伯璋主編，課程與教學的饗宴。高雄：復文。

陳柏璋（2005）。從課程改革省思課程研究典範的新取向。當代教育研究，**13-1**，3-6。

陳錦惠（2005）。教學經驗中的美感特質探討—杜威美學的觀點。課程與教學季刊，**8**(2)，15-24。

郭禎祥、陳碧珠譯（2008）。教育想像力。Elliot W. Eisner原著。臺北：洪葉文化。

單文經（2002）。課程與教學。臺北：師大書苑有限公司。

曾國俊（2005）。幼兒藝術教育的省思與蛻變。中華民國幼兒教育改革研究會，**34**。http://aecer.org。

曾國俊（無日期）。道禾幼稚園—課程模式概述。2010年9月30日，取自http://www.natural-way.com.tw/kindergarten/curriculum.html

歐用生（2003）。課程統整再概念。載於歐用生、陳伯璋主編，課程與教學的饗宴。高雄：復文。

歐用生（2007）。「五感體驗」課程賞析——課程美學的觀點。教師天地，**151**，30-37。

盧素碧（1999）。單元教學。載於簡楚瑛主編，幼教課程模式。臺北：心理，245-277。

鍾添騰（2003）。課程美學的理念與探究。教育研究，**51**，39-43。

英文部分——

Dewey, J. (1934). *Art as experience*. New York: Perigee Books.

Eisner, E. W. (1994). *The educational imagination: On the design of evaluation of school programs* (3rd ed.). New York Macmillan.

Vallance, E. (1991). Aesthetic inquiry: Art criticism. In E. C. Short (ed.), *Form of curriculum inquiry* (155-172). Albany: State University of New York Press.

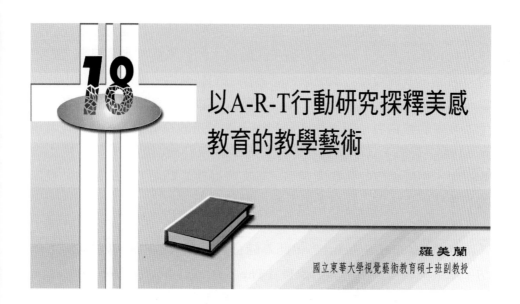

18 以A-R-T行動研究探釋美感教育的教學藝術

羅美蘭
國立東華大學視覺藝術教育碩士班副教授

一 研究緣起

「美感教育」（aesthetic education）是指施教者以各種材料、應用教育的方法，對受教者進行陶冶，以開展美感相關的能力，培養高尚的審美心境，形成健全人格的活動（劉福鎮，2001，頁4）；「美感教育」是使受教者易於獲得美感經驗（aesthetic experience），而能時常沐浴於美的感受之中的一種教育活動，換言之，「美感教育」即是使受教者能完成「對美的欣賞力」、「對美的感受力」，然後自己產生「對美的創造力」（陳木金，1999，頁36）。美感教育的核心概念在於「美」（aesthetic）；「藝術」是實踐美感教育的重要手段（朱光潛，2003；羅美蘭，2009a）。

繼美國教育大師杜威（Dewey）倡導「教學是一門藝術，教師則是一位藝術家」之後，國內外學者亦紛紛提出相關論述（Greene, 2001; Eisner, 2002; 林逢棋，1998；歐用生，2006；陳伯璋、張盈堃，2007），為教學藝術的研討建立理論基礎。其中，視覺藝術教育學者Eisner（2002, pp.154-155）認為「教學是一門藝術」（teaching is an art），而教學的藝術（the art of teaching）具有四項特質：美感（aesthetic）、品質（qualities）、獨創性（ingenuity），以及從「過程」（process）中創發出來的經驗。Greene（2001）認為，在教學中運用想像力能讓我們看見不同的存在方式，特別是以美感經驗為本的教學能夠激發學習者的好奇，因此，強調教師必須敏感於意義創造的藝術性，而教學活動本身就是一種藝術。林逢棋（1998，頁53）認為教師為教學藝術的演出者，學生為教學的觀賞者；而教學活動的演出者，是教育藝術的創作者（林逢棋，1998，頁51）。本研究將美感教育的教學藝術與藝術教學，視為一體兩面、相輔相成的觀念與實務，本文將從視覺藝術教育的觀點，以具體的教學研究案例，探討美感教育的教學藝術。

筆者於2001年留學英國期間，參加第一屆的「藝術家教師計畫」（Artist Teacher Scheme），此為結合藝術家與教師的專業培訓工作坊，由英國藝術與設計教育學會（The National Society for Education in Art & Design, NSEAD）主辦，在倫敦泰德現代美術館（Tate Modern）和溫布頓藝術學院（Wimbledon College of Art）進行七天密集充實且具創意的藝術教師進修活動。這個活動充分發揮視覺藝術的特色，筆者從中深切感受到藝術創作、教學與研究的密切整合，深深地被撼動，因而奠立A-R-T行動研究的想法。返臺後，筆者於國立花蓮教育大學（現為東華大學）美勞教育學系和視覺藝術教育研究所帶領學生持續進行藝術教學行動研究，思考視覺藝術教育如何突顯領域專業特色？終於理出以「藝術家（Artist）的創意眼光與美感經驗、研究者（Researcher）的系統分析與批判思維、教學者（Teacher）的教育專業和關懷」之A-R-T行動研究觀念，建構視覺藝術教育的研究論述（羅美蘭，2009a）。

省思歸納歷年的研究發現，謹選列六個A-R-T行動研究的重要概念，作為本文的理論基礎：(1)A-R-T行動研究融合藝術家、研究者、教學者的特質，進行具有藝術性和系統性的教學研究；(2)A-R-T行動研究，讓教師能在教學實務中紮根自己的理論，是一種經由行動經驗來建構理論的歷程；(3)A-R-T行動研究以教育分享的態度進行藝術研究，重視參與、實踐和分享，從理解與關懷中深思問題解決之道；(4)A-R-T行動研究重視「影像」研究資料的蒐集、分析和解讀，主動在情境脈絡中尋找意義，是一種關注脈絡性的研究（contextual study）；(5)A-R-T

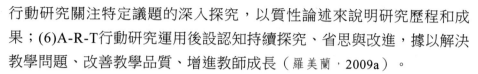

行動研究關注特定議題的深入探究，以質性論述來說明研究歷程和成果；(6)A-R-T行動研究運用後設認知持續探究、省思與改進，據以解決教學問題、改善教學品質、增進教師成長（羅美蘭，2009a）。

筆者認為「藝術教學與教學藝術為一體兩面、相輔相成的實務與觀念」。筆者秉持個人教學信念，採用A-R-T行動研究方法，在教學實務中建構「審美關懷」（aesthetic caring）藝術教育理論，發展藝術創思教學策略，從視覺藝術教學之案例探索教學藝術。本文以98學年度〈藝術創作與教學專題研究〉的課程為例，探討師生如何在溫馨的審美關懷課室中，引發藝感與自覺，涵育美感經驗，發展藝術教育理念？如何在藝術師資人才培育的行動研究歷程中，以〈2009創藝小學堂〉整合藝術創作與教學研究，讓課程參與者體驗「行中思」、「做中學」的師培經驗？如何以富有美感的創意策略與行動關懷，發展三部曲的教學藝術：1.從感恩的心出發，2.批判之眼洞察，3.以創意之念改善？如何經由藝術課程的規劃、實施與評量，落實教師的教育理念、形塑教學風格？

二 研究方法

本研究採用A-R-T行動研究的概念來整合藝術家、研究者和教學者的三位一體之觀點，進行藝術創思教學行動研究，探討美感教育的教學藝術。行動研究的時間從2009年8月至2010年7月，研究團隊共有六人，實施的場域在東臺灣的大學課堂，以視覺藝術教育研究所的課程〈藝術創作與教學專題研究〉來培育具有藝術創作、教學與研究能力的人才。行動研究歷程如圖18-1。

筆者依據研究目的研擬A-R-T行動方案，在行動研究過程中，一方面蒐集研究資料，另一方面也同時監控行動研究，做為省思與詮釋研究之依據。蒐集研究資料的方法包括：觀察、問卷、訪談、文件分析，以及教師的自我省思。

(一)觀察：教師在行動研究中進行觀察，以教學藝誌持續記錄學生的學習反應；並由修課的研究生輪流撰寫課程觀察記錄，內容包括時間地點、課程主題、教學綱要與流程，最後一欄由記錄者抒發省思或訪談同學提供課程回饋。

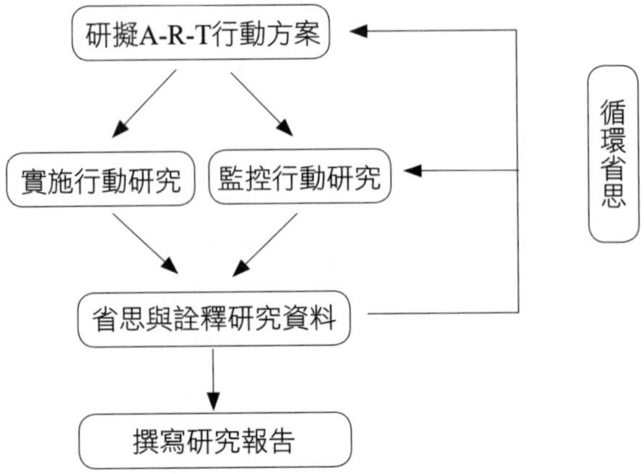

圖18-1　行動研究歷程圖

(二)問卷：筆者自製教學評量問卷，針對學生的學習收穫和教師的教學進行調查，作為教學改進的參酌，包括(1)依課程進度列出單元主題，請學生說明各單元的學習收穫；(2)評析教師的課程內容、授課形式、作業和評量方式；(3)以後設認知分析自我的學藝經驗，以及省思A-R-T人才培育的歷程。

(三)訪談：課後與學生進行非正式的對話訪談，藉以瞭解其課程參與心得和學習進展，以及分享研究藝誌的內容。

(四)文件分析：教師的教學藝誌和學生的研究藝誌，是文件分析的主要資料。其他與教學研究有關的文件，如課程綱要、學習單、學生資料等皆分類收錄於檔案夾，隨時翻閱與省思，並與觀察、訪談、問卷和影像分析的資料互相援引，先整理出討論主題，再作更深層的研判與詮釋。

(五)教學省思：教師隨堂摘記教學要點和感想，並參酌學生的回饋，製成教學藝誌。從研擬藝術教材、觀看課程紀錄、批改學生作業、與學生晤談來持續反省自己的教學，檢視本身的教育專業成長。教師的教學省思包括課前的準備、課中的觀察和課後的教學反省。此外，訪談、問卷、文件和影像分析亦是省思資料的來源。

在行動研究過程中，研究者身為教師，帶領學生進行藝術創思活動。師生雖位階不同，然而，藝術課堂中溫馨的氛圍，適宜發展以師生互為主體、教學相長的行動研究，而研究者與研究對象自然形成一種相互依存的「夥伴」關係，研究對象在本研究中稱為「課程參與者」，強調主動的參與分享而非被動的受測者（羅美蘭，2009a）。本文的「課程參與者」有二，一為參與〈藝術創作與教學專題研究〉的5名研究生，以「學生」代稱；二為參與〈2009創藝小學堂〉的3-5年級小朋友25人，以「學童」代稱。在研究進程中，研究者與課程參與者一起參與藝術學習活動，彼此以對等、尊重和友善的態度進行研究。

筆者於整個研究過程中遵守下列六項研究倫理：(一)以公平和真誠的態度進行A-R-T行動研究；(二)所有研究參與者皆被告知，並簽署同意書；(三)尊重與保護參與行動研究的學生，避免其受到身心傷害；(四)匿名引用資料，對於參與研究之學生在研究報告中以代碼稱呼，以作到保密性（confidentiality）；(五)儘可能客觀陳述問題、詮釋資料，審慎論述研究發現；(六)持續關注、充實有關影像的智慧財產權問題，遵守著作權法（羅美蘭，2009a，頁98-99）。

三 教學藝術的旅程：藝術教學設計與實施

Eisner（2003）認為藝術帶給人類的獨特體驗是無可取代的，藝術的呈現能感動人心、擴展人類的思維；課程是動態發展的，課程為教師與學生共同建構與尋求意義的經驗與歷程（周淑卿，2002，頁142）；唯有教師與學生都能夠投入學習活動中，課程才是活的課程（陳伯璋、張盈堃，2007，頁41）。Goodson（1995）認為課程不是書面的文本，而是當下的行動。Irwin和Cosson（2004）建議藝術教師以a/r/tography的方法，整合認知（knowing）、行動（doing）和創作（making），來進藝術創作、教學與研究。筆者以上述Eisner的藝術教育理論和Goodson等人的課程理論為基礎，規劃〈藝術創作與教學專題研究〉的課程方案，以藝術家（artist）、研究者（researcher）和教師（teacher）三位一體的概念進行「A-R-T行動研究」，開展以藝術教學形構教學藝術的旅程。

〈藝術創作與教學專題研究〉開設於視覺藝術教育研究所，每週三下午2:00-5:00在美教館上課，上下學期各十八週，為期一學年。課程目標在於培育具美感、創意與思維，有能力統整藝術創作與教學研究的藝術師資人才。筆者擔任授課教師，策劃教學方案、研發藝術教材，以學習促進者（facilitator）的角色，來進行教學，激發學生的創意、美感經驗和擴展其視野；輔導學生進行關懷藝術人文與生命環境的藝術創作與教學活動；為能學以致用，師生合力辦理「創藝小學堂」，作為實施藝術教學活動的場域，期能有效地統整理論與實務。

藝術課堂以溫馨鼓勵的氣氛來引領學生針對自己的「藝術創思概念發展和教育實踐」進行覺察、省思、檢討，以期提升藝術研究生的後設認知，進而發展藝術創思教學與研究能力。整個藝術教學歷程，可比擬為美感教育的教學藝術旅程，以下從(1)相見歡，(2)藝術師資人才培育歷程，(3)研究藝誌分享，(4)課程光碟回顧，四個部分，說明教學設計與實施要點，同時引領讀者一起經歷藝術教學vs教學藝術的旅程。

(一)相見歡

師生在美教館307教室初次見面，教師自製「相逢自是有緣」的數位教材，進行課程導論與師生互動，以創意策略和圖文視效引發第一次見面的感動。第一週的課程重點在於：(1)解說教學目標、課程內容與各週進度；(2)以溫馨有趣的回應遊戲，強化師生的彼此印象與互動默契；(3)說明課程進行的方式、作業形式和評量要點；(4)安排課程天使輪流擔任課程記錄和藝訊分享；(5)播放課程光碟，分享前學年的課程經驗。

在關燈準備觀看投影片的剎那，教師利用機會教育，請學生注意教室環境的改變：教室牆面的米白色調，隨著一盞盞燈光的熄滅逐漸變暗，親身體驗到「色彩與光線」的關係。熄燈後，閉眼回憶教室中的點點滴滴、觸摸個人座位前的木質大桌、感恩教學設備、感謝教學助理、珍惜師生有緣相聚的緣分……再者，閉著眼睛感受黑暗的世界，以感性的問句引導思考，例如，如果再度恢復視力，我們希望看到什麼樣的世界？我們有善用眼睛觀察、仔細地看清事物嗎？……經歷短暫的沉默與冥想，師生睜開雙眼、懷著一顆美麗的心，感恩教室中的人事物，接著把注意力放在教師精心設計的數位影像教材，開啟了藝術課程的序幕。

依據課程綱要和教學計畫之討論，教師擬定了A-R-T行動研究的「教學目標與執行策略」，期能培育優質的藝術師資人才。

1.教學目標

(1)引領學生建構自己的藝術觀、發展藝術創作與教學設計。

(2)輔助學生探索創意圖文整合表現，進行專題研究、創作和教學應用。

(3)培育學生研發創意教材和進行實地教學。

(4)輔導學生發展具個人風格和富有創意的「研究藝誌」來記錄與省思自己的藝術創思歷程，在質性成長中以後設認知來分析自己的藝術表現和教學應用。

2.執行策略

(1)自編「藝術創作與教學專題研究」教材，引領學生討論相關議題，以師生合作的方式，進行後設認知取向的藝術創造力教育行動研究。

(2)引介國內外理論，例如，審美關懷（aesthetic caring）、重要觀念（big ideas）、批評與脈絡研究（critical & contextual studies），來建立藝術師培課程發展的理論基礎。

(3)整合理論與實務，研發創意教材，辦理創藝小學堂來進行實際教學。

(4)邀請專家學者專題演講，研討創意圖文整合的案例。

(5)以專題研究的方式，進行圖文解讀與創作，並舉辦研討會發表成果。

(6)彙整個人的學藝經驗，有系統地製作研究藝誌，於期末提出分享。

(7)統整全班的共同筆記和課程經驗，製作課程光碟。

(二)藝術師資人才培育歷程

在藝術師資培育過程中，教師引領參與課程的研究生建構自己的藝術教育觀、發展藝術創作與教學設計、舉辦藝術工作坊「創藝小學堂」進行主題式教學、將教學研究成果彙製成課程光碟。整個歷程以

「研究藝誌」來記錄與省思，運用後設認知來分析自己的藝術表現和教學應用。

1.運用後設認知發展藝術教育理念

英國教育家Oakeshott（1967, p.156）認為教師的教學理念會形塑其教學風格，並實踐於教學歷程中。開學初，教師輔導研究生探索自己的藝術觀，並且運用後設認知省思過往學藝的經驗和釐清當代藝術教師的角色，將研討心得發展成個人的藝術教育理念，鼓勵將此理念實際應用於藝術教學。整個「藝術教育觀的探索、發展與分享」具以下三個行動歷程：

(1)探索我的藝術教育觀：經過一週的資料蒐集與思考，第二週請修課同學輪流上臺，以口頭報告輔以視覺呈現的方式，來向大家傳達自己初步探索的藝術教育觀。隨後教師說明A-R-T藝術教學行動研究概念，並以具體實例分享教師的審美關懷理念，激勵學生發展自己的藝術教育理念。

(2)發展我的藝術教育理念：從每週的課程主題汲取養分，運用藝誌的自我省思與同儕分享，來探究和發展自己的藝術教育理念。

(3)落實我的藝術教育理念：根據自己的藝術教育理念，研發藝術創意課程，並且應用於藝術教學。

就教學藝術觀點分析，運用後設認知引領藝術師培生發展個人的藝術教育理念，並力行於教學實務中，能激發學生積極自主的學習、深化思維，有效整合理念與實務，並協助學生發展自我省思與理念實踐的洞察力。

2.整合理論與實務的藝術師資培育：「創藝小學堂」

教師輔導藝術研究生應用觀念、轉化理論，研發藝術創思教學方案。為能有效整合理論與實務，在東華大學美崙校區辦理「創藝小學堂」，作為藝術教學實習的場域，邀請花蓮地區三至五年級兒童參與藝術創意活動，由修課的研究生擔任教學，同時培育創意教師和創意學子。

教師先播放第一屆創藝小學堂的光碟，與今年修課的學生分享前一年的行動研究經驗。首屆創藝小學堂〈愛樂獏狂想曲〉以動物為主題，將生命教育融入視覺藝術教育，結合電腦科技與手繪藝術，以富趣味性之藝術活動，激發孩童的創意思考與美感經驗（羅美蘭，2009b）。在生動有趣的課程回顧氛圍中，我們看到了學童在溫馨舒適的美勞館307教室裡，愉快地進行創意發想和藝術創作；優質的海報設計、招生文宣和課程規劃，展現視覺藝術教育研究所師生的美感、創意與思維，吸引家長於週末帶著兒童前來參加小學堂的藝術創思教學活動；師生費盡心思、幾經修改而定案的主題式教學設計和配套實施的學習單、觀察評量表，顯現師生的智慧與努力，好一個龐大且具質感的美育工程，教學單元包括〈文字大探索〉、〈悠遊e樂園〉、〈尋找藝森林〉、〈地球發燒了〉、〈創意藝點通〉等。再看看活動剪影，小朋友愉快的神情、師生溫馨互動的場面、精心編製的教學投影片、一張張洋溢著童趣的創意學習單，在在興起美麗的回憶與感動。

從光碟回顧藝術創思教學活動，能意會當時的努力與課堂經驗。教師引領修課研究生「以感恩的心體驗美好」後，再提出議題討論，培訓研究生「以批判之眼洞察、思辨事理」，舉實例分析優缺點，在觀賞課程光碟中抽絲剝繭、砥礪思維，希望能將研究發現應用於今年第二屆創藝小學堂的活動設計。整個研討過程在高動機的學習情境中被關切、討論和提出改進建議。就教學藝術觀點分析，首屆精心製作的課程光碟，激發次年修課學生積極主動的「關懷」，熱烈參與討論，此有助於建立相關經驗，事先作好準備上場教學的心理調適。筆者深切感受到：教師所準備的教材若能符應學生的需求，較能獲得學習成效。

以第一年的教學研究經驗為根基，今年再度策劃〈2009創藝小學堂〉，由修課師生共同討論藝術教學活動之主題與課程設計，期能做到「師生一起開發藝術教材、發展教學策略、進行藝術教育研究，達致師生互為主體的教育實踐」（羅美蘭，2009a，頁234）。首先，由教師編選國內外藝術創意教材，激發學生的創意、擴展視野，然後引領學生進行關懷生命環境的藝術創作與教學設計。在溫馨互動的腦力激盪中，同儕相互給予回饋、分享創意點子和發展藝術創思。

初步教學構想：「樂芙的神祕寶盒」，以「愛」（Love）為核心主題，以自身為出發點，可涉及人與自己、人與社會、人與自然等。藝術創作：學生可設計自己的神祕寶盒，並在課程活動結束後，可用寶盒裝著自己的學習歷程檔案帶回家。（課觀981028）

對「愛」的課程設計有了初步的想法後，大家一起討論創藝小學堂的教案，如何將各家的創意和想法帶入教案裡？真是一大挑戰！透過師生一起腦力激盪，不斷地討論、調整與修正後，教學設計逐漸成形，二週後所發展的具體教學構思如下：

主題名稱：愛的大奇航

重要概念：以愛自己為出發點向外發展同理心、寬恕、包容、分享、尊重、關懷，並發現生活周遭美的事物。

關鍵問題：如何以愛為出發點，尋找對他人的關懷？

教學構想：讓學生從探險者的角度去發現世上的愛及美好的事物。（課觀981111）

教師引領課程，先以「感恩的心」讚美與理解前述的教學構思後，再培訓修課學生以「批判之眼」評析和運用「創意之念」改善。教師提問：如何強化視覺藝術的特色？例如，色彩與造型如何融入「愛的大奇航」？

問題解決與創思訓練：教師問：如何將「色彩」帶入「愛」的課程設計中？

同學熱切地回應，其中我最喜歡〈Trouble Village〉：一個黑白世界的村落，色彩因環保問題解決後一一出現。（課觀981111）

歷經幾回合的創思發想與討論，如人生紅綠燈、看不見的色彩、魔法師與影子奇遇記、影舞者、樂芙魔法師等，最後決定以「酷色魔法師」作為2009年創藝小學堂的主題，以「愛與關懷」為核心概念，設計一系列關懷自然環境的藝術創思教學活動，建立環境保護與生命教育的重要概念。討論後的教學單元包括：〈魔法師的調色盤〉、〈酷色村的美麗與哀愁〉、〈水女神的呼救〉、〈大地之后的煩惱〉、〈愛的寶藏〉、〈手牽手愛地球〉。

〈2009創藝小學堂：酷色魔法師〉融合「愛與關懷」的重要觀念（big ideas），以造型、色彩與空間為藝術學習要素，經由生動活潑的故事解說，結合創意學習單，讓學童在充滿趣味、創意與想像的情境下經驗美感教育。（教學藝誌981209）

2008年12月16日〈2009創藝小學堂：酷色魔法師〉正式登場，之前的努力如logo討論、海報設計、招生文宣、教材研發等，為今年的教學活動奠下良好的根基。在正式上課前，主持人先播放繪本動畫，帶領學員進入故事情境，並且幽默暖場讓學員彼此認識。

修課學生化身為創藝小學堂的教師，輪番上陣。戴著高帽的黑衣魔法師一出場，果然引起驚呼，搭配著螢幕播放的特製影像，激發了學童的創意、藝術視野與學習興趣。一幕幕美麗吸睛的色彩與生活影像，躍動學堂的氛圍，強化學童的美感經驗，在如夢似真的酷色星球中，讓想像力盡情馳騁，如此和諧、溫馨、愉快……其中一段故事轉折，讓美麗的星球頓失色彩，學童驚訝地「啊」一聲後，整個熱鬧的課室頓時鴉雀無聲……魔法師消失了，色彩不見了，眼前一片昏暗，變成了黑白世界。而學童在魔法師的創意趨力下，已賦有高超的潛能和拯救世界的強烈動機，開展一系列「問題解決」的創藝之旅。

悉心安排的一系列投影片，深深震撼學童的心。（課觀981216）

分析魔法師的藝術創思、課程設計和教學實施，已儼然成為一位教學藝術家，頗能展現A-R-T的教學藝術。（教學檢討990530）

「水女神」以藍色為基調，將海洋知識與概念轉化成一張張生動的影像，帶領學童在海中探險、遊歷，體驗海洋之美，並與各種海底生物作朋友。可是，美麗的水女神竟然哭泣了，Why？原來海家園受到污染，每一幅教學影像呈現一種污染情況，激起了學童的憤慨和同情心，準備設法協助水女神拯救家園。

教學策略由影片賞析導入藝術創作，教師（水女神）以自製的flash動畫引導學童發展「一筆劃」的藝術創思，運用想像力表現各式海底生物。以一筆劃作為創作技法，能迅速把握造型特徵；在淺藍色的學習單上選用藍色系的蠟筆作畫，能讓學童體驗單一色系統調之美，而深淺分明的紙筆色彩，讓學童親身感受到因明度差距所形成的圖地（figure & ground）對比效果，同時也在塗抹中體會到富有深淺層次變化的藍色調。輕鬆愉快的五分鐘，已將深奧的色彩學理論，轉化成生動有趣的藝術創思表現。

<table>
<tr><td colspan="3"></td><td colspan="3">
</td></tr>
<tr><td colspan="3">〈酷色村的美麗與哀愁〉
引導學童經歷色彩繽紛的世界和頓失色彩的無奈後，以「雷丘簿」（The Natural Book）激發一連串的藝術創思，展開拯救自然任務。學童人手一本的「魔法手冊」是具原創性和藝術巧思的學習單，能展現學習歷程。</td><td colspan="3">〈水女神的呼救〉
以藍色調設計富含美感經驗的環境關懷課程，並運用「資訊傳播科技」（Information & Communication Techniques, ICT）支援藝術教學。</td></tr>
<tr><td colspan="2"></td><td colspan="2"></td><td colspan="2"></td></tr>
<tr><td colspan="2">1.先讓學童繪製能代表自己的人物或角色</td><td colspan="2">2.再請學童把自己的作品拼貼於地球上</td><td colspan="2">3.完成集體創作作品後，請學童上臺說明自己的創作理念</td></tr>
<tr><td colspan="6">〈手牽手愛地球〉以兼顧個別表現和集體合作的藝術創思，做為壓軸活動，不但統整先前習得的色彩和造型經驗，也運用想像力為地球盡一份心力</td></tr>
</table>

圖18-2 〈2009創藝小學堂：酷色魔法師〉課堂經驗

接下來的〈大地之后的煩惱〉呈現土石流問題和全球暖化議題，以黃色系一筆劃作藝術創思表現；〈愛的寶藏〉以關懷和創意來解決環保問題，運用紅色系和一筆劃技法表現生命花園。經過這三單元的冒險，拿到紅黃藍三顆寶石後，魔法師終於恢復功力，與小朋友合力拯救美麗的家園，每位小朋友運用想像力和創意繪畫化身成一位英雄，以〈手牽手護地球〉之集體創作和賞析，完成美麗的故事結局。

> 〈2009創藝小學堂：酷色魔法師〉的教學實踐，融合藝術學習與人格陶冶，在溫馨的氛圍中，教師/藝術家以肢體動作、語言表達，運用教學ppt輔以學習單，培育學生發展美感、創意和思維。系列的教學單元，強化「愛與關懷」的主題，以生動有趣的魔法故事引導，製作具有視覺震撼力的ppt讓學童驚艷，在潛移默化中引領學童關懷生活周遭的藝術、環境與生命。（教學藝誌981209）

〈藝術創作與教學專題研究〉以師生互為主體的方式進行課程，改變以往師培課程中「教師講，學生聽」、「教師交代，學生執行」的模式，嚴謹又溫馨地培育學生主動建構專業知識、探索教學設計的概念與方法，發展具原創性的藝術課程方案，並且實際進行教學，在實做中強化其解決教學問題的能力。課程歷程中所經驗的藝術師培〈2009創藝小學堂：酷色魔法師〉活動，統整藝術創作、教學與研究，在A-R-T行動研究歷程中發展出三部曲的教學藝術：先從感恩的心出發，再以批判之眼洞察，然後以創意之念改善；並且研發出活潑有趣的藝術創思教學案例，展現了師生群策群力的藝術學習歷程與成果。

(三)研究藝誌分享

「藝誌」是一種具個人風格、圖文並茂的「藝術學習檔案」（art portfolio），可針對特定學習動機和目的，有系統地蒐集藝術資料，藉以展現學生的創意、學藝過程、進步情形和成果（羅美蘭，2009a，頁52）。教師輔導研究生發展具個人風格和富有創意的「研究藝誌」來記錄與省思藝術創思歷程，在質性成長中以後設認知來分析個人的藝術表現和教學應用。期末舉辦「研究藝誌」發表會，以口頭報告結合視覺呈現的方式，展現個人如何運用後設認知的概念發展「研究藝誌」，輪流分享每位研究生藝術創作與教學的思維與實踐歷程。

以GS02的部分研究藝誌（圖18-3）為例，分享研究生如何以後設認知為理論基礎，發展風格獨具的研究藝誌記錄與省思學藝歷程，例如探索自我的藝術教育理念、與同儕腦力激盪研發藝術教學方案、辦理創藝小學堂實施藝術教學，呈現結合學術研究、藝術創作和實際教學的A-R-T歷程經驗。

> 我的研究藝誌從「自我探索」、「實際教學」、「省思與成長」三個層面發展，記錄從零開始的創意發想到藝術教學實踐的成長歷程，也呈現了實際面臨的教學問題，透過同儕討論的經驗分享，尋求問題解決之道、改進教學。記錄實習教師的教學成長，除了一般的文字記錄外，藝誌可以圖文並茂，有圖片更能佐證教學研究和省思發現。（GS02藝誌990618）

就教學藝術觀點分析，教師研發一套有效的自我學習策略「藝誌」，促使學習者自我計畫、監控和改進，達致自主學習的目標。「藝誌」呈現以後設認知為理論基礎的藝術創思歷程與成果表現，教師運用「後設認知」的概念來製作「教學藝誌」，持續省思教學行動，藉以改進教學實務和提升教師專業成長，也為引導學生如何應用後設認知製作「藝誌」做了身教。教師所製作的「教學藝誌」有助於深化課程思維、提升教學品質；學生所製作的「研究藝誌」系統記錄著藝術師培歷程中的教育理念、課程設計與教學實踐之自我覺知經驗，不但培養兼具藝術素養和人格陶冶的師道情懷，亦完成獨具風格的藝術創作和教學研究，能強化藝術教師三位一體（藝術家、研究者和教學者）的專業素養（溫怡婷，羅美蘭，2010）。

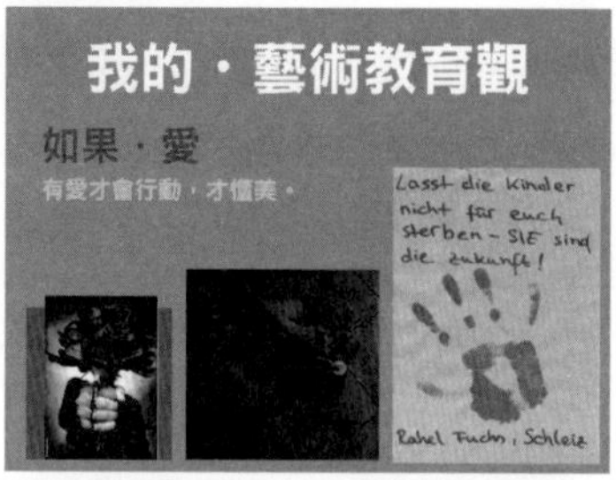	我的藝術教育觀 我由我對藝術教育一開始的看法，發想我的藝術教育觀。什麼是藝術教育？藝術教育哪裡來？而我最後以「如果愛」這首歌作為我的藝術教育觀，因為在很多時候是需要有「愛」，才會促使自己行動。 （2009/10/26）
	藝誌：課程設計與討論 透過不斷地計畫、選擇、修訂，研發「愛與關懷」的藝術創意課程，把抽象概念轉換成實際教學是一個很困難的工程，但是經過大家的發想，把「愛與關懷」的觀念轉化成一個個有趣的教學活動，最後課程果然富有創意又有意義。 （2009/11/25）
	藝誌：魔法師的調色盤 在創藝小學堂，我是魔法師！緊張的心情在上臺授課後就銷匿了，只剩下希望將所有準備好的內容介紹給學生瞭解，讓他們能有驚喜及期待；只是學生活潑好奇，往往天外一筆，考驗我的反應及教學；但看學生歡欣鼓舞的收下精美的學習手冊，滿載而歸的模樣是我們最大的收穫。 （2009/12/23）
	期末藝誌分享 期末舉辦藝誌發表會，每位同學輪流上臺分享個人的創意、美感與思維。 藝誌伴隨了我一學期，細細地檢視自己的學習歷程，看到自己從只能接受學習到可以分享學習的過程，真的是很艱辛，但卻能會讓我深深地懷念著。（2010/1/6）

圖18-3　研究藝誌

(四)課程光碟回顧

除了個別的藝誌分享外，以課程光碟彙整師生共同經歷的課程經驗，於期末播放分享，回顧課堂中所習得的藝術知識、觀念與心得。

圖18-4　課程光碟

課程光碟內容包括課程大綱、課程參與者、教師教材、學生作業、創藝小學堂和課程影像記錄，以網頁超連結的形式呈現。期末將師生共同經歷的課程經驗彙製成課程光碟，透過資訊科技的輔助，將師生共同經歷的學習經驗以數位化保存，學期最後一週，藉由光碟內容回顧課程經驗，體驗師生共享課程回憶的美感經驗。分析問卷和訪談資料，學生反應：在溫馨的課程體驗中，同時承受著富挑戰性的腦力激盪，不斷地被激發創意、美感和思維；老師運用了後設認知的策略，讓我們無時無刻（不）瞭解自己的學習經歷；涵育審美關懷之情操與素養；一直以來雖然很累，但在心底真的有滿滿的感謝與感動，辛苦總算有代價，充分體認到stressed反轉成desserts的真義（原先是有壓力的stressed，經過努力後會變成甜點desserts）。

課程光碟不只是一片收錄課程內容的記憶空間，它還承載著「藝術教學如何昇華成教學藝術」的訊息；它呈現「課程是如何進行」的過程，也滿載著師生共同經歷的課程回憶。期末播放光碟，進行課程回顧，在溫馨感恩的氛圍中，體驗一步一腳印的學習歷程，回顧各週主題內容、品味課堂情景、欣賞師生一起討論、沉思和歡笑的照片……以數位科技分享與省思師生共構的藝術課程經驗，可謂是一種獨特的教學藝術，而這份典藏著記憶與情感的光碟，也是送給師生最具價值的紀念物。

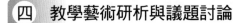

四 教學藝術研析與議題討論

經驗〈藝術創作與教學專題研究〉的藝術教學旅程後，筆者從教育理念、行動關懷與教師的省思成長三個層面，研析美感教育的教學藝術。

(一)美感教育理念的課堂實踐與教學藝術

理念是一種觀念，也是一種價值，它主導了行動的方向，也影響了行動的成效（潘慧玲等，2003，頁11）。美感教育（aesthetic education）的核心概念為「aesthetic」，教師由此衍生的「審美關懷」（aesthetic caring）教育理念，啟迪也影響了行動研究的課程規劃和教學實踐。

「審美關懷」融合藝術的學習與人格的陶冶，在溫馨的氛圍中鼓勵學生從探索自我出發，往外關懷生活周遭的藝術、環境與生命。筆者在學期之初的「藝術教育觀」單元時，除了激勵學生發展自己的藝術教育理念，也以生命故事之具體案例，分享教師的審美關懷理念。從撼動人心的教學影像中，勉勵學生懷著「美麗的心」，而這顆美麗的心可以是感恩、珍愛物資、關心別人和關愛生命等，由學生自我定義，思考如何讓自己更「美」？引領學生想像「我是一件藝術品」，將自己視為一件自我琢磨、不斷成長的動態藝術作品，期許學生自我成長、關注品質、豐富藝感。再者，輔導學生依據自己的特色建構理想的藝術教師圖像，經由自主的學習達到自訂的目標。學生舉出藝術教師的創思比喻有園丁、藝術家、醫生、燈塔、魔術師等，並且結合趣味影像延伸想像、引發共鳴，以「喻」擴展創思。這些比喻和意象表現出學生對藝術教師的角色期待，反映出理想的藝術教師特質，不但具有關懷、創新、犧牲奉獻的精神意涵，還希望能像魔術師般具有豐富的想像力、精湛的表演技巧，並能像藝術家般擁有美感經驗和進行創思表現。

審美關懷的教育理念結合「審美」與「關懷」，參酌中西美學和Noddings（2002）之教育倫理學，並領會自藝術教師的生命經驗，希望能經由藝術的學習與體驗，引導學生感悟生命深層的品質與價值。審美關懷關注審美經驗和文化省察，主要概念有三：1.以「視覺認知」培育「視覺素養」：藉由經驗對象的過程，強化個體的感知與思辨能力；2.以「藝術視覺」培育「審美素養」：藉由經驗對象的過程，強化個體的美感經驗和藝術賞析能力；3.以「審美視覺」的人文關懷培育「視覺文化素養」：藉由經驗對象的過程，強化個體的影像解讀能力，重視美學經驗的社會共同完成性（羅美蘭，2009a，頁59-67）。

「審美關懷」在藝術課堂中轉化成具體的教學策略，教師自編教材，挑選具有視覺衝擊的影像，研擬問思導賞問題，來引發議題討論、激盪思維，協助學生感知和評賞作品，從視覺感官的刺激連結知識概念、興起美感經驗，再內化至審美關懷。首先，引導學生從「視覺認知」來觀看、發現與描述作品，整合觀（look）、看（see）、知（know）的視覺經驗；進一步，以問思導賞激發討論、強化藝術概念，輔導學生應用藝術語彙來表達和分析作品，發展「藝術視覺」，例如：以藝術家之心眼觀察和創作，運用藝術語彙討論作品的表現形式和內容意涵，例如構圖、色彩配置、肌理質感、線條運用、視覺動線、動勢表現、空間處理、光線來源、圖地關係、符號意義與作品象徵等，並試著讓學生辨識媒材，如水墨、油畫、水彩、混合媒材等，以及探討藝術的表現手法，如繪畫、雕塑、拼貼、裝置藝術等，藉此強化學生的藝術視覺、涵育美感經驗、提升審美素養。

「視覺認知」著重所見所知，主要發揮眼與腦的功能，旨在培育具有觀看與辨識能力的視覺素養。由「藝術視覺」所引發的審美經驗則將所見、所知、所感、所想連結起來，是一種心與眼的契合，不但具有解讀與分析圖像的視覺能力，更強調藝術品質的感知經驗，從而提升審美素養。「審美視覺」進一步以人文關懷的意識培育「視覺文化素養」，在視覺文化脈絡中強化個體的影像解讀能力，重視美學經驗的社會共同完成性。具有批判性、又兼有美感品質與創意想像的「審美視覺」能看到並解讀影像在文化脈絡下所蘊含的意涵，在重視背景脈絡的理解中，建立個體對影像訊息主動反省、審慎思辨的態度，並進而以關懷、同理之心，實踐人文關懷的情思（羅美蘭，2009a）。

就教學藝術的觀點討論，融入教師的專業知識與省思，所發展的審美關懷理論，兼顧「視覺認知、藝術視覺和審美視覺」之要素，教師在教學現場中，依課程目標和實際教學情境作調整。以本研究之藝術師資人才培育為例，筆者期盼能引領學生關懷藝術教育與生活環境，在生活觀察中有意識地自覺自省，進而以創意改善，培育其成為懂得觀賞、會思考和能有所關懷和表現的藝術參與者。因而，無論是大學殿堂的學術研究或是創藝小學堂的教學活動，皆是以帶有人文與生命關懷的「審美視覺」來提升視覺文化素養、培育藝術師資人才，從感恩的心出發，用批判之眼洞察，以創意之念改善，在「行中思」、「做中學」的藝術課堂中，實踐美感教育在當代視覺文化脈絡中，以美感經驗為基礎並融合創意與批判思維之表現。

以「審美關懷」為理念的評量觀，認為學生是主動且負責的課程參與者，是教師的學習夥伴（羅美蘭，2004）。筆者根據此理念實施行動研究，建立美感教育的評量信念：「評量是一種師生和同儕間的互動關懷，是一種生動靈活的教育方式」，在溫馨互動的評量過程中，師生具有高度的合作性，對於學生的學習效果和教師的教學成長有相輔相成的助益（羅美蘭，2009a）。本研究亦發展多元活潑的評量方式來實踐真實評量（authentic assessment）的概念：教師在真實的教學情境中，以平時的課堂觀察及公開分享的創思表現來瞭解學生的學習進程與作業品質，例如課程記錄、課程回饋、藝術觀分享、問題討論、創作與表現、藝網賞析、藝訊快報、學習單、作品展覽、專題研究報告、藝誌分享，以及期末問卷、自我評量與同儕評量的設計等，這些多元且富創意的評量策略，能兼顧形成性評量和總結性評量，亦能彰顯視覺藝術教育特質。總之，審美關懷藝術教育的評量超越給分，是一種藝術學習的方法、態度和過程。

A-R-T行動研究將審美關懷的 教育理念轉化為行動策略，落實於視覺藝術教學，也藉由持續的藝術教學行動研究，輔助建構美感教育之教學藝術。

(二)A-R-T行動關懷與教學藝術

Eisner（1976）提出「教育鑑賞」（educational connoisseurship）

的論點，強調專業的鑑賞眼光是長期經驗的累積。「教育鑑賞」的論述觸動筆者，以提升藝術專業的眼光與品質自勉，期許自身以藝術教育研究者堅持品質的概念來進行A-R-T行動研究。A-R-T行動研究奠基於教育行動研究的概念，教師即研究者，教學與研究、實務與理論相輔相成。若納入藝術家堅持品質的審美特質與創作實踐，則成為融合藝術家（Artist）、研究者（Researcher）、教師（Teacher）的藝術（ART）行動研究。

在〈藝術創作與教學專題研究〉課程中，筆者和參與課程的學生整合藝術創作、教學與研究，落實「藝術家－教師－研究者三位一體」的A-R-T行動研究概念（Irwin & Cosson, 2004；羅美蘭，2009a）。A-R-T行動研究將抽象的理論轉化為富有創意與美感的藝術課堂實踐，在教學歷程中運用「問、思、導、賞、做、評」的策略激發學習者的藝術創思，發展豐富多元，兼融創意、批評與關懷的藝術教學法與評量方式，來激盪師生的藝術成長。學生從教師的身教中，經驗到多元創意和系統化的藝術教材組織，不但提升藝術教學設計的眼界，也展現出兼具創意、美感和深刻思維的藝術創作表現。

A-R-T行動研究重視「影像」研究資料的蒐集、分析和解讀，主動在情境脈絡中尋找意義，是一種關注脈絡性的研究。筆者經由課程主題引導，強化學生的創意圖文整合概念，同時蒐集許多視覺性的研究資料，如觀察、學生作品（包括學童和研究生）、文件分析、影像分析、藝誌等，讓視覺藝術教育領域的「視覺傳達」別具意義。

A-R-T行動研究以一種持續反省探究的態度，進行教學前、教學中和教學後的批判省思。〈2009創藝小學堂：酷色魔法師〉於教學前不斷腦力激盪來構思、討論與修正課程設計；教學中輪番上陣的藝術老師，分別化身為魔法師、水女神或大地之后等，以創意手法呈現教材、進行師生互動，諫友從旁攝錄影進行觀察記錄；教學後立即檢討與修正；隔週進行第二階段教學，事前尋找更多的卡通影片主角，製成有趣的power point教材；教學時，以貼近兒童生活經驗的卡通角色，引領學童認識色彩、分析造型和發想功能，不但引起高昂的學習興趣、激發創意，也從中體驗設計的美感。在教學活動中加強師生互動與讚美學童的作品表現，把握時間完成集體創作；課後進行深度的省思，發現整個歷程皆靈活運用後設認知的自我覺知、計劃、監控和改進，以行動研究解決教學問題、改善教學品質、增進專業成長，達致以〈藝術創作與教學專題研究〉課程培育藝術師資人才之目標。

培育藝術人才的A-R-T行動研究，具有理解與關懷的特質，以教育分享的態度進行師生互為主體的合作研究，重視參與、實踐和分享，整個藝術教學行動研究過程，是溫馨分享的學習歷程，也是藝術教師經由行動經驗來建構理論的歷程。

> 在教學藝術過程中，教師及學生皆是審美的主體，彼此關懷，從藝術的學習與體驗中融攝審美經驗和文化省察，感悟生命深層的品質與價值。（教學藝誌990618：教學省思）

從教學藝術層面分析歸納A-R-T行動研究的特質有四：(1)A-R-T行動研究融合「藝術家的創意眼光與美感經驗、研究者的系統分析與批判思維、教學者的教育專業和關懷」進行具專業性、藝術性、傳達性、系統性、立即性的藝術教學行動研究；(2)A-R-T行動研究，從感恩的心出發，以批判之眼瞭解事實和鑑別問題，運用創意改善問題；(3)A-R-T行動研究具深刻的自覺與省思，能運用後設認知持續探究、檢討與改進，據以解決教學問題、改善教學品質、增進教師成長；(4)A-R-T行動研究有助於強化藝術教師三位一體（藝術家、研究者和教學者）的專業素養，進而培育富有藝感、創意與批判思維的藝術師資。

(三)教師省思：教學藝術的蘊義

A-R-T行動研究強化了教師的內省能力，讓經驗與理論產生對話。從師生關係、教學理念與實踐、形塑教學風格三方面省思教學藝術的意義，發現美感教育的教學藝術之旨趣在於關懷、美感、創意與思維，尤其是後設認知的深刻思維。

1.師生關係

A-R-T行動研究，將教師本位的教學模式，調整為師生互為主體的學習分享。教師在教學行動中保持機敏的進退角色，引領學生主動參與學習，在互動分享中開闊學生的藝術視野、成就學生的藝術學習經驗。省思〈藝術創作與教學專題研究〉之課程經驗，教師具有多重角色與任務，先是擔任藝術課程規劃者、教學活動的設計者、知識概念的傳授者，然後轉為藝術創思的輔導者、藝能技巧的培訓者，在示範與釋手之間拿捏，細心觀察學生的學藝情形，必要時介入調整，提供支持與輔助。在〈創藝小學堂〉的教學活動中，觀察到修課學生已逐漸有能力成為兒童藝術成長經驗的推手，亦能營造溫馨關懷而且活潑有趣的藝術學習情境，在互動分享中引領兒童進行創意表現。教師省思知覺到：藝術人才培育過程中的師生互動、溫馨分享的基礎在於「關懷」，從關懷中理解學生的興趣、能力與需求，顧及學生的情感、態度與學習調適；在關懷中適切引導、啟發和支持，終能引發學生的自省自覺與創意表現，提升學習成效。

以本研究的課程案例具體說明：教師依據教學目標，規劃三階段的〈藝術創作與教學專題研究〉課程：第一階段為養分供給，教師先以自編的教材充實學生的藝術知識，擴展視野和豐富其美感經驗；第二階段為藝術專題研究與實作：(1)運用後設認知發展藝術教育理念，以圖文整合的創意表現，娓娓道出誰影響我的藝術思維和教育觀念？如何發展與融通成目前的藝術教育理念？以及，思考：我將如何依據理念設計與發展藝術課程？(2)研發2009創藝小學堂藝術課程，並進行實際教學；(3)輔導學生進行主題研究、圖文創作與教學思考，此用意在於深化學子的藝術概念、激發研究潛力，從而提升藝術創作與教學應用的能力。第三階段為經驗統整：以個人藝誌的分享和全班課程光碟的回顧，體驗個人自主的藝術學習和群體共構的課程美感經驗。隨著三階段的課程發展，站在講臺上的教師逐漸退居幕後，學生終有能力擔任藝術教學、進行專題研究與分享個人藝誌，而最後在全班同樂的課程光碟回顧中，回憶與咀嚼整個藝術學習歷程，可體會到師生互為主體的微妙關係。

2.教學理念與實踐

以審美關懷為理念的教學實踐是一種具有美學價值的活動，不但直指美感教育的核心本質「aesthetic」，深化藝術教育意義，擴展審美經驗，也揭櫫教學藝術的意義，在溫暖關懷的情境中，發展出教學藝術三部曲：從感恩的心出發，在溫馨氛圍中培養良好的學習態度；以批判之眼洞察，培育學生獨立思考與判斷的能力，進而以創意解決問題。

至此，藝術的教與學已超越文本，更以一種A-R-T行動關懷的方式，來體察師生共構的課程經驗，從中探求教學藝術的意義。A-R-T行動研究整合藝術家、研究者與教學者的角色，在藝術創作與教學研究過程中，實際體認如何經由A-R-T行動來展現具主體性的藝術教育，研發具美感、創意與思維的藝術教學活動，終而促成藝術教育課程的革新，以及藝教專業人才的培育。

在動態的課程發展中，師生不斷腦力激盪與經驗分享，在師生互動與自我調整（self regulation）的過程中，經驗撞擊、調適、與再創的後設認知歷程，這種持續反省與修正的質性成長讓藝術教學更有意義，也讓筆者在省思論述中，回應藝術教學旅程之初所援引的Eisner（2003）藝術理論，以及Goodson（1995）、周淑卿（2002）、陳伯璋和張盈堃（2007）的課程理論。整體的藝術創思、教學與研究經驗，亦可謂是一種教學藝術，細細品嚐，其中蘊含著教學理念、教學技巧、課程思維與創意表現策略、教師風格等諸多具體而微的美感經驗。

3.以後設認知進行自我探索與省思，形塑教學風格

所謂教學風格是指「教師教學時展現的行為和態度的整體特質」（溫明麗，2008，頁62）。經由自我探索與省思發現個人擁有溫馨關懷與喜愛創新的人格特質，在課堂中，雖然要求美感品質和創意表現，但鼓勵與包容多於嚴斥，給予學生彈性自主的空間，進行創意發想、勇於冒險嘗試；以身教整合創作、教學與研究，引領學生研發藝術創意教材、製作風格獨具的研究藝誌。

在這段教學藝術的探索旅程中，筆者不斷充實自我，持續研讀進修，將後設認知概念融入A-R-T教學行動研究，促成深度的自我省思與教研調整，終於在師生互動的教學成長經驗中，形塑教師的教學風格，從中營造具有溫馨關懷和創意美感的教學情境，期許自己以行動智慧來啟蒙學生，用生命經驗來感動學生，希冀以優雅的藝術行動完成教育使命。

五 結語

本文從視覺藝術教育的觀點，以A-R-T行動研究探釋美感教育的教學藝術，立基於「教學是一門藝術，教師則是一位藝術家」的概念。首先以質性描述「以藝術教學形構教學藝術」的經驗，提出「藝術教學」和「教學藝術」兩者為一體兩面、相輔相成的實務與觀念。在經歷藝術教學/教學藝術之旅後，從教育理念、行動關懷和教師省思三層面剖析教學藝術。

在教育理念方面，「審美關懷」的藝術教育融合藝術的學習與人格的陶冶，引領學生在藝術課堂中觸發藝感與自覺，涵育美感經驗；進而發展出教學藝術三部曲：1.從感恩的心出發；2.批判之眼洞察；3.以創意之念改善。在教學進程中，師生彼此關懷，在溫馨互動的課程經驗中凝聚共識，相互給予回饋、分享創意點子和發展藝術創思，達致師生互為主體的教育實踐。

在教學行動方面，教師編選國內外藝術創意教材，激發學生的創意、擴展視野；輔導學生進行關懷生命環境的藝術創作與教學設計，體驗「行中思」、「做中學」的課程經驗；經由A-R-T行動研究，引領學生發展藝術創思，深化審美經驗，培育後設認知的深度思維。

經由A-R-T行動研究探釋美感教育的教學藝術，省思發現A-R-T行動研究能關懷學生的需求、強化美感經驗、深化教師的教學思維，以創意革新教學，不但擁有充實愉快的「教」與「學」經驗，教師亦可從研究歷程中發展出個人的教學藝術、形塑教學風格。本研究所經驗的美感教育之教學藝術旨趣，擁有四項特質：美感（aesthetic）、關懷（caring）、創意（creative），以及具有後設認知導向的反省式思維（reflective thinking）。

本文從視覺藝術教育的觀點，以A-R-T行動研究探釋美感教育的教學藝術，發現A-R-T行動研究是值得進一步發展的美感教育方法論，建議未來可運用此類方法來探討臺灣各領域美感教育的理論與實務，從中建構教學藝術、形塑教師風格；再者，建議發展後設認知的概念，強化教師的自覺與省思，繼續活化和深化美感教育的教學藝術。

參考文獻

中文部分——

朱光潛（2003）。談美。臺中：晨星。

林逢棋（1998）。美感創造與教育藝術。教育研究集刊，**40**(1)，51-72。

周淑卿（2002）。教師與學生在課程發展歷程中的處境—系統論與概念重建論的觀點。教育研究集刊，**48**(1)，133-151。

陳木金（1999）。美感教育的理念與詮釋之研究。載於國立臺灣藝術學院主辦「全人教育與美感教育詮釋與對話研討會」學術研討會論文集（頁36-51），臺北。

陳伯璋、張盈堃（2007）。來自日常生活的教育學院：社區、課程與美學的探究。教育與社會研究，**12**，41-72。

溫怡婷、羅美蘭（2010）。經由後設認知探討藝術創意教學與教師成長歷程：以〈2009創藝小學堂：酷色魔法師〉為例。論文海報發表於國科會教育學門教育行政與政策、師資培育領域專題計畫成果發表會。嘉義：國立中正大學教育學院主辦。2010年10月30日。

溫明麗（2008）。教育**101**—教育理論與實踐。臺北：高等教育出版。

潘慧玲等（2003）。緒論：教育故事的脈絡、理念與課題。載於臺灣師範大學主編。教育發展的新發向：為教改開處方（頁1-14）。臺北：心理出版社。

歐用生（2006）。課程理論與實踐。臺北：學富文化。

劉福鎮（2001）。審美教育學：審美教育起源、演變與內涵的探究。臺北：五南。

羅美蘭（2004）。藝術教育行動研究：藝術課教什麼？如何學？——以藝術的表現與觀念課程為例。載於北京首都師範大學舉辦之「InSEA北京2004亞洲地區」會議論文集（頁147-161），北京。

羅美蘭（2009a）。視覺藝術教育的理論建構與實踐：審美關懷教學行動研究。臺北：國立編譯館。

羅美蘭（2009b）。經由後設認知探討藝術師培生對於創思教學的概念發展及應用I。97年度國科會專題研究計畫報告（NSC 97-2410-H-026-016-MY3）

英文部分——

Eisner, E. W. (1976). Educational connoisseurship and criticism: Their Form and unction. *Journal of Aesthetic Education*. 10(3/4), 135-150.

Eisner, E. W. (2002). The educational imagination: On the design and evaluation of school programs. (3rd ed.) New Jersey: Merrill Prentice Hall.

Eisner, E. W. (2003). What do the arts teach? *The International Journal of Arts Education*, 1(1), 7-17.

Goodson, I. (1995). The making of curriculum: Collected essays (2nd ed.) London: The Falmer Press.

Greene, M. (2001). Reflections on teaching. In V. Richardson (Ed.), *Handbook of research on teaching* (4th ed.)(pp. 83-89). DC: American Educational Research Association.

Irwin, R. L. & Cosson, A. (Eds.) (2004). *A/R/Tography: Rendering self through arts-based living inquiry*. Vancouver: Pacific Educational Press.

Noddings, N. (2002). Educating moral people: *A caring alternative to character education*. New York & London: Teacher College, Columbia University.

Oakeshott, M. (1967). Learning and teaching. In R. S. Peters (Ed.), *The concept of education* (pp.156-176). London: Routledge.

謝詞：本文取自98年國科會專題研究計畫（NSC 97-2410-H-026-016-MY3）的研究資料，以教學藝術的觀點撰述。特別感謝所有課程參與者，以及擔任論文審查的專家提供寶貴的修正意見。

19 美學融入「青少年心理學」——敘說探究、藝術治療與服務學習的混合式教學

劉玉玲
銘傳大學師資培育中心暨教育研究所副教授

為這事，我三次求主，叫這刺離開我。主說：「我的恩典夠你用的。」

哥林多後書十二章8～9節

一 問題意識

(一)教育時常忽略低自尊與低學業成就者的聲音

聖經故事「刺與恩典」，是描述保羅向耶穌祈求，除去他肉體中的刺，主：「這根刺留在身上，會給你足夠的力量，幫助你因著疼痛，更能面對其他的挑戰。」。許多時候大環境變的惡化或逆境一時無法掙脫，抑或是失敗挫折已無法挽回，若將負面事件想像為「是包裝後的祝福』，是一種「增益其所不能」的磨鍊，改變心境如「天無絕人之路，我絕不放棄。」助人者與被助者（教師與學生）都能從共同克服困境的故事中，成為激勵他人學習「改變」、活出「自我」的範例，這就是一種「真」。

「國中是一段既黑暗又光明的時期。時常被灌輸要考得好、考

得高分才是好學生，成績不好是壞學生，當時我真的覺得自己很爛。」

國、高中的教育長期偏重智力、升學導向，過度強調線性和理性的思維以便提升學生的競爭力，但卻讓越來越多的孩子置身於透明化的競爭情境中。許多學校會在每次考試之後，整理出全班的成績與排名，學校公布全校同一年級學生的成績與排名表。這個策略雖然可發掘學業成績優秀的學生，但也抹煞特殊才能的學生影響其教育期望和生涯規劃；另一方面也有可能助長青少年心理壓力與自我意象的負面化趨勢（吳齊殷，2003）。

「不願意回憶國中時期，雖然成績不錯考上公立高中，但我只記得被老師打、罵的景象。雖然大家說就是老師嚴，我才考上學校；但就是他這樣，沒辦法上成功高中。」

這是一位師資生回顧青少年時期，對自我的評價與對老師的記憶。國內外的研究報告顯示，當青少年有負面的自我概念或人格特質，不僅對他人的批評或自我的認同都極其敏感、易受傷害，以及擁有較多的負面情緒、易出現憂鬱症或有自我毀滅的行為（Liu, 1996; Sim, 2000）。另外的一種現象，便是傷害他人。青少年殺手廖國豪一句「都是臺灣教育害了我」發人深省，來自高風險失能的家庭，這樣的孩子可能早把所有的心思、期望都投注在學校同學和師長身上。然而基測引導教學，大部分國中教師容易忽略低學業成就學生的心理感受。電影「小孩不笨」有一段隱喻形容邊緣青少年猶如爛掉的蘋果，片中的故事反轉概念「把蘋果壞的部分切掉，仍舊是好的蘋果」，將愛打架的青少年導向用拳頭邁向國際比賽，找回自我。危機青少年走在邊緣，很容易為黑幫所吸收。福祿貝爾（Froebel）：「教育無他，愛與榜樣而已」，若教師用愛心、耐心牽引，孩子走上正途路的機率就會增加。「流氓教授」林建隆青少年入過監獄，因為遇到好老師，有改過的機會，終於一圓教授夢想，便是一個激勵老師故事。陪伴孩子走出人生低潮，實現夢想這就是「善」。

(二)青少年發展問題多元，國中教師疲於教學與輔導，易情緒勞務減少教學熱情

紛亂、扭曲、災難不斷的世代，如何看見生命的美好呢？疲憊的國中教師幫助成績好的學生看見「努力過後會有成功的果實」（天下，2010），然而如何引導那些「努力過後，依舊自覺是失敗」的學生。老師與青少年相處的時間相當長，青少年常在校園或教室內外惹事端或以肢體、語言傷害他人肯定自己的存在。導致教師下了班或在假日中，仍舊需與學生或家長溝通。教師如同聖賢之人於工作，即使被引發了負面的情緒，教師仍必須刻意加以控制自我情緒，以免影響教學之工作進展（江文慈，2003）。勞力、又勞心的教師面對與日俱增的壓力，比較不容易展現合宜的情緒輔導學生。「電影56號教室」雷夫老師幫助學生脫離貧困的方式，就是用美學、想像力給學生一個舞臺與願景，幫助學生看到自己的未來。這位教師超時、超工二十五年，依舊「人之兒女、己之兒女」，以身作則樹立典範，並未因情緒勞務減少教學熱情，反而是看到學生達到夢想的喜悅，再度激勵自己繼續邁進。看到一位教師實踐「教學不厭，誨人不倦」的精神，進而自己延續成人之美的行動，這就是「美」。

(三)幫助師資生體驗生活，追隨與欣賞生命中的每一次美麗

蘇格拉底說：「生活是追隨與欣賞，對生命中的每一次美麗」，學校教育不單是提供理性運作的活動，它也應該能為學生提供一種所思、所感、所知的存在經驗（陳伯璋，1987，2006）。審美與創作表達不僅可以激發學生的想像力，促進個體運用創造力解決紛亂的問題（Irwin, 2003）；適當的藝術學習有賴於良好的課程設計，其中並包括適當的教學目標、教材內容、學習活動、評量方式等（Eisner, 1989），此外教學要真正產生效果，關鍵在於是否經由師生互動而讓師生彼此獲得「自主」而「豐富」的成長（吳靖國，2004）。是故研究者認為，若要師資生具有高度感受力和同理心，課程內涵與能力指標應以增進自

我瞭解，發展個人潛能；培養欣賞、表現、審美及創作能力；培養表達、溝通和分享的知能；同時也要發展尊重他人、關懷社會、增進團隊合作的能力；師資生也要有激發主動探索和研究的精神、培養獨立思考與解決問題的能力；規劃、組織與實踐的知能，以及運用科技與資訊的能力（圖19-1）。

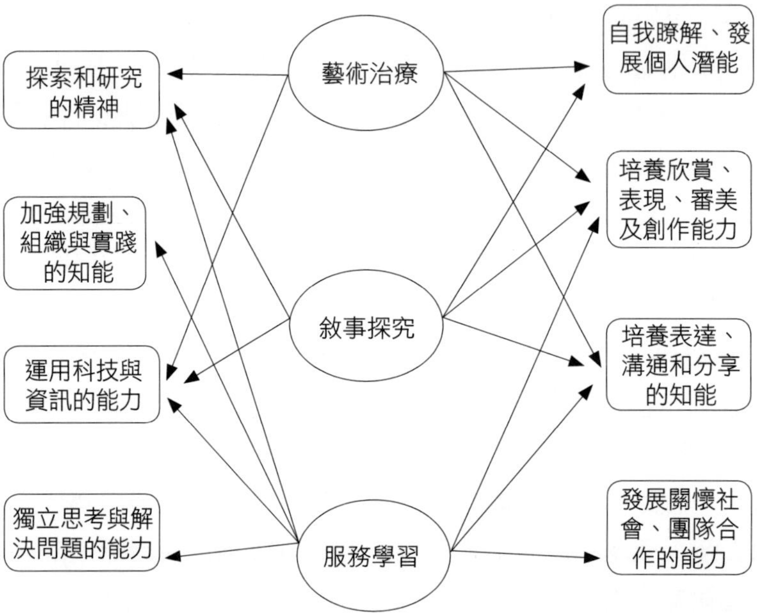

圖19-1　美感教育融入青少年心理學課程能力指標

二 「美感教育」作為融入「青少年心理學」課程方案的主軸

(一)多元面向的美感意涵

今日美學研究的發展已跨越學科疆界，心理學、生理學、社會學、人類學、歷史學等，都對美學探究的發展有重大的貢獻（陳伯璋，2006）。美學的重要使命在於「建立美感經驗與日常經驗的連結性」，而美感經驗則是在日常生活中處處可見、可行的（Dewey, 1934: 324-325）。美感經驗由於個別差異，教師與學生不同角色，或相同角

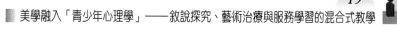

色不同人，心領神會自然不同。就輔導的經驗來說，研究者時常面對邊緣人，沒有同理邊緣人的經驗，不容易感受他們或她們的心聲而誤解。

「活在差不多的邊緣，有著差不多的絕望。……我是差不多先生，我的差不多是天生，代表我很天真，也代表我是個賤人……差不多的人生，總在見縫插針，總是差不多又義無反顧，總是差不多又愁雲慘霧。」

引自MC HOTDOG差不多先生

F. Schiller（1759-1805）、H. Read（1893-1968）與J. Dewey（1859-1952）三位美感教育先驅身處於不同世代，卻都面臨政治與經濟混亂失序、道德價值淪喪的社會。他們不約而同的提出美感教育可以幫助個體超越惡劣環境所面臨的困境，藉由想像力提升藝術情操，換個視野看待目前的現象（Greene, 1973; Smith, 2005；李雅婷，2010）。美感經驗需要個體親身經歷與主動參與，不同的個體其行動後所獲得之結果並不相同。每一位教師對美學「視域交融」理念的掌握和實踐方式不盡相同，而導引給學生後，每位學生的應用和體會結果也不會一樣（吳靖國，2007）。因此，教師可以藉由多元評量檢視與幫助學生釐清概念，其中「服務學習」是一種實作評量（黃玉，2001），可以幫助學生瞭解理想與現實的差距，同時可以實務操作，避免紙上談兵。

Greene將美學作為一種生活實踐，透過多元現實的理解、知覺的開展，跨越習以為常的生活經驗（Greene, 1995）。美感教育可以幫助心靈創傷或敏感易受傷的個體，將負面潛意識的能量藉由欣賞或創作而自由的釋放（陸雅青，2002）。亦即，美感教育可以將生活經驗、事件或事物與藝術的交會過程中培育欣賞、省思、文化與參與力，轉移個體沈浸在負面情緒中，進而能覺察與尋求可以改善或反轉逆境之策略（Greene, 1978）。

在科技日新月異的時代，教師擁有多媒體影音數位教室不再是遙不可及的事。將音樂、繪畫、電影，甚至連結YouTube跨越時空觀看

Bandura社會學習理論的經典實驗，欣賞尼加拉瓜大瀑布萬馬奔騰的聲音，使抽象的內容具體化。多媒體應用於教學情境中有助於激發學習者的想像力，目的在提供多元脈絡讓學生同時獲得創造與欣賞能力（Broudy, 1972; Parsons & Blocker, 1993）。

(二)美感教育融入「青少年心理學」教學

研究者在一次青少年自殺身亡的案例，經歷導師與輔導中心合作的挫敗經驗，驚覺學生單獨在失去功能的家庭中容易做出令人錯愕的事。一再反省、自責過後，發覺如果在輔導過程中能引導青少年或青少女欣賞美好事物，改善負面思維（如心情不好時聽喜歡的音樂或歌曲，看看美麗的事物或畫冊等），或許不幸的事件有轉圜的餘地。承如前文建會主委陳郁秀認為「只要有那麼一次接近美的機會，就可能改變他們的一生」。基於上述的美感理念與自身的輔導經歷，研究者將「美感教育」理念融入「青少年心理學」課程。藉由多元途徑與不同的方式，運用「藝術治療」、「服務學習」的共同核心價值「自我覺察」、「反思」、「同理心」，貫穿課程作為課程實踐的目標，以Moodle數位教學平臺作為跨越時空的虛擬教室，以便營造理論與實務結合的環境，引發不同的共鳴，透過多樣路徑發展學生更積極的自我覺察與同理心（圖19-2）。達到人與自己、人與他人、人與社會、人與時空的對話教學，以利「愛」、「生活」與「學習」實踐。

前教育部長曾志朗提出「美感教育是一切教育的核心」，被視為或可改善現代生活裡迫切的需求，協助個人免於思維與情感的刻板化。故研究者在所教授的「青少年心理學」課程中與服務學習結合，試圖發展一個以美感為核心的課程方案。一來可以落實師資生的理論與實務落差，二來是進入社區的國中，協助需要關懷的國中生，讓孩子有較多的支持系統，引導孩子發揮想像力以欣賞美好事物，開啟更多元的生涯夢想。

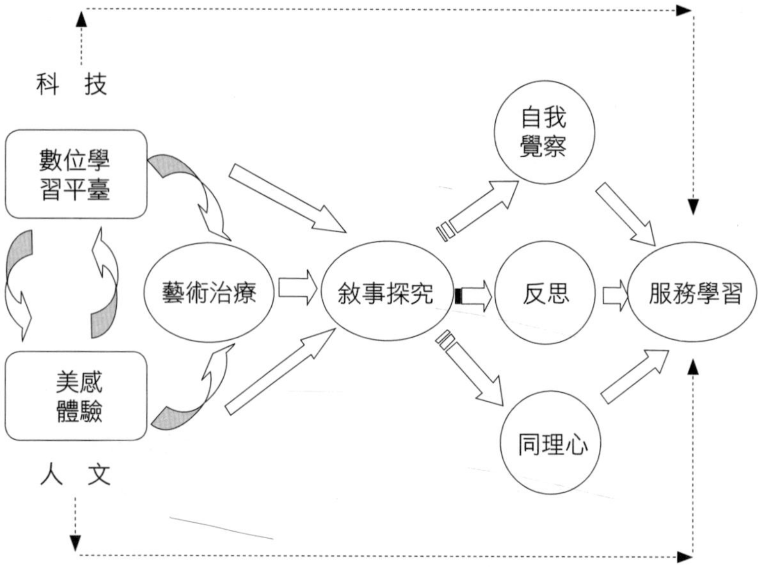

圖19-2　課程流程圖

1.採借藝術治療與藝術治療之理念，轉化教學策略活絡課程思維

美感教育可提供多元的學習脈絡如多樣的藝術活動，以激發學生的創造與欣賞能力，進而促進自我覺察與對他人事務的敏銳度（Broudy, 1972; Parsons & Blocker,1993）。在此理念下，課程對研究者而言是一種自我實現追求智慧的過程，承如Haggerson所言引用隱喻、詩歌、神話、故事等藝術，可以開展課程的新視野（Haggerson, 2000）。

師資生來自不同的系所既要熟悉原本的專業學門，又要短時間（一學期內）學習青少年心理學，在課程設計上先以情意挑起青少年時期的情緒記憶。請同學回憶並介紹當時與校園生活有關的流行音樂或影片主題曲，用以喚起「當時－當刻」的他們。張雨生的「我的未來不是夢」、周杰倫的「蝸牛」、動力火車的「不停轉動」、「危險心靈」主題曲「我希望」，與電影「小孩不笨」等伴隨著七、八年級出生的師資生成長，最常被引用作為激勵的歌曲。

藝術治療具有撫慰情緒的療效，可作為課程進行間情意的引導，以便活絡僵化的課程思維（王恭志、黃月美、楊俊鴻，2006; Doll & Gough, 2002）。然為避免實施美感教育時，課程流於美化、樂趣化或是一時停留在短暫的情感反應，形成表象上的偏頗或不足（宋灝，2008）。故採借藝術治療的精神與實施策略，藝術治療提升心靈的功效早受肯定，中外學者針對此議題已經有許多結論（陸雅青，2002；范瓊方，1998）。研究者要求師資生在Moodle上回應音樂與情緒的作業，如「要求每天花10-20分鐘聽音樂，然後記錄自己喜歡的樂團、曲風」、「喜樂時，我聽什麼音樂或看何種MV？用什麼音樂安撫吵鬧、不睡覺的青少年，特別是午休時間？但又不能吵想睡覺的青少年？國中與高中是否需要不同的輔導策略？年級不同是否需要不同的輔導策略？」

在國中或高中的教學現場，有些教師利用行動研究發現，經過轉化的「藝術治療」輔導策略的確可以改善學生的情緒管理與自我覺察能力、可以減輕學生的考試壓力、有助於青少年自我概念的提升、覺察自己與他人的情緒、間接促進人際溝通的技能（Lowenfeld & Brittain, 1987；江學瀅，2002；黃詩喬，2007；汪育椿，2008；洪維欣，2009）。課程是教育場域內說故事與聽故事的過程（Grumet, 1981），是教育場域中師生共同撰寫的自傳體故事（Aoki, 2005; Pinar, 2005; Pinar, Reynolds, Slattery & Taubman, 1995）。本文中藉由師資生撰寫自己過去的青春生命史，內容是從出生至大學或研究所期間的重要事件，特別是國、高中時期影響自己的人、事、物。換言之，文本中課程是修習青少年心理學的社群成員間透過主體意識的參與、對話、互動，共同建構、撰寫而成的敘事故事，是每一位成員建構個人意義的歷程。

故本研究結合藝術治療與敘說探究之功能，企圖幫助個體「傾聽」內在聲音與分享他人的生命故事；體驗學習藝術治療輔導策略，對安撫情緒及覺察的重要性，最後再由師資生以創作方式結合美感呈現自己的故事，對課程設計進行重新表意的工作（Aoki, 2003; Pinar & Irwin, 2005）。

2.「服務學習」縮短人與人、人與社會的距離，學習愛與關懷

各國師資培育課程之內涵大多面臨理論與實務不能結合之困境，而專業服務學習（service-learning）課程正可以解決師資培育實務情境難覓及實務課程發展不易之難題（高熏芳，2002）。John Dewey的做中學及David Kolb的經驗學習，已為服務學習奠定了教育的理論基礎。研究者採用Kolb（1984）四階段循環學習歷程，師資生從服務學習中獲得具體經驗，在過程中係以省思觀察和抽象概念為基礎；再將這些省思觀察和抽象概念的思考化為可驗證的假設，最後主動驗證這些假設，如此學習者便創造了一個新的具體經驗，再進入另一個新的學習循環。師資生進入社區服務前接受服務學習的行前訓練，並由社區學校先給予可公開的個案資料，師生藉由腦力激盪事先規劃輔導策略與教學方案，課後針對個案的問題修正輔導與教學內容。故服務學習是有系統的設計、規劃、督導、省思及評量，來達成設定的學習目標（Waterman, 1997；黃玉，2001）。

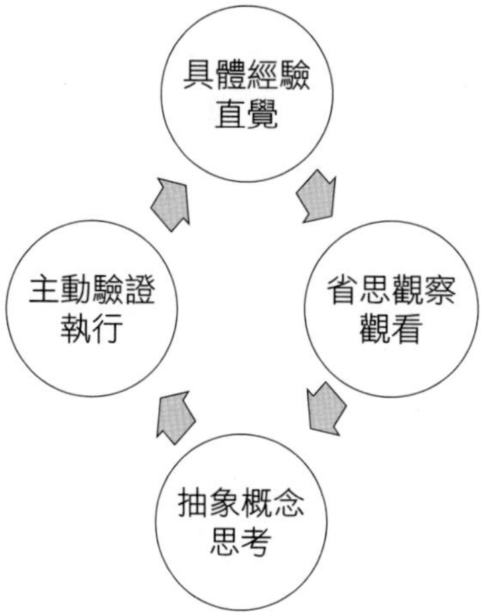

圖19-3　Kolb四階段循環學習歷程

透過經驗教育的模式，不僅可以精鍊師資生的敏感度、對他人的同理心、問題解決與他人合作溝通的能力、自我成長和增加瞭解社會的機會，也提供授課教師專業成長的機會。因此，本研究中的「服務學習」提供師資生將所學的知識運用到附近社區國中，在服務學校與被服務學校彼此定期的經驗分享及服務行動裡，縮短人與人、人與社會之間的距離；同時也可達到將理論與實務彼此參酌的效果，提升參與學生之職能。

3.運用科技與人文結合之概念，突破課程實踐之障礙

混合式教學是使用到科技，如電子郵件、電視、廣播、網路等，結合傳統教育的方式（Marsh, 2001; Smith, 2001），目前已成為許多教師及研究者所能接受之教學模式（Garnham & Kaleta, 2002；游寶達，2007）。雖然每種混合式教學的模式不盡相同，但都可以整合面對面教學環境與線上教學環境的好處，讓教學者可以找出最適合的教學模式。本研究需要大量的訊息貯存、輸出、線上的溝通與互動。許多教材同時置入數位學習平臺，方便知識取得。但對個體運作工作記憶時，會增加學習者的認知負荷（Carson, 2003）。

研究者認為要破除這樣認知負荷的限制，網路教材內容編排，與線上師生互動必須將教學設計、目標與實施、教學評量，緊扣課程方案的核心理念。讓方案的核心理念引導學習者，師資生自覺是有意義的學習，主動學習的意願提高，將可減低學習者所感受到的認知負荷，提升學習成效。故Moodle數位教學平臺作為跨越時空的虛擬教室，對於學習者的影響是否會有「教的越多，學的越少」的窘境，或是可以彌補實體教室授課的缺失，或是否有其他潛在課程的影響，為研究者所關切。

綜上所述，從教學理念到教學實踐的過程中，實踐主體（包括教師和學生）必須對理念進行理解與掌握，並將所掌握之理念轉化為行動，服務學習是學生掌握理念後，具體的實踐行動。故本文研究的最終目的在提升「青少年發展與輔導」的教學品質，以便落實青少年輔導工作，故本研究是一種將美感教育理念應用於教學實踐的行動研究。

三　研究方法

(一)研究設計

研究者採用知一思一行的「行動研究」取向，縮短實務與理論的差距（陳惠邦，1998）。學校正式課程之後，固定另外一天進行校外服務學習。以網路民族誌分析Moodle數位學習平臺資料，藉由這些資訊嘗試解釋和瞭解Moodle所欲觀察的現象，此外尚有教室觀察法、訪談法

等。

本研究利用98學年度進行課程、資料蒐集及資料分析。扣除國中兩次的段考與本校期中、期末考試，一共十四週的服務學習課程。師資生每週二之下午3：00至5：00至桃園某高中國中部，這個時間是國中生上課的時間，由各班將同學抽離原班教室。每週服務課程當日中午12：00需召開小組會議、進行演練。研究者與師資生需花額外時間會面以及進入國中校園服務，此正符合服務學習課程的精神。課後繳交教學簡案、教學心得等，書面資料都必須在Moodle內完成。

研究者教授青少年心理學近十二年，實施敘事探究與表達性藝術治療結合之課程有八年，由於學習者的成長經歷、個別差異以及當年的青少年事件或議題不同，所以研究者透過每一年的行動研究不斷改善課程內涵與教學內容，以符合學習者的需求、與增加研究者對班級團體輔導的知能演練。服務學習課程的加入，導致修習此課程的人數減少。研究參與的研究對象包括研究者所教授的青少年心理學一個班級的師資生，包含5位男性和20位女性；以及一位教學TA。有20名國中九年級面臨基測之學生，其中女生有3人，男生有17人。但基於服務學習團隊猶如作戰部隊需要花許多時間針對個案討論、調整策略、教學演練等，需要有熱情與願意付出的成員，使研究者可以專心服務學習課程的實施、關注師資生認知、技能與情意層次的學習與輔導，這是多次帶服務學習的經驗，人員的多寡與服務的對象與性質確實有很大的關聯性。

(二)資料的蒐集與分析

1.資料的蒐集

本研究靜態資料分析方法採用網路民族誌，透過Moodel教學平臺學習者在平臺上文字、影像或圖像的回應，以便瞭解學習者的學習、認知與心理狀態，包括價值觀與態度以作法教師教學與輔導策略改善的機會（Kozinets, 1997；賴玲玲，2007）。研究者觀看學生在Moodle數位學習平臺內的問題回應紀錄、討論區內的重要對話內容紀錄、作業繳交區有學生的敘事探究書面報告、多媒體口頭報告、學生的學習回饋、研究者的省思札記、教師觀察紀錄、研究者與學生的對話紀錄等。有時看到正向潛在課程，不是研究者原本的意圖如師資生情感困擾，在探討青少年愛情關係中，找到自己為何一直為情所困的原因；也有同學勇敢說出自己性取向，幫助研究者開始關切這方面的議題。

本研究之動態資料包括研究者授課教室內的觀察、服務學習場域的觀察，用攝影機、數位相機保存資料，以便資料的蒐集與分析，提供可靠的詮釋，作為課程行動研究的參考。本研究主要以參與觀察、訪談與文件分析三種方式進行資料的蒐集。

2.資料的分析

研究者為方便將研究資料做歸類，並清楚資料來源，研究者在進行資料的歸類整理時，先從資料的編碼中，找出相同或相似的情境事件、內容觀點以及活動的發展和省思，做初步的歸納，再找出其中較具代表性的或相同觀點的資料陳述完整清楚；最後再將研究者的省思札記和教師觀察紀錄做整理與呈現。茲將本研究中之各項資料編碼，說明如下：

符號	意義與說明或範例
T，S桃	T指研究者，S指桃園的師資生
S1－S25	S為師資生student的簡寫，1為學生的代號
T觀981025	表示在98年10月25日對於學生的觀察紀錄
T思981025	表示在98年10月25日教師的省思札記
S思981025	表示在98年10月25日學生的反思札記
S6應981025	表示第6號學生Moodle上所回應內容
S6學981025	表第6號學生之服務學習心得的內容
S6討981025	表示第6號學生交流園地之討論
S6敘981025	表示第6號學生之生命敘事
S6思981025	表示第6號學生之服務學習反思札記
S6對981025	表示在98年10月25日教室上課對話
S6訪981025	表示在98年10月25日的訪談

四 研究結果

(一)藝術治療策略協助個人免於思維與情感的刻板化，有系統的實踐課程美學

藝術治療在本研究中的定位是幫助學習者用美感呈現自己的青春生命史，促發創意思維，創作成品以5分鐘呈現於課堂，以利欣賞、溝通分享。

「每個人對音樂的感受不同，亦敏用十面埋伏的琵琶曲調當背景音樂，表達國中時期追成績的日子，讓我相當的有壓迫感，但這就是當時的感受。」（S7對981026）

「同學的故事，讓我思考將來無論如何都不要當數學科的殺手老師，免得抹煞掉國中生的學習動機。或許多看達文西的作品，可以幫助自己成為一位有美學概念的數學老師」。（S11訪981105）

承如學生的分享，美感不僅激發想像力，適當地抒發情緒，可以美化情感的境界（Greene, 1995）；也符應Greene所言，可協助個人免於思維與情感的刻板化（T思981220）。

2.藉由多媒體呈現創作，提升美感自信與資訊科技的能力

師資生使用數位軟體，結合多媒體的形式呈現敘事作品，使創作內容生動，加強了作品個人的風格，不僅抒發個人情緒也提升了創作自信。同儕互相切磋，提高師資生採用數位美學的頻率。

「回憶過去，有歡笑，有淚水。不斷的考試、挫折，害怕成績不好……有的老師冷言冷語、有的老師打人或是用眼神殺人恐怖至極。我試著用不同的顏色表達心境。學習聽歌與挑一首歌代表我的心聲，沒想到呈現自己也是一種藝術。」（S13思981021）

「我的日子跟醜小鴨一樣，沒有長大變天鵝。我以青少年次文

化的MV呈現作品，刺青、舌環、自拍、多樣的頭髮樣式等現象。作品完成後，看到他們背後所隱藏的焦慮、青澀、懵懂、苦悶中作樂。」（S4思981014）。

聽到師資生們的敘說，看見創意、更看見他們情緒的轉化。原本不會繪圖，但數位軟體的使用，學習者突破自限，也是一種成長（T觀980925）。

(二)敘事探究——青春生命史喚起師資生的同理心與關懷情

教育要有精鍊人的敏感度，必須學習理解與同理他人。教師或輔導工作者在助人之前必須先要認識自我，瞭解在助人過程中應扮演的角色。蘇格拉底（Socrates）說：「認識自己，是智慧的開端。」認識自我後，再從自我推廣到社會，學習在社會中與眾人相處之道，以樂觀進取的正向態度面對人生。

1.師資生開始理解過去、現在經驗的匯流原由，進而開啟自己未來的展望

敘事是一種自我追尋的過程，訴說關於我們生活和我們自我的故事，讓我們有一種觀點去理解我們是誰、是什麼，以及種種加諸我們身上所發生的事物（Goodson & Sikes, 2001）。敘事探究提供師資生回顧、整理與澄清發生過的事，反思處理自己心理層面的問題或困惑，我們才能理解這些經驗的意義以及它和我們的關係。

在知識的應用中，必然存在那種與個人理解相關，卻又無法說清楚究竟為何，但就是知道那一種「存在腦海中某一處」的意識。敘事探究即是讓敘說者有機會將那一種感覺，由敘說開啟自身經驗的觀看與反思之旅。故敘事探究是一種思考經驗的方式，而經驗就是生活的故事，人們在敘說這些故事時，對之加以重新確認、修正，甚至建立新的故事（Clandinin & Connelly, 2000）。

「國中時期，真的很懵懂，人生目標只有考試，不快樂、青澀、容易臉紅，然後……一切忘記，因為我不想回憶那一段痛

苦……」（S18敘981105）

「唯一記得的是，國文導師在國三時，沒有逼我們讀書，班會時讓我們上臺唱歌或表演，為此我花時間練習，壓力得以抒解。他給我舞臺，讓自信在那時候出現，我想成為這樣的老師。」（S18敘20080513）

從故事我們可以理解，敘說者不想回憶，甚至害怕。但透過上課的對話分享美麗的回憶，敘說者快速倒帶尋找潛意識裡正向經驗的記憶時，劇情有了不同的發展。人類渴望故事，帶著故事面對一切生、老、病、死。敘事是一種富有力量的教學與學習工具。學生透過自己的故事與人分享他們的關心、願望、害怕、成就和夢想時，他們便能理解過去、現在經驗的匯流原由，進而開啟可能性想像的展望（范信賢，2005）。

2.「說故事與聽故事」可以培養自我覺察與反思能力

教育要培養人的想像力，敘事是一種具有力量的教學策略，敘事允許教師提供間接教學促發詰問和對話（Paley, 1995），敘事是跨越課程藩籬的有效教學（Grugeon & Gardner, 2000）。研究者在一次探討如何幫助校園裡「處於危機中的青少年」時，以英國Pink Floye的「The Happiest Days of our Lives」的MV與歌詞作為開場白，故事主要講述Pink的老師們會指出學生的缺點並嘲笑他們。在電影中，Pink的老師偶然發現他在上課時寫詩，結果罰他站到教室前面並惡狠狠打了他。研究者的目的是讓師資生體驗感受低學業成就、行為偏差、身高較為矮小，或是其他需要關心的青少年在學校生活的處境與感受，同時檢視同理心的發展情形。

「我皮膚很白、聲音細，不像男生……時常被男同學歸類成『娘娘腔』，常偷偷被欺侮、推打，成為他們展示雄風的對象。……老師要我……飯要吃多點，免得長不高……當時我內心只能滴血……透過寫文章，自我療癒……」（S5敘981107）

研究者與學生上課對話，瞭解他在社團遇到好的老師與夥伴，激起學習的動機與熱情。班上熱烈討論與分享，甚至一位女同學站起來向他道歉，並不知道自己也在無意的對話中說錯話。

> 「從來不知道心思細膩男生的感受，也不清楚語言、眼神也算是霸凌行為，今後我會更小心說話的字眼，他們的心聲讓我感覺酸酸的，不會再隨便開他們的玩笑。」（S12981017教室對話）

發生在敘述者身上的「故事」，可能在其他人身上發生過，發生在「過去、現在」的故事，它也有可能在「未來」發生。因此，故事並不是個別的故事，它可能也反映著當下社會脈絡的現象。上述的故事或對話其實並不生疏，可能每日在許多教室內上演。一位國中英文老師對成績考不好的學生，沒有表情地將考卷丟在地上，並說痛恨不用功的學生。這位老師沒有從「同理心」的角度看待學生，對學生負面潛在課程的影響是可想而知。承如全美教師獎雷夫·艾斯奎所言：

> 「我們教孩子可以透過紙筆測驗，但如何教他們通過人生的測驗呢？」、「要怎樣讓教師察覺自己的教學行為已無熱情，凡事視為理所當然，或甚至視而不見的態度？」（T思981127）
>
> 「要怎樣才能再度引發教師們初始的熱情和『求知若渴』的精神呢？」（Moodle作業）
>
> 「或許他們該聽一聽、看一看為何還是有些老師生活不順遂、甚至疾病纏身、或是即將面臨死亡如《最後14堂星期二的課》中的教師，依舊有教學使命感。」（S16應981128）

敘事是一個探究發現的歷程，強調敘事者在敘說的過程中，帶著一定的探究目的、企圖，而能在敘說過程中不斷地會有新發現、收穫和改變（成虹飛，2005）。說故事與聽故事都要有想像力才能彼此「視域交融」，所以「敘事」是帶有意圖的反省行動，使得教師可以認清教學問題、建立專業認同，以及建構教學實務知識（曾肇文，2008）。

(四)服務學習幫助師資生兼顧理論與實務，提升反思的能力與同理心

服務學習是一種經驗教育的模式，透過有系統的設計、規劃、督導、省思及評量，來達成設定的學習目標。

1.服務學習課程提供師生專業成長、服務者與被服務者共創雙贏的機會

反思（reflection）與互惠（reciprocity）是服務學習的核心概念，完成被服務者的目標需求，並促進服務者的學習與發展（Jacoby, 1996）。就師資生方面，服務學習可促進其服務技能、自信及人際溝通能力，以及在真實生活情境的學習能力，對於想從事中等教育的師資生增加生涯探索機會，並給予正向鼓勵；提供教師與學生一個動態的互動平臺，增加學習成效，幫助服務對象瞭解自己與思考興趣所在。

> 「來到國中現場，發現與以往的經驗差很多，現在的孩子很容易發脾氣，不耐煩，容易罵髒話。挑戰我的耐性，這個課程幫助我覺察到自己要注意情緒的轉換與溝通能力，在實務的應用及問題解決過程中，知道如何小心且正確的作決定。」（S15思980925）

就授課教師方面，服務學習可帶來師生關係的改變，使學生成為主動的學習夥伴，師生之間互動更多，教室氣氛成為更開放、積極、成長與關懷的學習環境；從社區方面，師資生提供直接服務帶給社區實質的幫助與問題解決，也帶給社區新的思考。再者，因為參與帶給學生正向的成長經驗。

2.服務學習課程提升師資生的反思能力

服務學習其強調學習與服務的結合，設定具體學習目標，透過服務的具體經驗，來達到學習的目標，實際經驗並不一定帶來學習與領悟，必須透過反思才能產生學習（Kolb, 1984）。Kolb指出人們經由具體經驗接觸學習的事物，透過反思去觀察、體會自己實際經驗，由反思中悟出新的原理、觀念，並應用新觀念於新的具體經驗中。由圖19-3知實際經驗並不一定帶來學習與領悟，必須透過反思才能產生學習，故反

思是經驗學習中重要的一環，也是服務學習中帶來學習重要的一項因素。

師資生在課程中學到的理論與應用策略，透過服務國中九年級生的具體經驗中（what），經由反思活動，重新整理，思考自己在服務經驗中的所見所聞及對自己產生的意義，可能會對教學、輔導、班級經營產生新的概念與理解（so what）。這些新理解不但讓他們對處於危機的青少年、弱勢學生有更深刻的瞭解，也會對自己的未來產生影響，他可能會依據新瞭解去付諸行動，為這些青少年爭取教育資源、更關切相關議題（now what），而新的行動經驗又會帶給他一些觀察與思考，會帶來更進一步的學習。

「將所學的發展理論與相關輔導知識，應用在實際的生活情境中，重新調整自己對學習低成就、行為偏差學生與中輟生的判斷；會更實在的去探索問題解決策略與學習作正確的決定，避免不好的骨牌效應發生。」（S18思981106）

在師資生的反思札記中，看到他們從瞭解自己知道什麼及不知道什麼的過程中（Costa, 1984; 張春興，2008），學習到雖事先有準備教學計畫，但教學現場的情境有時要隨機應變，採取適當的方法去處理當下問題。

「以前我不喜歡大人說教，但我也時常犯說教的毛病；從孩子無精打采的眼神，看到自己教學的無趣」。「原本覺得老師事先要我們針對主題多準備幾個備胎活動以防萬一，覺得是多事找麻煩……，有時自以為是，學生沒反應，經歷挫敗……學到凡事要思考周延，要有應變方案。」（S07思981019）

在大眾眼裡七年級生是「草莓族」，挫折忍受力低，專業服務學習課程提供師資生在真實環境中充分應用課堂所學的機會。師資生透過課程所學習的能力，不僅強化他們自己面對下次的挫折；經由反思歷

程，自己既能明確瞭解所學知識的性質與內容，而且也能瞭解如何進一步支配知識，以解決問題。（T思20081226）

3.服務學習提供師資生磨練輔導技巧，提升輔導實務知能

服務者與被服務者的關係，是互相平等互惠的夥伴關係，服務學習方案從設計、進行、反思、完成、評量都要考慮雙方的需求與目標。自我認同、尋求獨立、歸屬感、建立價值觀、生涯定向等，均為青少年發展階段重要課題。這些也是師資生會面臨的挑戰，藝術治療應用於服務學習中，服務者與被服務者雙方可以發揮單憑口語所不能及的情緒表達、情感釋放和自我探索等效果。

> 「有些學生不知道未來做什麼？生活沒有方向感，過一日算一日，也有些沒有明確的學習動力、沒有偏差行為，也沒有成就感……覺得人生無聊、沒有意義。」（S08思981014）

藝術具有認知功能並有助於個人轉化與意識轉化，透過再現的歷程讓溝通與發現得以發生（Eisner, 2002）。藝術能夠提升人們對工作世界的覺察，讓人投入想像以探索新的可能性。藝術精練人們的感官，促進當事人的想像能力。

> 「我喜歡的活動是撕報章雜誌，根據主題『我的夢想』黏上職場達人的照片、電器用品、車子、房子、旅遊勝地、享受美食，喜、怒、哀、樂等表情圖片，然後黏在四開圖畫紙上，夢想竟然可以用這種方式找到。」（夢想學習單國中S02女）

輔導青少年的工作應發揮因材施教的精神，敏感於不同當事人的喜好，彈性調整、運用輔導技巧並安排適合的主題。面對不適合使用繪畫表達的當事人，採用低度複雜，非結構性的藝術媒材如撕貼畫，藝術治療可發揮事半功倍的效果。

> 「我不討厭來這裡，一開始有壓力。因為要介紹自己，說出喜

歡的嗜好、愛聽的音樂，還要發揮想像力在不同的行業工作。……大家混熟了，我終於知道自己真正想要作什麼？阿基師啦。」（生涯學習單國中S06男）

以往的助人觀點常是去滿足被服務人的不足與缺乏，結果造成這些被服務的人永遠看到自己的不足與缺乏。這次經歷讓被服務者看到自己的想像力可以有創意的呈現作品，對自己有信心。進而願意瞭解問題的成因，改善學習不利或是生涯茫然的不確定感，使他們有能力，這是服務的最終目標（T思981228）。

五 研究反思

處於狂飆期的青少年，紛擾的外在時常會干擾學習的心境，大環境若是過度強調優勝劣敗，會弱化他們正向心理、態度的發展。楊思偉（2000）在升學競爭之比較研究中指出，日本、韓國、新加坡、香港、中國大陸及臺灣，同樣受到儒家文化所產生的升學競爭問題所影響；升學競爭對東方國家而言，是一涉及文化深層因素的複雜問題，欲求解決此項問題恐非易事。承如前言我國青少年處在「適者生存，劣者逃汰」的環境中，透過考試機制如同捕魚網篩選出「精英」。其他漏網之魚則繼續在大海中自生自滅，這些在大海中的小魚，聲音時常是被忽略的。課程的確是一種內在旅程，這次的旅程發現，既然不能改變大環境，就結合志同道合的夥伴將電影「Pay it forward」（把愛傳出去）的策略實施於日常生活中，看重與尊重被忽略者，從最小的地方做起，發揮蝴蝶效應的想像力，將課程賦予使命感讓教學產生力量。

研究者從「青少年心理學」的課程實踐中，透過教學發揮影響力，引導師資生重視「被忽略者的聲音」。在美感教育、敘事探究、數位學習平臺、服務學習等混合式教學與環境的互動過程中，師生、服務者與被服務者浸潤在教與學的藝術氣氛中，教學相長。亞里士多德曾說：「不能改寫歷史，但我可以創造未來。」青少年每天透過教師的眼看世界，如何開啟他們的創見、感覺、想像與行動方式，朝美感的向度發展課程，確實是可以考量的策略。

「他們只是不會或不喜歡讀書，才在別的地方搞怪。大竹加入八家將，是因為很愛跳舞，文全加入是因為喜歡畫圖騰。透過這次課程我看到這些弟弟、妹妹，有些是因為沒找到方向、有些是回到家只看到冰冷的牆壁……青春生命就像一片葉子飄啊飄……要如何有教無類，因材施教呢？」（S11思981228）

身為師培中心的老師，除了顧及學生的理想，也要面對教師檢定考的通過率。研究者關切的是當師資生「放單飛」時，如何面對嚴峻的人生考驗（如流浪教師）。故從不斷的行動研究與教學反思中體悟到（劉玉玲，2003；2010），課程設計不應只是使學生能達到某種知識的目標，而是應該提供個體內在知覺、情感、思考與外在環境相互作用的經驗改造與意義建構的歷程（林逢祺，2009）。

教師如何在特定與非特定的情境下將知識和輔導技巧結合，引導學生進行深刻的理解，將知識傳授過程中的輔導技巧轉移至體驗與實踐「愛、生活與學習」的歷程，是一種「藝術」的呈現。教師和學生都是有意識的個體，課程在教室內、數位學習臺、服務的社區中，甚至在空間的轉換中，師生、同儕、服務者與被服務者，甚至與學校行政人員間透過對話、互動，重視意義的理解，尋求自我的認同，共同建構撰寫成「你、我、青少年」成長與教學相長的故事。這是我與學習者的課程故事，說故事、聽故事進而產生共鳴是一種單純的「教學藝術」。

參考文獻

中文部分——

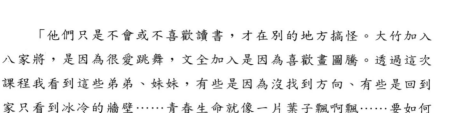

王恭志、黃月美、楊俊鴻譯，莊明貞審訂（2006）。W. E. Doll與N. Gough編。課程願景（*Curriculum visions*）。臺北市：高等教育。

天下（2009）。生命教育特刊，**435**期。臺北：天下雜誌。

天下（2001）。教育特刊「美的學習可以補捉看不見的競爭力。」臺北：天下雜誌。

成虹飛（2005）。乘著歌聲的翅膀：「飛」越敘說與課程實踐。教育研究月刊，**130**，5-13。

江學瑩（2002）。具有藝術治療理念的資優生藝術教育。現代教育論壇—藝術治療與藝術教育研討會。

李雅婷（2010）。想像為核心之課程與教學：以**Maxine Greene**之美感教育與敘事課程策略為例。「美學取向課程與教學之理論建構與應用」學術論壇，8-20。

李大偉、張玉山、張育禎（2006）。企業體驗式的科技創造力教學設計實例。生活科技教育月刊，**39**(8)，4-20。

吳靖國（2004）。有效教學來自於視域交融—「靠」與「看」作為生命教育的基本要素。載於國立臺灣海洋大學師資培育中心（主編），有效教學與課程領導（頁51-78）。臺北：高等教育。

吳靖國（2007）。「視域交融」在生命教育課程中的教學轉化歷程。教育實踐與研究，**20**(2)，129-156。

吳齊殷（2003）。青少年的心理健康與學業表現—長期追蹤資料之分析。論文發表於國科會委辦、東海大學主辦之「2003臺灣與國際教育長期追蹤資料庫東部工作坊」。

汪育椿（2008）。表達性藝術課程方案促進國中生自我概念的行動研究—以七年級為例。銘傳大學教育研究所碩士論文，未出版，臺北市。

宋灝（2008）。跨文化美學視域下的中國古代畫論。揭諦，**14**，37-78。

洪維欣（2009）。運用音樂治療概念的教學轉化以提升青少年情緒智力之行動研究。銘傳大學教育研究所碩士論文，未出版，臺北市。

范瓊方（1998）。藝術教育與藝術治療的比較。國立臺灣藝術教育館，美育月刊，**96**，25-34。

范信賢（2005）。敘說課程實踐的故事——一種敘事性觀看教師經驗的方式。教育研究月刊，**130**，45-55。

陳伯璋（1987）。課程研究與教育革新。臺北：師大書苑。

陳伯璋（2001）。新世紀課程改革的省思與挑戰。臺北：師大書苑。

陳伯璋（2006）。課程研究典範建構的新取向：論課程美學探究的必要性及其限制。行政院國家科學委員會專題研究計畫成果報告。計畫編號：NSC94-2413-H-032-011。

陳惠邦（1998）。教育行動研究。臺北：師大書苑。

高熏芳（2002）。專業服務學習在師資培育職前教育實施之研究（**I**）：專業服務學

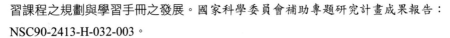

習課程之規劃與學習手冊之發展。國家科學委員會補助專題研究計畫成果報告：NSC90-2413-H-032-003。

翁瑞鋒、曾憲雄、廖岳祥、蘇俊銘（2008）。設計U化博物館學習服務架構以縮短數位學習落差。網際網路技術學刊，**9**(5)，321-328。

張春興（2008）。教育心理學——三化取向的理論與實踐。臺北：東華。

張世宗（2003a）。從教師自主課程設計談師培機構的角色與功能。於國立臺北師院（編）。國民教育，**43**(6)，79-86。

張世宗（2003b）。從變革危機到教改轉機—藝術教育教師自主之教材開發。於國立臺灣藝術教育館（編）。中小學一般藝術教育學術與實務研討會論文集。臺北：國立臺灣藝術教育館，73-90。

陸雅青（2002）。藝術治療。臺北：五南。

黃詩喬（2007）。運用音樂治療概念提昇情緒智力一以某國中七年級音樂課為例。銘傳大學教育研究所碩士論文，未出版，臺北市。

黃玉（2001）。服務學習—公民教育的具體實踐。人文及社會學科教學通訊，**12**(3)，20-42。

曾肇文（2008）。一種敘事課程的建構與實施——以「生活領域」為例，新竹教育大學教育學報，**25**(1)，21-52。

游寶達（2007）。數位學習內容之設計發展新趨勢—具快速、品質及經濟之設計模式。國立臺灣師範大學圖書館通訊，**77**，4-10。

劉玉玲（2003）。藝術教育治療實施於綜合活動領域（輔導課程）——課程意識初探。「掌握學術新區市・接軌國際化教育」學術研討會。臺北：銘傳大學。

劉玉玲（2005）。青少年的危機與轉機。臺北：揚智。

劉玉玲（2008）。表達藝術與班級情緒管理研習會。北區中等學校地方教育輔導工作實施計畫，銘傳大學師資培育中心。

劉玉玲（2009a）。數位學習、敘事探索與表達性藝術治療教學模式初探——以青少年心理學為例。臺灣教育傳播暨科技學會2009國際學術研討會。

劉玉玲（2009b）。科技與人文統整觀點：數位學習與敘事探索——以青少年心理學課程為例。課程研究期刊，81-112。

劉玉玲（2010）。**Moodle**下之混合式學習——一種美學的課程實踐。臺灣自由軟體與教育科技研討會。

賴念華（2003）。表達性藝術治療團體對災區婦女創傷之效果研究。高雄師大諮商輔導文粹，**9**，81-102。

賴玲玲（2007）。當民族誌遇見網路，「資訊研究方法論」工作坊，臺北市世新大學資訊傳播學系主辦。

英文部分——

Aoki, T. T. (2005). Narrative and narration in curricular spaces. In W. F. Pinar & R. L. Irwin (Eds.), *Curriculum in a new key: the collected works of Ted T.* Aoki (pp. 403-411). Mahwah, NJ: Lawrence Erlbaum Associates.

Broudy, H. S. (1972). *Enlightened cherishing: An essay on aesthetic education*. Urbana & Chicago: University of Illinois Press.

Carson, R., Chandler, P. & Sweller, J. (2003). Learning and understanding science instructional material. *Journal of Educational Psychology, 95*(3) , 629-640.

Cohen, S. & Wills, T. A. (1985). Stress, Social Support, and the Buffering Hypothesis. *Psychological Bulletin*, *98*, 310-357.

Clandinin, D. J., & Connelly, F. M. (2000). *Narrative inquiry: experience and story in qualitative research*. San Francisco: Jossey-Bass Publishers.

Dewey, J. (1934). *Art as experience*. New York: Van Rees.

Doll,W. E. & Gough, N. (2002)(Eds.). *Curriculum visions*. New York: Peter Lang.

Eisner, E. (1989). *Educating artistic vision*. Reston, Virginia: The National Art Education Association.

Eisner, E. W. (2002). *The educational imagination: On the Design and Evaluation of School Programs*. (3rd Ed.). New Jersey: Merrill Prentice Hall.

Garnham, C. & Kaleta, R. (2002). Introduction to hybrid course. *Teaching with Technology Today, 8*(6). Retrieved Apr. 2, 2006, from http://www.uwsa.edu/ttt/articles/garnham.htm

Goodson, I. F. & Sikes, P. (2001). *Life history research in educational settings: learning fromlives*. Buckingham: Open University Press.

Greene, M. (1973). *Teacher as Stranger: Educational Philosophy for the Modern Age*. Belmont, CA.: Wadsworth.

Greene, M. (1978). *Landscapes of learning*. New York: Teachers College, Columbia University.

Greene, M. (1995). *Releasing the imagination: Essays on education, the arts, and social change*. San Francisco: Jossey-Bass.

Greene, M. (1995). *Releasing the imagination: Essays on education, the arts, and social change*. San Francisco: Jossey-Bass.

Grumet, M. R. (1981). Restitution and reconstruction of educational experience: An autobiographical method for curriculum theory. In M. Lawn & L. Barton (Eds.), *Rethinking curriculum studies: A radical approach* (pp. 115-330). London: Croom Helm.

Grugeon, E. & Gardner, P. (2000). *The art of storytelling for teachers and pupils*. London: David fulton publishers.

Haggerson, N. L.(2000). *Expanding curriculum research and understanding: A myth-poetic perspective*. New York: Peter Lang.

Irwin, R. (2003). Toward an Aesthetic of Unfolding In/Sights through Curriculum. *Journal of the Canadian Association for Curriculum Studies*, *1*(2), 63-78.

Jacoby, B. (1996). *Service-learning in higher education: Concept and practices*. San Francisco: Jossey-Bass.

Kramer, E. (1962). Amplification and reply: Art education and emptiness. *Bulletin of Art Therapy, 1*(3), 20-24.

Kolb, D. A. (1984). *Experiential learning: Experience as the source of learning and development*. Znglewood Cliffs, N. J.: Prentice Hall.

Kozinets, R. V. (1997). I want to believe: A netnography of the x-philes' subculture of consumption. In M. Brucks & D. MacInnis (Eds.), *Advances in consumer research, l. 24*, 470-475. Provo, UT: Association for Consumer Research.

Liu (1996). *Stress, personality, and social functioning during a major stressful event for high school female students in Taiwan*. Pertenece a: NDLTD Union Catalog.

Lowenfeld, V. (1957). *Creative and mental growth* (3rd ed.). New York: Macmillan.

Marsh, J. (2001). *How to designed effective blended learning.* TJ Taylor. Retrieved Apr. 2, 2006, from Http://www.tjtaylor.net/Research/Effective Blended Learning Introduction. pdf

Malchiodi, C. A. (2000). *Art therapy and computer technology: a virtual studio of Possibilities*. Jessica Kingsley Publishers.

Paley, V. G. (1995). Looking for Magpie: Another voice in the Classroom. In McEwan.H. & Egan, K. (eds.). Narrative in teaching, learning, and Research (91-99). NY: Teachers College Press.

Parsons, M. J. & Blocker, H. G. (1993). *Aesthetics and education*. Urbana: University of Illinois Press.

Pinar, W. F., Reynolds, W. M., Slattery, P. & Taubman, P. M. (1995). *Understanding curriclum as poststructurlist, deconstructed, postmodern text*. In Understanding

Curriculum. NY: Peter Lang Publishing, Inc.

Pinar, W. (2004a). What Is Curriculum Theory? Mahwah, NJ: Lawrence Erlbaum Associates.

Pinar, W. F. (2005). "A lingering note": An introduction to the collected works of Ted T. Aoki. In W. F. Pinar & R. L. Irwin (Eds.), *Curriculum in a new key: The collected works of Ted T.* Aoki (pp. 1-85). Mahwah, NJ: Lawrence Erlbaum Associates.

Pinar, W. F., Reynolds, W. M., Slattery, P. & Taubman, P. M. (1995). *Understanding curriculum: An introduction to the study of historical and contemporary curriculum discourses*. New York: Peter Lang.

Smith, R. A. (2005). Aesthetic education: Questions and issues. *Arts Education Policy Review, 106*(3), 19-34.

Swenson, A. B. (1991). Relationships: Art education, art therapy, and special education. *Perceptual and Motor Skills, 72*, 40-42.

Waterman, A. S. (Ed.). (1997). *Service-learning: Applications from the research*. Mahwah, New Jersey: Lawrence Erlbaum.

PART 4

教學藝術與教師發展

20 「教師個人理論」及其啟示——內隱凝煉的教育思維

張芬芬
臺北市立教育大學課程與教學研究所教授

陳政宏
臺北市立敦化國小教師、臺北市立教育大學教育系博士候選人

一 前言

教學是科學還是藝術？系統化的教學理論為何難以建立？師資培育課程對師資生究竟有多大的影響？何以教育理論總被新手老師懷疑其效用？教育理論與實作之間的差距怎樣才能跨越？專家老師是怎樣轉化教育理論的？教師體驗所得的知識與一般知識，在本質上究竟有何殊異處？教師專業成長最有效的方式是什麼？……從Johann J. Herbart（1776-1841）試圖將教學／教育（pedagogy）建立為一個學術領域開始，兩百年來教育學者始終與這些問題奮戰著，試圖提出各式教育理論（education theory）回答問題。

何謂教育理論？英國學者Gary Thomas分析教育學門所稱的理論（theory），發現以下三種用法：（引自"Education Theory from Wikipedia", n.d.）

(一)用法一：這類理論相對於實作（practice）。此處的理論相對

於「思考」（thinking）、「省思／深思」（reflection），其對立面就是「做」（doing）。例如：「個人理論」（personal theory）、「實踐理論」（practical theorizing），主要由Michael Polanyi（1891-1976）的「默會知識」（tacit knowledge）發展而來。

(二)用法二：這類理論意味著某種類推模式或解釋模式（generalizing or explanatory model）。它可能是較為鬆散的、非正式的與試驗性的理論。採此用法者如Pierre Bourdieu（1930-2002）提出的「思維工具」（thinking tool）、C. Wright Mills（1916-1962）討論的「大理論」（grand theory）。

(三)用法三：這類理論意味著一種發展中的解釋體系，此處的理論是某特定領域中持續加寬加廣的一種知識體系，它可能會與一個標籤結合在一起使用，例如：「學習理論」（learning theory）、「管理理論」（management theory）、「皮亞傑理論」（Piagetian theory）。

上述各類理論中「個人理論」值得多做認識。「教師個人理論」探究的是教師思維（teacher thinking），這類研究大約起自1970年代，當時美國對教師與教學的研究主題開始從外顯行為轉向內在思維。Cark與Peterson（1986）發現當時十年間，探究教師思維與課程、教學的關係之研究顯著增加。此後越來越多質性研究者走入教室現場，深入描述教師個人信念、認知、態度、價值觀、內隱知識（implicit knowledge）、默會知識（tacit knowledge）、個人實踐理論、實踐知識、實踐智慧、教學智慧等。這些研究著重的概念不盡相同，未必使用「教師個人理論」（teacher personal theory）一詞，但大致均強調教師個人思維對教學實作的影響。

首先明確以「教師個人理論」為研究主題者，應是Cornett、Yeotis和Terwilliger（1990）等人，他們探究中學一名科學教師的個人理論，說明個人理論如何在科學課堂中引導著課程與教學行動。嗣後Ross、

Cornett和McCutcheon（1992）編輯專書《教師個人理論化：連結課程實作、理論與研究》（*Teacher Personal Theorizing: Connecting Curriculum Practice, Theory, and Research*），該書認為：所有教學都是由教師自己發展的理論所引導的，本書作者群借教師們在課程與教學上的實作，來說明教師個人的理論化與其行動之間的關聯。同年Griffiths與Tann（1992）發表論文，認為：想要連結個人理論與公共理論，可藉由教師省思（teacher reflection）來達成。隨後O'Hanlon（1993）強調應引導教師清晰地表述出其個人理論，以此促進教師專業成長；同年Tann（1993）則以實習教師為研究對象，試圖引出其個人理論。而中國大陸自2000年以來，對於「教師個人理論」的理論研究如雨後春筍般出現，主要整理國內外相關文獻，介紹該理論的內涵，期從中尋求啟發，裨益師資培育與教師專業發展。

經筆者閱讀「教師個人理論」後，發現頗具啟發性，值得向國人介紹，相信可裨益對本文首段所提系列問題的思考與實踐。準此，本文主要將引介該理論，包括「教師個人理論」的：(1)重要性與價值性、(2)意涵與特徵、(3)形成與發展。文末將說明從中所獲啟示[1]。

二 「教師個人理論」的重要性與價值

(一)「教師個人理論」的重要性

教師「個人理論」是相對於「公共理論」而言的。而職前師資培育中傳授的教育理論即「公共理論」。實務現場的新手教師通常認為「公共理論」無法指導教育實踐（張芬芬，1991）。熟悉教學現場者也都會承認：即使教學多年的老師也常抱持「理論無用」的嘲諷態度。而弔詭的是，教師又希望教育理論能提供準則指導實作。

1 本文共有五部分，第參、肆兩部分，係張芬芬整理並改寫自陳政宏（2009）的博士論文計畫書：「四位退休教師個人理論之個案研究：她們內在凝鍊的教育智慧」。本文第壹、貳、伍等三部分，則為張芬芬撰述之首次發表內容。

由邏輯分析，「教師個人理論」與公共教育理論兩者的可能關係有三（李小紅，2002；郝芳、李德林，2000）：公共教育理論落後於教育實踐；公共教育理論超前於教育實踐；公共教育理論與教育實踐同步進行。從這三種狀況來看，即可知公共教育理論未必能滿足實踐者的需要。即使公共教育理論與教育實踐同步發展，也不見得能符合實踐者的要求，因教師實踐乃位於特定時空中，面對特定對象，公共理論不適合直接拿來運用，而必須透過教師個人的過濾，經教師當下的整體判斷與抉擇後，才能表現出適當的教育行為。這也正突顯出我們應重視教師的個人理論，探討教師自己擁有的理論究竟為何。

Schön（1983）深入探究教師行動中的省思，發現真正直接對教師實踐發揮作用的，乃是教師的個人思考。教師在課堂中所運用的教學策略，反映出教師為實現教育價值，所建構出的個人理論。因此，探究「教師個人理論」乃有其必要。

(二)「教師個人理論」的價值

「教師個人理論」（teacher personal theory）乃是教學現場的教師面對自己位於時空脈絡中的教育實作問題，長期於腦中以直觀方式，自行默默建構而得的一套綜括性的教育思維。通常教師未表述出來這套思維，即使自己也未清晰意識到，但這套思維猶如一個思考架構潛在地引導著教師實作。每名教師都各自有其「教師個人理論」，甚至剛進入職場的實習老師也有，惟見解未盡相同，高下良窳自有不同，其品質受到教師個人成長背景、職前培育、生活體驗，以及其對教育實踐的體驗與省思所影響。

由此定義來看，「教師個人理論」與許多概念／理論都有所關聯，如個人知識、教師信念、認知、態度、價值觀、默會知識、個人知識、個人實踐理論、實踐知識等。而國內近二十餘年來這類研究已所在多有，「教師個人理論」之提出／探究／引介還有其價值嗎？本文試著對該理論做後設探究，說明其價值如下。

第一，從理論命名可知：「個人理論」乃相對於「公共理論」而言。而「個人理論」之探究，可釐清「個人理論」與公共理論之間的關係，並思考如何讓兩者相輔相成，不再讓兩者仍然維持過去一般人以為的對立關係。此乃預先肯定個人理論之存在是具有價值的，並思考如何運用此實存物，發揮其學術上與實作上的價值。此有助於消除對立思考，轉化二元對立思考成為辯證式思考。

第二，「教師個人理論」關注的是教師個人的內在思維，而非行為主義者所著重的外顯行為，而不管「黑盒子」裡發生什麼。探究「教師個人理論」，實係面對「行為的源頭在思維」之事實，故研究教師／教學應自源頭出發，去瞭解教師腦中的思維，進而探究如何引發個人理論的向外流動與高層轉化，最終裨益教師群體的教學實踐。也可以說，探究「教師個人理論」，所注重的是「前端管控」，而不是如行為主義者那般著重的是「後端管控」。

第三，「教師個人理論」肯定了直觀思維的價值，而非一味強調系統性邏輯思考的價值。因為個人理論係教師直觀能力的展現，雖未經嚴謹的邏輯推理，但基於教師過去的學經歷背景、生活體驗、與對當下教學情境的感知，教師自會對教育問題產生一種整體直觀的掌握與判斷，形成自有的思維，這種思維引導著教學行為。由此來看，直觀思維有其價值，它可幫助教師面對教學情境中紛至沓來、層出不窮的問題，採取合宜的對應舉措。簡言之，「教師個人理論」指出教師工作中所用思維主要是整體直觀，肯定了整體直觀的價值，而不是一味強調邏輯推理的認知方式，只肯定系統知識的價值。

第四，「教師個人理論」之實徵研究需倚重質性研究法，而教師思維研究與質性研究法相互激盪，近三十年來同步成長。因教師內在思維之探究，係過程研究與深度研究，故不適合採用實驗、問卷等方法，而需借重質性研究法，即採自然觀察與深度訪談，將自然情境中的教學發展過程與教師深層思維發掘出來。也可由教師自任研究者敘說其故事，或參與研究團隊進行協同行動研究，而這類研究可輔以「放聲思考」（thinking aloud）技術，激發教師將內在思維表述出來。但因教師思維乃潛藏於內者，甚至原本不在教師的意識範圍內，且「放聲思考」仍是由個體自陳，與個體實際的思維可能仍有差距。故期望做出完善的思維探究，並不容易。無論如何，教師思維研究與質性研究法在本質上相當適配，故近三十年來此研究內容與研究方法相互激盪，同步成長。

三 「教師個人理論」的意涵與特徵

何謂「教師個人理論」？它建立在何種基礎上？有何特徵？它與公共理論的關係如何？以下將分由這三部分來說明。

(一)「教師個人理論」的基礎

「教師個人理論」是個體知識的一種表現形式，而個體知識是英國思想家Michael Polanyi提出的概念。Polanyi（1974）認為所有的科學知識都是個體參與的，都包含著個人的成分。例如：科學家個人的判斷力、激情、信念、責任心等，對於科學發現具有關鍵性的作用。Polanyi用「默會知識」（tacit knowledge），來稱呼科學知識中的這些個人成分的總和（徐雅萍，2005；許澤民譯，2004）。

默會知識是一種知識類型，蘊含在人類活動中，以及從事這種活動的努力之中，通常是知識中不易言傳或未清晰意識到的部分（徐雅萍，2005；許澤民譯，2004）。默會知識是非常內在化和本能性的，它是一些我們通常認為理所當然，卻無法立即清楚說出的知識；簡言之，我們知道的比我們能說的多（葉乃靜，2001）。

默會知識最明顯的特質，是默默地指引著人們的行為，但擁有者卻無法透過內觀方式立即表述。這些行動或表現的知識深藏於行動中，例如很多人會開車、騎腳踏車或打字，而且做得很好，他們絕對知道如何做好這些事，但卻無法具體告訴你他們是如何做到的，因為默會知識較文字紀錄更為深層化（葉乃靜，2007）。

默會知識具有實用性，在日常生活中，默會知識是人們達到自認有價值的目標之工具，因此目標的價值越高，這種知識就越有用（郭秀艷，2003）。準此，它成為教師背景知識的一部分，是教師解釋教育現象，規範自己的教育實作，解決教育問題的一個默會性框架（王小棉，2003）。也可以說它是教師個人在自己的生活和教學情境中，形成的某種潛在的文化假設和教學觀念之假設（蔡長春，2002）。默會知識的此種特性影響著教師日常的教學活動，通常卻未被教師所覺察。這種知識隱藏在教師的內心深處，不張揚也不外顯，易被忽視。老師往往根據自身的默會知識做出一系列決策，完成整個教學活動，其本人通常並未察覺，但卻隨時隨地以無意識的方式影響著教師的教學行為（徐亮，2005）。

綜上所述，「教師個人理論」（teacher personal theory）乃是教學現場的教師對於自己位於時空脈絡中的教育實作問題，長期於腦中以直觀方式，自行默默建構而得的一套綜括的教育思維，此思維受到教師個人成長背景、職前培育、生活體驗，及其對教育實踐的體驗與省思所影響；通常教師未表述出來這套思維，甚至自己也未清晰意識到，但這套思維猶如一個思考架構潛在地引導著教師實作。簡言之，個人理論的基礎是默會知識，教師的教學行為係源自教師的個人理論。

(二)「教師個人理論」的特徵

「教師個人理論」具有哪些特徵？縱覽相關文獻，其特徵包含六項：默會性（tacit）、個人性、綜括性、實踐性、情境性，以及相對穩定性。

1.默會性

「教師個人理論」潛藏於各種具體的教育教學實踐中，它們在很大程度上是教師依靠個人感悟、直覺或直接經驗所獲得的默會知識。教師本人很難運用語言、文字或符號進行清晰、精準的表達。教師某些隱而不見的教育觀念和取向，卻無時無刻不影響著教師個人的教育行為，只不過教師往往無法意識到或清晰表達自己的這些觀念和取向（李小紅，2002；徐雅萍，2005）。

此外，此種默會知識仰賴完形（gestalt）的認知（喬時玲，2007；葉乃靜，2007），需要輔助線索（葉乃靜，2007）。例如，一個人從事某種活動，例如彈鋼琴、騎車時，他必須依賴某種理所當然的背景。唯有這樣，該活動才能順利進行；而如果要他把注意力集中在這種背景上，並試圖把它用語言表達出來，就會打斷他對該項活動的進行（喬時玲，2007）。

這種默會性係由下列因素造成的：一因教師大多沒有把建構教育知識作為自己活動的目的，並未刻意去思考這些知識的內容與性質。二因這種知識乃無意中獲得的，尚未進入意識狀態。三因這種知識尚未系統化，仍處於零散狀態（陳振華，2003a）。

總之，「教師個人理論」往往位於默會的、常識的、經驗的、感性的層次，並且是粗略的、零碎的、情境的，甚至是片面的、不科學的（徐斌豔，2008）。由於不易清楚表達與辨認，故較難發掘與檢驗（Tann, 1993）。

2.個人性

從建構主義心理學（constructivist psychology）來看，「知識」是個體與外部世界不斷相互作用，逐步建構的結果；知識是經驗的自我詮釋，無法完全轉移給他人（"Personal Construct Theory From Wikipedia", n.d.）。因此，教師於原有認知基礎上，會在實踐中不斷加深對教學的理解和認識。任何個人理論都是特定的教學主體基於自身教學活動而出現，是教師對教學的個別化認識，包含著對教學的信念與情感在內，不易普遍地相互傳遞（杜芳芳，2008）。

對教師本人而言，其個人理論是一種真實的存在，他會感覺那是他「獨有的看法」（李小紅，2002；杜芳芳，2008；易凌云、龐麗娟，2006）。究其實質，有一部分可能是將公共教育理論予以內化，更多成分則源於教師對日常生活經驗、教學經驗的自我解釋。

若從「默會知識」角度看，個人理論多半是一種過程知識（procedural knowledge），默默指引著個人行為（葉乃靜，2001）。而默會知識源自於個體的實踐過程，透過體會、頓悟，並融合個人的背景知識而獲得，因此具有個人性的特徵（葉乃靜，2007）。

3.綜括性

所謂綜括性，係指「教師個人理論」乃是教師對特殊問題或任務的一種直覺綜括或整體掌握所產生的（石中英，2001）。一般而言，教師往往難以區分出自己的個人理論中包含哪些結構要素，不像公共教育理論那樣具有明顯的結構，例如關於教育目的的假定、受教者本性的假定、知識性質，以及傳授這些知識合適方法的假定。因此，「教師個人

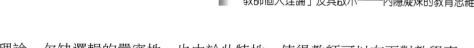

理論」欠缺邏輯的嚴密性，也由於此特性，使得教師可以在面對教學事件時，其個人理論可協助他以直覺與整體掌握的方式，快速回應與縮短判斷的時間（李小紅，2002）。

「教師個人理論」涉及哪些方面的整合綜括呢？陳振華（2003b）認為它整合了三部分：教育原理、教學原理、生活體驗。首先，它涉及教育原理，如教育目的和功能。其次，包括教學原理，有的來自公共教育知識，有的來自教師對教學實踐的體驗，如處理課堂中偶發事件、教學步驟等。第三，它融入了由日常生活、社會活動等衍生的體驗，凡是可遷移到教育中的所有社會規範和價值標準，均可能成為教師「個人理論」的一部分，因而它呈現一種綜括的面貌。

4.實踐性

教師想要建構教育理論的直接動力，來自於教育實踐中出現的問題（陳振華2003a）。每名教師很自然地都會關心自己實踐問題的解決，因此教師需要具體的實踐知識體系，才能使教學實踐在合理的軌道上如常地進行（劉漢霞，2006）。而這即顯示：與作為解釋性理論的「公共教育理論」相對的，「教師個人理論」乃是教師在複雜的教育情境中，因應問題所做的實踐性選擇和判斷，具有鮮明的實踐取向（李小紅，2002）。公共教育理論中的「解釋性理論」主要回答「是什麼」、「為什麼」，而「教師個人理論」則主要回答「怎樣做」、「如何改進」。

「教師個人理論」是在實踐中產生的理論，這些實踐包括教育實踐、教學實踐、日常生活實踐和學習實踐等，並與實踐情境相連結。「教師個人理論」具有時空限制與特定性，它可提供教師在特定學校、特定教室，遭遇到特殊狀況、處境、難題、事件或衝突時，成為一個範例或可供選擇的方案（李小紅，2002）。

5.情境性

「教師個人理論」是教師個人與特定具體情境聯繫在一起、儲藏在教師個人記憶中的東西，它在具體的實作情境中，支撐著教師個人的選擇與判斷。因此，若脫離具體情境來談論「教師個人理論」將變得欠缺意義（易凌云、龐麗娟，2006）。亦即，如果我們脫離時空脈絡，僅根據個別教育行為來判斷「教師個人理論」，很可能會有失偏頗。

情境性也意味著變化性，因為所有因素都處於變化中，而沒有太多「普遍的理念」和「哲學的思考」（陳振華，2003a）。因此，就其使用場所而言，它是以特定的教師、教室、教材與學生為對象而形成的知識。脫離這些特定性，「教師個人理論」也就失去其功效與舞臺（徐雅萍，2005）。總之，「教師個人理論」根植於日復一日的具體教育情境，它是教師身處於特定教育情境中所薰陶與鍛造出的教育思維，是該情境之外的他人不易擁有的。

6.相對穩定性

個人經常無法意識到他們自己的理論，通常也不具有選擇性（alternatives），除非個人的理論受到蓄意地挑戰（Tann, 1993）。因此，「教師個人理論」一旦形成，便傾向於固守已有的觀念，甚至會歪曲新獲取的訊息以保持原有觀念的一致性（易凌雲、龐麗娟，2006）。

由於默會知識在個體認知系統中具有基礎的地位，並對行為產生強大的支配作用。要教師改變，並不符合其原有習慣的理論模式，或者要他／她否定自己習以為常的做法，那是相當困難的。「教師個人理論」會改變嗎？通常在關鍵事件（critical incidents）發生、重要人物出現，或教育客觀環境產生劇烈變化時（如：大幅度的教育改革），才有可能撼動教師固有的看法（曾寧波，2004）。簡言之，「教師個人理論」具有相對穩定性。

(三)「教師個人理論」與「公共教育理論」的關係

1.公共教育理論的特徵

「公共教育理論」是一種明確知識，它能透過語言、文字或特定的符號進行表述和邏輯的說明（石中英，2001）。它是公眾理性的凝結，是教育規律的反映，它是群體所共有，已脫離產生理論的主體，以文字、符號的形式而存在（徐斌豔，2008）。

「公共教育理論」有哪些特徵？它包含「豐富性與綜合性」、「公共性與可辯護性」、「抽象性與概括性」、「價值的多樣性與可能性」（陳振華，2003d）。「豐富性與綜合性」指的是：「公共教育理論」含括古今中外的多樣理論，而且不止於某方面或環節，不是單一存在的。「公共性與可辯護性」係指：它是可與他人交流、公眾可共享的資源，經得起別人邏輯的質疑。「抽象性與概括性」係指：它是經大眾反覆歸納與概括，把感情經驗提升而成為的抽象理論。「價值的多樣性與潛能性」指的是：「公共教育理論」對於教育活動具有解釋、說明、預測、規範、指導等多種價值，但如何實現則取決於接受者的態度與運用，此即公共理論只具有潛能性，而非現實性。

2.「公共教育理論」與「教師個人理論」相互轉化

「公共教育理論」與「教師個人理論」有何種關係？「公共教育理論」關注於大規模、普遍性的問題；「個人理論」聚焦於小規模、特定的議題（Griffiths & Tann, 1992）。兩者看似毫無交集，實則不然。它們之間並沒有不可踰越的鴻溝，而是可以相互轉化的（見圖20-1）。

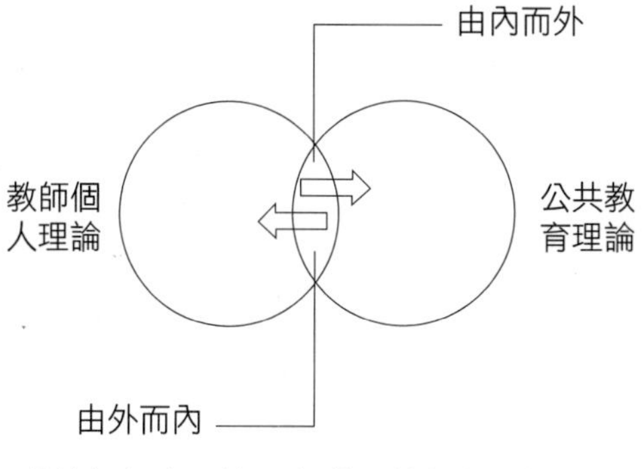

圖20-1　「教師個人理論」與「公共教育理論」之互動關係

第一，就「來源」來看。公共教育理論是由一系列命題（propositions）組成，而這類命題通常最初係由個人提出（杜芳芳，2008）。當個體借助語言、言語和文本等載體，與其他個體就自己創發或主張的個人理論進行對話時，該個人理論可能被越來越多人所接受和傳播，從而逐步成為超越個人的、具有「互為主體性」（intersubjectivity）的「公共教育理論」。換言之，「個人理論」是「公共教育理論」之源，一旦「個人理論」借助特定方式記載下來，在一定範圍流傳，且為公眾所認可，它就成為「公共教育理論」（李小紅，2002）。

第二，由「形成環境」來看，公共教育理論是「教師個人理論」形成的「語境」（李小紅，2002）。個體在學習、接受某種公共理論時，通常都會加入自己已有的知識、經歷、體驗等個人成分，對其進行理解和批判性分析。另一方面，當「教師個人理論」進一步提煉、抽象、概括，並在公共領域進行傳播時，它便轉化為公共教育理論。而也正基於這種理解和批判性分析，即促成公共理論的重構、創新和發展，進而誕生新的個人理論，為公共理論的增修提供養分。如此不斷循環，理論乃能生生不息。

第三，就「效用」而言。各種成套的事實、價值、方法和哲學，在職前教育階段可藉由計畫的方式指導師資生的行動；但在教師日常情況中，課堂裡的教學則是一個非常複雜的生態系統（Doyle, 1977; Zeichner & Gore, 1990），具有多面性（multidimensionality）、即時性（immediacy）、不可預測性（unpredictability）、同時性（simultaneity）、歷史性（history）和公開性（publicness）。也就是說，教室中的活動進行是複雜「多樣的」，又是「同時」發生的，教師無法停下來思索，而且必須「公開的」做「即時的」反應，因此也「不易預知」事件進行的方向，且師生相處日久，一些常規或處理事情的模式，都有「前因後果的關聯」（張芬芬，2001）。此時公共理論並不能立即發揮效用，實際告訴教師怎樣行動。教師必須經常分析、洞察具體教學事件的精神實質，才能產生出相應的個人理論（彭慧、彭凌，2008；杜芳芳，2008）。而教師的分析是需要以深思／省思為基礎的，如此洞察才可能出現；因此Griffiths與Tann（1992）認為，省思是連結個人理論與公共理論的橋樑。

四 「教師個人理論」的形成與發展

「教師個人理論」不是突然形成的，而是教師在日積月累的平日教學實踐和理論學習中，逐漸形成的，是一持續開展的過程。默會知識是「教師個人理論」的基礎，也是形成「教師個人理論」的起點。如何讓默會知識產生效用？這需要讓默會知識產生流動與轉換（洪明，2003；

徐雅萍，2005）。此一流動與轉換歷程，也就是默會知識與外顯知識兩者間生生不息的互動歷程。以下即以此流動與轉換過程，說明「教師個人理論」的形成與發展。

所有的外顯知識均植根於默會知識，而外顯知識的增長、應用和理解，亦有賴默會知識。默會知識是較特定、實際情境下的產物，是經驗性的知識，通常較不易以言語表達，是實質而主觀的。外顯知識容易以言語表達，而且較形而上與客觀，和特定的現實情境較無關聯。默會知識與外顯知識在特徵上有所差異，但並非分離，而是相輔相成的，它們在人類創造性的活動中互動並互相轉換。此種互動稱為「知識轉換」（knowledge conversion）（楊子江、王美音譯，1997），這是日本知識管理家野中郁次郎提出的「知識創生螺旋模式」，顯示了「默會知識」與「外顯知識」的四個轉換步驟：社會化、外在化、連結化、內在化（socialization, externalization, combination, internalization，簡稱SECI）（圖20-2），以下依序說明之。

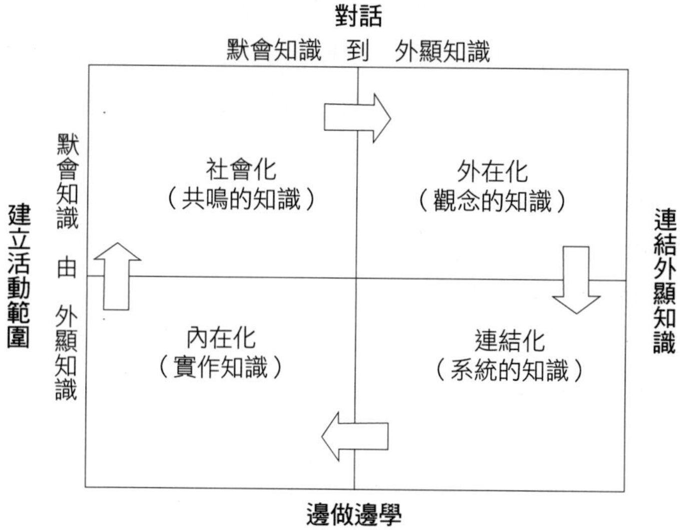

圖20-2 「教師個人理論」之流動與轉化

資料來源：改繪自楊子江、王美音譯（1997）。創新求勝（頁81圖、頁93圖、頁95圖）（野中郁次郎原著）。臺北市：遠流。

(一)知識的社會化——「默會知識」向「默會知識」轉化

知識的社會化（socialization）——從默會知識到默會知識，指的是個體之間交流共享默會知識的過程，交流的結果會產生「共鳴的知識」。社會化一詞強調默會知識的交流，係經由社會或團體成員的共同活動來進行。社會化由兩層面構成，第一是個體與他人接觸，分享經驗、體驗新知。第二，是在實作現場觀察，或在現場交流分享默會知識。如此即可實現「默會知識」的積累、傳遞和遷移（洪明，2003；楊子江、王美音譯，1997；鐘啟泉，2008）。當教師能把個人理論外顯化（explicit），才有機會進行驗證，並且逐步開展個人理論，或慎思（deliberate）個人實踐（O'Hanlon, 1993）。

默會知識在不同個體間的流動與轉移，中國大陸學者徐雅萍（2005）認為在大陸教育領域中常見的方式主要有兩種（徐雅萍，2005）：一是「認知學徒模式」。在傳統學徒制中，師傅完成任務的步驟是易於被觀察到的，學徒經由觀察、交談、練習，逐步學會了「像師傅那樣做」，這主要是一種模仿學習。而認知學徒模式則注重專家在現場對認知活動進行指導和示範，使學習者能夠從中觀察、領悟到專家是如何思考和解決問題，從而促使學習者也能夠「像專家那樣思考」。第二是「教師實作社群」（teacher practical community）。所謂教師實作社群，即是教師們經由交流分享，讓原本並不清晰、或未意識到的教育知識和經驗，成為同事們能共同分享的教育知識和智慧（張平、朱鵬，2009）。若缺少「認知學徒」或「教師社群」這類的共同經驗，一個人將很難清晰瞭解其他人的思考過程。

臺灣近十餘年來提倡「認知學徒制」（如：田耐青，1996；吳清山、林天祐，2002；陳木金，1995，2009）、「認知教練制」（如：丁一顧、張德銳，2007，2009）、「教師專業發展社群」（如：張德銳，2001，2002）者甚多，亦在理論上與實徵上肯定這些方式在分享教師思維、促進教師專業成長上的成效。

(二)知識的外在化——「默會知識」向「外顯知識」轉化

知識的外在化（externalization）是指默會知識轉化為外顯知識之過程，所產生的即是「觀念的知識」（楊子江、王美音譯，1997；鐘啟泉，2008）。知識的發展過程正是默會知識不斷轉化為外顯知識，並和新的默會知識不斷交互作用的過程。此過程通常包括兩部分：第一，將自身內在的默會知識之表徵（例如：表象、情感、思考），借助語言和圖像而表達出來。第二，是感受到他人的表象、情感、思考之後，而促使個人將其觀點和意象，表達為詞語、概念、圖像化語言（例如：譬喻、類比或描述），或圖像。總之，擁有思考的個人在組織內受到刺激，經由組織內的討論，分享他人的思考和概念，可進而形成話語，產生「觀念的知識」（楊子江、王美音譯，1997）。

要促進默會知識向外顯知識做轉化，教師個人需要具備相應的公共教育理論（徐雅萍，2005），這些公共理論為默會知識外顯化所需要的譬喻、類比、概念、假設和模型，提供了條件。在此基礎上，教師還需要採用一些呈現的方式，如行動研究、個案研究、敘事研究等形式，才能將這些豐富而不易被察覺和表述的知識，以語言表達出來，並進行梳理和批判，使默會知識具有明確性。在此情況下，教師不僅要成為公共理論的學習者，更要成為研究者和省思者。

(三)知識的連結化——「外顯知識」到「外顯知識」轉化

知識的連結化（combination）牽涉到結合不同的外顯知識體系，最後可產生「系統的知識」（楊子江、王美音譯，1997）。將外顯知識轉化為更複雜的外顯知識的過程，涉及到知識的溝通、擴散和系統化（洪明，2003）。知識的連結化不等於部分與部分的相加，而是大於部分之和；不是機械式的堆疊，而是有機式的融合。它是把有用的知識蒐集起來，然後進行篩選、添加、分類和重構，形成新的「系統知識」，這一知識連結化的過程，也就是創造新知識的過程（閻德明，2005）。訊息的交流對於外顯知識的遷移與分享所發揮的作用，是可想而知的；而此交流不只有單純的文獻和意義的分享，更重要的是需加上情境脈絡的分享（鐘啟泉，2008）。

(四)知識的內在化——「外顯知識」到「默會知識」的轉化

知識的內在化（internalization）是指外顯知識在一定條件下轉化為默會知識，產生「實作知識」（楊子江、王美音譯，1997）。如果專家概括總結而形成的實作之原則性知識，僅以字面或口頭去教導，是無法真正讓學習者學會的，它需要讓學習者在一定脈絡中進行實際練習，經由個體深刻的省思，如此才能將外顯知識整合內化到自己的經驗中。外顯知識必須經由個體在反覆實作練習中「邊做邊學」、「邊做邊想」，而將外顯知識逐漸內化（楊子江、王美音譯，1997；洪明，2003）。當經驗透過社會化、外在化和連結化，進而內在化到個人原有的默會知識之架構中時，即擴大了個人的默會知識庫，成為教師個人有價值的資產（楊子江、王美音譯，1997；鐘啟泉，2008）。

在教育上，如果外顯知識能夠內化為教師的默會知識，即意味著該外顯知識可以被教師群體所分享，進而拓寬、延伸和重建組織成員的默會知識，成為新的實作知識。這需要完善的實作知能訓練，包括針對特定的具體任務或問題，能形成合乎規定的實作系統，能熟練自如地完成教學任務的自動化實作系統。隨著實作知能的提高，教師教學活動更具有精確性和變化性，教師理性認識也不斷提升，各種外顯知識逐漸融入教師實作技能中，完成外顯知識的內在化（徐雅萍，2005）。默會知識是實踐者個人的主觀建構，外顯知識的獲得則基於對自身實踐的省思、探究，以及與他人的交流；所謂「學而不思則罔，思而不學則殆」，做中學，學中思，外顯知識乃內化為新的默會知識。至此，教師不僅是一名知識的消費者、傳遞者，而且也成為知識的創造者、生產者。

(五)優質「教師個人理論」形成不易的原因

良好的「教師個人理論」何以不易形成？杜芳芳（2008）歸納了可能的四個因素：

1.技術理性的箝制：教師習慣將教學減縮為一種沈悶、單調的，讓人精疲力竭的技術活動。

2.經驗思維的禁錮：固定化的教學行動和經驗，易使教師進入一種日日如此、年年如此的慣常之日常生活世界，喪失了對複雜教學情境元素加以探究、考量和控制的能力。

3.研究意識的缺乏：教師多半傾向於被動地等待著別人把研究成果送上門來，然後不太思索地把這些研究成果使用到教學中。

4.科層體制的束縛：制度的邏輯使教師生活在各種形式的規範中，其思維受到監督，易使教師逐漸喪失自主的精神和創造的意識。

若分析杜芳芳所提這四項原因，可發現前三項均與教師的觀念有關，需要教師自我覺醒進而願意改變：(1)不再將教學視為技術問題，更應體認到教學乃是本身內在的思維問題；(2)願意擺脫例行的、慣性的教學模式，以求新、求變、求成長；(3)體認到教師不應只是知識的傳遞者，更應是知識的締造者，教師有責任藉行動研究不斷精進教學。至於杜芳芳提及的第四項「科層體制的束縛」，則牽涉到教育大環境的問題，需要教育行政人員與學校行政人員，共同營造一個尊重教師專業自主的環境，不宜以科層體制、教育規章去束縛、管理教師，而應激發教師的責任倫理以期自尊自重，使教師從內心深處願意自發地求新、求變、求成長，在教師專業社群中進行Habermas所謂「無宰制的溝通」，願在同儕間分享體驗，深化省思，彼此互助，不斷提升個人理論的品質。

五　結語：「教師個人理論」的啟示

「教師個人理論」對於教師、教學、師資培育、專業成長，有何啟示呢？以下試分項陳述。

(一)教學是藝術還是科學？先藝術後科學

由「教師個人理論」的觀點來看，現場教學猶如個別教師的藝術展演。因為教師的教學表現受其個人理論所引導，而此個人理論本質上係隱藏在內的默會知識，是由教師經過長期潛移默化整體直觀而得，它是一種經整體掌握所做的判斷，並非經過系統推論而得。這很類似於藝術創作者以直觀作為靈感泉源與認知方式。準此，教師基於其心領神會的個人理論而表現出的現場教學，猶如一場場藝術展演。藝術表演有高下之分，教學表現也有良窳之別，然而本質上，現場教學主要是一種藝術的展現，展現之妙，存乎一心。當然藝術與科學並非截然二分、完全對立。藝術與科學更像是一道光譜的左右兩個方向，當個人理論經「社會化」、「外在化」後，它會逐漸條理化、系統化，逐漸轉化成為公共理論，此時的教學理論就越來越具有科學性格了。

(二)公共教育理論無法實用嗎？直接或許無用，間接則有大用

公共教育理論或許不具直接效用，因為它是抽象的、概括的，不適合直接應用於真實的實作現場。然而理論與現場實作間的差距並非無法跨越，銜接兩者的黏著劑就是體驗與省思。亦即教師必須親身投入現場，體驗實作活動，並不斷深思實作中具體的問題，透過經年累月的實作練習，體驗越豐富，省思越深刻，才能將公共教育理論「內在化」，融會貫通後成為自己的個人理論。在體驗與省思中，公共教育理論在腦中逐漸沈澱、醞釀、發酵、乃至昇華，成為一罈馥郁芬芳的佳釀，隨時可搭配食材烹調出一桌佳餚。此時教師腦中的個人理論，已讓他體會到公共教育理論實乃「無用之大用」的好原料，只待有心人常年琢磨，化為個人可隨身攜帶的尚方寶劍。

由是觀之，新手教師懷疑公共理論之效用，乃是非常自然的反應。但只要在實作中不斷認真體驗，認真思索，累積足夠經驗後，終有積漸為雄、水到渠成之日。

(三)師資培育宜強化哪些教學方式？群體中共同體驗與分享省思

由前段可知：「體驗」與「省思」是學習當老師最好的認知方式之一，這是從認識論上做討論。若從本體論來看，這種學習應該從個體走向群體[2]。再結合認識論與本體論兩面向來看，師資生與教師最好的學

2　這樣去界定認識論與本體論，乃是參考日本學者野中郁次郎的觀點（引自楊子江、王美音譯，1997）。

習就是在群體中共同體驗與分享省思，這對職前師資培育和教師在職教育都是饒富意義的。

就職前師資培育來看，要藉由群體中的共同體驗與分享省思，來增進師資生的教育思維。其做法有三，一是師培的理論課程宜搭配實作活動，讓公共教育理論活化起來，藉實用化、生活化的活動設計，讓師資生體驗理論之大用。二是鼓勵師培課程採合作學習與小組搭檔方式來學習，在群體討論中鼓勵每個人說出自己的內在思維，進行所謂的「互動式討論」（interactive discussion）、或所謂的「放聲思考」，將個人內在思維有機會在群體中「社會化」，以期產生共鳴的知識。三是實習課程中宜強化師資生的省思（張芬芬，2001），引導實習生就具體教育與教學問題進行深思熟慮，而不是反射性思考、例行性思考與淺層的思考（Dewey, 1933），期藉此深度思考連結個人理論與公共理論（Griffiths & Tann, 1992）。

Jurgen Habermas（1929-）認為：科學概括出來的知識，並不能直接指導社會實踐，還必須有一個「啟蒙過程」，以使特定情境中的實踐者能夠對自己的情境有真正的理解，並做出明智而謹慎的決定（Habermas, 1963；郭官義、李黎譯，2004）。而安排師資生在實作情境中的共同體驗與分享省思活動，使其有所領悟與理解，正是這類的啟蒙過程。

(四)教師專業發展可採哪些方式？教學輔導、同儕輔導、認知教練

承上所述，「體驗」與「省思」是學習成為好老師的有效認知方式，因為它有助於教師個人理論的流動與轉化。這對在職教師的專業發展之啟示有哪些？第一，傑出的教學需要時間淬鍊，需要體驗與深刻省思後才能精進；而新手老師因體驗與深思較少，教學知能未臻純熟，不易立即成為良師，這是很合理的事。此亦顯示，在職教師需要不斷精進，以促進其專業成長，使腦中的個人理論得以流動與轉化，故教師專業成長的必要性於此更為突顯。

第二，鼓勵校內成立學群組織與教師成長團體，讓教師們在這些團

體內分享體驗並深化省思，討論具體脈絡中的教學案例，鼓勵每個人將自己的內在思維表述出來，進行野中郁次郎（引自楊子江、王美音譯，1997）所謂的「默會知識之社會化」活動，讓老師們在知性與感性的交流中，產生「共鳴知識」。臺灣自2000年起張德銳帶領的「教學輔導制度」（參見張德銳，2002；張德銳、張芬芬、鄭玉卿、萬家春、賴佳敏、楊益風、張清楚、高永遠、彭天健，2001），以及與該制度相關的「同儕教練」（張德銳，2001）、「認知教練」（丁一顧、張德銳，2007，2009），均獲致相當成效。若從「教師個人理論」觀點來看，其成功之道在於這些制度均掌握了「讓教師在校內外社群中分享『體驗』與深化『省思』」的精髓，促使教師表述出其個人理論，進而達到流動與轉化的功效。

(五)為增進個人理論與公共理論的互惠，教師需何種知能？研究方法

如前所述，個人理論與公共理論的發展乃是在兩者不斷的對話下，才能產生相輔相成、生生不息的結果。因此，應鼓勵教師將個人理論「外在化」成為公共教育理論。為此，應鼓勵將優質的教師個人理論在學術研討會中發表出來，藉行動研究、個案研究、教師故事、教學故事的形式表達出來，讓實務界的教師與學界的教授們對話、討論這些研究與故事，使雙方共同建構新觀念，產生野中郁次郎所謂的「觀念知識」（引自楊子江、王美音譯，1997）。進而再以此新的「觀念知識」為基礎，建構「系統知識」，成為「公共知識」。準此，教師可充實研究法的知能，瞭解行動研究、個案研究、教師敘說、教學敘說等研究法，以譬喻、類比、概念、假設和模式等，更為貼切地表述其個人理論，使其個人理論獲得更大範圍的流動與更高層級的轉化。而公共教育理論亦從中汲取新的養分，修改調整或加深加廣，乃至建構出新的公共理論。

參考文獻

臺灣部分——

丁一顧、張德銳（2006）。認知教練相關概念、研究及啟示。教育行政與評鑑學刊，**1**，23-50。

丁一顧、張德銳（2009）。認知教練理論與實務。臺北：五南。

田耐青（1996）。認知學徒制及其對成人教育教學設計之啟示。臺北師院學報，**9**，1-18。

吳清山、林天祐（2002）。教育名詞解釋：認知學徒制。教育研究月刊，**99**，148。

張芬芬（1991）。師範生教育實習中的潛在課程之人種誌研究。國立臺灣師範大學教育研究所博士論文，未出版，臺北市。

張芬芬（2001）。教學生活：新手老師的成長之路，載於黃政傑、張芬芬主編，學為良師——在教育實習中成長。臺北市：師大書苑，1-32。

張德銳（2001）。共譜教師專業成長的新樂章—談同儕教練。中等教育，**52**(2)，134-143。

張德銳（2002）。臺北市教學輔導教師制度的試辦與實施展望。教師天地，**118**，49-53。

張德銳、張芬芬、鄭玉卿、萬家春、賴佳敏、楊益風、張清楚、高永遠、彭天健（2001）。臺北市中小學教學導師制度規劃研究。初等教育學刊，**9**，23-54。

陳木金（1995）。教與學的另一種原理—認知學徒制。教育研究，**45**，45 -52。

陳木金（2009）。認知學徒制理論對精進教師教學傳習的啟示。政治大學教學發展中心電子報，**26**。取自http://nccu.edu.tw

楊子江、王美音譯（1997）。創新求勝（野中郁次郎原著）。臺北市：遠流。

葉乃靜（2001）。論知識管理中的默會知識。資訊傳播與圖書館學，**7**(3)，83-92。

中國大陸部分

王小棉（2003）。論教師隱性教育觀念的更新。教育研究，**8**，88-92。

王春光（2005）。反思型教師個人實踐理論探究。東北師大學報，**1**，138-143。

石中英（2001）。緘默知識與教學改革。北京師範大學學報，**3**，101-108。

李小紅（2002）。「教師個人理論」芻議。高等師範教育研究，**6**(14)，38-43。

杜芳芳（2008）。「教師個人理論」及其形成。山東師範大學課程與教學碩士論文，未出版，山東省。

易凌云、龐麗娟（2006）。教師個人教育觀念的基本理論問題：內涵、結構與特徵。湖南師範大學教育科學學報，**5**(4)，22-27。

洪明（2003）。內隱知識理論及其促進教師專業化成長的意義。中國教育學刊，**2**，57-59。

徐亮（2005）。由內隱理論與反思性教學看當今教師角色的轉變。西北醫學教育，**13**(6)，603-605。

徐雅萍（2005）。教師的個人理論解讀—基於默會知識的理解。教育發展研究，**20**，73-77。

徐斌豔（2008）。教師專業發展的多元途徑。上海：上海教育。

郝芳、李德林（2000）。「教師個人理論」：溝通與阻塞。中國教師，**7**，20-21。

張平、朱鵬（2009）。教師實踐共同體：教師專業發展的新視角。教師教育研究，**21**(2)，56-60

郭秀艷（2003）。內隱學習。上海：東華師範大學。

陳振華（2003a）。解讀教師個人教育知識。教育理論與實踐，**23**(11)，6-11。

陳振華（2003b）。論教師的經驗性學習。華東師範大學學報，**21**(3)，17-24。

陳振華（2003c）。論教師成為教育知識的建構者。華東師範大學博士論文，未出版，上海市。

陳振華（2003d）。把握公共教育知識。上海教育科研，**8**，24-26。

喬時玲（2007）。默會知識理論及其教育啟示。浙江樹人大學學報，**7**(5)，78-80。

彭慧、彭凌（2008）。外語「教師個人理論」探析。長沙鐵道學院學報，**9**(4)，147-149。

曾寧波（2004）。論教師專業成長中的關鍵事件。現代科學教育，**4**，17-21。

劉漢霞（2006）。教師的實踐知識：教師專業化的知識轉向。教育探索，**175**，116-119。

蔡長春（2002）。教師的內隱理論與反思性教學。天津教育，**6**，35-36。

閻德明（2006）。知識轉換過程與教師專業發展。課程教材教法，**25**(7)，79-82。

鐘啟泉（2008）。從SECI理論看教師專業發展的特質。全球教育展望，**37**(2)，7-23。

英文部分——

Clark, C. M. & Peterson, P. L. (1986). Teachers' thought processes. In M. C. Wittrock, *Second handbook of research on teaching* (pp. 255-296). New York: Macmillan.

Cornett, J. W., Yeotis, C., Terwilliger, L. (1990). Teacher personal practical theories and their influence upon teacher curricular and instructional actions: A case study of a secondary science teacher. *Science Education, 74*(5), pp.517–529.

Dewey, J. (1933). *How we think: a restatement of the relation of reflective thinking to the educative process.* Boston, New York: D. C. Heath & Co.

Doyle, W. (1977). Learning the classroom environment: an ecological analysis. *Journal of Teacher Education*, *28*, 51-55.

Education Theory From Wikipedia (n. d.). *Wikipedia.* Retrieved 2010/10/10 from http://en.wikipedia.org/wiki/Educational_theory

Griffiths, M. & Tann, S. (1992). Using reflective practice to link personal and Public Theory. *Journal of Education for Teaching, 18*(1), 69-84.

Habermas, J. (1963). *Theorie und Praxis.*郭官義、李黎譯(2004)。理論與實踐。北京市：社會科學文獻。

O' Hanlon, C. (1993). The importance of an Articulated Personal Theory of Professional Development. in Elliott, J. (ed.) *Reconstructing teacher education: teacher development*, London: Falmer Press.

Personal Construct Theory from Wikipedia, (n. d.). *Wikipedia.* Retrieved 2010/10/10 from http://en.wikipedia.org/wiki/ Personal_construct_ theory

Polanyi, M. (1974). *Personal knowledge towards a post-critical philosophy.*許澤民譯(2004)。個人知識：邁向後批判哲學。臺北市：商周出版社。

Ross, E. W., Cornett, J. W. & McCutcheon, J. (Eds.) (1992) . *Teacher personal theorizing: Connecting curriculum practice, theory, and research.* State University of New York Press, Albany.

Schön, D. (1983). *The reflective practitioner: How professionals think in action.* New York: Basic Books.

Tann S. (1993). Eliciting student teachers' personal theories. In J. Calderhead & P. Gates (Eds.). *Conceptualizing reflection in teacher development.* London: Falmer.

Zeichner, K. M. & Gore, J. M. (1990). Teacher socialization. In Houston, R. et al. (Eds.). *Handbook of research on teacher education.* pp.329-348.

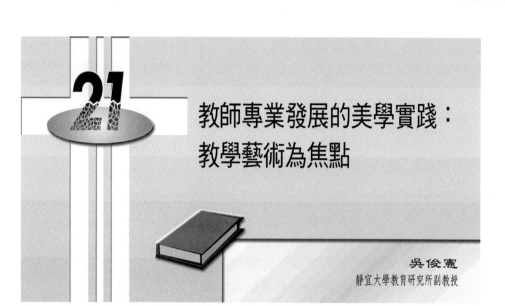

21 教師專業發展的美學實踐：教學藝術為焦點

吳俊憲
靜宜大學教育研究所副教授

一 緒論

教師專業發展的內涵包含認知、技能和情意，涵蓋的層面主要有四：課程設計與教學、班級經營與輔導、研究發展與進修、敬業精神與態度。想要判斷一位有效能教師（effective teacher）的關鍵，常繫於是否做到有效教學與有效班級經營，而此又關聯到教學活動系統的兩大支柱：教學科學與教學藝術。我國教育部自2006年起推動試辦中小學教師專業發展評鑑計畫，迄2009年2月6日公布「教育部補助辦理教師專業發展評鑑實施要點」，將原先試辦計畫定調為常態性的教育政策，採學校和教師自願參加為原則，期許參與教師透過形成性評鑑來瞭解自身教學的優缺點，並據以尋求教師專業成長途徑。在過程中，學校評鑑推動小組及參與教師必須依據校本原則與實際需求，共同研訂出一套適當的評鑑規準，做為一位教師在遂行教學工作與專業表現可以依循的準則。然而，倘若詳加檢視多數學校的評鑑規準（含參考檢核重點及檢核示例），會發現大多偏向教學技巧的技術層面，容易使教學工作成為操弄及符應一些原子化的評鑑規準，但更重要的是，教學更要提升至藝術層面，重視教學藝術。

一般說來，教學藝術與情意教育（或美感教育）之間雖有關聯，但並不相同。前者是指促進教師的教學技巧從技術層面提升至藝術層面，能清晰呈現教材內容，活用各種教學方法或策略，善於運用多元評量方式，積極營造班級學習氣氛，使教師成為一位教育的內行人；後者的教學重點則在於培養學生具有美感經驗。如果將教學視為一門科學也是藝術，那麼，教學藝術便應成為教師專業發展的內在需求，學校在研訂教師專業發展評鑑規準時應試圖納入教學藝術的內涵與做法，讓教學不再只是制式化的達成教學目標，以及完成既定的教學流程而已，而是促使教學融入更豐富的藝術與美學蘊義，此為本研究動機。

基於上述，本研究目的主要有二：

一、探討教學藝術的意義、範疇與內涵。

二、尋繹教學藝術與教師專業發展的關係與做法。

為達成上述研究目的，本研究運用文獻探討歸納分析美學如何成為教學藝術的立論，以及教學藝術與教師專業發展的關聯性。然後，採開放式題型之問卷調查做為資料蒐集方式，希冀從教師教學實務觀點來探究下列研究問題：

一、教學藝術的意義為何？

二、教學藝術的範疇與要素為何？

三、教學究竟是一門科學或是藝術？兩者同為教學活動之二個面向，還是教學藝術須以教學科學做為基礎？

四、教學藝術與教師專業發展的關聯性為何？如何成為教師專業發展評鑑規準的內涵？

五、教學藝術在課堂上的實際做法為何？

二　文獻探討

(一)美學成為教學藝術的立論

希臘哲人柏拉圖（Plato）在哲學派別上，常被歸類為觀念主義或理想主義，他認為宇宙是由觀念、心靈和精神所組成，世界只是人類心靈的反映。基於此，他在知識論上主張知識可分為四個層次：幻影（image）、具體實物（sensible objects）、抽象觀念（intelligence ideas）、形式（form），由於人類的知識來自觀念或理性，因此，前兩者來自感官經驗的知識是不可信的，只有後兩者才是真正的知識（林玉体，2006）。既然來自感官的知識是不可靠的，他在美學理論上提出，真正的美來自心靈永恆的價值世界，是純淨、單一、和諧的，而繁複的節奏、複雜的線條、華麗的辭藻都只是虛假的藝術（楊深坑，1987）。那麼，要如何提升來自心靈的美感精神呢？柏拉圖提出下列六項歷程：1.始自愛美的形體並孕育出美妙的思想語言；2.由個別美的形體表現出形體美的形式；3.視心靈之美的價值超越形體之美；4.行為與制度之美；5.各種學問知識之美；6.永恆普遍之美（崔光宙，2000）。另一位希臘哲人亞理斯多德（Aristotle）則將美學視為一種創意科學，包含修辭學和詩學，認為可以產生淨化人心作用，使人感到輕鬆舒暢（崔光宙，2000）。

康德（Kant）在知識論上調和理性主義與經驗主義，認為知識的構成來自先天形式（先天理性）與後天材料（感官經驗）。他的美學理論主張「美感判斷力」可以連結理解力與想像力，使兩者協調成為一種自由的心靈狀態，透過心靈的創造能力來達到「物我合一」的境界（張世英等，1991；崔光宙，1992）。

杜威（Dewey）的美學思想主要來自《藝術即經驗》（*Art as experience*）一書，他站在經驗自然主義來詮釋美學（江合建，2000a），主張美的感受是個人與環境交互影響下的結果，教師與學生積極互動，教學內容與學生的生活經驗相結合，教學方式儘可能引導學生動手實做，學生用心領會，在班級社會裡學習如何表達自我和人際互動，自然就會產生審美感受，進而豐富人文素養，健全人格發展（吳俊憲，2000）。誠如江合建（2000b）指出，杜威主張「交互作用」是學校教育的重心，包括下列三方面：1.師生間的互動，涵蓋「做與受」、「教與學」、「知與行」，由教師引導，學生領會，教師傳道、授業、解惑，教導學生從未知到已知，而學生也能動手做並實際應用於生活中；2.學生間的互動，學習認識和瞭解其他同學；3.學校、家庭和社會間的互動，發揮學校教育的中介功能。與杜威看法相近的國內藝術創作大師朱銘，他認為藝術必要條件發自自我本源，自己動手做才會有獨到的見地和創新，「萬物靜觀皆自得」，只要培養一顆藝術的心靈，大自然就是最好的老師，課程乃是來自生活的自修（潘瑄，1999）。

從教育美學或課程美學（curriculum aesthetics）的觀點來看，Broudy（1988）指出，從歷史的探究中發現心像先於語言，感受先於思考形式。然而，學校大多教導的是認知學習而非美學教育，殊不知美學教育才是教育的根本，它能讓學生擁有豐富的影像經驗並發展出美感的印象能力（包含對顏色、聲音、形像的感受），而此對於學生的讀寫能力和概念理解有很大的助益。Greene（1995）主張人類要釋放想像、追求自由，這是因為每個個體與他人都是互為主體性的，透過文學和藝術作品中對於人性、人類困境、不同的生活世界、超越之可能性的描繪與呈現，去想像和理解他人的生活境況，就能察覺他人觀看世界的多元觀點與多重意義的存在。因此，他提出轉化型教育學（transformative pedagogy）的概念，強調在課堂上除了傳統學科知識的學習外，教師也要納入文學與藝術，師生藉著不斷的探尋自由、批判反思，來喚醒和啟發自我意識（self-awareness）的覺醒。

Eisner（1998）在《啟蒙之眼》（*The enlightened eye*）一書中提出，美學探究取向的認識論有七項要旨：1.可以運用多種方法來認識這個世界，像是藝術家、寫作、舞蹈和科學等；2.人類知識是經驗建構的形式，也是自然和心靈的反省，知識是被製造的，而不僅是發現；3.人類用來再現世界概念的形式，深刻地影響能夠訴說的概念；4.想要有效的運用認知與再現世界的任何形式，智識（intelligence）是不可欠缺的；5.再現世界形式的選擇，不僅影響人們所訴說的，也影響所可能經驗的；6.當人們對於教育方式有越多的描述、闡釋和評價時，教育探究就會變得更完整和廣博；7.在教育社群中會有特殊的再現形式被接受，當新的形式出現時會需要有新的能力。由此足見，Eisner認為任何物品形式都存在美學的特質，這些形式的再現可以為人們帶來無法直接體驗的部分，這樣的主張促使美學與教育領域的結合。

綜上可知，美學重視人類思維的啟發與心靈層面的同步提升，藉以增進感知、觀察、想像、鑑賞及創造的能力。應用於情意教育或美感教育上，關注的是如何透過課程與教學來引導學生具有美感經驗；應用於教學藝術上，則是將美學立論融入教學技術中，強調教師自身要培養美學素養，教學技巧要從技術層面提升至藝術層面，並善於在班級裡經營師生的生活美學。

(二)教學藝術與教師專業發展的關係

何謂教學藝術（the art of teaching）？Gage（1978）很早就提出教學藝術一詞，他在《教學藝術之科學基礎》（*The scientific basis of the art of teaching*）一書中指出，教學活動的最高境界是達到藝術之境，但必須以堅實的科學為基礎。

Eisner（1998）認為教學是一門藝術，乃基於四項理由：1.教學兼具技巧與優雅，對師生而言，教學經驗就是美學，舉凡活動安排、問答技巧、講解方式等，都可以成為一種藝術表現的形式，帶來師生內在的滿足；2.教師就像畫家、作曲家、演員和舞蹈家，依據行動中所顯現的特徵來判斷，因此教師必須全盤掌控班級氣氛與學生特質，適足以引導學生並予以回應；3.教學無法由事前的規範或常規所完全主導，乃因教學是一項複雜的過程，無法像機械運作而產生一連串制式的反應，而需仰賴教師發揮創意；4.教學目的在行動中被創造出來的，明確訂定教學目標容易使教學僵化。因此，教學可以是一種美感的經驗，教師要更敏銳、有智慧、有想像力及充滿創意（郭禎祥、陳碧珠譯，2008）。

錢夢龍（1998）認為「名師」有獨到的素養和豐富的實踐經驗，比一般教師更能自如地掌握和運用教學的普通法則。寧鴻彬（1998）認為課堂教學是一門科學，要向學生傳播真理，揭示客觀事實的規律；此外，教學也是一門藝術，是指教師能根據學科目的、任務和特點，針對教材和學生實際，創造性地設計教學程序、運用教學方法及引導學生，使課堂教學化繁為簡、生動活潑，獲得教學效果。孫春成（1998）認為教學藝術是教學基本技巧的昇華，是連結教學內容與教學實踐的橋樑。教學藝術是教師運用語言、動作、表情、色彩、音響、圖像等途徑，遵循教學規律，運用教學原則，創設教學情境，為取得最佳教學效果而創造性地組合運用的一整套嫻熟的教學方法、技能和技巧。

舉實例來說，孔子「誨人不倦」，他對於教學從不感到厭倦，他的教學可算是體現教學藝術的最佳代表。他善於透過詰問來啟發學生具有內在洞察力和反省能力，他對於同一個問題會提供不同的解釋，例如子游問孝，子曰：「今之孝者是謂能養，至於犬馬皆能有養，不敬，何以別乎？」子夏問孝，子曰：「色難。有事弟子服其勞，有酒食先生撰，曾是以為孝乎？」此外，他在教學上認為「不憤不啟，不悱不發。舉一隅不以三隅反，則不復也。」他要求學生能夠「舉一反三」，學生具有主動學習的意願和動機下，教師再進而啟發、開導。當然，孔子也容許弟子有自己不同的意見，他說：「當仁，不讓於師。」（金安平，2010）

底下再舉一些教學實務來談論教學藝術。陳小平（2001）在課堂上教導朱自清的〈背影〉一文，他會帶領學生討論：「作者一共流了幾次淚？描寫流淚的文字是否雷同？每次流淚，作者抒發的感情是否一致？」最後他和學生共同歸結出四次流淚的差異性在於：1.徐州見父——難過的淚；2.望父買橘——感激的淚；3.父子分手——悵惘的淚；4.北京思父——辛酸的淚。藉以引導學生讀到作者的真情流露，衝擊學生內心並對於文章產生一種藝術感染力。

《課堂教學藝術：語文學習精選本》一書中，多位教師分別闡述如何在語文課堂上運用教學藝術，重點歸納如下：1.心的交流，教師引導學生感受對教材中情感的豐富性，喚起學生的情感體驗；2.教學中的特寫，運用圖片、聯想和理解去記住最重要的環節，深刻烙印在記憶中；3.進入角色，引導學生進入課文中人物的內心世界，並與自己的生活相對照；4.淺文深教，教學由淺入深，發展學生的認知水準；5.美的發現，教師引導學生對美有感受、鑑賞和創造的能力；6.教學的輔助性內容，教師要能旁徵博引，加深加廣學生的學習；7.教學創意，吸引學生興趣和注意；8.教學的教養性，把課文中蘊含的道德理想當做教學重點；9.教學的人文性，尊重學生的個性特徵和全面身心發展；10.教學創造力，教師創造性的設計教學和提問，鼓勵學生提出自己的看法（語文學習編輯部，2001）。

近年來，教師專業發展成為國內外重視的教育改革議題，綜合學者的看法，教師專業發展是指教師在教學生涯中，不斷地充實專業知識與技能、尋繹自我瞭解、因應生態改變及規劃生涯發展的歷程（Guskey, 2001; 吳俊憲，2010；陳美玉，1999；潘慧玲等，2004；饒見維，2003）。教師專業發展的內涵大致可區分成四個層面：課程設計與教學、班級經營與輔導、研究發展與進修、敬業精神與態度。那麼，教學藝術與教師專業發展的關聯性為何？茲闡述如下：

1.教學藝術與教學科學是教學系統的兩大支柱

教學科學是指教學歷程有一些標準化、可測量、程序性的知識和技能可以依循。教學藝術之所以不易探究，乃因具有神秘感、不可測量及主觀感受的特性。事實上，身為一位教師，在教學上應兼重兩者，一方面充實教學的基本技巧，也應致力於探索教學藝術內涵，培養教學藝術素養，使教學設計與實施更富有創造性。例如在訂定教學目標時，不一定要設定精準、清楚及量化的行為目標，因為那容易使教學受到侷限、過度簡化，可以參考Eisner（1998）提出的表意（expressive）目標與問題解決目標，前者像是「拜訪動物園，討論其中的趣味」，用來描述學生的學習過程，提供師生探索的機會而非指出學習的結果；後者像是「討論如何戒菸更有效」，師生共同提出問題，然後一起討論如何解決（郭禎祥、陳碧珠譯，2008；黃政傑，1991）。

2.教學藝術應成為教師專業發展規準的重要內涵

這裡可分成兩方面來看。首先，在教學上，教師要有好奇心和想像力，瞭解學生的學習能力和程度有許多變化性，因此教學便很難按照既定流程、照本宣科，教師要充分瞭解學生的背景條件及先備知識，配合其認知發展，然後鼓勵學生勇於探索學習。而且教師教學要有創意，例如一位有效能教師除了懂得課程設計、選用合適教材、研擬適切的教學計畫外，也能適時地補充符合學校本位需求的教學材料，能轉化教科書課程，呈現活潑多元、有創意的教材。另外，教師可善用直觀教學，讓教學充滿邏輯美和情境美，可適時地融入學生生活經驗，運用提問技巧，視學生為學習主體，幫助學生獲得理解而不是直接給答案。其次，在班級經營上看，教師要有教學品味，因為教師的一言一行深刻影響學生，因此教師在班上應善於營造積極主動、安全溫暖的學習氣氛，不要任意在學生面前動怒，可改採個別處理方式，平時也要和學生有良好互動、培養默契。

由上可知，教學藝術雖然與教師個人的特質或天分有關，但有許多部分仍是可觀察的、可學習的，也有一些規準可參考依循的。教師只要能熱愛教學工作，平日培養廣泛的興趣和能力，並主動探索教材教法、瞭解學生特質，許多教學技巧便如「運用之妙，存乎一心」，能靈活運用、自動化，達到教學藝術之美學境界。

三 研究設計與實施

(一)研究對象與方法

為求探尋教學實務界的看法，本研究採開放式題型之問卷調查，研究對象的選擇採立意取樣方式，選擇國立臺中教育大學課程與教學研究所碩士班一年級的研究生，共有23位，全部都任教於臺中市（原臺中縣自2010年12月起與臺中市合併）的現職教師，包含高中教師3位、國中教師13位和國小教師7位，教學年資平均為6.1年（詳見表21-1所示）。研究對象的選擇標準有二：其一必須是現職教師，且至少有3年（含）以上的教學年資（含代課）；其二具有課程與教學領域的基礎知能。研究對象（問卷填答者）的平均教學年資雖然只有6年，但本研究旨在借重教學現場實務教師表達教師專業發展中教學藝術的看法並據以分析，目的不在於發展本研究整全的理念，也非全盤接受所有意見，在研究結果與討論時將進行綜合討論及整合批評。

表21-1　研究對象基本資料表

編號	任教的教育階段	任教的主要學科或領域	教學年資
T1	國小	導師	4
T2	國小	導師	5
T3	國中	英語科兼導師	3
T4	國中	英語科	6
T5	國中	英語科兼導師	7
T6	國中	英語科	5
T7	國中	英語科	6

T8	國中	音樂科	11
T9	高中	地理科	6
T10	國小	導師	8
T11	國中	綜合活動科，兼任輔導教師	6
T12	國中	英語科兼導師	3
T13	國中	數學科兼導師	5
T14	高中	歷史科	3
T15	國中	數學科	6
T16	國小	導師	7
T17	國中	音樂科	10
T18	國中	體育科兼導師	8
T19	國中	導師	4
T20	國小	導師	6
T21	國小	導師	7
T22	國小	導師	4
T23	高中	英語科	10

(二)問卷設計與研究實施

本研究問卷主要根據研究目的及文獻探討做為基礎，採開放式題型設計調查問卷，題目共分兩部分，一是基本資料（包含任教的教育階段、任教的主要學科或領域、教學年資），二是主要問題內容。問卷內容如下：1.何謂教學藝術？2.教學藝術的範圍為何？3.教學是一門科學，還是藝術？請說明你的看法。4.教學藝術與教師專業發展的關聯性為何？5.請舉例說明，在你的教學中是如何實施教學藝術的？

研究者在2010年10月26日發出問卷，當天由研究者先概說本研究的動機及目的，然後逐題解說問卷內問題的題意，並針對不清楚的敘述加以說明，之後讓填答者帶回家填寫，時間為期一週，最後回收（回收率100%）並進行分析。資料分析主要是根據研究目的與問題發展出主題軸和次主題軸，以方便資料的歸類整理，然後將問卷填答者的代碼編號逐一對應各項研究資料，詳如表21-2，最後進行資料詮釋並綜合提出分析意見。

表21-2　資料主題軸類型與編碼一覽表

主題軸類型	次主題軸類型	問卷填答者的代碼編號
教學藝術的意義	教師特質的展現	T6、T9、T10、T13、T14、T15、T16、T19
	傳遞人類的價值	T2
	教師的美感知能	T1、T7、T8、T3、T4、T5、T11
	表演藝術	T17、T18
	師生經驗交互作用	T12、T20
教學藝術的範疇	教學專業能力	T1
	教學的整體規劃	T2
	教學行為或技巧	T3、T4、T9、T10、T12、T14、T21、T22
	有形和無形的	T5
	個人特質或魅力	T13、T16
	提高學習動機	T15
	教師、學生、場地	T17
	認知、情意、技能	T19
教學是科學或藝術	教學是一門科學	T1－T23
	教學是一門藝術	T1－T23
教學藝術與教師專業發展的關聯性	課程設計與教學	評估學習起點（T1、T12、T20） 因材施教（T10、T18） 教材選擇與輔助工具（T9、T11） 創意教學（T2、T3、T16） 教學技巧（T4、T5、T7、T8、T9、T11、T12、T14、T15、T19、T20、T21、T22） 教學多元化（T4、T6、T16） 學習動機（T13、T16、T18）
	班級經營與輔導	班級常規（T12） 班級氣氛（T1、T14） 師生互動（T6、T16） 教室布置（T6） 親師溝通（T10）
	研究發展與進修	追求專業成長（T17） 進行同儕視導（T4） 參與研習或研討會議（T9） 參與教材教法研發（T11）
教學藝術與教師專業發展的關聯性	敬業精神與態度	教學熱忱（T1） 人文內涵（T2、T23） 精神與生命體現（T10） 教學省思（T1、T19） 以身作則（T4） 情緒管理（T4、T6） 教師形象（T16）

教學藝術在課程或學科的實施示例	結合藝術人文的多元化教學	T3
	結合新聞時事或趣味化教學	T5、T15
	結合溝通藝術的教學	T7、T21
	結合戲劇元素的教學	T8、T17
	結合生活經驗的教學	T13
	注重生活常規的教學	T18

四 研究結果與討論

根據研究目的及問卷分析結果，以下分別來闡述教學藝術的意義、教學藝術的範疇、教學是一門科學或是藝術、教學藝術與教師專業發展的關聯性、教學藝術在課程或學科的實施示例，最後進行綜合討論。

(一)教學藝術的意義

究竟教學現場的教師是如何詮釋教學藝術呢？從意義上來分析，教學藝術可視為一種教師特質的展現，目的在傳遞人類的價值，涉及教師的美感知能，是一項表演藝術，也是師生經驗交互作用下的產物。

1.教學藝術是教師特質的展現

教學藝術與教師的人格、特質、魅力有關，也會連帶影響到教師的教學理念、教學風格和班級經營。因此，教師正如同一位藝術家，在教室裡不只是傳授一些生硬的學科知識，而是強調和學生產生良好互動，建立起一套獨特的教學方式及帶班風格，每位教師都各具特色，就像是藝術創作所展現多元性和變動性。

2.教學藝術傳遞人類的價值

教學藝術之目的在於傳遞給學生「真、善、美、聖」的價值，它是人文與藝術的展現，涵蓋教學過程中的人、事、物等要素。

3.教學藝術關切教師的美感知能

教學藝術意同「教學藝術化」，是指將運用藝術美感的手法來展現教學技巧，使生硬的教學內容變得活潑易學，而此與教師自身的人文藝術修養及學生的美感體驗密切相關。另外，教學藝術必須以專業知識為基礎，然後依據一定的美感法則進行教學，致力於引發學習動機，讓學生樂於學習。也就是說，從教學前的構思到教學過程中的執行、修正、省思及回饋等，教學如同製作一件藝術品，過程中需要審慎、思考、用心，而且具有價值和美感。

4.教學藝術是一項表演藝術

表演藝術中有演員（即教師）、觀眾（即學生）及舞臺（即教室、操場等），並能牽動觀眾的情緒氛圍（例如活潑、嚴肅、歡愉、緊張、和諧等）。而教師的教學亦同，需要具備卓越的教學技巧，教學過程中一如藝術家般的展現靈性與感性，與學生互動，引發學習動機和意願，細心觀察學生的學習情形並給予回饋。

5.教學藝術是師生經驗的交互作用

教學藝術是「教」與「學」交互作用下的產物，教師方面的要素有：人格特質、藝術涵養、教育哲學、課程內容、教學方式、肢體語言等；學生方面的要素有：學習風格、聰明才智、社經背景、文化刺激等。上述不同的要素交叉作用，便會影響到教學效果。

(二)教學藝術的範疇與要素

教學藝術的範疇為何？教學藝術包含哪些要素？研究結果發現，教學藝術可以特指一位教師的教學專業能力；教學藝術蘊涵在課程設計、教學風格與個人修養、價值知識傳承、班級經營、學習情境的整體規劃之中）；教學藝術的範疇廣泛，只要是教學前、中、後所表現的教學行為或技巧都屬之；教學藝術包括有形的和無形的；教學藝術特指教師個人特質或魅力；教學藝術是指能提高學生學習動機的技巧與方法；教學藝術包含教師、學生、教學場地三個面向；教學藝術包含認知、情意、技能三方面的教導。

詳析之，底下具體的歸結教學藝術應有的範圍及其要素：

1.課程（教材）設計的藝術：經過審慎思考並規劃出周詳的教學活動，有組織的架構可幫助學生容易吸收理解；另外，選擇教材要有創造性、時事性。

2.教材呈現的藝術：教師必須善於詮釋和轉化教材，善於引用生活實例融入教學等。

3.教學技巧的藝術：包括教學內容旁徵博引，教學程序安排緊湊，教學流程轉銜（轉折）巧妙，問答與回饋的技巧，教學評量多元化，適時補救教學的實施等。

4.教學語言的藝術：包括肢體動作、手勢、表情、口氣、眼神、態度；言行舉止可以帶有戲劇性；說話流暢清晰、表達有條有理；幽默的言談藝術；發人深省的言談內容。

5.板書（文字）的藝術：能在黑板上書寫整齊的板書。

6.教具使用的藝術：適時運用教學多媒體；教具能具有視覺吸引力，發揮教學輔助功能。

7.師生互動的藝術：包括教師情緒處理，掌控學生的學習心理，平日的情感交流和人際關係。

8.教學省思的藝術：教學後反思教學活動是否達到教學目標，教學評量是否合理、多元，是否公平對待所有學生。

9.教室布置的藝術：教室的布置具有藝術氣息。

10.學習氛圍營造的藝術：上課氣氛熱絡，學習氣氛能掌控鬆緊交替。

11.教師儀態的藝術：乾淨整齊的儀容、穿衣哲學、休閒嗜好、言行舉止、用字遣詞及生活習慣等。

12.班級經營的藝術：班級生活常規的管理。

13.潛移默化的藝術：潛意識的情感交流，身教、言教，人格的陶冶，以及品格的養成。

(三)教學是一門科學或是藝術

Gage（1978）認為教學是科學也是藝術，既求真，也求善與美，誠如他在《教學藝術之科學基礎》一書中指出，「教學活動的最高境界是達到藝術之境，但必須以堅實的科學為基礎。」研究發現，幾乎所有問卷填答的現職教師都認為，教學活動中的科學與藝術兩者是相輔相成的，同為教學活動之二面，而非如Gage所言，藝術需以科學做為基礎。茲闡述理由如下：

1.藝術可以提升科學的美感與趣味性，而科學則保證教學的效率和效果。一位教學技巧豐富的教師，不僅能熟練科學原則進行有效教學，也有良好的班級氣氛，可以看到令人喝采的藝術家表現，同時增強學生的理解能力及學習興趣。

2.從教學的課程設計模式和教學方法理論來看，教學是一門科學；若從教學的風格、教學的情境與知識價值的傳承來看，教學是一門藝術。

3.運用科學的方法及程序在教學實務上，教學是科學；不過，教學是師生之間情感交流及意識溝通的歷程，因此教學需要藝術。

4.教學藝術可融入活躍的分子在死板的科學知識中，而科學知識也可讓教學活動更具說服力與挑戰性。

5.教師不能一直講課，學生一直練習，這樣的教學呆板無趣；教學過程雜亂無章，則教學進度和學習成效有限。

6.成為教師前應具備學科與教學專業知識，而教學藝術是一位教師在教育中自行體悟的教學理念、教學風格和班級經營，在教學過程中有意識或無意識地傳達給學生，引領學生瞭解做人處事之道以及學科知識的精髓。

7.將教學內容以科學化的系統方式教授給學生，教學則要以藝術的手法來呈現，讓學生像享受一場「表演」般的自然地吸收教學內容，「藝術以科學為根基，科學以藝術為裝扮」。

8.教學是科學，因為教學方法是有順序性的，有很多學習理論來支持的，要將正確的學問知識精確的傳授給學生，讓學生具備基本的學識和能力；而教學是教「人」的藝術，因為教師使用教學技巧做為教學的潤滑劑，使教學活潑有變化，使學生能快樂學習、易於吸收，也習得待人處事的態度和美感經驗。

9.教學內容涵蓋認知、情意和技能。教學藝術要求真，知識內容的傳遞務必正確；求美，培養學生道德情操、欣賞身邊事物，萬物靜觀皆自得，教師本身更是學生的楷模與示範，身教、言教並行；求善，培養學生生活能力。

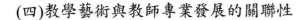

(四)教學藝術與教師專業發展的關聯性

教師專業發展的內涵主要有四個層面：課程設計與教學、班級經營與輔導、研究發展與進修、敬業精神與態度。從研究結果得知，教學藝術可以成為教師專業發展的重要內涵，學校在研訂教師專業發展評鑑規準時，可納入教學藝術做為參考依據。

1.課程設計與教學

(1)**評估學習起點**：瞭解學生的個別差異，瞭解學生的學習需求、先備知識以及分析學習成果、學習程度、家庭背景及情感需求；溫故知新，連結舊有知識與新知識。

(2)**因材施教**：能依學生能力適性教學、因材施教，充分準備課程內容，才能發揮教學效能。

(3)**教材選擇與輔助工具**：教材講義的選擇與編排，完整的課程安排，加強課堂教學輔助工具，適當的融入時事議題或圖片。

(4)**創意與思考教學**：教學藝術是教師專業發展的一環，教學久了容易產生僵化的教學流程，思考也會變得單向，缺乏藝術性的變動及創意，所以需要適時加入教學藝術的陶冶，以提升教學品質，例如可以運用故事教學方式，分享生活故事或美德家訓。另外，教師要保留教學上的彈性，讓學生有適度的發揮空間和選擇，激發學生更多的動機和創意。

(5)**教學技巧**：結合活潑生動的教學技巧，吸引學生學習動機，以達到教學的目標，培養學生帶著走的能力。具體來說，包括有詳細清楚的板書，講解的時候要有條理並搭配合適的舉例，讓學生更能理解學習內容。另外，也要視學生反應調整教學進度及教學方式，不一味地趕課，注意學生的回饋、學習成果及上課互動。

(6)**教學多元化**：善用資訊融入教學，活動設計與生活經驗相結合。教學過程中運用幽默感、小故事分享及人生哲理，讓學生在學習學科知識之餘，也懂得如何生活。亦可在課程中融入時事或流行元素，適度加入配合課程的小活動或遊戲，讓學生在「玩」的過程中達到學習目的。

(7)學習動機：教師知識需能明確的轉化及轉達給學生，引發注意力和學習興趣。

2.班級經營與輔導

(1)班級常規：做好班上的秩序及班級管理，不讓少數人影響到多數人的學習權利。

(2)班級氣氛：教師能與學生培養融洽的師生關係，塑造良好的班級氣氛，從中培養學生的學習興趣。善用溝通技巧來增進師生互動，用學生熟悉的情境做橋樑去導引學生，進而激發學習熱情，也要鼓勵肯定學生的成長。

(3)師生互動：教師的人格特質與教學信念，在師生互動中，學生藉由觀察模仿學習，瞭解教師的處世之道。教師和學生維持亦師亦友的關係，多瞭解學生的喜好，聆聽學生的語言，和學生間有共同的話題。

(4)教室布置：注重整潔的教室布置，讓學生身處在乾淨明亮的學習空間，教室布置可運用明亮活潑的色彩，布置成一個有美感的教室。

(5)親師溝通：與家長建立良好關係，在家長眼中樹立個人專業形象。

3.研究發展與進修

(1)追求專業成長：因為教師本身是專業的、有知識性的，因此教師必須不斷地提升教學效能。

(2)進行同儕視導：多去觀摩其他教師的教學，互相交流討論。

(3)參與研習或研討會議：多參與相關研習和研討會，多吸收專業知識，以增強教學能力與知識活用。

(4)參與教材教法研發：教師平時必須多注意時事、關心學生，並且多參加教學研習，以精進自我。另外也可參與領域或學科的教材研發，增加體驗活動，培養學生解決問題的能力。

4.敬業精神與態度

(1)教學熱忱：教師需要具備熱忱來從事教學工作，而此源於對教學的興趣，把教育視為藝術加以靈活應用和轉化，這是教師必要的專業能力。此外，教師要能深入關懷學生，使教學充滿意義。

(2)人文內涵：教師需要教學藝術使教學更富人文的內涵，使教學的歷程更符合教育的價值性與意義性。

(3)精神與生命體現：教師在教學生涯中遭遇各種挑戰，運用智慧解決問題，形成教學藝術。

(4)教學省思：隨時自我反省，做個反思型教師；可以檢視自己的教育哲學觀，進一步充實自我的專業與結合個人的特質，讓教學更多元化，努力做到讓每個孩子都能全人的發展，獲得鼓勵與尊重。

(5)以身作則：教師每天精神飽滿，讓學生感受到活力。

(6)情緒管理：維持良好的情緒，不隨意動怒，一旦動怒會告知學生為何生氣的原因，也讓學生瞭解到情緒控制的重要性，也可適時引導學生學習正確的處事態度。

(7)教師形象：教師要隨時注意儀態。

(五)教學藝術在課程或學科的實施示例

教學藝術如何融入在課程或學科來實施呢？底下列舉一些實例來說明：

1.結合藝術人文的多元化教學

T3老師舉例，萬聖節是英語課程中談到節慶的重要主題之一，在教學中除了教導字彙、閱讀文章等練習外，還可以藉由氣氛營造及音樂、影片或故事，讓學生更深入瞭解節慶的由來和意義。例如在萬聖節教學中，一開場由老師戴上萬聖節風格的巫婆帽，提著南瓜燈和糖果，然後播放「聖誕夜驚魂」影片，讓學生透過故事及畫面很自然地進入萬聖節的情境。接著再搭配影片中的萬聖節主題曲「This is Halloween」，裡頭提到很多鬼怪的名稱及特長等，加深學生印象。影片結束後，學生要到臺前唸出「Trick or treat」或是影片中任何一個鬼怪的名字，然後就可以拿到糖果。最後，讓學生發揮創意，設計出骷髏頭，可用來當裝飾品或嚇人的道具，或畫出各種表情的南瓜等。如此一來，透過動態的互動教學以及靜態的創意思考，就能引導出教學藝術。

2.結合新聞時事或趣味化教學

T5老師舉例，可以連結新聞來教英語文法，或帶領學生欣賞文章中優美的句子，或詢問學生對於文章內容的想法再連結回課文主題，學生們的回答有時很爆笑，有時也帶給所有人不同的想法，上起課來令人覺得輕鬆有趣。T15是數學老師，她舉例可運用一些相關理論數學家的小故事引起動機，在教學中給學生時間進行小組討論，增加合作學習的機會；要適時獎勵，給予學生正增強，提高學習成就；也可運用數學魔術連結數學概念，降低學生對數學的陌生感並引起興趣；另外也可使用教學媒體，變化教學方式增進學習動機。

3.結合溝通藝術的教學

T7老師舉例，一開始上課可以簡短播放3分鐘的英語歌曲或影片（如舞蹈、電影片段等）來引發學習動機，然後運用可以增進師生互動的「溝通藝術」，在問答中引導學生自動自發地學習教材內容。最後要塑造學習氣氛，包括教師聲調語言的變化、生活經驗的導入等，讓學生「enjoy」在學習氣氛中。T21老師在課堂教學或平日的班級經營，會讓每個學生有發表的機會，與學生建立良好溝通管道，聆聽學生的想法，也藉此讓學生體會並學習「尊重」與「表達自我」之間的分際應如何掌握。

4.結合戲劇元素的教學

T8與T17是音樂科教師，舉例說教室布置可以多使用一些音樂相關的圖像，營造藝術氣息；教學媒體與教具製作要注重插圖與顏色調配，增加視覺吸引力；教師的言行舉止能儘量多一些臉部表情與肢體動作，提升教學的戲劇效果；教材選擇要具有創造性或時事性，例如介紹人聲可播放林育群（小胖）或蘇珊大嬸在youtube上的影片；教學程序的轉折要順暢，儘量幫學生做好準備動作，讓學生在安全的學習情境下，充分表現自我，增進對藝術的喜好，例如要求學生期末考試要獨唱，除了複習演唱歌曲外，平日上課每次撥出5分鐘，鼓勵學生自願上臺先做獨唱練習；教學的評量方式採多元化方式，使學生對自己的音樂表現有多一些的自信。

5.結合生活經驗的教學

T13老師是數學老師，她舉例在教導線對稱圖形單元，可以給學生看一些圖畫，或要學生列舉生活中有哪些是對稱圖形，培養欣賞對稱的美感；或是在教導比例時，可以提到人的黃金比例。如此一來，便能將數學教學與生活相關的內容相結合。另外，在教學過程中要尊重不同學生的想法，因為每個人對每件藝術品的評價不一，就好比在解數學題目時，每個學生的方法不同，因此老師不應侷限他們只能有某種想法或使用固定的解題方法。

6.注重生活常規的教學

T18是體育老師，她認為平常的動作示範中，會讓學生自由表達所見的動作要領。教學過程中會讓學生示範動作，藉由學生的示範動作中，要學生彼此互相觀摩，學會欣賞他人優點，並觀察可以改進之處。另外，她相當要求學生的言行舉止，上課過程中，學生不能說粗話或做出不雅動作，要求生活常規重於學習成果，因為學習態度會決定各方面的表現。

(六)綜合討論

從文獻探討與教師教學實務觀點兩相對照來看大致吻合，大都認為教學藝術可視為一種藝術表現的教學形式，而在發展教師專業時不能只侷限於專業的知識傳授、課程理論和教學技巧，更要重視教學藝術，畢竟教育不是製造業，無法使用統一的規格來要求所有學生達到固定的標準。要知道教師的教學對象是「人」，就算是同一個人的五根手指頭也都不一樣長，因此教師要如同藝術家般具有敏銳的觀察力，要懂得發掘學生特長之處，然後適時引導和鼓勵發揮才能。

另外，教學藝術是有原理原則可依循的，誠如歐用生（2010）所言：「藝術的經驗是人類經驗本質的一部分，是教師技巧的一部分，如何融合不同觀點與藝術境遇是教師專業成長的主要內容。」然而，可能是因為教學藝術偏向於強調美感經驗、想像及創意，因此教學藝術常被視為抽象難懂，更遑論如何實踐；連帶也影響到談論教師專業發展時，只好偏重教學科學的技術層面，而忽略了教學藝術層面的內涵與運作方式。然而值得反省的是，教學藝術並非只是著眼於教師如何處理教材，更在於教師如何活化教學技術與內容，如何營造積極正向的班級學習氣氛，方能達到有效教學與有效班級經營的目標，須知教學過程留給學生印象最深刻的部分，通常都不是教師所教導的理論知識。

比較不同的是，教學究竟是一門科學或是藝術？教師教學實務觀點與Gage所言「藝術以科學作為基礎」的主張不同，教學實務教師認為科學和藝術同為教學活動之二面，兩者是相輔相成的，本研究亦支持此一論點。另外，分析教學實務教師對於教學藝術與教師專業發展的關聯性，大都認為兩者有關係，但無法清楚闡明具體的關聯性在哪裡。研究者推論，這可能是因為問卷填答教師多未參加教師專業發展評鑑工作，對於評鑑內涵及評鑑規準的認識不夠清楚，因此無法更進一步的從教學藝術內涵說明如何轉化成為教師專業發展評鑑規準。

最後，教師談及教學藝術如何應用在課堂上的實際做法，比較偏向是一種創意的多元化教學，然而教學藝術絕非如此而已。例如歷史教師在教授歷史知識時，可以重新調整教科書裡的課程編排，加上運用適當的教學媒體，將各種藝術型態融入教學中，包括文學、音樂、繪畫、舞蹈、戲劇、建築、雕塑及電影等，讓歷史彷彿在學生面前活靈活現，除了幫助學生瞭解歷史內涵，也可引起學習動機和興趣，課堂上不再只是記憶背誦、劃重點及寫筆記。另外，研究也發現，多數教師對於自身如何陶冶教學藝術素養無法提供具體的方式或途徑。

五 結論與建議

(一)結論

以下總結本研究結論。首先，教學藝術的意義是一種教師特質的展現，傳遞人類的價值，關乎教師的美感知能，可視為一項表演藝術，或是師生經驗的交互作用。其次，教學是一門科學也是藝術，藝術可以提升科學的美感與趣味性，而科學則保證教學的效率和效果，兩者是相輔相成的，因此教師應培養自己具有美學涵養和美感意識，並發展高尚的人格。誠如何貝芬（2001）指出，教學的形式美源於教師的藝術修養，學生對於美感和體驗以及一些學習效果都是來自於教師潛移默化的影響而得。

第三，教學藝術的範疇與要素包括：課程（教材）設計、教材呈現、教學技巧、教學語言、板書、教具使用、師生互動、教學省思、教室布置、學習氛圍營造、教師儀態、班級經營及潛移默化的藝術。

第四，教師專業發展可以從認知、技能、情意三個面向著手，培養自己具有藝術的眼光和內涵，並從課程設計與教學、班級經營與輔導、研究發展與進修、敬業精神與態度四個層面致力於發展教學藝術的實施策略。如此一來，教師的教學變得更有創造力，能配合學生的認知發展安排學習活動，懂得接納學生的多元智能而不要求標準答案，布置班級學習情境的綠化美化，養成學生良好的生活習性和衛生習慣，使師生在美感經驗的潛移默化中達成教育目的。

第五，教學藝術與教師專業發展之間有關聯性，具體內涵如下：1.課程設計與教學，包括評估學習起點、因材施教、教材選擇與輔助工具、創意教學、教學技巧、教學多元化、學習動機；2.班級經營與輔導，包括班級常規、班級氣氛、師生互動、教室布置、親師溝通；3.研究發展與進修，包括追求專業成長、進行同儕視導、參與研習或研討會議、參與教材教法研發；4.敬業精神與態度，包括教學熱忱、人文內涵、精神與生命體現、教學省思、以身作則、情緒管理、教師形象。上列均可做為學校研訂教師專業發展評鑑規準的參考依據。

研究者認為教學情境是複雜的，不能單純地化約成系統性的教學處方，有些可依賴教學科學來達成教學目標，有些則否。教學藝術對教師而言就像是導演的藝術，不是要教師表演、學生欣賞，而是教師會採用多元的教學方式引導學生積極主動地去思考、領悟、發現和創造。教學之所以是藝術，乃是因為教師具有美學素養，可以敏銳的、批判性的一眼望穿學生的個別需求與能力程度，幫助學生獲得多元才能的發揮空間。

總之，本研究剖析教學藝術的意義與範疇內涵，也從教師專業發展面向去尋繹教學藝術實施的原理原則與方法，試圖掀開教學藝術的神秘面紗，讓教師瞭解教學藝術雖與個人的天份和人格特質有關，但只要致力追求教師專業發展，提升自己的教學效能和班級經營能力，就能形塑出一套屬於自己的教學風格，並達到教學藝術之美善境界。

(二)建議

本研究在方法上僅採開放式問卷調查，研究對象採立意取樣，問卷填答人數有限，建議未來對本議題有興趣者可以運用其他研究方法並擴大研究對象，例如可以針對不同教學年資階段的教師做研究，或是針對城鄉差異或不同區域（北、中、南、東）的教師意見進行研究，如此一來，可以獲得更加整全的理念和深入的做法。

另外，鑑於教學實務教師對教學藝術的意涵、素養與做法存有一些模糊和認識不清的地方，本研究建議師資培育機構在未來可考量開設教學藝術相關的選修課程，或教育行政主管機關可鼓勵大學或相關單位辦理教學藝術相關的教師在職進修研習活動，提升教師教學藝術的美學素養。

參考文獻

中文部分——

江合建（2000a）。杜威的美育思想。載於崔光宙、林逢祺（主編），教育美學（頁118-151）。臺北市：五南。

江合建（2000b）。從自然主義經驗論看學校之美。臺灣教育，**600**，34-38。

何貝芬（2001）。如何陶冶孩子美感的心靈。臺北縣：21世紀文化。

吳俊憲（2000）。美感哲學觀及「藝術與人文」課程領域之教育意涵。臺灣教育，**600**，39-44。

吳俊憲（2010）。教師專業發展評鑑：三化取向理念與實務。臺北市：五南。

林玉体（2006）。西洋教育思想史（修訂2版3刷）。臺北市：三民。

金安平（2010）。孔子：喧囂時代的孤獨哲人。臺北市：時報文化。

崔光宙（1992）。美感判斷發展研究。臺北市：師大書苑。

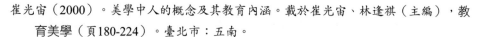

崔光宙（2000）。美學中人的概念及其教育內涵。載於崔光宙、林逢祺（主編），教育美學（頁180-224）。臺北市：五南。

張世英、陳啟傑、鍾宇人、蔣永福（1991）。黑格爾辭典。吉林市：吉林人民出版社。

郭禎祥、陳碧珠（譯）（2008）。Eisner, E. W.著。教育想像力：學校課程、教學的設計與評鑑。臺北市：洪葉。

陳小平（2001）。淚眼看《背影》。載於語文學習編輯部（主編），課堂教學藝術：語文學習精選本（頁2-4）。上海市：上海教育出版社。

陳美玉（1999）。教師專業學習與發展。臺北市：師大書苑。

黃政傑（2008）。課程設計。臺北市：東華。

楊深坑（1987）。柏拉圖美育思想研究。臺北市：水牛。

寧鴻彬（1998）。序言二。載於孫春成（編著），語文課堂教學藝術漫談（頁7-10）。北京：語文出版社。

歐用生（2010）。正在形成的社群：美學社群的建構。中等教育，**61**(3)，8-19。

潘瑄（1999）。種活藝術的種子：朱銘美學觀。臺北市：天下遠見。

潘慧玲（2004，5月）。邁向下一代的教育評鑑：回顧與前瞻。論文發表於國立臺灣師範大學教育研究中心舉辦之「教育評鑑回顧與展望」學術研討會論文集（頁11-23），臺北市。

錢夢龍（1998）。序言一。載於孫春成（編著），語文課堂教學藝術漫談（頁1-6）。北京：語文出版社。

饒見維（2003）。教師專業發展：理論與實務（2版1刷）。臺北市：五南。

英文部分——

Broudy, H. S. (1988). Aesthetics and the curriculum. In W. F. Pinar (Ed.), *Contemporary curriculum discourses* (pp.332-342). Scottsdale, AZ: Gorsuch Scarisbrick.

Eisner, E. W. (1998). *The enlightened eye: Qualitative inquiry and the enhancement of educational practice*. New Jersey: Merrill.

Eisner, E. W. (2002). *The educational imagination: On the design and evaluation of school programs*. New Jersey: Merrill Prentice Hall.

Gage, N. L. (1978). *The scientific basis of the art of teaching*. New York: Teacher College Press.

Greene, M. (1995). *Releasing the imagination: Essays on education, the arts, and social change*. San Francisco, CA: Jossey-Bass Publishers.

Guskey, T. R. (1995). *Evaluating professional development*. Thousand Oaks, California: Corwin.

22 教學藝術之意蘊與陶養

洪詠善
國家教育研究院助理研究員

一 前言

白與滿

白

是休止符

靜默中

承載滿滿的情感

滿

是流動的音樂

在一拍一拍的起伏旋律裡

譜出心情溫度

●●●

教學是滿

具體目標

豐富教材

緊湊活動

反覆評量

〇〇〇
教學是白
自由的遊戲
自在的想像
（洪詠善，2008）

人類文化傳承與文明發展，從早期示範、口述、繪圖、到文字記錄……，都是由具有知識或能力的人，透過各種途徑傳遞給他者，於是，文化得以傳承，文明得以發展；換言之，自有人類以來，教學活動即存在著，只是對象、方式、途徑不同罷了。然而，「傳遞」的概念側重「教」的意圖，忽略「學」的過程，因此無法完全表達「教學」中教者、學習者、教材與環境的關係，以及意義表徵與探究的複雜性。

課程總綱揭示：「國民教育之教育目的在透過人與自己、人與社會、人與自然等人性化、生活化、適性化、統整化與現代化之學習領域教育活動，傳授基本知識，養成終身學習能力，培養身心充分發展之活潑樂觀、合群互助、探究反思、恢弘前瞻、創造進取與世界觀的健全國民。」然而，回到學校現場，課堂教學顯然比知識傳授複雜許多。「想死的遺書，母親揪心發現」，校園霸凌事件層出不窮，未成年學生出招要狠，有的手段殘忍，甚至把過程拍下來PO上網……（吳佩玲等，2010）[1]。理想上學校是群體學習場所，然而在校園霸凌事件頻傳中，卻突顯人我關係之對立與衝突的教學困境。當培養身心充分發展之健全國民高懸於學校教育殿堂，那麼面對當前校園諸如霸凌等問題時，我們不應只是採取學生行為輔導解決策略，而是回到師生每天的課堂教學情境中，重新審視教學的意義。

Grumet（1993）認為，教學藝術即是將教學視為邀請教師與學生

1 校園霸凌問題受到各界重視，教育部亦已著手希望透過制定「校園霸凌防治法」預防輔導。本文認為防治是治標不治本的做法；更重要的是，如何透過學校教育讓學生擁有生命的喜悅、學習的自信與渴望，並能夠增進自我與群體關係之和諧。

共同參與建構身分認同的過程，教學是撫慰我們的手，引導我們關注這個既不確定、又渴望被詮釋與創造的世界。學校不是職業訓練所，而是提供在原生家庭之外，第二個能夠重建並發現自己的機會，包括瞭解自己來自何處？又將往何處？我們需要什麼？我們擁有什麼？社會要我們成為什麼？我們自己想成為什麼？因此，教學是一段意義持續建構的旅程，每個人不斷地在教學中重建自我與世界的意義。當教學關注主體「人」之際，即是肯認其生命經驗並願與之共舞。教學不再只是冰冷的知識交換行動，而是知識與人交織而成的藝術。

進入教學藝術的討論之前，讓我們先回顧一下課堂中教學概念的發展。

傳統上「教學」（teaching）一詞，泛指教師的知識與技能傳授及學生的學習。Fenstermacher（1986）分析傳統的教與學係本體的依存關係，「教」的存在是因為「學習」的發生。因此，教學是有意圖的行動，並以成功傳遞知識與技能為目標。從「傳遞」的概念，知識是價值中立的產品，教學強調教師知識傳遞量從輸出端到學生輸入端的極大化，教學是可觀察、可量化的行為，那麼成了Freire所批判之：教學即囤積（banking）（Freire,1970/2003，方永泉譯）[2]，優秀的老師取決於「塞進」多少，好學生則是「囤積」多少。因此，成績與進度變成兩大教學魔咒，師生奮力奔跑在無止盡的跑道上漸漸耗損其生命能量與創造力。

在囤積與技術傳遞觀的教學主流論述中伴隨著行為主義的帶動下，1980年代以前，熟練教學特定技術與知識是教師專業發展首要目標。教師不是知識的生產者，而是消費者；師培機構主要任務在教老師如何使用既有的套裝課程與教學技術，例如當時精熟教學技巧的微觀教學盛行一時。所謂「專業」的定義如同Lancaster的定義：工程師必須具備該領域的特定技術性知識，這即是工程師的專業（Dinham & Stritter, 1986）；換言之，教師的專業在於熟練該領域特定技術與知識。

2 Freire, P. (1970/2003)，受壓迫者教育學。方永泉譯。

技術理性思維的教學喪失了理想性，人的主體性與能動力在囤積的概念下被否決了。儘管教學是師生生命的互動交流，而非單方向的傳遞，但是在傳統技術的觀點下，教學卻淪為生產與交換的關係、傳播和消費知識的分配機制。因此，Freire呼籲（引自Hamilton & McWilliam, 2001）：

> 教師與學習者應該入世，而非出世的，他們應該培養反省所處情境的能力，相信透過集體合作有意識的行動足以改變環境。教學不再是知識的囤積，而是能力的培養與知識的轉化，包括創造力、反省力、批判力、鑑賞力、行動力等等。

挑戰傳統教學即成就的概念，教學除了成功，也要關心不成功，教師不只是知識傳遞者與技術士，教師應該成為轉型的知識分子（Giroux, 1988），同時也是將學生看得永遠比教材重要的關懷者（Nodding, 1984）。進入課堂的學生擁有自己存在世界的獨特經驗，好的教學要先向他們學習（May, 1993，頁210），因此，教學始於師生關係的建立，與對於彼此世界探究的意義化行動。

然而長期以來，教學受到科學理性主義的影響，總是簡化複雜現象以做為管理、控制與預測，忽略了教學的藝術性。我們不難想像，在兩間教室，有兩位教師使用同樣的教材進行相同的課程，卻可能產生截然不同的結果，興致盎然地渴望學習與沉悶無味地發呆；關鍵在於複雜到無法觸摸隱晦的「藝術性」（artistry）（Rubin, 1983）。專家教師不會使用恆常不變的方式教學，教學是因勢擇宜的藝術，教師必須依據學習者、教材、與教學環境之變化從事判斷與採取行動，因此教學總是在經歷創作、經驗、欣賞的空間中流動著，而「人」就是空間的參與者，教師透過課程中介，與學生共同感受、創造、行動、探索、與體驗其中蘊含無法觸摸的、及難以形容的特質，例如語言節奏流動、空氣色彩等等皆構織成為教學一部分。因此，教學的藝術特質隱含著教師如同藝術家，擁有高度經驗化與個人化的知識（Elbaz, 1981），如果要理解教師知識與經驗，那麼就必須得進入實踐場域中觀其展演，聽其思考，留意教與學之間的韻動。

然而，不可否認地，行為主義與技術理性思潮下，「教學藝術」長久以來被忽視甚或輕視。Barrell（2003）認為主要原因是藝術的定義過於廣泛，人人所談不盡相同；其次，教育主要歸為社會科學，心理學、社會學、人類學、歷史學等在教學之研究應用比美學普遍；第三，教學藝術挑戰了主流行政管理與教師評鑑行為主義觀點，當教學無法切割為可觀察、可量化的具體行為時，對行政人員與評鑑人員在時間與技術上的管理是相當困擾的；最後，也是最重要的原因是對於將教學視為訊息溝通而非溝通美學的人們而言，相較於技術能夠即刻解決問題，藝術缺乏實用價值。

要回應教學藝術的質疑與挑戰，必須重新審視教學的複雜性，並釐清「藝術」與「教學」關係。難道藝術只是美學哲思的內容，對於教學缺乏實用價值嗎？甚至藝術與技藝（craft）是兩條平行線，還是具有交互相輔關係？詩之美在於格律中結構與節奏，音樂之美需要嚴謹的練習與預演；顯然，將教學視為藝術，除了重視感知、想像、創造等層面，也包含技藝之展現。最後，教學即藝術讓「教學」不再只是程序化、法則化的靜態模式與演練，而是高度省思性、個人化的創造性之動態過程。然而，既然教學藝術是如此個人的、隱晦的與複雜的，那麼如何陶養教師擁有此藝術性的實踐智慧？

二 理解教學藝術

教學長期以來在科學理性思維的影響下，習慣將複雜現象化約為簡單法則以利傳播、管理、控制或預測。法國著名複雜理論科學家Edgar Morin提出約簡與量化的科學方法論，需要想像力、幻想力與創造力才能夠進步。因為世界上萬事萬物是複雜多變的，世界是從多樣性構成的統一，也是從統一性構成的多樣性，包括有序的穩定、規則、確定性，以及無序的變動、不規則、偶然、不確定性，兩者是相互作用的，面對此複雜性無法完全以程序化行動解決，需要更多如藝術性的思維策略組織因應系統之複雜性。所謂系統是在一個整體中不同元素的相互關聯，系統是既自主又開放的，特別是如關係到人的教學，除了內在自主性外，也同時受到外在系統如環境的作用與影響，因此，面對教學理論，如Morin所言：一個理論不是一個目的地，它只是一個可能的出發點。一個理論不是一個解決的辦法，它只是提供了處理問題的可能性（施植明譯，2000；陳一壯譯，2001）。

教學面對此多樣統一、有序無序交互作用與自主開放的系統中的複雜性，因此，任何教學理論進入教室中總是無法完全適用，當教師覺知這一點時，那麼，教學的藝術性即不言自明。

教學如何展現藝術性，Eisner（2002a）認為：(1)教學係藝術展演，具有美感的特質；(2)教師如同藝術家運用藝術性的實踐智慧（qualitative forms of intelligence），「讀出」課堂中不斷萌發的細節並做出適當的反應；(3)在偶發與未預期教學中，教師在自動化與創造性之間展現高度複雜與專業，然而過度仰賴自動化反應，教學變成反射性動作，失去創新與美感；(4)教學是藝術，其成品無法預設，而是在過程中被創造。

重視過程，珍視創新與美感的教學中，不可以簡約化為一套教學公式，而是應該建立一套與藝術相仿的創作過程模式，讓教師的教學從機械化的例行性中解放。Eisner並未具體指出教學藝術創作的模式，而是啟發我們重新認識教學過程的藝術性。回到教學藝術觀點，Eisner的譬喻至少引發兩個問題。首先，藝術並非單向行動，藝術具有高度邀請性，整合了創作與欣賞的經驗，即做與受的關係，這即是Dewey所稱之完整經驗。教學在此做與受的過程中，是否亦存有美感經驗？教學和藝術不同之處在於教育的意圖，教學並非任意性的行為，如前所述，教學是意義重新的建構，而非被動的接受，因此，在美感經驗的理論中，教學如何透過藝術過程建構意義？其次，教學的偶發與無法預期，讓教學過程與結果處於開放不確定狀態，教師如何面對此種不斷萌發創生的教學特質，發展藝術性的實踐智慧，有能力在自動化與創造性之間完成兼具創新與美感的教學？前者是教學本質問題，後者是教師專業發展的探索，當教師不再只被視為「教書匠」，而是「藝術家」時，教學既是公共展示的藝廊亦是個人創作工作室，既歡迎被公開欣賞與對話，亦持續個人意義探索與創作。當教師與學生不只是演出別人的劇本，更能夠共同創作時，那麼教學中獲得滿足與成就感，將活化永續的專業生命，這是教學即藝術灌注於教師專業發展源源不絕的活水。

綜上討論，我們可以分別從兩個層面論述教學即藝術之意義。首先是將教學是意義再建構的公開展演，並歡迎鑑賞對話的美感經驗；其次則是從藝術創作觀點，理解教學內在結構中教師的角色。

(一)教學即意義重構的美感經驗

教學即藝術，藝術的起源是經驗，是人類整體生活經驗的重要組成，包括藝術創作與藝術接受的美感經驗。抽象的「美感經驗」必須通過私人與公共的創作行動與作品有機連結的表現（expression），才具有意義（Dewey, 1934/1980）。教學即私人與公共、理論與實踐、科學與藝術之間的轉化，科學陳述意義、藝術表現意義，科學強調通則概化、藝術敏感於個殊情境，教學的科學重視明確圖示指引、教學的藝術強調個人知覺與經驗。

> 我認為所有教學的最高境界是美感，因為它處理最複雜的生活世界。一旦喪失了美感——不再繪畫而是製作統計圖表，這會令人無法忍受。（Eliot, 1967；引自Pike, 2004）

長久以來，教學一向鼓勵啟發學習者的理性，追求工具性的實利，輕忽美感價值。在教學科學的陳述中就像「製作統計圖表」般，必須先確定目標，蒐集「客觀」數據，並以「簡單」與「明確」之圖示呈現溝通。以人口統計圖為例，我們必須讓圖中明確地呈現當地人口年齡、性別、教育程度等人口統計資料，摒除當地人們之樣貌、感覺、生活方式、甚至歷史人文等。教學藝術的表現中，重視美感經驗，邀請藝術創作與作品的對話，讓審美經驗展開於「做」與「受」間之邂逅。因此Dewey（1934/1980，頁108-109）認為無論藝術品年代如何古老或經典，它只不過是個作品罷了，但重要的是它會在每個美感經驗的時刻中被重新創造。如何與之相遇？進一步地Dewey以旅行詮釋「經驗」的意義，他認為精確的比例圖中，人們可以簡單迅速地找到通往目的地的路線，但是卻錯過了沿途體驗自然的美感以及與人邂逅的歡愉。

> 地圖不是個人經驗的替代品……不能取代實際的旅程，應該要引發解放生命的歷程……以追求它本身最極致的……圓滿。從地圖的動詞概念——旅行出發，它是個人腳踏實地地走過每一寸土地，與大地同呼吸，與溪流同歌唱的歷程。Dewey（1902/1990）

當我們經驗周遭時，我與萬物是分立地存於世上，當我的生命與萬物共鳴時，則會如同美國國家公園之父John Muir（陳雅雲譯，2004）所說的：陽光灑在心上而非身上，溪流穿軀而過而非從旁流過。當下，自我消融於美感經驗中。什麼是美感經驗？洪詠善（2008）綜合美學家（劉文潭，1981；朱光潛，2001；劉昌元，1986；周來祥、周紀文，2002；Baumgarten, 1750; Kant, 1790; Read, 1967; Beardsley, 1970; Santayana, 1976; Parker, 2006）與教育學者（Dewey, 1934; Pinar & Grumet, 1976; Greene, 1978, 1995; Macdonald & Purpel, 1988; Wang, 2001; Eisner, 2002a, 2002b; Slattery, 2006），以及心理學家（Csikszentmihalyi, 1990）對於美感經驗之分析與討論後，提出美感經驗係審美主體在經驗美感當下主動地投入參與並接受挑戰，需要情感的融入與整合，以及做與受交互作用，在此經驗歷程主體具有遊戲的精神，即忘卻自我限制，並嘗試自我超越，獲得完滿自足感。特別Dewey（1934/1980）認為，我們每個人將過去的經驗有意義地以不同程度與層次進行自我統整，在這探究的歷程中，自我得以發現嶄新的意義，甚至意義重建或自我超越。同樣地，Pinar和Grumet（1976）亦將美感經驗中自我統整的經驗，稱之為「整合時刻」（synthetical moments）。在整合時刻中，個人會經歷自我與知識、身體、心靈以及宇宙的整合（solidarity），與時間、空間、意義內在和諧一致經驗的再結構，這是一種意義充盈與驚奇的時刻。Slattery（2006）進一步將整合時刻以即興與自發的合奏，說明此教學中的美感經驗，他認為教學如同即興的爵士樂，一個聲音或節奏會引導下一個聲音或節奏的進行，這是不斷萌發的歷程，教學中每個成員必須相互依賴扶持，彼此都能夠聽到節奏與旋律的細微變化，沒有所謂的個人秀，所有的元素如人、教材、環境等在整合為一，在此依賴藝術性的實踐智慧的即興交響合奏教學經驗中，教師與學生的過去經驗與意義同時地進入省思交融的狀態，並且深刻體認所謂的整合時刻。

從美感經驗到整合時刻，教學在既個人又群體的完滿經驗中不斷行動與創作。教學藝術邀請師生、教材、環境共舞，當學習者將個人文化與家庭生活的經驗帶入課堂，教學應該經由藝術表現，轉化關係與意義再建構。在前述校園霸凌事件中，人我關係是斷裂的、意義是扭曲的。看見也是看不見（Eisner, 2002），倘若我們看見進度與成績，同時就看不見教學的時間軸，忽略師生進入課堂前的經驗，也迷失在教學的空間軸中，忽略學生的情感與想像的空間。

教學是一創作表現歷程，其中感覺與思考、心靈與身體、私密與公開、看見與行動、非語言與語言在教學美感經驗中，是相互關聯無法區分的。美感經驗是意義的創造，結合個人過去、現在與未來的經驗，持續對世界的探索，這是一個重新命名的歷程。

> 認為每個人都會經驗也持續經驗這超越目前生活的形式，發現原來生活比我們所知道的豐富得多，這就是教育。（Huebner, 1999: 345）

教學藝術讓我們從冰冷僵化的技術公式中解放，為自己也為世界重新命名。讓習慣被標籤的好學生、壞學生們在教學的時間與空間軸中，看見彼此生命的經驗、珍視情感與想像，將斷裂的關係縫合，並重構生命的價值與意義。在洪詠善（2008, 180）研究中，一個五年級的孩子帶著破碎家庭的經驗，媽媽離棄的痛進入課堂，漸漸地失去自信與學習渴望，甚至表示只想活到二十歲，原因是無聊又浪費糧食。這樣的孩子在教學現場中其實是不少的，他們往往因成績低落或行為問題而被命名為壞學生，學校於是變成家庭之外的第二加害者。教學是做與受的往返經驗，當所有的教學「作為」無法回應學生的經驗與需求，學生無法在教學中再次認識自己，重新為自己命名的話，學生的「受」只是再度肯定壞學生的身分認同罷了。教師、學習者、教材、環境彼此在教學歷程中作用著，Dewey（1934/1980）指出藝術家在創作過程中同時也具現了欣賞者的態度；換言之，創作與欣賞是同時性的，教師在教學中不是只展現「教」的技術，同時也必須「接收」學生的訊息並知道如何回應，因此，教學藝術較困難之處在於「接收」的敏感與回應。倘若教學是滿，具體目標、豐富教材、緊湊節奏、反覆評量，充其量只是技術純熟的有效教學；然而卻往往看不見關係斷裂中的傷痕與無助，更遑論意義重構，自我的再命名；在校園霸凌事件中，我們實有必要重新省思教學藝術更深刻的意義，不只是藝術性表現，更是關心做與受的互動，以及意義重構的可能。

Dewey從藝術經驗中再次提示了美感經驗的教學意義，而Eisner則關注教學中藝術性的表現，在藝術經驗中，意義是賦予的，Grumet的觀點深化了教學不只是教書，而是成人之美，教學是關係的建立以及對自己與世界重新命名的過程，「壞學生」亦是在做與受往返互動中自我標籤，如果教師能夠培養敏感度與藝術性表現力，那麼更能敏感於教與學中的細微訊息，並調整教學給予回應，那麼，教學藝術才具有更積極的意義。

(二)教學藝術中的教師

以視覺藝術為例，掌握光影的瞬息萬變是印象派的專長，雷諾瓦的「露天舞會」在法國「奧賽美術館」說明了它的奇妙。自然光從這座前身是火車站的建築四周灑落，畫中女孩額前、髮梢波光閃動，甚至可以感覺到光線在衣服上游移。敏感的鑑賞家會發現在一般美術館展覽室中的印象派畫作，在投射燈下，失去了些光采。印象派創作在田野中抓住「光」，鑑賞家從作品中發現「光」，物體的明度與彩度造成的質感差異需要敏銳的感受力體會。

如同視覺藝術，教室是創作的田野，教師如同雷諾瓦，將精微瞬變的風景轉化為藝術品，課堂處處散發各種可見與不可見的訊息，學生、教材、教學情境等構成教室中必然與偶發、確定與不確定之間的韻律，教師是創作家。同時，教室是創作的田野，課程設計、教學活動與學習結果則是藝術品，透過感覺的、知覺的、感情的、想像的與判斷的審美歷程，融入脈絡深歷其境，掌握細緻的質感變化，教師是鑑賞家。

1.教師是藝術創作家

如何整合教學元素使之擁有美感經驗？教師如同藝術創作家，周淑卿（2009）研究擁有豐富藝術創作經驗的教師後，提出教師比藝術家創作更重視溝通與影響力；兩者皆允許創作過程的偶發與目標的變動，此外，創作與教學歷程需要邏輯思考的布局與運用直覺、聯想、想像創造驚奇；更重要的是，教學創作必須瞭解、嘗試素材運用與組織，尋找適切的表達方式。

藝術創作包括了藝術與技藝，藝術家從事藝術創作，從意象到表現的整個經驗歷程是為藝術創作，亦即從內發到外創，整個歷程包括觀察、體驗、想像、選擇、組合、表現協會（陳瓊花，2010），創作包括藝術與技藝，Barrell（2003）提出教學藝術中必須包括技藝，它也是教育行政人員極力協助教師發展的能力，然而，教學的藝術性往往委身在技藝之下，殊不知藝術表現技巧往往伴隨著想像，否則只是件拙劣的作品。因此，近年來，隨著大腦研究與認知科學之突破，教學新科學也強調運用心智、大腦與教育科學的整合教學。Tokuhama-Espinosa（2010）認為教學是心靈與身體的整合，教學應該像交響樂編曲，教師必須熟悉每樣樂器之技巧與特質予以編組成交響樂曲，同時，教師是樂團指揮協助學生進入音樂並帶出自己獨特的聲音，因此教師必須整合不同天分的學習者，並讓每個人發揮最佳潛力完成團隊任務。看見每個學生的獨特性，並協助極致地發揮是教師專業中重要的一部分。

作為創作者，教師是有意圖及意識地處理素材與媒介。教育哲學家Greene（1995）提醒，教師往往在習而不察的教學習慣中漸漸失去敏感度，因此首先要突破的即是習慣的框架限制，唯有願意嘗試接近學生的經驗，理解其想法，才能夠為學習者開啟世界之門。教師的教學需要想像，超越原有的標籤與限制，進入創造的世界並發現開展在我們每天熟悉生活世界裡的新觀點，才能夠讓人類穿透他人的眼，彼此理解，重構關係與意義（Greene, 2001）。好的教學如同好的創作般，不是任意的組合，而是基於對學生的責任與關愛，在每一個行動中願意傾聽、理解、想像與突破，這才是教學藝術中教師即創作家的教育意義。

2.教師是鑑賞家

藝術鑑賞是欣賞者與藝術的意象接觸，進而產生共鳴，分享美感經驗的過程（陳瓊花，2010）。教學的溝通與影響的意圖更甚於藝術，教師往往能夠從學生表現、神情與態度瞭解教學的品質，鑑賞包括理性認知與感性審美，需要敏銳的辨識力。

> 藝術鑑賞是主觀的、內在的，藝術讓我們駐足內省，它是發展個人自律的基礎。（Eisner, 2002b）

教師為鑑賞家，教學本身即是鑑賞的對象。此觀點可溯及1992-1993年間，Elliot Eisner擔任美國教育研究協會（AERA）主席時借用鑑賞家與鑑賞的術語來說明教育批評的概念。鑑賞這概念源自拉丁字cognoscere，即為認知（to know）之意。Eisner（1991）指出，在視覺藝術中，認知需要查看領會（to see）的能力而非僅是眼神留意（to look）的能力。教師教學創作中教師運用藝術性的實踐智慧組織教學素材，使之具有美感特質並達成溝通與影響力，然而，是否淪為自我耽溺的主觀，失去教學價值，關鍵在於教師的鑑賞力。

Eisner（1991）應用生態學的概念，指出教育鑑賞家可思索學校教育各個層面的相互關聯性，他列舉了五個層面：1.目標意圖；2.學校結構或組織的特徵；3.課程；4.教學；5.評鑑。教師是鑑賞家，則必須對於這五個層面予以理解、辨識與判斷。教師可以經由教室生活的直接觀察、訪談，以及教學材料、學生工作、測驗、學校行政人員所做公告、家庭作業指派等的檢視瞭解教學。當然，這需要擁有專業知識、技術、敏感的知覺與辨識力。教師是鑑賞家的目的，如Eisner（1991）所言：

> （鑑賞）並不是進行冗長的資料清單，而是強調更準確地領會，更深入地理解。

為避免視鑑賞為私人主觀的欣賞行動，鑑賞者必須將私人行動公開對話：

> 批評如同表演一種神秘技藝：將繪畫、戲劇、小說、詩、教室或學校或是教與學的行動之各種特性，轉化成為公開形式，說明、解釋、評估。（Eisner, 1991）

教師如何成為鑑賞家？首先要具備先在知識並培養敏銳的感知（perceptivity）。Eisner以品酒為例，不同的酒、葡萄、酒桶形式與製造的方法都是重要的先在知識，然而一旦先在知識成了固著偏見就可能妨礙我們的洞見，所以Eisner（2002b）認為避免「習而不察」（a way of seeing is also a way of not seeing），需要認識論層次上的看見（epistemic seeing）才能幫助人們看到前所未見之事物。才能在教育鑑賞的過程中，發覺標準化觀察與測驗所看不到的細節質感差異，並跳脫固著的偏見，更敏銳地感知。

其次教師進行自我或他人教學鑑賞包括三部分，分別是作品的技術層面、觀念與過程的創造性、以及教學呈現的美感特質（Eisner, 2002a），技術是意圖達成的程度，創造性是新奇感，美感則關係到作品表意的力量。如何鑑賞？Eisner在《啟蒙之眼》（*The Enlightened Eye*）（1991）中提出鑑賞層次描述、詮釋、評鑑、基調（thematic），深入理解教學的品質。值得一題的基調，它能夠引導鑑賞者理解發現教學外顯與內隱的主題，或是採事先決定的「預設的焦點」（prefigured focus），或是非預期出現的「逐漸浮現的焦點」（emergent focus），透過基調的鑑賞，理解教學是鬆散零亂抑或清晰深刻。

教師是鑑賞家提醒在慣性僵化的教學習性裡，讓我們往往在習而不察中隱沒了教學過程的美感經驗，使教學成為只有輸入輸出兩端的效能評價，喪失教學轉化超越的可能與意義。

教學藝術觀中，教師譬喻以創作家與鑑賞家，兩者其實是過程互涉的，在創作中鑑賞，意指教師能夠覺察教學中素材組織、教學活動、教學節奏、學生反應等細微質感，並隨即調整重組；其次，在鑑賞中創作，對於教學過程、學生學習成果，教師透過鑑賞歷程能夠對於學生學習賦予意義理解，當打開學生意識的黑盒子，當新的觀點產生，這即是對教學的再創作。

三 教學藝術形成需要的陶養

基於複雜理論的思維，教學藝術反映出教學的複雜性，教學藝術的價值在於肯認人的主體性與創造力，教學不只是傳遞與囤積，而是協助師生在過程中重新創造意義發現自我。我們必須慎重地思考教師如何形成教學藝術，理解教學本身即美感經驗而非零散片斷的經驗，在遊戲、想像、超越教學中汲取源源不絕的專業發展生命力。

陶養觀點的教師發展，主要是欲突破傳統教師專業發展的技術化約思維。回顧教師專業發展，1980年代之前，受到行為主義支配，教師專業發展主要仰賴師資培育機構的培訓，教師專業發展聚焦於教師教育課程，教師的專業在於熟練教學特定技術與知識（Dinham & Stritter, 1986）。在傳統理性主義下，教師是專業精英，是絕對知識的傳遞者，強調以「技術」定義教師專業的時代中，教師專業是被賦予的。然而，徐俊祥（2008）歸納近年教師專業發展的研究結果後提出，要突破全球進入「後專業」（post-professional）時期，面對教育市場化，國家權力及公眾問責的衝擊，突破資訊發達與文化多元發展，使學校失去「學習」專利權，突破教師面臨去專業化之後的再專業化建構，我們必須面對教學過程的不確定性。學生學習與成長差異大，每個學習情境都是獨特的生態系統，承認教學成果無法完全標準化度量，以面對許多利害關係人等之問責，以及多元專業知識接觸與風險社會帶來無法預期的挑戰，教師專業發展需要新的思維與路徑。

教學的複雜性反映出教師工作的多面向，教師如同「拼圖者」必須接收許多資訊與資源後，慢慢地完成有意義的拼圖，這些資源包括課程文件、教材、專業研習、職前教育經驗、與其他教師的對話，以及自己學校教育經驗等等。正因為每個老師都是獨特的，因此每一張拼圖也是獨特的，教師不是盲目的追隨者，不只是技術的執行者，教師即拼圖者，他／她能仔細地與周全地對於教學內容與方法從事專業判斷（Honan, 2007）。除此之外，教師是有感知能力的、有情感的，所謂專業判斷係教師先在知識與敏銳感知的整合，不是孤立於教師生命經驗之外。因此，Moore（2007）認為教師專業發展應該回到反身性（reflectivity）的論述，應該協助教師看見教育的整體脈絡，喚醒瀕臨死亡、缺乏感情與靈魂的自我，鼓勵想像與創作；所謂「反身性」不只是主體覺知心智運作的行動，也包括如特定的事件、境遇、情感，由歷史等圖像的反射，將教師所知、所能、所感納入教師專業發展中，協助教師突破工具技術的外在限制，探尋專業主體性，活化內在的靈泉，激發專業成長的動力，這是教學藝術形成之核心關懷，將教學視為藝術創作與鑑賞的旅程，在充盈的美感經驗中開闢另一雙有別於囤積與傳遞技術教學觀的教學藝術陶養之路。

教學藝術形成如何陶養？教師如何成為創作家與鑑賞家？開啟敏感與想像大門，與學生共同探究意義並擁有美感經驗。本文建議豐富教師藝術經驗，陶養藝術性的實踐智慧；其次，鼓勵教師游於藝術創作／研究／教學之空間中，看見教學藝術即意識覺醒並超越既有限制，活化專業成長之生命力。

(一)游於藝——豐富教師的藝術經驗

藝術是進入情感、直覺、想像、創造性探索的途徑。McLaughlin在〈超越反省的實務工作者〉一文中提出：人類的行動中往往包括了直覺，只運用科學理論與技術解決實務的問題，將導致人們認為教師專業僅是技術展現的不適切理解（McLaughlin, 1999）。這種教師行動中的「直覺」，需要以類似藝術家創作的狀態體驗之。

一切修為條件都俱足了以後
提起畫筆，握起雕刻刀
哪還需要再想？
創作的出現，
就如一顆蛋的出生，

完全不假思索，

自然地根本無法拒絕。

～朱銘美學觀（潘煊，2007）

創作是條件俱足的自然結果，不是移接的學習，「移接」讓我們在不知不覺中丟失了探索自我、發現自我的能力，藝術最高的境界，朱銘認為是「內在轉移工程」——從模仿移向原創，從外來移向內發，從別人移向自己。當我們站在自己的角度看見窗外目不暇給的百花，這些萬紫千紅不是模仿的提供，而是創造的提醒。當關上窗，想一想，假如自己是一朵花，要綻放怎麼樣的色澤？要飄送怎麼樣的花香？（潘煊，2007）

邀請教師參與繪畫、舞蹈、音樂、詩作、雕塑等等藝術活動，除了經驗藝術家創作與鑑賞過程外，更重要的是經驗藝術表現在意義建構中的力量。長久以來，藝術經驗往往被歸屬於藝術與人文領域教師之專業行動，隨著當代藝術疆界的擴衍，從不同感覺包括聽覺、視覺、觸覺、運動感覺等藝術類別游移自我與他者、實體與虛擬的意義生產空間，讓藝術成為感覺精練與意義創生的場域，因此，越來越多的教師嘗試透過藝術理解美感經驗與深化教學。例如Greene自1970年代初期即在紐約林肯中心學苑（Lincoln Center Institute, LCI）長期推展美感教育方案，那是為教師成立的專業發展機構，每年七月有三週的時間，來自公立學校的教師與專業藝術家共同參與研習，一起表演並聆聽Greene演講，探索內容包括藝術經驗、美學、想像力等，而開學後藝術家與學校教師持續合作關係，運用藝術釋放想像力、使意識覺醒，並培養批判反省能力，對Greene而言，「我」永遠處於未完成狀態，人的一生就是不斷地自我創造（Pinar, 1998），教師專業探尋一如藝術創作是永無止盡的旅程。

同樣地，許多博物館亦提供如林肯中心學苑的藝術經驗與合作機會，藝術家進入學校與教師合作發展將藝術融入各領域之教學時，除了協助教師運用藝術於語文、社會、自然科學、數學等領域，發展學生的創造力、想像力、多元認知表徵能力，也促進教師藝術性的思維展現。筆者曾在美國紐約Guggenheim Museum訪問藝術家駐校的LTA方案[3]，藝術家與教師合作發展社會科學習方案，共同思考如何讓師生透過藝術建構意義與理解，筆者訪談方案經理Rebecca Shulman Herz：

> 在皇后區有一所小學進行的中國鐵路工人生活的探討，首先讓學生先從博物館內資源瞭解人物肖像的藝術性與不同技巧展現，接著引導學生創作，提示作品必須表現出工作與地點的線索，並從該人物的觀點寫一封信，為了瞭解這些線索，學生必須深度探索內容。（interview941220）[4]

無疑地，透過藝術探究，讓師生離開熟悉的家進入與藝術作品對話與探究中，Huebner（1999）認為教育是引導教師本身與學習者走向新生活的過程，它伴隨著帶領進入與回到過去，超越隱含著必須離開熟悉的家，將自身的內部與外部向陌生人開放的個人旅程，如此才能發現教育中的豐富（moreness）與超越（beyondness）。

臺灣近年來自中小學到大學亦陸續引進藝術家駐校方案，也為形成教學藝術提供了極佳的機會。教師除了向藝術家學習創作與鑑賞的經驗，更能夠在共同發展藝術融入領域教學或藝術教育之教學方案中，陶養教師與學生的美感經驗與藝術思維，當游於藝的教師藝術創作與鑑賞之經驗豐富了，那麼藝術性實踐智慧的陶養才有可能。

(二)穿越縫合：游於藝術創作／研究／教學之空間

複雜理論認為，理論只是提理問題的可能性而非一個解決的辦法。那麼，教師在教學藝術中的知識該如何形成？Fenstermacher（1994）區分教師知識為正式知識與實務知識。正式知識來自科學程序的研究，強調普遍性和效度；實務知識則來自教學實踐的反省與體會。在六

---

3 關於Guggenheim Museum的LTA方案，可參閱Herz(2010). *Looking at ART in the Classroom.* Teachers College.

4 本段訪談是作者於2005年12月赴美國紐約古根漢博物館研究時訪談資料。

○、七○年代，受到行為主義與實證理性的影響，教學往往化約為可觀察的技術，教學理論即可適用所有教學情境的通則。在七○、八○年代，教學研究受到認識心理學、建構主義、教室生態研究等影響，漸漸地關心從教師觀點探究教室裡實際發生的事，例如教師如何決定或師生互動等等，教師知識不再是研究外顯行為，而是轉向教師及其教室中的實際。受到Stenhouse在1968年於英國「人文課程方案」研討會上的邀請教師一起參與課程研究的文稿影響，「教師即研究者」專業發展取向在臺灣亦受到重視。回觀臺灣教育現場，學者與主管教育單位鼓勵教師從事行動研究以解決實務問題，然而實際遭遇困境包括教師進行行動研究基本能力不足，且工作忙碌缺乏主動研究動機，以及深入批判反省的能力，對於研究成果報告呈現方式感到困擾等等（劉祐彰，2007；高博詮，2009），為研究而研究的工具性目的往往易受時間與壓力限制，而致使教師在缺乏動機下「執行」行動研究取向的專業發展工作，而非基於對教育的想像與熱情的探索性、創造性的教師專業發展。

九○年代以降，越來越多藝術為本的研究出現，包括敘事、自傳、超文本、視覺藝術、舞蹈肢動、讀者劇場、多媒體、攝影、音樂、詩、小說等，如Thomas Barone、Cynthia Chambers、Ardra Cole、Rishma Dunlop、Elliot Eisner、Susan Finley、Maxine Greene、Gary Knowles、Claudia Mitchell、Lorri Neilsen、Joe Norris、Jane Piirto、Celeste Snowber、Sandra Weber等人，以創造性的藝術成為一種教育探究形式與過程（Sinner, Leggo, Irwin, Gouzouasis, & Grauer, 2006）。國內學者歐用生（2009）提出藝術為本教師專業發展觀點，認為它能夠建立教師主體性，協助教師瞭解我是誰？反思自己的生活，不停追問我滿意這樣的生活嗎？不能改變嗎？其次教師扮演研究者角色中，理解理論與實踐的關係，詮釋研究成果，發展技術與藝術性知識並培養其實踐智慧。

教師在理論與實踐中穿越，縫合斷裂搭建關聯。然而，除了傳統文字書寫外，透過語言、意象、媒材、情境、空間、時間等構成藝術形式的創新、詮釋、評鑑之教育實踐與研究，更能夠創造多元的認知（knowing）與意義。因此藝術即探究，探究的目的不在於獲得最終的答案，而更鼓勵發現新的問題。藝術為本的專業發展猶如進入地下莖領域，不斷蔓延紮根（Irwin, Beer, Springgay, Grauer, Xiong, & Bickel, 2006），教師沈浸在發現與創作的旅程中，不斷嘗試、轉化與延展。

游於藝術創作／研究／教學之空間中，旨在意義的尋求。實踐中的藝術創作歷程與作品、或社群合作的作品、或自我與參與者的生活經驗等皆透過詮釋構成意義，在詮釋過程中，教師運用敘事探究、俗民誌、詮釋學、行動研究與a/r/tography等方法論，探究經驗、心智、社會轉化、認同、情緒等議題，並重新理解教學複雜性。

有鑑於國內仍在起步探索中，本文以加拿大英屬哥倫比亞大學（UBC）教育學院的教授與研究生，自1994年以來發展的研究方法論a/r/tography為例說明之。

a/r/tography是理論、實踐、創造相互交融的、混絲絞股（metissage）的，是跨疆域的行動。所謂的混絲絞股（metissage）源自一種加拿大跨不同殖民歷史的反省書寫，其過程彰顯個體如何協調英、法不同殖民者產出的獨特所在地化協調與再賦權（Kraidy, 2005），從社會文化觀點，作為混絲絞股的生活探究方法，它消融殖民與被殖民的界線，創造解放空間，當教師開始質疑自己的教學經驗與專業生命時，意味著進入a/r/tography的渴望。a/r/tography成為一種方法論始於藝術家、研究者、教師在實踐工作中持續探究，並分享探究的過程與結果，在a/r/tography中，研究者與參與者是合作的社群，a/r/tography的實踐是跨領域的，如舞蹈家、教師、音樂家等在一起合作成為藝術家／研究者／教師探究者，帶進彼此的關心、好奇與動機，創造探究的情境，分享藝術創作並邀請觀眾回應。實踐故事收錄於《藝術家／研究者／教師／書寫：透過藝術為本的生活探究描繪自我》（Irwin & de Cosson, 2004）一書中，其中藝術家／研究者／教師以腳行旅，探索專業生涯旅程的所知、所感，然後在探藝廊紮營，在創造中探究（Pente, in Irwin & de Cosson, 2004）。例如Lymburner運用視覺影像研究發現，作為教師／藝術家，我知道何處、何時、如何透過藝術自我更新與自我實現；在教師士氣低落與教育環境困難焦慮的時代裡，我作為教師／研究者的經驗令我振奮，這是一段深刻的自我檢視讓我更理解我的世界，重新探究我的實踐，開發更內在的力量，最後擴展我的專業與影響力（Lymburner, 2004）。又如Patti Pente以「洗牌、發牌」的行動藝術，將「遊戲」視為存有的方式，遊戲者以好奇心、熱情、創造力參與遊戲，Pente在穿廊放置一張上有寫塗壓的撲克牌與桌子，透過觀賞者遊戲與互動，Pente探究塗鴉與破損桌子對觀賞者及參與者而言，是呈現學生的抗議抑或是藝術創作？對Pente而言，塗鴉蘊含豐富的歷史，引導遊戲者回想曾使用過這張桌子的人及其一切，介於觀賞者與桌子之間，存著第三空間，教學、藝術、探究同時發生其中（Pente, 2004）。第三個案例是美國加州師資培育教授Bird（2010）運用舞蹈連結課程與創造力，Bird將教學視為編舞旅程，包括藝術與技術的整合，他與學生共同以多文類，包括詩、小說等書寫關於教師自身、夢想、教學等故事與省思。

Lymburner在教學專業影像日誌中找回專業熱情，Pente在行動藝術裡看見學生對於學校與學習的觀點，Bird則鼓勵教師透過多文類書寫進行專業探索。由此看來，a/r/tography可說是新的認知模式，它不是演繹藝術家的作品或教師之教學理論，也不只是運用質性方法研究教育現象，而是將藝術創作、研究、教學視為探究歷程，透過美感經驗整合認知、行動與創作。

當教師游於藝術創作／研究／教學之空間時，即意謂著對世界的探究是處在一種持續的藝術創作中，透過藝術形式的書寫過程探索複雜的教學問題。有別於一般行動研究，在a/r/tography中，教師的教學、研究與藝術創作同時地發生，教師在教學中研究，在教學中創作，也在創作中研究，整個脈絡可視為一種既是理論也是藝術的行動藝術，理論與實務之界限被消融了，這即是藝術為本的教師專業發展，係重視實務教師結合創作、探究、實踐歷程中深度自我探索，而開展與實現的專業成長。

綜合言之，我們不只需要技術取向的教師專業發展，面對複雜高挑戰的工作情境與壓力，我們更需要一種想像的、創造的、深度意義化的教師專業發展。透過技術傳遞可能培育一位名師，透過理論的深究足以進入教育的學術殿堂，經由技術與理論的對話建構教師實務知識，當教師游於藝術創作／研究／教學之空間時，教師成為研究者的同時，亦能在實踐中同時開放創造性的詮釋。無疑地，結合了教學、探究與藝術創作，讓教師打開重新看見自我，並且知覺到、聽到、看到日常生活中未被覺知的、未被說出的、未被聽到的，如此一來，教學不會在化約思維中忘記了：教學是撫慰我們的手，引導我們關注這個既不確定、又渴望被詮釋與創造的世界。

四 結語

長久以來，教師是科學或藝術的爭論在哲學家、心理學家、教育學家、科學家等的努力探究下，漸漸相互理解與跨越。回到教師與教室真實的教學情境，由技術與工具理性語言支配的教學，將複雜的教學現象化約為原理原則，在競爭的封閉系統中，教師往往在進度與分數的壓力下漸漸失去追求專業的熱情；學習也在日復一日的成績壓力下，失去自我實現的美好。如何活化教師追求專業的生命力？如何讓教學在做與受、教與學的關係互動中，讓意義得以重構，撕下標籤，重新為自己命名。「教學藝術」是基於複雜理論下既多樣又統一，以及無序有序交互作用中的自主開放系統，因此，教學是藝術。教學是關注於人的意義探究的美感經驗。教師在其中是創作者亦是鑑賞者，透過游於藝與游於藝術創作／研究／教學之空間教師發展途徑，藉由藝術產生的知識引發新的觀點，幫助我們脫離僵化心智習慣，引領我們經驗最深刻的生活情感，看見人性之力量與珍貴外，更重要的是師生將經歷意義探索與自我創造的旅程，跨越疆域之限制。鼓勵教師在創作、研究與教學中不斷發現問題，並獲得新理解。讓教師擁有接近藝術創作家與鑑賞家的藝術性的實踐智慧，展開無止盡的教學藝術之陶養與追尋。

參考文獻

中文部分——

方永泉譯（1970/2003）。受壓迫者教育學（Pedagogy of the oppressed）。臺北市：巨流圖書公司。原著Freire, P.。

朱光潛（2001）。談美。臺北：書泉出版社。

吳佩玲等（2010年12月13日）。想死的遺書母親揪心發現。聯合報，A3版。

周來祥、周紀文（2002）。美學概論。臺北市：文津出版。

周淑卿（2009）。借鏡於藝術的教學：與藝術創作者／教師的對話。當代教育研究，**17**(2)，1-29。

施植明譯（2000）。複合思想導論。（原作者：E. Morin）。臺北市：時報出版。

洪詠善（2008）。美感經驗觀點的教學在概念化。國立臺北教育大學課程與教學研究所博士論文，未出版，臺北。

高博詮（2009）。教師行動研究的問題與展望。中等教育，**60**(2)，32-46。

徐俊祥（2008）。教師專業發展的核心元素。載於霍秉坤、于澤元、徐慧璇、朱嘉穎（主編），課程與教學：研究與實踐的旅程（頁488-489）。中國：重慶大學出版社。

陳一壯譯（2001）。複雜思想：自覺的科學。（原作者：E. Morin）。北京：北京大學出版社。

陳雅雲譯（2004/1997）。夏日走過山間（*My First Summer in the Sierra*）。臺北：天下文化。原著Muir, J.。

陳瓊花（2010）。藝術概論。臺北：三民書局。

劉祐彰（2007）。中小學教師進行課程行動研究的困境與省思。中等教育，**56**(8)，22-35。

劉文潭（1981）。現代美學。臺北：商務印書館。

劉昌元（1986）。西方美學導論。臺北：聯經出版社。

歐用生（2008）。當教師與藝術相遇——藝術為基礎的教師專業發展。研習資訊，**26**(5)，25-34。

潘煊（2007）。種活藝術的種子~朱銘美學觀。臺北市：天下文化。

英文部分——

Barrell, R. C. (2003). *Teaching as a Form of Artistic Expression.* Canada: Alberta Foundation for the Arts.

Beardsley, M. C. (1982). *The aesthetics point of view: Selected essays.* Ithaca, NY: Cornell University Press.

Bird, J. L. (2010). *Choreographing Creativity.* University Press of America.

Csikszentmihalyi, M. (1990). *Flow: the psychology of optimal experience.* New York: Harper & Row.

Dewey, J. (1902/1990). The child and the curriculum. In Jackson, P. (Ed.), *The school and society and the child and the curriculum*. Chicago: The University of Chicago Press.

Dewey, J. (1934/1980). *Art as experience.* New York: Perigee Books.

Dinham S. M. & Stritter, F. T. (1986). Research on Professional Education. In M. Wittrock (Ed.), *Handbook of Research on Teaching* (p.953). Third Edition. New York: Macmillan.

Elbaz, F. (1981). The Teacher's "Practical Knowledge": Report of a Case Study. *Curriculum Inquiry*, *11*(1).

Eisner, E. (Ed.). (1976). *The arts, human development and education.* Berkeley, CA: McCutchan.

Eisner, E. W. (1991). *The enlightened eye: Qualitative inquiry and the enhancement of educational practice.* New York: Macmillan.

Eisner, E. W. (2002a). *The educational imagination.* New Jersey: Merrill Prentice Hall.

Eisner, E. W. (2002b). *The Arts and the Creation of Mind.* Yale University Press.

Fenstermacher, G. D. (1986). Philosophy of Research on Teaching: Three Aspects. In M. C. Wittrock, (Ed.), *Handbook of Research on Teaching (3rd ed.)* (pp. 37-49). New York: Macmillan.

Giroux, H. (1988). *Teachers as Intellectuals: Toward a Critical Pedagogy of Learning.* Westport, Connectticut: Bergin & Garvey.

Grumet, M. (1978). Songs and situations. In G. Willis(Ed.), *Qualitative Evaluation* (pp.274-315), Berkeley, CA: McCutchan.

Grumet, M. R. (1993). The Play of Meaning in the Art of Teaching. *Theory into Practice.* Vol. 32, No. 4, Autumn, 204-207.

Greene, M. (1975). Curriculum and consciousness. In W. Pinar (Ed.), *Curriculum theorizing: The reconceptualists* (pp.295-298). Berkeley, CA: McCutchan.

Greene, M. (1978). *Landscapes of learning.* New-York: Teachers College Press.

Greene, M. (1995). *Releasing the imagination: essays on education, the arts, and social change.* San Francisco: Jossey-Bass Publishers.

Greene, M. (2001). *Variations at a Blue Guitar.* New York: Teachers College Press.

Hamilton, D., McWilliam, E. (2001). Ex-centric voices that frame research on teaching. In Richardson,V. (2001). *Handbook of research on teaching.* (4th Ed.)(pp.17-47), Washington D.C.: American Educational Reasearch Association.

Honan, E. (2007). Teachers Engaging in Research as Professional Development. In T. Townsend & R. Bates(2007). *Handbook of Teacher Education.*(pp.613-626) Netherlands: Springer.

Irwin, R. L. & de Cosson, A. F. (Eds.) (2004). *A/r/tography: Rendering self through arts-based living inquiry.* Vancouver, BC: Pacific Educational Press.

Kraidy, M. M. (2005). *Hybridity, or the Cultural Logic of Globalization.* Temple University Press.

Lymburner, J. (2004). Interwoven Threads: Theory, Practice, and Research Coming Together. InR. L. Irwin & A. de Cosson (Eds.). (2004). *A/r/tography: Rendering self through arts-based living inquiry.* Vancouver, BC: Pacific Educational Press.

Macdonald, J. B. & Purpel, D. E. (1988). Curriculum and planning: visions and mateaphors. In Gress, J. R. (Ed). *Curriculum: an introduction to the field.* Berkeley, Calif: McCutchan Publishing Corporation.

May, W. T. (1993). Teaching as a work of art in the medium of curriculum. *Theory into Practice*. Vol. 32, No. 4. Autumn, 210-217.

McLaughlin T. (1999). Beyond the reflective practitioner. *Educational Philosophy and Theory,* Vol. 31, 1.

Moore, A. (2007). Understanding the social self: The role and importance of reflexivity in schoolteachers' professional learning. In T. Townsend & R. Bates, (Eds.), *Handbook of Teacher Education: Globalization, Standards and Professionalism in Times of Change.* Netherlands: Springer.

Morin, E. (1999), *The Seven Complex Lessons in Education for the Future.* UNESCO.

Morin, E. (2008), *On Complexity.* Translated by Robin Postel, New Jersey: Hampton Press, INC.

Nodding, N. (1984). *Caring: a feminine approach to ethics and moral education.* Berkerly: University of California Press.

Parker, D. H. (2005). *The Principles of Aesthetics.* Retrieved Oct. 12, 2010, from http://www.authorama.com/principles-of-aesthetics-2.html

Pike, M. A. (2004). Aesthetic Teaching. *Journal of Aesthetic Education,* Vol. 38, No. 2. Summer, 21-37.

Pinar, W. F. & Grumet, M. R. (1976). *Toward a poor curriculum.* Debuque, IA: Kendall/Hunt.

Pinar, W. F. (1998). Notes on the Intellectual: In Praise of Maxine Greene. In Ayers, W. C. & Miller, J. L. (Ed.). *A Light in Dark Times: Maxine Greene and the Unfinished Conversation.* (pp.108-121). New York: Teachers College Press.

Pente, P. (2004). Reflections on Artist/Researcher/Teacher Identities: A Game of Cards. In R. L. Irwin & A. F. de Cosson (Eds.), *A/r/tography: Rendering self through arts-based living inquiry.* Vancouver, BC: Pacific Educational Press.

Rubin, L. (1983). Artistre in Teaching. *Educational Leadership.* V.40, N4. 44-49.

Schön, D. A. (1983). *The Reflective Practitioner: How Professionals Think in Action.* New York: Basic Books.

Schön, D. (1987). *Educating the reflective practitioner.* San Francisco: Jossey Bass.

Slattery, P. (2006). *Curriculum Development in the Postmodern Era.* New York: Routledge.

Sinner, A., Leggo, C., Irwin, R. L., Gouzouasis, P. & Grauer, K. (2006). Arts-based Educational Research Dissertations: Reviewing the Practices of New Scholars. *Canadian Journal of Education,* 29, 4, 1223-1270.

Springgay, S., Irwin, R. L. & Kind, S. (2008). A/R/Tographers and Living Inquiry. In J. G. Knowles & A. L. Cole (Eds), *Handbook of the ARTS in Qualitative Research* (pp.83-92). London: Sage.

Tokuhama, T. (2010). *The new science of teaching and learning: Using the best of mind, brain, and education science in the classroom.* New York: Teachers College Press.

Vallance, E. (1977). The landscape of the "Great Plains Experience": An application of curriculum criticism. *Curriculum Inquiry,* 7(2), 87-105.

Wang, H. (2001). Aesthetic experience, the unexpected, and curriculum. *Journal of Curriculum and Supervision,* Vol. 17, No. 1, 90-94.

23 臺灣中小學教師專業發展的困境與前景

張新仁
國立高雄師範大學教育學系教授

一 前言：教師專業發展乃永無止境的學習，關注於教學實務與學生學習

「國家的未來在教育，教育的品質在良師」。國外實證研究發現：教師素質是預測學生成就的最重要因素，教師素質的高低攸關教育的成敗（Kaplan & Owings, 2001; Rowe, 2003; Whitehurst, 2002）。近年來，世界各主要國家為了確保教師的專業性，使教師們在專業發展中擁有最佳的專業素質，使學生因教師持續成長而獲得最大的學習成效，進而使國家擁有優秀人才而不斷提升總體競爭力，因而無不積極規劃並推動教師專業發展。

現代社會瞬息萬變，知識更新越來越快，學生個別差異趨向多元化，社會上一般人及家長對於教師專業工作品質的要求日益殷切。面對這樣的情勢，教育專業知識的變遷，已不再是數量累積上的差異，而是對教師專業素質要求的轉變。教師在職前專業教育階段學到的觀念與方法，已較無法及時因應專業工作新的挑戰與需求，勢必需要持續追求專業成長，來面對與時俱進的學生及家長、課程與教學，以及學校與社會環境。

何謂教師專業發展？教師「專業發展」（professional

development）與「專業成長」（professional growth）多數時候用語同義，在相關文獻中常交替使用，前者突顯持續性，後者則強調改進性。「教師專業發展」的基本假設是：「教師職業是一種專業性工作，教師是持續發展的個體，透過持續性專業學習與探究的歷程，進而不斷提升其專業表現與水準」（饒見維，2003，頁15）。換言之，教師乃視為專業人員，在從事專業性工作過程中，透過持續學習與探究，促使其專業表現持續不斷獲得發展與進步，邁向專業素養成熟圓滿的水準。

世界教師組織聯合會（World Confederation of Organizations of the Teaching Profession, WCOTP）在1990年代表大會中，強調「教師在其專業執行時間，應不斷精進，繼續增加其知識與經驗，不斷發展其不可或缺的素質」（引自許嘉倩，2006）。可見教師專業發展的本質就是學習（professional development is learning），而且是永無止境的終生學習，這已是世界潮流的訴求重點。

二 教學是一種藝術，教學實務即是教學藝術的具體展現

美國全國教育人員發展協會（National Staff Development Council, NSDC）自2007年起制定教育人員發展的新目標：「每一位教育人員每天從事有效的專業發展，使得每一位學生達到學習成就目標。」（Mizell, 2007, p.1）換言之，教師在學校工作的每一天都是專業發展日，關注的焦點是協助每一個學生有效的學習。然而，基於學生學習的個別差異性，如何帶好每一個孩子，並無固定的公式可循，教師本身需要不斷反思其教學實踐（或稱教學實務，teaching practice），從做中學（learning by doing）、從經驗中學習（learning by experience）、從實踐中省思（reflection from practice），才能因材施教，因勢利導，育人成材，可見教學活動已成為一種藝術。Dewey曾說：「教學就是一種藝術，真正的教師就是藝術家」（Dewey, 1933）。

職前的師資培育，從課本上所學到的教學原理是一體適用的規律，具有科學性，有助於掌握到一般的、共通性的教學技巧，但是，離複雜的實際教學情境仍有差距，這就需要教師透過實踐後的親身體驗來

修正與調整，並逐漸積累成為個人的「教學實務智慧」（wisdom of practice）（shulman, 1987），或「實踐中的知識」（knowledge-in-practice）（Schon, 1987），這種智慧或知識即是教學藝術。詩人陸游所說：「紙上得來終覺淺，絕知此事當躬行」，用來描述「實踐出真知」頗為貼切。而教學實踐即是教學藝術的具體展現。

在探討協助教師專業發展之前，有必要先釐清教學工作的界定。Hoban（2002）曾提出四種教學概念，亦即「技藝」（craft）、「勞動」（labor）、「專業」（profession）與「藝術」（art）。如果視教學為一種技藝性、勞動性的工作，則較容易歸納出放諸四海而皆準的原理原則，並經由研習工作坊或學分學位進修的方式傳遞。然而，如果視教學為具藝術性、專業性工作，則教師工作勢必要從教學現場中，經過長期的實踐，自行建構教學實踐性知識，而這種知識較適宜在教學現場中的觀摩學習、專業對話中進行交流與傳承（張德銳，2010）。

本篇文章即是以教學實務是教師的教學藝術，也是教師專業發展核心的觀點，從回顧國外教師專業發展的新趨勢，分析臺灣面臨的困境，據而建構出以增進教師教學實務為核心，適用於臺灣的教師專業發展策略、誘因與配套措施。

三 國外教師專業發展的新趨勢

1990年代以前，國外的教師專業發展策略仍偏向傳統模式，以參加校外學分學位在職進修、主題研習與專業培訓，以及參與全校性或領域的單次研習與演講活動為主。1990年代開始，上述傳統的教師專業發展觀念與做法遭到不少學者的批判與省思，指出這些模式主要有以下的缺點（Diaz-Maggioli, 2004; Robb, 2000）：

(1)由上而下的決策，教師缺乏自主性；

(2)忽略以學校為本位（school-based）促進教師專業發展的多元途徑；

(3)內容一體適用，未能顧及學科與學生的差異；

(4)與教學實務脫節，無法應用於任教學校與班級；

(5)忽略教師生涯發展不同階段的特殊需求，以及教師需求的個別差異性；

(6)忽略教師專業成長的能量也可不假外求，能經由教師同儕集思廣益合作建構；

(7)未能評估教師專業成長的成效，亦未客觀分析是否有助於改進學生的學習情形。

近年來，針對上述的批判與省思，教師專業發展產生以下的新思維（Zepeda, 1999; Sparks, 1994; Diaz-Maggioli, 2004）：

(1)持續進行（ongoing）：教育專業人員的發展永無止境；

(2)納入學校日常工作（built into the school day and year）：教師專業發展應視為教師專業人員應盡的職責，而不是外加的負擔；

(3)相互合作（collaborative）：所有學校社群成員（包括教師、行政人員、職員、家長以及贊助者）要彼此合作；

(4)根據資料做決策（driven by data-based decision-making）：蒐集並客觀分析相關資料，據以擬定教師專業發展的策略；

(5)與教學脈絡相連接（context-specific programs）：專業成長的內容，重視能應用於任教學校與班級的教學實務；

(6)關注於學生學習（focus on students learning）：學生的學習是教師專業發展的首要關注焦點，教師專業發展的最終目標是要改善學生的學習；

(7)採多元方式進行（varied delivery methods）：以符合不同教師的需求；

(8)提供支持系統（adequate support systems）：行政單位要能提供教師專業發展所需時間和經費；

(9)發展教師領導能力（developing teacher leadership）：協助發展教師的領導能力，參與學校的重要決策；

(10)評估實施成效（evaluation of professional development）：教師專業發展需要客觀評估實施的成效。

因應上述觀念的改變，世界各主要國家推動教師專業發展的新趨勢，除了持續鼓勵學科研習、在職進修學分學位，以不斷與時俱進任教的學科知識，或拓展教學第二專長外，轉以精進教學實務作為教師專業發展的核心；也就是說，以教學藝術作為教師專業發展的核心。因此，積極規劃有助於提升教學實踐性知識以展現教學藝術的「教師專業成長支持系統」，包括：(一)將教師進行專業成長的時間列入基本工作時數或授課時數，視為教師的工作職責和權利；(二)提供教學輔導教師（mentor program）：個別輔導新進教師以順利適應新的教學環境，並提供其他需要協助的教師教學諮詢；(三)推動教師專業學習社群（professional learning community）：以教師合作方式，共同探究和學習如何促進學生的學習成效；(四)建構教學檔案（teaching portfolios），反思教學並進行知識管理與交流；(五)進行行動研究（action research），研發教材教法，並解決教學實務問題；(六)建置教師專業發展輔助平臺，提供有助於教師專業成長的相關資源；(七)結合教師的在職進修與專業發展，提供教師多軌的進階途徑，並發展對應的專業成長指標（Ministry of Education, Singapore, 2010; Zepeda, 2008）。

四　臺灣教師專業發展的困境分析

臺灣長期以來的教師專業發展，類似於上述的國外傳統模式，但面臨的困擾不盡相同，說明如下：

(一)部分教師研習進修未符合教師教學實務需求

目前中小學教師研習進修活動，部分效果未彰顯，歸納原因有三：(1)進修主題或內容由行政人員決定，或由講座教授就其學術專長發揮，不一定是教師真正需要的內容；(2)講座內容之理論與實務分離，難以運用到教學實務現場；(3)部分教師進修成長活動未能進行事後檢討與客觀評估對教師之教學是否有實質幫助。

(二)校內缺乏專人協助教師改善教學實務

現行各中小學組織內設有學習領域或學科教學研究會，但其運作方式大多為學期初、學期中、學期末三次的工作報告與討論，並臨時加入很多行政宣導，與實質上的教學研究仍有明顯落差。尤其是初任教師在教學、班級經營、親師互動等方面，經常遭遇困境與挫折，卻欠缺有經驗的教師加以指導；一般教師在研發教材、行動研究等方面，也需要資深同儕教師協同合作或大學教授給予指導，以利其精進教學，但目前教師的專業發展大多陷入單兵作戰，缺乏同儕或專人協助。

(三)全國教師專業成長的資源未能有效整合

現行教師專業發展相關資源網站，例如：教育部教學資源網、教育部全國教師在職進修資訊網、國立教育資料館網站、國民教育社群網、六大學習網、K12數位學校入口網站、學習加油站、課程服務平臺、高中學科中心網站、高職群科中心網站、全國幼教資訊網、教育部教師專業發展評鑑網、全國高級中等學校教師專業發展評鑑網等，缺乏整合平臺，並且部分專業團隊並未能持續長久經營，對教師專業發展之推動，恐無法發揮功能整合之效益。

(四)現有教師工作繁重不利於投入專業成長

現行國中小教師的課務平均每週約二十節左右，班級學生人數約30人，惟因少子女化趨勢及教育經費並不充裕，各縣市強制學校保留教師缺額，導致教師增加超鐘點代課；再者，學生問題複雜化，教師班級經營負擔沈重，而學校行政單位又經常賦予教師額外工作。根據教育部委託全國教師會於2007年完成的「中小學教師專業工作內涵與現行工作內涵」專案研究報告指出：中小學教師平均每人每學年之工作時數共2375小時；其中，教學相關工作1174小時（占49.41%）、班級經營相關工作889小時（占37.42%）、專業成長相關工作147小時（占6.17%）、學校行政相關工作88小時（占3.70%）、參與學校會議或委員會78小時（占3.29%）。換言之，教師工作負荷重且內容繁雜，不利於投入專業成長，學校也不易安排教師共同不排課的專業成長時間。（吳忠泰、薛宗煌、楊超雲、于居正、吳靜宜、蘇宗賢、楊文錠、王愛君、黃俊斌、任懷民，2006）

(五)教師進修未能結合教師生涯發展

現行中小學教師進修管道，大致分為碩士、博士學位進修與夜間、週末、寒暑假在職進修班，並未依據教師之年資、專長和教師專業發展需求，進行規劃設計。目前英、美與新加坡，將資深教師依專長和專業表現的評估，建立學校行政、教學輔導或課程研發等多軌專業發展途徑，每一軌道各有對應的進階專業成長指標、進修課程與認證，以及各自擔負之職責，對於教師進修具有實質誘因。這些結合教師專業發展多元軌道的專業成長經驗，值得我國參考。

(六)學校—地方—中央教學輔導三級制缺乏法制化

現行學校—地方—中央三級教學輔導網絡為當前最重要的教師專業發展支持系統，以課程發展與教學輔導為主軸，但因欠缺法定地位，導致橫向統整與縱向連結之功能不彰。學校層級之教學輔導教師未能制度化，僅見於參與教師專業發展評鑑之學校；各縣市層級之國民教育輔導團在組織、任務與運作缺乏法源依據，對優秀的教學輔導員缺乏保障，導致邀聘人才不易，且各領域輔導員採兼任制，在時間與人力不足的情況下，未能有效發揮中小學各學科／學習領域教學輔導之功能；中央層級之課程與教學輔導諮詢教師（簡稱中央輔導團）亦為各縣市優秀教師兼任，但其組織運作及功能之發揮亦受限。因此，教師專業成長缺乏穩定與系統性的支持。

五　建構以教學實務為核心的教師專業發展策略與配套措施

面臨前述臺灣專業發展的困境，世界各主要國家積極推動的教師專業成長支持系統，其中部分已引入臺灣。以下即以增進教師教學實務為核心，建構出適用於臺灣的教師專業發展策略、誘因與配套措施。首先，引導教師積極投入專業發展，需要正式的法源，因此，教師進修與教師評鑑應盡速法制化，並減少教師授課時數，以便心有餘力從事專業成長；至於專業發展的內涵，則優先需要建立教學專業標準以指引方向。其次，具體可行以教學實務為核心的專業成長途徑，包括積極推動教師評鑑系統，建立教學輔導教師制度，推動教師專業學習社群。最後，鼓勵教師專業發展也需要誘因，更需要配套措施，包括建置教師專業發展整合平臺，提供教師以教學專長作進階發展，並銜接學校、地方、中央的課程與教學輔導諮詢三級制。所有的教師進修與培訓課程應建立前端與後端的品質管控機制，以收實效。為考量偏遠地區教師或交通往返耗時，規劃區域性研習中心，並開設線上課程。最後，建立教師專業成長護照，提供電子式專業成長紀錄與專業認證。以下分別詳細說明：

(一)教師專業發展視為工作職責與應有權利，教師進修應法制化，專業發展可減授時數

在觀念認知上，教師應把專業發展視為應盡的工作職責，是義務，而不是外加的負擔；專業成長需要持續性進行，不斷尋求改進。歐美與亞洲主要國家早已將教師在職進修納入法律規定。因此，教育部應盡速將教師進修法制化，配合「師資培育法」修正，賦予教師在職進修之法源依據，研訂「教師在職進修辦法」以規範教師每年法定進修方式、需求、時數、學分數等事宜。

此外，教師專業發展也應視為教師權利。歐美與亞洲主要國家也將校內教師進行專業成長的時間，列入基本工作時數或授課時數。美國波士頓學區規定每日工作七小時中，五小時授課，一小時備課，另一小時作專業發展。新加坡教師每週有一堂課為「空白時間」（white space），採計為教師授課鐘點，教師利用此堂課進行專業性研討，例如研發教材教法、計設學習評量等（張新仁、王瓊珠、馮莉雅、楊宏仁，2010）。因此，教育部應正視教師工作繁重，專業發展時間與備課、教學及輔導學生時間產生排擠的困擾，減少教師授課時數，使教師得以兼顧本職工作及專業發展。

(二)建立教學專業標準以指引教師專業發展的方向與內涵

推動教師專業發展，優先要建構教學專業標準，以指引教師專業發展的方向與內涵。歐美先進國家近十多年來皆已完成全國性的教學專業標準，其中以美國「全國教學專業標準委員會」（National Board for Professional Teaching Standards，簡稱NBPTS）和「州際初任教師評估及支持聯盟」（Interstate New Teacher Assessment and Support

Consortium，簡稱INTASC）最具代表性。NBPTS（1989）曾針對資深教師提出教學專業標準五大核心主張：(1)教師致力於學生及其學習活動；(2)教師熟悉任教學科知識，並有效傳授給學生；(3)教師負有管教和督導學生學習的責任；(4)教師有系統思考教學實務並從經驗中學習；(5)教師是學習社群的成員。INTASC（1992）則針對初任教師的遴選與專業發展提出十項原則：(1)學科知識；(2)人類發展和學習的知識；(3)為個別學生需要進行的教學調整；(4)多元的教學策略；(5)學生學習動機和班級經營技巧；(6)溝通技巧；(7)教學計畫技巧；(8)學習評量技巧；(9)專業投入和成長；(10)與學校同事、家長、社區其他教育機構的夥伴關係。這些標準的設立，影響美國各州引導師資培育機構規劃優質的師培課程，初任教師的檢定機制，教師評鑑的指標與工具，以及教師專業發展的內涵。

目前國內教育部推動教師專業發展評鑑，已發展和收錄數套可供各縣市或各辦理學校參考採用的評鑑規準，其中以曾憲政、張新仁、張德銳、許玉齡（2007）所研究發展的規準（含課程設計與教學、班級經營與輔導、研究發展與進修、敬業精神與態度等四個層面）較廣為採用，並且研發出對應的教學觀察、教學檔案等評鑑工具，但對於其上位概念——教師專業標準並未著墨。國內學者吳清基、黃乃熒、吳武典、李大偉、周淑卿、林育瑋、高新建、黃譯瑩（2006）發展出適用於不同師資類科的專業表現標準，潘慧玲、張新仁、張德銳（2008）則發展出九項中小學教師通用的教師專業標準，但兩者亦未再依據教師專業標準，進一步研發教師評鑑規準和工具。

制定教師專業標準既然已經成為時勢所趨，未來實有必要在既有實施教師專業發展評鑑和專業成長的基礎上，制定全國通用的教師專業標準核心主張，並循序漸進再發展出尊重不同教育階段、不同學科差異性的教師專業標準。然後，一以貫之，再依據這些專業標準同步修訂現行的教師評鑑規準、評鑑工具，並進一步檢視與調整師資培育課程、教師檢定內涵、專業成長策略與活動等。

(三)積極推動教師專業評鑑，精進教學實務並落實績效考核

歐美與亞洲主要國家近年來受到要求教師「績效責任」（accountability）的影響，不僅促使重視教師在職進修與專業成長，更普遍實施教師評鑑，主張教師專業成長也需要客觀評估其成效。透過教師評鑑過程與結果的回饋，可協助教師瞭解自我的教學表現與專業發展的需求，提升教師素質，同時更確保學生的學習權益。

教師評鑑的目的大致可分「專業成長」及「績效考核」兩種。前者主要採用形成性評鑑，其目的為協助教師依據評鑑結果促進教師專業成長，不斷改善與精進教師的教學實務，增進學生的學習成效；後者主要採用總結性評鑑，其目的主要是考核教師各方面的表現，作為教師聘僱、分級或認證、薪資等決定之參考。各國實施教師評鑑的方式雖不盡相同，但發展結合教學視導、教師專業發展與績效考核三者統整運用的評鑑系統，已成為共同的趨勢，其中，又以促進教師專業發展為導向的形成性評鑑為主流。以美國為例，形成性評鑑包括校長平日進行的教學視導（黃伯勳，2008），教學表現優秀的諮詢教師（consulting teachers）進行教師同儕的協助與評鑑（peer assistance and review, PAR）（卯靜儒、陳佩英、蘇源恭，2008）；總結性評鑑則與教師績效考核、淘汰、分級或認證、薪資等措施相結合，並發展出針對初任教師、資深教師、不適任教師採用不同評鑑工具、評鑑流程、評鑑方式的「差別化評鑑系統」（differentiated system）（Danielson, 2000；丁一顧、張德銳，2004）。

此一教師評鑑概念引入臺灣之後，現況分為三部分辦理，分別是：1.教師績效考核；2.不適任教師處理機制；3.中小學教師專業發展評鑑。前兩者與教師薪資、教師留任與否有關，屬於人事行政範疇，後者乃為教育部現階段推動中小學形成性評鑑的教師支持系統。

由於立法院尚未審議通過條列中小學實施教師評鑑的《教師法》修正草案，因此，在缺乏法源依據下，教育部自2006年開始推動「中小學教師專業發展評鑑」，是和教師績效考核、不適任教師處理、教師分級制脫鉤，而是強調以促進教師專業發展為目的之形成性評鑑機制。其

實施方式採用校內同儕評鑑，根據教學觀察、教學檔案、晤談教師、學生與家長意見，以及檢視學生作品、學習成效等多元途徑，來客觀評量教師的教學表現，包括教學優點和待改進之處。

形成性評鑑完成後，對於教師教學表現的弱點，協助擬定專業成長計畫，並提供「教學輔導教師」協助個別需求之教師進行改善，以「教師專業學習社群」的同儕合作方式進行教學實務的專業成長活動，達到提升教學品質，增進學生學習成效之目的。簡而言之，現階段所實施的教師專業發展評鑑乃結合後續性的專業成長活動，兩者相輔相成、如影隨形，成為完整的「教師專業發展循環系統」（見圖23-1）。

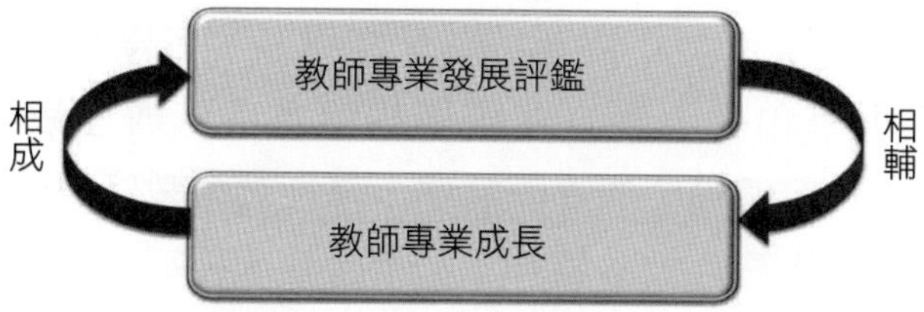

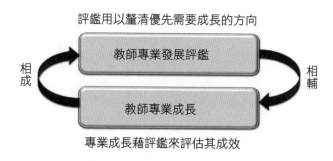

圖23-1　結合專業發展評鑑與專業成長的「教師專業發展循環系統」

教育部推動「教師專業發展評鑑」至今已進入第五年，前三年為試辦期，已發展出適用不同教育階段的評鑑規準，辦理宣導說明會、申辦說明會、規劃與實施評鑑人員初階線上課程與實體課程、評鑑人員進階研習課程、教學輔導教師研習課程，以及學校與教育行政人員的行政研習課程。自98學年度起成立七個區域人才培育中心，辦理評鑑人員進階研習與認證、教學輔導教師研習與認證。此外，建置輔導諮詢網絡，提供各縣市輔導諮詢人力資源，並陸續編製各種相關的宣導手冊、案例專輯、推動參考手冊、評鑑人員參考手冊、專業學習社群手冊、專業學習社群召集人秘笈，以及各種影音資料等配套措施，提供辦理學校多元的支持系統。2009年各縣市完成試辦學校後設評鑑，2010年教育部完成方案評鑑（上述措施詳見http://tepd.moe.gov.tw/）。

目前參加「教師專業發展評鑑」的學校數、教師人數與比率逐年增加（見表23-1），惟受限於需通過校務會議同意，參與比率仍較低。但對於方案的成果，根據教育部方案評鑑問卷調查結果顯示，約有八成以上表示滿意方案實施成效，惟只有五成以上認為達成方案目的，六成左右認為未來正式實施方案具可行性。受訪者對於計畫內容具有相當高的瞭解度與接受度，也都肯定能協助教師專業成長。惟縣市層級的承辦人力與講師人力不足，學校未完全依照計畫流程實施，時間不足為最大困難，最需要的配套措施為教師評鑑的法源，以及教師專業發展系統。不同縣市所屬學校的參與率、支持系統、方案活動與方案成果不同，不同層級學校的方案活動與方案成果也有差異（潘慧玲、王麗雲、張素貞、吳俊憲、鄭淑惠，2010）。

未來應優先使教師評鑑取得法源依據，全面實施，並強化評鑑人才研習課程，提供更多支持系統與配套措施，不斷檢討修正與持續推動。國民中小學和高中職宜在同樣的體系下，辦理教師專業發展評鑑。鼓勵縣市政府與學校依實際需要，彈性調整教師專業發展評鑑之推動模式，構思出能符合校本精神，並結合教學視導、教師評鑑與教師專業成長三者，且適用不同階段教師差異性的評鑑與成長循環系統。

表23-1　95-99學年度中小學教師專業發展評鑑參與校數、教師人數與比率

校數／人數 比率	95學年度	96學年度	97學年度	98學年度	99學年度
高中職 （公／私校數）	16/527 3.5%/1% （9/7）	29/1,097 6%/2.1% （15/14）	54/2,305 11.3%/4.5% （26/28）	144/4,622 30%/9.1% （81/63）	207/8,690 41.4%/58.6% （86/121）
國中	31/605 4.1%/1.1%	49/1,484 6.6%/2.9%	67/2,271 9%/4.4%	116/3,629 15.7%/7.3%	約140/3,800 18.9%/7.3%
國小	126/2,313 4.7%/2.3% （附小6）	163/3,514 6.1%/3.5% （附小8）	174/4,124 6.6%/4.2% （附小9）	354/7,349 13.3%/7.4% （附小9）	約430/8,400 16.2%/8.3% （附小9）
總計	173/3,445	241/6,095	295/8,700	614/15,600	約777/20,890

備註：以公私立高中職477校51,229人、國中740校51,792人、國小2,654校100,182人為母數。

資料來源：教育部中小學教師專業發展評鑑網http://tepd.moe.gov.tw/chinese/04_situation/00_overview.php

2010年第八屆全國教育會議上，與會的專家學者與家長團體代表大聲疾呼全面實施教師形成性評鑑，提升教師的教學實務能力與素質，以改進學生的學習成效；更要進一步發展總結性評鑑，具體落實教師績效考核，以及不適任教師的處理機制，保障學生的學習權益。在政策規劃時，應注意形成性「專業成長」及總結性「績效考核」兩者在評鑑目的、方式、工具與結果運用上，有明顯區隔，避免教師觀念不清，談評色變。此外，兩者功能不同，應並行不悖、相輔相成，結合完整的循環系統，以符合世界各國的教師評鑑趨勢。

除了對在職教師做後端的品質管制外，此次全國教育會議決議在教師聘用前端也要加強品質管制，研議試用教師制度，期間加強教師專業發展評鑑與輔導機制，試用期滿經由評鑑才決定是否聘為正式教師。

(四)建立「教學輔導教師」制度，輔導新進教師並協助教師專業成長

「教學輔導教師」（mentor teacher）制度的建立，強調由獲得專業訓練認證的資深優良教師，協助校內教師提升教學專業與改善班級教學，並輔以減課配套措施。1950年代美國首先運用在師資職前培育的「教學實習」（student teaching）；1980年代開始運用於初任教師的導入輔導（beginning teacher induction）方案，之後逐漸擴及教學表現欠佳的教師的輔導，以及自願請求協助的教師。目前在美國，教學輔導教師已成為各州普遍推展的實務，在初任教師的導入輔導階段，用於輔導實習教師與初任教師；在資深教師的專業成長階段，則用於同儕輔導以及教學困難教師的輔導。可見教學輔導老師扮演同儕輔導人員（peer coach）、同儕支持者（supporter）、專業發展協作者（facilitator），對於肯定資深教師、經驗傳承、導入初任教師、促進同儕教師專業成長，以及發展教師領導能力（teacher leadership）等，具有顯著效果（張德銳，2009）。

臺灣實施教學輔導教師制度，是由臺北市中小學率先從1999年開始規劃實施。2007年起教育部開始培訓參與「教師專業發展評鑑」學校的教學輔導教師，作為協助後續性專業成長的配套措施。教學輔導教

師的培訓內涵，包括：教學輔導理論與實務、人際關係與溝通、課程教學與班級經營、教學觀察與會談技術、教學行動研究等共計七天42小時之研習課程，經由認證後仍需參加12小時的在職成長課程。事實上，接受教學輔導教師培訓之前，均已完成18-20小時的評鑑人員初階研習，以及三天18小時的評鑑人員進階研習。教學輔導教師的主要職責，是協助初任教學三年內之正式教師、新調校服務第一年教師、一學年以上之長期代課教師、自願追求精進需要協助之教師、經評鑑認定未達規準之教師。教學輔導教師以輔導二名教師為限，每輔導一名教師得減一節課，跨校輔導得減二節課；如無法減授節數，得改發鐘點費。

惟目前臺灣推動教學輔導教師功能受限於減授時數過少，教學或行政工作負擔沈重，缺乏與夥伴教師進行互動和共同討論的時間（許籐繼、張德銳、張新仁、謝寶梅、丁一顧、黃嘉莉、張民杰，2010）。未來可視少子化教師超額趨勢，逐步邁向教學輔導教師專職化，增加減授時數，並可擴及至各校、各學習領域／學科，普遍設置教學輔導教師（張新仁，2010），成為協助個別教師課程規劃、教學設計、班級經營與減輕教師同儕工作心理壓力的重要支持系統，並可進一步鼓勵教學輔導教師帶領專業學習社群，以發展教師領導能力。此外，目前少子化趨勢下，新進教師員額急遽縮減，教學輔導教師以其嚴謹的培訓內容與認證過程，應足以擔任實習輔導教師的工作。未來教育部即將研擬的實習學校認證機制，或是專業發展學校（professional development school）建置標準，亦可將校內受過評鑑人員進階研習、教學輔導教師培訓的人數，以及實施教學輔導成效等，作為重要考量依據。

(五)推動「教師專業學習社群」制度，以同儕合作方式共同探究與學習

「教師專業學習社群」（professional learning community）是由志同道合的教師自發性組成，持有共同的信念、願景或目標，為致力於促進學生獲得更佳的學習成效，而努力不懈地以合作方式共同進行探究和問題解決（張新仁、王瓊珠、馮莉雅，2010，頁8）。綜合不同學者專家的觀點，「教師專業學習社群」具有不同於一般團體的特徵如下

（張新仁、王瓊珠、馮莉雅，2010；DuFour, DuFour, & Eaker, 2008; Hord & Summers, 2008; Huffman & Hipp, 2003）：

1.建立共同願景、價值觀與目標（shared vision, values and goals）。唯有如此，才足以凝聚成員共識，規劃共同努力的方向與具體目標。

2.協同合作，聚焦於學習（a collaborative culture with focus on learning）。組成具有共同目的的合作團隊，是「教師專業學習社群」的主要特色。教師同儕合作的目的，則是關注在為所有學生提供高水平學習。至於同儕合作的方式，包括：共同學習與探究、相互分享教學實務、共同將所學付諸行動並檢驗其成效。

3.持續改進（continuous improvement），檢視結果（results orientation）。透過蒐集和分析學生相關的學習證據與資料，判斷教師專業學習社群的運作成效，並作為促進持續學習改進的依據。

「教師專業學習社群」的組成與運作方式並無固定模式，只要符合上述的特色，可採取年級、學科（群科）／學習領域、學校發展任務，或專業發展主題等多元組成形式，並可多元運用下列方式進行（張新仁、王瓊珠、馮莉雅，2010；Haslam, 2008; Roberts & Pruitt, 2003），包括：

1.**協同備課**：同領域教師可共同分析上課教材內容，一起討論各單元上課的流程、教學策略，也可共同命題，或發展出一套評量學生作品的規準，或是一起評量學生的學習成果。

2.**教學觀察與回饋**：教學觀察一方面可分享個人的教學實務，另方面可經由觀察者回饋的優點與待改進，省思與改進教學。可採進班觀課或是教學錄影方式進行。

3.**同儕省思對話**：共同選擇一個焦點進行專業對話，如學生作品實例、試卷答題結果分析、或一堂課的教學錄影帶等。

4.**建立與分享教學專業檔案**：透過專業檔案的建立，可以系統地蒐集並整理教學實務，進行知識管理與交流，並可省思教學的有效性，及時修正。

5.**案例分析**：研讀成功或失敗的案例，一同集思廣益，增進問題解決能力。

6.主題經驗分享：共同探討班級經營、品德教育、作文教學或自然科探究教學等主題，並可邀請校內外優秀教師經驗分享與交流。

7.主題探討（含專書、影帶）：共同閱讀專業相關書籍或觀看專業相關錄影帶，進行專題討論，促進專業成長。

8.新課程發展：共同發展和試驗新課程，並作討論與修正。

9.教學媒材研發：因應學生個別差異的增大，可一起研發特定領域的教材或教學媒體，以符應不同程度的學生。

10.教學方法創新：共同研發和試驗富有創意的教學方法，並做討論與修正。

11.行動研究：有系統蒐集教學現況問題與資料，構想與選擇適當的介入方案並執行，最後評估執行方案後的成效，可不斷修正與改進。

12.標竿楷模學習：參訪辦學績效優良學校、他校同領域的專業學習社群，達到見賢思齊的效果，也可以資深優良教師為楷模學習對象，觀摩其現場教學或教學錄影。

13.專題講座：各學科或領域課程不斷改革，一般或學科教學方法日新月異，教師專業發展評鑑方式多元化，均可邀請專家給予指導。

教師專業學習社群強調同儕合作並關注學生學習，因此，可以和目前教育政策推動的優質學校、精進教學、卓越教學、創意教學、行動研究、教師專業發展評鑑等計畫或方案做有意義的結合。透過教師自發性的組合的專業學習社群，一方面可避免由上而下一體適用的研習進修決策，未能符合各學科／領域教師實際需求的困擾；另方面可透過社群中教師同儕的協同合作，可減少教師之間的孤立與隔閡，打破單打獨鬥的競爭局面，展現「同路偕行、攜手合作、關注學習、師生雙贏」的校園文化，並將學校發展成學習型組織，邁向專業發展學校。在歐美與亞洲主要國家，已成為學校促進整體教師專業發展的重要平臺。

教育部自2010年起，規定實施「教師專業發展評鑑」的學校需以「教師專業學習社群」推動評鑑後之專業成長，並提供如下配套措施與資源：1.編製教師專業學習社群手冊；2.提供社群成功案例；3.訂定實施計畫與經費補助；4.分區辦理計畫宣導與經驗分享說明會；5.鼓勵與教學精進計畫結合；6.培訓社群召集人等。2010年實施「教師專業發展評鑑」之國中小，計有329所學校申請專業學習社群獲得經費補助，共計成立803個教師專業學習社群，參加人數達6,895人。至於申請精進教學計畫計有723所學校獲得專業學習社群經費補助，成立共計1,231個教師專業學習社群（如表23-2所示）。

表23-2　2010年核准之教師專業學習社群統計

縣　市	2010年參加教師專業發展評鑑核准之專業學習社群									2010年精進教學計畫核准之學習社群	
	學校數			社群數目			參加社群人數			學校數	社群數目
	國中	國小	小計	國中	國小	小計	國中	國小	小計	小計	小計
基隆市	0	0	0	0	0	0	0	0	0	40	55
臺北市	16	30	46	30	100	130	265	981	1,246	43	156
臺北縣	3	10	13	8	31	39	63	276	339	62	117
桃園縣	1	3	4	3	5	8	13	40	53	5	8
新竹市	4	5	9	13	16	29	77	190	267	69	122
新竹縣	1	9	10	2	12	14	12	75	87	84	104
苗栗縣	4	11	15	5	20	25	29	163	192	7	13
臺中市	1	12	13	2	46	48	12	439	451	23	44
臺中縣	1	14	15	6	31	37	50	298	348	23	46
南投縣	1	0	1	1	0	1	16	0	16	13	20
彰化縣	1	22	23	1	39	40	5	316	321	11	22
雲林縣	0	12	12	0	28	28	0	200	200	14	22
嘉義市	0	2	2	0	5	5	0	30	30	25	60
嘉義縣	4	5	9	8	11	19	50	81	131	21	28
臺南市	0	18	18	0	48	48	0	519	519	25	36
臺南縣	0	4	4	0	9	9	0	108	108	29	42
高雄市	18	18	36	65	44	109	599	453	1,052	25	48
高雄縣	0	0	0	0	0	0	0	0	0	26	41
屏東縣	12	46	58	32	98	130	246	673	919	47	85
臺東縣	2	8	10	3	15	18	22	114	136	19	28
花蓮縣	2	8	10	4	17	21	34	105	139	77	90
宜蘭縣	2	16	18	4	37	41	27	278	305	38	38
澎湖縣	0	3	3	0	4	4	0	36	36	6	6
合　計	73	256	329	187	616	803	1,520	5,375	6,895	732	1,231

資料來源：根據教育部資料做整理。

未來教育行政主管機關應逐年強化專業學習社群的配套措施與支持系統，包括：1.落實每週領域共同時間進行社群活動；2.將教師參與社群專業成長活動時數列入研習時數；3.提供教師專業學習社群分享交流的平臺；4.獎勵優良教師專業學習社群；5.建立線上的申請與審查機制；6.有效結合教師專業學習社群與教師專業發展和專業成長。

(六)整合教師專業發展資源，建置教師專業發展輔助平臺

協助教師專業成長，除了人力資源外，也需要物力資源，尤其是提供網路學習資源，無遠弗屆，各取所需。歐美與亞洲主要國家早已由教育部門官方建置中小學教師專業成長的網路支援平臺，包括美國教育部教育科學署的十個「區域性教育實驗室方案」（Regional Educational Laboratory Program，網址：http://ies.ed.gov/ncee/edlabs/）、英國兒童、學校與家庭部的教師網路（TeacherNet，網址：http://www.teachernet.gov.uk/）、香港教育城（http://www.hkedcity.net/），以及新加坡「教師專業發展平臺」（Teachers Network，網址：http://www.teachersnetwork.org/）。

臺灣早期由教育部委託相關機構或研究專案，建置許多教師專業發展的資源網站，惟缺乏統整且部分未能永續經營。有鑑於資源整合的必要性和永續性，教育部於2010年8月4日第二次全國教育局（處）長會議，正式啟動「中小學教師專業發展整合平臺」（見圖23-2，網址：http://teachernet.moe.edu.tw）。此平臺以結合「教師專業發展評鑑」與「教師專業成長」為核心概念，網羅公部門與民間現有中小學專業成長資源兩百多個網站，並首創全國性「中小學教師專業發展資源整合地圖」，以心智地圖方式，指引教師專業成長多元途徑——「研習進修」、「數位學習資源」、「標竿典範學習」、「教學實踐與研究」、「專業學習社群」、「專業支持體系」等，另獨家開發「教師專業成長方案診斷系統」（見圖23-3），依教師個別化量身打造的智慧型互動式網站。

整合平臺的功能著重於教學實務的成長，並建置六大特色獨立網站，包括：圖書網站、教學影帶網站、網路演講廳網站、專業學習社群

網站、標竿典範學習網站、專業成長自主規劃系統網站等。希冀提供教師專業成長的「單一窗口」與首要考量，締造高品質、資源豐富的中小學教師專業成長資源集散中心。

圖23-2　中小學教師專業發展整合平臺

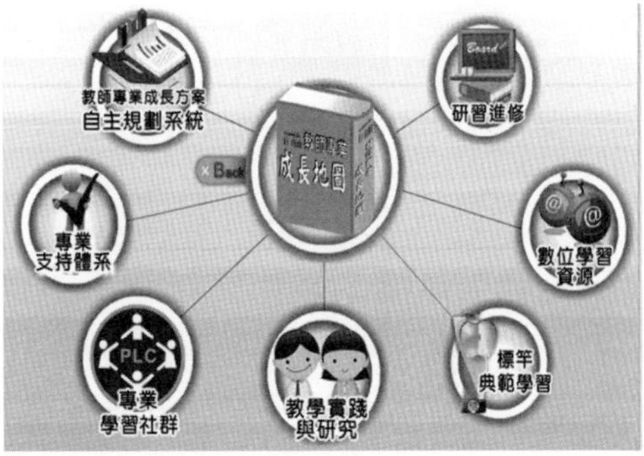

圖23-3　以心智圖指引專業成長多元途徑

(七)結合教師進修與專業發展，建立行政與教學分軌進階的激勵機制

目前教師專業成長或在職進修研習課程最大的問題，就是沒有足夠的誘因和激勵機制，實有必要結合教師的在職進修與專業發展，依教師專長和專業表現的評估，建立學校行政、教學輔導或課程研發等分軌進階的專業生涯發展途徑，且每一軌道各有對應的專業成長指標、相關的進修培訓課程與認證，以及各自擔負之職責。進一步說明如下：

1.建立教師以教學專長為主軸的專業生涯發展進階軌道

臺灣的學校教師早已建立行政人員組長—主任—校長進階的專業生涯發展軌道，惟對於無意願擔任學校行政人員的教師，尚待建立鼓勵教師以教學專長為主軸的專業發展進階軌道，包括在學校層級，按教學專長分工為學年主任、領域／社群召集人、教學輔導教師等；在縣市層級為地方教學輔導團，在中央層級為中央課程與教學輔導諮詢教師團隊、中央教師專業發展評鑑輔導群（見圖23-4），並應明訂各自相關的進修培訓課程與認證，以及各自擔負的職責。

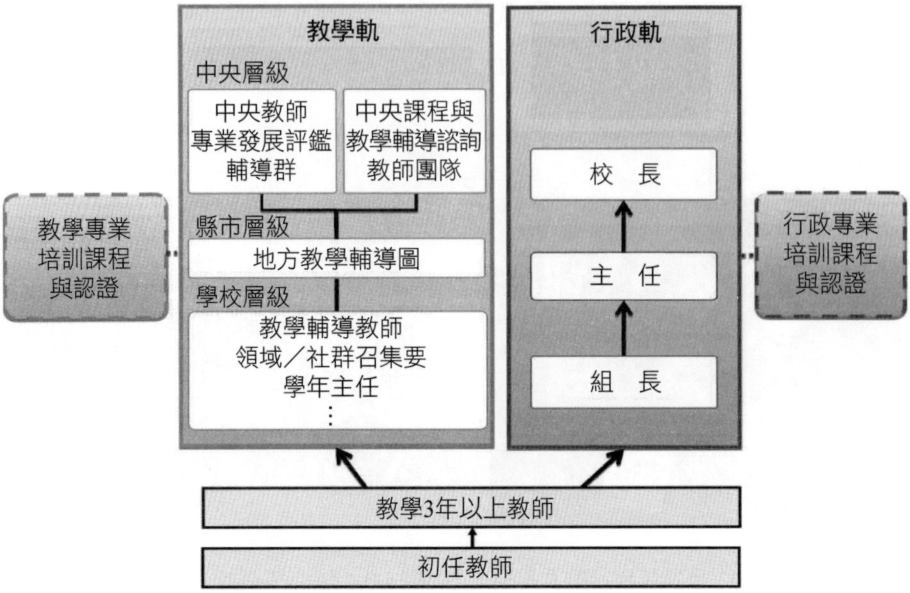

圖23-4　中小學教師專業發展依興趣與專長分軌進階（張新仁，2010）

2.完善學校─地方─中央三級制教學輔導制度的法制化、組織化與專業化

上述學校─地方─中央三級教學輔導網絡的雛形應積極建置完善，作為重要的教師專業發展支持系統，並肯定資深優良教師的教學專業表現。

目前國家教育研究院雖已建置「縣市國民教育輔導團」、「中央課程與教學輔導諮詢教師團隊」的專業成長指標、對應之培訓課程及專業認證機制（張德銳、李文富、丁一顧，2010），惟需進一步探討學校「教學輔導教師」、「縣市地方教學輔導團」、「中央課程與教學輔導諮詢教師團隊」三者的定位與功能區隔，避免功能重疊，並應檢核三者間的縱向連結關係，方能建構與整合中央、地方到學校之完整教學輔導網絡，並促使學校─地方─中央三級教學輔導網絡及時法制化、組織化、專業化。

因應未來少子化教師超額趨勢，三級輔導諮詢教師應努力邁向專職化，增加減授時數，突破原先受限於人力與時間而導致組織運作及功能發揮不彰的困境，促使教師專業成長能獲得穩定與系統性的支持。此外，應建立中央一地方一學校三級輔導教師進修體系，可委由師資培育大學負責開設相關專業培訓進修課程，使其更積極承擔和發揮地方教育輔導與教師專業發展的功能。

3.加強行政人員的教學視導知能，積極承擔課程與教學領導角色

目前運作的行政人員進階專業發展軌道，應進一步建立組長、主任、校長行政進階的進修制度，包括專業成長指標、對應之培訓課程及專業認證。尤其應加強行政人員的教學視導知能，以便能積極承擔課程與教學領導之角色。

(七)教師進修與培訓課程應建立前端與後端的品質管控機制

目前教師進修研習或專業培訓課程的最大困擾，是缺乏品質管控機制，包括授課內容、教師出席狀況，以致於流於形式，效果不彰。培訓課程的內容應根據專業成長指標來設計課程大綱與參考資料，提供授課講師，以建立前端的品質管制。培訓課程需全程參加，缺課需補課。參加完培訓課程僅能給研習時數，需完成實作，繳交學習檔案後，經過審查認證通過者，方能授予證書，以建立後端的品質管控機制。目前教師專業發展評鑑人才的培訓認證制度，所建立的前後端品保機制值得參考。

(八)規劃區域性進修機制，開設遠距教學或網路線上學習

部分縣市幅員廣大，教師進修研習交通往返耗時，有些研習可規劃區域性進修大學。區域的劃分方面，於都會區可考慮以行政區劃為範圍，於縣市鄉鎮則可考慮以單一鄉鎮或聯合生活條件相近的數個鄉鎮，利用減班之空餘教室、學校裁併後之閒置校區，或者結合師資培育大學及直轄市、縣（市）教師進修研習中心，提供教師就近進修資源及優質進修環境，成立「教師專業發展區域資源中心」，並可充分運用現有退休優秀教育人員的人力資源。

此外，為照顧偏遠地區教師進修需求，並能有效應用新興教學科技，其進修型態應納入網路學習功能，開設線上數位課程，以利優質

教師在職進修課程進行遠距教學或網路學習，並研議網路進修認證機制，以建立品質管控。

(九)建立教師專業成長護照，提供電子式專業成長紀錄與專業認證

目前教育部已建置完成「全國教師在職進修資訊網」，為每位教師建立電子式專業成長紀錄，其內容包括教師學經歷、參與專業成長紀錄、取得或更新專業證照之紀錄與效期等。教師能隨時查閱並管理自己專業成長的歷程，並於需要時隨時列印，提供相關單位參考。

未來透過教育部建置之「中小學教師專業發展整合平臺」，可整合評鑑人員、教學輔導教師培訓認證，以及各縣市現有建置的教師研習進修線上登錄系統，可使教師的學習與成長紀錄及專業認證成為「通用性」及「可攜式」的帳戶型態。

六 結語

臺灣近幾年來受少子化影響，96-98學年度各級公立學校各師資類科教師甄選錄取人數分別為3,404人、2,857人及2,254人（教育部，2009），顯示職前的師資培育功能已急遽萎縮。然而，現職公私立教師人數計有20多萬人，其流動性又不大，如何強化中小學教師在職進修機制，促進教師持續性專業發展，則是未來關注的焦點。這不僅促使師資培育機構功能的轉移，低生育率也使得家長更關注孩子的受教權與學習成效，對於教師教學專業品質的要求日益殷切。教育部（2010）第八次全國教育會議將「師資培育與專業發展」列為十大中心議題之一。其中，「深耕教師進修機制，促進教師專業發展」子議題最受與會專家學者、家長團體與教師團體的關注。

不論是中國傳統的「因材施教」、當今社會呼籲的「帶好每個孩子」，或是美國前布希總統「有教無類」（No Child Left Behind Act）重大教育法案，都關注教師能否因應不同特質學生的學習需求適時調整教學，使學生有效學習，這便是教學藝術的最高造詣。回顧國外教師專業發展觀念與做法的演變，1990年代以來教師專業成長的內容，著重

教學實務的改善與精進，其最終目標即是要提升學生的學習成效，可見教學實務是教學藝術的具體展現。本文主要從歐美與亞洲主要國家的專業發展趨勢，分析臺灣面臨的困境，進而建構出以不斷精進教學實務為核心，提升學生學習成效為目的之教師專業發展策略、誘因與配套措施如下：

1.教師專業發展應視為工作職責與應有權利，教師進修應法制化，減少教師授課時數。

2.建立教學專業標準，以引導教師專業發展。

3.積極推動教師評鑑系統，精進教學實務並落實績效考核。

4.建立教學輔導教師制度，輔導新進教師與協助教師專業成長。

5.推動教師專業學習社群制度，以同儕合作方式共同探究和學習。

6.整合教師專業發展資源，建置教師專業發展輔助平臺。

7.結合教師進修與專業發展，建立行政與教學分軌進階途徑。

8.教師進修與培訓課程應建立前端與後端的品質管控機制。

9.規劃區域性進修機制，開設遠距教學或網路線上學習。

10.建立教師專業成長護照，提供電子式專業成長紀錄與專業認證。

唯有高品質的專業發展，才能造就良師，使學生受益。身為中小學教師固然應有專業發展不停步的共識，教育部門更應大力投資，提供優質的支持系統，推動並激勵教師進修與專業發展。

參考文獻

中文部分——

丁一顧、張德銳（2004）。英美兩國教師評鑑系統比較分析及對我國之啟示。臺北市立師範教育學院學報，**35**(2)，85-100。

卯靜儒、陳佩英、蘇源恭（2008）。美國中小學教師評鑑方案之分析：以加州和威州為例。載於潘慧玲主編，教師評鑑理論與實務（頁53-90）。臺北市：國立臺灣師範大學教育評鑑與發展研究中心。

吳忠泰、薛宗煌、楊超雲、于居正、吳靜宜、蘇宗賢、楊文錠、王愛君、黃俊斌、任懷民（2006）。中小學教師專業工作內涵與現行工作內涵~對各項工作之專業程度認知與工作負荷之分析。教育部專案研究計畫成果報告，未出版。

吳清基、黃乃熒、吳武典、李大偉、周淑卿、林育瑋、高新建、黃譯瑩（2006）。各師資類科教師專業表現之標準訂定研究。教育部中教司委託專案研究成果報告，未出版。

張新仁（2010）。子議題五：強化教師進修機制，促進教師專業發展。載於教育部（主編），師資培育與專業發展：第八次全國教育會議十大中心議題（柒）（頁61-75）。臺北：教育部。

張新仁、王瓊珠、馮莉雅、楊宏仁（2010）。中小學教師專業發展整合體系與認證機制—第一年計畫結案報告。臺北市：教育部。

張新仁、王瓊珠、馮莉雅編（2010）。中小學教師專業學習社群手冊—再版。臺北市：教育部出版。

張德銳（2009）。美國教學輔導教師制度及其在我國中小學教師專業成長之應用。教育資料集刊，**24**，181-201。

張德銳（2010）。我國中小學教師專業發展的問題與展望。論文發表於新世紀學校革新之挑戰與展望國際研討會、中華民國學校行政研究學會、國立臺灣師範大學教育政策與行政研究所。

張德銳、李文富、丁一顧（2010）。中央及縣市課程與教學輔導人才核心能力指標與培訓課程內涵之研究。國家教育研究院籌備處專案研究成果報告，未出版。

教育部（2009）。中華民國師資培育統計年報。臺北市：教育部。

教育部（2010）。第八次全國教育會議手冊。臺北市：教育部。2010年10月14日，取自http://www.edu.tw/content.aspx?site_content_sn=21831

曾憲政、張新仁、張德銳、許玉齡（2007）。規劃高級中等以下學校教師專業發展評鑑規準之研究。教育部教育研究會委託專案研究成果報告，未出版。

許嘉倩（2006）。我國教師組織立法之研究。國立臺北教育大學教育政策與管理研究所碩士論文，未出版，臺北市。

許藤繼、張德銳、張新仁、謝寶梅、丁一顧、黃嘉莉、張民杰（2010）。中小學教學輔導教師制度規劃與推動策略之研究。教育部委託專案研究成果報告。

黃伯勳（2008）。校長教學領導與教師教學領導。載於高雄市教育局、國立高雄師範大學、高雄市樹德家商主辦之「**2008**教師專業發展國際學術研討會」成果報告（頁77-94），高雄市。

潘慧玲、王麗雲、張素貞、吳俊憲、鄭淑惠（2010）。試辦中小學教師專業發展評鑑之方案評鑑（II）。教育部委託專案研究成果報告。

潘慧玲、張新仁、張德銳（2008）。臺灣中小學教師評鑑／專業標準之建構：結果篇。載於潘慧玲主編之教師評鑑理論與實務，281-298。臺北市：國立臺灣師範大學教育評鑑與發展研究中心出版。

饒見維（2003）。教師專業發展：理論與實務。臺北市：五南。

英文部分——

Danielson, C. (2001). New trends in teacher evaluation. *Educational Leadership, 58*(5), 12-15.

Dewey. (1933). *How we think*. NY: D. C. Heath.

Díaz-Maggioli, G. (2004). *Teacher-centered professional development*. Alexandria, VA: Association for Supervision and Curriculum Development.

DuFour, R., DuFour, R., Eaker, R., (2008). *Revisiting Professional Learning Communities at Work*. Bloomington, IN: Solution Tree.

Haslam, M. B. (2008). *Maryland Teacher Professional Development Evatuation Guide*. http://www.mdk12.org/share/pdf/MarylandTeacherProfessionalDevelopmentEvaluationGuide.pdf

Hoban, F. G. (2002). *Teacher learning for educational change: A systems thinking approach*. Philadelphis: Open University Press.

Hord, S. M. & Sommers, W. A. (2008). *Leading professional learning communities: Voices from research and practice.* Thousand Oaks, CA: Corwin Press.

Huffman, J. B. & Hipp, K. K. (2003). *Reculturing schools as professional learning communities.* Lanham, MD: Scarecrow Education.

Interstate New Teacher Assessment and Support Consortium (INTASC)(1992). *Model standards for beginning teacher licensing, assessment and development: A resource for state dialogue*. Retrieved Sept. 14, 2006, from http://www.ccsso.org/

Kaplan, L. S. & Owings, W. A. (2001). Enhancing teacher and teacher quality: Recommendations for principals. *NASSP Bulletin, 85*(628), 64-73.

Ministry of Education, Singapore (2010). *Teaching as a career: Career information.* Available: http://www.moe.gov.sg/careers/teach/career-info/

Mizell, H. (2007). *NSDC has a brand-new purpose.* Available: http://www.nsdc.org/news/system/sys9-07mizell.pdf

National Board for Professional Teaching Standard (NBPTS). (1989). *Toward high and rigorous standards for the teaching profession*. Detroit, MI: Author.

Robb, L. (2000). *Redefining staff development: A collaborative model for teachers and administrators*. Portsmouth, NH: Heinemann.

Roberts, M. S. & Pruitt Z. E. (2003). *School as professional learning communities: Collaborative & activities and strategies for professional development.* Thousand Oaks, California: Corwin Press Inc.

Rowe, K. J. (2003). *The importance of teacher quality as a key determinant of student's experiences and outcomes of schooling*. Paper to Keynote Address presented at the AER Research Conference 2003, Available: http://www.acer.edu.au/research/programs/documents/Rowe_ACER_Research_Conf_2003_Paper.pdf, Accessed May 2005.

Schon, A. (1987). *Educating the reflective practitioner*. San Francisco: Jossey-Bass.

Shulman, L. S. (1987). Knowledge and teaching: Foundations of the new reform. *Harvard Education Review, 57*(1), 1-22.

Sparks, D. (1994). A paradigm shift in staff development. *Journal of Staff Development, 15*(4), 26-29.

Whitehurst, G. J. (March, 2002). *Scientifically based research on teacher quality: Research on teacher preparation and professional development*. Paper presented to White House Conference on Preparing Tomorrow's Teacher.

Zepeda, S. J. (1999). *Staff development: Practices that promote leadership in learning communities*. Larchmont, NY: Eye on Education.

Zepeda, S. J. (2008). *Professional development: What works.* Larchmont, NY: Eye on Education.

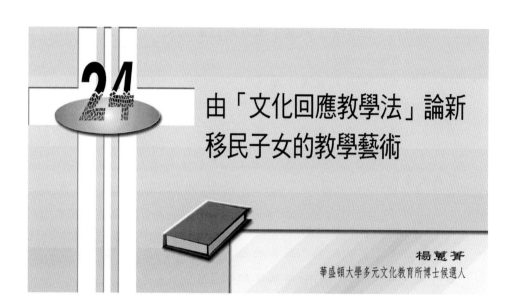

由「文化回應教學法」論新移民子女的教學藝術

楊蕙菁
華盛頓大學多元文化教育所博士候選人

楔子

晨會過後，輔導組長叫住準備轉身離去的我。

「楊老師，貴班的洋洋已經兩個星期沒來參加小團體了，能不能提醒他今天中午一定要來？」

「是什麼主題的小團體？」

「外籍配偶子女學校適應的小團體。」

「嗯，我提醒過他，但他興致缺缺，而且他個性開朗活潑，感覺上沒有適應困難的問題。」我回答。

「嗯……」輔導組長沈吟了一會。「還是請他來參加吧，如果他真的適應良好，那或許可以當其他團體成員的借鏡。」

「好吧，我會轉達這個訊息。」

回到教室後，找個下課時間，驅開圍繞在身旁的學生，我把洋洋找來單獨談話。嚴格說來，洋洋並不算是外籍配偶子女，雖然他的繼母來自菲律賓，但她的生母是臺灣人。洋洋的課業中上，個性開朗有禮貌，老實說，我真不覺得他有參加小團體的必要，只是既然受到輔導組長的請託，我也只好忠人之事。

「洋洋，今天中午請你到知動教室參加小團體。」

「老師，我不要，那種小團體好無聊。」

「你有參加過嗎？」

「沒有，可是我就是不想。」

「這樣吧，你今天去參加一次，如果真的不喜歡，下次就不用去了，好嗎？」我半勸誘、半強迫地說。

「一定要嗎？」洋洋雖然百般不情願，礙於老師的權威，只好答應我會出席。

午休過後，洋洋回來了，他衝到我的面前，

「老師，真的很無聊，我以後不要再去了。」

「好吧！」既然我已經答應他只要嘗試一次，我也不好再勉強他。輔導組長那裡，只好跟他說抱歉了。

這個故事發生在我擔任國小教師的某一年，當時學校裡的新移民子女開始出現，但數量還不是非常多，為了日益增多的新移民子女，學校成立了小團體課程，輔導他們情緒適應技能，帶領小團體的是兩位非輔導科班出身的實習老師，對象則是「所有」外籍配偶子女。雖然我對於這樣的做法有幾分疑慮：是不是所有的新移民子女都需要被輔導呢？再者，情緒調適技能真的是新移民子女所迫切需求的嗎？但是當時身為新手老師的我卻不敢違抗學校行政，只好聽命行事。

一 緒論

近年來，一種新型態的跨國聯姻在臺灣日益增多，來自東南亞或中國大陸的女性，嫁給臺灣男性，並定居臺灣，他們的小孩被稱為新臺灣之子或是新移民子女[1]。新臺灣之子的出現改變臺灣的族群版圖，根據統計，從1998年至2007年，每年的新生兒中，約有10%到13%為新移民

1 新移民子女雖不限於臺灣男性與東南亞或中國大陸女性結婚所生下之子女，但目前相關之研究論述多著重在此一族群，故本文亦將新移民子女定義為臺灣籍父親與東南亞籍或中國籍母親所生下之子女。

子女，此人口學的變化，亦衝擊學校教育系統。然而，學校體系對於新移民子女入學所產生的影響並未充分認知，新移民子女特殊的族群、文化與語言背景，在學校課程中並未被視為有價值的知識來源之一。相反地，他們被視為缺乏經濟與語言資本之文化不利個體，在進入學校後，將會面臨學業成就低落、學校生活適應困難以及情緒調適障礙，所以學校必須對這些孩子特別「輔導」，甚至有人建議比照特教學生，另設專班教學，在特教亦講求「回歸主流」的同時，卻出現將新移民子女隔離教學的提議，無異將新移民子女標籤化與污名化。目前關於新移民子女的研究，也多著墨在學業、學校生活以及情緒輔導。而結論也不脫新移民子女口語表達能力不足導致學校生活困難重重，以及外籍新娘家庭對教師特別信任及依賴，但親師溝通障礙也較多，雖然受到同學歧視的狀況並不顯著（林璣萍，2003；車達，2004；鄭瓊月，2008；盧秀芳，2004；鍾重發，2003）。更甚者，多數的臺灣小學老師為來自主流族群的漢人，在新移民子女與主流族群的漢族老師們之間的斷層，常常造成新移民子女的邊緣化。

在美國，由於劇烈的族群人口變化，多元文化教育學者們提倡「文化回應教學法」以符應文化與語言弱勢族群學生的需求（Au, 1980; Gay, 2010; Ladson-Billings, 1994）。文化回應教學法中最重要的一環，是教師對於少數族群學生必須有正面的信念。Ladson-Billings（1994）認為對非裔美籍學生而言，成功的老師相信這些學生具備極大的潛力，並且期望他們能在課堂中有所成就，如她所言，學生的成就與教師的信念緊密相連，教師的教學行為受到其信念的導引，而教師正向的信念，將會對少數族群學生的學習成就產生正向的影響。由於教師的教學信念會與脈絡因素如教育政策、學校行政期望、教科書等交互作用，而影響教師的教學行為與教學實踐，因此本文將從文化回應教學法為基礎，探討面對新移民子女的教育議題時，教師應抱持何種教學信念，以發展出多元文化教學藝術。

二　文化回應教學法概述

多元教育的目標之一就是改正學校教育在教導少數族群學生，特別是有色族群以及貧窮家庭學生時，所犯下的錯誤（Gay, 1994），為了重新建構學校教育體系，使其能反映當今社會多元文化觀點，必須要將現存於學校教育系統的意識型態再概念化（Diaz, 1992）。學校，作為文化傳承機構，其所傳遞之知識，往往受到社會、政治與經濟勢力影響，無法以「價值中立」的形式存在。學校的課程內容、評量方式乃至時間安排，往往反應了社會主流團體的信仰與觀點（Apple, 2004），而主流團體與少數族群間信仰與觀點的落差，往往導致少數族群的學習成就落差（Sleeter & Grant, 2003）。在探討美國少數族群如拉丁裔、非洲裔美國人的學業成就，教育學者們發展出兩種解釋論點：一是文化不利論，另一則是文化差異論。根據文化不利觀點，非主流學生因為其家庭及族群文化背景，而處於先天不利地位，因此無法與主流的白人中產階級學生競爭，於是產生嚴重學業落差，以及較高的輟學率，抱持此類觀點的學者如Robert Hess與Virginia Shipman以及Oscar Lewis（Lee, 2005）。因為受限於文化的匱乏，使貧窮學生無法受到良好的教育，因此學校應給予補救的機會，如提供課後輔導、額外的學習材料等等。然而文化不利的觀點，是以主流文化為評判標準，凡是與主流文化的差異之處即為不足之處，必須加以補足。此一觀點蘊含了文化有高下之別的價值判斷，認為少數族群學生的家庭文化先天劣於主流文化，而無法跳脫單一血統的主流意識型態壓迫。

相對於文化不利觀點，Katherine Au、Geneva Gay與Gloria Ladson-Billings等學者則提出文化差異觀點（Nieto, 2005）。根據上述學者的理論，文化差異觀點並未對非主流學生的家庭或族群文化進行主觀的價值判斷，而是認為這些非主流學生的家庭或族群文化自有其內在價值，必須加以重視。非主流學生的家庭或族群文化無法與學校主流價值契合，而導致非主流學生的學業成就落差，因此，學校必須採取文化回應教學法（Gay, 2010），適應學生的不同文化背景，進行多元文化課程與教學，以提升弱勢學生學習成就。根據定義，文化回應教學法是「利用學生的文化知識、先備經驗、參考架構以及少數族群學生的學習表現風格，來創造與學生更相關與更有效率的學習經驗，利用學生的長處來啟發學生並且認同少數族群文化的價值」（Gay, 2010）。在採用文化回應教學時，面對族群日益多元化，Orelana與Bowman（2003）也建議打破族群之標籤效應，避免使用標籤如「勞工階級拉丁裔學生」，簡化了複雜的語言文化面向，而應深入瞭解其文化特質。

文化回應教學法突破複製主流文化價值的觀點，教學並不僅止於提供學生雙語課程或是教導少數族群學生主流文化的語言與思考邏輯，而必須考慮到少數族群學生的教育需求（Blackledge, 2002）。對於少數族群學生而言，更迫切的教育需求是幫助他們發展批判思考能力以及在多元文化社會脈絡中的表現能力，這些能力可以促使少數族群學生投入社會重建的實踐運動，增能賦權予他們對自我命運的掌控，從而增加社會階級流動的可能性（Gay, 2004）。

目前關於新移民子女的課程與教學研究，多從文化不利觀點出發，對於新移民子女生活於多元語言環境，進出於臺灣與母親的母國之間所產生的特殊文化經驗，較少系統性的研究。賴文鳳（2007）指出，當前與新移民子女相關之語言發展研究中，所指涉的語言刺激不足，應理解為多元而複雜的語言環境，她分析23位東南亞新移民女性之五歲、勞工階級家庭之幼兒的生活經驗述說，歸納出新移民子女的生活經驗有三項特質，一是同儕角色在新移民子女的生活述說中較父母親的地位重要；二是新移民子女的日常生活經驗與成人的生活經驗密切相關；三是母親的移民經驗亦會影響新移民子女的生活經驗。因此，教師必須認知新移民子女的多元文化經驗，並納入課程與教學設計的考量中（劉美慧，2003）。

整體而言，文化回應教學法認為於學校文化與少數族群學生之家庭文化具有落差，少數族群學生獨特的文化知識、先備經驗、價值體系以及學習表現模式，必須成為教學活動與學習行為的重要資源。以此觀點來檢視與新移民子女相關之教學議題，重點不在補救其與主流族群的學習成就落差、學校適應問題或是情緒管理技巧，而在於如何重新建構學校教育的目標與價值，使學校教育能夠容納多元文化觀點和內涵。教師，作為教學活動的實踐者，其所抱持之教學信念對於教學活動的成果具有決定性的關鍵，因此，接下來所要探討的是與文化回應教學法相關之教學信念。

三 文化回應教學法之教師信念

教學歷程包含兩個主要部分，一是教師的思考歷程，另一則是教師的行動與行動的效應（Clark & Peterson, 1986；引用自Fang, 1996）。1970年代開始，對於教師認知與課堂實踐的關係之研究開始興起（Fang, 1996; Thompson, 1992）。此研究興趣的轉移根基於兩個假設，第一，當置身於複雜而不確定的、與學生家庭、社群、學校與教室的關係中時，教師是有能力從事理性判斷與決定的個體。第二，教師的教學行為是由他們的思想、價值與決定所導引的（Fang, 1996）。綜合兩種研究典範，信念被視為人們做決定時的最佳指標。Pajare（1992）認為「信念」的意義具有「存在的假定」（existential presumption）、「可選擇或可替代性」（alternativity）、「情感與評價成分」（affective and evaluative loading）以及「插曲式的架構」（episodic structure）四個特徵；簡言之，教師信念是一個教師所持有的對於個人、事件與行為的插曲式與高度個人化的資訊，並具有情感與評價的部分。教師信念相關研究的一個基本假設認為：信念會引導教學行為，然而，此關係並非直線性的。具有相同信念的教師可能會有不同的行為表現，不同的教學信念也可能導引出相同的教學行為。Fang（1996）歸納閱讀教學領域的相關研究，發現在教師信念與實踐研究部分，有兩個相反的現象，「一致性」（consistency）與「不一致性」（inconsistency），不斷重複出現。一致性意指教師能真正實踐其關於閱讀教學的信念，以信念形塑其教學行為。不一致性則是相反地狀況，由於脈絡因素導致教師信念與教學實踐間的不一致。因此，研究教師信念與教學實踐時，研究者必須採取多元方法，以深入探討兩者的關聯性。

綜合教師與少數族群學生相關的教學信念研究論述，共整理出五個議題，這五個議題分別是教師對於差異、學習成就、教育學（pedagogy）、家長參與的教學信念以及教師的先備經驗。

(一)關於「差異」的教學信念

「差異」是當今世界上許多社會中無可否認的存在，然而對於如何看待「差異」的教學信念卻存在很多歧異。少數族群是否應該與主流文化同化，以達到向上的社會階層流動？少數族群應該保留他們的語言和祖先的文化遺產到什麼程度？對於國家社會而言，差異的存在是一種助益，抑或是破壞國家的統一性？教師們對於這些問題的答案，會影響他們在面對少數族群學生時所採取的教學行為。

Taylor和Sobel（2001）研究科羅拉多大學129位新進入教育研究所的學生之教學信念，他們使用人口統計檔案和問卷同時蒐集量化和質性的資料，以瞭解這些職前教師們關於族群差異的信念、與少數族群的關係、性別關係，以及他們認為學校如何可以成功服務所有的學生。Taylor和Sobel發現，這些職前教師常用來定義「差異」的用語為：種族、文化背景、族群、宗教和社經地位。他們相信「差異」的益處在於可以學習各種文化、風俗和不同的觀點以及瞭解彼此。當被問到如何處理「差異」的問題時，這些職前教師們表示他們會考量自己是否有能力處理學生們的特殊學習需求？是否會有意識或無意識的冒犯來自不同族群的學生？是否具有察覺多元觀點的敏感度？是否具備充足的教師訓練？語言與溝通技巧問題、學生特殊需求問題、課程／教材／教學支援，以及能否建立學習社群等面向。這個研究揭露了職前教師們對於「差異」的哪一層面最為關注，以及他們面對教室中來自不同族群具有不同需求的學生們有哪些考量和顧慮，雖然這個研究是針對職前教師，仍可作為在職教師們的參考。

(二)關於「學習成就」的教師信念

關於「學習成就」的教師信念與下列幾個問題相關聯：在學校中何謂學習成就？學習成就是學業成就、生活適應成就，還是品德發展成就？哪一種學生可以達到學習成就的標準？如何幫助學生達到學習成就標準？如果學生達不到學習成就標準，是誰的問題？哪些因素幫助或阻礙學生的學習成就？學習成就應該如何被評量？

如上所言，文化回應教學法中一個重要的面向，是教師相信所有的學生都能夠學習（Gay, 2010; Ladson-Billings, 1994）。文獻顯示，許多在職與職前教師們也都認同此一論述（Cabello & Burstein, 1995; Pohan,

1996; Taylor & Sobel, 2001），但是關於這個論述的微言大義以及各種具體的實施策略卻較少被討論。Delpit（2006）所做的研究顯示，參與她研究的美國原住民與非裔美籍教師們宣稱：他們經常遇到別人對他們和少數族群學生的血統和文化採取負面的態度，或是具有負面的刻板印象。這些美國原住民與非裔美籍教師們根據自身的過往經驗，刻畫出理想的教師圖像，他們認為「所有的學生都能夠學習」這樣的論述，意指不論教學對象是誰，教師都必須用相同的標準來挑戰他們所有的學生。教師們對於「學習成就」的教學信念，也會影響他們對於「教育學」的相關看法。

(三)關於教育學的教學信念

Delpit（2006）的研究指出，她所訪談的美國原住民與非裔美籍教師們認為：他們在教育學和教室規範的信念部分，和白人教師間有顯著的差異。根據他們的說法：好的老師會關心學生是否有在學習，會挑戰所有的學生，即使是那些能力較差的學生亦然；好的老師不會受到課程時間的限制，直到所有學生瞭解課程的概念之前，不會進行新的課程內容教學；好的老師也不會受限於課本和教材，而是會將教學內容和真實生活做連結；好的老師會逼迫學生思考並且自己做決定。

Freire（2000）在其名著《受壓迫者的教育學》一書中曾提到：傳統的教育模式是一種囤積的歷程，教師的任務是透過講述的方式將固定的、不帶情感的、可預測的知識填滿學生的腦袋，囤積的教育成為壓迫者的工具。因此Freire提出「對話的教育學」，認為學習和認知的歷程是一種分享個人經驗並予以理論化的對話歷程。教師如果認同對話的教育學之理念，即會採取與傳統囤積教育學不同的教學實踐。同理，採取文化回應教學法觀點之教師，必須在學習的社會和文化脈絡之中，扮演文化組織者和中介者的角色，而不僅僅是傳遞固定的知識和教材（Gay, 2010）。

(四)關於「家長參與」的教學信念

根據先前的研究，少數族群學生在學校中所習得的知識內容，並未鼓勵他們以在家中獲得的知識概念為鷹架來幫助他們學習，而往往與其家庭文化是不連貫、甚至是矛盾的。這樣的文化不一致性不僅阻礙學生的學業成就，更會造成少數族群學生和家長間的疏離。許多少數族群學生的家長感到自己被隔離於孩子的學校生活之外，並且在試圖支持孩子的學業時感到挫折（Lewis & Forman, 2002; Qin, 2006）。教師關於「家長參與」的教學信念便成為親子溝通的橋樑，教師可以藉由以下幾個問題來檢視自己關於「家長參與」的教學信念：少數族群學生的家庭文化是有利或是不利於他們在學校的學習？少數族群學生的家長是否在物質層面和心理層面，提供他們的孩子足夠的支持與協助？學校、班級和學生家庭應該維持怎樣的關係對學生的學習最有幫助？少數族群學生家長應該如何和老師合作？

許多教師相信少數族群學生的學業成就不利，是因為他們在家中缺乏規訓、家長漠不關心、在家中能夠得到的學習資源有限，而直接或間接的影響他們在學校的學習活動（Lee, Luykx, Buxton & Shaver, 2007; Pang & Sablan, 1998）。將少數族群學生的家庭視為阻礙他們學習的環境，將無法認清教育系統本身所蘊含的結構性限制，將家庭視為不利學生學習的因素可能會使教師對少數族群學生產生同情，但無法根本性的使學生增權賦能。Paley（2003）在她《白人教師》一書中，描述她和少數族群學生家長合作的故事。她邀請非裔美籍學生的媽媽們到她的教室裡，來介紹自己的家族傳統，使少數族群學生感覺到自己的家庭文化在教室中是被接納和尊重的，經過這樣的教學後，在她班上一個亞裔美籍的女學生，本來拒絕在家中用母語和她的祖母溝通，開始願意在家裡和家人用中文對話。這是一個教師如何運用家長資源來幫助學生學習，並珍惜他們的家庭文化的絕佳範例。

(五)教師的先備經驗

教師個人與專業經驗經常會影響他們對少數族群學生的信念。在他們私人生活、師資培育過程或是教學生涯中，是否曾與少數族群接觸過？他們是否曾經與少數族群的個體或群眾，維持有意義且正面的關係？他們是否曾受過能滿足少數族群學生學習需求的專業訓練？他們是否曾經反思過他們與少數族群學生的接觸經驗，如何影響他們對少數族群學生的看法和做法？Terril和Mark（2000）關於白人女性職前教師的調查發現，這些白人女性教師在與非裔美籍學生和與英語非母語的學生相處時最不自在。Taylor和Sobel（2001）則發現，大約50%的職前教師自陳曾經和有特殊需求的人維持有意義的關係，而約45%的研究對象則曾經與不同文化背景的人建立有意義的關係。大致上，正面的人際關係可以導引至正面的教學信念。因此，教師們應檢視自己過往的私人和專業經驗中，曾與不同文化背景的人有過哪一類的接觸經驗，這一類的經驗可能會影響自己在面對少數族群學生時的教學實踐。

簡言之，教師信念是影響教師教學實踐的關鍵，在教師處理新移民子女教學議題時，必須先檢視自身對於差異、學習成就、教育學（pedagogy）、家長參與的教學信念以及先備經驗，從而選擇最佳的教學途徑。

四　文化回應教學法與新移民子女的教學藝術

從文化回應教學法的觀點，要形塑新移民子女的教學藝術，必須掌握五個基本原則。第一：平等和卓越是一體兩面；第二、在教導新移民子女時，必須優先考量文化相關的內容；第三、與新移民子女相關的課程及教學必須實施在各級學校、所有學科以及所有學生身上；第四、與新移民子女相關的課程及教學沒有單一的、最佳的實施途徑，必須配合真實的教學脈絡做選擇；第五、與新移民子女相關的課程及教學必須是跨領域、多元族群並且包含多元觀點的。以下就針對這五項原則分別論述。

(一)平等與卓越

根據文化回應教學法的理論，新移民子女的教學必須是一個增權賦能的歷程。欲使傳統被邊緣化的族群增權賦能，其中一個途徑就是提供平等的教育機會，以降低他們與主流族群間的成就差異，這也是民主理想和社會正義的體現。提供新移民子女均等的教育機會，並不表示要降低他們的學業成就標準；相反的，唯有教育機會均等，才能使所有學生，無論其性別、種族、語言或社會階級，都能達到卓越成就。研究也證實，在多元文化教學方案KEEP[2]的實施歷程中，少數族群學生的學習成就與主流學生相當（Gay, 2010; Moll & Gonzalez, 2004）。因此，平等與卓越並列為新移民子女的教學目標，提供平等的學校教育，則所有學生都能達成卓越的目標。

(二)文化相關的教學內容

文化回應教學法意在導正由白人男性中產階級所主宰的學校系統所產生的錯誤。因為學校的課程與教學對於由主流社群所建構的知識與價值體系給予崇高的地位，而排除其他種類的知識，非主流族群學生若不是在學校中被孤立，就是必須切斷他們與家庭文化的聯繫而去學習主流文化的知識與價值。從心理學的觀點，當學習內容與學生的真實生活產生連結時，學生的學習興趣才能被引發並長久維持下去。因此，新移民子女的教學內容必須與他們的特有文化相關聯，提供與他們家庭文化相關的知識、在家庭與學校文化間建立橋樑、將他們的差異視為珍貴的資源，以提升新移民子女的學習成就。因為新移民子女也是由不同的族群組成，文化相關的教學內容也可以在教室裡提供對於同一議題的多元觀點，給予學生批判性思考的機會。必須注意的是，文化相關的教學內容必須是來自該族群內部的觀點，以免出現偏見或是負面的刻板印象。

(三)在各級學校、所有學科對所有學生實施

雖然文化回應教學法的目標在於使因為性別、種族和階級而被邊緣化的族群增權賦能，然而文化回應教學法的實施對象並不僅限於這些族群的學生。取得主流族群對他們的尊重，並不是少數族群的責任，而是他們與生俱來的權利。因此，關於新移民子女的教學必須以所有學生為對象。此外，文化回應教學法不僅注意呈現的教學內容，更重視存在於

---

2 Kamehameha Early Elementary Program (KEEP)：在夏威夷原住民學生的語文教學中融入他們的文化與溝通模式，而大幅提升夏威夷原住民學生的語文學習成就。

每個學科中，建構知識體系背後的假設，因此新移民子女的教學並不存在於單一學科，而必須融入於所有學科中。藉由檢視學科知識內容的選擇以及呈現方式，將所有的學科多元文化教學化。

(四)沒有單一的最佳途徑

多元文化教育學者們提供許多課程與教學的發展模式，這些模式從簡單的增加多元族群知識內容到現存課程之中，到最困難的改革學校系統和社會行動（Banks, 2004; Gay, 1994; Grant & Sleeter, 2007）。然而不管採取哪一個模式，在實際的教學脈絡中，沒有一個單一模式是最佳的唯一解答，而必須同時考量微觀因素如學生背景、教師信念、教師多元文化教學知能等，與宏觀因素如國家教育政策等。對第一線教育工作者而言，他們當前能力所及的教學方法就是最佳的方法，並由此建立多元文化教學的自信，且以此為基礎予以延伸。

(五)跨領域、多元族群與多重觀點

新移民子女的教學設計，必須跨越學科知識的界線，包含多元族群的文化內容以及知識、情意、技能等三個學習面向。教師以議題、觀念或技能作為教學設計的核心，而將相關的知識和核心連結，跨領域的教學設計將能提供學生從多重的觀點和經驗，全面地理解和學習新知。

五 結語

從文化回應教學法的觀點出發，關於新移民子女的教學並非在補救其與主流族群的成就落差，而是必須重新建構學校知識價值體系，使新移民子女的家庭文化知識也能占有一席之地。進行新移民子女教學的教師們，必須檢驗自己關於差異、學習成就、教育學、家長參與的教學信念，以及先備經驗。在進行新移民子女的教學設計與實踐時，必須把握兼顧平等和卓越的教學目標；優先考量文化相關內容；實施在各級學校、所有學科以及所有學生身上；沒有單一的、最佳的實施途徑；是跨領域、多元族群，並且包含多元觀點的五個原則。

參考文獻

中文部分——

車達（2004）。臺灣新女性移民子女之心靈世界探索。未出版碩士論文。雲林科技大學：雲林。

林璣萍（2003）。臺灣新興的弱勢學生一外籍新娘子女學校適應現況之研究。未出版碩士論文。臺東大學：臺東。

賴文鳳（2007）。聆聽邊緣之聲—以「新臺灣之子」的敘說做為實踐幼兒多元文化的起點。課程與教學季刊，**10**(1)，65-82。

劉美慧（2003）。多元文化課程轉化：三個不同文化脈絡之個案研究。教育研究資訊，**11**(5)，3-28。

鄭瓊月（2008）。新臺灣之子多元文化課程的設計架構與實施策略。義守大學通識中心人文與社會學報，**2**(1)，87-126。

盧秀芳（2004）。在臺新娘子女家庭環境與學校生活適應之研究。未出版碩士論文。政治大學：臺北。

鍾重發（2003）家庭教育介入外籍新娘子女學前發展的模式與策略。幼兒教育年刊，**15**，189-206。

英文部分——

Apple, M. W. (2004). *Ideology and curriculum* (3rd ed.). New York, NY: Routledge.

Au, K. H. (1980). Participant structures in a reading lesson with Hawaiian children. *Anthropology & Education Quarterly, 11*(2), 91-115.

Banks, J. A. (2004). Multicultural education: Historical development, dimensions, and practice. In J. A. Banks & C. A. M. Banks (Eds.), *Handbook of research on multicultural education* (2nd ed., pp. 3-29). San Francisco, CA: Jossey-Bass.

Blackledge, A. (2002). The discursive construction of national identity in multilingual Britain. *Journal of Language, Identity and Education, 1*(10), 67-87.

Cabello, B. & Burstein, N. D. (1995). Examining teachers' beliefs about teaching in culturally diverse classrooms. *Journal of Teacher Education, 46*, 285-294.

Darling-Hammond, L. (2004). What happens to a dream deferred? The continuing quest for equal educational opportunity. In J. A. Banks & C. A. M. Banks (Eds.), *Handbook of research on multicultural education* (2nd ed.). pp. 607-630. San Francisco: Jossey-Bass.

Delpit, L. D. (2006). *Other people's children: Cultural conflict in the classroom*. New York, NY: New Press.

Diaz, C. F. (1992). The next millennium: A multicultural imperative for education. In C. Diaz (Ed.), *Multicultural education for the 21st century* (pp. 12-22). Washington DC: National Education Association.

Fang, Z. (1996). A review of research on teacher beliefs and practices. *Educational Research, 38*(1), 47-65.

Freire, P. (2000). *Pedagogy of the oppressed (30th anniversary ed.)*. New York, NY: Continuum.

Gay, G. (1994). A Synthesis of scholarship in multicultural education. Urban monograph series (pp. 40). Illinois.

Gay, G. (2010). *Culturally responsive teaching: Theory, research, and practice (2nd ed.)*. New York: Teachers College Press.

Gay, G. (2004). Curriculum theory and multicultural education. In J. A. Banks & C. A. M. Banks (Eds.), *Handbook of research on multicultural education* (2nd ed., pp. 30-49). San Francisco, CA: Jossey-Bass.

Grant, C. A. & Sleeter, C. E. (2007). *Turning on learning: Five approaches for multicultural teaching plans for race, class, gender, and disability* (4th ed.). Hoboken, NJ: J. Wiley & Sons.

Ladson-Billings, G. (1994). *The dreamkeepers: Successful teachers of African American children*. San Francisco, CA: Jossey-Bass.

Lee, O., Luykx, A., Buxton, C. & Shaver, A. (2007). The Challenge of altering elementary school teachers' beliefs and practices regarding linguistic and cultural diversity in science instruction. *Journal of Research in Science Teaching, 44*(9), 1269-1291.

Lee, S. J. (2005). *Up against whiteness: Race, school, and immigrant youth*. New York, NY: Teacher College Press.

Lewis, A. E. & Forman, T. A. (2002). Contestation or collaboration? A comparative study of home-school relation. *Anthropology & Education Quarterly, 33*(1), 60-89.

Moll, L. C. & Gonzalez, N. (2004). Engaging life: A funds-of-knowledge approach to multicultural education. In J. A. Banks & C. A. M. Banks (Eds.), *Handbook of research on multicultural education* (2nd ed., pp. 699-715). San Francisco, CA: Jossey-Bass.

Nieto, S. (2005). Public education in the twentieth century and beyond: high hopes, broken promises and an uncertain future. *Harvard Educational Review, 75*(1), 43-64.

Orellana, M. F. & Bowman, P. (2003). Cultural diversity research on learning and development: Conceptual, methodological, and strategic considerations. *Educational Researcher, 32*(5), 26-32.

Pajares, M. F. (1992). Teachers' beliefs and educational research: Cleaning up a messy construct. *Review of Educational Research, 62*(3), 307-332.

Paley, V. G. (2003). *White Teacher*. Cambridge, MA: Harvard University Press.

Pang, V. O. (2005). *Multicultural education: A caring-centered reflective approach.* (2nd ed.). New York: McGrow-Hill.

Pang, V. O. & Park, C. (1992). Issues-centered approaches to multicultural education in the middle grades. *The Social Studies, 83*, 108-112.

Pang, V. O. & Sablan, V. A. (1998). Teacher efficacy: How do teachers feel about their ability to teach African American students? In M. E. Dilworth (Ed.), *Being responsive to culture difference (pp. 39-58)*. Thousand Oaks, CA: Corwin Press.

Pang, V. O. Strom, D. & Young, R. L. (1997). The challenge of affirmative action: Strategies for promoting the goal of diversity in society. *Multicultural Education, 4*, 4-8.

Pohan, C. A. (1996). Preservice teachers' beliefs about diversity: uncovering factors leading to multicultural responsiveness. *Equity & Excellence in Education, 29*, 62-69.

Qin, D. B. (2006). "Our child doesn't talk to us anymore": Alienation in immigrant Chinese family. *Anthropology & Education Quarterly, 37*(1), 162-179.

Sleeter, C. E. & Grant, C. A. (2003). *Making choices for multicultural education: Five approaches to race, class, and gender* (4th ed.), Hoboken, NJ: J. Wiley & Sons.

Taylor, S. V. & Sobel, D. (2001). Addressing the discontinuity of students' and teachers' diversity: A preliminary study of preservice teachers' beliefs and perceived skills. *Teaching and Teacher Education, 17*(4), 487-503.

Terrill, M. & Mark, D. (2000). Preservice teachers' expectations for schools with children of color and second language learners. *Journal of Teacher Education, 51*(2), 149-155.

Thompson, A. G. (1992). Teachers' beliefs and conceptions: A synthesis of the research. In D. A. Grows (Ed.), *Handbook of research on mathematics teaching and learning.* (pp. 127-141). New York, NY: Macmillan.

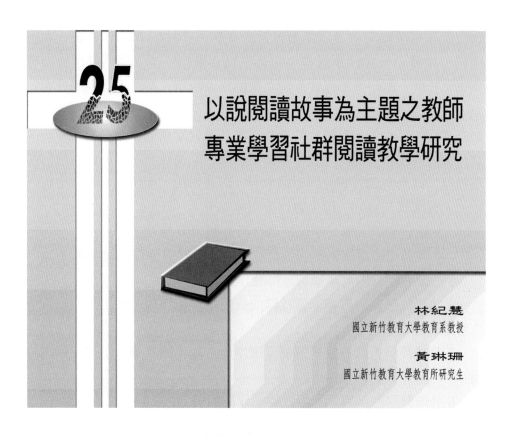

25 以說閱讀故事為主題之教師專業學習社群閱讀教學研究

林紀慧
國立新竹教育大學教育系教授

黃琳珊
國立新竹教育大學教育所研究生

一 前言

教師專業成長是教師歷經師資培育、實習教師、初任教師，以及具經驗教師等不同階段成長與持續不斷、終身學習的實踐歷程。但是國內中小學舉辦之專業成長與進修，大部分主題都是由上級教育行政機關指定，往往不是基於教師教學實際需要，所以較欠缺同儕社群的持續性支持，致使教師處於心理與知性的孤立情境（張德銳，1998）。教師專業學習社群的概念，就是期望藉由教師專業學習社群的合作與對話，達成教師專業成長的目標，解決孤立感並供相互支持、知識共享的厚實力量。每個人都有自己的一套思考模式，如果能打破藩籬，多與他人對話，就能激發新創意或概念，提升彼此思考的層次。教師專業學習社群目前在學校較常見的有採年級、學科或學習領域形式，專業發展主題的形式則較為少見，丁琴芳（2008）的研究也證實這樣的觀點。桃園縣政府近年來積極配合政府閱讀教育的推動，於2008年開始實施「閱讀桃花源計畫」，2010年計畫中包含了以共讀教學為主題的跨校教師專業學習社群。本研究即以此計畫之教師專業學習社群的運作為研究之對象，以個案研究的方式，研究者觀看該社群從成立、彼此互動、產出行動方案且加以反思。具體目的為，探討共讀教學教師專業學習社群的成立、發展與運作歷程中，教學藝術在教學活動情感交流與心靈碰撞的體現過程，以及共讀教學教師專業學習社群運作後，產出的共讀教學可行做法。根據研究目的，衍生之待答問題如下：

1.共讀教學教師專業學習社群參與意願類型為何？

2.共讀教學教師專業學習社群的成立、發展與運作歷程為何？

3.共讀教學教師專業學習社群運作關鍵為何？

4.共讀教學教師專業學習社群成員對社群運作後，產出的共讀教學故事集的態度為何？

5.共讀教學教師專業學習社群運作後，產出的共讀教學可行做法為何？

6.共讀教學教師專業學習社群運作的困境為何？

二 文獻探討

(一)閱讀教學

世界各國莫不強調閱讀的重要，為使閱讀紮根，深植於社會文化中，最佳方法就是在教育中推廣，方能廣泛紮根閱讀。

根據林建平（1997，頁250），「閱讀理解是閱讀教學的最終目標，教師教導學生閱讀理解的做法如下，首先，在閱讀文章前，要能啟動學生有關文章的背景知識，或充實學生此方面的知識。接著，在閱讀中，要問學生各種問題，以引導學生做深入的理解，並鼓勵學生監管自己的理解，遇到困難時知道如何補救。閱讀後，教導學生摘述大意、圖解文章結構，討論重要問題，以加深對文章的記憶」。陳弘昌（1999，234）認為，「閱讀教學目的在於教導學生認識基本文字、訓練學生閱讀的方法、培養閱讀能力、欣賞文學的能力。」李漢偉（2001，299）

認為，「閱讀指導意指兒童讀物的欣賞教學。」根據何三本（2002，頁132-134），閱讀教學指「學生在教師指導下，通過大量閱讀的實踐，以形成閱讀能力的活動。」其目的在於培養多種語文知識能力、開擴學生視野、發展學生智慧、陶冶情操、提升道德與美感。且強調，閱讀教學之始在識字教學，首要任務則在培養閱讀能力。

基於本研究之目的，研究者將閱讀教學定義為：學生經由教師的指導，形成閱讀的能力，並培養良好的閱讀習慣。基本目的為表面意義的閱讀，以追求深層意義的閱讀為最終目的。指導原則應考慮學生之發展程度、興趣與需求。

(二)班級共讀

閱讀教學有各種型態，配合本研究之目的，種種閱讀教學型態中，僅討論「班級共讀」的閱讀教學型態。經辭海之解釋，研究者對「共讀」有如下看法，共指共同，讀指唸誦或閱看（夏征農，1992a，頁521，1992b，頁4799；熊鈍生，1980a，頁556，1980b，頁4120）。合而言之，「共讀」乃指共同唸誦或閱看一本書。

研究者將「班級共讀」定義為：以班級為單位，全班共同閱讀同一本書，在閱讀過程中，或由教師引導提問，或由學生發問，以雙向甚至多向交流的方式，或師生之間，或同儕之間，進行對話、討論、質疑、探究等過程。閱讀素材與討論為班級共讀之基本要素。

獨立閱讀是個人內在的心理歷程活動，惟因未與他人對話，激發更多元的想像或更深層的想法，閱讀功效僅停留在自己的閱讀收穫。然，班級共讀的出現解決了未與他人對話，提升閱讀收穫層次的困境。透過班級共讀之實施，閱讀者將閱讀的內在心理活動，外顯為語言表現的形式。心理活動若要化為語言，則閱讀者必須自我沈澱，整理出自己的意思，故外顯為語言的交流，有助於閱讀者思考整理自己閱讀的收獲。透過與人對話、討論，解決個體之疑惑，瞭解讀本的表面意義，澄清讀本的深層義蘊，釐清作者觀點，質疑批判作者觀點，提出自己的見解，聆聽並瞭解別人的見解。值此之故，班級共讀輔以良好配套措施，有助於提升學生閱讀興趣與成效。

(三)以教師專業學習社群推動班級共讀

有鑑於閱讀的重要，在臺灣，許多學校也積極以班級共讀方式推動閱讀教育。因此，基層教師實施班級共讀的專業能力受到積極重視，提升教師實施班級共讀的專業能力成為首要之務。教師專業學習社群是提升教師專業能力可行的方法之一，被視為教師專業發展的重要一環，目前政府也積極推動以教師專業學習社群，提升教師專業能力的相關計畫。

根據吳清山、林天祐（2010，頁125），教師專業學習社群為：「學校中一群志同道合的教師，基於共同的信念、目標或願景，為求專業成長，彼此相互合作學習，幫助學生獲得更佳的學習成效，所組成的學習團體。」教育部（2009，頁8）的《中小學教師專業學習社群手冊》中則指出：「『教師專業學習社群』是指由一群志同道合的教育工作者所組成，持有共同的信念、願景或目標，為致力於促進學生獲得更佳的學習成效，而努力不懈地以合作方式共同進行探究和問題解決。簡言之，『教師專業學習社群』必須關注於學生學習成效的提升，不能僅止於教師專業知能的成長或個別興趣的追求而已。」

基於本研究之目的，將「教師專業學習社群」界定為：一群教育工作者，為提升教師專業能力，並達成提升學生學習成效之最終目的，基於共同的目標與願景，以合作成長的方式，致力於實務探究與問題解決之過程，尋求教師專業成長企求之團體。

隨著教師專業學習社群概念的出現，許多學者紛紛提出其內涵。綜合教師專業學習社群的內涵特徵涵蓋有：共享的信念、價值與願景、關注學生的學習、深度合作、公開的專業互動、共享的與支持的領導、反省性的對話、共同學習、應用及檢視應用結果、支持性的條件等八項（吳清山、林天祐，2010；林劭仁，2006；陳佩英，2009；Hord, 1997, 2004, 2008; Kruse, Louis & Bryk, 1995; Sykes, 1999）。

教師專業學習社群為一群人的組成，需歷經許多試探與磨合的歷程，方能成為一成熟社群。教育部（2009，頁22）的《中小學教師專業學習社群手冊》中提到Huffman和Hipp所提的教師專業學習社群三階段的動態發展，分別為：(1)啟始階段；(2)運作階段；(3)制度化階段。分述如下：

1.啟始階段

成員間建立價值觀與規範的共識，彼此分享資訊並進行專業對話，透過同儕觀課方式，相互切磋，互相提供知識、技能與鼓勵，展現對彼此的關懷以建立關係，並培養各個教師擔任領頭羊之能力。

2.運作階段

將焦點關注在學生學習上，利用協同合作等方式解決問題，與成員共享新實務的成果並提供回饋，成員間建立信任與尊重，透過慶祝與表揚，拉近彼此之關係，與成員共享權力也承擔責任。

3.制度化階段

以共同願景方式提升教師的教學，並進而促進學生的學習成效，成員將所學實際運用於現場實務中實踐，透過客觀分析學生學習成效以為評鑑，提供同儕教練與教學上的輔導，成員間樂於嘗試新概念或技巧等，共同致力於學生成效的提升，成員能基於承諾與責任，熱衷參與種種決策。

教師專業學習社群的運作除有其階段性發展歷程外，若要順利運作尚有其成功關鍵——社群的領頭羊及其成員。社群的運作先要有合適的領頭羊，所謂合適是指必須具備某些特質才能順利帶領社群持續運作，其特質包含擁有奉獻的熱忱、無私的精神、胸懷遠大的使命、勇於嘗試與創新、能凝聚成員間的共識、整合分歧的意見、能夠營造開放的討論環境、樂於給予成員肯定與鼓勵，以及具備使人信服之專業素養。其次是社群成員要有正確的心態，所謂正確心態是指對成員的專業高度信任、樂於溝通、包容歧見、願意參與。另外，社群成員的運作重質不重量，需要的是彼此認同理念與目的、志同道合的人（教育部，2009，頁14）。這也是教學藝術，追求教師在教學上達到熟練、精湛的境界，進而獲得創造性教學效果的目標。

(四)教學藝術形成是教師有效的專業化方式

教學藝術的形成，是教師有效的專業化方式之一，它有助於豐富教師專業發展的內涵，以及形成教師的專業認同，更有利於教師更有效地履行教學責任（顧汝佐，2004）。教學藝術形成是教師為了實現教學過程的最優化與促進學生的全面發展，在教學實踐或教師職業培訓中，教師能發揮自己的主體性，從教學科學與教學藝術的角度，不斷進行教學素養提高的一種長期的、有效的專業化方式（王昇、趙雙玉，2007）。教學藝術源於教師個人長期的實踐經驗，對教學內容的精闢通曉，以及運用教學理念和學生心理發展狀態（顧汝佐，2004），本文將之用於省思教師的教學活動，進而開展教師內在教學藝術特質的可能性，透過共同說故事的歷程中教師心靈互動所生成的意義，有效地激發教師的信心和理念，從而探究閱讀的奧秘，體現閱讀教學的價值和成功的愉悅。

三 研究設計與方法

(一)研究對象

本研究為個案研究，參與桃園縣閱讀桃花源2010年計畫的跨校共讀教學教師專業學習社群為研究對象。社群成員為25位自願參加之國小教師，但實際參與社群互動有18位，社群由一位研究者擔任領頭羊角色，觀察者為研究者之研究生助理。

(二)社群活動方式及期程

本研究所觀察之社群互動方式，包含「實體社群討論活動」與「線上社群討論活動」兩部分，社群運作期程為2010年7月至2010年10月，「實體社群討論活動」於暑假的開始與結束前各舉辦一次；「線上社群討論活動」則是開放，由領頭羊發布討論主題，所有成員教師可以在任何時間針對討論主題陳述自己的想法、意見以及自己班級的狀況，亦可回應其他成員發表的文章。

(三)資料蒐集

資料蒐集的來源為「實體社群討論活動」與「線上社群討論活動」之所有內容，經蒐集整理後再深入資料中尋找其間的關係。社群成員共計26人，以T01到T25等代號代表成員教師；以P代表社群之領頭羊。資料代號的編輯序依次為「資料來源」、「對象」、「日期」、「文字紀錄、逐字稿及共讀教學故事集的頁數」。文件編碼方式詳見表25-1。

表25-1　文件編碼方式

來源	對象	日期	頁數	舉例	例子內容說明
實體討論	T25	2010/07/05	p.12	實討：T25: 2010/07/05: p.12	實體討論時，T25發表的內容，日期為2010/07/05，資料引用於逐字稿第12頁。
線上討論	T14	2010/07/06	p.1	線討：T14:2010/07/06: p.1	線上討論區，T14發表之內容，日期為2010/07/06，資料引用於文字紀錄的第1頁。
故事集	P		p.4	故：P:p.4	社群運作後產出的共讀教學故事集，P發表的內容（是針對成員教師的共讀教學故事給予回應），資料引用於共讀教學故事集第4頁。

四　研究結果與討論

本研究的發現，可從參與意願類型、社群運作歷程、社群運作關鍵因素、成員對運作後產出的共讀教學故事集的看法、社群運作後產出的共讀教學可行做法，以及社群運作困境觀之，分別是：

(一)社群成員參與社群活動的意願

社群成員在一開始參與社群活動時，參與意願出現程度上的差異。

1.自願參與型

自願參與的教師都能抱持開放的態度，加入社群的互動，期待經由社群的活動與互動對自己的專業有所提升。

T16：在學校想作行政好像不怎麼支持的時候，更要跳出來……出來外面其實很好玩，學到很多東西。（實討：2010/07/05: p.12）

T15：不是被拜託來的。是志願參加……想來參加這個是因為我們有足夠的書……接下來就是要提升我們老師的能力，才能夠有辦法有效的回饋在學生身上。（實討：2010/07/05: p.20）

自願參與的教師，對推動共讀都有一番熱忱、一些想法，並想要能從社群中得到某種程度或某些層面的提升，因此都能對社群的活動充滿期待。

2.非自願但願意參與型

社群成員的獲得是透過桃園縣教育處發布研習公文到縣內各小學徵求參與成員，因此出現非自願參與的教師。

文章標題：遲到的自我介紹

是在本校主任的半推半就下答應的，既然有這個善緣和共念，是應該要好好向各位討教才是。（線討：T20: 2010/07/15: p.13）

即使一開始參與該社群非出於自願，但只要教師自身願意開放心胸，在社群中進行互動與交流，也能從其他成員的互動與回饋中得到成長。

3.拒絕參與型

某成員在社群的第一次互動——第一次「實體社群討論活動」中，便聲明自己對該社群的活動沒有興趣，僅扮演「代表所屬該學校前來拿資料」的角色。

T10：我是代表○○國小……不是我的專長，所以，我只把今天所收到的一些、一些資訊轉達回去給我們老師。（實討：2010/07/05: p.14）

在第一次的「實體社群討論活動」中，T10即明白表達自己預設的角色。當下，領頭羊並未發表任何意見。顯示領頭羊期待的參與成員是有共同願景的——對閱讀教育的積極關注，對於沒有共同願景的教師不硬性強迫。足見這是一個參與意願開放的社群，也顯現領頭羊具有開放的心胸。T10除出席第一次「實體社群討論活動」後，往後未再參與社群的任何討論或活動。可見，教師如果未視閱讀為教學中的目標或努力的方向之一，便不可能有所行動。因此，社群中的成員需是共同關注在同一件事上，才有後續行動的可能。

4.報名後從未出現型

社群中有7人是報名後，對於社群任何活動或互動未曾出現者。分別為T02、T08、T09、T11、T12、T13、T23。

研究發現，社群參與意願分歧，帶給領頭羊極大的挑戰。教師關注的領域與心胸的開放與否，是本社群參與意願類型的主要歸因。

(二)社群運作歷程

社群運作出現階段性的轉變，不同階段有各自的工作目標與內涵。

1.啟始階段

社群互動從第一次「實體社群討論活動」開始，首先，成員彼此分享資訊並進行專業對話，具體的互動內容包括：成員彼此認識，分享各自目前班級共讀的現況，實施班級共讀遇到的困難，以及心目中理想的班級共讀情形。

> T14：我對閱讀完全沒有興趣……抱著一個學習的態度來參加……希望學到我怎麼去引起每個學生他對閱讀的樂趣。（實討：2010/07/05: p.20）

2運作階段

接續，進行「線上社群討論活動」，藉著領頭羊主題的拋出，成員分享共讀教學實務成果並提供回饋。針對班級共讀活動的實施，領頭羊以共讀教學故事作為分享主題，鼓勵成員將實際運用於現場實務實踐的歷程，以客觀描述方式呈現出來，領頭羊提供同儕教練與教學上的輔導回應。

文章標題：自身也在閱讀故事裡的經驗分享

在閱讀時間裡因為書本內容部分情節而深受打動，偷偷流下眼淚……孩子私下問我可不可以藉閱[借閱]書桌上的《相依》，因為他們偷偷看到老師受感動，也好奇書本有這樣魔力嗎？（線討：T01：2010/08/03: p.22）

故事回應：如果你不是一個習慣閱讀的老師，你很難要你的學生習慣閱讀……跟你的學生一起讀……你自己閱讀，才能累積教孩子閱讀的真實能量，閱讀教學就是從這裡開始！（故：P: p.4）

3.制度化階段

領頭羊將成員分享的共讀教學故事集結成繪本書——共讀教學故事集，於第二次「實體社群討論活動」展示給成員看。透過共讀教學故事集的示範，成員依集體共創之故事，進行檢討反思並應用在教學上。

T14：自己以前好像在閱讀方面是無頭蒼蠅……看過這麼多前輩這些故事分享的時候就發現，有一些東西可以作……比較有一個方向。（實討：2010/08/26: p.15）

本社群運作符合Huffman和Hipp提出的教師專業學習社群三階段的動態發展（教育部，2009，頁22）。啟始階段，成員間建立價值觀與規範的共識，分享資訊、專業對話、相互切磋、互供知識、技能與鼓勵，展現關懷以建立關係。運作階段，將焦點關注在學生學習上，以協同合作等方式解決問題，與成員共享新實務的成果並提供回饋。制度化階段，以共享共同願景方式提升教師的教學，進而促進學生的學習成效。

教師專業學習社群本質是一群人的集合，需要不斷試探與磨合，歷經各階段歷程的轉變，方能成為一成熟、有產出的社群。各階段歷程的轉換亦在本研究中獲得驗證。並發現制度化後的未來，不是結束，而是不斷省思、對話再教學的循環。透過反覆分享、省思、對話再教學的歷程，教師得以專業成長，並達提升學生學習成效的最終目標，完成教師專業學習社群真正精義與使命。

(三)社群運作關鍵因素

研究觀察到領頭羊是社群運作的主要關鍵。以「線上討論區」為例，領頭羊給予回饋的時間，從當天至隔二天不等，以當天就給回饋者占多數；並於「線上課程公告區」發文鼓勵成員持續參與線上互動，發文時間間隔從每天至八天不等；更主動將「線上社群討論活動」內容製成繪本。相較之下，社群成員發文次數會出現停滯現象，或一天中有四位成員發文，或連續六天無人發文。可見，領頭羊扮演社群運作的主要關鍵角色。研究觀察社群運作，歸納出從三個層面探究社群運作成功的關鍵因素，以下茲就閱讀教學的信念、社群的信念、推動社群運作的做法加以探討如下：

1.社群成員閱讀教學共同的行動使命

P：調查的東西……只是讓我們瞭解一些事實……閱讀教學的推動還是要有行動。（實討：2010/07/05: p.2）

深覺閱讀的重要性，可是如何推行……一直自省……希望能在這次活動中，尋求到一些具體可行的方式。（線討：T21: 2010/07/09: p.3）

領頭羊與成員教師都具有行動的使命感，是社群運作的基本要件。

2.社群成員共同的信念：成員是夥伴

P：即使是行政不支持，我們光是靠這些老師我們也是可以作出非常非常大的事情出來。我覺得那個老師那個夥伴是比行政支持還重要噢！（實討：2010/07/05: p.7）

親眼看到的一場分享……很感動……開始試著跟別人分享……

很不好意思……從同事的回應才發現，大家都會想也需要多跟別人分享。（線討：T16:2010/07/14: p.17-19）

3.社群成員勇於嘗試

P：心裡的容量是有限的，智慧、知識是有限的。我們可以自己埋首耕我們自己小小那一畝小小的田……也可以有一些夥伴……活著就要去嘗試。（實討：2010/07/05: p.6）

參加這個社群最想要的就是向其他老師請益，也期望能彼此激盪出一些火花！（線討：T06: 2010/07/09: p.4）

4.社群成員共同的願景、價值與目標

P：希望大家都嗯歡喜甘願……這是很不一樣的……因為我們有共同的這個願景一個價值跟目標，所以我們聚集在一起，這樣會比較快樂。（實討：2010/07/05: p.3-4）

參加此次的活動，一方面充實自己共讀上的教學技巧，一方面……提升他們的閱讀興趣，畢竟我覺得閱讀乃是學問之母。（線討：T15: 2010/07/13: p.9）

5.成員共享權力

P：就讓這個社群的流動是很自然的……希望每一個人的leadership都可以出來……也希望說你們比較積極主動的參與，你可以甚至可以去主導那個議題。（實討：2010/07/05: p.23）

6.討論環境開放

領頭羊營造開放的討論環境，願意採納成員的意見，並讓社群的互動是輕鬆的，不使成員感到壓力。

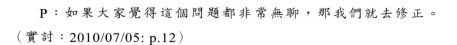

P：如果大家覺得這個問題都非常無聊，那我們就去修正。（實討：2010/07/05: p.12）

社群信念歸納有成員即夥伴、勇於嘗試、共同關注閱讀教育、共享權力以及開放的討論環境，以上均是社群運作成功要件。

(四)推動社群運作的做法

在社群運作上有以下幾個現象：

1.運作前：重視有共同目標的成員組成，志不在此者也不強求。

2.運作中：激發投入的熱忱。

領頭羊在「線上討論區」中，不斷鼓勵成員發文。並利用「線上課程公告區」可同時發布公告且寄發郵件給所有成員的功能，不定時地向成員寄發郵件。郵件內容包含：說明討論區操作方式、說明社群目前互動現況、鼓勵成員發文、提醒成員發文。

領頭羊能給予成員教師鼓勵與肯定；成員教師能形成討論，互相支持，展現共同目標與願景。

P：相信自己……你們是第一線的老師，你們是最好的……我今天就是做這樣一個平臺，大家把自己的一些故事分享出來。（實討：2010/08/26: p.21）

文章標題：關於親子共讀（回應：邱美玲……）

美玲老師提到……畢業論文的主題是家長參與學校教育，故這兩年我非常努力經營班級親子共讀……我在設計親子共讀活動……苦惱……如何讓【書離】的家長更願意投入？（線討：T06: 2010/07/10: p.6）

文章標題：先把家長也當成孩子如何？（回應：莊凱婷關於親子共讀）

我這兩年推親子共讀最大的發現是……因此要給他們很多鼓勵……尤其是要提醒家長……。（線討：T16: 2010/07/10: p.6）

3.運作後：領頭羊與成員教師都深刻感受到社群集體創思的圓滿，並激起成員教師投入更多討論。

P：不同的人、不同的主題、講不同的事……集結在一起……這十二個主題……沒有互相違背……把閱讀教學怎麼教，面面俱到……在集結這一方面這個的時候，我心裡有些感動……很完滿的那種感覺。（實討：2010/08/26: p.25）

T07：討論過後，我覺得有時候對自己的一些想法會比較明確……還寫了一個筆記，一個是說看書評，然後還可以開書展，然後……開學……這樣比較簡單的設計，可以做得到。（實討：2010/08/26: p.15）

在推動社群運作的做法上，可分三階段觀之。運作前，領頭羊與成員教師是有共同目標的參與；運作中，領頭羊展現「投入的熱忱」與「給予鼓勵與肯定」兩樣特質，成員教師則能形成討論，互相支持，展現共同目標與願景；運作後，領頭羊與成員教師都感受到並肯定嘗試後的火花。

教育部（2009）的《中小學教師專業學習社群手冊》指出，教師專業學習社群運作成功關鍵因素是：擔任領頭羊的合適人選，以及成員於專業上信任與合作的正確心態。本研究中的領頭羊與成員符合上述的關鍵角色。

(五)共讀教學故事集

1.共讀教學故事集的來源

《共讀教學故事集》的來源是暑假期間，於「線上討論區」，領頭羊請成員教師敘說各自的共讀教學故事。爾後，領頭羊針對每個成員教師寫出的共讀教學故事，在每個故事後面，給予該故事一個回應。最後，加上插圖，製成一本圖文並茂的共讀教學故事集。

2.社群成員對共讀教學故事集的反應

主動想到並製作出《共讀教學故事集》的領頭羊，於第二次「實體社群討論活動」中將《共讀教學故事集》展示給成員教師。第一次看到《共讀教學故事集》的成員教師，沒有預期自己的作品會被製成繪本，對《共讀教學故事集》反應都相當熱烈。茲將成員教師反應做以下歸類：

(1)**看到付出有成果**：成員教師看到自己的付出受到認真對待，十分感動。

> T07：拿到講義後，第一個感受，看到自己的作品出現在講義上面，或是說，它已經集結成一本……我本身已經很少做這樣的事情……那是一種感動……付出其實是有一點成果可以有一些紀念或是分享的。（實討：2010/08/26: p.15）

(2)**圖像比文字更能打動人心**：文字的閱讀是想像的美感，圖像的表達更有意境。

> T16：看到圖像很重要……在網路上像大家這樣在寫的時候，其實只有看到字的時候，是有感動，不過我覺得那個感動比較有限……會很想去試試看，作的那些事情……較能夠想到說怎麼去給人家看。（實討：2010/08/26: p.17）

(3)**未寫故事者，悔不當初**：沒有參與線上互動的成員教師，看到其他成員教師的故事被製作成書，心裡感到羨慕。

> T25：雖然老師短短的心得，可是真的有深深的感觸，那很細緻的插畫讓我覺得充滿了綿長的情意噢，好後悔自己當初怎麼沒有趕快加入的感覺……覺得說，一時的心情那種抒發，然後沒有想到就是說，老師你把它做成這樣一本。（實討：2010/08/26: p.25）

成員教師對共讀教學故事集的反應，有「看到付出有成果」、「圖像比文字更能打動人心」以及「未寫故事者，悔不當初」。無論哪一種，都表達了對共讀教學故事集的喜愛與感動。顯見共讀教學故事集，確實引起成員教師「繼續參與」或「開始參與」的動機。

圖25-1　社群集體創作之閱讀故事集封面

圖25-2　故事「意外的主題展」之一

於是，接下來有學生開始向我抱怨，總是等不到那本書來看。實在不忍心看到他們想讀書又無書可讀的苦惱，我就承諾要把家中其他和貓有關的書帶來。就這樣，教室裡有了一、二十本經過老師「加持」的「貓書」。
過了幾天，開始有孩子問我：「老師，我家也有和貓有關的書，我可不可以也帶來借給其他人看？」
這就像連鎖反應一樣，我們的教室瞬間湧入了將近四十本的「貓書」，儼然就成了一個小小的主題書展了！

圖25-3　故事「意外的主題展」之二

然而最令我感動的是，每個孩子上台介紹他的寶貝書，那股自信和獨特感，讓我看見他們心中喜愛閱讀的幼苗，正一點一滴慢慢的成長著...

圖25-4　故事「意外的主題展」之三

—書籍簡介—

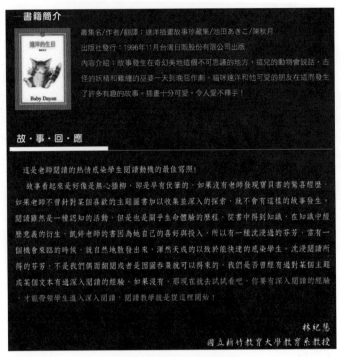

叢集名/作者/翻譯：達洋插畫故事珍藏集/池田あきこ/陳秋月

出版社發行：1996年11月台灣日販股份有限公司出版

內容介紹：故事發生在奇幻美地這個不可思議的地方，這兒的動物會說話，古怪的妖精和難纏的巫婆一天到晚惡作劇。貓咪達洋和他可愛的朋友在這而發生了許多有趣的故事。插畫十分可愛，令人愛不釋手！

故．事．回．應

這是老師閱讀的熱情感染學生閱讀動機的最佳寫照!

故事看起來是好像是無心插柳，卻是早有伏筆的，如果沒有老師發現寶貝書的驚喜經歷，如果老師不曾針對某個喜歡的主題圖書加以收集並深入的探索，就不會有這樣的故事發生。閱讀雖然是一種認知的活動，但是也是關乎生命體驗的歷程，從書中得到知識，在知識中經歷意義的衍生，凱婷老師的書因為她自己的喜好與投入，所以有一種沈浸過的芬芳，當有一個機會來臨的時候，就自然地散發出來，渾然天成的以致於能快速的感染學生。沈浸閱讀所得的芬芳，不是我們偶而翻閱或者是囫圇吞棗就可以得來的，我們是否曾經有過對某個主題或某個文本有過深入閱讀的經驗，如果沒有，那現在就去試試看吧，你要有深入閱讀的經驗，才能帶領學生進入深入閱讀，閱讀教學就是從這裡開始！

林紀慧

國立新竹教育大學教育系教授

圖5　領頭羊之故事回應

(六)社群產出的共讀教學可行做法

社群經由成員教師集體創思，再由領頭羊給予每一則故事之教學輔導上的回饋，帶出共讀教學有十二個可行的做法。該十二個共讀教學可行做法，歸納整裡如下：

1.好好拿起一本書，好好的讀，跟你的學生一起讀，讓學生看到你閱讀，看到你從閱讀中得到學習與知識，看到你在從閱讀中流淚與喜笑，你自己閱讀，才能累積教孩子閱讀的真實能量，閱讀教學就是從這裡開始。（故：P: p.4）

2.你要有深入閱讀的經驗，才能帶領學生進入深入閱讀，閱讀教學就是從這裡開始。（故：P: p.8）

3.讓班級閱讀持續，營造學生共同的經驗與記憶，讓大家在一個相同的情境裡，有著共同的話題，形成一種情感的聯繫，閱讀教學就是從這裡開始。（故：P: p.12）

4.你曾否從閱讀中得到過療癒，請你勇敢的跟你的學生分享吧，在他們漫漫的人生旅程中，他們會記得你的生命故事與閱讀療癒，將來他們也會經歷他們自己從閱讀中所得到的安慰，閱讀教學就是從這裡開始。（故：P: p.22）

5.你要深切的瞭解閱讀可以帶來的功效，即使不是所有的學生都能領會，你還是要持續的做，用各種方法引導、鼓勵、說服、勉強學生閱讀，培養學生好的閱讀習慣，閱讀教學就是從這裡開始。（故：P: p.27）

6.進入閱讀的最好途徑，就是找到與他們生活經驗有連結的文本，對於不喜歡閱讀或不善於閱讀的孩子，可以試探不同主題的文本，找出能與他們生活經驗連結的書一起讀，閱讀教學就是從這裡開始。（故：P: p.31）

7.在閱讀的教學中，我們常常可以從學生身上得到新的亮光與啟發，更可以得到一些刺激與反省。……開放心胸，瞭解、欣賞、接受、反省我們的孩子給我們的開啟與挑戰，閱讀教學就是從這裡開始。（故：P: p.35-36）

8.不要急著檢驗學生的學習成果，只要讓自己成為閱讀者的典型，鼓勵讓孩子大量閱讀，讓他們選擇他們想讀的，儘可能不同主題的多讀，閱讀教學就是從這裡開始。（故：P: p.41）

9.讓孩子以不同形式的創意回應閱讀，提供學生經歷閱讀的豐富與樂趣的機會。（故：P: p.45）

10.你必須要具備工具書的選擇與使用的素養，才能引領學生經由閱讀進入有系統的、有脈絡的知識學習，閱讀教學就是從這裡開始。（故：P: p.48）

11.給學生一個角落，讓他們可以安靜，讓他們可以討論，提供學生一個愉悅的、人性化的讀書環境，閱讀教學就是從這裡開始。（故：P: p.51）

12.與別人分享閱讀教學就是給自己進行有意識的反思與檢討的機會，唯有對閱讀教學進行有意識的反思，才能帶出真正的閱讀教學，閱讀教學就是從這裡開始。（故：P: p.57）

領頭羊有如下一段話：

P：雖然我們是不同的人，我們關注的焦點是不一樣的。但是我們把經歷放在一起……我們把閱讀教學要怎麼教……whole picture是出來了……只要大家很用心，就是可以去開創……。（實討：2010/08/26: p.14）

由領頭羊上述該段話，驗證共讀教學教師專業學習社群運作的成效。

(七)社群運作的困境

社群互動由一大學教授與18位基層教師組成，互動出現距離。

P：你們認為是一個比較權威的角色。所以你們也都不去挑戰我……極力去希望你們來參與，但是你們跟我之間又非常疏離。（實討：2010/08/26: p.21）

P：你們可以來問我說：「到底你要我們做什麼，你講清楚啊……我就當時學校要我的，我就簽了名……」……讓我有一個機會，有個切入點來告訴你們說我到底要做什麼。（實討：2010/08/26: p.21）

領頭羊內心熱切期待與成員的互動，期待社群成員來對話。惟苦無一個可以與成員更自然互動的缺口。由此也可見，何以社群需要「對話」，因為「對話」才有「瞭解」的可能。

由於沒有強迫成員教師參與社群互動的權力，因此領頭羊僅能採取柔性方式，鼓勵成員教師持續參與社群的活動與互動，這是沒有權力下運作社群的困境，卻也驗證沒有權力下的社群也能夠運作。權力會影響社群互動程度高低，但卻非社群能否運作的絕對因素。

五 結論與建議

有關教師的教學與學生的學習之研究，極大多數都是從心理學的取向進行，在這樣的取向之下，教師將教學理論及學習理論運用於教學情境中，往往比較少思索如何經由教學活動讓學生形成美感經驗，如何使教學蘊涵藝術氣息。本研究旨在探討共讀教學教師專業學習社群的成立、發展與運作歷程，以及經由教學故事的情感交流與心靈碰撞所產出的共讀教學可行做法。根據研究發現，提出以下結論與建議，提供教育行政機關、學校行政單位以及現場教師在成立與運作教師專業學習社群時，以及推廣或實施班級共讀時的參考。

1.該社群參與意願類型的主要歸因是關注的領域與心胸的開放與否

研究發現，社群參與類型分為四種不同類型，歸納原因，關注的領域與心胸的開放與否，是該社群參與意願類型的主要歸因。建議找尋社群參與成員時，可優先以有共同關注方向者並有意行動的教師為主；其次，亦可先找到一群有意願也有行動力的幾位教師作先驅，帶頭互動，激發其他教師投入的行動。

2.社群運作歷程有啟始、運作、制度化等三階段進程

教師專業學習社群運作歷程有啟始、運作、制度化等三階段的進程（教育部，2009），此三階段的歷程也在本研究中得到證實。研究觀察社群運作歷程，建議在一開始的啟始階段，宜多加強成員之間情誼關係，意即在社群成員初次見面時，透過大量的溝通對話瞭解彼此，並延長成員情誼關係建立時間，增加實體見面次數，使成員間更熟悉彼此，以使後續的線上互動討論更加順暢與活絡。

3.社群運作關鍵要素為領頭羊與成員

教師專業學習社群運作的關鍵要素為領頭羊與成員（教育部，2009）。研究發現，首先，核心關鍵要素為領頭羊的角色，概由於本社群是經由公告研習招攬而得，領頭羊與成員間的疏離，成員與成員間尚未建立親密關係，因此該社群在互動上，領頭羊投入了極大心力，經常鼓勵成員並主動想到及製作出共讀教學故事集。建議社群的組成最好都是同樣階層的教師，如此一來，互動間較不會有隔閡，成員也能更敢於挑戰領頭羊。其次，另一關鍵因素為成員，社群運作活絡程度與社群成員是否具備正確心態有關，有成員表示對於討論區的主題不知道要發表什麼意見。建議社群的互動需先告知並建立參與成員的正確心態，勇於發言，不需對自己發言內容感到有壓力。最後，社群運作中確立共同目標，共享共同價值與願景有助於討論主題的聚焦，建議社群運作過程中宜不斷確認彼此的共識與價值觀，不但能凝聚社群向心力，並且能逐漸對社群未來的發展有益發明確的藍圖。

4.以教師專業學習社群進行教學故事敘說的方式，能擺脫傳統教師專業成長進修學習的模式

社群成員對共讀教學故事集的熱烈反應，證實了以教師專業學習社群進行教學故事敘說的方式，確實能擺脫傳統教師專業成長進修學習的模式，使參與老師更積極的進行省思。建議後續教育行政機關或學校內負責研習事務的主辦單位，欲辦理教師專業成長進修學習時，讓參與教師專業成長進修學習的教師成為研習裡的主人，從參與研習的教師其自身的經驗開始說起，分享自己的得意與困擾之處，從教師自身經驗開始反省並提供教師實際所需幫助。方能更貼近教師的實際需求，也更能幫助教師進行省思並應用於教學中。

5.實施共讀教學的十二個可行做法

研究觀察社群運作，共讀教學的推動有十二個可行做法：教師自身要開始閱讀、教師要經歷深入閱讀的經驗、營造閱讀後的共同經驗、與學生分享從書中得到的療癒、認同閱讀能帶來的果效、利用能引發學生舊經驗的書籍開始共讀、欣賞並從學生身上學習、鼓勵學生大量且各種主題的閱讀、共讀教學的評量可以更多元、具備工具書選用的素養、提供學生適性化的閱讀環境、嘗試去跟夥伴或同事分享進而獲得省思。建議現場教師可以運用以上做法進行共讀教學，以期待意想不到的收穫。

6.教學故事所衍生的共讀教學可行做法，使教師更有教學動機

教學故事中所衍生的共讀教學可行做法，使教師更有教學動機於教師教學之中。建議教育行政機關或學校內負責研習事務的主辦單位舉辦共讀教學研習時，可以實際提供教師簡單可行的教學做法，讓教師有實

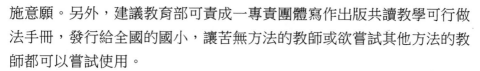

施意願。另外，建議教育部可責成一專責團體寫作出版共讀教學可行做法手冊，發行給全國的國小，讓苦無方法的教師或欲嘗試其他方法的教師都可以嘗試使用。

7.班級共讀需要教師真誠投入、相信班級共讀的價值以及師生共享愉悅經歷

從教學故事中發現，令人印象深刻的班級共讀，最需要的是教師的真誠投入、相信實施班級共讀的價值以及師生共享愉悅經歷。建議欲推動班級共讀的教師先從自身做起，開始閱讀，並把閱讀的美好經驗傳達給學生。

8.領頭羊是否握有規範權力與社群運作有很大關係

社群領頭羊是同樣階層教師或較高層級者，其運作方式與社群互動活絡程度不同，若為非同樣層級者，是否擁有規範權力可以規範成員，其運作方式與社群互動活絡程度也有差異。建議領頭羊可以利用凝聚向心力或適度行使規範權力，促進成員的互動。

致謝

本研究為2010年桃園縣「閱讀桃花源」計畫所執行之研究案，感謝桃園縣教育處的支持，以及桃園縣山腳國小林淑玲校長的行政協助。

參考文獻

中文部分——

丁琴芳（2008）。國民小學教師專業學習社群發展之研究。國立臺北教育大學教育政策與管理研究所碩士論文，未出版，臺北市。

王昇、趙雙玉（2007）。論教學藝術形成。2010年12月18日，取自http://www.labahua.com/lunwen/jiaoyanlilun/105441552.html

何三本（2002）。九年一貫語文教育理論與實務。臺北市：五南圖書。

吳清山、林天祐（2010）。專業學習社群。教育研究月刊，**191**，125-126。

李漢偉（2001）。國小語文科教學探索。高雄市：麗文文化。

林劭仁（2006）。專業學習社群運用於師資培育自我評鑑之探究。中正教育研究，**5**(2)，79-111。

林建平（1997）。學習輔導：理論與實務。臺北市：五南圖書。

陳弘昌（1999）（2nd）。國小語文科教學研究。臺北市：五南圖書。

陳佩英（2009）。一起學習、一起領導：專業學習社群的建構與實踐。中等教育，**60**(3)，68-88。

教育部（2009）。中小學教師專業學習社群手冊。臺北市：教育部。

張德銳（1998）。以同儕教練模式提升教師專業。在中華民國課程與教學學會主編，學校本位課程與教學創新（頁217-235），臺北市：揚智文化。

夏征農（主編）（1992a）。辭海（上冊）。臺北市：臺灣東華書局。

夏征農（主編）（1992b）。辭海（下冊）。臺北市：臺灣東華書局。

熊鈍生（主編）（1980a）。辭海（上冊）。臺北市：臺灣中華書局。

熊鈍生（主編）（1980b）。辭海（下冊）。臺北市：臺灣中華書局。

顧汝佐（2004）。潘小明教學藝術的幾個亮點。2010年12月18日，取自http://www.wenjingbook.com/jiaoyu/bkview.asp?bkid=76453&cid=175431

英文部分——

Hord, S. M. (1997). *Professional learning communities: Communities of continuous inquiry and improvement*. Retrieved June 22, 2010, from http://www.sedl.org/pubs/change34/

Hord, S. M. (Eds.) (2004). *Learning together, leading together: Changing schools through professional learning communities*. New York: Teachers College Press.

Hord, S. M. & Sommers W. A. (2008). *Leading professional learning communities: Voices from research and practice*. Thousand Oaks, CA: Corwin Press.

Kruse, S. D., Louis, K. S. & Bryk, A. S. (1995). An emerging framework for analyzing school-based professional community. In K. S. Louis & S. D. Kruse (Eds.), *Professionalism and community: Perspectives on reforming urban schools* (pp. 28-34). Thousand Oaks, CA: Corwin.

Sykes, G. (1999). The “new professionalism” in education: An appraisal. In J. Murphy & K. S. Louis (Eds.)(2nd.), *Handbook of research on educational administration: A project of the American Educational Research Association* (pp. 236-237). San Francisco: Jossey-Bass.

26 課堂管理中教師實踐知識的外顯形式——教學藝術的視角

陸靜塵
香港中文大學教育學院課程與教學學系

李子建
香港教育學院副校長（學術）兼課程與教學講座教授

一個教育問題引發的思考

在和一線教師（即現場教師）交往的過程中，我們作為研究者或者政策的推行者，有時會聽到他們提出這樣的問題，「你這樣說，可不可以上堂課給我們看看呢？」以往我們常常會誤解為這是一線教師對於我們推介的某個教育政策或者教學活動建議的挑戰和否定。有時甚至會產生尷尬和誤會。不過，從善意的立場換一個角度思考，是不是有的老師真的是因為單方面從字面或言語上一時無法理解，而產生上述的疑問呢？開始不留意，後來在不同的場合有老師多次提到這樣的問題，於是專門找一位熟悉的一線教師追問其中問題何在。這位老師說，的確是因為我無法理解你們在上面說的聽起來很深的教學理論和課程理念之類的，所以可不可以請你們演示或者做給我們看看，當然上一節示範課也就更容易明白了。原來如此！這一戲劇性的現象背後，實際上也給我們帶來一個啟發，從事課堂教學的一線教師對於外來的教育要求和理論，字面理解是一種直接的方式，但是，透過現場的實際活動來達成對於新事物的理解也是不容忽視的重要方式。因為並不是所有的事物、知識或者信息，都可以直接用文字的形式得以表達的，透過現場表演、圖畫、音樂等種種藝術的方式，同樣甚至能夠表達文字所不能表達的涵義，達成教師和學生、教師和教師、教師和研究者之間對於新事物的理解。這樣看來，教學有時的確像藝術活動。而事實上有關教學的藝術性質，早在1995年史丹佛大學的Elliot Eisner教授就有了系統的闡述。

一 E. Eisner關於教學藝術性（the art of teaching）的研究

關於教學藝術性的認識和研究，在上世紀90年代之前，沒有取得超越前代的進步，關於教學藝術性的實證研究少、理論研究也很少關注到諸如「教師作為藝術工作者」、「教學作為藝術」等這些廣泛使用的「隱喻」（metaphor）（Delamont, 1995: p.6）。1995年Eisner透過對教學藝術性深入細緻的研究和分析（Eisner, 1996），不僅提出了教學藝術性不是一種隱喻，而且主張教學藝術性是其本質之一。這裡我們簡要回顧他的這一研究成果，以有助於我們對教學藝術性的全面和深刻的理解，並作為本文的基本理論來源去獲取對教師實踐知識的外顯方式的新認識。

(一)關於藝術性的涵義

Eisner發現，上世紀90年代為止，對於教學的藝術性質的研究一直處於一種邊緣化的狀態。相關的研究也是寥寥無幾。為什麼一個為一線教師所熱衷的概念，卻受到大學教育學院系學者們的冷落呢？他將原因概括為兩個，首先，認為藝術與手藝接近、地位無法和科學相比；其二，認為藝術性是天賦的、是教不會的，無法為大多數人所共享。這種觀念體現在對學校教學的認識上有四種看法：第一，學術研究中崇尚對於教學實踐活動的科學理解；第二，藝術要靠天賦，因此不能將眾多教師所從事的專業，建立在如此少的人才擁有的天生品質上面；第三，教學中即使存在著藝術性，也是靠不住的，只有科學才能發現規律、預見事物的發展，並為人們所控制；第四，藝術性是天賦的，所以是學不會的。它既不能教，也學不會。（Eisner, 1996: p.10）

要破除上述對於教學藝術性的誤解，甚至偏見，必須對「藝術性」、「教學」的涵義加以深入的考察，重新加以認識。Eisner認同John Dewey等人對於藝術涵義的論述（頁11-13）。概括而言，第一，J. Dewey認為藝術即經驗。藝術是人們的一種特殊形式的經驗，是人的感官和人們所處的環境相互影響而獲得的一種基本形式。藝術不為藝術家所獨有，而是來自於觀察者（the viewer）和工作（the work）互動的一種生活的方式（a form of life）。它的本質具有情感性，是有始有終的經驗歷程，具有不明確表述的意義（meaning），同時這種意義是不能被割裂的一種整合在一起的經驗。第二，S. Langer提出藝術是一種藝術家用來表達自己所知道情感的特殊方式，並且這種情感無法用文字來象徵或表達的。第三，H. Read認為藝術是人們用想像創造的，對於自然存在的成分和結構的回應（echo）的一種方式。第四，E. Dissenyake認為簡而言之，藝術對於人類來說，是用來「製造親密」（making special）人際關係的。

因此，儘管不同的涵義思考角度不同，但是研究者們對於藝術的認識十分深刻和獨到。首先，藝術是人的一種基本經驗方式，是一種生活的方式，而並不是為藝術家或者藝術天才所獨享。第二，藝術是情感，不能直接透過文字來表達。第三，藝術必須借助人們的想像活動得以創造產生，是人對於自然的有序的回應。第四，藝術具有人與人之間密切關係的獨特作用。這樣實際上擴大了藝術的涵義，也糾正了以往研究者對於藝術的偏見，讓藝術成為普通人的活動的一部分，是人們心靈活動的、具有自身特別表達方式的一種特質。

(二)關於「教學」過程中的藝術特性

Eisner將教學的涵義擴大為教師從事的所有活動過程，包含了教師採用的大量且多樣的系列教育任務。作者教學活動中教師的教案設計（curriculum planning）、講解（explaining）、人際關係（interpersonal relationship）和評價（assessment）這四項活動，來考察教學藝術性的具體表現。Eisner提出，對於教學中的教案設計活動，教師為使教學計畫適合學生不同層次和個體的發展，就需要創造出新的教學材料和活動，更好的達到教與學的目標，這樣教師的想像和有利於學生學習的活動方式組合是必然的，這裡除了一般的技能、技術和運算法則之外，還需要教師的判斷、願景（vision）等。因此不管教師是否認識到，教學設計活動的創造性決定了教學藝術性的存在。接著，在教學內容的解釋和講述過程中，這兩個行為本身需要教師具有對學生學習的移情（empathize）能力，還需要教師對於語言本身、語言進度（pacing）、內在含意和講述的感覺。另外，還需要在這個解釋和敘述的過程中抓住學生們的注意力等，這些都需要教師運用想像能力和圍繞著教育目標得以實現。在這樣的故事中，學生得到了美的薰陶和心靈的感動。因此，藝術不僅是存在於藝術活動中，也是我們日常生活的基本部分。第三，在人際交往關係中，這裡Eisner用來指那些在課堂裡面教師組織和參與的全班或個人之間的討論、對話或辯論等互動活動。這裡教師就必須要掌握和調節課堂活動的動靜時機、學生參加活動的空間、確保他們的投入程度等，這種種情況的掌握和調控需要教師大量的經驗。教學的藝術性在這裡往往起了「四兩撥千斤」的重要作用，這需要教師靈活多樣地使用自己的教學經驗、知識和能力。至於教學中藝術性表現的評價，該研究者提出，藝術活動中的藝術性不僅表現在作品的創作，還包括對於已有的事物或觀念內在意義、品質的鑑賞和品評。教學中的評價也是如此，諸如教師必須要進入內隱又重要的班級生活中去，還有課程的節奏（tempo）、對於不同情況的學生做出不同的回應等等。這裡「科學的理論」不敷教師做出日常的判斷之需。教師在這樣的日常教學環境中做出的評估和判斷，往往是根據自身的經驗，然後再將這些經驗加以歸類，以便對班級中的教學和學生等情況加以理解。在這樣的教學活動中，需要高明地應用識別能力來解讀課堂中一連串隱含的情形，這就需要想像力來與教育價值觀進行展示比較。在這種情況下，教師往往能夠自動使用一些技巧，而不需要花費太多的注意力。

從上述研究者對於教師日常教學活動的四個代表性活動為考察對象，透過對其現狀的描述，並結合一般藝術活動的內涵和特點加以比較與分析，得出了教學活動本身就具有科學性之外的另一個特性——藝術性的結論。從而不僅澄清了教學必須是一種科學，並且必須要用科學的理論來研究的誤解，同時明確提出了教學藝術並不是為了一種用來增進對教學的理解的「隱喻」（metaphor），教學本身就具有藝術特性！

同時，教學的藝術性主要表現在，教師面對日常的課堂教學活動，需要應用創造活動、有內在目的的想像活動、透過富有美感的解釋和敘述活動、關注和個別化富有彈性地建立和發展人際關係，還要結合教育價值的比較展望，不斷對自身的教學活動加以評鑑修訂。

雖然Eisner著重對教學中的上述四個重點進行了教學藝術性的研究，但是這一研究思路和結論對於教師教學活動中的其他因素的認識，也是富有啟發價值的。本文正是試圖在上述結論的基礎上，對教師日常教學活動中的重要知識——教師實踐知識的外顯方式，從教學的藝術特性的角度進行考察。值得指出的是，從研究條件的實際考慮出發，本文主要考察的是課堂管理中教師實踐知識的外顯方式。

二　教師實踐知識外顯方式研究的缺失

對於學校中一線教師（frontier teachers）而言，教學是其在以學校為主要場所開展的社會活動（activities），主要目的就是促進學生的發展，其從事教學活動的基礎是自身擁有的知識。也就是「在實際的學校、實際的教室中，由活生生的教師從事之日復一日的現狀複雜的工作」（Hargreaves, 1995: p.80）。而對於教師教學活動的考察，往往首當其衝引起關注的是，作為教師從事日常教學活動的基礎——教師知識。教師知識不僅包括教師在專業培訓課程中學到的客觀理論的知識，而且還包括教師自己和同事在日常的教學活動、課堂管理活動中所積累起來的實踐知識。教師實踐知識是依存於特定語言脈絡的經驗性知識、是特定教師在個別和集體教育實踐活動中形成的案例知識，具有不能還原於個別的專業領域的綜合性知識，以顯性或者隱性的種種形式存在的「默會知識」，還是教師在個人經驗與反思基礎上形成的、以接受者的經驗成熟作為基礎的（鍾啟泉，2008: 54）。

前一種客觀的理論知識來源於實證主義科學（positivistic

science）的視角，其目的在尋求普適於所有的情境（situations）或者部分可以演算出的情境中的一般法則（generalizations）和規律（regularities）。這種觀點不重視教學活動的情境性，尤其是教學的內容、教師和學生的意願、知識等，作為教學活動主體的主觀能動因素。而教師在教學中表現出來的思維活動（thinking）則被認為是「不科學的，沒有使用他們應該已經在培訓課程中學到的一般法則和原理」。這種技術理性下的知識觀，對於知識的認識可以概括為：不受情境影響、用一般的法則來表示不同變量之間的關係、可以在不同的環境（settings）下得以通用（Trumbull, 1986）。

Argyris和Schon在1977年、Schon在1983年透過對於實踐者（practitioners）思維的研究，提出了另一種知識觀。他們的主張是，知識是由認識者（knower）行動而發展起來的，這種知識可以改進和變化，能夠更好的得到表達（explicit）、不能脫離認識者獨立存在、必須在特定的情境中加以使用（Trumbull, 1986）。這種知識的意義因情境而產生，在不同的情境中具有不同的意義（Mishler, 1979）。這種知識觀也是教師實踐知識得以存在的認識論基礎。

(一)關於教師實踐知識涵義的代表性觀點

「教師實踐知識」（teachers practical knowledge）的內涵，經歷了一個不斷發展豐富的過程。以下僅對幾位代表性研究者的主要觀點，加以概括和羅列。

1.Elbaz「教師實踐知識」（teacher's practical knowledge）的涵義

對於教師實踐知識的系統研究，最早見諸於Elbaz的研究（Elbaz, 1981; Elbaz, 1983）。Elbaz受到Dewey有關理論和實踐的辯證關係的觀點、Polanyi的「個人知識」（personal knowledge）、現象社會學有關「日常知識」（everyday knowledge）、民族誌、心理學等有關理論觀點的啟發，更重要的是其透過自身的個案研究所獲得的大量數據分析，富有創見地提出了「教師實踐知識」這一概念的靜態的「內容」（content），和動態的「取向」（orientations）與「構成」（structure）（Elbaz, 1981: p.48）。這一新知識概念的「內容」，包括有關學科、課程、教學、自我和環境的知識，「取向」共有情境、理論、個人、社會和經驗五種，而第三方面的「構成」表明了「教師實踐知識」在實際運作過程中的一種「順序」（order）和「結構」（structure）。研究者從自身的案例研究中提出了由低到高的三個成分：遵照某些方法形成的「實踐規則」（rule of practice）、透過反思提煉的「實踐原則」（practical principle）和透過直覺方式來指導行動的「意象」（image）。她分析了三種成分之間的關係，並探討了實踐知識架構的拓展和運用問題。其中更值得注意的是，教師對教育教學的「意象」（這一概念後來又得到Clandinin的發展），正如Elbaz所稱，「當教師形成有關教學的意象時，就綜合了自己的感情、價值觀、需要和信念，同時這種種的總體形象又受到教師的有效適應的經驗、理論知識以及學校傳統等的影響」。教師關於教育的「意象」這一概念，對於研究教師實踐知識很有價值，它是介於思想和行動之間的、比規則和原則更為普遍的一個概念，並且能夠顯示不同的知識和價值在教學中是如何整合在一起的。

值得強調的是，如果說Elbaz教師實踐知識的「內容」和「取向」的內涵是透過他人的理論推理演繹得到的話，那麼有關這一知識的「構成」則完全是基於研究者本人透過案例研究實作的結論。這一研究結果從認知心理學的角度用綜合命題的形式，對教師實踐知識進行了表達。正如研究者自己所言，這一研究結果理論上為教學中更多的「認知方式」的研究提供了理論依據，同時也志在讓更多的前線教師掌握認識自身工作中的知識的實用工具（頁68）。

2.Shulman等人提出的「教學內容知識」（pedagogical content knowledge）

L. Shulman及其合作夥伴們透過研究（Shulman, 1999），有針對性地包括教學內容知識在內的教師的七種知識基礎，而PCK是其中最應該引人關注的，因為是教學知識的主要部分，是學科與教學的合金，是教師所特有的，是教師對於其專業理解的特殊方式（Shulman, 1986）。PCK的定義（Shulman, 1987: p.8）是：「在所有的這些知識類型中，教學內容知識最為有趣，因為它鑑別了教學知識顯著部分。這種知識透過學科和教學的混合來理解特定的話題、問題與議題的組織方式和再表現形式，以應對學習者多樣的興趣和能力以及教學表達。教學內容知識這一類型更多的是區別對於學科教學和普通教學。」在這一領域的研究中，Grossman（1990）也認為「教學內容知識」對於教師課堂行為影響最大。

3.Connelly和Clandinin提出的「個人實踐知識」

上世紀80年代以來，康納利（Connelly）與其學生克蘭蒂寧（Clandinin），開始了有關教師「個人實踐知識」（personal practical knowledge）的研究。他們認為教師是自身的認識者、自身所處情境的認識者、兒童的認識者、學科的認識者、教學的認識者與學習的認識者。首創了教師「個人實踐知識」這一概念。具體涵義為（Connelly & Clandinin, 1999）：「這一概念可以讓我們在談論教師是知識廣泛的識知者時，用來理解他們的經驗。個人實踐知識蘊藏在教師過去的經驗、現時的頭腦和身體動作，以及將來的計畫和行動中。人們可以在教師的實踐中發現個人實踐知識。它對於所有教師來說，都是一種出於應對當前情境中的緊急情況而重構過去、調整未來意向的特有方式。（Connelly & Clandinin, 1988: p.25）」。它還概括了個體先前知識，並認同了教師知識的情境性。這是一種由情境形成的知識，是當我們在經歷自己的故事、複述和透過反思，再經歷那個故事時而去建構和再建構的知識（徐碧美，2003）。

4.Beijaard與Verloop對教師實踐知識涵義的發展

這兩位研究者對於教師實踐知識提出了這樣的理解：這種知識是教師在教育實踐中經驗的累積和整合、是教師在有目的的行動過程中所遇到的課堂情境和實踐困境的知識、來自教師的個人經驗和集體經驗，以複雜的方式運用準備和實施教學活動的過程中，明白原有課程決策的意義，通常不易被清楚的表述出來。這種知識可以被看做是高度整合的知識，包括事實或陳述性知識、策略或程序性知識、信念以及行為準則和價值觀等（Beijaard & Verloop, 1996；姜美玲，2008）。

5.陳向明關於教師實踐知識涵義的論述

中國大陸學者陳向明提出的教師「實踐性知識」，可初步定義為：「是教師真正信奉的，並在教育教學實踐中實際使用和（或）表現出來的對教育教學的認識。」這類知識來自於教師自己的個人經驗積累、領悟等直接經驗，還有同行之間的交流、合作形式的間接經驗，同時還包括來自於教師對於理論性知識的理解、運用和擴展（陳向明，2003）。

6.臺灣學者對於教師實踐知識的涵義的共識

臺灣學者在教師實踐知識（臺灣學者也稱之為「實務知識」、「實際知識」）這方面也有很多研究成果，如，王秋絨（1991）、郭玉霞（1997）、陳國泰（2000）等諸多研究者的研究。概括起來認為，是指「教師在教學情境脈絡中，統整其個人過去的實務經驗、專業知能與素養、信念價值，主動對實際的教學情境進行思考判斷與知識轉化後，所建構形成的一種個人化的行動知識」，「是理性思考的產物，也包含了教師個人感性成分」，其功用是「為了解決當前的教學問題，以促進教學活動的順利進行」（林廷華，2008）。

(二)教師實踐知識的基本涵義

儘管不同的研究者出於不同的理論基礎、不同的研究方法，決定其所得到的概念內涵也不盡相同，但是上述代表性研究者對於教師實踐知識涵義的表述也有共識，即：1.教師實踐知識是屬於教師的知識（knowledge of teacher），而並不是直接接受的、外來賦予教師的知識（knowledge for teacher）；2.教師實踐知識產生於教師對於自身所處環境、面對的問題等的主動認識，以及自身與環境互動的行動過程；3.教師實踐知識的內容包含著教師的經驗、信念在內的多種成分之綜合體；4.教師實踐知識存在於具體情境化的教師日常教育活動中，並且常常以非明確知識（不同於隱性知識，因為隱性知識是無法用言語來表達的，而教師實踐知識可以透過教師個性化的「隱喻」、「意象」等形式表達，但是又是不同於明確知識的。）的形式出現的；5.教師實踐知識在時間上具有延續性，是過去、現在、未來的「連續體」。

(三)教師實踐知識的特徵

隨著對於教師實踐知識研究的深入，人們對於其研究也逐步從其本質的研究，轉向對教師專業核心因素的特徵有了更多的瞭解。荷蘭研究者van Driel等人（van Driel, Beijaard & Verloop, 2001）綜合了多個研究成果，初步對教師實踐知識的特徵加以陳述。他們提出，教師實踐知識有五方面的特徵：1.行動取向。直接來自教師的日常教育實踐活動，並且大部分時候是個人教育活動中得來的經驗，這些經驗還可以直接應用到自己以後的行動中去；2.具有個人性與情境性。這種知識直接受到個人關注點導向，並且緊密地與教師所處的班級、學生、教材課程以及學校的特別情境相聯繫，且與教師個人的學科背景密切相關；3.這種知識很大程度上是不明確或緘默性的。更多是關於「做」（doing）的知識，而不是「知曉」（knowing）的知識（Clandinin, 1986）。這也是教師這一行業「缺乏共享的知識基礎」（Lortie, 1975）的一個重要原因；4.教師實踐知識具有整合性。這種知識包含了科學類的正式知識（formal knowledge）、日常生活常識，還有有關的規範和價值觀，以及經驗等。這種知識的整合過程，是以這種知識的核心因素——教育經驗為指導的，儘管這種整合的內在機制還有待深入研究；5.在實踐知識的形成發展過程中，教師的信念起著重要的作用。信念是這種知識的一部分，兩者緊密結合，信念在其中起著過濾和篩選的作用。

透過對前面有關「教師實踐知識」（儘管在名稱的字面上不盡一致）概念、結構、成分，乃至共同特徵（性質）研究成果的概述，我們可以從理論上更全面地理解和把握這一教師知識類型。但是，不得不指出的是，如果從一線教師日常教學的立場來看，我們還是無法明確表達「教師實踐知識」其外在的表現形式是什麼？即其在實際的教學環境中，教師實踐知識外顯形式是什麼？

三 教師實踐知識的外顯形式的教學藝術視角

(一)教師實踐知識可能的外顯形式思考

正如本文開篇的立場那樣，全文從教師日常所處的學校情境為考察的現實背景中來討論教師實踐知識的。從教師實踐知識的「擁有主體的數量」及其「外顯程度」作為分析維度，可以建構一個關係圖，透過對教師日常教育活動及其相關性質的分析比較，初步形成有關教師自身和群體中「教育實踐知識」常見的可能表現途徑示意圖。如圖26-1所示。

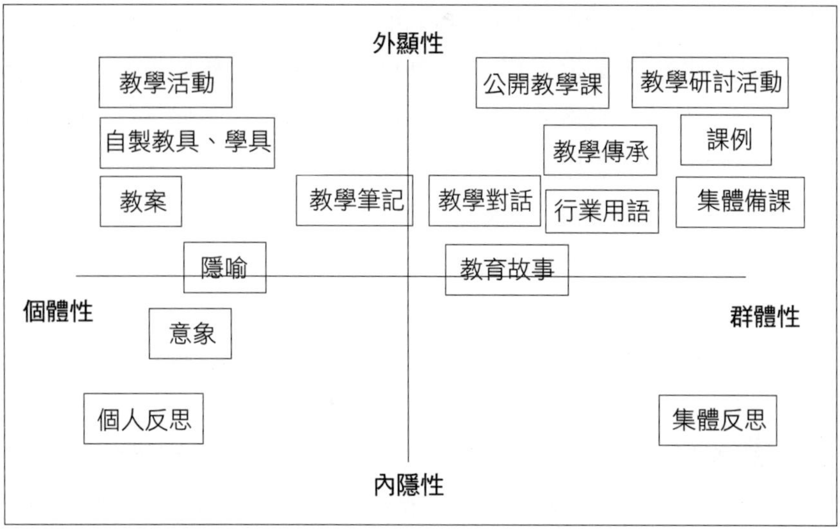

圖26-1　日常學校情境中「教師實踐知識」可能的外顯形式及其性質示意圖

(二)教學藝術性視角下的教師實踐知識外顯形式的分析

上述示意圖僅僅是依據研究者個人經驗和觀察的結果羅列，如何根據教師實踐知識的相關研究成果，從理論的高度認識並創造新的形式，這是一個對於實踐知識研究的挑戰。這裡，我們試圖從前文Eisner有關教學藝術性的視角出發，結合教師實踐知識的涵義和特徵，採用逐一配對的設計思路，對教師實踐知識的外顯形式做一個初步的設計探索。詳見表26-1。

表26-1　教學藝術性視角下的教師實踐知識的外顯形式構想

		教師實踐知識的特徵（van Driel, Beijaard &Verloop, 2001）				
		行動取向	個人性、情境性	不明確性	整合性、經驗性	信念篩選作用
教學藝術性（Eisner, 1996）	人的生活方式		1			
	情感性、非文字				2	
	想像、創造	5	隱喻		意象	3
	密切人際關係			4		

限於篇幅，下面試舉五個組合，加以設計，提出相關的外顯形式：

1.教師實踐知識產生和存在於教師教學活動的整個過程，因此教學藝術性質可以彌漫在教師實踐知識的整體或局部。不僅是包括教師與學生之間的課堂教學活動階段，還包含課堂教學活動之外，教師參加的所有和教學相關的學校活動。因此，教師實踐知識不僅存在於課堂教學中，還應該存在於同伴教師和其他由教學引發的教師群體活動中，比如圖26-1所示的教學研討活動、公開教學課、集體備課等教師群體切磋展示的活動中。這種知識應該包括對於自己和同事教師有關教學活動的認識和實踐體驗及思考活動，即時空的多樣性和包含人員的多樣性。

2.教師實踐知識是個體主動加工外來知識、應對現實自身所面對問題或困難而獲得的知識，因此這種知識不僅是書面符號和冷靜的理論，還是以情感經歷、實物圖畫、現場訊息等多種形式獲得和為內容的，即形式的多樣性和內容的情感性。因此，如圖26-1所示，有著多種的個人和群體性的外顯方式。

3.教師實踐知識是面對實際問題而產生的知識，因此具有自我價值和意義的取向，這種知識的表達方式也可能是個性化的。因此，群體外顯形式的形成，是需要建立在群體共同的意義和價值上。

4.教師實踐知識是與具體情境中的人、事、物以及政策等相聯繫，形成了複雜的網絡關係，因此具有很大的變動性和低重複發生性，因此需要教師即時應用想像、直覺、感知等能力和調動情境中的資源，調整種種人際關係，形成不同的具有一定程度創造性的問題解決辦法或者教學方案。

5.教師實踐活動是整合多種知識並付諸行動的知識，這種行動能力不僅是創造作品的過程，還是對於自己和他人教學實踐活動鑑賞和品評的行動過程。因此，教師實踐知識還可以透過對自身和同伴教師與教學活動有關的活動之評鑑得到發展。因此，這種知識還可以公開教學課、教學研討活動、教學對話等方式展現。

以上種種形式，限於篇幅不一而足，不過略舉幾個例子，就可以發現在藝術視角中對教師實踐知識可能的外顯形式之設計和表述，十分豐富和有創意的。當然，因為這種窮舉組合的設計思路，還只是停留在字

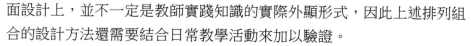

面設計上，並不一定是教師實踐知識的實際外顯形式，因此上述排列組合的設計方法還需要結合日常教學活動來加以驗證。

從以上的研究中，我們可以初步從教學藝術性的視角對學校中教師實踐知識的一般外顯形式進行初步的設計構思，但是因為還沒有涉及到教師日常教學活動中的具體內容，所以對於這些外顯形式的認識和構思還顯得很粗糙。因此，我們接下來就從教師日常教學活動中的課堂管理為具體考察對象，再次透過教學藝術性的視角來直接加以考察分析和構思，試圖獲得教師實踐知識在課堂管理中的具體外顯形式提出建議。

四 課堂管理中教師實踐知識的外顯形式——教學藝術性的視角

課堂管理（classroom management），對於學校而言，是學校教育中最基本的單位——班級中經常發生的教育行為，也是學校教育的基本活動——教學活動得以有效進行的基本保障；對教師來說，是進入課堂後，首先和一直在做的一件常規事務，因為正常的教學秩序和有效的教學活動，依賴於課堂中的常規和學生的投入程度；對於學生而言，有趣、安全、明白、積極的課堂學習氣氛、師生關係、同學關係，會使自己喜歡上這個班級、這個年級乃至這個學校，同時會激勵自己努力學習。但是對於教師而言，教師入職之初，最為困擾的問題還是課堂管理和班級經營（Jones, 2005），但是卻很少有時間與同事一起來反思出路（Day, 1999; Fullan, 2001）。

從學校實踐研究的角度來看，臺灣學者單文經認為，有關課堂管理（臺灣稱為「班級經營」）過去教育研究者偏重「教導任務」方面的探討，對於教師的「管理任務」探討比較少，探討的重點又著重於個別學生的督導與管理。教育研究者往往把班級經營等同於對學生的「管教」（discipline）。因此，討論重點一直在個別學生違規行為的處理上。近一、二十年，才逐漸轉而注意到「專注參與」（engagement）或是「專注於任務」（on-task）等「與工作有關」（work-related）的行為，而不只是注意學生的違規行為。這才是經過周詳計畫，妥善進行的「課程與教學」的預期結果。（單文經，1993；引自黃政傑、李隆盛主編，1993，頁78）。

從研究的發展來看，課堂管理的研究和應用，在歷史上，技術和習慣的方法在研究和應用上十分普遍；近年來，更多的批評來自要求課堂管理的研究範式轉移到課堂的組織與管理，揭示課堂生活複雜性的理解上面來；現在，主流的研究者認為，課堂管理必須用複雜、緊密和多層次的方式來對教師的信念、假定（assumptions）和知識，與教師的行為和技術一起加以研究（Fries & Cochran-Smith, 2006: p.945）。

從有關的研究成果來看，有關課堂管理的研究，從其內容來看，主要涉及到：「課堂管理的研究範式」、「課堂管理研究當代與發展視角」、「不同年段與學校類型中的課堂管理」、「當前課堂中教學組織形式的管理」、「課堂管理課程與課堂紀律問題（discipline）」、「課堂管理的教與學」、「與課堂管理有關的政策、規則、道德與公平問題」、「課堂管理的國際比較」等領域的研究（Evertson & Weinstein, 2006）。但是，過去和現在絕大多數的研究更多是告訴教師現成「良方」——有效課堂管理的對策。

如果我們同意前述藝術是作為製造親密的人際關係，或者教學藝術是關注個別化和彈性地發展人際（師生、學生）關係的話，課堂管理或班級經營除了考慮科學化的原理和教育理論外，也可以開放人文的原則做參考。這些原則包括人性化原則、輔導原則、科學化和系統化原則、共同參與分層負責並重原則、目標化原則、激勵化原則、聯繫溝通原則、積極原則、民主原則、愛心原則、整體原則和創新的原則。當這些原則應用於不同學校和課堂裡，便應該「因時制宜」和「因材施教」。教師在班級經營方面很多時候，需要從藝術觀點取得一定的平衡，例如兼顧語言溝通和非語言溝通，生活教育（做人）和課業成績（做事）並重，平衡自由和遵守紀律等（高強華，2007，頁70-74）。

Brown（2004）的質化研究結果顯示，美國城市的教師在課堂管理具有下列特質：(1)發展關係和透過個別化關心達到互相尊重；(2)發展關心的學習社群；(3)建立類似商業的學習環境；(4)建立一致的溝通過程；(5)具有清楚明示期望和堅定自信的教學。這些特質頗符合文化適切的教學，也反映出回應學生需要和具有關懷氣氛的「藝術性」。

教師的課堂管理策略往往受到教師本身，對課堂管理所持有的觀念所影響。Martin（2004）的研究指出教師具有四類觀念：(1)對教師的權威性和在課堂內責任的看法；(2)明確教導社交的技能；(3)對任務分析的看法——分析學生的學習及社交活動；(4)對自我管理的看法。從「藝術」的觀點來說，課堂可視作一個舞臺，亦成為教師、學生發展和互動的場所。

下面本文試圖在前文中提出的教學藝術視角中之教師實踐知識外顯形式的一般形式基礎上，透過對課堂管理的定義、內容和特點的基礎上，做一個分析研究。

(一)學校中課堂管理的定義和內容

有關課堂管理概念界定，尚無統一的定義和內容。根據不同研究者的研究，代表性的涵義及其基本內容的分類主要有以下幾種：

1.美國有關課堂管理的概念：認為任務有兩方面，即管理任務（management function）和教導任務（instructional function）（Doyle, 1986），這兩項任務也構成了教師專業工作的主要內涵。

2.臺灣：稱為「班級經營」。簡紅珠、江麗莉則認為，有關班級經營的定義很多，但就其基本內涵而言，大致上是指為了製造、運作和維持一個有效學習環境，教師所採取的種種行為（簡紅珠、江麗莉，1996，頁411-446）。

顏火龍等從科際整合的角度，定義為：「乃師生共同建構班級生活意義，經由理論與實務的科際整合，一起努力完成班級各項教務、訓導、總務、輔導有關級務與教學活動，達成教育目標與班級目標。」（顏火龍等，2001，頁9-10）

林進材認為，其內涵主要是：班級經營中的班級教學規劃和實施——直接與班級中的教學活動環境相關的設施、設備、級任教師（任課老師）等處理（林進才，2005，頁169-212），基本內容包括：行政經營、班級環境經營、課程與教學經營、學生偏差行為的因應、常規管理經營（discipline）、班級氣氛、時間管理經營、班級訊息的處理（林進才，2005，頁4-8）。

3.中國大陸：稱作「課堂管理」。「近年來對課堂管理方面的研究，主要集中在教學目標和課堂行為兩個方面」，並提出課堂管理是指課堂教學中所進行的管理，即在課堂教學中教師與學生遵循一定的規則，有效地處理課堂上影響教學的諸因素及其之間的關係，使課堂教學順利進行，提高教學效益，促進學生發展，實現教學目標的過程（杜萍，2005，頁8）。有關課堂管理的內容，包括建立課堂常規、處理課堂問題行為、創建良好的課堂教學情境三個方面（同上，頁9）。

透過比較分析可以發現，臺灣的班級經營的定義，和美國的概念接近，比中國大陸更廣泛，除了與課堂教學相關的部分外，還包括教學之外的班級常規、師生關係、家校聯繫、班級行政管理等內容，而這些內容在中國大陸主要是由班主任工作來承擔的部分。由此觀之，中國大陸的課堂管理內涵，要小於臺灣。原因在於中國大陸，除了教師對於課堂教學組織和學校安排之外的課堂管理功能之外，諸如，班級硬體環境的安排、良好班級學習氛圍的創設、學生問題行為的處理、與學生家長的聯繫溝通等任務，主要由班主任老師來擔任，這一角色類似於臺灣的導師承擔除了教學任務之外的其他工作內容。

(二)課堂管理的內涵變化

1.**課堂管理內涵的學校教育內容視角**。從學校實踐研究的角度來看，臺灣學者單文經認為，有關課堂管理過去教育研究者偏重「教導任務」方面的探討，對於教師的「管理任務」探討比較少。探討的重點又著重於個別學生的督導與管理。教育研究者往往把班級經營等同於對學生的「管教」（discipline）。因此，討論重點一直在個別學生違規行為的處理上。近一、二十年，才逐漸轉而注意到「專注參與」（engagement）或是「專注於任務」（on-task）等「與工作有關」（work-related）的行為，而不只是注意學生的違規行為。這才是經過周詳計畫，妥善進行的「課程與教學」的預期結果。（單文經，1993；引自黃政傑、李隆盛主編，1993，頁78）。

2.**課堂管理內涵的師生關係視角**。教師從事教育活動的根本目的，是透過提供優質的教育來促進學生的健康成長。而其中直接和課堂管理相關的就是師生之間的人際關係如何，這應該成為教師所熟知的重要知識之一。Cedric Cullingford在其2010年出版的新書《*The art of teaching: Experiences of schools*》，蒐集了學生對於課堂管理中要建立良好的師生關係諸多建議（Cullingford, 2010: p.127-136），其中包括：教師要有三個優秀品質：誠實正直（integrity）、耐心解釋（explaining）與平等兼顧到個人興趣（personal interest）。同時教師在進行班級管理的時候，要與學生建立起這些良好關係：1.應該將班級規範建立在協議的基礎上，而不是外在的力量上；2.積極的應對可能發生的欺淩行為（bullying），而不是無所作為；3.最低限度地對學生指手畫腳，老生常談作用微乎其微；4.將追求人人的理解、人對學習對象的理解關係，要作為教育的主要目的、課程的中心，這將會給每個學生的努力賦予意義。學生們對於人際的不滿（disaffected）關係、社會角色的誤解（misunderstanding roles）以及同伴關係等，都提出了建議。

從上述定義和內涵發展的研究來看，對課堂管理內容發生了幾方面的變化：第一，課堂管理的目的從創設良好的教學環境，促進教師教學活動的有效開展，發展到包括促進學生學習進行、建立良好的師生、學生人際關係等多種目標；第二，課堂管理的內容不僅是班級常規、班級環境等外化於課堂教學的內容，還包括了課堂教學全過程中的課堂氛圍、課堂互動、學生課堂專注的投入、與學習相關的活動之參與等；第三，不僅是追求學生聽講和學會教師所教的內容，還包括在學習過程中學生對於學習內容和目的的理解程度、對於良好課堂人際關係的發展等；第四，課堂管理不僅是教師為主角的教學設計和實現教育目標的過程，還是學生和教師共同協商、達成彼此對於教與學的共識和實現彼此共同發展的過程。

(三)教師關於課堂管理的教師實踐知識之外顯形式的案例分析

值得留意的是，本文考察在課堂教學過程中的「課堂管理」，首先從已有研究成果的研究內容出發，以課堂管理中的「教學常規」、「課堂人際關係」、「課堂紀律」、「課堂氛圍」和「學生的投入」五個角度，對兩位教師的兩節課堂教學活動進行考察，尋找他們對於這五個對象的認識（教師實踐知識），然後透過前文表26-1的分析辦法，尋找在教學藝術性視角下，課堂管理中教師實踐知識的新理解和外顯形式。

1.研究方法

本部分採用案例研究的方法，透過現場觀課、課後對執教教師進行半結構訪談，通過對現場錄影、課後訪談錄音以及本次活動（課）教學計畫的比較，試圖對兩位經驗教師的課堂管理行為及其內在的教師實踐知識進行研究。

(1)研究對象的選擇

J老師和Y老師，她們分別為中國大陸S市的小學數學教師和幼稚園大班教師。從事教學的年資分別為二十一年和十九年。J老師現在擔任兩個五年級班級的數學課教師第三年，其中都沒有擔任班主任（即班級「導師」）。Y老師是所任教大班班級的主班老師已經第三年，她和另一位任課老師及生活老師一起從小班開始任教這個班級的。和一般的幼稚園教師一樣，Y老師也只是教自己所在的一個班級。

(2)研究的課堂教學活動

觀察和重點訪談的課堂教學活動，J老師的是S市小學數學課五年級第二學期教材中的「可能情況的個數」，Y老師開設的是幼稚園大班音樂遊戲活動「套圈」。

(3)資料的蒐集和分類整理

兩個案例的資料蒐集，包括課堂觀察的現場實錄（錄影）、課後使用半結構訪談提綱進行個別訪談（現場錄音）、本節課（活動）教學計畫、本課的教材（不包括幼稚園）為原始資料。

採用QSR的Nvivo 8軟體進行錄音的轉錄和分類整理。以上述課堂管理的五個角度為自由節點（free node），包括「教學常規」、「課堂人際關係」、「課堂紀律」、「課堂氛圍」和「學生的投入」，然後將轉錄的錄音資料、教案進行整理。

2.研究發現與分析

(1)教學常規

J老師認為開始上課之前，一定要強調學生課前的準備工作是否完成，不能有其他學科的學習活動影響到本節課。除此之外，還需要學生安靜下來，將注意力開始轉入到即將開始的新的一節課上。因為她的經驗告訴自己，教學常規的形成是上好課的前提，必須認真對待和遵守。這裡J教師對於教學常規的認識是創設安靜、有秩序、注意力最高程度投入的環境，並且要求全體學生儘量都做到。這裡在Y老師的這節課的訪談中，沒有涉及到課堂常規。但是作為已經帶了三年的幼稚園大班學生來說，似乎常規已經不是課堂管理的當下話題了。

> 我一向要求很明確的，比如說，我要上課了，其他和數學無關的東西，一律不能放在課桌上的，這是我的數學課，我一定不允許有英語作業或者語文作業在上面，這是第一點，這是我上課之前首先要關注的，就你們桌上的東西，是否和數學有關，沒有關係的，請你們放好。（P-QH-E-1-CRM）
>
> 第二點呢，我要說開始上課了，我就是必須每個孩子都安靜下來了，不在課桌裡面東摸西摸了，不再鉛筆還在轉了，書還在拿了，我是等他們都安靜了，我就開始上課了。這是我覺得你上數學課了，你必須要把你的思想集中到我的課堂上來。而你腦子裡不能還想著玩的，腦子裡還想著上節課的語文、上節課英語，這是我非常重視的。我要上課了，你要把和我數學無關的東西統統收起來。（P-QH-E-1-CRM）
>
> 這個我還是蠻重視的，因為我覺得開始最重要。開始就亂了，那這節課就沒法上了。或者說上下去的效果就會打折，這是我一開始就做的。（P-QH-E-1-CRM）

這裡可以發現，J教師在開始上課之前，對課堂管理中的常規（routines）之外顯形式表現為：學生為上本節課要準備好學習用具、把無關的東西收拾好、課堂氣氛要「安靜」。教師透過對學生行為的觀察，來確定學生是否已經集中注意力在本次課堂中，並且對於常規的強調已經成為這位教師對於一節課能否正常有效地開始和進行的基本要求和信念，這種要求和信念透過語言、動作、態度等方式外顯出來。

(2)課堂人際關係

J老師首先對自己和學生之間的人際關係重視，而且很有自信。教師要做到公正、以有教無類為標準要求自己，平等對待不同學習水平的學生，並通俗地將師生關係建立的關鍵表達為：互相給面子。在課堂學習過程中的師生關係理解為「三角」關係，即師生、學生之間相互密切的聯繫。

Y老師在這方面的理解是，教師要為學生和教學活動的設計開展，對教育活動的設計要思考得更深一些。這樣才能在教學過程中，達到預設的教學目標，不「走場子」。這裡也可以看到教師對於教學中的師生關係，趨於密切的內在要求。

他們這班孩子一般來說，對他們還算可以。他們也知道還算可以。（P-QH-E-1-CRM）

你老師是很公正的，有教無類的，其實越是差的孩子，越是要關心她（他），我覺得是這樣的，因為什麼，因為說實在的，有的孩子他學習成績好，或者行為習慣好，就是說明他平時父母引導得好，他平時的環境就好。所以這些環境不好的孩子，或者父母不大關心的孩子，你更要去關心他。這是你老師應該做的，你讓他覺得，還是有溫暖的。現在有的孩子有心理問題，為什麼，就像錢【某某】同學，其實他上數學課，還是給我面子的，我覺得他還是給我面子的。（P-QH-E-1-CRM）

但是也不是老師一味的寵你，希望你們到老師這裡來學到一點知識。（P-QH-E-1-CRM）

比如在小組（教學中），有的小組已經完成了，那麼透過小組活動，讓他們自己相互之間來學習，因為其實，學習是三角形的，是相互的，學生老師，學生之間也可以學習的。（P-QH-E-1-CRM）

要說經驗的話，還是老師想的要多。這是一個，老師就是想得要多。你真的選擇這個點以後，就是很全面地、很深入地鉆下去，不能浮在表面。然後你要思考孩子有可能出現的種種回應，你要預

料到各種情況，不能只是很簡單設計這樣一個活動後，走場子就這樣過了，不行的。想的要深一點。（K-SY-E-P-CRM）

課堂管理中的人際關係，首先是要求教師能夠從關心學生、公正對待每個孩子的信念基礎上，這種信念實施的分寸應該是寬嚴並舉的。第二，這種課堂中的人際關係的主要目的，是要讓學生能夠更好地得到學習與為人處世上面的正確發展為標準的。第三，這種人際關係建立在以學習活動為核心的師生之間、學生之間，以平等互動為表現的。第四，從Y老師的訪談中，可以發現，教師在教學過程中，對於孩子的關心，建立起良好的學習關係，還應該注意做到的策略是，要多為學生考慮，要考慮更多、更深的學習和互動的可能性，這樣的教學活動設計要求，才能避免低效果的「走場子」教學。

至於這種有關於課堂管理中人際關係處理的實踐知識，主要表現在，教師對於每位學生在教學過程中的態度、對於學習活動的設計思考的多少和深度、師生在教與學的活動中的互相配合和相互理解，在J老師的理解上，就是要互相「給面子」；在Y老師看來，就是至少不能「走場子」使得課堂無效果或者低效果。這兩種不同年段教師對於課堂教學中師生關係理解的個性化解讀，即是其這方面的實踐知識的外在表現形式，同時也讓人留意到，在不同年段的教師中，對於這種師生人際關係的理解是各不相同的。教師作為主動、有意識地建立良好人際關係建立者的作用程度高低也不同。

(3)課堂紀律

課堂紀律的維持，J老師是有不同方法的，會針對不同的學生實際情況而調整。但是，出於對學生的尊重和理解，J老師不會使用過激和強力的方式來維持課堂紀律。Y老師的這節課中，沒有發現明顯的課堂紀律維持的行為。但是從其課堂的遊戲活動形式來看，因為獲得了小朋友的喜歡和投入，所以，課堂紀律這樣強烈的維持課堂教學活動順利開展的行為並沒出現。

可能我的方法比較特殊一點，比如我（上課）在講（課的時候），這裡有兩個小朋友在講話，我會停下來，我會盯著他（她）看，我就盯著她（他）看，看著他（她），發現不對勁了，怎麼沒聲音了，他（她）就一看，噢，老師瞪著我了。他（她）就停下來。這是一種，我用眼睛去提醒他（她）的。比如上課是說閒話，因為不僅影響自己還影響別人。這是一種比較冷靜的辦法。（P-QH-E-1-CRM）

還有種情況是，有的小朋友上課拿出東西來玩的，特別是最近比較喜歡玩的東西。我呢，就說：「你給我，老師給你保管一下，你放學來拿」。因為現在的孩子，怎麼說呢，我也不贊成那種比較武力的，或者以大欺小的那種形式，壓抑、壓迫的形式的。因為我的個性好像我不希望孩子那樣苦、那樣累。能夠讓他們，因為孩子他上課玩個東西，因為他（她）喜歡玩，上課不自覺地從抽屜裡拿出來，我覺得也很正常的。他（她）喜歡，他剛才就在玩，他（她）控制不住，所以我不會把它收掉、扔掉，或者怎麼樣。（P-QH-E-1-CRM）

課堂紀律的維持，雖然在這兩節課中，沒有明顯地去做，J老師也喜歡用權威式的方法來簡單直接地加以控制，而是偏向於使用緩和的方法來及時阻止學生的問題行為，並且從學生的立場考慮學生的接受程度。既要維持良好的課堂紀律和秩序，同時又不會對全體學生造成大的影響，這是J老師處理策略選擇的標準。課堂紀律維持更多的表現，為教師應對的策略方法及其做出適當選擇背後的教師兒童觀、教學觀等。

(4)課堂氛圍

對良好課堂氛圍的理解，在Y老師的理解中表現為「這個活動很精彩」，既有吸引人的地方、氣氛又很熱烈。這種教師自己發明的詞語，很形象地體現了教師對於良好課堂氛圍和教學效果的理解。這類的詞語還表現為，師生互動中的「拋接球」、「獨角戲」、教學活動順利開展要圍繞「這根線」等說法，這些都體現了教師對自身實踐知識與智慧的藝術化表達形式。

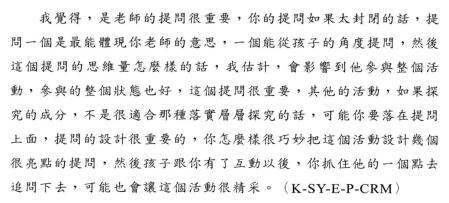

我覺得，是老師的提問很重要，你的提問如果太封閉的話，提問一個是最能體現你老師的意思，一個能從孩子的角度提問，然後這個提問的思維量怎麼樣的話，我估計，會影響到他參與整個活動，參與的整個狀態也好，這個提問很重要，其他的活動，如果探究的成分，不是很適合那種落實層層探究的話，可能你要落在提問上面，提問的設計很重要的，你怎麼樣很巧妙把這個活動設計幾個很亮點的提問，然後孩子跟你有了互動以後，你抓住他的一個點去追問下去，可能也會讓這個活動很精采。（K-SY-E-P-CRM）

在上課之前，我這個點這個「球」拋下去了以後，沒有孩子接這個茬（即這個話題），那麼我就一個人唱獨角戲，這個是我很擔心的。（K-SY-E-P-CRM）

還有一個就是，孩子如果他（她）說得很零散的，你一言我一語，講得很零散的，那麼你老師怎麼樣及時地、趕緊地，去用精練的語言去梳理，怎麼樣去回應，現場他（她）的回答肯定是你無法預料到的，原來你設想孩子會出現哪幾種回應，你要哪幾種回答怎樣怎樣，可是現場肯定細枝末節很多的，這時候肯定會很擔心，萬一孩子會跳出你原來的預設，然後我怎麼樣繼續讓這個孩子，還是會回到原來這根線上，怎麼樣讓這個活動怎麼樣繼續可以順利的下去。（K-SY-E-P-CRM）

教師個性化語言往往能夠傳神地表達他們對於教育現象、效果、氣氛等的理解，也是教師實踐知識的重要外顯形式。這裡值得注意的還有，教師對於課堂氛圍的理解，不僅是整體的感受，還包括對於教學過程中師生互動、教與學的活動是否能夠儘量如預期的那樣順利展開，以及達到預期的教學目標等教師對於基本教學環節、過程和結果的重點感受。教師在教學的過程中不斷地進行著比較思考，與自己原先的預設情境條件進行對照，而這種即時的思考和認識、理解行為，也是教師實踐知識形成和發展的過程，而其依據的標準就是這些隱喻。

(5)學生學習投入

教師對於學生學習是否投入，投入程度如何，有自己的判斷方法，比如J老師的「思路圍著老師轉」、「眼睛看著老師」等實際的判斷方法。Y老師則更進一層，認為在探索活動和遊戲活動中，孩子不能只是圍繞著老師的思路。要做到這一點，教師首先要思路清楚，教學設計更適合孩子，這樣就能讓孩子更為投入，並且在設計上，要留給孩子「空間」、設置「一點秘密」、「吊足孩子的胃口」等形象的隱喻，來表達自己對於教學設計提升幼兒投入程度的理解和實際效果的描述。

（我）就是最關心的是他們上課的認真程度、專注的程度，想辦法讓他們儘量地跟著你老師的思路轉，上課眼睛是看著老師的。（P-QH-E-1-CRM）

但是以前上的時候，就是多數老師講得多，就是講給她聽，手要怎麼樣放，怎樣套（圈），然後講的時候也是講不大清的，小朋友就像牽著一根線，被老師牽著一根線，跟著老師的思路轉的，雖然他可能在說教的過程中，可能成功了，但是這個樂趣肯定是沒有那麼強烈的。（K-SY-E-P-CRM）

關鍵我設想的是，每次老師的思考角度，每次能從孩子的角度多考慮一點，思路，上課的思路裡更加清楚這一點，應該孩子上課更加投入一點，既然是遊戲，孩子應該都喜歡。（K-SY-E-P-CRM）

要孩子投入這個遊戲的話，那麼這個活動要設計的開放一點，如果設計的太封閉的話，雖然孩子也參與到這個遊戲，他就是這個樂趣就要少一點，同樣能夠成功，但是最後他的體驗程度可能不一樣，所以在激發孩子的興趣的角度，我覺得整個活動要儘量從開放的角度進行設計，儘量探究的空間多一點，給孩子多一點空間，就是放一點東西在裡面，給他們一點秘密（教師對於探究活動設計的實踐說法），然後讓他們去試，不斷地錯誤嘗試，不斷地調整，然後再怎麼樣，整個過程有一種一點一點一點解開這個秘密，可能孩子的興趣，就像吊足胃口一樣，一點一點進入這個狀態。（K-SY-E-P-CRM）

在所觀察的兩個課堂教育活動中，教師重視學生學習投入的看法和做法各不相同，採用的吸引學生投入的方法也不同，並且透過對於學生眼光的觀察、對於幼兒學習投入與教學設計的開放程度關係的理解、思考和設計，來瞭解、調動學生的積極參與。這裡所使用的一系列教學設計和教學方法，更多的是依據本節課（活動）中學生可能的和正在發生的注意力投入、學習興趣的變化，教師需要做出當場的即時反應，而不是現成方法的僵硬實施，這種情況下，教師的實踐知識又表現為在預先設計和過程中生成調整密切的結合，這時候這種教師實踐知識的特點透過教師教學活動的調整行為表現得淋漓盡致。當然這種調整行為的發現，還需要比照教師的教案和教師課後的回應才會得以發現。

3.案例研究結論——課堂管理中教師實踐知識的外顯形式

(1)對於教學常規的認識，教師認為是安靜、注意力投入、學習用品在桌上準備好，而且這種對於常規的強調，在小學課堂中更為明顯，並且對於常規的強調已經成為這位教師對於一節課能否正常有效地開始和進行的基本要求和信念，這種要求和信念透過語言、動作、態度等方式外顯出來。在幼稚園課堂活動開始之初，似乎對此沒有特別的要求。

(2)有關於課堂管理中人際關係處理的實踐知識，主要表現在教師對於每位學生在教學過程中的態度、對於學習活動的設計思考的多少和深度、師生在教與學的活動中的互相配合和相互理解，在J老師的理解上，就是要互相「給面子」；在Y老師看來，就是至少不能「走場子」使得課堂無效或者低效。這兩種不同年段教師對於課堂教學中師生關係理解的個性化解讀，即是其這方面的實踐知識之外在表現形式。

(3)課堂紀律的維持更多表現為教師應對的策略方法及其做出適當選擇背後的教師兒童觀、教學觀等。

(4)教師個性化語言往往能夠傳神地表達他們對於教育現象、效果、氣氛等的理解，也是教師實踐知識的重要外顯形式。這裡值得注意的還有，教師對於課堂氛圍的理解，不僅是整體的感受，還包括對於教學過程中師生互動、教與學的活動是否能夠儘量如預期的那樣順利展開，以及達到預期的教學目標等教師對於基本教學環節、過程和結果的重點感受。

(5)在所觀察的兩個課堂教育活動中，教師的實踐知識又表現在預先設計和過程中的生成調整密切的結合，這時候這種教師實踐知識的特點透過教師教學活動的調整行為表現得淋漓盡致。

五 研究結論

本文根據Eisner有關教學的藝術性質的理論論述，對課堂管理中教師實踐知識的外顯形式進行了理論演繹和案例實證研究，透過對課堂管理五個部分的考察分析，我們初步得到以下結論：

第一，以兩位普通教師為例，她們在日常的課堂管理活動中，對於課堂管理中的要素有著各自獨特的認識、表達，這其中也蘊含著她們自己的實踐智慧。而這些信念、方法（策略）、態度，它們一般都是透過形象生動、富有創造性和個性化的語言、做法、教案，包括每一節課堂教學活動，為外顯的形式來表達出來的。

第二，結合前文Eisner概括的教學藝術性的四個特徵，實際上這種藝術性的表達自己之實踐知識的方式與教師的日常教學生活整合為一體，成為了教師教育生活的一部分；同時具有很強烈的個人感情色彩，一般透過教師的口語、課堂教學活動得以全面生動的體現，而很少也很難只用文字來成功表達。

第三，這種有關某一方面教育活動，比如上文中的課堂管理為例，教師開展過程中沒有現成的策略、方法，直接可以「立竿見影」的「替換」、「解決」，只能很大程度上依靠教師自己的能力、理解、知識、價值觀等在日常的教學活動中，即時思考，做出合適的調整，逐步得以改善。

第四，透過這種富有感染力、獨創性、個別化的課堂管理做法，達到了密切師生、學生人際關係的效果，並且這種效果的達成還必須透過具體的教學活動和師生共同平等尊重的人際關係基礎得以達成。

最後，需要說明的是，案例研究還只是對於來自不同學校的兩位教師之兩節課堂教學活動的觀察和研究的結果，所以研究結果只是體現出課堂管理領域教師實踐知識在教師個體上的反映，尚未涉及到這類知識在教師群體中的外顯形式。

參考文獻

中文部分——

王秋絨（1991）。批判教育學在我國教育實習制度規劃上的意義。臺北：師大書苑。
杜萍（2005）。課堂管理的策略。北京：教育科學出版社。
林廷華（2008）。兩位自身幼兒教師實際知識及其發展歷程之研究。國立屏東教育大學教育行政研究博士論文，未出版，屏東。
高強華（2007）。班級經營新論。臺北：南宏圖書。
林進材（2005）。班級經營。臺北：五南。
郭玉霞（1997）。教師的實際知識。高雄：高雄雄文。
姜美玲（2008）。教師實踐性知識研究。上海：華東師範大學出版社。
陳向明（2003）。實踐性知識：教師專業發展的知識基礎。北京大學教育評論。**1**(1)，104-112。
陳國泰（2000）。國小初任教師實際知識的發展之研究。國立高雄師範大學教育學習博士論文，未出版，高雄。
徐碧美（2003）。陳靜、李忠如譯。追求卓越——教師專業發展案例研究。北京：人民教育出版社。
黃政傑、李隆盛（1993）。班級經營——理念與策略。臺北：師大書苑。
鍾啟泉（2008）。我國教師教育制度創新的課題。北京大學教育評論。**6**(3)，46-59。
顏火龍、李新民、蔡明富（2001）。班級經營——科際整合取向。臺北：師大書苑。
簡紅珠、江麗莉（1996）。國小成功、不成功經驗教師與初任教師的班級管理認知與內隱信念之研究。新竹師範學院學報。載於顏火龍、李新民、蔡明富（2001）。班級經營——科際整合取向。臺北：師大書苑。

英文部分——

Brown, D. F. (2004). Urban teachers' professed classroom management strategies: Reflections of culturally responsive teaching. *Urban Education*, *39*(3), 266-289.

Calandinin, D. J. (1986). *Classroom practice: Teacher image in action*. London: Farlmer Press.

Connelly, F. M. & Clandinin D. J. (1988). *Teachers as Curriculum Planners: Narrative of Experience*. New York: Teachers College Press.

Connelly, F. M. & Clandinin D. J. (1999). (Eds.). *Shaping a professional identity: Stories of educational practice*. NY: Teachers College Press.

Cullingford, C. (2010). The art of teaching: experiences of schools. OX: Routledge.

Beijaard, D. & Verloop, N. (1996). Assessing teachers' practical knowledge. *Studies in Educational Evaluation. 22*(3).

Doyle, W. (1986). Classroom organization and management. In Wittrock, M. C. (Ed.), *Handbook of research on teaching* (3rd edition). New York: Macmillan Publishing Company.

Elbaz, F. (1981). The teacher's "practical knowledge": Report of a case study. *Curriculum Inquiry*. (Spring). *11*(1), 43-71.

Elbaz, F. (1983). *Teacher thinking: A study of practical knowledge*. NY: Nichols.

Eisner, E. (1996). Is' The Art of Teaching'a Metaphor? In M. Kompf, Bond, W. R., Dworet, D. & Boak, R. T. (Ed.), *Changing research and practice: teachers' professionalism, identities, and knowledge* (pp. 9). London: Falmer Press.

Fries, K. F. & Cochran-Smith, M. (2006). Teacher research and classroom management: What questions do teachers ask? In Evertson C. M. & Weinstein C. S. (Eds.). (2006). *Handbook of classroom management: Research, practice, and contemporary issues*. Mahwah, New Jersey: Lawrence Erlbaum Associations, Inc., Publishers.

Gess-Newsome, J. (1999). Pedagogical content knowledge: An introduction and orientation. In J. Gess-Newsome & N. G. Lederman (EDs.) *PCK and Science Education*, 3-17. Dordrecht, The Netherlands: Kluwer Academic Publishers.

Grossman, P. L. (1990). *The making of a teacher: Teacher knowledge and teacher education*. New York: Teacher College Press.

Hargreaves, A. (1995). Realities of teaching. In L. W. Anderson (Ed.), *International encyclopedia of teaching and teacher education* (2nd ed., pp. 80-87): Oxford: Elsevier Science Ltd.

Jarvis, P. (1999). *The practitioner-researcher: Developing theory from practice*: Jossey-Bass San Francisco.

Lortie, D. (1975). *Schoolteacher: a sociological study*. Chicago: The University of Chicago Press.

Marland, P. W. (1995). Implicit theories of teaching. In L. W. Anderson (Ed.), *International encyclopedia of teaching and teacher education.* (2nd ed., pp. 131-136). Oxford: Elsevier Science Ltd.

Martin, S. D. (2004). Finding balance: impact of classroom management conceptions on developing teacher practice. *Teacher and Teacher Education, 20*, 405-422.

Mishler, E. (1979). Meaning in context: Is there any other kind?, *Harvard Educational Review*, *49*, 1-19.

Shulman, L. S. (1986). Those who understand: Knowledge growth in teaching. *Educational Researcher*, *15*(2), 4-14.

Shulman, L. S. (1987). Knowledge and teaching: Foundations of the new reform. *Harvard Educational Review*, *57*, 1-22.

Shulman, L. S. (1999). Forword In J. Gess-Newsome & N. G. Lederman (EDs.) *PCK and Science Education*, ix-xii. Dordrecht, The Netherlands: Kluwer Academic Publishers.

Travers, R. M. W. & Dillon, J. (1975). *The Making of a Teacher*. New York: Macmillan Inc.

Trumbull, D. J. (1986). Practitioner Knowledge: An Examination of the Artistry in Teaching. *Journal of Educational Thought, 20*(3), 113-124.

van Driel, J., Beijaard, D. & Verloop N. (2001). Professional development and reform in science education: the role of teachers' practical knowledge. *Journal of Research in Science Teaching*, *38*(2), 137-158.

27 親師溝通的藝術

葉興華
臺北市立教育大學課程與教學研究所教授

學生在學校中的學習，常和未來的表現關係密切，當社會大眾的教育水準提高時，家長對於學生的學習結果會更加在意。因此，許多家長不僅希望能夠隨時掌握子女在學校的學習情形，更希望能積極參與學校教育，許多文獻也指出，家長的參與、親師的合作等，確實有助於學生的學習（Hornhy & Witte, 2010; Rodriguez-Valls, 2009）。然而，當許多家長都接受了高等教育，學有專精；在資訊豐沛之下，也能夠輕易取得教學方法的相關知識時，教師在學校中的角色仍不能因此被替代，其關鍵在於優秀的教師不僅需要具備專門和專業的知識與技能，更必須懂得教學的藝術。

Eisner（2002）主張教師的教學有其藝術性。雖然近百年來，拜科學發達之賜，教育上有許多新的發現，這些新發現似乎讓學校教育活動的進行有了更具體的依循方向，教師的教學和學生的學習在此種情形下應該更加有效，但實際上並非如此。因為學生存在著個別差異，教學情境也千變萬化，教學歷程中更蘊含著微妙的藝術性，必須在專門和專業知識之外再加上一點想像，無法如工廠生產一般，利用科學化的流程嚴密控制。而此也正是即使家長具備專門學科知識，也容易取得教育專業知識，但仍舊無法取代教師的關鍵。

家長參與和親師合作必須建立在良好的親師溝通基礎之上（朱文雄1992，頁185）。親師溝通是教師教學和班級經營中的重要一環，有效的親師溝通更是教學藝術的具體展現。近來由於科技的進展，讓訊息的傳播和溝通有著更先進媒介以及多元的管道可茲利用，但這樣的進步並非代表人與人之間的溝通一定更加順暢。因為，溝通時發訊者和收訊者之間，在訊息、媒介和管道等許多因素的交互作用下，並不一定產生必然的關係；也就是發訊者和收訊者之間，難以藉由技術性的操控加以掌握，而此即為人際溝通之藝術性。

人際之間的溝通、關係和衝突三者之間存在著密不可分的關係，良好的人際溝通可以促進彼此的關係，降低衝突的可能性（盧蓓恩譯，2002，頁347）；教師若能掌握溝通的藝術性，則可透過有效的親師溝通，建立和諧的親師關係。和諧的親師關係，將有助於家長瞭解學生的學習情況、教師的需求，掌握班級活動參與的分際；教師也可以在教學的過程中獲得適切協助、避免親師衝突，並充分發揮專業，進而創造出親師生三贏的局面。本文將從探討現代社會中的溝通危機做出發，然後分析有效溝通的原則，再說明現代社會中的親師關係和溝通障礙，最後提出展現親師溝通藝術的做法和結語，希望藉此協助教師掌握親師溝通的藝術。

一　現代社會中的溝通危機

人具有生理、認同、社交等基本的需求，這些需求常常要靠溝通來滿足（黃素菲編譯，2007，頁5-8），人類也藉由溝通建構了綿密的人際關係。溝通對於人際關係的建立有其重要性，不同的溝通方式會形成不同的人際關係。在科學進展之下，人們的溝通方式從最原始的面對面溝通，早期的烽火、旗語、信件，至今日利用手機、電子郵件、電腦視訊等各種資訊媒體，不僅在形式上產生了改變，訊息往來的速度也加快了許多（林文琪譯，2004，頁42）。

多種的溝通媒介、快捷的傳播速度，應該讓人與人之間的溝通更為順暢，並促進人際之間關係的和諧。事實上，現代人際之間確實也因為溝通媒介的多樣、傳播速度的加快，避免了一些誤會，但新型態的溝通危機也應運而生，玆將其分述如下。

(一)訊息的交換多但真正的溝通少

在電子郵件、手機簡訊、電子社交平臺廣為應用之後，各種訊息可以在瞬間傳送到千里之外的廣大群眾。雖然大家常常主動分享訊息，也常常被迫接受許多的訊息，但部分自己所需要的或是重要的訊息，常淹沒於不重要的訊息之中，在一個簡易的刪除動作之下，所有的訊息便在轉眼間消失了。

在過去民智未開、溝通管道少且單純、資訊有限並掌握在少數人手中時，單向的訊息傳播就可滿足發訊者的需求達到溝通的目的。而隨著民智漸開、溝通管道多且複雜、資訊眾多且人人得以擁有的情形下，單向的溝通已不符時代所需。

近來溝通理論的發展，強調應該以交流模式（transactional models）來進行，也就是主張溝通應該發生在系統中，發訊者和收訊者是平等的參與者，彼此經常收發訊息，雙方不斷的相互影響（游梓翔、劉文英、廖婉如譯，2002，頁28-29；劉曉嵐、陳雅萍、杜永泰、楊佳芬、盧依欣、黃素微、陳彥君、江盈瑤、許皓宜、何冠瑩譯，2004，頁14-15）。但是，一般大眾在面對多元管道所傳來的眾多資訊時，常會應接不暇，不僅沒有回應，甚至沒有時間仔細的過濾、閱讀，因此訊息交換的機會多，但真正的溝通機會少。

(二)溝通形式多但面對面的機會少

面對面的溝通是人類最原始的溝通方式，其不僅具有立即性，溝通中所產生的困惑、疑慮也可以立刻解決澄清；過程中的情境、發訊者和收訊者的聲音大小、音調起伏、面部表情及其他肢體語言等，都可以有效幫助彼此瞭解溝通的內容，其重要性不亞於訊息本身（黃素菲編譯，2007，頁181-190；林文琪譯，2004，頁105）。但其主要的缺點在於距離的問題需要克服，因為收訊者和發訊者可能位處不同的地點，距離和縮短距離所需要的時間，都容易成為溝通的障礙。

但隨著訊息傳播管道的多樣和通訊科技的發達，人們似乎克服了距離所造成的障礙，在不需要面對面的情形下，聲音、影像都和文字一樣成為媒介，且漸漸取代面對面的溝通，成為人們溝通的主要型態。但是溝通並非僅是簡單傳播訊息，因為人與人之間的溝通是很複雜的行為，更蘊含著情感的交流（盧蓓恩譯，2002，頁79-82），俗語便云：「見面三分情」，在遠距離溝通下，儘管聲音、影像和肢體語言的傳輸都已經為科技所克服，但情感的交流卻是難以藉由現代溝通形式來超越時空的限制。尤薏茹（2009）的研究也發現，雖然以部落格方式進行親師溝通時，照片、影音等更可以幫助家長瞭解孩子的學習情形，但家長仍偏愛面對面的溝通。

(三)自陳的機會多但傾聽的時間少

傾聽是構成有效溝通的要素。M. Buber認為收訊者和發訊者之間，所建立起的人我溝通（I-Thou），乃最高的人際溝通形式。在人我溝通中，雙方需相互尊重、相互瞭解、相互調適觀點（游梓翔等譯，2002，頁22-24）。要達到最高形式的溝通並不容易，除了溝通前要體認相互尊重的必要（劉曉嵐等譯，2004，頁34）、溝通的過程要清楚陳述意見外，更要花費許多時間用心傾聽（劉曉嵐等譯，2004，頁334；洪英正、錢玉芬編譯，2003，頁15），方能達到最高形式的溝通。

現代溝通媒介與管道多樣，雖然乃科技進步使然，可以提升溝通的效率，但也根源於人類生活步伐的加快，對於溝通量的需求增加。因此，多樣的媒介與管道，也促成了溝通人員必須接收更多的訊息，做更多的自陳，而在時間有限的狀況下，便容易壓縮了傾聽的時間。

二 現代社會中有效溝通的原則

收訊者、發訊者、訊息、媒介、管道和情境等，是溝通理論中的基本要素。這些基本要素間的關係，隨著單向、雙向和重視交流溝通理論的發展產生了變化，而這樣的變化也是順應社會發展下的結果，在現今的社會情境下，有效的溝通必須建立在以下的五項原則之上。

(一)收訊者與發訊者必須對溝通有正確的認識

溝通與其說是彼此的交換訊息，不如說是民主社會中的一種生活態度。在民主的社會中，人人對於事務發表看法的權力都必須受到尊重；對於公共整體和人際彼此之間共同的事務，也必須懂得傾聽他人的想法，瞭解他人的感受，進而適度妥協調整，如此方為真正的溝通（游梓翔等譯，2002，頁173-174）。

若從溝通理論的發展觀之，從單向溝通，到雙向溝通，以至於現今強調的交流模式，我們已可發現溝通理論與社會的發展，存在著交互作用的關係，也就是當社會的發展改變時，溝通的方式必須有所因應；而溝通方式的調整，也有助於社會的改變。因此，當溝通方式未能改變時，社會的發展也將受到影響。

民主社會的建立已是全球的發展共識。在溝通的過程中，發訊者與收訊者必須對於溝通過程中傾聽、調整、妥協等有所認識，並且加以實踐。單向的傳遞訊息，或者雙向交換訊息但堅持己見，均不符合民主社會的精神，不僅無法達成溝通的目的，更可能形成溝通的障礙，引發更多的衝突。

(二)收訊者與發訊者的界限應模糊化

收訊者和發訊者是溝通理論中非常重要的兩端。單向溝通理論中，發訊者在上位，收訊者屬於下位，收訊者就是接受發訊者所發出的訊息。雙向溝通理論中，儘管強調發訊者要瞭解收訊者的想法，但發訊者仍居上位，收訊者仍屬下位，彼此地位並不對等。同時，發訊者對於是否依收訊者想法進行回饋調整握有決定權。因此，發訊者和收訊者的區隔明顯。

至於交流模式中，雖然仍有發訊者和收訊者，但其所強調的是民主社會中彼此脣齒相依的關係，在共同的利益之下，參與溝通的人員均需同時扮演發訊者和收訊者的角色，貢獻智慧相互的激盪，讓溝通成為一個不斷向上、向善的無止境歷程。在這樣的理想之下，收訊者和發訊者必須體認彼此角色的模糊性與同時性，能傾聽、妥協、調整訊息，同時扮演好兩種角色。

(三)運用多重媒介提升訊息清晰度

溝通最直接的功能便是傳遞訊息。訊息是發訊者和收訊者的想法，最初想法的傳播以面對面的口語和書信文字為媒介，而面對面的口語和書面文字本身有其侷限性，發訊者對於語言和文字的運用也不容易達到爐火純青的地步，故訊息本身常成為溝通過程中的障礙（羅世宏譯，2004，頁111-116）。隨著人類文明的進步，口語和文字的表達發展出更多的技巧；靜態的圖片與照片、動態的影片拍攝技術不斷推陳出新，不僅讓口語和文字進行結合，更加入動態影像的新元素。在口語、文字和影像相互輝映的過程中，影像的拍攝不論在色彩、技巧、布景、燈光、美術的設計上均有重大的突破，讓溝通從原本單純的訊息傳遞，邁向了藝術的境界。

傳遞訊息是溝通的最直接目的，然其最終的目的乃在於形成共識、做決定與採取行動。故發訊者在溝通的過程中，必須仔細思考透過什麼樣的媒介，來展現溝通的內容，讓訊息不僅可以清晰、迅速的表達，更可以傳遞出所蘊含的理念、想法。而聲音、文字、影像的同時與交替運用，則是有助提升訊息清晰度的做法（林文琪譯，2004，頁185-188）。

(四)依據收訊者的特性選用適切的管道

收訊者與發訊者面對面，或者是藉由書面文字傳達訊息，乃溝通過程中主要的管道，尤其後者更可以解決時空和距離所形成的限制。過去，訊息內容簡單、呈現形式和傳播管道有限，收訊者對於所接收到的訊息非常重視，故溝通的目的易於達成。但現今的訊息內容日益複雜，傳播的媒介和管道更是多元，收訊者面對不同管道蜂擁而至的訊息，常有應接不暇之感，一些對於收訊者而言比較有效和重要的訊息，經常會淹沒消失在訊息的大海中。

因此，在現今的溝通活動中，所謂訊息的「接收」，不應僅是「收到」訊息，還應該包括收訊者接受之後，對於訊息內容的瞭解。訊息傳播管道的多樣化，固然是科技進步的產物，但也反映了訊息接收者的特性，例如：有些人偏好聲音、有些人喜愛文字，也有些人比較需要透過影像來理解溝通內容。媒介不同所需要的傳播管道也有異，有些媒介可以藉由不同的管道傳遞，也有些管道特別適合某種媒介。發訊者在進行溝通之前，除了分析訊息本身的特性，選擇適合的媒介來展現外；還要分析收訊者特性，透過合宜的管道來傳播，讓收訊者不僅是「收到」訊息，更能進一步瞭解訊息，達到有效溝通的目的。

(五)營造良好的溝通情境

在交流模式的溝通理論中，所重視的不僅是訊息的傳送，而是溝通過程中收訊者和發訊者不斷的交換訊息，妥協、調整想法。想法的妥協調整除了仰賴訊息本身的正當性與適切性，及溝通技巧的運用外，營造良好的溝通情境也是溝通過程中的重要一環（劉曉嵐等譯，2004，頁462-463）。

良好溝通情境的營造，包括了物理和心理的環境。在物理環境方面，除前述媒介的形式、溝通的管道之外，溝通的時機、每次時間的長短、溝通的頻率、溝通的地點等，都應該在溝通前仔細思考。至於心理情境方面，溝通雙方在事前必須對溝通的意義有所認識，彼此要能夠相互的傾聽，從彼此的立場出發適度妥協。如此，溝通才不至於流於訊息的交換，溝通方能持續的進行，達到溝通的目的。

三　現代社會中的親師關係

人際網絡的建立，可分為彼此相識而建立的直接網絡，和透過第三者所建立的間接網絡，而間接網絡有時也會因特定的需求成為直接的網絡。親師關係便是一種彼此先透過學生所建立起的間接網絡，而後基於彼此互助合作需求建立起的直接網絡。

知識未普及之際，知識是權力、權威的象徵。教師擁有知識更負責傳遞知識，故自然擁有崇高不容質疑的地位，家長如同學生一般，對於教師敬畏三分，而親師溝通主要是以單向方式進行，由教師扮演發訊者，家長擔任收訊者。然而教育普及、知識傳播迅速之後，人們不需透過教師都得以擁有知識、時時都能獲取知識，但卻受限於國家制度，學生反而必須花費更多的時間進入學校學習。學生在學校裡學什麼？如何學？遂成為家長關心的課題，而教師也順勢成為家長瞭解學生學習狀況的最重要訊息來源。

就學校的生活特性而言，學生每天在學校的學習時間很長，教室中的成員眾多，學生來自不同的家庭，帶著不同的價值觀，在小小的教室空間中生活、學習，而學習又是一個非常複雜的歷程，為了讓教學和學習能夠順利進行，不但師生間的溝通值得重視，如果能夠有效的進行親師溝通，與家長建立合作夥伴關係，將使課堂教學收到事半功倍之效。

理想的親師關係是親師共同的期盼，但在社會情境改變之下，要建立良好關係並不容易。近來「怪獸家長」的干擾，成為許多教師工作壓力的來源；「不適任教師」也成為家長控訴學校辦學的主因。同時，在民意高漲及許多有心人士的介入下，讓親師關係呈現緊張的氣氛，彼此對簿公堂更是時有所聞。

當現代社會中的親師關係改變，但其重要性又超越以往時，透過良好的溝通來建立關係，便成為強化現代社會親師關係不可或缺的做法（盧蓓恩譯，2002，頁30）。在溝通的理論中，雖然強調雙方訊息的交換、彼此想法的澄清和妥協，親師雙方都應抱持著積極主動的態度，但就溝通的實際而言，並非所有的人對於溝通行為都能有正確的認識，故在溝通的過程中，常要有一方更為主動積極，以帶領另一方認識溝通、進行溝通，方能讓溝通持續進行達到目的，而教師理應承擔起這樣的責任；透過良好的親師溝通，建立和諧的親師關係，更是教師展現專業的具體表現。

四　親師溝通的障礙

親師溝通的良窳是影響親師關係的關鍵，緊張的親師關係常源自於一些溝通的障礙（何華國，2003，頁201-202），這些溝通的障礙包括對於溝通的基本認識不足，以及在溝通訊息、媒介和管道與情境方面缺乏溝通技巧，茲將這些障礙分述如下：

(一)在溝通的基本認識方面

溝通行為付諸於實現前，親師雙方必須對於溝通的必要性與意義有所認識，但現今的親師溝通卻在這些方面存有一些障礙。

1.對於溝通的必要性感知不足

過去教師的社會地位崇高，深得家長和學生的信賴，單向傳播的訊息都會被家長和學生奉為「聖旨」，就算教師不溝通，家長和學生也不敢對教師有所懷疑。有時即便家長和學生對於教師的教學心存疑義，也會礙於教師的權威將疑義壓抑心底。因此，教師和家長之間溝通其實是不普遍，其必要性也未受重視。

以往教師所擁有的權威性是吸引許多人選擇教職的原因。但是教育的研究不斷有新的發現，社會的型態也產生了轉變，親師間的溝通不管在學理上或實務都有其必要性，但還是有部分的教師仍保有過去的權威心態，未能將自己的理念、想法、做法，以及學生在班上的表現情形，清楚地和家長進行溝通，爭取家長的支持與協助。現今許多家長都關心子女教育，並希望能夠參與班務，這樣的做法會使家長因為不瞭解，而對學校、教師產生質疑，也會讓他們心生不受重視的感覺。至於家長部分，也無法像過去一般，以不瞭解教育和謀生為藉口，將孩子全權委由教師教導與管教，不管在學生學習或是身心成長的過程中，都必須要有更多的參與，故親師溝通實有其必要性。

2.對於溝通意義的認識不清

溝通理論隨著社會型態的改變，及大眾的溝通需求，不斷產生改變。尤其在民主社會中，有意義且有效的溝通不可能是單向的傳播、或僅是意見的交流，還必須彼此互為主體性，從對方的立場進行設想，並懂得運用溝通技巧進行協商妥協（游梓翔等譯，2002，頁48）。但是我國的社會真正邁入民主的歷史有限，從議會殿堂、學校課堂，乃至於家庭與日常生活，能夠學習真正溝通的機會並不多，因此大家對於溝通真正的意義都認識有限。

如今的臺灣社會，大家對於民主的認識增加，但民主社會精神的落實則尚待努力，在此種知與行未能完全同步的情況下，「嚴以律人、寬以待己」堅持己見要求他人退讓的情況便時有所聞。故教師和家長之間常收到了彼此的訊息，至於能不能接受、願不願意調整改變，則是另外一回事。如此一來讓溝通流於形式，變成為溝通而溝通，並成為彼此的負擔。

3.對於彼此角色的認識不明

隨著溝通交流模式的提出，有效的溝通歷程裡，收訊者和發訊者的角色必須經常互換，所以親師雙方的溝通角色，都在收訊者和發訊者間不斷的轉換。雖然溝通的過程，彼此應該從對方的角色立場思考溝通訊息的內容，但是親師溝通的最終目的，是幫助教師和家長扮演好自己的角色，因此「教師」和「家長」的角色不能混淆、互換。

現今社會人際的實體距離，雖然拜科技之賜得以縮短，但關係卻在忙碌的工作之下顯得疏離，彼此的信任感降低，對於對方是否扮演好應扮演的角色，也常抱持著懷疑的態度。在親師溝通的過程中，家長常質疑教師的專業性，少部分人更會抱著下指導棋的心態，對教師頤指氣使，試圖成為教師的教師，或者希望教師能夠分擔部分家長的職責（紀宛儀，2009）；有些教師也主觀認為家長的教育觀念偏差，未能善盡親職。其實，「教師」、「家長」各有不同的角色行為，這些角色行為除了受到社會文化及現實的影響，更應受到制度、法律的規範，但現今教師和家長自我角色的認知，似乎未能全然趕上變遷的步伐，也造成了親師間溝通的障礙，影響了親師關係的和諧。

(二)在溝通的訊息內容方面

訊息的產生是溝通行為的前提。社會型態單純時，訊息也會比較簡單，但隨著社會的日益複雜，訊息本身也會成為溝通的障礙來源之一，例如：

1.訊息內容瞭解不易

親師溝通訊息的內容隨著教育理論的發展、社會變遷的產生，以及家長對於教育的關心等越來越複雜。這些需要溝通的訊息有時涉及深奧的教育知識與原理，有時鑲嵌於複雜的情境脈絡之中。教師所發出的訊息有時不免充滿了理論、政策或學術用語，家長面對充滿專業用語的訊息時，很容易退避三舍，即便有心瞭解也需要花費許多時間。陳雅惠（2009）的研究便發現，許多隔代教養的祖父母，在和教師溝通孫子女的學習障礙時，便希望教師能夠避免運用專業術語，而使用「聽得懂」的語言進行溝通。

至於家長所發出的訊息方面，由於能夠使用的專業語彙有限，不易將想溝通的內容清楚描述；有時也可能因事件的內容複雜，未能有效掌握描述的技巧或重點，讓教師接受訊息時會覺得丈二金剛摸不著頭腦。當親師雙方不瞭解訊息內容時，就要花費更多的時間進行溝通，也可能發生誤會，甚至中斷或放棄溝通，進而產生溝通障礙。

2.訊息內容複雜簡單表述不清

訊息是特定意念、做法、事件等的再現，越清晰精準的語言、工具越能準確再現意念、做法和事件（游梓翔等譯，2002，頁167-174）。但語言、工具等媒介本身有限制，發訊者也不一定能熟練運用各種技巧。同時，意念、做法和事件本身非常複雜，要將其轉換成為系統、清晰的訊息並不容易。

除了意念、做法和事件本身要轉換成為訊息，會受到媒介本身和運用者技巧不足的限制外，「訊息」本身也會產生限制，因為訊息雖是特定意念、做法、事件等的再現，但不可能是一五一十的完整紀錄，同時也要考慮到收訊者接收到訊息後的處理能力與時間，所以訊息往往是意念、做法和事件本身的簡化版。再加上會受到收訊者本身預存的立場與感知，常會對訊息產生錯誤的認知，形成溝通的障礙（羅世宏譯，2004，頁87-88）。

3.訊息內容未能切合彼此需求

在資訊充斥的社會中，我們每天都接收到許多訊息，而其中大部分的訊息並非我們所需，因此儘管我們收到訊息，但並未產生溝通的行為。在親師溝通的過程中，教師和家長雖然隨時都互為收訊者和發訊者，但彼此在學生學習過程中所扮演的角色不同，對於溝通訊息的需求也有差異。親師溝通時，教師要面對數十位家長，而家長僅需面對一位教師；教師除了關心個別學生的情形外，還要關注班級的整體運作；家長雖然想知道班級中的情況，但最關心的還是自己孩子的學習與在校生活（紀宛儀，2009；蔡于君，2009）。

由於親師角色的差異，對於溝通訊息內容的期待也不一致。教師的教學工作忙碌，要兼顧整體的班級經營需要和個別家長的需求有其困難；家長在教師忙碌工作之餘，如何簡明表達自己對於溝通訊息內容的需求，並讓教師瞭解也不容易。因此，親師溝通常會出現「雞同鴨講」的情形，造成親師之間對於溝通訊息內容都不甚滿意（吳麗君，2008），雖有接收的行為但不一定達到溝通的效果，有時彼此長期處於對溝通訊息不滿意的狀態，甚至會成為引發親師間誤會的導火線。

(三)在媒介與管道的採用方面

媒介是溝通訊息的載體，訊息傳播的管道是發訊者和收訊者間的橋樑，收訊者必須慎選媒介和管道。但隨著媒介和管道的多樣，若未能符合收訊者的需求，也會形成溝通上的障礙。

1.訊息表現的媒介未能符合收訊者的特性

表現訊息的媒介非常多，從傳統的聲音、文字，到靜態和動態的影像，乃至於媒介間彼此的相互結合和應用，都讓訊息的表現有了更多的形式。但不同的表現形式有其優點與限制，例如：聲音雖然讓人感受較為真實，也比較容易進行雙向的溝通，但溝通的當下發訊者可能要花費比較多的時間；文字訊息草擬的過程比較耗費時間，但適合收訊者眾多的狀況，且溝通當下發訊者不需直接面對收訊者，比較節省時間；至於圖片或影像，雖然有時更能真實再現溝通內容，但受到訊息擷取或拍攝技巧的影響，有時也容易失真。當然，不同的發訊者和收訊者對於不同形式媒介的喜好和接受度都不同（陳雅惠，2009）。

在親師溝通的過程中，教師要面對眾多不同背景的家長，要兼顧個別差異選擇適合的媒介表現訊息並不容易。有時可能會因為部分家長對於特定媒介的好惡，導致未能接收到教師所發送的訊息；或者是不熟悉特定媒介的特性、誤解訊息的內容等，這些都是造成溝通誤會的來源。

2.訊息傳播的管道未能將訊息有效傳播

訊息傳播的管道在與媒介相伴而生之下也日益多樣，不同的傳播管道對於收訊者和發訊者而言，除了單純的喜好之外，還涉及設備與設備使用能力，和使用習慣。以現今年輕族群普遍使用的電子郵件而言，就必須擁有能正常運作的電腦、網路等設備，還必須兼具資訊能力和定期接收郵件的習慣，且缺一不可。現代化的資訊科技設備不僅增添了溝通的管道，也讓溝通可以突破時間和空間的限制，然此便利性也衍生了一些問題。例如：當溝通一方設備使用能力或設備不足時，反而會形成溝通的障礙；或者當彼此的管道選擇性增多，但彼此的偏好不同時，也一樣無法達到溝通的目的。

在親師溝通的過程中，教師一人必須面對全班學生的家長，這些家長習慣使用的溝通管道、擁有的溝通設備、溝通設備使用的能力都不同，教師在發送訊息的過程中，如果不熟悉家長對於溝通管道的偏好，家長可能無法接收到所發送的訊息，自然溝通的目的也就無法達成。

(四)溝通的情境方面

溝通的情境包括外在的物理環境和內在的心理情境，在缺乏良好溝通情境下，發訊者溝通的善意及溝通前的用心準備，都可能在瞬間化為烏有。

1.未能依溝通的目的營造適切的物理環境

舒適愉快的物理情境，可以讓收訊者和發訊者維持良好的情緒。在良好的情緒之下，彼此較能夠理性的思考溝通內容，並且從對方的角度思考問題，達到溝通的效果。溝通的情境常與時機、地點等因素息息相關，因此溝通時除了考量訊息內容的呈現媒介，及收訊者所偏好的管道外，在什麼時機發送訊息，或者是選什麼樣的地點進行溝通等，都需要在溝通前仔細思考。

班級中的學生多，所衍生的事務也非常繁雜，許多事務有其處理的急迫性。而一般的家長平日多有需要處理的事務，有些也需要為生計奔波，鮮有隨時保持良好心情等待教師溝通者。而教師在忙碌的工作之餘，對於溝通情境的營造也顯得心有餘而力不足。因此，在親師溝通的過程中，即使親師雙方原本都充滿善意與溝通的誠意，但卻受到溝通情境的限制影響了溝通效果。

2.未能考量依訊息的性質選擇適切的溝通形式

在溝通的過程中，訊息的性質大致可依收訊者的需求，分為需要收到和不需要收到兩類，需要收到又可分為樂於收到和不樂於收到的兩種。其中樂於收到的訊息大致屬於好的訊息，較適合和別人分享；不樂於收到者大半具有負面性質，僅讓當事人知道比較適合，如果擴及他人常會引起當事人的不悅。在溝通的過程中，當一位發訊者必須面對多位收訊者時，必須要考量訊息的內容慎選溝通形式，在全體發送和個別發送之間仔細衡估。

親師溝通的內容不外乎是全體的班級事務，和部分或個別學生的學習情形。大多數的家長對於子女相關的訊息都特別關注，對於負面的訊息也會基於保護子女的心態，不希望其他家長知道。以教師的立場而言，會希望學生之間、家長之間，在學習或是教養子女方面都能夠相互切磋，而實際的案例更是最好的學習機會，有時便會在考慮不夠周延，或者未能考量家長的心態和感受下，將不宜周知的訊息發送出去，造成了親師間的溝通誤會。

五　親師溝通藝術的展現

隨著科技的發達，讓訊息呈現的媒介、溝通的管道等，有了更多的選擇；溝通理論的進展也為溝通行為提供了指引方針，但是訊息媒介、溝通管道、溝通行為在溝通的歷程中不是獨立存在，而是在收訊者和發訊者之間形成互動的系統。溝通能否達到目的，除了仰賴收訊者和發訊者對於溝通意義和目的之認識外，還需要因事、因人制宜，善用各種訊息媒介、管道，並營造合宜的溝通情境。所以，溝通行為不僅是溝通技巧的應用，更是一種溝通藝術的展現。

在親師溝通的歷程中，雖然教師和家長互為收訊者和發訊者，彼此都應該為有效的溝通共同努力，但教師必須扮演更為積極的角色，以下提供一些建議供教師參考。

(一)認清以學生利益為優先的溝通前提

瞭解事件、解決問題，是親師溝通最直接的目的。事件陳述和問題解決的方式乃溝通訊息的內容，雖然溝通的媒介、管道、情境、方式等都會影響溝通的意願和成效，但訊息內容的本身卻是最為關鍵。家長所發出的訊息，不免從自身或自己子女的角度出發，未必符合教育的意義和規準，或者是全班學生的利益，教師面對此種情形有時會表現出負面的情緒，影響親師間的溝通。

親師之間的溝通有助於建立良好的親師情誼，而親師情誼建立的目的在於促進學生的學習。一旦親師發生溝通障礙引發衝突，難以建立良好情誼時，教師在促進學生利益的專業使命下仍不能放棄溝通。此外，在溝通的過程中，教師和家長都必須學會妥協方能進行所謂的溝通，但教師對於自身能夠妥協的程度和範圍必須深思，哪些可妥協、哪些不可妥協，都必須在學生利益優先的前提之下仔細思考。

(二)建立親師合作對等的收發訊者關係

在溝通的過程中，唯有收訊者和發訊者彼此地位對等，才可營造出兩者角色能隨時互換的理想溝通情境，創造親師生三贏的溝通。但是在交流式的溝通過程中，雖然強調發訊者和收訊者的角色可以隨時互換，但溝通的過程中常有一方先成為發訊者（洪英正等編譯，2003，頁232-241），而一開始成為發訊者的一方，通常會具比較強的動機、意願和意圖，也容易主導整個溝通的進行。但在民主社會中，大家都具備了比較高的民主素養，對於溝通過程強勢、弱勢權力分配的覺察度都較高，過度的不對等很容易讓一方降低溝通的意願，甚至拒絕溝通（盧蓓恩譯，2002，頁205-207）。

在親師溝通的過程中，雖然教師和家長是教育的合夥人，學生是彼此共同的交集，雙方在溝通的過程中都應該扮演主動積極的角色。但就學校教育的立場，教育屬於教師的專業，教師應該成為主動積極的發訊者；就家長的立場而論，雖然有時會想擔任主動的發訊者，但礙於面對專業的教師，自己的子女又受教於人，常會比較被動，對於教師所溝通的內容也比較不願意或是不敢表示意見，長久下來，少數家長難免會在心中產生怨懟。其實，親師溝通的過程中確實因為教師的專業性與家長心中的顧忌，存在著溝通地位不對等的情形。而此種情形的主因雖然源自於家長，但教師必須敏銳的加以覺察和自省，並發揮溝通的藝術、善用溝通的技巧，瞭解家長心中的想法、接受家長合於教育規準的建議。如此將有助於家長卸除心中的顧忌，建立對等合作的溝通情境，以建立良好的親師關係達成溝通的目的。

(三)研擬客觀充滿善意的訊息內容

訊息的內容大致可以包括事實、評價和意圖三部分。事實是對人、事、物進行實際情形的描述；評價是發訊者對於事實的判斷；意圖則是判斷之後所欲或所將採取的行動。溝通訊息的內容對於收訊者而言，有些是收不收到都沒有關係的、有些是樂於收到的、有些則是不樂於收到的，前兩類的訊息比較不容易形成溝通的障礙，但就親師溝通而言，收訊者不想收到的訊息往往卻是最為重要，最可能引發親師衝突的訊息。

親師溝通的過程中，對於家長比較不喜歡的訊息內容，在轉化為溝通訊息的過程中必須格外小心。事實的部分必須從多方角度陳述，判斷必須要有充分的證據，語氣需婉轉，有時還需再求證時必須保留誤判的可能性；意圖的部分則需充分表達教師對於學生的關心，讓家長感受教師想要或將採取的行動，是從愛護學生及教育的觀點出發，而且家長也可以提供想法，並邀請他們一起採取行動。

總之，親師溝通是以增進學生的利益為前提。所以，在處理一些對於家長而言不屬於正面的消息時，教師要避免扮演「檢察官」或「法官」的角色，且教師不是完人，在處理學生事件的過程中也難免犯錯，讓溝通訊息的內容和緩一些，更顧及家長的感受一點，不僅是一種教師專業與溝通藝術的展現，更可以為良好的親師溝通再跨出成功的一步。

(四)選擇適合家長特性的溝通媒介與管道

溝通的媒介和管道是決定訊息內容能否被接收的關鍵。不同的媒介和管道適合展現不同的訊息內容，不同特性的收訊者對於溝通媒介和管道的偏好也不同。教師在親師溝通的過程中，若想要達到溝通的目的，對於訊息內容、訊息媒介與管道，和收訊者的偏好特性必須仔細的分析進行搭配，收訊者方能收到訊息、瞭解訊息的內容，此也是溝通必須展現藝術性之處。

要達目的之溝通，絕非僅透過溝通的媒介和管道將訊息發出去，此種傳統發訊者高高在上的溝通方式，不符合民主社會中的溝通精神。同時在家長已普遍接受良好教育的情形下，訊息內容若不斟酌再三，也不容易獲得他們的認同。因此，在親師溝通的過程中，教師所要學習的不僅是訊息研擬、各種媒介和管道運用的技術，而在考量家長的需求、特性和達成溝通目的下，做最有效的組合和運用（阮惠華，2002），這也是親師溝通藝術的展現。

(五)從家長的立場擇定適合的溝通方式

在親師溝通的過程中必須充分獲得家長的信任。對於教師而言，親師溝通的困難點在於一個人必須處理數十位學生的訊息，面對數十位的家長，此確實在繁重的教學工作之外，增添教師許多的負擔。有時也不免在時間壓力或便宜行事的心態下，將班級中的訊息一起發給了所有的家長。但是訊息的性質有些並非全班性的事務，也有些涉及特定的學生。那些涉及部分或特定學生的訊息，教師可能認為對於所有的家長而言都具參考價值，但這些家長卻不一定具有相同的看法，尤其當訊息的性質又屬於比較負面時。

當教師在選擇和家長溝通的方式時，除考量溝通時教師的需求外，如果涉及特定的學生時，也要從學生家長的立場思考（盧蓓恩譯，2002，頁208；劉曉嵐等譯，2004，頁557-558；何華國，2003，頁237-238），捨棄集體化採行個別化的溝通方式可能更易獲得家長的接受。若非得採行集體化的溝通方式時，則需顧及當事人與家長的感受修飾措辭，避免讓溝通流於訊息的技術性傳播。

(六)以真誠互信互賴的親師情誼奠定溝通的基礎

親師溝通與親師關係互為循環，有效的親師溝通與密切的親師情誼可以讓兩者形成良性的循環（楊志誠，2003，頁78-80）。在良好的親師關係下，家長更能體會教師教學歷程中的善心和用心。當家長肯定教師對於學生的善心和用心時，比較能夠用正面的態度接收和解讀溝通的訊息。

良好親師關係的建立，雖然親師雙方都有責任，但為了達成教師自身的教學目的，教師應該主動積極善用各種溝通的媒介與管道，讓家長瞭解自己對待學生和家長的用心，爭取家長的信賴，而教師對於家長也應展現信賴的態度。當親師溝通和親師關係形成良性的循環時，此時的親師溝通已不再是單純講求溝通技術的行為，更是一種人際藝術的展現。

(七)營造良好的溝通情境促進溝通的成效

人雖然是兼具理性和感性的，但我們都希望藉由不斷的學習讓理性能夠凌駕感性，幫助人們做出更為正確的判斷，而此種想法似乎將理性和感性兩者視為互斥，並且容易陷入唯物的危機。學校教育的對象是不成熟的個體，個體間內外在的差異，不能僅靠直觀的科學理性分析，更應仰賴內在的感性體會。也唯有理性和感性不斷的進行藝術的交融，方能對個體產生真切的認識，找到最為適切的教育方法。而親師溝通也是教育工作中的一環，教師和家長對於溝通的內容，也必須藉由感性和理性的來回檢視，才容易形成共識，找到最為有效幫助學生學習的方式。

溝通過程中理性與感性的發揮受到許多因素的影響，但是如果能夠營造良好的溝通情境，讓教師和家長都能夠保持平穩的心情，彼此對於溝通訊息較能進行理性的思考，也比較會運用感性體會另一方的立場與想法，促進溝通目的的達成（楊志誠，2003，頁150-154；劉曉嵐等譯，2004，頁43）。營造溝通情境需要考慮的問題甚多，例如：物理情境的時間、地點、場地中的陳設等；心理情境中情緒、身心狀況等，都需要做仔細的考量。

(八)重視弱勢家長的教育和溝通需求

學校是民主社會實踐的場域，教師在班級中必須面對來自不同背景、有著不同特性和需求的學生。過去許多身心障礙、經濟弱勢的學生，受限於當時的社會和學校情勢，未能到學校求學，即便有機會到校就讀，也是權益受到忽視的一群。在進步的現代國家中，所有公民的受教權都必須受到重視。

弱勢學生進入學校就讀，常有許多的適應問題需要解決，密切的親師溝通更形重要，這些家長們也會比一般家長對教師提出更多的要求。這些要求有些合理，有些可能不合理，均需要教師在以學生的利益為前提，兼顧理性和感性以真誠的態度和家長進行溝通。此外，有些學生之所以弱勢，主要是源自於弱勢的家庭和家長。弱勢家庭的家長，對於如何有效透過親師溝通幫助學生學習，常感到心有餘而力不足，不僅主動參與的意願不高，溝通表達的技巧也不足，不知如何表達子女的需求，對於教師所傳達的訊息內容也難給予適切的回應。此種情形下，教師應多予體諒，並在親師溝通的過程中更為主動積極，多瞭解他們的需求，幫助他們適切表達子女的需求和自己的想法。

六 結語

過去藉由教育獲得知識，促進社會地位向上流動，是每位家長衷心的期盼。也因為以往家長在子女教育過程中所能提供的協助十分有限，所以子女的教育常全權委由教師進行，教師和家長之間也形成一種上對下的關係，維持單向的溝通，不需刻意建立關係。隨著時代的進展，民智漸開、知識普及，家長和教師一樣接受了良好教育在各自的領域中努力，對於子女的教育也希望能有更多的參與，親師之間的關係也隨之轉變，由原本的上對下轉換為對等的教育合夥人。

現今的教師必須對親師關係的改變有所體認。透過有效的溝通建立良好的親師關係，是教師的基本能力與班級經營中的重要一環。拜現代科技進步之賜，教師有更多元的溝通媒介、管道可應用，也有豐富的溝通研究和理論可茲參考，但運用這些科技產物和研究結果進行溝通時，都不應該遺忘溝通是處理「人」的事務，讓其中的藝術性輔助工具理性，方能進行有效的親師溝通。

參考文獻

中文部分——

尤蕙茹（2009）。幼稚園運用部落格進行親師溝通之參與式行動研究。未出版碩士，朝陽科技大學幼兒保育系碩士班，臺中縣。

朱文雄（1992）。班級經營。高雄：復文。

阮惠華（2002）。國民小學親師溝通之行動研究—以一個班級為例。未出版碩士，臺東師範學院教育研究所，臺東縣。

吳麗君（2008）。幼稚園主題課程中親師溝通和家長參與之探究—以某國小附幼一個班級為例。未出版碩士，國立臺中教育大學幼兒教育學系碩士班，臺中市。

何華國（2003）。人際溝通。臺北：五南。

林文琪譯（2004）。傳播學理論（K. E. Rosengren原著）。臺北：韋伯文化。

劉曉嵐、陳雅萍、杜永泰、楊佳芬、盧依欣、黃素微、陳彥君、江盈瑤、許皓宜、何冠瑩譯（2004）。人際溝通（R. B. Adler & N. Towne原著）。臺北：洪葉。

洪英正、錢玉芬編譯（2003）。人際溝通（J. A. Devito原著）。臺北：學富。

紀宛儀（2009）。幼稚園教師與獨生子女家長親師溝通之個案研究。未出版碩士，臺北市立教育大學課程與教學研究所碩士班，臺北市。

陳雅惠（2009）。發展遲緩兒童隔代教養家庭親師溝通相關問題研究。未出版碩士，國立臺中教育大學早期療育研究所，臺中市。

游梓翔、劉文英、廖婉如譯（2002）。人際關係與溝通技巧（J. A. Wood原著）。臺北：雙葉。

黃素菲編譯（2007）。人際溝通（R. B. Adler & R. F. Proctor II原著）。臺北：洪葉。

楊志誠（2003）。談判藝術理論與實務。臺北：大中國。

蔡于君（2009）。以家長觀點探討經濟弱勢特殊需求幼兒家庭親師溝通之研究。未出版碩士，國立臺中教育大學早期療育研究所，臺中市。
羅世宏譯（2004）。傳播理論一起源、方法與應用（W. J. Severin & J. W. Tankard原著）。臺北：五南。
盧蓓恩譯（2002）。人際溝通一目標本位取向（D. J. Canary & M. J. Cody原著）。臺北：五南。

英文部分——

Eisner, E. W. (2002). The education imagination on the design and evaluation of school programs (3rd). New Jersey: Pearson Education, Inc.

Horuhy, G. & Witte, C. (2010). Parent involvement in inclusive primary schools in New Zeland: implication for improving practice and for teacher education. *International Journal of Whole Schooling, 6*(1), 27-38.

Rodriguez-vall, F. (2009). Cooperative bi-literacy: parents, student, and teachers read to transform. *English Teaching: Practice and Critique, 8*(2), 114-136.

28 游於藝：交織交融的教學與藝術經驗

阮凱利
桃園縣草漯國小校長
新竹教育大學教育學系兼任助理教授

一 前言

「教學」經常被人不假思索的與「測驗」、「成就」、「制度」、「階級流動」等這些概念連結在一起；或者為了回應市場的需求，盡力去完成父母親對於孩子的成功渴望，但結果總不令人滿意。這樣的教學情形就像Haggerson（2000）認為，是一種理論的、技術的教學，教學者或研究者總是扮演客觀者的角色，站在河邊觀察、描述與測量河流，甚至預測水流、歸納原則；教育人員很少坐上小船或進入河流裡，讓河水濺濕自己，成為一個完全的參與者。這樣又怎能知道這些事物的背後意涵，又如何能看到真正的學生，教學又是從何開始呢？因此，Haggerson（ibid）提出另一種教學觀點，是實踐的、演化的與批判的教學，其中教師渡過了河流，對河水的流向、水紋和生態有了充分的理解；他知道自己是河流的源頭，也是中介者；是主體也是客體；他能利用故事、詩歌、音樂、戲劇等方式，轉化教學目標，並將經驗告訴後來者。這麼一來，教師將教學的「理性技術」這個神話打破了，他解放了自己，也解放了學生。這樣的教學願景告訴我們，「教學」不一定是順著公共的、傳統的意志，不再是沿著鋪設好的道路行走，而是要在不同的曲徑上，找到適合每個人的位置。就如同Greene（1973）指出，教學就像經過了長時間的外地生活，再重新返回自己的家中一樣，返家者會重新檢視自己曾經看過、經歷過的環境，從頭思索各種儀式與習俗，以再一次顯露出它們的意義。

意外地，我在學校的閱讀祭中看到了一位教師與他班上學生的展演，他們師生雙方都被梵谷的藝術水滴打濕了，弄得自己與周遭的人都覺得訝異、新奇又感動。正誠如Haggerson的形容，他們坐進了小船，撥弄著河水，到處充滿著漣漪、渦流與波紋的痕跡。

當我興起敘述這段經歷的念頭時，手邊正好閱讀著一些關於「Métissage」的論述。[1]有些學者如Hasebe-Ludt與Leggo（2009, pp. 35）即指出：métissage的拉丁字源是「mixticius」，係指不同纖維交織而成的衣服；而在希臘的神話裡，métissage的字源為「Metis」，是宙斯（Zeus）的初愛與妻子，也是雅典娜（Athena）的母親，她是藝術與智慧的女神。Metis經常與宙斯展開鬥智以避開他對自己的敵意，雖然從未成功過。而經由魔力似的家族結合——希臘的與拉丁的——métissage把相異的元素編織成多元的、轉喻的文本形式，拆解直線的、階級的與一致性的邏輯。因此，它不是分化或去除差異，而是結合這些差異的元素，創造出一種美的產品。Lionet（1989）亦從文學研究觀點出發，依字源與神話的角度討論métissage，將其比喻相異文化形式揉雜的特質，且視為相對於「大敘事」的一種敘事，是在不同的文化與語言距離之間的書寫與生活，是一種融合與模糊不同類型、文本與主體的方式，也是一種積極的文學觀點、政治策略與教育實踐。而Irwin

1 本文對「métissage」的譯名原係參考Marwan Kraidy（2005）及洪敏秀（2006）的研究，以「混絲絞股」譯之。根據Kraidy（2005）在《*Hybridity, or the cultural logic of globalization*》一書中指出，métissage乃專指加拿大跨越不同殖民歷史文化的反省書寫，帶有相異文化形式中相互揉雜、彼此互為中介、移動的特質。而洪敏秀（2006）指出此種文化混雜亦常見於墨西哥與美國邊界，帶有「含混、開放、多元的邊陲文化經驗，既是自然（地理）界線，也是論述含混地帶。譯為「混絲絞股」乃根據字源，並儘量取其意象具體化，強調「絲股」、「絲連」的特質。後經審稿委員建議，為增加可讀性與一般用語習性，而轉譯為「交織交融」，既能兼顧編織混絞的特質，亦能呈現教學現場中相關因素的相互交會與牽引。

與Cosson（2004, pp.28-29）則認為，métissage是結合知、行、意的行動研究，讓教師彼此認同、分享觀點與經驗，以共同創造新行動與意象的一種隱喻；métissage是一種美感經驗的產生，是一個強而有力的隱喻，因為它協助我們以其他的觀點來經歷及理解某些事，且經由我們的創造與比較而有了不同的意涵。

因此，本文即以「métissage」的觀點描述、記錄一位男性邱老師從覺知到學生的「文化資本不足」，而讓學生偶然地經歷了一段與畫作交織而成的藝術家人生。這一連串的教學經驗省思與重生歷程，就好似宙斯與梅帝斯之間的拉鋸與對抗，是「大-and」，[2]在邱老師與學生之間，師生與歷史、文化，自我與他者之間的交錯敘事，充分體現了不同文化境遇中的「絲股」與「絲連」。

二 啊！看到那絲股交繞的線頭嗎？

臺灣從2009年暮秋到2010年的春季時節吹襲著一股梵谷（V. Van Gogh）熱潮，[3]那時的雜誌、週刊、報紙、平面廣告與電子媒體等，每天都聽到、看到梵谷；而總統馬英九先生（2009）在應邀開幕時還特別提及：「應讓孩子接觸世界級的藝術品。」一時之間，整個臺北的天空就盛開著一朵朵的梵谷向日葵。邱老師也在這一波波的人潮中，他特別利用了一個週日去看梵谷的畫作，尤其喜愛這一次展覽裡看到了梵谷早期的素描作品，很能令人體會到畫家一路走來所背負的力量與心酸，他覺得這是一次很難得的展覽。

就在邱老師跟著一幅幅的畫筆，踩進了梵谷的一生時，他也似乎看到童年的自己：一個生長在屏東的小孩，跟著父母親在田裡進進出出，熾熱的太陽在身上烙下的灼痕是他最深的記憶，他的童年就好似梵谷的早期素描一般，有著許多灰濛濛的線條。這一刻和梵谷交遇的經

2　此處以這種符號形式來呈現，是想回應Métissage中所具有結合各種可能差異元素的表達，同時也呈現出教學裡不同觀點形式之間的複雜論述與未知性。

3　此次美展於歷史博物館舉行，主題名稱為「梵谷─燃燒的靈魂」，展期從2009/12/11至2010/03/28止。

驗，就好比課程研究學者Slattery Partrick在他高中時代於紐約藝術博物館看到「秋之韻」（Autumn Rhythm）那一刻的感受。Slattery是這麼描述那一次的參觀：

> 「我倉促地和同學走過每一個展覽，希望趕快結束以便享用我們的披薩午餐。當我們走到最後一個展覽廳時，我為牆上掛著一幅巨大的油畫感到錯愕。這幅畫充滿著各種顏色的漩渦、玻璃似的顆粒、灰塵、透過筆刷所隨意增添的水滴以及顏料潑灑的漣漪。……一股來自那幅畫的吸引力讓我呆住了，畫家強烈的感情，觸碰到我青少年時期困惑的神經。我感受到畫家痛苦的奮鬥與遭遇，就像是我內在的混亂。Pollock在社會結構中所遭遇的挫折，與我自身對於越戰中種族主義及社會不公平現象的憤慨，彼此交錯回響著。那時候，我不「知道」（know）Jackson Pollock是誰，但當我遇見『Autumn Rhythm』這幅畫時，我卻能透過畫感受到他的情緒，這就像是在聖經詩句中，一種情感交流、『心照不宣』（knowing）的感受。我不是畫家，而我也從來不覺得自己懂畫，也未曾聽過Jackson Pollock，但是透過他的畫，我覺得自己和他的旅程合而為一。」（Slattery, 1995, pp.213-214）

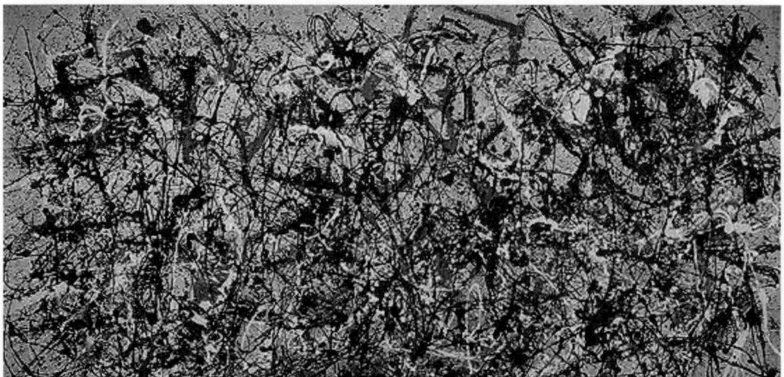

圖28-1　Autumn Rhythm[4]

4　作者為Jackson Pollock（1912-1956），此畫完成於1950年。

而邱老師在看到梵谷的畫展時，是鐵錚錚地在心裡說著：

> 「我不是學美術的，就是被梵谷感動了，他的一生窮困、緊迫，活著的時候沒有受到別人對他的讚賞與肯定，一輩子都在一個『苦』字的世界中度過。看著梵谷每個時期的畫風，他那翻騰洶湧的筆觸好像在說著他崎嶇、激情與孤獨的一生。我想，我的學生[5]是不是也會有跟他一樣的遭遇呢？」（邱老師省思札記，2009/12/27）

徘徊在梵谷畫作前的邱老師，看到梵谷的童年生活，就好似他的學生一個個地跳了出來；走著走著，也在這一刻他猛然覺知到四周圍繞著許多人，有男有女、有大人、有小孩，也有一些白人和日本人，擠滿了歷史博物館。

> 「我看到臺北市的學校老師和家長帶著小朋友一次次地來，高雄、臺中、臺南都有學校包遊覽車把孩子帶來。為什麼這麼多的學生中沒有我的學生？……孩子沒有機會到臺北，學校同事好像也沒有討論？」（訪談記錄，2010/07/02）

這似乎喚起他身為教師的意識，讓他立即回到教學的思考：非都非偏的○○鄉，或許文化不利，或許經濟資源短少，或家庭教養不足，但這都不該成為學生「弱勢」、「看不見」與「缺席」的理由。然而，他又該以什麼樣的觀點來解讀這件事呢？

平日在學校都是忙著依循學校的規章制度與家長的期望要求，不論是學科測驗或學生秩序表現，他都有高度的教學技巧與效率，足以讓人肯定他是一位負責又有愛心的教師，但在此刻他卻感到學生與他似乎「少」了點什麼？學校裡的課程與教學有完整的一套技術與方法，校長

5 邱老師的學生家庭背景有不少人是單親、隔代教養或新住民。

也不斷地鼓勵教師研習或進修，同事當中更有不少人嘗試新的科技設備（如電子白板、電子書、電子書包等）以增加教學效能，且全校長期耕耘的閱讀教育更是得到家長們的肯定。只不過，邱老師還是覺得這些都是來自外在的要求。而現在他湧上了一種想為自己和學生找到「有感覺」、「有想像」、「美好的」學習體驗，他想用自己的語言、自己的視野告訴學生他的所知所聞。Rilke說：「一件藝術品讓你覺醒，你的生活必須改變」（引自歐用生，2010，頁5）。他沈浸在梵谷的圖畫裡，讓它們一點一滴地揉進、混合自己的經驗，看著、聽著、注意著自己的「存在」與學生的「不在」；邱老師明白在已知和未知之間，有些事來臨了、靠近了，又好像快離開了；在這種交錯的時刻裡，他不願多想了——

> 「我要把梵谷帶回去給我的學生，讓我的學生不會『再』一次失去機會。所以，我有了初發心，我決定為孩子們介紹梵谷，讓他們看到這位畫家的作品，認識這些畫裡所包含的力量，分享這一份感動。」（訪談記錄，20105/04/28）

是的，所有創作的旅程都是從對內省的挑戰開始，不僅要揣摩「什麼不在這裡」，還要明白「這裡有什麼」（London, 1989, p.17）。這樣的決定是簡單又複雜的，但卻是那樣的細微與機靈，如詩一般地閃動光輝，令人感佩。

三 在交織交融中移動的師生

對於沒有美術專長的邱老師來說，該怎麼樣跟孩子說出他心中的這一份悸動呢？除了每天利用下課時間，一心神馳在梵谷的傳記與畫作介紹外，這個問題總也在心裡苦熬著。到了四月，學校每年的閱讀祭即將再度開鑼了。而邱老師所屬的學年群恰好進行「名人傳記」這個閱讀軸，所以他立刻決定以「梵谷」作為主題，展演一次動態的梵谷——他想讓學生「演」出梵谷的畫。於是他專注地研讀各類相關資料、寫劇本、想動作，為學生講述梵谷的畫作意涵；又因為要以戲劇的方式

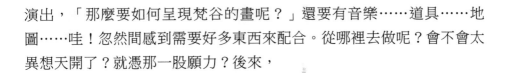

演出，「那麼要如何呈現梵谷的畫呢？」還要有音樂……道具……地圖……哇！忽然間感到需要好多東西來配合。從哪裡去做呢？會不會太異想天開了？就憑那一股願力？後來，

「我請秀玲老師幫我找『星夜』的樂譜，這是一首屬於梵谷的音樂。秀玲老師說她可以教學生，另外她還拿了很多樂曲讓我聽，看看是不是我要的感覺……我挑選了，小朋友就自己依照老師給的樂譜練習。」（訪談記錄，2010/07/02）

表演的開場就在學生吹奏的「Starry, starry night, paint your pallet blue and grey……」直笛樂聲中開始，他們站在觀眾前面自信又真誠地吹著，雖然不是Don Mclean[6]清亮吟唱的嗓音，但仍在空氣迴盪著他們對梵谷的景仰，就如同歌詞中所言：「對於那些無法愛你的人，你的愛依舊如此真實」（For they could not love you, but still your love was true）。一時之間，臺下有些人也跟著輕哼。

「這一回我也學會了PPT的製作，以前都不覺得需要用；可是我想要呈現梵谷的畫，萬興老師就告訴我可以從DVD的檔案中複製再貼進簡報裡，也能縮小和放大……我感到太好了，正是我想要的感覺。而且那片大螢幕也在我『靈光乍現』中變成了一塊大畫布，當小朋友拿著畫筆在上面揮動著，我點一下滑鼠畫，梵谷的畫就隨著學生的筆一一出現了，看的人都嘖嘖稱奇！」（ibid）

不過，當邱老師在講解或讓學生排練及背稿的時候，學生們老是不夠專心。他們總在螢幕畫前摸一摸、指一指，談論著那些顏色與形狀，再不然就是靠近畫作，像聞得味道似的擠眉弄眼，而不太在意教

6　「Starry Starry Night」這首歌於1971年由Don McLean首度演唱後，廣受好評且打動人心，後來被大家公認這是「梵谷之歌」。

師的要求與解說。隨後一想，邱老師說：「就讓學生玩一玩吧！」他將原先構思好的角色腳本擺在一邊，而讓學生們自由地決定要扮演哪一幅畫中人物。例如：「嘉塞醫生」，小朋友就學著他斜坐在椅子上托腮的模樣；「雪地裡背煤炭袋的婦女」，幾位女學生就地取材，先以黑色塑膠袋綑綁身體再背上書包，一邊彎腰背著，一邊瞄著自己的模樣與投影片中的主角是否相似；更有位媽媽為了讓孩子能傳神地扮演「拾穗農婦」這幅畫，還特意在週日帶女兒到田裡割下一束稻草，還囑咐她小心使用；一位很少到學校的父親，一大早把家裡的向日葵塑膠花拿來，跟老師說：「這跟畫的不太像啦！不過啊——都是一樣的花啦！」扮演梵谷的學生為了仿作畫中梵谷的煙斗，還跑到表姐家找了好幾個鄰居，共同研究後做出一隻煙斗。「哇！怎麼大家都有興趣呀！我發現有了許多人的支持，就會越來越有動力；而且跟我原先想的都不一樣了！。」邱老師這麼說。

在日常教學中，都是他說、學生聽；但這一次可不同了：看著別人的動作，學生眼睛亮了起來；聽著音樂，似乎每個人耳朵變得敏銳了；指著背景、做著道具，手也靈巧多了，這是邱老師初次的感動。第一次預演後，孩子看著錄下的實況，彼此你一言我一語地批評對方的演技，但學生自己就會主動修正一些動作，或是看著照片不斷地改變原先的模樣，在相互吐嘈中看到了他們的喜愛與執著，這是邱老師第二次的感動。到了正式展演那天，邱老師來回地檢視、叮嚀，深怕學生一上臺就走了樣，他不斷地說：「守秩序！守秩序！」但學生們卻在後臺玩得很高興，像遊戲一般；一旦上臺了，屬於梵谷那份沈靜、努力的坎坷氛圍就出現了，臺下的觀眾都沈醉在這一刻！孩子啊！真是弄不懂他們！這是邱老師第三次的感動。

那麼學生在這張絲股交織的畫面裡，又有什麼感受呢？我與他們在下課時作了幾次訪談，現在寫下來的是他們的聲音：

翔翔：「老師變得認真了，而且好像比較兇，想讓我們瞭解吧。」

秀秀：「我最喜歡『星夜』這幅畫，覺得星星和天空都很亮，也很安靜；而且演話劇之後跟同學變得更親近，心情也很輕鬆，就像在玩。看到其他畫也都會想瞭解一下。」

小冠：「我的語文能力進步了，說話不會打結。」

楊咩咩：「我是梵谷的分身，我喜歡『麥田群鴉』，這是他最後的作品，他一定是盡全力畫的，所以我喜歡！看，我的眼神像不像他。」

凱凱：「我覺得線狀與點描派的畫很好看。老師又叫我在地圖上指著梵谷的家，一開始好害羞，現在不會了。我常常拿來玩，認識很多梵谷去過的地方。」

阿良：「我已經跟梵谷成為好朋友，最喜歡那座位於荷蘭小鎮桑德特的兄弟雕像（如圖28-4）[7]，梵谷與弟弟西奧的感情很好。而且也常常會想念他的畫，想知道他怎麼會這樣畫？」

小瑜：「我自己更喜歡畫畫了，看到別的畫都想去瞭解一下。」

珍珠：「準備東西會很麻煩，不知道怎麼做才會好？」

大寶：「可以上網找資料一直補充一直改，我覺得比較好。」

小德：「看到別人都說我們演得好，覺得很高興。」

蘭花：「這種課偶而上還不錯，只是老師好像很累。」

育仁：「我媽還叫我在家裡唸臺詞，其實我早就記住了。」

阿培：「我演西奧的時候，真的飆淚吔—因為我真把楊咩咩當成親哥哥。」

惠恩：「我覺得這一次老師跟我們是朋友，雖然他不會說出來。」（訪談記錄，2010/09/01、09/28、10/08）

7 這座雕像乃德國贈送與荷蘭，於1964年由荷蘭女王親自揭幕。

圖28-2　瞧，哪一個眼神比較像梵谷啊？

圖28-3　我們也是哥倆好——就像梵谷與西奧

圖28-4　真假梵谷之間的遊戲

而排演的時候，有過動傾向的阿良總是很機靈地主動提醒同學的道具，也會示範動作，一看角度不太好、燈光太暗或位置太低，就立刻上前調整……他比邱老師的反應更快，一股腦地在旁協助同學；而老師則訝異阿良的投入與興致。秀秀擔任的是旁白的角色，她總會戴上畫滿梵谷畫作的頭巾作為身分的識別，再流利地一字一句講述著梵谷的故事；梵谷分身楊咩咩則是氣定神閒地拿著畫筆與書包在教室、走廊與講臺上玩耍著，一等到他上場時，眼神就是「梵谷式」了，他說：「梵谷的眼睛看起來很好奇，跟我一樣！」這讓我想起梵谷自己曾經說過：「我比較喜歡眼睛，而不是教堂，因為眼睛裡有某種教堂沒有的東西……哦，對了！人的靈魂。」（引自聯合報，2010/02/24）也許楊咩咩在不知不覺中已經感受到梵谷畫中最奧妙的元素了。而這些學生也誠如Porter的描述：

> 「學生現在比較喜歡把自己當成藝術家了，因為空間改變了，它不再是教室而是一個劇場、畫室。這裡也不只是學校空間，而是屬於他們的地方了……。他們真的喜歡……真的想要……這種認知的過程是活的；學生也知道哪些經驗與活動更具有教育意義，……他們的學習超出了教師的預期，師生的關係似乎也改變了。」（Porter, 2004, pp.109-111）

這種空間亦正如Pinar（2004）認為，是一個移動中的介面（in-between），是一種「and」的連結與組合，是充滿生命力與情感的，是一種探究新的疆域、改變界限的渴望，經由內在主體與相互主體之間的對話，帶來了地理的、心靈的、社會的、教育的和心理的轉變。這種空間也直接為學生創造了一個人的、自由的說話空間。學生開始徘徊、逗留在這樣的狀態中，喜歡問「為什麼」，假裝自己是梵谷或高更或西奧，而代替他們回答了很多的問題，例如：

> 「梵谷，你要當面問我，我會告訴你為什麼批評你的畫。」
> 「西奧，請不要為我傷心，你要好好的活著。」
> 「我會到更多的地方旅行，畫更多的畫，讓世人欣賞。」
> 「雖然家鄉有人支持我，也有人不喜歡我，可是我還是要回到

家鄉謝謝他們。」

「畫畫是喜歡的人都可以做的事！」

在這些看似隨性的對話中，就出現了結合認知、行動與創作的美感經驗，學生在準備展演過程中也有一種藝術創作的榮譽感，他們不再是工廠式的產品，而是具有能動性、個別化的創作者。當梵谷以畫筆編織著工人、農婦與自己的命運經緯線時，學生和老師也以他們的話語與行動，對文本展開重寫與演繹，以追尋作者與讀者之間一種真誠的交遇。這種混合著「自我與另一個我」、「自我與他者」以及「自我與不同事物」的境遇，就產生了法國女性主義者Kristeva所謂的「互文性」（intertextuality），是一種符號系統間的置換，是一種變更、修改的實際行動；對主體而言，能使其在不同的符號系統之間通行的情況下，以重新發現意義（引自楊俊鴻，2008，頁81）。這也就交織成為一張「métissage」，教師、學生、梵谷、文本與觀賞者都在這張「métissage」裡闡明他們的經驗，用自己的話重新說故事。承如Schrag所表達的觀點：我們把「métissage」放在一個實踐的空間裡，在這個空間裡，論述包含著行動，而行動是一種論述的形式（引自Hasebe-Ludt & Leggo, 2009, pp.37）。在這個空間裡，每個人的感知、言語與動作都有其特定的時空意義，當它們分別相遇時，會與個人產生連結而有了新的集體記憶與行動。怪不得邱老師說：「我現在上課容易多了，常常一說什麼學生就知道、會連結，因為我們有了共同的記憶。」（訪談記錄，2010/10/21）

四 再移動的交織交融界面

當我欣賞著學生以流暢生動的話語展演梵谷的故事，或模仿梵谷的畫作，或看到他們充滿自信的神情時，讓我不禁又再一次翻轉了這張交織交融的界面；更訝異地發現，這回教學中讓人真正令人驚奇的地方。首先，教師能在主流文化中、一個普遍的架構裡，「覺醒」到學生「疏離了某些文化，被某些文化遺忘了」，他想要補綴、連結，他試著以自己理解的方式帶領學生對「陌生」的人物與事件展開一段冒險旅程，透過對話、游移、溝通與合作而產生新的境遇。在這種師生雙方一起親近某種文化、探尋某種文化的歷程中，是處於不斷地混雜、開放的空間中，這裡沒有範疇、只有流動、改變、嘗試。就誠如Homi K. Bhabha（1990）的觀點，這是一種「文化轉換」（cultural translation）。所以，由邱老師織起的這張「métissage」已經如同Hasebe-Ludt與Leggo（2009）兩人的想法一般，將其轉變成為一種實踐的工具及策略，是一種技藝般的研究實踐，其中結合了東方與西方、普同與差異、理論與實踐等。教師與學生鑲綴了位置和空間、記憶和歷史、熟悉和陌生，以發展和創造之繩編織成這一張「métissage」。

第二個令人驚奇的是「遊戲」。走進遊戲裡，人們會以平常用不到、看不到及聽不到的方法來看待事物；走進遊戲裡，人們就會與僵化的推測和結果決裂，看到了客觀而獨立的真實，更能超越所謂的「標準」、「常識」，而開拓出一個新的次序，增加對事物的理解力。遊戲中的兒童就像Greene（1995）眼中的「想像」一般，它是一種覺醒，能指出方向或改進某些事情，以便能看到經驗背後的豐富意涵。走進遊戲，教師與兒童即能自由地看見什麼是可能的，「應該是什麼」或「不是什麼」。因為邱老師在教學期待與社會結構之間產生了一種「如果……那麼……」的想像，而讓學生去遊戲、去迷失、去思索、去論辯，探尋梵谷與自己的關聯，由他者看到自我，由在地擴及遠方，進而詮釋彼此的差異。學生不但能深入、擴展自己的讀寫素養，更能敏銳地關注在人際關係的探究。在這張混絞的地毯上，師生彼此讓自己在特殊與一般中游移，聽、看、說、感覺與連結。因此，教學具有一種「自由」的意涵，是一種在美好世界中「遊戲」的能力，使人們有集體的意識與力量去認清缺失、障礙、可能與行動。這樣自由的遊戲精神，因為教師的引導與實踐，也讓學生參與了一個民主的教學途徑，用自己的語言去思考、發聲，不是以前人或教師留下的語言來建構自己。

第三個驚奇是「無」。邱老師說：

「我並沒有什麼的課程設計概念，每天的教學中我就是盡力把孩子教好，讓他們實實在在地學到東西，學校或政府當然會給老師不少的要求，有一些活動也會分散教學的專注力與精神，變得有點乏味；可是沒有壓力也不行，因為我們已經習慣有了要求，在壓力下才會想到一些方法來調適，才會做一些東西，不然——還是沒多大不同。好比學校的閱讀祭，每年都會「逼」著我去想一些東西。至於能做出什麼，就看學校與老師之間這當中有多大的空間，讓我們內在有自己的思考與節奏，可以做我們想做的事。要不然——現在的教學還是很緊，讓我自己教，可以，……不過有時候找不到東西。……就像這次梵谷的教學，我根本不知道會有這麼大的迴響，也不知道他們（觀眾）會喜歡、覺得驚訝，我就是想跟學生分享我的感動而已。」（訪談記錄，2010/08/16）

這段經驗的描述是耐人尋味的。邱老師所謂的「自己沒有做什麼」或「沒什麼概念」與「找不到東西」等，都傳達著「無」的心境，但就承如Aoki的觀點，「無」並不是「沒有」，而是表示東西已經存在了（引自楊俊鴻，歐用生，2009，頁76）。教師在「無」的世界中，暫時放空自己、忘記我是誰、我做了什麼，繼而跳出日常的熟悉性，挑戰一些理所當然的常規與假定。教師也會擺盪在「大論述」與「小敘事」之間，在叉路上徘徊、留連，持續地檢視自我內在的價值、信念與夢想；思量著自己的教學情境與學生學習情況，並回憶過去的經驗與人們。就像在邱老師的教學中，從一開始對文化不利的覺知到後來學生自主性的展演，他是主動地、自覺地批判思考並作出真實選擇的人。他忘卻了外在規定的「標準模式」，而思索自己的抉擇並負起責任，關心自己的教學行動是否能帶給學生自由與感動；他丟開了日常教學的要求與規範，與學生展開一段交織交融的學習。他的「無」心境，反而成就、創造了另一個教學空間。

這種空間也是Bhabha與Rutherford（1990）所稱述的「第三空間」（third space），是在不同的文化境遇中與團體中，進行持續不斷地協商、對話、混雜與溝通等，是一種動態離合的空間。教師與學生都有可能在這個空間想像、超越、衝突與接受等。「第三空間」讓教師有內在

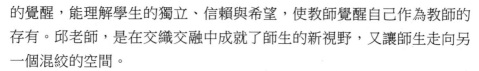

的覺醒，能理解學生的獨立、信賴與希望，使教師覺醒自己作為教師的存有。邱老師，是在交織交融中成就了師生的新視野，又讓師生走向另一個混絞的空間。

或許只憑藉這次的教學觀察，並無法確知邱老師的教學是否已開啟「第三空間」的鑰匙，但可以清楚地看見他以藝術為基礎的教學，讓自己看到平日未察覺、未聽見、未看到的感觸、情緒與精神，是埋在心靈深處的呼喚與聲音，看似不存在卻活躍在每個情境中的可能眼神與等待。教師找到了這種可能，發現了這種可能，既而書寫它、演繹它、轉換它，就像藝術家有著鑑賞力一般，讓教學更清晰、更具有張力與創造力。這種過程就像有的學者（Cahnmann-Taylor, 2008）認為，藝術在教育領域上成為合法化的探究方式，而且將創意的精神挹注在學問內；亦如同Eisner（2002）曾指出，將教育鑑賞作為教師的一種能力，將更完全地瞭解學校和教室的品味，且將有助於教育實際的改進。邱老師把自己對梵谷的慾望及興趣傳遞出去，並鼓勵學生利用自己的姿態、畫筆、語言與肢體，展開對藝術的探險，追尋自己的聲音。他已經走在這道路上了。

五　交織交融中的流動空間——代結語

> 「我將繼續探索、反思及追尋這個空間，……就從『生活已經改變了』這樣簡單的感覺開始。沒有任何事會永遠站在那兒不動，一旦我們告訴自己已經到達了，那麼我們會停止、休息並沈睡，然而只要我們醒著、警覺著，總是能開啟另一個新起點，也將會越來越找到自己。」（McNiff, Lomax, & Whitehead, 1996, p.45）

換另一個角度來討論，邱老師這次的教學是非預期的、一種意外的旅程。對他個人來說，是穿梭時空與梵谷對話，與自己內在對話，是一種由離至返的過程；也因為這個偶發時刻所帶來的感悟，而引導了他與學生共同經歷一段偶然相遇的教學。這樣的教學，強調過程甚於特定的結果，不以能力分組，也不需每天集體進行事先規定的課程，或是遵守每節40分鐘的教學活動。回應這樣的教學，可以考慮Slattery（1995, pp.215）的建議，進行一種「迴遞式」（regression）的教學，將學生的學習規劃成幾種循環的課程，將數學、地理、歷史、文學、美術等元素融合在一起，讓學生有一個來自內在的呼喚，去學習這些融合的元素，並解決生活中實際的問題。在這種迴遞式的教學裡，學生會感到驚奇且陌生。這是美的境界

為了實現這個目的，「教學」更可以如同Fuentes（2005/2006, p.199）的建議，將每一個人和世界看作是沒完成的計畫，是一種永遠達不到完美的人格，和沒有說出最後一個辭彙的聲音。在教學中，讓我們不知疲倦地審視各種傳統，將師生視為是歷史的創造者，是一個有爭議，甚至是「謎」一般的生靈，不斷地重新界定、理解。教師與學生都不再是教條式答案的傳聲筒，也不要恐懼有著與別人不一樣的姿態、動作。這也是美的境界。

我期待教學可以像Haggerson的希望，教師與學生是流動的，評量與教材是流動的，知識與權力是流動的，我們跟所有的他者都是可以流動的。我們朝向共同的遠景走去，那似乎是處於同一種精神狀態，是最純淨的感覺，一切事情都不一樣，但卻都在一起。這亦是一種美的境界。

這一回我藉由métissage這種鮮活、充滿生機的混界語言，書寫了邱老師與學生們的學習事件，建立了友善關係的連結，也開啟了師生之間的行動與意象，這是一種美感經驗的產生。當我們有教師、學生、研究者三種角色進行一種混合式的書寫而交織成métissage時，這種意象是聯繫感知，是藝術、研究與教學界限的翻轉。只不過邱老師始終哈哈笑著說：「啊—是這樣嗎？我沒想那麼多啊……」[8]

終於，教學是這麼豐富的一條流動的河，洗滌、激盪、撫育我們，

---

8 事後，邱老師謙沖地表示他懂得不多，但是喜歡自己的教學能被理解、被觀看，特別是有別於以往的詮釋角度，他覺得很好，可以鼓舞自己的教學信心。（2010/12/15訪談記錄）

在沈載之間——我們永無止境的探尋métissage的張力，這是一個充滿透視力的旅程，理論、實踐與研究都發生了、聚集在一起了。

參考文獻

中文部分——

洪敏秀（2006）。尋找媒地絲的混絲絞股：柯樂藤《尋找四月雨樹》中的移位介／界面。載於中外文學，**34**(9)，97-119。

馬英九（2009）。燃燒的靈魂一梵谷展開幕詞。2010年10月12日，取自http://vovo2000.com/phpbb2/viewtopic-332366-0-asc-15.html

張偉劼譯（2006）。我相信（Fuentes Carlos原著，2002年出版）。臺北：二魚文化。

楊俊鴻（2008）。課程間性之探究。國立中正大學課程研究所博士論文，未出版，嘉義縣。

楊俊鴻、歐用生（2009）。「第三空間」及其課程美學蘊義。載於教育資料與研究雙月刊，**88**，69-92。

歐用生（2010）。正在形成的社群一「美學社群」的建構。發表於99年國家教育研究院教師美學讀書會，出版中。臺北市。

聯合報（2010）。燃燒的靈魂一梵谷的眼神。2010年10月20日，取自http://udn.com/NEWS/MEDIA/5438542-2285612.jpg

英文部分——

Bhabha, H. & Rutherford, J. (1990). The third space: Interview with Homi Bhabha. In J. Rutherford (Eds.), *Identity: Community, culture, difference* (pp. 207-221). London: Lawrence & Wishart.

Cahnmann-Taylor, M. (2008). Arts-based research: Histories and new directions. In Cahnmann-Taylor, M., Richard Siegesmud (Eds.), *Arts-based research in education: Foundations for practice*, (pp. 3-15). London: Rouledge.

Eisner, E. W. (2002). *The arts and the creations of mind.* New Haven: Yale University Press.

Grenne, M. (1973). *Teacher as stranger: Educational philosophy for the modern age.*

California: Wadsworth Publishing Company.

Grenne, M. (1995). *Releasing the imagination: Essays on education, the arts,and social change.* San Francisco: Jossey-Bass Publishers.

Haggerson, N. L. (2000). *Expanding curriculum research and understanding: A mytho-poetic perspective.* New York: Peter Lang.

Hasebe-Ludt, E., Chambers, C. & Leggo, C. (2009). *Life writing and literary métissage as an ethos for our times.* New York: Peter Lang.

Irwin, L. R. & Cosson, A. (Eds.). (2004). *a/r/tography: Rendering self through arts-based living inquiry.* Vancouver: Pacific Educational Press.

Kraidy, M. (2005). Hybridity, or the culture logic of globalization. Philadelphia: Temple University Press.

Lionnet, F. (1989). *Autobiographical voices: Race, gender, self-portraiture.* Ithaca: Cornell University Press.

London, P. (1989). *No more secondhand art: Awakening the artist within.* Boston: Shambhala.

McNiff, J., P. Lomax. & J. Whitehead. (1996). *You and your action research project.* New York: Hyde Publications.

Pinar, W. (2004). Foreword. In Irwin, L. R. & Cosson, A. (Eds.), *a/r/tography: Rendering self through arts-based living inquiry* (pp. 9-25). Vancouver: Pacific Educational Press.

Porter, N. (2004). Exploring the making of wonder: The a/r/tgraphy model in a secondary art classroom. In Irwin, L. R. & Cosson, A. (Eds.), *a/r/tography: Rendering self through arts-based living inquiry* (pp. 103-115). Vancouver: Pacific Educational Press.

Slattery, P. (1995). *Curriculum development in the postmodern era.* New York: Garland Publish.

29

高齡教育教師的教學藝術：學習者中心之觀點

林麗惠
玄奘大學成人教育與人力發展學系副教授兼主任

一 前言

當前臺灣社會正面臨四股勢力的影響，包括：全球化、知識化、後現代化及少子高齡化。就少子化而言，根據內政部（2010a）針對育齡婦女生育率的統計指出，在2009年平均每位婦女的生育率為1.03，人口學家認為，任何一個國家要達到世代間人口完全的替代，則一位婦女平均要生2.13個小孩，否則，這個國家就將會進入所謂少子化的時代；就高齡化而言，根據內政部（2010b）公布的簡易生命表提要分析指出，至2008年為止，男性平均壽命為75.59歲，女性則為81.94歲，國人預期壽命不斷延長，使得65歲以上總人口數，至2010年8月底止已達2,478,104人，占總人口的10.71%（內政部，2010c）。

根據聯合國世界衛生組織之定義，當65歲以上老年人口，占總人口的比率達到7%時，即達到高齡化（ageing）社會的門檻；當65歲以上老年人口，占總人口的比率提高到14%時，則達到高齡（aged）社會的門檻；當65歲以上老年人口，占總人口的比率從14%再提高到20%時，將達到超高齡（super-aged）社會的門檻。更確切地說，國際間通常以聯合國定義之65歲以上老年人口比率，從7%（高齡化社會），提高到14%（高齡社會）；從14%再提高到20%（超高齡社會）所需的時

間，作為衡量一國人口老化速度的總體指標。

由於高齡人口的增加，帶動高齡者的教育機會逐漸受到重視，在此一發展趨勢下，勢必需要更多的教師投入高齡者教學的行列，而實施高齡教育時，其教師需具備何種專業能力與教學藝術，將成為一個重要的關鍵議題。若能採用學習者中心的取向，有助於符應高齡學習者的異質性，引發其學習動機與興趣，並主動學習，進而發揮促進學習的教學藝術。有鑑於此，本文即從學習者中心的觀點析論高齡教育教師的教學藝術，文中除前言外，將先論述學習者中心之概念，接著說明高齡教育教師的教學藝術與專業發展，其次再論述高齡教育教師專業能力的意涵與層面，繼而提出促進高齡教學藝術之策略，最後再綜以結語。

二 學習者中心之概念

長久以來，「教」與「學」乃是教育過程中兩個最基本的要素。在我國傳統的教育中，教學者不斷灌輸自己認為重要的知識，學習者也習慣被動地吸收知識，使得傳統的師生關係無法促成主動性的學習。然而，處在此一快速變革的資訊時代，「教」與「學」都必須展現新的面貌，才能滿足學習者不同發展階段的需求，進而協助學習者主動建構知識，以期因應知識經濟時代的挑戰。更確切地說，傳統教學方式以教師為中心，由教師在教室裡講述課程，但近年來，已逐漸轉向以學習者為中心的教學典範。

若從教學思潮的觀點來看，人本心理學家的代表人物羅傑斯（Carl Rogers）認為，學校為學習者而設，教師為學習者而教，因此，應該將學習者視為教育的中心。此外，杜威的經驗論，亦強調知識創造的過程是由具體的經驗出發，因而提倡「做中學」，讓學習者在動手做的過程中，轉換其經驗，而此一轉換經驗的過程即以學習者為中心。再者，1985年代以後，建構學習理論強調知識是由個體主動建構而來，也重視學習者的主動參與投入，強調教師應從一個知識技能的傳遞者角色，轉變為學習的輔助者或促進者，讓學習由傳統單向灌輸的過程，轉變成師生共同合作建構知識的歷程，而在建構知識的歷程中，便強調以學習者為中心（陳曉慧，2008）。亦即，以學習者為中心的教學，重視學習者的個別化差異，教師的主要任務是利用學習者的興趣和特殊需要，藉由意義化的教學過程以促進學習者的成長，在強調學習者為中心的教學情境中，教師與學習者的角色均應有所調整（Daley, 2003；江南發，2002）。在傳統的教學中，學習者扮演被動學習的角色，而以學習者為中心的教學，學習者應由傳統被動的角色，改變為主動探索、發現以及解決問題者，教師則由傳統知識權威者的角色，轉變為扮演資源者和協助者角色，鼓勵學習者主動去探索和找尋解決問題的方法與資源。

更進一步地說，學習者為中心的教學是一種教學模式，它將學習者置於學習過程的中心，學習者積極主動地與各種可能的資訊來源（教師、科技、媒體）進行互動，以期對問題及其解決途徑獲得瞭解。因此，學習者為中心的教學具有以下的特色（Nunan, 1988; Sener, 2000; Weimer, 2002；江南發，2002；林麗雲，2004）：一、學習者是主動的參與學習，而不是被動的接受訊息。學習者有機會和責任去確認他們自己的需求，找到學習的資源，進而根據需求來建構自己的知識。二、學習者依照自己的速度及運用自己的策略去學習。三、學習者對學習的內在動機要比外在動機多。四、個別化的學習多於團體標準化的學習。五、學習者中心的教學重視問題解決、批判思考，以及反省思考等學習如何學習的技巧。六、學習者中心的教學，能兼顧學習者的個別差異，並適應不同的學習型態。七、學習者中心的教學使用真實性評量，而不是標準化評量來評鑑每個學習者個別的學習，且形成性多於總結性的評量。

隨著年齡的增長，高齡者的生理功能也隨之改變，在心理特性方面，也由於認知功能的改變，形成高齡者獨具的心理特性。此外，高齡者終其一生累積了豐富的經驗與智慧，這些豐富的寶藏也形成了高齡學習者獨特的社會特性，這些高齡學習者獨具的特性，有必要加以瞭解。整體而言，本文強調從學習者中心的觀點論述高齡教學藝術的理由如下：

1.學習者中心強調學習者是主動的參與學習，而不是被動的接受，與高齡學習者具自我導向的人格特質相符。

2.學習者中心強調學習者依照自己的速度及運用自己的策略去學習，適合高齡學習者動作與反應速度較慢的學習特性，以及不喜歡有太大壓力的學習活動。

3.學習者中心強調學習者對學習的內在動機要比外在動機多，與高齡學習者具內發的學習動機完全一致。

4.學習者中心強調個別化的學習多於標準化的學習，與高齡學習者明確的學習目標，以及實用的學習取向相符。

5.學習者中心強調問題解決、批判思考，以及反省思考等學習如何學習的技巧，符合高齡學習者的目的在於應付改變，以及具豐富、多樣化的經驗，可作為學習資源之特性。

6.學習者中心強調兼顧學習者的個別差異，並適應不同的學習型態，適合高齡學習團體異質性大之特性。

7.學習者中心強調使用真實性評量，且形成性多於總結性的評量，適合高齡學習者自尊心強，學習信心低之特性。

根據上述，由於高齡者的身心正處於衰退的階段，使其社會活動的發展難免受到影響。在此一前提下，高齡學習活動的規劃，不論是內容、地點、場所、時間等，均宜考量高齡者的身心發展及生活型態的特性。有關學習情境的安排，包括教室的地點、桌椅的擺設、燈光及溫度的控制，以及環境的布置，均宜考量高齡者的身心特性，而為其妥善規劃與安排（黃富順，2004）。更確切地說，以學習者為中心（learner centered）的取向，擷取成人學習和雙向溝通教學之精神，強調學習者主動參與，學習的內容則由教學者及學習者共同決定，其最終目的在於提升學習者的自主性和增權賦能（林麗雲，2004），相當適合高齡學習者，宜成為整個高齡學習活動設計以及高齡教學的核心概念。

三　高齡教育教師的教學藝術與專業發展

教學是一門科學，也是一種藝術，當教學作為一種培養人的活動時，除了具有科學美和藝術美之外，還應強調教學之美。Eisner（2002）曾提及，教學是藝術的活動，學校是文化的藝術，為了促進教師的專業發展，實有必要重視教師的教學藝術。茲分別就高齡教育教師的教學藝術、專業發展，說明如下。

(一)高齡教育教師的教學藝術

自從1960年布魯納（J. S. Bruner）在其名著《教育的歷程》（*Process of Education*）中強調：「任何科目都可藉由某種教學方式傳遞給學習者」，即已說明教學藝術的重要性。所謂教學藝術，係指教師嫻熟地運用教學技能，並且遵循美的規律而進行的教學活動與歷程，在此一過程中把心理學、行為科學、學習科學和美學有機地融入其中，而形成一種饒富創造性的教學實踐活動；強調如何使教學充滿藝術，側重教學活動的技巧性和創造性特徵，以提高教學效率為主要訴求。高齡教育教師在思索如何使教學具有效能時，也應思索如何使教學活動具有藝術氣息，以提升整體教學的美學品質，進而體現經驗性教學、科學性教學、藝術性教學之邏輯發展層次。

高齡教育教師為了實踐教學之美，實有必要靈活運用語言、表情、動作、心理活動等方式，充分發揮教學情感的功能，進而建立一套獨具風格的創造性教學活動。由於教學藝術是一種綜合性的藝術，屬於教學實踐活動的範疇，因此，高齡教學藝術具有下述特性：其一、形象性，強調運用生動、鮮明、具體的形象來達到教學目的；其二、情感性，強調師生雙方的教學活動是情感交流、心靈互動的過程；其三、審美性，強調教學設計美、教學語言美、教學過程美、教學意境美；其四、表演性，強調機智幽默的語言、惟妙惟肖的表演和恰如其分的笑話等方式，使高齡教學寓於娛樂之中；其五、創造性，強調教學的新穎性、靈活性，以期解決教學過程中，因學習者的高異質性而出現的多樣性問題。

許多學者曾對高齡教育教師提出看法，Schuetz（1981）即表示，雖然高齡教育是成人教育的一環，但在高齡教育方案中，其主張高齡教育的教學方法應有別於成人教育的方法，高齡教育與成人教育是有所差異的，高齡者有其獨特的性質，而身為高齡學習者之教師，應根據對象的不同（例如：學習背景、學習特性等）採用不同的教學方式。有鑑於教學藝術具有的功能，包括活絡課堂氣氛、發展和諧的師生關係、激發學習者的學習興趣和求知欲、加強學習者對於知識的理解和記憶、展現教師的才能和機智；上述這些功能即有助於高齡教育教師針對不同的學習對象，採用不同的教學方式。

(二)高齡教育教師的專業發展

教育部於2006年12月訂頒《邁向高齡社會老人教育政策白皮書》中，將老人教育的施行視為全民教育，並揭示四大願景為：終身學習、健康快樂、自主尊嚴、社會參與；而其最重要的施行意義則在於保障老人學習權益，使老人享有終身學習的機會。此一白皮書共包括十一項老人教育行動方案，其第九項即為提升老人教育人員之專業素養，由此可知，高齡教育工作者是落實高齡教育政策不可或缺的一股力量，而高齡教育教師，更是推展高齡教育的重要樞紐，其專業發展尤應受到重視。

「專業」一詞，乃以結構功能理論的觀點界定出客觀的標準或特徵，當教師具備這些特徵或符合標準要求時，便可稱為是一位具備專業之教師。而專業的概念乃是一種社會建構，需透過更為寬廣的社會文化過程來理解。Chappell和Melville（1995）指出，專業是一種理想形式（ideal type），難以從概念上獲得統一的定義，而專業的認定通常有兩項較明顯之特性：其一，必須奠定於一個特有領域的專業能力；其二，擁有專業服務倫理。李虹慧（1999）統整國內外學者有關專業特徵之研究，認為專業有六大特徵：具有專業知識及能力、具有系統的學理基礎、成員需經長期的培訓、具有服務利他精神、成員具專業自主性，以及高度的專業倫理與道德規範。由此可知，國內外學者均強調專業知能的重要性。

根據Peterson（1983）指出，由於高齡者離開學校已久，或因年輕時權威式的學習經驗，使其在面對成人教育模式的學習情境易產生矛盾。高齡者希望獲得結構式、內容取向之教學活動，但卻也希望能夠參與決定課程內容或教學方式等教學計畫。因此，Peterson（1983）即建議在學習活動之初，教師與學習者即應充分溝通，瞭解彼此之期望，共同營造良好的學習氣氛，減低高齡者的焦慮感。

此外，王政彥（2004）在〈高齡社會中高齡教育的倫理問題與對策〉一文中，表示高齡教育專業工作者，應持續增進對老化與服務高齡者的知識；強化高齡者服務的正面態度及積極動機；持續改善為高齡者提供高品質服務所需的能力與技巧等專業知能。由此可知，高齡教育工作者欲成為專業人員，實有必要接受長期的培育與訓練，以強化其專業能力，並擁有服務的熱忱，而在工作執行上也要具有專業自主權，且能制定與遵循專業倫理和規範，方能成為一位專業的高齡教育教師。然而，目前仍有許多高齡教育實務工作者，未能充分瞭解從事高齡教育工作應發揮的特色與功能，有鑑於此，對於高齡教育工作者而言，當務之急乃是促進高齡教育教師朝專業化之發展。

國內高齡教育機構的類型，包含由社政部門辦理的長青學苑、教育部門辦理的樂齡學習資源中心、民間團體辦理的老人大學，以及宗教團體辦理的老人教育機構（林麗惠，2007）。首先，有關社政部門辦理的長青學苑，根據內政部（2010d）老人長青學苑之統計，截至2008年止，臺灣共開辦長青學苑387所，班級總數為4,164班，參與學員達125,821人次。其課程開放給年滿55歲之國民，無學歷限制，有興趣之民眾參加。開辦的縣市涵蓋全臺各直轄市及各縣市政府。其次，有關教育部門辦理的樂齡學習資源中心，教育部依設置各鄉鎮市區樂齡學習資源中心實施計畫，以整合教育資源，建立社區學習據點，鼓勵老人走出家庭到社區學習為目標，自2008年5月起，結合地方之公共圖書館、社教機構、社區活動中心、里民活動中心、立案之民間團體（如社區關懷據點、社福團體及基金會）等場地，分三年規劃設置368鄉鎮市區「樂齡學習資源中心」。至2009年度為止，已於全臺各鄉鎮市區設置完成202所樂齡學習資源中心，提供年滿55歲的高齡者，就近參與在地的學習活動。

另外，有關民間團體辦理的老人大學，包括老人社會大學、長青大學、敬老大學、老人大學、松齡學苑、長青學苑、銀髮族學苑、長青社區大學等不一而足。這些民間組織（包括協會、基金會）所辦理的高齡學習機構，本文以「老人大學」作為通稱，其組織、性質、活動等未盡相同，且各有其重點與方向，難以一概而論。主要招收年滿50歲之學員，不具學歷限制。再者，有關宗教團體辦理的老人教育機構，包括佛教、天主教、基督教等，均或多或少辦理老人教育活動，或設置老人教育的專屬機構。各宗教團體重點及方向不一，主要招收年滿55歲之學員，不具學歷限制。

根據黃富順、林麗惠、梁芷瑄（2008）以臺閩地區普通住戶、共同事業戶及獨居戶年滿55歲以上之本國籍人口為研究對象，採「臺閩地區屆齡退休及高齡者學習需求與意向調查問卷」為工具。在普通住戶方面，總共發出6,000份問卷，回收5,425份問卷，回收率達90.42%；共同事業戶、獨居戶方面，由訪員分別面訪共同事業戶、獨居戶各500位高齡者，總共完訪1,000份有效問卷；經統計分析結果指出：從需求的觀點來看，高齡學習者強調高齡教育教師應具有老人心理及教學的專業知能。又根據魏惠娟、董瑞國、楊志和（2008）之研究指出，目前全臺灣的高齡教育機構，合計超過600所，但是高齡教育工作者的專業能力及培訓均有待加強，亦即，從供給的觀點來看，高齡教育教師的專業發展亟待建立。

綜合上述，不論從需求或供給的觀點而言，均一致認同高齡教育教師專業發展的必要性。藉由不斷追求專業知識、技能、態度與專業成長的過程，以期改進與提升教學效能、品質，已成為教師在教學生涯中教師專業發展的重要一環。透過專業學習與發展，將有助於提高教師的專業能力，進而增進學生的學習效果。教師專業發展的內容及方式具有多面向、多元化之特性，需藉由各種不同的途徑或方法，來充實教師知識、技能與情意等。再加上，教師的專業發展將伴隨社會變遷、科技進步與教育改革而有所變化，因此，教師應將專業發展視為教學生涯中持續邁進的一個歷程，高齡教育教師亦是如此。

值得一提的是，根據King和Lawler（2003）之見解，教師專業發展宜採整合性的取向，此一整合取向包含成人教育、學習者中心、轉換學習動機、科技學習需求等要素。更確切地說，教師專業發展應以成人教育的原理原則進行，強調以學習者為中心的理念促進教師的專業發展，而且，教師在專業發展的過程中，將進行觀點轉換的學習，為確實達成專業發展之目標，應激發教師追求成長與發展的動機，並鼓勵其進修與科技有關之專業素養，以期因應快速變遷的教學環境。

四　高齡教育教師專業能力的意涵與層面

由於高齡學習者的生理、心理及社會特性會影響其學習狀況，因此，瞭解高齡學習者的身心發展、學習特性、參與學習的動機及障礙等，將有助於高齡教育教師在教學內容、方法及教材的選擇與規劃，據此，瞭解高齡學習者的特性隨即成為高齡教育教師不可或缺的專業知能。

根據John（1999）之研究指出，教師規劃教學活動除注意整體學生的需求和興趣外，必須考慮個別學生的經驗背景、學習興趣、學習偏好，提供個別化的教學方式，以符合高齡學習者之個別需求。此外，John（1999）更進一步指出，在高齡教育教師的知覺研究中，學生認為教師所需具備之特質，包含瞭解學生的問題、具備專門知識、瞭解學生的能力、溝通技巧、幽默感、具教學熱忱，以及能事先做好備課工作等。據此，一位高齡教育教師需具有良好的溝通能力與關懷學生的態度，並且瞭解高齡學習者的特性，方能進行學習者中心取向之教學。

另一方面，根據Andrew、Joann、Rodriguez和Ronald（2000）之見解，提出以二十一世紀的觀點看老化社會，認為社會工作者面對高齡教育時，必須具備最基本的素養和專業的知識、技巧與態度。Peacock和Rawson（2001）在其研究中，較重視行為方面的指標，而較缺乏情意方面之琢磨，將教師基本教學專業能力指標分為規劃能力；溝通、展現與教學能力；管理能力；評鑑能力等四大層面。

再者，Allison和Sally（2002）在增進高齡教育專業知能之資訊與訓練需求研究中發現，受試者希望能接受技巧方面的訓練、學習如何為社區的高齡者服務、學習如何準備高齡教育的教材，以及如何與高齡者溝通等。Linda、Rosemarie、Blalock和Marshall（2004）在高齡教育方案中指出，高齡教育方案目標是要訓練教師能瞭解高齡教育相關議題的重要性，包括：養生保健、疾病的預防、高齡社會的現象等；實施老化課程時，能以有效率的教學技巧以及學習教材來授課；能使用最適合的教學策略和評量方法；在學習內容中增加健康資訊等。

在國內的相關研究方面，吳婉如（1993）針對《臺灣地區長青學苑教師教學型態與學員滿意度之研究》指出，擔任高齡教育教師者，至少應具備所教科目的專業知識及教學的知能。楊靜梅（2006）在《我國高齡教育教師專業知能需求之研究》中，將高齡教育教師的專業知能需求分為四個層面，包括：高齡者身心特性、教學知能、教學態度、學習環境的營造；研究結果指出高齡教育教師之必要條件，包括：具有關懷高齡者、服務高齡者的態度；擁有服務的熱忱；能與高齡者建立良好的互動關係；以及能為高齡者安排適當的學習環境。

又根據陳依蘋（2008）在其《高齡教育教師教學專業能力之研究》中指出，高齡教育教師必須具備規劃能力、教學能力、管理能力、專業發展能力，以及社會能力等五個層面之教學專業能力，並據以提出各層面所涵蓋的指標項目，共計三十五項指標。陳依蘋（2008）之研究結果進一步指出，在高齡教育教師必須具備的五項教學專業能力中，尤其以「社會能力」最為重要。所謂社會能力，係指教師瞭解高齡學習者的發展與學習，包括：瞭解高齡者的學習特性；能掌握高齡者特性，提供必要的協助；瞭解高齡者的個別差異；瞭解高齡學習者的興趣與需求；知道如何肯定高齡學習者的學習能力；能適時給予高齡者鼓勵與指導；能做到不輕視或不諷刺學員；傾聽高齡者的想法並與他們溝通；樂意親近學員，友善對待且有耐心；能引導班級成為一個友誼性的團體。

綜觀上述相關研究，個體處於不同的發展階段，應針對不同階段的學習特性，發展教師的專業能力。由於對象不同、國情不同、文化不同，不同發展階段的學習者，在學習特性上有很大的差異，但其共同之處，都是希望教師能以學習者中心取向，發展其專業能力，協助學習者體會學習的樂趣，進而享受終身學習。綜合上述國內外有關高齡教育教師專業能力之相關研究，提供本文建構高齡教育教師專業能力之基礎。本文從學習者中心的觀點，提出高齡教育教師專業能力架構圖，如圖29-1所示。此一架構圖係從學習動機、學習環境、學習內容、學習責任，以及學習評量等五個向度，架構出高齡教育教師應具備的專業能力。

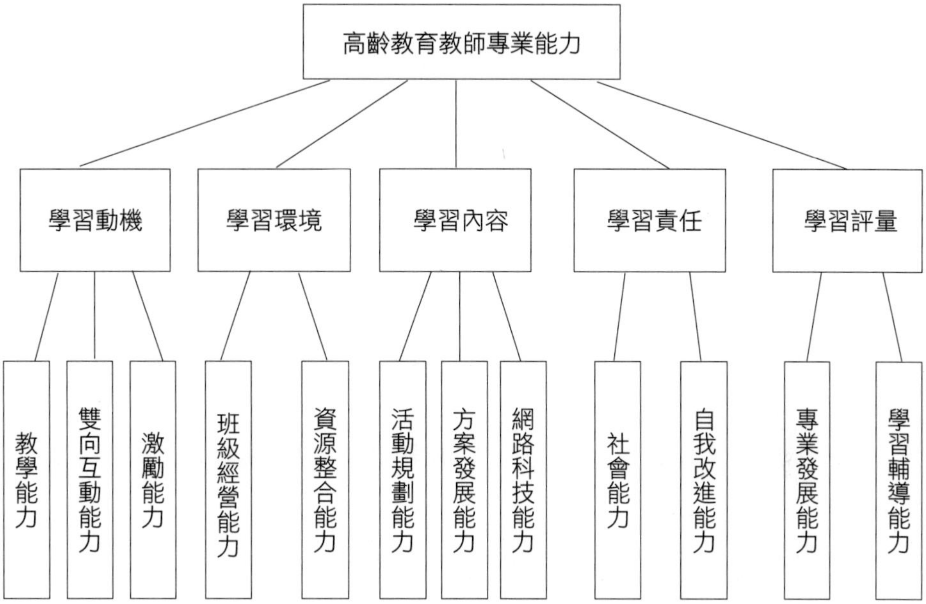

圖29-1　高齡教育教師專業能力架構圖

首先在學習動機方面，包括：教學能力、雙向互動能力、激勵能力等三個層面；在學習環境方面，包括：班級經營能力、資源整合能力兩個層面；在學習內容方面，包括：活動規劃能力、方案發展能力、網路科技能力等三個層面；在學習責任部分，包括：社會能力、自我改進能力兩個層面；在學習評量方面，包括：專業發展能力、學習輔導能力兩個層面，共計十二個層面。進一步將各層面的能力定義如下：

1.**教學能力**：係指教師擁有與教學相關之知能與理念，可因應不同教學情境妥善處理，以達成教學目標的能力。

2.**雙向互動能力**：係指教師瞭解高齡學習者的動機與學習需求，且能引發學習者雙向溝通與經驗交流的能力。

3.**激勵能力**：係指瞭解高齡學習者的心理特性，鼓勵高齡者結合舊經驗以學習新事物，進而協助其建立學習信心的能力。

4.**班級經營能力**：係指教師為營造良好的學習環境，而將相關的人、事、物和時間等加以規劃、執行、處置和管理的能力。

5.**資源整合能力**：係指教師能夠聯繫並運用機構內、外相關學習資源的能力。

6.活動規劃能力：係指教師能針對課程與教學等相關活動進行規劃的能力。

7.方案發展能力：係指教師能夠在瞭解機構使命與學習者個別差異的前提下，發展適合高齡者學習方案的能力。

8.網路科技能力：係指教師能夠運用教學媒體、網際網路、教學科技，以提升學習成效的能力。

9.社會能力：係指教師瞭解高齡者的身心發展特性、學習特性，並且知道如何善用高齡者學習經驗的能力。

10.自我改進能力：係指教師具備教學反省，且願意依學習者狀況而調整教學計畫的能力。

11.專業發展能力：係指教師力求持續強化個人的知識與技能，以期提升個人專業素養之能力。

12.學習輔導能力：係指協助學習者擬定個人學習計畫、解決學習問題、達成學習目標之能力。

五 促進高齡教學藝術之策略

若從教學專業能力的角度來看，強調以學習者為學習活動的主體，有助於符應高齡學習者的異質性，教師扮演協助學習的角色，引發學習興趣並鼓勵主動學習，讓高齡教育教師在教與學的過程中，尊重並接納學習者的個別差異，設計多元的教學活動、教學策略、教學環境，以協助高齡者發展問題解決、批判思考及學習技巧的能力，進而協助其妥善因應晚年期的發展任務。有鑑於此，本文提出促進高齡教學藝術的十項策略，逐一說明如下。

(一)視覺改變的教學策略

65歲以上的高齡者，約50%有視覺退化現象，同時，伴隨著視覺的衰退，也會降低高齡者對於新獲取資訊的記憶能力。如果高齡者因這些視覺的改變而無法適應學習環境，將使其深感挫折而對學習失去興趣。為了因應視覺改變，高齡教育教師可以採用的教學策略如下：

1.覺察高齡者在視覺功能上的改變，鼓勵高齡者坐在教室的前方。

2.使用輔助教學器材（如：單槍投影機）時，應顧及高齡者對於光線（由亮到暗）的調節適應情況，並放慢投影的速度。

3.確認教室內的照明設備是否足夠。

4.提供投影片內容的書面資料，且應將字體放大。

(二)聽覺改變的教學策略

伴隨著聽覺的衰退，也會產生長期記憶能力衰退的問題。因為這些聽覺改變的挑戰，都會增加高齡者的學習障礙，使其因為挫折而降低學習活動的參與程度。為了因應聽覺改變，高齡教育教師可以採用的教學策略如下：

1.關上教室的門，以降低門外聲音之干擾。

2.上課時面對高齡者講話，以便讓聲波能夠順利地傳達到高齡者耳中。

3.咬字清晰，善用麥克風放大音量，且放慢講話的速度。

4.若有需要時，鼓勵高齡者配戴助聽器。

(三)肌肉系統及動作改變的教學策略

隨著年齡的增長，肌肉系統在組織、強度及耐力上均將減弱，使得高齡者的動作較慢，且使其活動空間縮小，進而降低與外界互動的頻率。為了因應肌肉系統及動作改變，高齡教育教師可以採用的教學策略如下：

1.使用有扶手的椅子，讓高齡者能夠順利地站起來。

2.提供寬闊的桌椅空間，協助高齡者能夠隨時移動身體。

3.在教學上不要求快速的反應，且應提供足夠的作答時間。

(四)高自尊、低自信的教學策略

一般而言，年紀越大自尊心越強，然而，高齡者對學習的信心卻是比較低的，主要的原因是受到生理老化之影響，使其對自我學習能力產生懷疑，再加上離開學校已有一段時日，更使其心生恐懼，缺乏信心。為了因應高自尊、低自信，高齡教育教師可以採用的教學策略如下：

1.對於高齡者的各項學習成果，給予立即性的回饋以利增強高齡者的信心。

2.肯定高齡者在學習過程中所做的貢獻，以建立其積極正向的自我概念。

3.營造正向的學習環境，扮演支持性的角色，並鼓勵高齡者參與學習過程，從中培養學習的興趣。

4.針對高齡者提出的看法，給予高度的尊重，且不以批評的態度予以評價。

(五)具自主與獨立需求的教學策略

個體在老年階段，社會普遍對他們存有刻板化的印象與消極負面的迷思，使得高齡者很怕別人認為他們在生活上不能獨立自主，因此，高齡者想要表現自己確實能夠處理自己的事情，擁有獨立自主的能力。為了滿足高齡學習者自主與獨立的需求，高齡教育教師可以採用的教學策略如下：。

1.鼓勵高齡者以自己的步調進行學習。

2.論及生理和認知功能衰退的相關議題時，應強調這些因老化而降低的功能，都可以被補救，以增強其獨立自主的感受。

3.鼓勵高齡者針對課程提出建議，並強調會將這些建議作為修正授課內容之參考，以強化高齡者對於學習情況的控制感。

(六)注意力與記憶力改變的教學策略

由於認知功能的改變，使得高齡者的注意力與記憶力變弱。一般而言，高齡者的短期記憶力較差，而長期記憶力較好，由於高齡者對新事物的記憶能力較差，使其進行學習時所需的時間較多。為了因應注意力與記憶力的改變，高齡教育教師可以採用的教學策略如下：

1.結合舊經驗，學習新知識，並藉由即學即用的過程強化學習的效果。

2.不斷複習、熟能生巧；且一次只講一個新的概念，以避免混淆。

3.鼓勵使用多種感官進行學習，以增進記憶力。

(七)因應角色改變的教學策略

隨著生命發展階段之轉變，高齡者在步入晚年期時，將會面臨退休的角色轉變；另一方面，也將因失去老伴或老友，而使其經歷角色的改變。不論是退休或喪失親友的角色改變，都是高齡期獨具的社會特性，若能善加運用這些時機，將有助於引導高齡者投入學習的行列。為了因應角色改變，高齡教育教師可以採用的教學策略如下：

1.協助高齡者獲得新角色所需要的知能。

2.因應角色改變，提供學習的機會。

3.協助高齡者獲取多樣化的教育機會與學習資訊。

(八)改變教育經驗的教學策略

由於早期的教育經驗是影響高齡者在晚年期，是否繼續參與學習活動的重要因素，這一代的高齡者，在過去大都未曾受過良好的教育，以致於他們在晚年參與學習活動的情況並不積極（Davis, 2001）。為了改變教育經驗，高齡教育教師可以採用的教學策略如下：

1.重視高齡者豐富的生命經驗，讓學習內容與生活產生連結；並強調問題取向的課程設計，以協助解決晚年生活即將面對的實際問題。

2.針對低教育程度者，開設其所需要的課程，並以尊重與接納的態度，激發其對學習活動的參與動機。

3.透過同儕、朋友的宣導，以加強其參與學習的信心。

(九)採取多元活潑的教學方式

高齡教學有別於一般學習者的教學，為配合高齡學習者異質性高的學習特性，高齡教育教師應依教學目標之不同，採取彈性、多元的方式；有效的教學方法如：鼓勵高齡者參與討論、角色扮演、發表經驗、體驗參訪等，以激發學習者之學習意願。此外，教學資源的運用，如：電腦輔助教學、視聽媒體設備等，亦可吸引高齡者，提升其學習之樂趣。

(十)建立良好師生互動模式，提升教學成效

由於「社會能力」是身為高齡教育教師最重要的一項能力，其中包含傾聽高齡者的想法並與他們溝通、能創造師生互動的機會、能適時給予高齡者鼓勵與指導等，因此，在教學過程中，高齡教育教師宜建立相互尊重的師生互動模式，營造師生平等、合作、教學相長的關係，無尊卑、高低之分，以提升教學成效。

六 結語

聯合國教科文組織（UNESCO）明確指出，針對日益增多的老年人口而言，高齡教育扮演極為重要的角色，並強調高齡教育工作者不能再以福利服務的角度來看待老人問題，而應將學習視為高齡生活的一部分（Lamdin & Fugate, 1997）。有鑑於第一波嬰兒潮（在1946年到1964年間）出生者，即將成為屆齡退休的高齡者，他們擁有較健康的身體和較活躍的心智，對於退休生活品質也較為講究，同時也期待社會大眾能以一種更正向的態度，來看待嬰兒潮世代的高齡者。這一群新一代的高齡者，擁有較高的學歷、較好的經濟條件，退休對他們來說並非放慢生活步調，而是重新啟動另一個活躍的生活階段。正處於第三年齡的退休者，即將展開一段追求自我實現的學習之旅，藉以學習新的知能，並拓展文化的視野。有越來越多的高齡者發現：透過結構化的學習經驗有助於開展生命的意義，持續不斷地參與學習，成為他們達到自我成長的方式之一。本文即在此一時代發展趨勢的背景下，以高齡教學藝術為主題，強調以學習者為中心之觀點，提出高齡教學的十項策略，以作為高齡教育教師進行自我檢核、專業成長之參考。

參考文獻

中文部分——

內政部（2010a）。育齡婦女生育率。2010年10月2日，取自http://sowf.moi.gov.tw/stat/year/list.htm

內政部（2010b）。民國97年簡易生命表提要分析。2010年10月2日，取自http://moi.gov.tw/stat/life.aspx

內政部（2010c）。戶籍人口統計月報。2010年10月2日，取自http://www.ris.gov.tw/gateway/stpeqr01.cgi?s_code=m0&sheet0name=s9

內政部（2010d）。老人長青學苑概況。2010年10月2日，取自http://sowf.moi.gov.tw/stat/gender/s05-08.xls

王政彥（2004）。高齡社會中老人教育的倫理問題與對策。載於高齡社會與高齡教育，31-58。臺北：師大書苑。

江南發（2002）。營造以學習者為中心的教學環境之探討。高雄師範大學學報，**13**，1-20。

李虹慧（1999）。成人基本教育教師教學專業知識應用及其相關因素之研究。國立中正大學成人及繼續教育研究所碩士論文，未出版，嘉義縣。

吳婉如（1993）。臺灣地區長青學苑教師教學型態與學員學習滿意度之研究。國立臺灣師範大學社會教育研究所碩士論文，未出版，臺北市。

林麗惠（2007）。從高齡教育機構開設的課程類別評析高齡學習內容之發展趨勢。課程與教學季刊，**10**(1)，83-96。

林麗雲（2004）。學生對學習者為中心教學法應用在影片教學上之看法。華岡英語學報，**10**，53-70。

黃富順、林麗惠、梁芷瑄（2008）。我國屆齡退休及高齡者參與學習需求意向調查研究。臺北：教育部。

陳依蘋（2008）。高齡教育教師教學專業能力之研究。玄奘大學成人教育與人力發展學系碩士論文，未出版，新竹市。

陳曉慧（2008）。學習者中心教學規準之發展研究。國立臺北教育大學課程與教學研究所碩士論文，未出版，臺北市。

楊靜梅（2006）。我國高齡教育教師專業知能需求之研究。國立中正大學成人及繼續教育學系碩士論文，未出版，嘉義縣。

魏惠娟、董瑞國、楊志和（2008）。高齡教育工作者方案規劃核心能力指標建構及其對落實老人教育政策的啟示。成人及終身教育學刊，**11**，1-42。

英文部分——

Allison, N. & Sally, H. (2002). Gerontology information and training needs of cooperative extension professionals. *Educational Gerontology*, *28*, 681-693.

Andrew, S., Joann D., Rodriguez, B. R. & Ronald, F. (2000). Educating social workers for an aging society: a vision for the 21st century. *Journal of Social Work Education*, *36*(3), 482-502.

Chappell, C. & Melville, B. (1995). *Professional competence and the initial and continuing education of NSW TAFE teachers*. (ERIC Document Reproduction Service No. ED 391017)

Daley, B. J. (2003). A case of learner-centered teaching and learning. In K. P. King & P. A. Lawler (Eds.), *New perspective on designing and implementing professional development of teachers of adults* (pp. 23-30). San Francisco: Jossey-Bass.

Davis, A. (2001). *The impact of aging on education*. (ERIC Document Reproduction Service No. ED 458405)

Eisner, E. W. (2002). *The educational imagination: On the Design and Evaluation of School Programs.(3rd Ed.)*. New Jersey: Merrill Prentice Hall.

John F. C. (1999). *The perceptions of their former teachers by older adults*. Unpublished doctoral dissertation, The University of Wisconsin.

King, K. P. & Lawler, P. A. (2003). Trends and issues in the professional development of teachers of adult. In K. P. King & P. A. Lawler (Eds.), *New perspective on designing and implementing professional development of teachers of adults* (pp. 5-14). San Francisco: Jossey-Bass.

Lamdin, L. & Fugate, M. (1997). *Elder learner: new frontier in an aging society*. AZ: The Oryx Press.

Linda, A. P., Rosemarie, P. C. L., Blalock, C. E. & Marshall, M. J. L. (2004). The stealth gerontology program: training teachers to infuse aging and age-related content into public school classrooms. *Educational Gerontology*, *30*, 691-710.

Nunan, D. (1988). *The learner-centred curriculum*. UK: Cambridge University Press.

Peacock, A., & Rawson, B. (2001). Helping teachers to develop competence criteria for evaluating: Their professional development. *International Journal of Educational Development*, *21*, 79-92.

Peterson, D. A. (1983). *Facilitation education for older learners*. San Francisco: Jossey-Bass.

Schuetz, J. (1981). *Geragogy: Instrictional Programs for Elders*.(ERIC Document Reproduction Service No. ED 210716)

Sener, J. (2000). *Student-centered learning and learner-centered design*. Retrieved September 29, 2010, from http://elisp.nv.cc.us/scl.htm

Weimer, M. (2002). *Learner-centered teaching: five key changes to practice. The Jossey-Bass higher and adult education series*. San Francisco: Jossey-Bass.

國家圖書館出版品預行編目資料

教學藝術／黃政傑主編. — 初版. — 臺北市：五南, 2010.12
面；　公分

ISBN 978-957-11-6269-0（平裝）

1.教學法 2.教師 3.文集

521.407　　100005736

4653

教學藝術

策　劃 — 中華民國課程與教學學會
主　編 — 黃政傑(297)
作　者 — 黃政傑　劉唯玉　林逢祺　吳麗君　黃繼仁
周珮儀　李雅婷　楊忠斌　林素卿　吳靖國
黃儀婷　高博銓　方志華　劉雅琪　顧瑜君
廖千惠　石佳儀　游麗卿　嚴嘉琪　顏佩如
林貞佑　蔡明昌　張仟玫　張如慧　王前龍
劉斐如　羅美蘭　劉玉玲　張芬芬　陳政宏
吳俊憲　洪詠善　張新仁　楊蕙菁　林紀慧
黃琳珊　陸靜塵　李子建　葉興華　阮凱利
林麗惠

發 行 人 — 楊榮川
總 編 輯 — 龐君豪
主　編 — 陳念祖
責任編輯 — 李敏華
封面設計 — 童安安
出 版 者 — 五南圖書出版股份有限公司
地　址：106台北市大安區和平東路二段339號4樓
電　話：(02)2705-5066　傳　真：(02)2706-6100
網　址：http://www.wunan.com.tw
電子郵件：wunan@wunan.com.tw
劃撥帳號：01068953
戶　名：五南圖書出版股份有限公司

台中市駐區辦公室/台中市中區中山路6號
電　話：(04)2223-0891　傳　真：(04)2223-3549
高雄市駐區辦公室/高雄市新興區中山一路290號
電　話：(07)2358-702　傳　真：(07)2350-236

法律顧問　元貞聯合法律事務所　張澤平律師

出版日期　2010年12月初版一刷
定　價　新臺幣850元

※版權所有・欲利用本書內容，必須徵求本公司同意※

凝煉知識品味閱讀

凝煉知識品味閱讀